Schweitzers
(früher Stahls)
Terminkalender
für die
Bayerischen Juristen
auf das Jahr
1930.

Herausgegeben
von
J. Schiedermair,
Rat am Obersten Landesgericht in München.

---

66. Jahrgang.

München, Berlin und Leipzig.
J. Schweitzer Verlag (Arthur Sellier).

Druck v. Dr. F. P. Datterer & Cie., Freising u. München.

Vorwort.

Der Kalender des Jahres 1930 hat die frühere Anlage im wesentlichen beibehalten. Im einzelnen ergeben sich wieder zahlreiche Ergänzungen.

München im Oktober 1929.

Herausgeber und Verleger.

Übersichts-Kalendarium
1929, 1930 und 1931.

Terminkalender.

Inhalts-Übersicht.

Der erste Teil des Terminkalenders enthält:

I. einen Uebersichtskalender für 1929, 1930 und 1931.

II. den Schreibkalender 1930, enthaltend:

1. die Bezeichnung der Monate, Wochen und Tage, von welchen je 2 resp. 3 Tage mit leeren Zwischenräumen auf die Seite treffen;

2. die Namen der Katholiken und Protestanten, die ersteren voraus und beide durch einen Strich getrennt.

3. Sonnen-Aufgang (SA.) und Untergang (SU.) nach Stunden und Minuten (z. B. 8.13 = 8 Uhr 13 Min.)

4. Mond-Aufgang (MA.) und Untergang (MU.) nach Stunden und Minuten (z. B. 17.15 = 5 Uhr 15 Min. nachm.)

5. Tageslänge (Tl.) nach Stunden und Minuten;

6. das Eintreten der Sonnen- und Mondfinsternisse und der Jahreszeiten.

Sämtliche Zeiten sind in der durchgehenden Stundenzählung von 0—24 Uhr gegeben. Zeitangaben über 12 bedeuten also Nachmittagsstunden.

Die Verbesserung des alten verworrenen römischen Kalenders wurde im Jahre 46 v. Chr. Geb. eingeführt durch Julius Cäsar; man nennt das Jahr von $365^1/_4$ Tagen das Julianische Jahr und den darauf gegründeten Kalender den Julianischen Kalender, welcher jetzt auch von der griechisch-orthodoxen Kirche aufgegeben wurde. (Diese richtet sich nunmehr nach dem Neuen orientalischen Kalender, der mit dem Gregorianischen Kalender fast übereinstimmt. Erst im Jahre 2800 ergibt sich eine Abweichung in der Datierung. Auch das Osterfest der griech-orthod. Kirche trifft mit dem des Gregor. Kalenders in den nächsten 50 Jahren im allgemeinen zusammen, ausgenommen sind nur die Jahre 1924, 1927, 1943, 1954, 1962, 1967.)

Zur Zeit Gregors XIII. (1582) waren infolge der durch Cäsar angenommenen Jahreslänge ($365^1/_4$) bereits 10 Tage zu viel eingeschaltet, da jedes durch 4 ohne Rest teilbare Jahr ein Schaltjahr von 366 Tagen sein sollte. Um diesen Fehler zu beseitigen, nahm man 1582 zehn Tage weg (es fiel damals die Frühlingsnachtgleiche statt auf den 21. März schon auf den 11. März) und bestimmte, dass in je 400 Jahren 3 Schalttage ausgelassen werden und zwar, wenn die Jahreszahl mit zwei Nullen endigt und nicht durch 400 ohne Rest teilbar ist. Auf diese Weise ist der neue (gregor.) Kalender von 1582 bis 1700 um 10 Tage vor dem alten (julian.) Kalender voraus, und diese Differenz beträgt von 1700—1800 11 Tage, von 1800—1900 12 Tage und von 1900 bis 2100 13 Tage, z. B.: 1. Jan. 1923 gregor. entspricht dem 19. Dez. 1922 julian.

Alle Zeitangaben sind in M. E. Z. = mitteleuropäische Zeit (bezogen auf den Meridian 15 Grad östlich von Greenwich) gemacht; die mittlere Ortszeit von München ist hinter der M. E. Z. um 13,6 Minuten zurück. Die Auf- und Untergangszeiten für Sonne und Mond gelten, ebenso wie die Tageslänge, für einen Ort des Münchner Meridians in 48° nördlicher Breite (Mitte von Südbayern).

Phasen des Mondes.

8. Jan.	Erstes Viertel	3. Juli	Erstes Viertel
14. „	Vollmond	10. „	Vollmond
21. „	Letztes Viertel	19. „	Letztes Viertel
29. „	Neumond	25. „	Neumond
6. Febr.	Erstes Viertel	1. Aug.	Erstes Viertel
13. „	Vollmond	9. „	Vollmond
20. „	Letztes Viertel	17. „	Letztes Viertel
28. „	Neumond	24. „	Neumond
8. März	Erstes Viertel	31. „	Erstes Viertel
14. „	Vollmond	8. Sept.	Vollmond
22. „	Letztes Viertel	15. „	Letztes Viertel
30. „	Neumond	22. „	Neumond
6. April	Erstes Viertel	29. „	Erstes Viertel
13. „	Vollmond	7. Okt.	Vollmond
20. „	Letztes Viertel	15. „	Letztes Viertel
28. „	Neumond	21. „	Neumond
5. Mai	Erstes Viertel	29. „	Erstes Viertel
12. „	Vollmond	6. Nov.	Vollmond
20. „	Letztes Viertel	13. „	Letztes Viertel
28. „	Neumond	20. „	Neumond
3. Juni	Erstes Viertel	28. „	Erstes Viertel
11. „	Vollmond	6. Dez.	Vollmond
19. „	Letztes Viertel	12. „	Letztes Viertel
26. „	Neumond	20. „	Neumond
		28. „	Erstes Viertel

Sonnen- und Mondfinsternisse im Jahre 1930.

Im Jahre 1930 finden zwei Sonnenfinsternisse und zwei Mondfinsternisse statt.

1. Die partielle Mondfinsternis am 13. April beginnt um 4^{43} M. E. Z. und endet um 9^{14}. Ihr Anfang ist sichtbar in Nordwestafrika, Südwesteuropa, im Atlantischen Ozean, in Nord- und Südamerika und im Stillen Ozean mit Ausnahme seines westlichen Teiles. Das Ende ist sichtbar im Atlantischen Ozean, in Nord- und Südamerika und im östlichen Teile des Stillen Ozeans.

2. Die ringförmig-totale Sonnenfinsternis am 28. April beginnt um 17^{20} M. E. Z.

und endet um 22^{46}. Sie ist sichtbar im Nordosten Asiens, im nördlichen Teil des Stillen Ozeans, in Nordamerika, im Nördlichen Eismeer, in Grönland und im nördlichen Teil des Atlantischen Ozeans.

3. Die partielle Mondfinsternis am 7. Oktober beginnt um 17^{41} M. E. Z. und endet um 22^{32}. Beginn und Ende sind sichtbar in Asien, Australien, im Indischen Ozean, in Europa und in Afrika.

4. Die totale Sonnenfinsternis am 21./22. Oktober beginnt um 20^{04} M. E. Z. am 21. Oktober und endet um 1^{23} M. E. Z. am 22. Oktober. Sie ist sichtbar in der östlichen Hälfte Australiens, im südlichen Teil des Stillen Ozeans und in der Südspitze von Südamerika.

(Gemeinjahr 365 Tage). **1929.**

Januar		Februar		März		April		Mai		Juni	
1 D	**Neujahr**	1 F	Ignatius	1 F	Suitbert	1 M	**Ostermontg.**	1 M	Phil. u. Jak.	1 S	Juventius
2 M	Makarius	2 S	Mar. Lichtm.	2 S	Simplizius	2 D	Franz v. Pl.	2 D	Athanasius	2 S	**2. n. Pfing.**
3 D	Genoveva	3 S	**Sexages.**	3 S	**3. Oculi**	3 M	Richard	3 F	Hl. † Auff.	3 M	Klotildis
4 F	Titus	4 M	Veronika	4 M	Kasimir	4 D	Isidor	4 S	Monika	4 D	Quirinus
5 S	Telesphor.	5 D	Agatha	5 D	Friedrich	5 F	Vinzenz	5 S	**5. Rogate**	5 M	Bonifazius
6 S	**Hl. 3 Könige**	6 M	Dorothea	6 M	Fridolin	6 S	Sixtus	6 M	Joh. v. L.	6 D	Norbert
7 M	Valentin	7 D	Romuald	7 D	Thom. v. A.	7 S	**1. Quasim.**	7 D	Stanislaus	7 F	Robert
8 D	Erhard	8 F	Joh. v. M.	8 F	Johann v. G.	8 M	Dionysius	8 M	Mich. Ersch.	8 S	Medardus
9 M	Marzellin.	9 S	Apollonia	9 S	Franziska	9 D	Mr. Cleophä	9 D	**Chr. Himlf.**	9 S	**3. n. Pfing.**
10 D	Agathon	10 S	**Quinquag.**	10 S	**4. Laetare**	10 M	Ezechiel	10 F	Antonia	10 M	Margareta
11 F	Hyginus	11 M	Euphrosine	11 M	Rosina	11 D	Leo I.	11 S	Mamertus	11 D	Barnabas
12 S	Ernst	12 D	**Fastnacht**	12 D	Gregor	12 F	Zeno	12 S	**6. Exaudi**	12 M	Basilides
13 S	**1. n. Epiph.**	13 M	**Ascherm.**	13 M	Nicephorus	13 S	Hermeneg.	13 M	Servatius	13 D	Anton v. P.
14 M	Felix	14 D	Valentin	14 D	Mathilde	14 S	**2. Miseric.**	14 D	Bonifazius	14 F	Basilius
15 D	Maurus	15 F	Faustinus	15 F	Longinus	15 M	Anastasia	15 M	Sophia	15 S	Vitus, Krsz.
16 M	Marzellus	16 S	Juliana	16 S	Heribert	16 D	Eusebius	16 D	Joh. v. N.	16 S	**4. n. Pfing.**
17 D	Antonius	17 S	**1. Invoc.**	17 S	**5. Judica**	17 M	Rudolf	17 F	Paschalis	17 M	Adolf
18 F	Petri Stuhlf.	18 M	Simeon	18 M	Narzissus	18 D	Eleutherius	18 S	Venantius	18 D	Mark. u. Mc.
19 S	Kanut, Marc.	19 D	Konrad	19 D	**Hl. Joseph**	19 F	Emma	19 S	**Pfingstfest**	19 M	Gerv. u. Pac.
20 S	**2. n. Epiph.**	20 M	**†I. Quatemb.**	20 M	Nicetas	20 S	Sulpitius	20 M	**Pfingstmtg.**	20 D	Silverius
21 M	Agnes	21 D	Donatus	21 D	Benediktus	21 S	**3. Jubilate**	21 D	Konstantin	21 F	Aloisius
22 D	Vincentius	22 F	Pet. Stuhlf.	22 F	Katharina	22 M	Cajus	22 M	**† II. Quat.**	22 S	Paulinus
23 M	Verl. Mar.	23 S	Milburgis	23 S	Viktorinus	23 D	Adalbert	23 D	Desiderius	23 S	**5. n. Pfing.**
24 D	Timotheus	24 S	**2. Remin.**	24 S	**6. Palmstg.**	24 M	Georg	24 F	Johanna	24 M	Joh. d. T.
25 F	Pauli Bek.	25 M	†Walburga	25 M	Mar. Verk.	25 D	Markus	25 S	Urban	25 D	Prosper
26 S	Polykarp	26 D	†Mechtildis	26 D	Castulus	26 F	Kletus	26 S	**1. Hl. Dreif.**	26 M	Joh. u. Paul
27 S	**Septuages.**	27 M	Leander	27 M	Rupert	27 S	Peregr.	27 M	Beda, Magd.	27 D	Ladislaus
28 M	Karl d. Gr.	28 D	Romanus	28 D	**† Gründstg.**	28 S	**4. Cantate**	28 D	† Germanus	28 F	Leo II.
29 D	Franz v. S.			29 F	**† Karfreitag**	29 M	Petrus	29 M	† Theodosia	29 S	**Peter u. Paul**
30 M	Martina			30 S	**† Karsamst.**	30 D	Karthar. v. S.	30 D	**Fronleichn.**	30 S	**6. n. Pfing.**
31 D	Petrus v. N.			31 S	**Osterfest**			31 F	Angela, Ptr.		

1929.

Juli		August		September		Oktober		November		Dezember	
1 M	Theobald	1 D	Petri Kettf.	1 **S**	**15. n. Pfing.**	1 D	Remigius	1 F	**Allerheil.**	1 **S**	**1. Advent**
2 D	Mar. Heims.	2 F	Alfons v. L.	2 M	Stephan	2 M	Leodegard	2 S	Allerseelen	2 M	Bibiana
3 M	Eulogius	3 S	Steph. Auf.	3 D	Seraphia	3 D	Candidus	3 **S**	**24. n. Pfing.**	3 D	Franz Xaver
4 D	Ulrich	4 **S**	**11. n. Pfing.**	4 M	Rosalia	4 F	Franz Ser.	4 M	Karl Borr.	4 M	Barbara
5 F	Domitius	5 M	Mar. Schnee	5 D	Laurentius	5 S	Plazidus	5 D	Zach u. Elis.	5 D	Sabas
6 S	Isaias	6 D	Verkl. Chr.	6 F	Magnus	6 **S**	**20. n. Pfing.**	6 M	Leonhard	6 F	Nikolaus
7 **S**	**7. n. Pfing.**	7 M	Afra, Caj.	7 S	Regina	7 M	Markus	7 D	Engelbert	7 S	Ambrosius
8 M	Kilian	8 D	Cyriakus	8 **S**	**16. n. Pfing.**	8 D	Brigitta	8 F	Gottfried	8 **S**	**Mar. Empf.**
9 D	Cyrillus	9 F	Romanus	9 M	Korbinian	9 M	Dionysius	9 S	Theodor	9 M	Leokadia
10 M	Amal., Fel.	10 S	Laurentius	10 D	Nikol. v. T.	10 D	Franz v. B.	10 **S**	**25. n. Pfing.**	10 D	Melchiades
11 D	Pius I.	11 **S**	**12. n. Pfing.**	11 M	Aemilian	11 F	Germanus	11 M	Martin B.	11 M	Damasius
12 F	Joh. Qualb.	12 M	Klara, Hild.	12 D	Guido	12 S	Maximilian	12 D	Martin P.	12 D	Synesius
13 S	Eugen	13 D	Hippolyt, C.	13 F	Tobias	13 **S**	**21. n. Pfing.**	13 M	Stanislaus	13 F	Lucia
14 **S**	**8. n. Pfing.**	14 M	Eusebius	14 S	Hl. † Erh.	14 M	Burkhard	14 D	Serapion	14 S	Nikasius
15 M	Heinrich	15 D	**Mar. Hmlf.**	15 **S**	**17. n. Pfing.**	15 D	Theresia	15 F	Leop., Alb.	15 **S**	**3. Advent**
16 D	Reinald	16 F	Rochus	16 M	Kornelius	16 M	Gallus	16 S	Ottmar	16 M	Adelheid
17 M	Alexius	17 S	Liberatus	17 D	Lampert	17 D	Hedwig	17 **S**	**26. n. Pfing.**	17 D	Lazarus
18 D	Friedrich	18 **S**	**13. n. Pfing.**	18 M	**† III. Quat.**	18 F	Lukas	18 M	Otto, Abt	18 M	**† IV. Quat.**
19 F	Vinz. v. P.	19 M	Sebald	19 D	Januarius	19 S	Petrus v. A.	19 D	Elisabeth	19 D	† Nemesius
20 S	Margareta	20 D	Bernhard	20 F	Matthäus	20 **S**	**22. n. Pfing.**	20 M	Korbinian	20 F	Christian
21 **S**	**9. n. Pfing.**	21 M	Johanna	21 S	Maurus	21 M	Ursula	21 D	Mar. Opfer.	21 S	† Thomas A.
22 M	Mar. Magd.	22 D	Symphorius	22 **S**	**18. n. Pfing.**	22 D	Kordula	22 F	Cäcilia	22 **S**	**4. Advent**
23 D	Liborius	23 F	Philipp, Ben.	23 M	† Thekla	23 M	Joh. v. Kp.	23 S	Klemens	23 M	Viktoria
24 M	Christina	24 S	Bartholom.	24 D	Gerhard	24 D	Erzg. Raph.	24 **S**	**27. n. Pfing**	24 D	Adam u. Eva
25 D	Jakob	25 **S**	**14. n. Pfing.**	25 M	Kleophas	25 F	Krispinus	25 M	Katharina	25 M	**Hl. Christtag**
26 F	Anna	26 M	Zephyrinus	26 D	Cyprian	26 S	Evaristus	26 D	Konrad	26 D	**Stephan**
27 S	Pantaleon	27 D	Gebhardt, J.	27 F	Kosm. u. Dm.	27 **S**	**23. n. Pfing.**	27 M	Virgilius	27 F	Johs. Ap.
28 **S**	**10. n. Pfing.**	28 M	Augustin	28 S	Wenzeslaus	28 M	Sim. u. Jud.	28 D	Kreszentia	28 S	Unsch. Kd.
29 M	Martha	29 D	Joh. Euth.	29 **S**	**19. n. Pfing.**	29 D	Narzissus	29 F	Saturnin	29 **S**	**S. n. Weihn.**
30 D	Abd. u. Sen.	30 F	Rosa v. L.	30 M	Otto	30 M	Serapion	30 S	Andreas	30 M	David
31 M	Ignat. v. L.	31 S	Raimund			31 D	Wolfgang			31 D	Sylvester

(365 Tage) **1930.**

Januar		Februar		März	
1 M	**Neujahr**	1 S	Ignatius	1 S	Suitbert
2 D	Makarius	2 **S**	**M. Lichtm.**	2 **S**	**Quinquag.**
3 F	Genoveva	3 M	Blasius	3 M	Kunigunde
4 S	Titus	4 D	Veronika	4 D	**Fastnacht**
5 **S**	**S. n. Neuj.**	5 M	Agatha	5 M	**Ascherm.**
6 M	**Hl. 3 Kön.**	6 D	Dorothea	6 D	Friedolin
7 D	Valentin	7 F	Romuald	7 F	Thom. v. A.
8 M	Erhard	8 S	Joh. v. M.	8 S	Johann v.G.
9 D	Marzellinus	9 **S**	**5. n. Epiph.**	9 **S**	**1. Invoc.**
10 F	Agathon	10 M	Scholastika	10 M	40 Märt.
11 S	Hyginus	11 D	Euphrosine	11 D	† Rosina
12 **S**	**1. n. Epiph.**	12 M	Eulalia	12 M	**† I. Quat.**
13 M	Veron., Hil.	13 D	Kath. v. R.	13 D	Nicephorus
14 D	Felix	14 F	Valentin	14 F	Mathilde
15 M	Maurus	15 S	Faustinus	15 S	Longinus
16 D	Marzellus	16 **S**	**Septuages.**	16 **S**	**2. Remin.**
17 F	Antonius	17 M	Donatus	17 M	Gertraud
18 S	Petri Sthlf.	18 D	Simeon	18 D	Narzissus
19 **S**	**2. n.Epiph.**	19 M	Konrad	19 M	**Hl. Joseph**
20 M	Fab. u. Seb.	20 D	Eucherius	20 D	Nicetas
21 D	Agnes	21 F	Donatus	21 F	Benediktus
22 M	Vincentius	22 S	Pet. Stuhlf.	22 S	Katharina
23 D	Verl. Mar.	23 **S**	**Sexages.**	23 **S**	**3. Oculi**
24 F	Thimoths.	24 M	†Walburga	24 M	Simon
25 S	Pauli Bek.	25 D	Schalttag	25 D	Mar. Verk.
26 **S**	**3. n. Epiph.**	26 M	†Mechtildis	26 M	Castulus
27 M	Joh. Chrys.	27 D	Leander	27 D	Rupert
28 D	Karl d. Gr.	28 F	Romanus	28 F	Guntram
29 M	Franz v.Sal.			29 S	Ludolph
30 D	Martina			30 **S**	**4. Laetare**
31 F	Petr. v. Nola			31 M	Benjamin
8. Erstes Viertel		6. Erstes Viert.		8. Erstes Viert.	
14. Vollmond.		13. Vollmond.		14. Vollmond.	
21. Letzt. Viert.		20. Letzt. Viert.		22. Letzt. Viert.	
29. Neumond.		28. Neumond.		30. Neumond.	

1930.

April		Mai		Juni	
1 D	Hugo	1 D	Phil. u. Jak.	1 **S**	**6. Exaudi**
2 M	Franz v. P.	2 F	Athanasius	2 M	† Erasmus
3 D	Richard	3 S	Hl. † Auff.	3 D	Klotildis
4 F	Isidor	4 **S**	**2. Miseric.**	4 M	Quirinus
5 S	Vinzenz F.	5 M	Pius V.	5 D	Bonifatius
6 **S**	**5. Judica**	6 D	Joh. v. L.	6 F	Norbert
7 M	Hermann	7 M	Stanislaus	7 S	Robert
8 D	Dionysius	8 D	Mich. Ersch.	8 **S**	**Pfingstfest**
9 M	Mr. Cleophä	9 F	Gregor v. N.	9 M	**Pfingstmt.**
10 D	Ezechiel	10 S	Antonie	10 D	Margareta
11 F	Leo I.	11 **S**	**3. Jubilate**	11 M	**† II. Quat.**
12 S	Zeno	12 M	Pankratius	12 D	Basilides
13 **S**	**6. Palms.**	13 D	Servatius	13 F	Anton v. P.
14 M	Tiburtius	14 M	Bonifazius.	14 S	Basilius
15 D	Anastasia	15 D	Sophia, Is.	15 **S**	**1. H. Dreif.**
16 M	Eusebius	16 F	Johann v. N	16 M	Benno
17 D	**† Gründst.**	17 S	Paschalis	17 D	Adolf
18 F	**† Karfrtg.**	18 **S**	**4. Cantate**	18 M	Mark. u. Mc.
19 S	**† Karsmtg.**	19 M	Petrus, Cö.	19 D	**Fronleich.**
20 **S**	**Osterfest**	20 D	Bernh. v. S	20 F	Silverius
21 M	**Ostermtg.**	21 M	Konstantin	21 S	Aloisius
22 D	Anselm	22 D	Julia, Hel.	22 **S**	**2. n. Pf.**
23 M	Adalbert	23 F	Desiderius	23 M	Edeltraud
24 D	Georg	24 S	Johanna	24 D	Joh. d. T.
25 F	Markus	25 **S**	**5. Rogate**	25 M	Prosper
26 S	Kletus	26 M	Philipp N.	26 D	Joh. u. Paul
27 **S**	**1. Quasim.**	27 D	Beda, Magd	27 F	Ladislaus
28 M	Paul	28 M	† Germanus	28 S	Leo II.
29 D	Petrus	29 D	**Chr. Hmlf.**	29 **S**	**Pet. u. Pl.**
30 M	Kathar. v. S.	30 F	Ferdinand	30 M	Pauli Ged.
		31 S	Angela, Ptr.		

April	Mai	Juni
6. Erstes Viert.	5. Erstes Viert.	3. Erstes Viert.
13. Vollmond.	12. Vollmond.	11. Vollmond.
20. Letzt. Viert.	20. Letzt. Viert.	19. Letztes Viert.
28. Neumond.	28. Neumond.	26. Neumond.

1930.

Juli		August		September	
1 D	Theobald	1 F	Petri Kettf.	1 M	Aegidius
2 M	Mar. Hmsg.	2 S	Alfon v. L.	2 D	Stephan
3 D	Eulogius	**3 S**	**8. n. Pf.**	3 M	Seraphia
4 F	Ulrich	4 M	Dominikus	4 D	Rosalia
5 S	Domitius	5 D	Mar.Schnee	5 F	Laurentius
6 S	**4. n. Pfing.**	6 M	Verkl. Chr.	6 S	Magnus
7 M	Willibald	7 D	Afra, Caj.	**7 S**	**13. n. Pf.**
8 D	Kilian	8 F	Cyriakus	8 M	Mar. Geb.
9 M	Cyrillus	9 S	Romanus	9 D	Korbinian
10 D	Amal., Fel.	**10 S**	**9. n. Pf.**	10 M	Nikol. v. T.
11 F	Pius I.	11 M	Susanna	11 D	Aemilian
12 S	Joh. Qualb.	12 D	Klara, Hild.	12 F	Guido
13 S	**5. n. Pfing.**	13 M	Hippolyt C.	13 S	Tobias
14 M	Bonavent.	14 D	Eusebius	**14 S**	**14. n. Pf.**
15 D	Heinrich	15 F	**Mar.Hmlf.**	15 M	Nikomedes
16 M	Reinald	16 S	Rochus	16 D	Kornelius
17 D	Alexius	**17 S**	**10. n. Pf.**	17 M	† **III. Quat.**
18 F	Friedrich	18 M	Helene	18 D	Thom. v. V.
19 S	Vinz. v. P.	19 D	Sebald	19 F	Januarius
20 S	**6. n. Pf.**	20 M	Bernhard	20 S	Matthäus
21 M	Daniel, Jul.	21 D	Johanna	**21 S**	**15. n. Pf.**
22 D	Mar. Magd.	22 F	Symphorius	22 M	Mauritius
23 M	Liborius	23 S	Philipp B.	23 D	† Thekla
24 D	Christina	**24 S**	**11. n. Pf.**	24 M	Gerhard
25 F	Jakob	25 M	Ludwig	25 D	Kleophas
26 S	Anna	26 D	Zephyrinus	26 F	Cyprian
27 S	**7. n. Pf.**	27 M	Gebhard, J.	27 S	Kosm. u. D.
28 M	Innocenz	28 D	Augustin	**28 S**	**16. n. Pf.**
29 D	Martha	29 F	Joh. Enth.	29 M	Michael
30 M	Abd. u. Sen.	30 S	Rosa v. L.	30 D	Otto
31 D	Ignat. v. L.	**31 S**	**12. n. Pf.**		

Juli	August	September
3. Erstes Viert.	1. Erstes Viert.	8. Vollmond.
10. Vollmond.	9. Vollmond.	15. Letzt. Viert.
19. Letzt. Viert.	17. Letzt. Viert.	22. Neumond.
25. Neumond.	24. Neumond.	29. Erstes Viert.
	31. Erstes Viert.	

1930.

Oktober		November		Dezember	
1 M	Remigius	1 S	**Allerhl.**	1 M	Eligius
2 D	Leodegar	**2 S**	**21. n. Pf.**	2 D	Bibiana
3 F	Candidus	3 M	Hubert	3 M	Franz Xav.
4 S	Franz Ser.	4 D	Karl Borr.	4 D	Barbara
5 S	**17. n. Pf.**	5 M	Zach u. Elis.	5 F	Sabas
6 M	Bruno	6 D	Leonhard	6 S	Nikolaus
7 D	Markus	7 F	Engelbert	**7 S**	**2. Advent**
8 M	Brigitta	8 S	Gottfried	8 M	**Mar. Epf.**
9 D	Dionysius	**9 S**	**22. n. Pf.**	9 D	Leokadia
10 F	Franz v. B.	10 M	Andreas A.	10 M	Melchiades
11 S	Germanus	11 D	Martin B.	11 D	Damasius
12 S	**18. n. Pf.**	12 M	Martin Pp.	12 F	Synesius
13 M	Eduard	13 D	Stanislaus	13 S	Lucia
14 D	Burkhard	14 F	Serapion	**14 S**	**3. Advent**
15 M	Theresia	15 S	Leop., Alb.	15 M	Christiana
16 D	Gallus	**16 S**	**23. n. Pf.**	16 D	Adelheid
17 F	Hedwig	17 M	Greg. d. W.	17 M	**† IV. Quat.**
18 S	Lukas	18 D	Otto, Abt.	18 D	Wunibald
19 S	**19. n. Pf.**	19 M	Elisabeth	19 F	†Nemesius
20 M	Wendelin	20 D	Korbinian	20 S	Christian
21 D	Ursula	21 F	Mar. Opfer.	**21 S**	**4. Advent**
22 M	Kordula	22 S	Cäcilia	22 M	Demetrius
23 D	Joh. v. Kp.	**23 S**	**24. n. Pf.**	23 D	Viktoria
24 F	Erzg. Raph.	24 M	Joh. v. Kr.	24 M	Ad. u. Eva
25 S	Krispinus	25 D	Katharina	25 D	**Hl. Christ.**
26 S	**20. n. Pf.**	26 M	Konrad	26 F	**Stephan**
27 M	Sabina	27 D	Virgilius	27 S	Johs. Ap.
28 D	Sim. u. Jud.	28 F	Kreszentia	**28 S**	**S. n. Weih.**
29 M	Narzissus	29 S	Saturnin	29 M	Thomas
30 D	Serapion	**30 S**	**1. Advent**	30 D	David
31 F	Wolfgang			31 M	Sylvester

Oktober	November	Dezember
7. Vollmond.	6. Vollmond.	6. Vollmond.
15. Letzt. Viert.	13. Letzt. Viert.	12. Letzt. Viert.
21. Neumond.	20. Neumond.	20. Neumond.
29. Erstes Viert.	28. Erstes Viert.	28. Erstes Viert.

(Gemeinjahr 365 Tage) **1931.**

Januar		Februar		März		April		Mai		Juni	
1 D	**Neujahr**	1 S	**Septuages.**	1 S	**2. Remin.**	1 M	Hugo	1 F	Phil. u. Jak.	1 M	Juventius
2 F	Makarius	2 M	**M. Lichtm.**	2 M	Simplizius	2 D	**† Gründstg.**	2 S	Athanasius	2 D	Erasmus
3 S	Genoveva	3 D	Blasius	3 D	Kunigunde	3 F	**† Karfreitg.**	3 S	**4. Cantate**	3 M	Klotildis
4 S	**S. n. Neujahr**	4 M	Veronika	4 M	Kasimir	4 S	**† Karsamst.**	4 M	Monika	4 D	**Fronleichn.**
5 M	Telesphor.	5 D	Agatha	5 D	Friedrich	5 S	**Osterfest**	5 D	Pius V.	5 F	Bonifatius
6 D	**Hl. 3 Könige**	6 F	Dorothea	6 F	Fridolin	6 M	**Ostermontg.**	6 M	Joh. v. d. L.	6 S	Norbert
7 M	Valentin	7 S	Romuald	7 S	Thom. v. A.	7 D	Hermann	7 D	Stanislaus	7 S	**2. n. Pfing.**
8 D	Erhard	8 S	**Sexages.**	8 S	**3. Oculi**	8 M	Dionysius	8 F	Mich. Ersch	8 M	Medardus
9 F	Marzellinus	9 M	Apollonia	9 M	Franziska	9 D	Mr. Cleophä	9 S	Gregor v. N.	9 D	Primus
10 S	Agathon	10 D	Scholastika	10 D	40 Märt.	10 F	Ezechiel	10 S	**5. Rogate**	10 M	†Margareta
11 S	**1. n. Epiph.**	11 M	Euphrosine	11 M	† Rosina	11 S	Leo I.	11 M	Mamertus	11 D	Barnabas
12 M	Ernst	12 D	Eulalia	12 D	Gregor	12 S	**1. Quasim.**	12 D	Pankratius	12 F	Basilides
13 D	Veron., Hil.	13 F	Kath. v. R.	13 F	Nicephorus	13 M	Hermeneg.	13 M	Servatius	13 S	Anton v. P.
14 M	Felix	14 S	Valentin	14 S	Mathilde	14 D	Tiburtius	14 D	**Christi Hmlf.**	14 S	**3. n. Pfing.**
15 D	Maurus	15 S	**Quinquag.**	15 S	**4. Laetare**	15 M	Anastasia	15 F	Sophia, Is.	15 M	Vitus, Krsz.
16 F	Marzellus	16 M	Juliana	16 M	Heribert	16 D	Eusebius	16 S	Johann v. N.	16 D	Benno
17 S	Antonius	17 D	**Fastnacht**	17 D	Gertraud	17 F	Rudolf	17 S	**6. Exaudi**	17 M	Adolf
18 S	**2. n. Epiph.**	18 M	**Ascherm.**	18 M	Narzissus	18 S	Eleutherius	18 M	Venantius	18 D	Mark. u. Mc.
19 M	Kanut, Marc.	19 D	Konrad	19 D	**Hl. Joseph**	19 S	**2. Miseric.**	19 D	Petrus, Cöl.	19 F	Silverius
20 D	Fab. u. Seb.	20 F	Eucherius	20 F	Nicetas	20 M	Sulpitius	20 M	Bernh. v. S.	20 S	Aloisius
21 M	Agnes	21 S	Donatus	21 S	Benediktus	21 D	Anselm	21 D	Konstantin	21 S	**4. n. Pfing.**
22 D	Vincentius	22 S	**1. Invoc.**	22 S	**5. Judica**	22 M	Cajus	22 F	Julia, Hel.	22 M	Paulinus
23 F	Verl. Mar.	23 M	Phil. Ben.	23 M	Viktorinus	23 D	Adalbert	23 S	Desiderius	23 D	Edeltraud
24 S	Thimotheus	24 D	† Walburga	24 D	Simon	24 F	Georg	24 S	**Pfingstfest**	24 M	Joh. d. Täuf.
25 S	**3. n. Epiph.**	25 M	**† I. Quat.**	25 M	Mar. Verk.	25 S	Markus	25 M	**Pfingstmtg.**	25 D	Prosper
26 M	Polykarp.	26 D	† Mechtildis	26 D	Castulus	26 S	**3. Jubilate**	26 D	Philipp N.	26 F	Joh. u. Paul
27 D	Joh. Chrys.	27 F	Leander	27 F	Rupert	27 M	Peregr.	27 M	**†II. Quat.**	27 S	Ladislaus
28 M	Karl d. Gr.	28 S	Romanus	28 S	Guntram	28 D	Paul	28 D	Germanus	28 S	**5. n. Pfing.**
29 D	Franz v. Sal.			29 S	**6. Palmstg.**	29 M	Petrus	29 F	†Theodosia	29 M	**Peter u. Paul**
30 F	Martina			30 M	Quirinus	30 D	Kathar. v. S.	30 S	Ferdinand	30 D	Pauli Ged.
31 S	Petr. v. Nola			31 D	Benjamin			31 S	**1. Hl. Dreif.**		

1931.

Juli			August			September			Oktober			November			Dezember		
1	M	Theobald	1	S	Petri Kettf.	1	D	Aegidius	1	D	Remigius	1	**S**	**Allerheil.**	1	D	Eligius
2	D	Mar. Hmsg.	2	**S**	**10. n. Pfing.**	2	M	Stephan	2	F	Leodegar	2	M	Allerseelen	2	M	Bibiana
3	F	Eulogius	3	M	Steph. Auf.	3	D	Seraphia	3	S	Candidus	3	D	Hubert	3	D	Franz Xav.
4	S	Ulrich	4	D	Dominikus	4	F	Rosalia	4	**S**	**19. n. Pfing.**	4	M	Karl Borr.	4	F	Barbara
5	**S**	**6. n. Pfing.**	5	M	Mar. Schnee	5	S	Laurentius	5	M	Placidus	5	D	Zach. u. Elis.	5	S	Sabas
6	M	Isaias	6	D	Verkl. Chr.	6	**S**	**15. n. Pfing.**	6	D	Bruno	6	F	Leonhard	6	**S**	**2. Advent**
7	D	Willibald	7	F	Afra, Caj.	7	M	Regina	7	M	Markus	7	S	Engelbert	7	M	Ambrosius
8	M	Kilian	8	S	Cyriakus	8	D	Mar. Geb.	8	D	Brigitta	8	**S**	**24. n. Pfing.**	8	D	**Mar. Empf.**
9	D	Cyrillus	9	**S**	**11. n. Pfing.**	9	M	Korbinian	9	F	Dionysius	9	M	Theodor	9	M	Leokadia
10	F	Amal., Fel.	10	M	Laurentius	10	D	Nikol. v. T	10	S	Franz v. B.	10	D	Andreas Av.	10	D	Melchiades
11	S	Pius I.	11	D	Susanna	11	F	Aemilian	11	**S**	**20. n. Pfing.**	11	M	Martin B.	11	F	Damasus
12	**S**	**7. n. Pfing.**	12	M	Klara, Hild.	12	S	Guido	12	M	Maximilian	12	D	Martin P.	12	S	Synesius
13	M	Eugen	13	D	Hippolyt	13	**S**	**16. n. Pfing.**	13	D	Eduard	13	F	Stanislaus	13	**S**	**3. Advent**
14	D	Bonavent	14	F	Eusebius	14	M	Hl. † Erh.	14	M	Burkhard	14	S	Serapion	14	M	Nikasius
15	M	Heinrich	15	S	**Mariä Hmlf.**	15	D	Nikomedes	15	D	Theresia	15	**S**	**25. n. Pfing.**	15	D	Christiana
16	D	Reinald	16	**S**	**12. n. Pfing.**	16	M	**† III. Quat.**	16	F	Gallus	16	M	Ottmar	16	M	**† IV. Quat.**
17	F	Alexius	17	M	Liberatus	17	D	Lampert	17	S	Hedwig	17	D	Gregor d. W.	17	D	Lazarus
18	S	Friedrich	18	D	Helene	18	F	Thom. v. V.	18	**S**	**21. n. Pfing.**	18	M	Otto, Abt.	18	F	Wunibald
19	**S**	**8. n. Pfing.**	19	M	Sebald	19	S	Januarius	19	M	Petrus v. A.	19	D	Elisabeth	19	S	†Nemesius
20	M	Margareta	20	D	Bernhard	20	**S**	**17. n. Pfing.**	20	D	Wendelin	20	F	Korbinian	20	**S**	**4. Advent**
21	D	Daniel, Jul.	21	F	Johanna	21	M	Matthäus	21	M	Ursula	21	S	Mar. Opferg.	21	M	†Thomas
22	M	Mar. Magd.	22	S	Symphor.	22	D	Mauritius	22	D	Kordula	22	**S**	**26. n. Pfing.**	22	D	†Demetrius
23	D	Liborius	23	**S**	**13. n. Pfing.**	23	M	Thekla	23	F	Joh. v. Kp.	23	M	Klemens	23	M	Viktoria
24	F	Christina	24	M	Bartholom.	24	D	Gerhard	24	S	Erzgl. Raph.	24	D	Joh. v. Kr.	24	D	Adam u. Eva
25	S	Jakob	25	D	Ludwig	25	F	Kleophas	25	**S**	**22. n. Pfing.**	25	M	Katharina	25	F	**Hl. Christtag**
26	**S**	**9. n. Pfing**	26	M	Zephyrinus	26	S	Cyprian	26	M	Evaristus	26	D	Konrad	26	S	**Stephan**
27	M	Pantaleon	27	D	Gebhard, J.	27	**S**	**18. n. Pfing.**	27	D	Sabina	27	F	Virgilius	27	**S**	**S. n. Weihn.**
28	D	Innocenz	28	F	Augustin	28	M	Wenzeslaus	28	M	Sim. u. Jud.	28	S	Kreszentia	28	M	Unsch. Kd.
29	M	Martha	29	S	Joh. Enth.	29	D	Michael	29	D	Narzissus	29	**S**	**1. Advent**	29	D	Thomas
30	D	Abd. u. Sen.	30	**S**	**14. n. Pfing.**	30	M	Otto	30	F	Serapion	30	M	Andreas	30	M	David
31	F	Ignat. v. L.	31	M	Raimund				31	S	Wolfgang				31	D	Sylvester

Januar 1930.

1. Mittwoch. Beschn. Christi — Neujahr. Jesus.
SA. 8.04. SU. 16.31. — MA. 9.36. MU. 17.35. — Tl. 8.27

1. Tebet 5690 der Juden.

Läutordnung 5 Uhr.

2. Donnerstag. Makarius. — Abel.
SA. 8.04. SU. 16.32. — MA. 10.07. MU. 18.41. — Tl. 8.28

Einweihung der Universität Würzburg 1582.

1. Schabân 1348 der Mohammedaner.

3. Freitag. Genoveva. — Enoch.
SA. 8.04. SU. 16.33. — MA. 10.33. MU. 19.49. — Tl. 8.29.

4. Samstag. Titus. — Isabella.
SA. 8.04. SU. 16.34. — MA. 10.53. MU. 20.57. — Tl. 8.30

5. Sonntag. (1. W.) So. n. N. Telesphorus. — Simeon.
SA. 8.03. SU. 16.34. — MA. 11.10. MU. 22.05. — Tl. 8.31

6. Montag. Hl. 3 Könige. Ersch. Christi.
SA. 8.03. SU. 16.36. — MA. 11.26. MU. 23.13. — Tl. 8.33
Festtag nach den örtlichen und Bekenntnisverhältnissen, ausschließlich der Pfalz und des Coburgschen Gebiets.

7. Dienstag. Valentin. — Raimund.
SA. 8.03. SU. 16.37. — MA. 11.41. — Tl. 8.34

8. Mittwoch. Erhard B. — Erhard.
SA. 8.03. SU. 16.38. — MU. 0.23. MA. 11.56. — Tl. 8.35

9. Donnerstag. Marzell — Martialis.
SA. 8.03. SU. 16.40. — MU. 1.36. MA. 12.14. — Tl. 8.37

10. Freitag. Agathon. — Paul d. E.
SA. 8.02. SU. 16.41. — MU. 2.53. MA. 12.36. — Tl. 8.39

10. Tebet 5690 der Juden.
Fasten. Belager. Jerusalems.

11. Samstag. Hyginus. — Mathilde.
SA. 8.02. SU. 16.42. — MU. 4.14. MA. 13.05. — Tl. 8.40

12. Sonntag. (2. W.) 1. S. n. Ep. Ernst. — Reinhold
SA. 8.02. SU. 16.44. — MU. 5.37. MA. 13.44. — Tl. 8.42

13. Montag. Veronika, Gottfried.
SA. 8.01. SU. 16.45. — MU. 6.57. MA. 14.40. — Tl. 8.44

14. Dienstag. Felix v. N. — Felix.
SA. 8.00. SU. 16.46. — MU. 8.03. MA. 15.53. — Tl. 8.46

15. Mittwoch. Maur. Paul. — Maur.
SA. 8.00. SU. 16.48. — MU. 8.54. MA. 17.18. — Tl. 8.48

16. Donnerstag. Marzellus. — Namen Jesu.
SA. 7.59. SU. 16.49. — MU. 9.32. MA. 18.47. — Tl. 8.50

17. Freitag. Anton. Abt. — Anton.
SA. 7.58. SU. 16.50. — MU. 9.59. MA. 20.14. — Tl. 8.52

18. Samstag. Petri Stuhlfeier. — Trisca.
SA. 7.58. SU. 16.52. — MU. 10.21. MA. 21.37. — Tl. 8.54

19. Sonntag. (3. W.) 2. S. n. Ep. Kanut. — Sara.
SA. 7.57. SU. 16.53. — MU. 10.40. MA. 22.55. — Tl. 8.56

20. Montag. Fabian. — Sebastian.
SA. 7.56. SU. 16.54. — MU. 10.56. — Tl. 8.58.

21. Dienstag. Agnes. — Meinrad, Agnes.
SA. 7.55. SU. 16.56. — MA. 0.11. MU. 11.13. — Tl. 9.01

22. Mittwoch. Vincent. — Vinzenz.
SA. 7.54. SU. 16.57. — MA. 1.25. MU. 11.32. — Tl. 9.03

23. Donnerstag. Verl. Marias. — Emer.
SA. 7.53. SU. 16.59. — MA. 2.37. MU. 11.53. — Tl. 9.06

24. Freitag. Thimotheus. — Thimotheus.
SA. 7.52. SU. 17.01. — MA. 3.48. MU. 12.19. — Tl. 9.09

25. Samstag. Pauli Bekehrung. — Pauli Bekehr.
SA. 7.51. SU. 17.02. — MA. 4.56. MU. 12.52. — Tl. 9.11

26. Sonntag. (4. W.) 3. S. n. Ep. Polykarp. — Polyk.
SA. 7.50. SU. 17.04. — MA. 5.59. MU. 13.35. — Tl. 9.14

27. Montag. Joh. Chrysost. — Joh. Chrysost.
SA. 7.49. SU. 17.06. — MA. 6.52. MU. 14.26. — Tl. 9.17

28. Dienstag. Karl d. Gr. — Karolina.
SA. 7.48. SU. 17.07. — MA 7.37. MU. 15.26. — Tl. 9.19

29. Mittwoch. Franz v. S. — Valerius.
SA. 7.47. SU. 17.09. — MA. 8.10. MU. 16.32. — Tl. 9.22

30. Donnerstag. Martina. — Adelgunde.
SA. 7.46. SU. 17.10. — MA. 8.37. MU. 17.40. — Tl. 9.24
1. Schebat 5690 der Juden.

Januar 1930.

31. Freitag. Petrus v. Nola. — Virginius.
SA. 7.44. SU. 17.11. — MA. 8.58. MU. 18.48. — Tl. 9.27
1. Ramadân 1348 der Mohammedaner.

Februar 1930.

1. Samstag. Ignatius. — Brigitta.
SA. 7.43. SU. 17.13. — MA. 9.16. MU. 19.57. — Tl. 9.30
Läutordnung 7 Uhr.

2. Sonntag. (5. W.) 4. S. n. Ep. M. Lichtm. — M. Rein.
SA. 7.42. SU. 17.14. — MA. 9.32. MU. 21.04. — Tl. 9.32

3. Montag. Blasius. — Blasius.
SA. 7.41. SU. 17.16. — MA. 9.46. MU. 22.13. — Tl. 9.35

4. Dienstag. Andreas. — Veronika.
SA 7.39. SU. 17.17. — MA. 10.01. MU. 23.23. — Tl. 9.38

5. Mittwoch. Agathe, Albin. — Agathe.
SA. 7.37. SU. 17.19. — MA. 10.18. — Tl. 9.42.

6. Donnerstag. Dorothea. — Dorothea.
SA. 7.36. SU. 17.21. — MU. 0.37. MA. 10.37. — Tl. 9.45

7. Freitag. Romuald. — Richard.
SA. 7.35. SU. 17.23. — MU. 1.54. MA. 11.01. — Tl. 9.48

Februar 1930.

8. Samstag. Joh. v. M. — Salomon.
SA. 7.33. SU. 17.24. — MU. 2.13. MA. 11.35. — TI. 9.51

9. Sonntag. (6. W.) 5. S. n. Ep. Apollonia. — Apollon.
SA. 7.32. SU. 17.25. — MU. 4.32. MA. 12.21. — TI. 9.54

10. Montag. Scholastika. — Scholastika.
SA. 7.30. SU. 17.27. — MU. 5.43. MA. 13.23. — Tl. 9.57

11. Dienstag. Euphrosine. — Euphrosine.
SA. 7.29. SU. 17.29. — MU. 6.41. MA. 14.42. — Tl. 10.00

12. Mittwoch. Eulalia. — Eulalia
SA. 7.27. SU. 17.31. — MU. 7.24. MA. 16.10. — Tl. 10.04

13. Donnerstag. Katharina v. Ricci. — Jordan.
SA. 7.25. SU. 17.32. — MU. 7.56. MA. 17.39. — Tl. 10.07

14. Freitag. Valentin. — Valentin.
SA. 7.24. SU. 17.34. — MU. 8.21. MA. 19.07. — TI. 10.10

15. Samstag. Faustinus. — Faustinus u. J.
SA. 7.22. SU. 17.35. — MU. 8.41. MA. 20.29. — TI. 10.13

16. Sonntag. (7. W.) Septuag. Juliana. — Juliana.
SA. 7.21. SU. 17.37. — MU. 8.59. MA. 21.49. — Tl. 10.16
Läutordnung 1/27 Uhr.

17. Montag. Donatus. — Donatus.
SA. 7.19. SU. 17.39. — MU. 9.16. MA. 23.07. — Tl. 10.20

18. Dienstag. Simeon. — Konkordia.
SA. 7.17. SU. 17.40. — MU. 9.31. — Tl. 10.23.

19. Mittwoch. Konrad. — Konrad.
SA. 7.15. SU. 17.41. — MA. 0.22. MU. 9.55. — Tl. 10.26

20. Donnerstag. Eucherius. — Eucherius.
SA. 7.13. SU. 17.43. — MA. 1.36. MU. 10.20. — Tl. 10.30

21. Freitag. Eleonore. — Eleonore.
SA. 7.11. SU. 17.45. — MA. 2.47. MU. 10.50. — Tl. 10.34.

22. Samstag. Petri Stuhlfeier. — Petri Stuhlfeier.
SA. 7.09. SU. 17.46. — MA. 3.53. MU. 11.29. — Tl. 10.37

23. Sonntag. (8. W.) Sexag. Milburgis. — Reinhard.
SA. 7.08. SU. 17.48. — MA. 4.50. MU. 12.18. — Tl. 10.40

24. Montag. Matthias. — Matthias.
SA. 7.06. SU. 17.49. — MA. 5.36. MU. 13.17. — Tl. 10.43

25. Dienstag. Walburga. — Viktor.
SA. 7.04. SU. 17.51. — MA. 6.13. MU. 14.21. — Tl. 10.47

26. Mittwoch. Mechtildis. — Nestorius.
SA. 7.02. SU. 17.53. — MA. 6.41. MU. 15.29. — Tl. 10.51

27. Donnerstag. Leander. — Leander.
SA. 7.00. SU. 17.55. — MA. 7.04. MU. 16.38. — Tl. 10.55

Februar 1930.

28. Freitag. Romanus. — Renata.
SA. 6.58. SU. 17.56. — MA. 7.23. MU. 17.47. — Tl. 10.58

März 1930.

1. Samstag. Suitbert. — Albin, Oskar.
SA. 6.57. SU. 17.57. — MA. 7.39. MU. 18.55. — Tl. 11.00

1. Adar 5690 der Juden.
Läutordnung 1/27 Uhr.

März 1930.

2. Sonntag. (9. W.) Quinquag. Simplicius. — Luise.
SA. 6.55. SU. 17.59. — MA. 7.54. MU. 20.05. — Tl. 11.04

1. Schewwâl 1348 der Mohammedaner.

3. Montag. Kunigunde. — Kunigunde.
SA. 6.53. SU. 18.00. — MA. 8.09. MU. 21.15. — Tl. 11.07

4. Dienstag. Kasimir K. — Adrian.
SA. 6.51. SU. 18.02. — MA. 8.26. MU. 22.27. — Tl. 11.14

Fastnacht.

---

5. Mittwoch. Friedrich. — Friedrich.
SA. 6.49. SU. 18.03. — MA. 8.42. MU. 23.43. — Tl. 11.14

Aschermittwoch.

6. Donnerstag. Fridolin. — Fridolin.
SA. 6.47. SU. 18.05. — MA. 9.04. — Tl. 11.18

7. Freitag. Thomas v. Aqu. — Felizitas.
SA. 6.45. SU. 18.06. — MU. 1.02. MA. 9.33. — Tl. 11.21

8. Samstag. Johann v. Gott. — Philemon.
SA. 6.43. SU. 18.08. — MU. 2.19. MA. 10.13. — Tl. 11.25

9. Sonntag. (10.W.) 1. Invoc. Franz. v. R. — 40 Ritter.
SA. 6.41. SU. 18.09. — MU. 3.31. MA. 11.06. — Tl. 11.28

10. Montag. 40 Märtyrer. — Alexander.
SA. 6.39. SU. 18.11. — MU. 4.32. MA. 12.16. — Tl. 11.32

11. Dienstag. Rosina. — Rosina.
SA. 6.37. SU. 18.12. — MU. 5.19. MA. 13.38. — Tl. 11.35

12. Mittwoch. Gregor. — Gregor.
SA. 6.35. SU. 18.14. — MU. 5.55. MA. 15.05. — Tl. 11.39
1. Quatember.

13. Donnerstag. Nicephorus. — Ernst.
SA. 6.33. SU. 18.15. — MU. 6.21. MA. 16.33. — Tl. 11.42
13. Adar 5690 der Juden. Fasten-Esther.

14. Freitag. Mathilde. — Zacharias.
SA. 6.31. SU. 18.17. — MU. 6.42. MA. 17.57. — Tl. 11.46
14. Adar 5690 der Juden. Purim.

15. Samstag. Longinus. — Christoph
SA. 6.29. SU. 18.18. — MU. 7.01. MA. 19.20. — Tl. 11.49
15. Adar 5690 der Juden. Schuschan-Purim.

16. Sonntag. (11. W.) 2. Rem. — Henriette.
SA. 6.25. SU. 18.21. — MU. 7.18. MA. 20.40. — Tl. 11.56
Läutordnung 7 Uhr.

17. Montag. Gertraud. — Gertraud.
SA. 6.23. SU. 18.23. — MU. 7.36. MA. 21.58. — Tl. 12.00

18. Dienstag. Narzissus. — Anselm.
SA. 6.21. SU. 18.24. — MU. 7.55. MA. 23.16. — Tl. 12.03

19. Mittwoch. Joseph. — Joseph.
SA. 6.19. SU. 18.26. — MU. 8.19. — Tl. 12.07

Patron der kath. Kirche und Deutschlands.

Festtag nach den örtlichen und Bekenntnisverhältnissen, ausschliesslich der Pfalz.

20. Donnerstag. Nizetas. — Hubert.
SA. 6.17. SU. 18.27. — MA. 0.31. MU. 8.48. — Tl. 12.10

21. Freitag. Judica. Benediktus. — Benediktus
SA. 6.15. SU. 18.28. — MA. 1.41. MU. 9.24. — Tl. 12.13
Frühlingsanfang 9.30.

22. Samstag. Katharina. — Kasimir.
SA. 6.13. SU. 18.29. — MA. 2.43. MU. 10.10. — Tl. 12.16

23. Sonntag. (12.W.) 3. Oculi. Viktor. — Eberhard.
SA. 6.11. SU. 18.31. — MA. 3.34. MU. 10.05. — Tl. 12.20

24. Montag. Simon. — Simon.
SA. 6.09. SU. 18.33. — MA. 4.14. MU. 12.08. — Tl. 12.24

25. Dienstag. Maria Verkündigung. — Mar. Verk.
SA. 6.07. SU. 18.34. — MA. 4.45. MU. 13.15. — Tl. 12.27

26. Mittwoch. Castulus. — Emanuel.
SA. 6.05. SU. 18.36. — MA. 5.09. MU. 14.25. — Tl. 12.31

27. Donnerstag Rupert. — Rupert.
SA. 6.02. SU. 18.37. — MA. 5.29. MU. 15.34. — Tl. 12.35

28. Freitag. Guntram. — Malchus.
SA. 6.00. SU. 18.38. — MA. 5.46. MU. 16.43. — Tl. 12.38

29. Samstag. Ludolph. — Eustachius.
SA. 5.58. SU. 18.39. — MA. 6.01. MU. 17.52. — Tl. 12.41

30. Sonntag. (13.W.) 4. Laetere Quirinus. — Guido.
SA. 5.56. SU. 18.41. — MA. 6.16. MU. 19.03. — Tl. 12.45
1. Nisan 5690 der Juden.

31. Montag. Benjamin. — Traugott.
SA. 5.55. SU. 18.42. — MA. 6.31. MU. 20.16. — Tl. 12.47
1. Dsû'l-kade 1348 der Mohammedaner.

April 1930.

1. Dienstag. Hugo. — Theod.
SA. 5.54. SU. 18.42. — MA. 6.48. MU. 21.32. — Tl. 12.48
Läutordnung 7 Uhr (München 7 1/2 Uhr).

2. Mittwoch. Franz v. P. — Theodosia.
SA. 5.53. SU. 18.44. — MA. 7.08. MU. 22.50. — Tl. 12.51

April 1930.

3. Donnerstag. Richard. — Rosamunde.
SA. 5.51. SU. 18.46. — MA. 7.35. — Tl. 12.55

4. Freitag. Isidor. — Ambrosius.
SA. 5.48. SU. 18.47. — MU. 0.09. MA. 8.11. — Tl. 12.59

April 1930.

5. Samstag. Vinzenz Ferr. — Maxim.
SA. 5.46. SU. 18.49. — MU. 1.24. MA. 8.59. — Tl. 13.03

6. Sonntag. (14. W.) 5. Judika. Sixtus. — Irenäus.
SA. 5.44. SU. 18.50. — MU. 2.28. MA. 10.04. — Tl. 13.06

7. Montag. Eberhard. — Hermann.
SA. 5.42. SU. 18.51. — MU. 3.18. MA. 11.20. — TI. 13.09

8. Dienstag. Dionys B. — Albrecht.
SA. 5.40. SU. 18.52. — MU. 3.56. MA. 12.43. — TI. 13.12

9. Mittwoch. Maria Cleophä. — Demetrius.
SA. 5.39. SU. 18.54. — MU. 4.24. MA. 14.08. — Tl. 13.15

10. Donnerstag. Ezechiel. — Daniel.
SA. 5.37. SU. 18.56. — MU. 4.46. MA. 15.32. — Tl. 13.19

11. Freitag. Leo I. — Julius.
SA. 5.34. SU. 18.57. — MU. 5.05. MA. 16.53. — Tl. 13.23

12. Samstag. Zeno. — Eustorgius.
SA. 5.32. SU. 18.58. — MU. 5.22. MA. 18.13. — Tl. 13.26

13. Sonntag. (15.W.) 6. **Palms.** Hermg. — Patric.
SA. 5.30. SU. 19.00. — MU. 5.39. MA. 19.32. — TI. 13.30
15. Nisan 5690 der Juden. Passah-Anfang.

14. Montag. Iustus. — Tiburtius.
SA. 5.28. SU. 19.01. — MU. 5.57. MA. 20.51. — TI. 13.33
16. Nisan 5690 der Juden. Zweites Fest.

15. Dienstag. Anastasia. — Olympiades.
SA. 5.26. SU. 19.02. — MU. 6.19. MA. 22.08. — Tl. 13.36

16. Mittwoch. Eusebius. — Aaron.
SA. 5.24. SU. 19.04. — MU. 6.45. MA. 23.22. — Tl. 13.40

17. Donnerstag. Rudolf. — Rudolf.
SA. 5.23. SU. 19.06. — MU. 7.18. — Tl. 13.43.
Gründonnerstag.

18. Freitag. Apollonia. — Valerian.
SA. 5.21. SU. 19.07. — MA. 0.30. MU. 8.00 — Tl. 13.46
Karfreitag.
Festtag nach den örtlichen und Bekenntnisverhältnissen.

19. Samstag. Werner, Em. — Hermogenes.
SA. 5.19. SU. 19.09. — MA. 1.27. MU. 8.52. — Tl. 13.50
Karsamstag.
21. Nisan 5690 der Juden. Siebentes Fest.

20. Sonntag. (16.W.) Osterfest. Sulpitius.—Sulp.
SA. 5.17. SU. 19.10. — MA. 2.12. MU. 9.53. — Tl. 13.53
22. Nisan 5690 der Juden. Achtes Fest.

21. Ostermontag. Anselm. — Adolarius.
SA. 5.15. SU. 19.12. — MA. 2.46. MU. 11.09. — TI. 13.57

22. Dienstag. Soter u. Cajus. — Soter u. Gustav.
SA. 5.13. SU. 19.13. — MA. 3.13. MU. 12.09. — TI. 14.00

23. Mittwoch. Adalbert B. — Albert.
SA. 5.11. SU. 19.14. — MA. 3.34. MU. 13.17. — Tl. 14.03

24. Donnerstag. Georg. — Georg.
SA. 5.10. SU. 19.16. — MA. 3.52. MU. 14.26. — Tl. 14.06

25. Freitag. Markus. — Markus.
SA. 5.08. SU. 19.17. — MA. 4.07. MU. 15.36. — Tl. 14.09

26. Samstag. Kletus. — Kletus.
SA. 5.06. SU. 19.19. — MA. 4.22. MU. 16.46. — Tl. 14.13

27. Sonntag. (17. W.) 1. Quasim. Peregr. — Anast.
SA. 5.04. SU. 19.20. — MA. 4.37. MU. 17.59. — Tl. 14.16

28. Montag. Paul v. Kr. — Vitalis.
SA. 5.03. SU. 19.22. — MA. 4.53. MU. 19.15. — Tl. 14.19

29. Dienstag. Petrus, M. — Sibylla.
SA. 5.01. SU. 19.23. — MA. 5.12. MU. 20.31. — Tl. 14.22
1. Ijan 5690 der Juden.

30. Mittwoch. Katharina v. S. — Eutropius.
SA. 4.59. SU. 19.24. — MA. 5.37. MU. 21.55. — Tl. 14.25
1. Dsû'l-hedsche 1348 der Mohammedaner.

Mai 1930.

1. Donnerstag. Phil. u. Jak. — Phil. u. Jak.
SA. 4.57. SU. 16.25. — MA. 6.10. MU. 23.13. — Tl. 14.28
Läutordnung 8 Uhr (München ½9 Uhr).

2. Freitag. Athanasius. — Sigismund.
SA. 4.55. SU. 19.27. — MA. 6.55. — Tl. 14.32.

3. Samstag. Hl. † Auffindung. — † Auffindung.
SA. 4.54. SU. 19.29. — MU. 0.22. MA. 7.55. — Tl. 14.35

4. Sonntag. (18. W.) 2. Miser. Floria, Monika. — Flor.
SA. 4.52. SU. 19.30. — MU. 1.17. MA. 9.09. — Tl. 14.38

5. Montag. Pius V. — Gotthard.
SA. 4.51. SU. 19.31. — MU. 1.58. MA. 10.31. — Tl. 14.40

6. Dienstag. Joh. v. d. L. Pf. — Dietrich.
SA. 4.49. SU. 19.32. — MU. 2.29. MA. 11.54. — Tl. 14.43

7. Mittwoch. Stanislaus. — Gottfried.
SA. 4.48. SU. 19.31. — MU. 2.52. MA. 13.16. — Tl. 14.46

8. Donnerstag. Michaels. Ersch. — Stanislaus.
SA. 4.46. SU. 19.35. — MU. 3.11. MA. 14.36. — Tl. 14.49

9. Freitag. Gregor v. N. — Hiob.
SA. 4.44. SU. 19.36. — MU. 3.28. MA. 15.54. — Tl. 14.52

10. Samstag. Antonie. — Viktoria.
SA. 4.43. SU. 19.38. — MU. 3.44. MA. 17.12. — Tl. 14.55

Mai 1930.

11. Sonntag. (19. W.) 3. Jub. Mamertus. — Adolf.
SA. 4.42. SU. 19.39. — MU. 4.01. MA. 18.29. — Tl. 14.57

12. Montag. Pankratius. — Pankratius.
SA. 4.41. SU. 19.41. — MU. 4.21. MA. 19.47. — Tl. 15.00

13. Dienstag. Servatius. — Servatius.
SA. 4.39. SU. 19.42. — MU. 4.45. MA. 21.03. — Tl. 15.03

14. Mittwoch. Bonifatius. M. — Christian.
SA. 4.38. SU. 19.44. — MU. 5.15. MA. 22.13. — Tl. 15.06

15. Donnerstag. Sophia. — Sophia.
SA. 4.36. SU. 19.45. — MU. 5.53. MA. 23.16. — Tl. 15.09

16. Freitag. Johann v. Nep. — Peregrinus.
SA. 4.35. SU. 19.46. — MU. 6.41. — Tl. 15.11
Läutordnung 1/2 9 Uhr (München 9 Uhr).
18. Ijar 5690 der Juden. Lag-B'omer.

17. Samstag. Paschalis. — Eubertus.
SA. 4.34. SU. 19.48. — MA. 0.06. MU. 7.40. — Tl. 15.14

18. Sonntag. (20. W.) 4. Cant. Venantius. — Liborius.
SA. 4.33. SU. 19.49. — MA. 0.45. MU. 8.45. — Tl. 15.16

19. Montag. Petrus, Col. — Potentian.
SA. 4.32. SU. 19.50. — MA. 1.15. MU. 9.52. — Tl. 15.18

20. Dienstag. Bernhard. v. S. — Athanasius.
SA. 4.30. SU. 19.51. — MA. 1.38. MU. 11.01. — Tl. 15.21

Mai 1930.

21. Mittwoch. Konstantin. — Prudens.
SA. 4.29. SU. 19.52. — MA. 1.56. MU. 12.10. — Tl. 15.23

22. Donnerstag. Julia. — Helene.
SA. 4.28. SU. 19.53. — MA. 2.12. MU. 13.18. — Tl. 15.25

23. Freitag. Desiderius. — Desiderius.
SA. 4.27. SU. 19.55. — MA. 2.27. MU. 14.27. — TI. 15.28

24. Samstag. Johanna. — Esther.
SA. 4.26. SU. 19.56. — MA. 2.42. MU. 15.38. — TI. 15.30

25. Sonntag. (21. W.) 5. Rogate. Urban. — Urban.
SA. 4.25. SU. 19.57. — MA. 2.57. MU. 16.51. — TI. 15.32

26. Montag. Phil. Neri. — Beda.
SA. 4.24. SU. 19.58. — MA. 3.15. MU. 18.09. — TI. 15.34

27. Dienstag. Beda, Magdalena. — Luzian.
SA. 4.23. SU. 19.59. — MA. 3.38. MU. 19.31. — Tl. 15.36

28. Mittwoch. Germanus. — Wilhelm.
SA. 4.23. SU. 20.00. — MA. 4.07. MU. 20.52. — Tl. 15.37

1. Sivan 5690 der Juden.

29. Donnerstag. Chr. Himmelf. Theodos. — Christ.
SA. 4.22. SU. 20.01. — MA. 4.48. MU. 22.08. — Tl. 15.39
1. Moharrem 1349 der Mohammedaner.

30. Freitag. Ferdinand. — Wigend.
SA. 4.21. SU. 20.02. — MA. 5.43. MU. 23.11. — Tl. 15.41

Mai 1930.

31. Samstag. Angela. — Petronilla.
SA. 4.20. SU. 20.03. — MA. 6.55. MU. 23.57. — Tl. 15.43

Juni 1930.

1. Sonntag. (22. W.) 6. Exaudi. Juventius. — Nikod.
SA. 4.19. SU. 20.04. — MA. 8.17. — Tl. 15.45.
Läutordnung 9 Uhr.

2. Montag. Erasmus. — Marquard.
SA. 4.18. SU. 20.05. — MU. 0.32. MA. 9.42. — Tl. 15.47
6. Sivan 5690 der Juden. Wochenfest.

3. Dienstag. Klotildis. — Erasmus.
SA. 4.18. SU. 20.06. — MU. 0.58. MA. 11.05. — Tl. 15.48
7. Sivan 5690 der Juden. Zweites Fest.

4. Mittwoch. Quirinus. — Karpasius.
SA. 4.17. SU. 20.07. — MU. 1.18. MA. 12.26. — Tl. 15.50

5. Donnerstag. Bonifazius. — Bonifazius.
SA. 4.17. SU. 20.08. — MU. 1.35. MA. 13.43. — Tl. 15.51

6. Freitag. Norbert. — Benignus.
SA. 4.16. SU. 20.09. — MU. 1.51. MA. 14.59. — Tl. 15.53

7. Samstag. Robert. — Lucretia.
SA. 4.15. SU. 20.10. — MU. 2.08. MA. 16.15. — Tl. 15.55

8. Sonntag. **(23. W.)** Pfingstfest. **Medardus.**
SA. 4.15. SU. 20.11. — MU. 2.26. MA. 17.31. — Tl. 15.56

9. Pfingstmontag. **Primus. — Primus.**
SA. 4.15. SU. 20.12. — MU. 2.47. MA. 18.46. — Tl. 15.57

10. Dienstag. Margaretha. — Onuphrius.
SA. 4.14. SU. 20.12. — MU. 3.15. MA. 19.56. — Tl. 15.58

11. Mittwoch. Barnabas. — Barnabas.
SA. 4.14. SU. 20.13. — MU. 3.49. MA. 21.04. — Tl. 15.59

2. Quatember.

12. Donnerstag. Basilides. — Basilides.
SA. 4.14. SU. 20.13. — MU. 4.34. MA. 21.59. — Tl. 15.59

13. Freitag. Anton v. P. — Tobias.
SA. 4.14. SU. 20.14. — MU. 5.29. MA. 22.43. — Tl. 16.00

14. Samstag. Basilius. — Antonia.
SA. 4.13. SU. 20.14. — MU. 6.31. MA. 23.15. — Tl. 16.01

15. Sonntag. (24.W.) 1.S.n.Pf. Vitus, Kresz. — Vitus.
SA. 4.13. SU. 20.15. — MU. 7.39. MA. 23.41. — Tl. 16.02

16. Montag. Benno. — Justine.
SA. 4.13. SU. 20.15. — MU. 8.47. — Tl. 16.02.

17. Dienstag. Adolf. — Volkmar.
SA. 4.13. SU. 20.16. — MA. 0.02. MU. 9.56. — Tl. 16.03

18. Mittwoch. Markus. — Arnulph.
SA. 4.13. SU. 20.16. — MA. 0.18. MU. 11.03. — Tl. 16.03

19. Donnerstag. Fronleichnam. Gervas. — Gervas.
SA. 4.14. SU. 20.17. — MA. 0.32. MU. 12.10. — Tl. 16.03
Festtag nach den örtlichen und Bekenntnisverhältnissen, ausschließlich des Coburgschen Gebiets.

20. Freitag. Silverius. — Silverius.
SA. 4.14. SU. 20.17. — MA. 0.47. MU. 13.19. — TI. 16.03

21. Samstag. Aloisius. — Albanus.
SA. 4.14. SU. 20.17. — MA. 1.01. MU. 14.30. — TI. 16.03

22. Sonntag. (25.W.) 2.S.n.Pf. Paulinus. — Achatius.
SA. 4.14. SU. 20.17. — MA. 1.18. MU. 15.44. — Tl. 16.03
Sommeranfang 4.53.

23. Montag. Edeltraud. — Basilius.
SA. 4.14. SU. 20.17. — MA. 1.37. MU. 17.04. — Tl. 16.03

24. Dienstag. Johannes d. Täufer. — Johannes d. T.
SA. 4.15. SU. 20.17. — MA. 2.03. MU. 18.25. — Tl. 16.02

25. Mittwoch. Prosper. — Eulogius.
SA. 4.15. SU. 20.17. — MA. 2.38. MU. 19.45. — Tl. 16.02

Augsburger Konfession 1536.

26. Donnerstag. Johann u. Paul. — Jeremias.
SA. 4.15. SU. 20.17. — MA. 3.27. MU. 20.56. — Tl. 16.02
Stiftungstag der Universität München 1472.

27. Freitag. Ladislaus. — Philippine.
SA. 4.16. SU. 20.17. — MA. 4.33. MU. 21.50. — Tl. 16.01
1. Thamuz 5690 der Juden.

28. Samstag. Leo II. — Josua.
SA. 4.16. SU. 20.17. — MA. 5.54. MU. 22.30. — Tl. 16.01
1. Safar 1349 der Mohammedaner.

29. Sonntag. (26.W.) 3. S. n. Pf.
SA. 4.16. SU. 20.17. — MA. 7.21. MU. 23.00. — Tl. 16.01

Juni 1930.

30. Montag. Pauli Gedächtnis. — Pauli Gedächtnis.
SA. 4.17. SU. 20.17. — MA. 8.48. MU. 23.22. — Tl. 16.00

Juli 1930.

1. Dienstag. Theobald. — Theobald.
SA. 4.17. SU. 20.17. — MA. 10.12. MU. 23.41. — Tl. 16.00
Läutordnung 9 Uhr.

2. Mittwoch. Mariä Heimsuchung. — Mariä Heims.
SA. 4.18. SU. 20.17. — MA. 11.32. MU. 23.58. — Tl. 15.59

3. Donnerstag. Eulogius. — Kornelius.
SA. 4.18. SU. 20.16. — MA. 12.50. — Tl. 15.58.

4. Freitag. Ulrich. — Ulrich.
SA. 4.19. SU. 20.16. — MU. 0.14. MA. 14.05. — Tl. 15.57

5. Samstag. Domitius. — Charlotte.
SA. 4.20. SU. 20.16. — MU. 0.32. MA. 15.21. — Tl. 15.56

6. Sonntag. (27. W.) 4. S. n. Pf. Isaias. — Esaias
SA. 4.21. SU. 20.16. — MU. 0.52. MA. 16.36. — Tl. 15.55

7. Montag. Willibald — Willibald.
SA. 4.21. SU. 20.15. — MU. 1.17. MA. 17.49. — Tl. 15.54

8. Dienstag. Kilian. — Kilian.
SA. 4.22. SU. 20.15. — MU. 1.49. MA. 18.56. — Tl. 15.53

9. Mittwoch. Cyrillus. Gottlob. — Gottlob.
SA. 4.23. SU. 20.14. — MU. 2.30. MA. 19.54. — Tl. 15.51

10. Donnerstag. Felizitas. — Jakobina.
SA. 4.24. SU. 20.13. — MU. 3.21. MA. 20.41. — Tl. 15.49

11. Freitag. Pius I. — Pius.
SA. 4.25. SU. 20.13. — MU. 4.21. MA. 21.16. — Tl. 15.48

12. Samstag. Johannes Qualbert. — Heinrich.
SA. 4.26. SU. 20.12. — MU. 5.27. MA. 21.44. — Tl. 15.46
Patrozinium des Erzbistums Bamberg (Heinrich).

13. Sonntag. (28.W.) 5. S. n. Pf. Eugen. — Margareta.
SA. 4.27. SU. 20.11. — MU. 6.36. MA. 22.05. — Tl. 15.44
17. Thamuz 5690 der Juden. Fasten. Tempeleroberung.

14. Montag. Bonaventura. — Bonaventura.
SA. 4.28. SU. 20.10. — MU. 7.44. MA. 22.23. — Tl. 15.42

15. Dienstag. Heinrich. — Heinrich.
SA. 4.29. SU. 20.10. — MU. 8.52. MA. 22.39. — Tl. 15.41

Anfang der Gerichtsferien.

(Ende am 15. September.) §§ 202, 201 GVG.
199, 202

16. Mittwoch. Reinald, Ruth. — Ruth.
SA. 4.30. SU. 20.09. — MU. 9.59. MA. 22.53. — Tl. 15.39
Läutordnung 1/29 Uhr.

17. Donnerstag. Alexius. — Alexius.
SA. 4.31. SU. 20.08. — MU. 11.06. MA. 23.05. — Tl. 15.37

18. Freitag. Friedrich. — Maternus.
SA. 4.32. SU. 20.07. — MU. 12.14. MA. 23.21. — Tl. 15.35

19. Samstag. Vinzenz v. P. — Rufina.
SA. 4.33. SU. 20.06. — MU. 13.25. MA. 23.39. — Tl. 15.33

20. Sonntag. (29. W.) 6. S. n. Pf. Margareta. — Elias.
SA. 4.34. SU. 20.05. — MU. 14.41. — Tl. 15.31.

21. Montag. Julia. — Daniel.
SA. 4.35. SU. 20.04. — MA. 0.01. MU. 15.59. — Tl. 15.29

22. Dienstag. Maria Magdalena. — Maria Magd.
SA. 4.36. SU. 20.03. — MA. 0.30. MU. 17.19. — Tl. 15.27

23. Mittwoch. Liborius. Apollinaris. — Apollinaris.
SA. 4.38. SU. 20.02. — MA. 1.12. MU. 18.34. — Tl. 15.24

Patrozinium des Herzogtums Sulzbach.

Hundstage-Anfang.

24. Donnerstag. Christina. — Christina.
SA. 4.39. SU. 20.01. — MA. 2.09. MU. 19.36. — Tl. 15.22

25. Freitag. Jakob. — Jakob.
SA. 4.40. SU. 20.00. — MA. 3.23. MU. 20.23. — Tl. 15.20

26. Samstag. Anna. — Anna.
SA. 4.41. SU. 19.59. — MA. 4.50. MU. 20.57. — Tl. 15.18
1. Ab 5690 der Juden.

27. Sonntag. (30. W.) 7.S.n.Pf. Pantaleon. — Martha.
SA. 4.42. SU. 19.58. — MA. 6.20. MU. 21.24. — Tl. 15.16
1. Rebî-el-awwel 1349 der Mohammedaner.

28. Montag. Innocenz, Viktor. — Pantaleon.
SA. 4.44. SU. 19.57. — MA. 7.49. MU. 21.45. — Tl. 15.13

29. Dienstag. Flora. — Beatrix.
SA. 4.45. SU. 19.55. — MA. 9.13. MU. 22.02. — Tl. 15.10

30. Mittwoch. Abdon u. S. — Abdon u. S.
SA. 4.46. SU. 19.54. — MA. 10.34. MU. 22.19. — Tl. 15.08

31. Donnerstag. Ignatius. — Trasybul.
SA. 4.48. SU. 19.53. — MA. 11.53. MU. 22.37. — Tl. 15.05

August 1930.

1. Freitag. Petri Kettenfeier. — Petri Kettenfeier.
SA. 4.49. SU. 19.51. — MA. 13.10. MU. 22.56. — Tl. 15.02

2. Samstag. Alfons v. L. — Gustav.
SA. 4.50. SU. 19.49. — MA. 14.26. MU. 23.20. — Tl. 14.59

3. Sonntag. (31. W.) 8. S. n. Pf. Steph. Auff. — Aug.
SA. 4.52. SU. 19.48. — MA. 15.40. MU. 23.49. — Tl. 14.56
9. Ab 5690 der Juden. Fasten. Tempelverbrennung.

4. Montag. Dominikus. — Dominikus.
SA. 4.53. SU. 19.47. — MA. 16.49. — Tl. 14.54.

5. Dienstag. Maria Schnee. — Oswald.
SA. 4.54. SU. 19.45. — MU. 0.27. MA. 17.50. — Tl. 14.51

6. Mittwoch. Verklärung Christi. — Verkl. Christi.
SA. 4.56. SU. 19.44. — MU. 1.16. MA. 18.40. — Tl. 14.48

August 1930.

7. Donnerstag. Afra, Cajet. — Ulrika.
SA. 4.57. SU. 19.42. — MU. 2.13. MA. 19.19. — Tl. 14.45.

8. Freitag. Cyriakus. — Cyriakus.
SA. 4.58. SU. 19.40. — MU. 3.18. MA. 19.48. — Tl. 14.42

Friedensfest in Augsburg (1650).

9. Samstag. Romanus. — Erikus, Romanus.
SA. 4.59. SU. 19.38. — MU. 4.26. MA. 20.11. — Tl. 14.39

Patrozinium des Stiftes Kempten.

10. Sonntag. (32. W.) 9. S. n. Pf. Laurent. — Lorenz.
SA. 5.01. SU. 19.37. — MU. 5.35. MA. 20.20. — Tl. 14.36
Perseiden, feurige Tränen des hl. Laurentius.
Kinderfest in Augsburg.

11. Montag. Susanna. — Hermann.
SA. 5.02. SU. 19.35. — MU. 6.43. MA. 20.45. — Tl. 14.33

12. Dienstag. Klara. Hilaria. — Klara.
SA. 5.03. SU. 19.33. — MU. 7.50. MA. 20.50. — Tl. 14.30

August 1930.

13. Mittwoch. Hippolyt. Kassian. — Hippolyt.
SA. 5.04. SU. 19.32. — MU. 8.56. MA. 21.13. — Tl. 14.28

14. Donnerstag. Eusebius. — Eusebius.
SA. 5.05. SU. 19.30. — MU. 10.03. MA. 21.27. — Tl. 14.25

15. Freitag. Mariä Himmelfahrt. — Maria Heimg.
SA. 5.07. SU. 19.29. — MU. 11.13. MA. 21.43. — Tl. 14.22
Festtag nach den örtlichen und Bekenntnisverhältnissen, ausschließlich des Coburgischen Gebiets.

16. Samstag. Rochus. — Rochus.
SA. 5.09. SU. 19.27. — MU. 12.25. MA. 22.02. — TI. 14.18
Läutordnung 8 Uhr.

17. Sonntag. (33.W.) 10.S.n.Pf. Liberat. — Augusta.
SA. 5.10. SU. 19.25. — MU. 13.41. MA. 22.27. — TI. 14.15

18. Montag. Helena. — Agapitus.
SA. 5.11. SU. 19.23. — MU. 14.58. MA. 23.02. — TI. 14.11

19. Dienstag. Sebald. — Sebald.
SA. 5.13. SU. 19.21. — MU. 16.14. MA. 23.50. — Tl. 14.08

20. Mittwoch. Bernhard. — Bernhard.
SA. 5.14. SU. 19.20. — MU. 17.21. Tl. 14.06

21. Donnerstag. Johann. — Hartwig.
SA. 5.16. SU. 19.18. — MA. 0.55. MU. 18.13. — Tl. 14.02

August 1930.

22. Freitag. Timotheus. — Symphorian.
SA. 5.17. SU. 19.16. — MA. 2.16. MU. 18.53. — Tl. 13.59

23. Samstag. Philipp Benit. — Zachäus.
SA. 5.18. SU. 19.14. — MA. 3.45. MU. 19.23. — Tl. 13.56
Hundstage-Ende.

24. Sonntag. (34 W.) 11. S. n. Pf. Barth. — Barth.
SA. 5.19. SU. 19.12. — MA. 5.16. MU. 19.45. — Tl. 13.53

25. Montag. Ludwig. — Ludwig.
SA. 5.21. SU. 19.10. — MA. 6.44. MU. 20.05. — Tl. 13.49
1. Elul 5690 der Juden.

26. Dienstag. Samuel. — Samuel.
SA. 5.22. SU. 19.08. — MA. 8.09. MU. 20.22. — Tl. 13.46
1. Rebî-el-awwel 1349 der Mohammedaner.

27. Mittwoch. Gebhard. — Gebhard.
SA. 5.24. SU. 19.06. — MA. 9.31. MU. 20.40. — Tl. 13.42

August 1930.

28. Donnerstag. Augustin. — Augustin.
SA. 5.25. SU. 19.01. — MA. 10.51. MU. 21.00. — TI. 13.39

29. Freitag. Johannes Enthauptung. — Joh. Enth.
SA. 5.26. SU. 19.02. — MA. 12.11. MU. 21.22. — TI. 13.36

30. Samstag. Rosa v. L. — Rebekka.
SA. 5.27. SU. 19.00. — MA. 13.28. MU. 21.50. — TI. 13.33

August 1930.

31. Sonntag. (35.W.)12.S.n.Pf. Raimund. — Pauline.
SA. 5.29. SU. 18.59. — MA. 14.41. MU. 22.25. — Tl. 13.30

September 1930.

1. Montag. Aegidius. — Aegidius.
SA. 5.30. SU. 18.57. — MA. 15.46. MU. 23.10. — Tl. 13.27
Läutordnung 1/8 8 Uhr.

2. Dienstag. Stephan. — Absalon.
SA. 5.32. SU. 18.55. — MA. 16.39. — Tl. 13.23

September 1930.

3. Mittwoch. Seraphia. — Mansuetus.
SA. 5.33. SU. 18.53. — MU. 0.05. MA. 17.21. — Tl. 13.20

4. Donnerstag. Rosalia. — Moses.
SA. 5.35. SU. 18.51. — MU. 1.03. MA. 17.53. — Tl. 13.16

5. Freitag. Laurentius. — Herkules.
SA. 5.36. SU. 18.49. — MU. 2.16. MA. 18.17. — Tl. 13.13

6. Samstag. Magnus. — Magnus.
SA. 5.38. SU. 18.47. — MU. 3.25. MA. 18.37. — Tl. 13.09
Magnus, Apostel des Allgäu.

7. Sonntag. (36.W.) 13. S. n. Pf. Regina. — Regina.
SA. 5.39. SU. 18.45. — MU. 4.33. MA. 18.53. — Tl. 13.06

8. Montag. Mariä Geburt. — Mariä Geburt.
SA. 5.40. SU. 18.43. — MU. 5.41. MA. 19.07. — Tl. 13.03

9. Dienstag. Korbinian. — Gorgonius.
SA. 5.41. SU. 18.41. — MU. 6.48. MA. 19.21. — Tl. 13.00

10. Mittwoch. Nikolaus v. T. — Jodokus.
SA. 5.43. SU. 18.39. — MU. 7.55. MA. 19.35. — Tl. 12.56

11. Donnerstag. Aemilian. — Protus.
SA. 5.44. SU. 18.37. — MU. 9.04. MA. 19.50. — Tl. 12.53

12. Freitag. Guido. — Syrus.
SA. 5.45. SU. 18.34. — MU. 10.15. MA. 20.07. — TI. 12.49

13. Samstag. Tobias. — Gottlieb.
SA. 5.47. SU. 18.32. — MU. 11.29. MA. 20.30. — TI. 12.45

14. Sonntag. (37. W.) 14. S. n. Pf. Hl. † Erhöhung.
SA. 5.48. SU. 18.30. — MU. 12.45. MA. 21.00. — TI. 12.42

15. Montag. Nikomedes. — Nikodemus.
SA. 5.49. SU. 18.28. — MU. 14.00. MA. 21.41. — Tl. 12.39

Letzter Tag der Gerichtsferien.

16. Dienstag. Kornelius. — Euphemia.
SA. 5.51. SU. 18.26. — MU. 15.09. MA. 22.37. — Tl. 12.35.

Läutordnung 7 Uhr.

17. Mittwoch. Lampert. — Lampert.
SA. 5.52. SU. 18.24. — MU. 16.06. MA. 23.49. — Tl. 12.32
3. Quatember.

18. Donnerstag. Thomas v. V. — Titus.
SA. 5.54. SU. 18.22. — MU. 16.49. — Tl. 12.28.

19. Freitag. Januarius. — Mikleta.
SA. 5.55. SU. 18.19. — MA. 1.13. MU. 17.21. — Tl. 12.24

20. Samstag. Eustachius. — Fausta.
SA. 5.56. SU. 18.17. — MA. 2.41. MU. 17.46. — Tl. 12.21

21. Sonntag. (38. W.) 15. S. n. Pf. Matthäus. — Matth.
SA. 5.58. SU. 18.16. — MA. 4.09. MU. 18.07. — Tl. 12.18

22. Montag. Mauritius. — Moritz.
SA. 5.59. SU. 18.14. — MA. 5.36. MU. 18.25. — Tl. 12.15

23. Dienstag. Thekla. — Thekla.
SA. 6.00. SU. 18.12. — MA. 7.01. MU. 18.42. — Tl. 12.12

1. Tischri 5691 der Juden. Neujahrsfest.

Herbstanfang 19.36

24. Mittwoch. Gerhard. — Gerhard.
SA. 6.02. SU. 18.11. — MA. 8.24. MU. 19.01. — Tl. 12.09

2. Tischri 5691 der Juden. Zweites Fest.

1. Dschemâdi-el-awwel 1349 der Mohammedaner.

25. Donnerstag. Kleophas. — Kleophas.
SA. 6.03. SU. 18.03. — MA. 9.47. MU. 19.22. — Tl. 12.05
3. Tischri 5691 der Juden. Fasten — Gedaljah.

26. Freitag. Cyprian. — Cyprian.
SA. 6.05. SU. 18.07. — MA. 11.08. MU. 19.48. — Tl. 12.02

September 1930.

27. Samstag. Kosmas u. Damian.
SA. 6.06. SU. 18.05. — MA. 12.25. MU. 20.21. — TI. 11.59

28. Sonntag. (39. W.) 16. S. n. Pf. Wenzeslaus.
SA. 6.08. SU. 18.03. — MA. 13.35. MU. 21.03. — TI. 11.55

29. Montag. Michael. — Michael.
SA. 6.09. SU. 18.01. — MA. 14.34. MU. 21.55. — TI. 11.52

30. Dienstag. Otto. — Hieronymus.
SA. 6.11. SU. 17.59. — MA. 15.20. MU. 22.55. — TI. 11.48

Oktober 1930.

1. Mittwoch. Remigius. — Remigius.
SA. 6.12. SU. 17.55. — MA. 15.56. — Tl. 11.43
Läutordnung 1/2 7 Uhr.

2. Donnerstag. Leodegar. — Johanna.
SA. 6.13. SU. 17.53. — MU. 0.04. MA. 16.22. — Tl. 11.40
10. Tischri 5691 der Juden. Versöhnungsfest.

Oktober 1930.

3. Freitag. Candidus. — Jairus.
SA. 6.15. SU. 17.51. — MU. 1.13. MA. 16.43. — Tl. 11.36

4. Samstag. Franz Seraph. — Franz.
SA. 6.16. SU. 17.49. — MU. 2.22. MA. 17.00. — Tl. 11.33

Oktober 1930.

5. Sonntag. (40. W.) 17. S. n. Pf. Placidus. — Plac.
SA. 6.18. SU. 17.47. — MU. 3.30. MA. 17.15. — Tl. 11.29

6. Montag. Bruno. — Fides.
SA. 6.19. SU. 17.45. — MU. 4.37. MA. 17.28. — Tl. 11.26

7. Dienstag. Markus. — Amalia.
SA. 6.20. SU. 17.43. — MU. 5.44. MA. 17.42. — Tl. 11.23
15. Tischri 5691 der Juden. Laubhüttenfest.

8. Mittwoch. Brigitta. — Pelagia.
SA. 6.21. SU. 17.41. — MU. 6.53. MA. 17.57. — Tl. 11.20
16. Tischri 5691 der Juden. Zweites Fest.

9. Donnerstag. Dionysius. — Dionysius.
SA. 6.23. SU. 17.39. — MU. 8.05. MA. 18.14. — Tl. 14.16

10. Freitag. Franz v. B. — Gideon.
SA. 6.24. SU. 17.37. — MU. 9.19. MA. 18.34. — Tl. 14.13

11. Samstag. Germanus. — Burkhard.
SA. 6.26. SU. 17.35. — MU. 10.35. MA. 19.02. — Tl. 11.09

12. Sonntag. (41. W.) 18. S. n. Pf. Maximilian.
SA. 6.28. SU. 17.33. — MU. 11.51. MA. 19.39. — Tl. 11.05

13. Montag. Eduard. — Kolomann.
SA. 6.29. SU. 17.31. — MU. 13.02. MA. 20.29. — Tl. 11.02
21. Tischri 5691 der Juden. Palmenfest.

14. Dienstag. Burkhart. — Kalixtus.
SA. 6.30. SU. 17.29. — MU. 14.02. MA. 21.35. — Tl. 10.59
22. Tischri 5691 der Juden. Versammlung oder Laubhüttenende.

15. Mittwoch. Theresia. — Theresia.
SA. 6.32. SU. 17.28. — MU. 14.48. MA. 22.53. — Tl. 10.56

23. Tischri 5691 der Juden. Gesetzesfreude.
Theresien-Ordensfest.

16. Donnerstag. Gallus. — Gallus.
SA. 6.33. SU. 17.26. — MU. 15.23. — Tl. 10.53.
Läutordnung 6 Uhr.

17. Freitag. Hedwig. — Florentina.
SA. 6.35. SU. 17.24. — MA. 0.18. MU. 15.49. — Tl. 10.49

18. Samstag. Lukas. — Lukas.
SA. 6.36. SU. 17.22. — MA. 1.43. MU. 16.10. — Tl. 10.46

19. Sonntag. (42. W.) 19. S. n. Pf. Petr. v. Alk. — Ferd.
SA. 6.38. SU. 17.20. — MA. 3.08. MU. 16.28. — TI. 10.42

20. Montag. Wendelin. — Wendelin.
SA. 6.39. SU. 17.18. — MA. 4.31. MU. 16.15. — TI. 10.39

21. Dienstag. Ursula. — Ursula.
SA. 6.40. SU. 17.16. — MA. 5.54. MU. 17.13. — Tl. 10.36

22. Mittwoch. Kordula. — Kordula.
SA. 6.42. SU. 17.14. — MA. 7.13. MU. 17.23. — Tl. 10.32

23. Donnerstag. Joh. v. Capr. — Sev.
SA. 6.43. SU. 17.12. — MA. 8.40. MU. 17.46. — Tl. 10.29
1. Marcheschwan 5691 der Juden.

24. Freitag. Raphael. — Salome.
SA. 6.45. SU. 17.11. — MA. 10.01. MU. 18.15. — Tl. 10.26
1. Dschemâdi-el-accher 1349 der Mohammedaner.

25. Samstag. Krispin. — Krispin.
SA. 6.47. SU. 17.09. — MA. 11.16. MU. 18.54. — Tl. 10.22

26. Sonntag. (43. W.) 20. S. n. Pf. Evarist. — Amand.
SA. 6.48. SU. 17.07. — MA. 12.22. MU. 19.43. — Tl. 10.19

27. Montag. Sabina. Sabina.
SA. 6.50. SU. 17.05. — MA. 13.15. MU. 20.13. — Tl. 10.15

28. Dienstag. Simon u. Juda. — Simon u. Juda.
SA. 6.52. SU. 17.03. — MA. 13.55. MU. 21.49. — Tl. 10.11

29. Mittwoch. Narcissus. — Narcissus.
SA. 6.53. SU. 17.01. — MA. 14.23. MU. 22.58. — Tl. 10.08

30. Donnerstag. Serapion. — Hartmann.
SA. 6.55. SU. 17.00. — MA. 14.48. — Tl. 10.05

Oktober 1930.

31. Freitag. Wolfgang. — Wolfgang.
SA. 6.56. SU. 16.59. — MU. 0.06. MA. 15.06. — Tl. 10.03

November 1930.

1. Samstag. Allerheiligen.
SA. 6.57. SU. 16.57. — MU. 1.15. MA. 15.21. — Tl. 10.00
Festtag nach den örtlichen und Bekenntnisverhältnissen ausschliesslich des Coburgschen Gebiets.
Läutordnung 1/26 Uhr.

2. Sonntag. (44. W.) 21. S. n. Pf. Allerseelen.
SA. 6.59. SU. 16.56. -- MU. 2.22. MA. 15.35. — Tl. 9.57

3. Montag. Hubert. — Gottlieb.
SA. 7.01. SU. 16.54. -- MU. 3.30. MA. 15.49. — Tl. 9.53

4. Dienstag. Karl Borromäus. — Emmerich.
SA. 7.02. SU. 16.52. — MU. 4.38. MA. 16.03. — Tl. 9.50

5. Mittwoch. Zacharias u. El. — Blandina.
SA. 7.04. SU. 16.51. — MU. 5.49. MA. 16.19. — Tl. 9.47

November 1930.

6. Donnerstag. Leonhard. — Leonhard.
SA. 7.05. SU. 16.49. — MU. 7.04. MA. 16.39. — Tl. 9.44

Leonhardsfahrten.

7. Freitag. Engelbert. — Erdmann.
SA. 7.07. SU. 16.48. — MU. 8.21. MA. 17.04. — Tl. 9.41

8. Samstag. Gottfried. — 4 gekr. Ritter.
SA. 7.08. SU. 16.46. — MU. 9.39. MA. 17.38. — Tl. 9.38

9. Sonntag. (45. W.) 22. S. n. Pf. Theodor. — Theod.
SA. 7.10. SU. 16.45. — MU. 10.53. MA. 18.26. — Tl. 9.35

10. Montag. Andreas Avell. — Probus.
SA. 7.11. SU. 16.44. — MU. 11.57. MA. 19.27. — TI. 9.33

11. Dienstag. Martin. — Martin.
SA. 7.13. SU. 16.43. — MU. 12.47. MA. 20.41. — TI. 9.30

12. Mittwoch. Martin P. — Jonas.
SA. 7.14. SU. 16.41. — MU. 13.25. MA. 22.04. — Tl. 9.57

Sternschnuppenfall m. d. Radianten im Sternbild des Löwen (Martinistrom).

13. Donnerstag. Stanislaus. — Briccius.
SA. 7.16. SU. 16.40. — MU. 13.54. MA. 23.27. — Tl. 9.24

14. Freitag. Serapion. — Levinus.
SA. 7.17. SU. 16.39. — MU. 14.16. — Tl. 9.22

15. Samstag. Leopold, Albert. — Leopold.
SA. 7.19. SU. 16.38. — MA. 0.50. MU. 14.34. — Tl. 9.19

16. Sonntag. (46. W.) 23. S. n. Pf. Ottmar. — Ottmar.
SA. 7.21. SU. 16.37. — MA. 2.12. MU. 14.50. — Tl. 9.16
Läutordnung 1/2 6 Uhr.

17. Montag. Gregor. — Hugo.
SA. 7.22. SU. 16.35. — MA. 3.31. MU. 15.07. — Tl. 9.13

18. Dienstag. Otto, Hilda. — Otto.
SA. 7.24. SU. 16.34. — MA. 4.52. MU. 15.25. — Tl. 9.10

19. Mittwoch. Elisabeth. — Elisabeth.
SA. 7.25. SU. 16.33. — MA. 6.13. MU. 15.46. — Tl. 9.08

20. Donnerstag. Korbinian. — Emilie.
SA. 7.27. SU. 16.32. — MA. 7.34. MU. 16.13. — Tl. 9.05
Titularfest des Bistums Freising.

21. Freitag. Mariä Opferung. — Mariä Opferung.
SA. 7.28. SU. 16.31. — MA. 8.53. MU. 16.47. — Tl. 9.03
1. Kislev 5691 der Juden.

22. Samstag. Cäcilia. — Cäcilia.
SA. 7.29. SU. 16.30. — MA. 10.05. MU. 17.32. — Tl. 9.01

1. Redscheb 1349 der Mohammedaner.

23. Sonntag. (47. W.) 24. S. n. Pf. Klemens. — Klem.
SA. 7.31. SU. 16.29. — MA. 11.05. MU. 18.27. — Tl. 8.58

24. Montag. Johann v. Kreuz. — Chrysogonus.
SA. 7.32. SU. 16.28. — MA. 11.50. SU. 19.32. — Tl. 8.56

25. Dienstag. Katharina. — Katharina.
SA. 7.34. SU. 16.28. — MA. 12.24. MU. 20.41. — Tl. 8.54

26. Mittwoch. Konrad. — Konrad.
SA. 7.35. SU. 16.27. — MA. 12.50. MU. 21.51. — TI. 8.52

27. Donnerstag. Virgilius. — Lothar.
SA. 7.36. SU. 16.26. — MA. 13.10. MU. 23.00. — TI. 8.50

28. Freitag. Kreszentia. — Günther.
SA. 7.38. SU. 16.26. — MA. 13.26. — Tl. 8.48.

29. Samstag. Saturnin. — Walther.
SA. 7.39. SU. 16.25. — MU. 0.07. MA. 13.41. — Tl. 8.46

November 1930.

30. Sonntag. (48. W.) 1. Advent. Hl. Andreas.
SA. 7.40. SU. 16.24. — MU. 1.14. MA. 13.55. — Tl. 8.44

Dezember 1930.

1. Montag. Eligius. — Longinius.
SA. 7.42. SU. 16.24. — MU. 2.21. MA. 14.08. — Tl. 8.42

Läutordnung 5 Uhr.

2. Dienstag. Bibiana. — Aurelia.
SA. 7.43. SU. 16.23. — MU. 2.30. MA. 14.23. — Tl. 8.40

3. Mittwoch. Franz Xaver. — Kassian.
SA. 7.44. SU. 16.23. — MU. 4.42. MA. 14.41. — Tl. 8.39

4. Donnerstag. Barbara. — Barbara.
SA. 7.45. SU. 16.22. — MU. 5.59. MA. 15.05. — Tl. 8.37

5. Freitag. Sabbas. — Abigail.
SA. 7.47. SU. 16.22. — MU. 7.17. MA. 15.35. — Tl. 8.35

6. Samstag. Nikolaus. — Nikolaus.
SA. 7.48. SU. 16.21. — MU. 8.35. MA. 16.17. — Tl. 8.33

7. Sonntag (49. W.) 2. Adv. Ambrosius. — Agathon.
SA. 7.49. SU. 16.21. — MU. 9.46. MA. 17.15. — Tl. 8.32

8. Montag. Unbefl. Empf. Mariä. — Mar. Empf.
SA. 7.50. SU. 16.21. — MU. 10.43. MA. 18.28. — Tl. 8.31

Georgi-Ritter-Ordensfest.

Festtag an Orten mit überwiegend katholischer Bevölkerung mit Ausnahme der Pfalz und des Coburgschen Gebiets. Kein Festtag im Sinne der GewO.

9. Dienstag. Leokadia. — Joachim.
SA. 7.51. SU. 16.20. — MU. 11.26. MA. 19.50. — Tl. 8.29

10. Mittwoch. Melchiades. — Judith.
SA. 7.52. SU. 16.20. — MU. 11.57. MA. 21.16. — Tl. 8.28

11. Donnerstag. Damasus. — Damasus.
SA. 7.53. SU. 16.20. — MU. 12.21. MA. 22.39. — Tl 8.27

Dezember 1930.

12. Freitag. Synesius. — Epimachus.
SA. 7.54. SU. 16.20. — MU. 12.40. — Tl. 8.26

13. Samstag. Lucia. — Lucia.
SA. 7.55. SU. 16.21. — MA. 0.00. MU. 12.57. — Tl. 8.26

14. Sonntag. (50. W.) 3. Adv. Nicasius. — Nicasius.
SA. 7.56. SU. 16.21. — MA. 1.19. MU. 13.13. — Tl. 8.25

15. Montag. Christiana. — Ignatius.
SA. 7.56. SU. 16.21. — MA. 2.38. MU. 13.30. — Tl. 8.25
25. Kislev 5691 der Juden. Tempelweihe.

16. Dienstag. Adelheid. — Ananias.
SA. 7.57. SU. 16.21. — MA. 3.56. MU. 13.49. — Tl. 8.24

17. Mittwoch. Lazarus. — Lazarus.
SA. 7.58. SU. 16.21. — MA. 5.16. MU. 14.14. — Tl. 8.23

4. Quatember.

18. Donnerstag. Wunibald. — Wunibald.
SA. 7.59. SU. 16.22. — MA. 6.34. MU. 14.44. — TI. 8.23

19. Freitag. Nemesius. — Abraham.
SA. 8.00. SU. 16.22. — MA. 7.48. MU. 15.24. — TI. 8.22

Dezember 1930.

20. Samstag. Christian. — Ammon.
SA. 8.00. SU. 16.22. — MA. 8.52. MU. 16.15. — Tl. 8.22

21. Sonntag. (51. W.) 4. Adv. Thomas Ap. — Thom.
SA. 8.01. SU. 16.23. — MA. 9.44. MU. 17.17. — Tl. 8.22
1. Tebet 5691 der Juden.

22. Montag. Demetrius. — Berta.
SA. 8.01. SU. 16.23. — MA. 10.22. MU. 18.25. — TI. 8.22

1. Schabân 1349 der Mohammedaner.

Winteranfang 14.40.

23. Dienstag. Viktoria. — Dagobert.
SA. 8.02. SU. 16.23. — MA. 10.51. MU. 19.35. — TI. 8.21

Dezember 1930.

24. Mittwoch. Adam u. Eva. — Adam u. Eva.
SA. 8.02. SU. 16.24. — MA. 11.13. MU. 20.45. — Tl. 8.22

25. Donnerstag. Heil. Weihnachtsfest. — Weihn.
SA. 8.03. SU. 16.25. — MA. 11.31. MU. 21.52. — Tl. 8.22

26. Freitag. Stephanus, Erzm. — Stephanus.
SA. 8.03. SU. 16.26. — MA. 11.47. MU. 22.59. — Tl. 8.23
2. Weihnachtsfeiertag.

27. Samstag. Johannes. — Johannes.
SA. 8.04. SU. 16.27. — MA. 12.00. — Tl. 8.23.

28. Sonntag. (52. W.) Unsch. Kinder. — Unsch. K.
SA. 8.04. SU. 16.27. — MU. 0.05. MA. 12.13. — Tl. 8.23

29. Montag. Thomas B. M. — Jonathan.
SA. 8.04. SU. 16.28. — MU. 1.12. MA. 12.27. — Tl. 8.24

30. Dienstag. David. — David.
SA. 8.04. SU. 16.29. — MU. 2.22. MA. 12.43. — Tl. 8.25

10. Tebet 5691 der Juden.
Fasten. Belagerung Jerusalems.

31. Mittwoch. Silvester P. — Silvester.
SA. 8.04. SU. 16.30. — MU. 3.34. MA. 13.03. — Tl. 8.26

Januar 1931.

1. Donnerstag. Neujahr.

2. Freitag.

3. Samstag.

4. Sonntag.

Januar 1931.

5. Montag.

6. Dienstag.

7. Mittwoch.

8. Donnerstag.

Januar 1931.

9. Freitag.

10. Samstag.

11. Sonntag.

12. Montag.

13. Dienstag.

14. Mittwoch.

15. Donnerstag.

16. Freitag.

Januar 1931.

17. Samstag.

18. Sonntag.

19. Montag.

20. Dienstag.

Januar 1931.

21. Mittwoch.

22. Donnerstag.

23. Freitag.

24. Samstag.

25. Sonntag.

26. Montag.

27. Dienstag.

28. Mittwoch.

Januar 1931.

29. Donnerstag.

30. Freitag.

31. Samstag.

Februar 1931.

1. Sonntag.

2. Montag.

3. Dienstag.

4. Mittwoch.

Februar 1931.

5. Donnerstag.

6. Freitag.

7. Samstag.

8. Sonntag.

Februar 1931.

9. Montag.

10. Dienstag.

11. Mittwoch.

12. Donnerstag.

Februar 1931.

13. Freitag.

14. Samstag.

15. Sonntag.

16. Montag.

Februar 1931.

17. Dienstag.

18. Mittwoch.

19. Donnerstag.

20. Freitag.

Februar 1931.

21. Samstag.

22. Sonntag.

23. Montag.

24. Dienstag.

Februar 1931.

25. Mittwoch.

26. Donnerstag.

27. Freitag.

28. Samstag.

I.

Gesetzes-Übersichten.

Beil. I a, a*, b, c, d, e, f, g.

Übersicht der Beilagen.

Seite

1. Gesetzesübersicht.

a) Reichsgesetze.[1])

Nr.	Datum des Gesetzes	Name des Gesetzes
1	10.Febr. 1919	Ges. über die vorläufige Reichsgewalt (RGBl. 169); aufgeh. s. a 32.
2	19.Febr. 1919	Ges. zur Abänderung der VO. über die Rückgabe der in Belgien u. Frankreich weggenommenen Betriebseinrichtungen (RGBl. 199).
3	22.Febr. 1919	Ges. über die Gewährung einer Entschädigung an die Mitglieder der verfassunggebenden deutschen Nationalversammlung (RGBl. 241).
4	1. März 1919	Notges. für elsass-lothringische Angelegenheiten (RGBl. 257).
5	1. März 1919	Ges., betr. Verbot des Agiohandels mit deutschen Banknoten u. Darlehenskassenscheinen (RGBl. 263).
6	1. März 1919	Ges. über die weitere Zulassung von Hilfsmitgliedern im Patentamt (RGBl. 287) s. a 306.
7	1. März 1919	Ges. zur Abänderung der VO. über ausl. Wertpapiere v. 22. März 1917 (RGBl. 264) s. a 273.
8	1. März 1919	Ges. über die Einsiegelung von Schriften, Drucksachen, Wertpapieren u. Zahlungsmitteln beim Grenzübertritte nach dem Ausland (RGBl. 265) aufgeh. a 660.
9	2. März 1919	Ges. über die Vergütung von Leistungen für die feindlichen Heere im besetzten Reichsgebiet usw. (RGBl. 261) s. a 78.
10	3. März 1919	Ges. zum Schutze gegen die Folgen der Verkehrserschwerung (RGBl. 281).
11	4. März 1919	Uebergangsges. (RGBl. 285).
12	6. März 1919	Ges. zur Durchführung der Waffenstillstandsbedingungen (RGBl. 286).
13	6. März 1919	Ges. über die Bildung einer vorläufigen Reichswehr (RGBl. 295) s. a 199.

[1]) Die folgende Uebersicht enthält, nach der Zeitfolge, die Gesetze aus der Zeit der Republik. Die Gesetze aus der Zeit des Kaiserreichs nach dem Stand vom 8. Nov. 1918 sind in der dem Jahrgang 1920 des Kalenders beigegebenen Anlage zusammengestellt; spätere Aenderungen dieser Ges. ergibt das Alphabet. Register Beil. 1 g. Wegen der Erlasse der Volksbeauftragten u. der provisorischen Reichsregierung s. § 1 des Uebergangsgesetzes v. 4. März 1919 (a 11) und Aktenstück Nr. 223 zu den Verhandlungen der Verfassunggebenden Deutschen Nationalversammlung.

Nr.	Datum des Gesetzes	Name des Gesetzes
14	15. März 1919	Ges. betr. Verkehr mit russischen Zahlungsmitteln (RGBl. 321).
15	23 März 1919	Sozialisierungsges. (RGBl. 341).
16	23. März 1919	Ges. über die Regelung der Kohlenwirtschaft (RGBl. 342); geänd. s. a 36.
17	27. März 1919	Ges. über den Eintritt des Freistaats Württemberg in die Biersteuergemeinschaft (RGBl. 345); geänd. a 528, 661, 769.
18	27. März 1919	Ges. über die Besteuerung der Reichsbank für das Jahr 1918 (RGBl. 353); geändert s. a 63.
19	15. April 1919	Ges. betr. Aenderung des Kriegssteuerges. v. 21. Juni 1916 (RGBl. 397).
20	16. April 1919	Ges. über die Bildung einer vorläufigen Reichsmarine (RGBl. 431) s. a 199.
21	17. April 1919	Ges. über einen allgem. Feiertag (RGBl. 393).
22	17. April 1919	Ges. über eine vereinfachte Form der Gesetzgebung für die Zwecke der Uebergangswirtschaft (RGBl. 394); s. a 140.
23	19. April 1919	Ges. über die Ausbildung von Kriegsteilnehmern zum Richteramt (RGBl. 403); geänd. a 340.
24	24. April 1919	Ges. über die Regelung der Kaliwirtschaft (RGBl. 413); geänd. s. a 29.
25	24. Juni 1919	Ges. zur Ergänzung des Ges. gegen die Steuerflucht v. 26. Juli 1918 (RGBl. 583), aufgeh. a 660.
26	24. Juni 1919	Ges. über den Eintritt der Freistaaten Bayern u. Baden in die Biersteuergemeinschaft (RGBl. 599); geänd. a 528, 661, 769.
27	28. Juni 1919	Ges. über Landkrankenkassen, Kassenangestellte u. Ersatzkassen (RGBl. 615 u. 622).
28	16. Juli 1919	Ges. über den Friedensschluss zwischen Deutschland u. den alliierten u. assoziierten Mächten, Versaillervertrag (RGBl. 687) s. a 106, 121.
29	19. Juli 1919	Ges. betr. Aufhebung des Ges. über den Absatz von Kalisalzen v. 25. Mai 1910 u. seiner Abänderungsgesetze sowie Abänderung des Ges. über die Regelung der Kaliwirtschaft v. 24. April 1919 (RGBl. 661) s. a 24, c 92.
30	21. Juli 1919	Ges. über die Zahlung der Zölle in Gold (RGBl. 1361).
31	31. Juli 1919	Kleingarten- u. Kleinpachtlandordnung (RGBl. 1371).
32	11. Aug. 1919	Die Verfassung des Deutschen Reichs (RGBl. 1383; Berichtigung 1920, 328) s. a 1, 144, 145, 159, 201, 420, 576, 583, 702.
33	11. Aug. 1919	Reichssiedlungsges. (RGBl. 1429 u. 1518); geänd. a 503, 557, 720; e 54.
34	13. Aug. 1919	Ges. zur Ergänzung des § 323 der Zivilprozessordnung, lex Taucher (RGBl. 1448) s. a 64.
35	17. Aug. 1919	Sechste Ergänzung des Besoldungsges. (RGBl. 1479) s. a 59; gegenstandslos s. a 103.

Nr.	Datum des Gesetzes	Name des Gesetzes
36	20. Aug. 1919	Ges. betr. Abänderung des Ges. über die Regelung der Kohlenwirtschaft v. 23. März 1919 (RGBl. 1447) s. a 16.
37	29. Aug. 1919	Ges. betr. einen Anleihekredit für das Rechnungsjahr 1919 sowie die Ausgabe von Inhaberpapieren mit Prämien (RGBl. 1491).
38	31. Aug. 1919	Ges. über Enteignungen u. Entschädigungen aus Anlass des Friedensvertrags zwischen Deutschland u. den alliierten u. assoziierten Mächten (RGBl. 1527); geänd. a 502.
39	31. Aug. 1919	Ausführungsges. zum Friedensvertrage (RGBl. 1530); geänd. s. a 141, e 21.
40	8. Sept. 1919	Ges. über Postgebühren (RGBl. 1519), grösstenteils aufgehoben s. a 101.
41	8. Sept. 1919	Ges. zur Aenderung des Postscheckges. v. 26. März 1914 (RGBl. 1522) s. a 197.
42	8. Sept. 1919	Ges. betr. Telegraphen- u. Fernsprechgebühren (RGBl. 1522); aufgeh. s. a 110.
43	8. Sept. 1919	Ges. gegen die Kapitalflucht (RGBl. 1540); Verläng. der Geltungsdauer c 97; aufgeh. a 173.
44	10. Sept. 1919	Erbschaftssteuerges. (RGBl. 1543); geänd. durch § 459 der Reichsabgabenordnung s. a 62; ferner durch a 82, 396.
45	10. Sept. 1919	Ges. über eine ausserordentl. Kriegsabgabe für das Rechnungsjahr 1919 (RGBl. 1567).
46	10. Sept. 1919	Ges. über eine Kriegsabgabe vom Vermögenszuwachse (RGBl. 1579); geänd. s. a 237.
47	10. Sept. 1919	Ges. über die Reichsfinanzverwaltung (RGBl. 1591); grösstenteils aufgehoben s. § 444 des Ges. v. 13. Dez. 1919 bei a 62.
48	10. Sept. 1919	Zündwarensteuerges. (RGBl. 1629) s. a 203, 332; grösstenteils aufgeh. a 531.
49	10. Sept. 1919	Spielkartensteuerges. (RGBl. 1643) mit Bek. v. 19. Sept. 1919 (RGBl. 1706), im wesentl. aufgeh. a 529.
50	12. Sept. 1919	Grunderwerbsteuerges. (RGBl. 1617 u. 1794); geänd. durch § 460 der Reichsabgabenordnung s. a 62 u. durch § 62 des Landessteuerges. weiter geänd. a 82, 660, e 4; Neufassung a 660.
51	12. Sept. 1919	Ges. betr. die Erhöhung von Pensionen von Reichsbeamten, die das 65. Lebensjahr vollendet haben (RGBl. 1653).
52	12. Sept. 1919	Ges. betr. d. Pensionier. v. Reichsbeamten infolge der Umgestaltung d. Staatswesens (RGBl. 1654).
53	12. Sept. 1919	Tabaksteuerges. (RGBl. 1667); geänd. s. a 285, 332, 483, 657, 660, d 3, 6, 34, a 836.
54	13. Sept. 1919	Offiziersentschädigungsges. (RGBl. 1654); geänd. d 23.
55	13. Sept. 1919	Kapitulantenentschädigungsges. (RGBl. 1659); geänd. d 23.

Nr.	Datum des Gesetzes	Name des Gesetzes
56	26. Sept. 1919	Ges. über Wochenhilfe u. Wochenfürsorge (RGBl. 1757); ändert die RVersicherungsO. s. a 106; seiners. geänd. s. a 263, 360.
57	4. Okt. 1919	Ges. zur Ergänzung des Mannschaftsversorgungsges. v. 31. Mai 1906, des Offizierspensionsges. v. 31. Mai 1906 u. des Militärhinterbliebenenges. v. 17. Mai 1907 (RGBl. 1787).
58	23. Okt. 1919	Ges. betr. den deutsch-polnischen Vertrag über die Entlassung festgehaltener Personen u. die Gewährung von Straffreiheit (RGBl. 1803); erg. durch Ges. v. 7. Juli 1921 (RGBl. 921).
59	11. Nov. 1919	Siebente Ergänzung des Besoldungsges. (RGBl. 1887 u. 1950) s. a 35; gegenstandslos s. a 103.
60	30. Nov. 1919	Ges. zur Abänderung des Ges. v. 11. Dez. 1915 betr. Abänderung des Ges. über den Belagerungszustand v. 4. Juni 1851, u. der VO. v. 11. Sept. 1916 über das Verfahren vor den ausserordentl. Kriegsgerichten (RGBl. 1941).
61	6. Dez. 1919	Ges. betr. Aenderung des Ges. über das Branntweinmonopol (RGBl. 1987); aufgeh. a 339.
62	13. Dez. 1919	Reichsabgabenordnung (RGBl. 1993; 1920, 40) s. a 47, 44, 50, 202, 257, 449, 461, 472, 552, 657, 660, 705; d 34; e 4, 59.
63	16. Dez. 1919	Ges. betr. Aenderung des Bankges. v. 14. März 1875 (RGBl. 2117) s. a 18, 210, 247, 308; a* 5, 82.
64	18. Dez. 1919	Ges. über Teuerungszuschläge zu den Gebühren der Rechtsanwälte u. Gerichtsvollzieher (RGBl. 2113); ändert auch die ZPO.; s. a 34, 152; seiners. geänd. a 228, 238, 431, 456, 559; aufgeh. a 559.
65	18. Dez. 1919	Ges. zur Verfolgung von Kriegsverbrechen u. Kriegsvergehen (RGBl. 2125), geänd. s. a 77, 211.
66	23. Dez. 1919	Ges. gegen das Glücksspiel; ändert das StGB. (RGBl. 2145).
67	24. Dez. 1919	Umsatzsteuerges. (RGBl. 2157), geänd. s. a 153, 330, 336, 426, 472, 520, 551, 630, 660, 662, 691, e 4.
68	31. Dez. 1919	Ges. über das Reichsnotopfer (RGBl. 2189), geänd. s. a 107, 166, 237; grösstenteils aufgeh. a 326.
69	31. Dez. 1919	Ges. betr. die Sozialisierung der Elektrizitätswirtschaft (RGBl. 1920, 19).
70	3. Jan. 1920	Ges. über die Eisenbahnaufsicht (RGBl. 13); aufgehoben wird das Ges. v. 27. Juni 1873.
71	3. Jan. 1920	Ges. betr. die vorläufige Regelung der Luftfahrt (RGBl. 14).
72	3. Jan. 1920	Ges. über Steuernachsicht (RGBl. 45).
73	15. Jan. 1920	Ges. über weibliche Angestellte in Gast- und Schankwirtschaften (RGBl. 69).

Nr.	Datum des Gesetzes	Name des Gesetzes
74	23. Jan. 1920	Ges. betr. den deutsch-polnischen Vertrag über die vorläufige Regelung von Beamtenfragen (RGBl. 77).
75	23. Jan. 1920	Ges. betr. die Gewährung von Straffreiheit an Personen aus den Abstimmungsgebieten sowie die Abänderung des deutsch-polnischen Vertrages über die vorläufige Regelung von Beamtenfragen (RGBl. 91).
76	4. Febr. 1920	Betriebsräteges. (RGBl. 147) ändert auch die GewO.; geänd. s. a 120, 180, 491, 749, 817; d 23, 32; s. auch a 182.
77	24. März 1920	Ges. zur Ergänzung des Ges. zur Verfolgung von Kriegsverbrechen u. Kriegsvergehen (RGBl. 341) s. a 65, 211.
78	27. März 1920	Ges. zur Aenderung des Ges. v. 2. März 1919 über die Vergütung usw. (RGBl. 353) s. a 9; geänd. durch Bek. v. 18. Nov. 1924 (RGBl. 755).
79	29. März 1920	Kapitalertragsteuerges. (RGBl. 345); geänd. a 328.
80	29. März 1920	Einkommensteuerges. (RGBl. 359, 1640), ändert auch das Umsatzsteuerges. v. 26. Juli 1918; geändert durch Ges. v. 31. März 1920 (RGBl. 428) u. weiter nach a 137, 200, 241, 281, 395, 441, 472, 526; e 59.
81	30. März 1920	Körperschaftssteuerges. (RGBl. 393) s. a 204, 328, 472.
82	30. März 1920	Landessteuerges. (RGBl. 402), ändert auch das Erbschaftssteuerges., das Grunderwerbsteuerges., das Doppelsteuerges., das Reichsfinanzhofges., das Ges. über das Branntweinmonopol s. a 44, 50; b 79; seiners. geänd. a 519.
83	31. März 1920	Ges. über die Erhebung der Biersteuer von den auf Grund des Art. 268 u. des § 31 Abs. 4 der Anlage zu Art. 45—50 des Friedensvertrags zur Einfuhr kommenden Biere (RGBl. 457).
84	31. März 1920	Ges. über die Besteuerung der Reichsbank für das Jahr 1920 (RGBl. 475).
85	1. April 1920	Ges. betr. Aenderung des Ges. über das Passwesen v. 12. Okt. 1867 (s. a 464) u. das Konsulatsgebührenges. v. 17. Mai 1910 (RGBl. 465 u. 517).
86	2. April 1920	Ges. betr. die Aburteilung der hochverräterischen Unternehmen aus dem März 1920 usw. durch die bürgerlichen Gerichte (RGBl. 431).
87	3. April 1920	Ges. über den Wiederbeginn u. den Ablauf von Fristen (RGB. 445), geänd. s. a 151.
88	6. April 1920	Ges. über die Beschäftigung Schwerbeschädigter (RGBl. 458), geänd. s. a 156, 317, 393, 440.

Nr.	Datum des Gesetzes	Name des Gesetzes
89	8. April 1920	Ges. betr. Erhöhung der Zuständigkeit der Amtsgerichte in bürgerlichen Rechtsstreitigkeiten über vermögensrechtliche Ansprüche (RGBl. 499), ändert das GVG. s. a 152.
90	8. April 1920	Ges. zur Ausführung des Art. 13 Abs. 2 der Verfassung des Deutschen Reiches (RGBl. 510).
91	9. April 1920	Ges. über beschränkte Auskunft aus dem Strafregister und die Tilgung von Strafvermerken (RGBl. 507), geänd. a 489; e 22.
92	16. April 1920	Ges. betr. das deutsch-französische Abkommen über den Kehler Hafen (RGBl. 567).
93	21. April 1920	Ges. zur Abänderung des Schaumweinsteuerges. v. 26. Juli 1918 (RGBl. 593); aufgeh. a 341.
94	24. April 1920	Reichsausgleichsges. (RGBl. 597); Inkrafttreten RGBl. 1920, 1356; Berichtigung 1920, 1472; geänd. s. a 175, 433, 502.
95	27. April 1920	Reichswahlges. (RGBl. 627); geänd. a 414, 579.
96	27. April 1920	Ges. zur Ausführung des Art. 170 der Reichsverfassung, betr. den Uebergang der Post- u. Telegraphenverwaltung Bayerns u. Württembergs an das Reich (RGBl. 643).
97	27. April 1920	Ges. betr. eine verlängerte Schutzdauer bei Patenten u. Gebrauchsmustern sowie die Wiedereinsetzung in den vorigen Stand im Verfahren v. d. Reichspatentamt (RGBl. 675); geänd. a* 12.
98	27. April 1920	Ges. über Enteignungsrecht von Gemeinden bei Aufhebung oder Ermässigung von Rayonbeschränkungen (RGBl. 697 u. 972).
99	28. April 1920	Ges. betr. die Grundschulen u. Aufhebung der Vorschulen (RGBl. 851) s. a 628, 761.
100	29. April 1920	Ges. über die Aufhebung der Gebührenfreiheiten im Post- u. Telegraphenverkehre (RGBl. 678).
101	29. April 1920	Ges. über Postgebühren; ändert auch das Postgesetz v. 28. Okt. 1871 (RGBl. 683) s. a 40, geänd. s. a 150; aufgehoben s. a 195.
102	30. April 1920	Ges. betr. den Staatsvertrag über den Uebergang der Staatseisenbahnen auf das Reich (RGBl. 773 u. 1110); AusfGes. a* 23.
103	30. April 1920	Besoldungsges. (RGBl. 805); ändert auch das Reichsbeamtenges. u. das Beamtenhinterbliebenenges. v. 17. Mai 1907; s. a 35, 59; seinerseits geänd. s. a 161, 199, 262, 271, 293, 299, 323, 416 (mit Neufassung des BesoldG.), 500, 506, 542, 563, 621, 689, 737; d 23; e 1, 52; s. auch § 10 des Etatsges. für 1920 (RGBl. 1921, 375) und § 15 des Etatsges. für 1921 (RGBl. 1921, 405); das Ges. ist aufgeh. a 803.
104	30. April 1920	Ges. betr. das Land Thüringen (RGBl. 841).
105	30. April 1920	Ges. betr. die Vereinigung Coburgs mit Bayern (RGBl. 842); Inkrafttreten RGBl. 1920, 1329.

Nr.	Datum des Gesetzes	Name des Gesetzes
106	30. April 1920	Ges. betr. Aenderung des Ges. über Wochenhilfe u. Wochenfürsorge v. 26. Sept. 1919 (RGBl. 853); ändert auch die Reichsversicherungsordnung s. a 56; Neufassung vom 22. Mai 1920 (RGBl. 1069 u. 1138); ihrers. geänd. s. a 263, 290, 360.
107	30. April 1920	Ges. über die Veranlagung der Besitzsteuer zum 31. Dez. 1919 (RGBl. 875); ändert auch das Reichsnotopferges. s. a 68.
108	4. Mai 1920	Ges. über die Wahl des Reichspräsidenten (RGBl. 849), geänd. a 579; s. auch a 613.
109	6. Mai 1920	Ges. betr. Aenderung des § 9 des Ges. über das Postwesen v. 28. Okt. 1871 (RGBl. 893), s. a 430.
110	6. Mai 1920	Ges. betr. Telegraphen- u. Fernsprechgebühren (RGBl. 894), ändert auch die Fernsprechgebührenordnung v. 20. Dez. 1899, s. a 42; geänd. s. a 198, 280, 583, 801.
111	8. Mai 1920	Ges. über die Befriedung der Gebäude des Reichstags- u. der Landtage (RGBl. 909).
112	8. Mai 1920	Ges. über die Gewährung von Straffreiheit u. Strafmilderung in Disziplinarsachen (RGBl. 910).
113	8. Mai 1920	Ges. über die Kosten der Kriegsbeschädigten- u. Hinterbliebenenfürsorge (RGBl. 1066), aufgeh. e 53.
114	8. Mai 1920	Auskunftspflichtges. (RGBl. 939).
115	10. Mai 1920	Ges. über das Wiederaufnahmeverfahren gegenüber Urteilen der ausserord. Kriegsgerichte (RGBl. 962).
116	10. Mai 1920	Reichsheimstättenges. (RGBl. 962 u. 1218).
117	11. Mai 1920	Ges. über Massnahmen gegen Wohnungsmangel (RGBl. 949), geänd. s. a 243, 314, 370, 476, 501, 522, 548.
118	12. Mai 1920	Ges. über die durch innere Unruhen verursachten Schäden (RGBl. 941 u. 1060), geänd. s. a 386; e 14.
119	12. Mai 1920	Lichtspielges. (RGBl. 953), geänd. a 443.
120	12. Mai 1920	Ges. zur Abänderung des Betriebsräteges. (RGBl. 961) s. a 76.
121	12. Mai 1920	Reichsversorgungsges., Ges. über Versorgung der Militärpersonen u. ihrer Hinterbliebenen bei Dienstbeschädigung (RGBl. 989 u. 1480); geänd. a 346, 506, 510, 594, 648; a* 28, 34, 44; d 23; e 53. Neufassung a 510.
122	15. Mai 1920	Ges. über die Versorgungsbehörden (RGBl. 1063); ändert auch das MilitärhinterbliebenenGes. v. 17. Mai 1907; aufgeh. a 297.
123	15. Mai 1920	Ges. betr. Abänderung der VO. über Aenderung des Verfahrens in Militärversorgungssachen v. 1. Febr. 1919 (RGBl. 1064); aufgeh. a 297.

Nr.	Datum des Gesetzes	Name des Gesetzes
124	20. Mai 1920	Ges. über Abänderung der Leistungen u. der Beiträge in der Invalidenversicherung (RGBl. 1091, 1138, 1208) s. a 174; aufgeh. a 256.
125	21. Mai 1920	Ges. betr. die Gewährung einer Entschädigung an versetzte Beamte u. von Umzugskosten beim Wohnungswechsel am Orte (RGBl. 1061, 1138 u. 1165), geänd. e 17.
126	31. Mai 1920	Ges. betr. das Abkommen mit Russland über die Heimschaffung der Kriegsgefangenen u. Zivilinternierten (RGBl. 1183), ergänzt durch Ges. v. 20. Juli 1921 (RGBl. 1161); s. auch RGBl. 1921, 1261.
127	31. Mai 1920	Ges. über die Entschädigungsansprüche verhafteter oder verurteilter Elsass-Lothringer (RGBl. 1127).
128	31. Mai 1920	Ges. über weitere Ausdehnung der Versicherungspflicht in der Angestelltenversicherung (RGBl. 1114), ergänzt s. a 275, 647.
129	31. Mai 1920	Ges. betr. das Abkommen mit der Lettischen Republik über den Gefangenenaustausch (RGBl. 1187).
130	4. Juni 1920	Ges. über patentamtliche Gebühren (RGBl. 1135), geänd. s. a 235; aufgeh. a* 12.
131	4. Juni 1920	Ges. betr. Erteilung einer Kreditermächtigung (RGBl. 1130)
132	6. Juni 1920	Ges. betr. Erweiterung der VO. über eine militärische Amnestie (RGBl. 1143).
133	11. Juni 1920	Ges. über den Personenstand (RGBl. 1209); ändert das PersonenStG. u. das Ges. v. 4. Mai 1870; geänd. a 468; e 65.
134	12. Juni 1920	Ausgleichsbesteuerungsges. (RGBl. 1195).
135	12. Juni 1920	Ges. betr. die Uebernahme einer Haftung des Reichs für Lasten des Saarbrücker Knappschaftsvereins zu Saarbrücken (RGBl. 1433).
136	10. Juli 1920	Ges. über die Entschädigung der Mitglieder des Reichstags (RGBl. 1437), geänd. s. a 258, 294; a* 1, 26, 29, 53, 70; aufgeh. a* 190.
137	21. Juli 1920	Ges. zur ergänzenden Regelung des Steuerabzugs vom Arbeitslohne (RGBl. 1463) s. a 80, geänd. s. a 200; nun aufgeh. RGBl. 1921, 849.
138	21. Juli 1920	Ges. über die Anwendung der Meistbegünstigung auf nicht meistbegünstigte Länder (RGBl. 1488).
139	31. Juli 1920	Ges. betr. die Verlängerung der Gültigkeitsdauer des Kohlensteuerges. (RGBl. 1481) s. a 192.
140	3. Aug. 1920	Ges. über die vereinfachte Form der Gesetzgebung für die Zwecke der Uebergangswirtschaft (RGBl. 1493) s. a 22 u. 185.
141	3. Aug. 1920	Ges. betr. das Berner Abkommen v. 30. Juni 1920 über die Erhaltung oder Wiederherstellung der durch den Weltkrieg getroffenen ge-

Nr.	Datum des Gesetzes	Name des Gesetzes
		werblichen Eigentumsrechte (RGBl. 1557; 1921, 83) s. a 39.
142	3. Aug. 1920	Ges. über die Enteignung u. über die Beitragsleistung bei der Kanalisierung des Neckars von Mannheim bis Plochingen u. des Mains von Aschaffenburg bis Bamberg sowie zum Ausbau der Donau von Passau bis Kelheim (RGBl. 1613).
143	4. Aug. 1920	Ges. über die Gewährung von Straffreiheit (RGBl. 1487).
144	6. Aug. 1920	Ges. zur Aenderung des Art. 168 der Reichsverfassung (RGBl. 1565) s. a 32, 145.
145	6. Aug. 1920	Ges. zur Ergänzung des Art. 178 der Reichsverfassung (RGBl. 1566) s. a 32, 144.
146	7. Aug. 1920	Ges. über die Entwaffnung der Bevölkerung (RGBl. 1553); verlängert mit Ges. v. 1. März 1921 (RGBl. 195).
147	10. Aug. 1920	Ges. zur Ausführung der Bestimmungen des Friedensvertrags über gemischte Schiedsgerichtshöfe u. die Vollstreckung ausländischer Urteile (RGBl. 1569) s. e 66.
148	10. Aug. 1920	Ges. betr. eine Ergänzung der Vorschriften über den jurist. Vorbereitungsdienst (RGBl. 1571).
149	10. Aug. 1920	Ges. betr. Aenderung der VO. über die Lohnpfändung v. 25. Juni 1919 (RGBl. 1572) s. c 7; a 286, 419.
150	11. Aug. 1920	Ges. betr. Aenderung des Ges. über die Postgebühren (RGBl. 1575) s. a 101.
151	12. Aug. 1920	Ges. zur Ergänzung des Ges. über den Wiederbeginn u. den Ablauf von Fristen v. 3. April 1920 (RGBl. 1571) s. a 87.
152	17. Aug. 1920	Ges. betr. Aufhebung der Militärgerichtsbarkeit (RGBl. 1579), ändert auch das GVG. (s. a 89), das MilStGB. (s. a 697), die StPO., die ZPO., das Ges. über die Entschädigung der im Wiederaufnahmeverf. Freigesprochenen v. 20. Mai 1898 u. das Ges. betr. die Entschädigung für unschuldig erlittene Untersuchungshaft v. 14. Juli 1904, durch § 24 die MilStrafGerOrdn. v. 1. Dez. 1898 (a 680); seinerseits geänd. s. a 191, 659, 697; d 23.
153	18. Aug. 1920	Ges. über die Aenderung des § 21 Abs. 2 des Umsatzsteuerges. (RGBl. 1607) s. a 67, 330.
154	21. Aug. 1920	Ges. über die Abschaffung der allg. Wehrpflicht u. die Regelung der Dauer der Dienstverpflichtung (RGBl. 1608), aufgeh. s. a 199.
155	23. Aug. 1920	Ges. betr. das vorläuf. Abkommen über die Wiederaufnahme der Beziehungen zw. Deutschland u. Lettland (RGBl. 1923, 1711).

Nr.	Datum des Gesetzes	Name des Gesetzes
156	22. Okt. 1920	Ges. betr. die Verlängerung der Kündigungsbeschränkung zugunsten Schwerbeschädigter (RGBl. 1787 u. 1921, 174) s. a 88, 317.
157	22. Nov. 1920	Ges. betr. das deutsch-französische Abkommen über elsass-lothr. Rechtsangelegenheiten (RGBl. 1995).
158	25. Nov. 1920	Ges. betr. Genehmigung von Rechtspflegehandlungen im westpreuss. Abstimmungsgebiete (RGBl. 2019).
159	27. Nov. 1920	Ges. betr. Oberschlesien (RGBl. 1987) s. a 32.
160	9. Dez. 1920	Ges. über das Abkommen zw. Deutschl. u. der Schweiz betr. schweiz. Goldhypotheken in Deutschl. u. gewisse Arten von Frankenforderungen an deutsche Schuldner (RGBl. 2023); Ratifikation RGBl. 1921, 30; s. a* 52.
161	17. Dez. 1920	Ges. betr. Aenderungen des BesoldGes. (RGBl. 2075) s. a 103, 262.
162	17. Dez. 1920	Ges. betr. Verlängerung der Geltungsdauer der VO. betr. die Verwertung von Militärgut (RGBl. 2161) s. c 1; a 283; aufgehoben a 485.
163	18. Dez. 1920	Ges. über Verschärfung der Strafen gegen Schleichhandel, Preistreib. u. verbotene Ausfuhr lebenswichtiger Gegenstände (RGBl. 2107) s. c 27, a 464, 738.
164	21. Dez. 1920	Pensionsergänzungsges. (RGBl. 2109); ändert auch das Beamtenhinterbliebenenges. u. das Militärhinterbliebenenges. v. 17. Mai 1907; seiners. geänd. a 323, 324, 506, 563, 621; e 1.
165	21. Dez. 1920	Ges. zur Sicherung einer einheitlichen Regelung der Beamtenbesoldung (RGBl. 2117), geänd. a 473, 516, 620; d 23.
166	22. Dez. 1920	Ges. betr. beschleunigte Veranlagung u. Erhebung des Reichsnotopfers (RGBl. 2114) s. a 68, 107, geänd. s. a 237.
167	22. Dez. 1920	Ges. zum Schutze der Kriegsteilnehmer gegen Zwangsvollstreckungen (RGBl. 2161) s. c 5, 33, 91.
168	22. Dez. 1920	Ges. betr. die Ein- u. Ausfuhr von Kriegsgerät (RGBl. 2167); geänd. s. a 221.
169	22. Dez. 1920	Ges. betr. Verlängerung der Verjährungsfrist des SeeversichRechts (RGBl. 2170) s. c 3; a 277.
170	22. Dez. 1920	Ges. betr. verschiedene Vereinbar. zwischen Deutschland, Oesterreich, Ungarn u. Böhmen (RGBl. 2227; 1921, 85; RGBl. 1922 II 769) s. a* 97, 163.
171	23. Dez. 1920	Ges. über Abänderung des Börsengesetzes v. 22. Juni 1896 in der Fassung v. 27. Mai 1918 (RGB. 2317), s. a 292.
172	23. Dez. 1920	Ges. betr. die Erstattung der von den Ländern u. Gemeinden den Beamten in den be-

Nr.	Datum des Gesetzes	Name des Gesetzes
		setzten Gebieten bezahlten Wirtschaftsbeihilfen (RGBl. 1921, 1).
173	24. Dez. 1920	Ges. gegen die Kapitalflucht (RGBl. 1921, 33), Berichtigung (RGBl. 1921, 82) s. a 43; c 97; geänd. a 232, 284, 315, 437.
174	26. Dez. 1920	Ges. über eine ausserord. Beihilfe für Empfänger von Renten aus der Invalidenversicherung (RGBl. 2315) s. a 124; geänd. s. a 206; aufgeh. s. a 256.
175	30. Dez. 1920	Ges. zur Ergänzung des § 47 des Reichsausgleichsges. (RGBl. 2315) s. a 94.
176	30. Dez. 1920	Ges. zur Ausführung des Internat. Opiumabkommens (RGBl. 1921, 2), geänd. durch Art. IV der VO. v. 13. Juli 1923 (RGBl. 699); weiter geänd. a 587; s. auch a* 263.
177	30. Dez. 1920	Ges. betr. die Anmeldepflicht des zur Durchführung des Art. 202 des Friedensvertrags beschlagnahmten Luftfahrzeuggeräts (RGBl. 1921, 43), geänd. s. a 239.
178	30. Dez. 1920	Ges. zur Verlängerung der Zuckerungsfrist für die Weine des Jahrg. 1920 (RGBl. 1921, 53).
179	31. Dez. 1920	Ges. betr. den Vertrag zwischen Deutschland u. den Niederlanden über Kredit u. Steinkohlen (RGBl. 1921, 55 u. 74).
180	31. Dez. 1920	Ges. betr. Verlängerung der im § 105 des Betriebsräteges. vorgesehenen Frist (RGBl. 1921, 81) s. a 76, 491.
181	30. Jan. 1921	Ges. betr. den Vertrag zwischen Deutschland u. Danzig über die Regelung von Optionsfragen (RGBl. 186).
182	5. Febr. 1921	Ges. über die Betriebsbilanz u. die Betriebsgewinn- u. -verlustrechnung (RGBl. 159) s. a 76.
183	5. Febr. 1921	Ges. betr. Abweichungen vom Biersteuerges. v. 26. Juli 1918 (RGBl. 147), s. a 267.
184	5. Febr. 1921	Ges. betr. die Abgabe von Versicherungen an Eides Statt zur Geltendmachung von Rechten u. Interessen im Ausland (RGBl. 167).
185	6. Febr. 1921	Ges. üb. d. Erlass v. Verordnungen für die Zwecke der Uebergangswirtschaft (RGBl. 139) s. a 140.
186	12. Febr. 1921	Ges. betr. die vorläufige Förderung des Wohnungsbaues (RGBl. 175); geänd. durch Ges. v. 28. April 1921 (RGBl. 489).
187	14. Febr. 1921	Ges. betr. das deutsch-franz. Abkommen über die Zahlung der elsass-lothring. Pensionen (RGBl. 176).
188	21. Febr. 1921	Ges. betr. die Ueberleitung der Rechtspflege in den Kreisen Eupen u. Malmedy (RGBl. 197).
189	3. März 1921	Ges. betr. Aenderung der Bek. über die Geltendmachung von Hypotheken-, Grundschulden

Nr.	Datum des Gesetzes	Name des Gesetzes
		u. Rentenschulden v. 8. Juni 1916 (RGBl. 211); aufgeh. durch VO. v. 18. Juli 1925 (RGBl. 154).
190	5. März 1921	Ges. betr. die zeitweise Aussetzung u. Erhebung der Verkehrssteuer für die Beförderung auf Wasserstrassen (RGBl. 225), s. a 715.
191	11. März 1921	Ges. zur Entlastung der Gerichte (RGBl. 229); ändert auch das GVG., die EntlastungsVO. v. 18. Mai 1916, die StPO., das Ges. gegen den Verrat militär. Geheimnisse v. 3. Juni 1914, das Ges. betr. Aufhebung der Militärgerichtsbarkeit, s. a 152; geänd. a 478.
192	19. März 1921	Ges. betr. die Verlängerung der Gültigkeitsdauer des Kohlensteuerges. v. 8. April 1917 (RGBl. 325) s. a 139, 223.
193	21. März 1921	Ges. betr. die Kontrolle der Kriegsrechnungen (RGBl. 439).
194	22. März 1921	Ges. zur Durchführung der Art. 177, 178 des Friedensvertrags (RGBl. 235).
195	22. März 1921	Ges. über Postgebühren (RGBl. 237) s. a 101; aufgeh. s. a 278.
196	22. März 1921	Ges. über den Zeitpunkt der Inkraftsetzung der vom Weltpostkongress in Madrid beschlossenen Auslandspostgebühren (RGBl. 241) mit VO. v. 27. März 1921 (RGBl. 246).
197	22. März 1921	Ges. zur Aenderung des Postscheckges. v. 26. März 1914 (RGBl. 242) s. a 41; Neufassung des Postscheckges. (RGBl. 247); geänd. s. a 279, 462, 564, 583, d 14.
198	22. März 1921	Ges. betr. Aenderung der Telegraphengebühren (RGBl. 243) s. a 110; geänd. s. a 280.
199	23. März 1921	Wehrgesetz (RGBl. 329 mit 960); ändert auch das MilitärStGB. v. 20. Juni 1872 (s. a 697), die ZPO., das RBeamtG. v. 31. März 1873 (s. a 103, 253), das SchutztruppenG. v. 18. Juli 1896, das Wehrges. f. d. Schutzgebiete v. 22. Juli 1913; aufgeh. werden die Ges. v. 9. Nov. 1867; 2. Mai 1874; 15. Febr. 1875; 6. Mai 1880; 31. März 1885; 11. Febr. 1888; 27. Januar 1890; 8. Febr. 1890; 26. Mai 1893; 3. Aug. 1893; 25. März 1899; 15. April 1905; 27. März 1911; 14. Juni 1912; 27. Juni 1912; 3. Juli 1913 Art. I; 22. Juli 1913; 21. Aug. 1920. Seinerseits geänd. s. a 216, 398.
200	24. März 1921	Ges. zur Aend. des Einkommensteuerges. (RGBl. 313) s. a 80, 137; geänd. s. a 241, 441.
201	24. März 1921	Ges. über die Vertretung der Länder im Reichsrat (RGBl. 440) s. a 32.
202	24. März 1921	Ges. über Abänderung des § 11 Abs. 2 der Reichsabgabenordn. (RGBl. 447) s. a 62.

Nr.	Datum des Gesetzes	Name des Gesetzes
203	25. März 1921	Ges. wegen Aenderung des Zündwarensteuerges. (RGBl. 313) s. a 48, 332; grösstenteils aufgeh. a 531.
204	26. März 1921	Ges. über vorläufige Zahlungen auf die Körperschaftssteuer (RGBl. 342) s. a 81, 328.
205	26. März 1921	Ges. zur Durchführung der Art. 169, 192, 202 u. 238 des Friedensvertrags (RGBl. 448).
206	7. April 1921	Ges. zur Aend. des Ges. über eine ausserord. Beihilfe für Empfänger von Renten aus der Invalidenversich. (RGBl. 2315) s. a 174; Neufassung v. 11. April 1921 (RGBl. 473), aufgeh. a 256.
207	11. April 1921	Ges. betr. Aenderungen in der Unfallversicherung (RGBl. 467), ändert auch die RVersO.; s. c 74, seiners. geänd. a 291, 343, 405.
208	28. April 1921	Ges. betr. die Verfügung über Gold (RGBl. 489).
209	2. Mai 1921	Ges. über die Prüfung u. Beglaubigung von Fieberthermometern (RGBl. 495); Neufassung a 602.
210	9. Mai 1921	Ges. betr. die Aenderung des Bankges. v. 14. März 1875 (RGBl. 508) s. a 210; d 53.
211	12. Mai 1921	Ges. zur weiteren Ergänzung des Ges. zur Verfolgung von Kriegsverbrechen u. Kriegsvergehen (RGBl. 508) s. a 65, 77.
212	12. Mai 1921	Ges. betr. die vorläufige Neuaufstellung des Ortsklassenverzeichnisses (RGBl. 513), änd. auch das BesoldGes. v. 15. Juli 1909; aufgehob. a 299.
213	15. Mai 1921	Ges. betr. die Beendigung des Kriegszustandes zwischen Deutschland u. Costa Rica (RGBl. 691).
214	19. Mai 1921	Ges. betr. Aend. des Eisenbahn-Postges. v. 20. Dez. 1875 (RGBl. 711); s. a 583.
215	28. Mai 1921	Ges. über das deutsch-böhmische Abkommen betr. Ueberleitung der Rechtspflege im Hultschiner Lande v. 28. März 1921 (RGBl. 723 u. 824).
216	18. Juni 1921	Ges. zur Aenderung des Wehrges. (RGBl. 787) s. a 199.
217	21. Juni 1921	Ges. über Regelung des Verkehrs mit Getreide (RGBl. 737) s. c 38; a 301, 373, 374.
218	21. Juni 1921	Ges. über vorübergehende Aufhebung von Zöllen (RGBl. 757), s. a 379, 508.
219	25. Juni 1921	Ges. betr. das deutsch-brit. Abkommen über die Durchführung des Tl. X Abschn. IV des Fried.-Vertrags (RGBl. 777 u. 824).
220	26. Juni 1921	Ges. über die Ausgabe von Schuldverschreibungen zur Ausführung des Zahlungsplans der Reparationskommission (RGBl. 761).
221	26. Juni 1921	Ges. zur Abänderung des Ges. betr. Ein- u. Ausfuhr von Kriegsgerät (RGBl. 767) s. a 168; aufgeh. a 796.

Nr.	Datum des Gesetzes	Name des Gesetzes
222	26. Juni 1921	Ges. über die Erhebung einer Abgabe zur Förderung des Wohnungsbaus (RGBl. 773); geänd. durch Ges. v. 6. März 1922 (RGBl. 235); ferner beide nach a 480.
223	27. Juni 1921	Ges. über Verlängerung der Gültigkeitsdauer des Kohlensteuerges. (RGBl. 766) s. a 139, 192; aufgeh. a 331.
224	27. Juni 1921	Ges. über den Volksentscheid (RGBl. 790), geänd. a 579.
225	27. Juni 1921	Ges. betr. das deutsch-franz. Abkommen über Erstattung der von Elsass-Lothr. geleisteten Kriegsausgaben (RGBl. 812).
226	29. Juni 1921	Ges. zw. Deutschl. u. den alliierten Hauptmächten über die Festsetzung einiger Abschnitte der Grenzen des Saargebiets (RGBl. 809).
227	29. Juni 1921	Ges. über die Beschränkung des Luftfahrzeugbaus (RGBl. 789); aufgeh. a 719.
228	29. Juni 1921	Ges. betr. Aend. des GKG. (RGBl. 797); s. a 64, 435.
229	1. Juli 1921	Ges. betr. Ueberleitung von Rechtsangelegenheiten der Konsulargerichtsbarkeit (RGBl. 805).
230	1. Juli 1921	Ges. über die Auslandsbehörden nebst Tarif (RGBl. 815), geänd. a 570.
231	2. Juli 1921	Ges. über den Waffengebrauch des Grenzaufsichtspersonals der Reichsfinanzverw. (RGBl. 935).
232	4. Juli 1921	Ges. betr. Aend. des Kapitalfluchtges. (RGBl. 808) s. a 173, 284, 315.
233	4. Juli 1921	Ges. über eine erhöhte Anrechnung der während des Krieges zurückgelegten Dienstzeit (RGBl. 825).
234	5. Juli 1921	Ges. betr. die deutsch-chines. Vereinbarungen über die Wiederherstellung d. Friedenszustandes (RGBl. 829 mit 960).
235	6. Juli 1921	Ges. betr. die patentamtl. Gebühren (RGBl. 826) s. a 130; aufgeh. a* 12.
236	6. Juli 1921	Ges. zur Sicherung von gewerbl. Schutzrechten deutscher Reichsangehöriger im Ausland (RGBl. 828).
237	6. Juli 1921	Ges. zur Abänderung der Ges. über das Reichsnotopfer u. die Kriegsabgabe vom Vermögenszuwachse (RGBl. 838) s. a 68, 166; 46, 326.
238	8. Juli 1921	Ges. betr. die Gebühren der Rechtsanwälte u. der Gerichtsvollz. (RGBl. 910) s. a 64, 431, 559; aufgeh. a 559.
239	9. Juli 1921	Ges. über Anmeldung des zur Durchführung des Art. 202 des Friedensvertr. beschlagnahmten Luftfahrzeuggeräts (RGBl. 850) s. a 177.
240	9. Juli 1921	Ges. über den Staatsgerichtshof (RGBl. 905).

Nr.	Datum des Gesetzes	Name des Gesetzes
241	11. Juli 1921	Ges. über die Einkommensteuer vom Arbeitslohn (RGBl. 845) s. a 80, 200, 281, 441.
242	11. Juli 1921	Fernsprechgebührenges. (RGBl. 913), geänd. a 485; aufgeh. a 556.
243	11. Juli 1921	Ges. betr. Verlängerung der Geltungsdauer des Ges. über Massnahmen gegen Wohnungsmangel (RGBl. 933) s. a 117, 314, 476, 501, 522, 548; c 8.
244	12. Juli 1921	Ges. zur Ueberwachung des Verkehrs mit Postpaketen (RGBl. 939).
245	12. Juli 1921	Ges. betr. Neuregelung der in §§ 68, 74 a, 75 HGB. u. § 133 a GewO. vorgesehenen Gehaltsgrenzen (RGBl. 927); s. a 304, 404.
246	12. Juli 1921	Ges. betr. das Abkommen zw. Deutschl., Danzig u. Polen über den freien Durchgangsverkehr zw. Ostpreussen u. dem übrigen Deutschland (RGBl. 1069).
247	13. Juli 1921	Ges. betr. die Metallreserven der Privatnotenbanken (RGBl. 937) s. a 63; ändert auch das Bankges. v. 14. März 1875; seiners. geänd. a* 21 38, 83.
248	15. Juli 1921	Ges. über die Abwicklung von Kriegsgesellschaften u. Kriegsorganisationen (RGBl. 942).
249	15. Juli 1921	Ges. über religiöse Kindererziehung (RGBl. 939); ändert auch das EG. BGB.
250	16. Juli 1921	Ges. betr. Verlängerung der Geltungsdauer der VO. über Sammelheizungs- u. Warmwasserversorgungsanlagen in Mieträumen (RGBl. 941) s. c 9 u. 103; a 314.
251	18. Juli 1921	Ges. betr. die Verläng. der Frist zur Anmeldung der Ford. im AusgleichsVerf. (RGBl. 1188).
252	18. Juli 1921	Ges. über die Versorgung der vor dem 1. Aug. 1914 aus der Wehrmacht ausgeschiedenen Militärpersonen u. ihrer Hinterbliebenen (Altrentnerges.) (RGBl. 953), geänd. a 510 (Neufassung); d 23; e 53.
253	19. Juli 1921	Ges. betr. Aend. des Reichsbeamtenges. (RGBl. 938), geänd. s. a 199, 271.
254	20. Juli 1921	Ges. betr. das deutsch-belg. Abk. zu Art. 312 des FriedVertr. (RGBl. 1177).
255	23. Juli 1921	Ges. über Aend. des VersichG. für Angestellte (RGBl. 1173) s. a 128; änd. auch AngestVersG. v. 20. Dez. 1911; seiners. geänd. s. a 275; s. auch a 350.
256	23. Juli 1921	Ges. über anderweite Festsetzung der Leistungen u. der Beiträge in der Invalidenversich. (RGBl. 984); ändert die RVO.; s. a 124, 174, 206; geänd. s. a 422.
257	25. Juli 1921	Ges. über die Zuziehung von Hilfsrichtern zum RFinanzhof (RGBl. 1193) s. a 62.

Nr.	Datum des Gesetzes	Name des Gesetzes
258	27. Juli 1921	Ges. zur Ergänzung des Ges. über die Entschädigung der Mitglieder des Reichstags (RGBl. 957) s. a 136, 294.
259	28. Juli 1921	Ges. über den Ersatz von Kriegsschäden im Ausland (Auslandsschädenges.) (RGBl. 1038) s. a 425, 515; d 25.
260	28. Juli 1921	Ges. über den Ersatz der durch die Abtretung deutscher Reichsgebiete entstandenen Schäden (Verdrängungsschädenges.) (RGBl. 1021 u. 1280) s. a 425, 515; d 25.
261	28. Juli 1921	Ges. über den Ersatz von Kriegsschäden in den ehem. deutschen Schutzgebieten (Kolonialschädenges.) (RGBl. 1031) s. a 425, 515; d 25.
262	29. Juli 1921	Ges. betr. Aenderung des BesoldGes. (RGBl. 1172) s. a 103, 161, 271.
263	29. Juli 1921	Ges. betr. Wochenhilfe u. Wochenfürsorge (RGBl. 1189), änd. auch die RVO.; s. a 56, 106, 290, 347, 357, 360.
264	29. Juli 1921	Ges. über den Staatsvertrag betr. Uebergang der Wasserstrassen von den Ländern auf das Reich RGBl. 961) mit Ergänzungen v. 18. Febr. 1922 (RGBl. 222) u. v. 22. Dez. 1928 (RGBl. 1929 II 1).
265	30. Juli 1921	Ges. über die Festsetzung von Entschädigungen u. Vergütungen für Schäden aus Anlass des Kriegs u. des Friedensschlusses (Entschädigungsordnung) (RGBl. 1046) s. c 82; geänd. a 515; e 57.
266	4. Aug. 1921	Ges. über die Versorgung der Angehör. des Reichsheers u. der Reichsmarine sowie ihrer Hinterbliebenen (Wehrmachtversorgungsges.) (RGBl. 993); seiners. geänd. a 324, 506, 509, 649 (auch Neufassung); d 23.
267	5. Okt. 1921	Ges. über Verläng. der Gültigkeitsdauer des Ges. betr. Abweichungen v. Biersteuerges. v. 26. Juli 1918 (RGBl. 1281) mit VO. v. 6. März 1922 (RGBl. 236) s. a 183.
268	20. Okt. 1921	Ges. betr. den Vertrag zw. Deutschl. u. den Vereinigten Staaten v. Amerika v. 25. Aug. 1921 (RGBl. 1317 u. 1369).
269	25. Okt. 1921	Ges. betr. die Verpflichtung zur Auskunft über militärfiskalische Gelder u. zu deren Herausgabe (RGBl. 1327 u. 1373).
270	7. Nov. 1921	Ges. über die Erhöhung der Börsenumsatzsteuer (RGBl. 1331); geänd. a 329.
271	21. Nov. 1921	Dritte Ergänzung des Besoldungsges. (RGBl. 1365) s. a 103, 262, ändert auch das RBeamtenGes. (s. a 253, 376), das BeamtenHinterblGes. v. 17. Mai 1907 u. das MilHinterblGes. v. 17. Mai 1907; s. weiter a 293, 416.

Nr.	Datum des Gesetzes	Name des Gesetzes
272	23. Nov. 1921	Ges. über die Weltpostvereinsverträge u. den strafrechtlichen Schutz v. Freistempelabdrücken (RGBl. 1375).
273	1. Dez. 1921	Ges. zur Abänd. der Bek. v. 22. März 1917 über ausländ. Wertpapiere (RGBl. 1577) s. a 7.
274	7. Dez. 1921	Ges. über Notstandsmassnahmen zur Unterstützung von Rentenempfängern der Invaliden- u. der Angestelltenversich. (RGBl. 1533); geänd. a 348, 391; teilw. Neufassung RGBl. 1922, 675; wieder geänd. s. a 481; aufgeh. e 53.
275	13. Dez. 1921	Ges. zur Ergänzung des AbändGes. zum AngestVersichG. (RGBl. 1578), änd. auch das AngestVersichG. v. 20. Dez. 1911 s. a 128, 255, 363.
276	16. Dez. 1921	Ges. betr. Aenderung der AbgeltungsVO. (RGBl. 1578) s. c 30, a 427.
277	17. Dez. 1921	Ges. über die weitere Verlängerung der VerjährFristen des Seeversicherungsrechts (RGBl. 1606); ändert das HGB. s. a 169, 569.
278	19. Dez. 1921	Ges. über Postgebühren (RGBl. 1593) s. a 195, geänd. a 555.
279	19. Dez. 1921	Ges. zur Aend. des Postscheckges. (RGBl. 1597) s. a 197, geänd. a 462, 555.
280	19. Dez. 1921	Ges. zur Aend. der Telegraphengebühren (RGBl. 1598) s. a 110, 198, geänd. a 555, 583.
281	20. Dez. 1921	Ges. zur Aend. des EinkSteuerGes. (RGBl. 1580) s. a 80, 241, 395, 441.
282	21. Dez. 1921	Ges. zur Erweiterung des Anwendungsgebiets der Geldstr. u. zur Einschränkung der kurzen Freiheitsstrafen (RGBl. 1604); ändert auch das StGB.; seiners. geänd. a 489; ersetzt e 22.
283	22. Dez. 1921	Ges. betr. die VO. v. 23. Mai 1919, betr. die Verwertung von Militärgut (RGBl. 1606) s. a 162; aufgeh. a 485.
284	22. Dez. 1921	Ges. über die Geltungsdauer des Ges. gegen die Kapitalflucht (RGBl. 1607) s. a 173, 232, 315.
285	22. Dez. 1921	Ges. zur Abänd. des Tabaksteuerges. (RGBl. 1922, 1) s. a 53, 332.
286	23. Dez. 1921	Ges. betr. Aend. der VO. über Lohnpfändung (RGBl. 1657); ändert auch die ZPO. u. das LohnbeschlagnGes. v. 21. Juni 1869 s. c 7, a 149, 419, 574, 743, 816.
287	23. Dez. 1921	Ges. betr. die Pfändbarkeit von Gehaltsansprüchen (RGBl. 1658), ändert auch die ZPO.
288	24. Dez. 1921	Ges. betr. die Wahlen nach der RVersOrdn. (RGBl. 1922, 1).
289	28. Dez. 1921	Ges. über VersichPflicht, VersBerechtigung u. Grundlöhne in der Krankenversich. (RGBl. 1922, 5); ändert auch die RVersichOrdn. s. c 60, a 357, 358.

Nr.	Datum des Gesetzes	Name des Gesetzes
290	28. Dez. 1921	Ges. betr. Wochenhilfe u. Wochenfürsorge (RGBl. 1922, 7); ändert auch die RVersichO. s. a 263, auch a 106, 347, 360.
291	28. Dez. 1921	Ges. über Neuregelung der Zulagen in der Unfallversich. (RGBl. 1922, 7) s. a 207, c 74; seiners. geänd. a 343, 356, 459, 518.
292	28. Dez. 1921	Ges. über Abänd. des Börsengesetzes v. 22. Juni 1896 / 27. Mai 1908 (RGBl. 1922, 25) s. a 171.
293	30. Dez. 1921	Vierte Ergänzung des BesoldGes. (RGBl. 1922, 10 u. 462) s. a 103, 271, 299.
294	30. Dez. 1921	Ges. zur Ergänz. des Ges. über die Entschäd. der Mitgl. des Reichstags (RGBl. 1922, 25) s. a 136, 258; aufgeh. a* 1.
295	30. Dez. 1921	Ges. betr. die Anlegung des Prämienreservefonds privater VersUnternehmungen (RGBl. 1922, 42), ändert auch das Ges. über die privaten VersichUnternehmungen; s. a 545; c 65.
296	9. Jan. 1922	Ges. über das deutsch-dänische Abkommen betr. die Ueberleitung der Rechtspflege im nordschlesw. Abtretungsgebiet (RGBl. 45 u. 191).
297	10. Jan. 1922	Ges. über das Verfahren in Versorgungssachen (RGBl. 59); ändert auch die RVersichOrdn.; s. a 122, 123; geänd. s. a 438, 595, 751; d 23; e 33; a 822 (Neufassung).
298	11. Jan. 1922	Ges. betr. die Rechtsverhältnisse der ehemaligen elsass-lothr. Beamten (RGBl. 29).
299	13. Jan. 1922	Fünfte Ergänzung des BesoldungsGes. (RGBl. 87, Berichtigung RGBl. 267 u. Tl. II 666), s. a 103, 293, 323; 212; ändert auch das BesoldungsGes. v. 30. Juli 1909.
300	14. Jan. 1922	Ges. zur Abänd. des Gewerbegerichtsges. u. des KaufmGerichtsG. (RGBl. 155) s. c 78, 101, a 424, 470; aufgeh. a 749.
301	16. Jan. 1922	Ges. betr. Abänd. des Ges. über die Regelung des Verkehrs mit Getreide (RGBl. 189) s. a 217.
302	2. Febr. 1922	Ges. über den Verkehr mit ausländ. Zahlungsmitteln (RGBl. 195, Berichtigung 216).
303	5. Febr. 1922	Ges. betr. die Entschädigung der zur Auswahl der Schöffen u. Geschworenen berufenen Vertrauensmänner (RGBl. 207), änd. auch das GVG.
304	15. Febr. 1922	Ges. über die Entsendung von Betriebsratsmitgliedern in den Aufsichtsrat (RGBl. 209); ändert auch das HGB., s. a 245, 404.
305	28. Febr. 1922	Ges. über den deutsch-schweiz. Schiedsgerichts- u. Vergleichsvertrag (RGBl. 217).
306	28. Febr. 1922	Ges. über weitere Zulassung von Hilfsmitgliedern im Reichspatentamt (RGBl. 229) s. a 6, 610.
307	1. März 1922	Schutzges. für die Posener Landschaft (RGBl. 228).

Nr.	Datum des Gesetzes	Name des Gesetzes
308	4. März 1922	Ges. betr. den Kassenbestand der Reichsbank (RGBl. 235); ändert auch das Bankges. v. 14. März 1875, s. a 63; a* 5.
309	8. März 1922	Ges. betr. den Vertrag zwischen Deutschl. u. Oesterreich in Ansehung Kriegsbeschädigter u. Kriegshinterbliebener (RGBl. 233).
310	8. März 1922	Ges. zur Vereinfach. des Aufgebotsverfahrens (RGBl. 269); ändert auch die Zivilprozessordn. (s. a 418) u. die Reichsschuldenordnung v. 19. März 1900 (s. e 52).
311	10. März 1922	Ges. über vorübergehende Rechtspflegemassnahmen im Hinblick auf das Saargebiet (RGBl. 241).
312	10. März 1922	Ges. betr. Aend. der GebO. für Zeugen u. Sachverst. mit Neufassung v. 13. März 1922 (RGBl. 241, 243) s. c 19, 83, geänd. s. a 415; Neufassung a 671.
313	18. März 1922	Ges. zur Ueberleitung des Rechtszustands in Oberschlesien (RGBl. 281).
314	20. März 1922	Ges. über Verläng. der Geltungsdauer des Wohnungsmangelges. u. der SammelheizungsVO. (RGBl. 279) s. a 117, 243, 370, 548; c 9, 103; a 250.
315	22. März 1922	Ges. zur Abänderung des Ges. gegen die Kapitalflucht (RGBl. 282) s. a 173, 232, 284, 437.
316	24. März 1922	Reichsmietenges. (RGBl. 273, Berichtigung 833) s. c 9, 103; geänd. a 712, 729, 780, 812, 815 (Neufassung).
317	24. März 1922	Ges. über Kündigungsbeschränkung zugunsten Schwerbeschädigter (RGBl. 279) s. a 88, 156.
318	24. März 1922	Ges. über die Vereinigung von Pyrmont mit Preussen (RGBl. 281).
319	30. März 1922	Ges. über Verlängerung der Geltungsdauer von DemobilmachungsVO.en (RGBl. 285), geänd. s. a 413, 417, 474; d 28.
320	30. März 1922	Ges. betr. den Vertrag zum Abschluss der endgültigen Donauakte (RGBl. 287).
321	1. April 1922	Ges. betr. elsass-lothr. Angelegenheiten (RGBl. 327).
322	5. April 1922	Ges. betr. Aufhebung vorübergehender Zollerleichterungen (RGBl. 328).
323	6. April 1922	Sechste Ergänzung des BesoldGes. (RGBl. 331) s. a 103, 299, 416; 164; a* 31, 32, 34, 39, 44.
324	7. April 1922	Ges. zur Aend. des PensionsergänzGes. u. des Wehrmachtversorgungsges. (RGBl. 328) s. a 164, 266; ändert auch das Beamtenhinterbliebenen Ges. v. 17. Mai 1907 u. das MilitärhinterbliebGes. v. 17. Mai 1907.

Nr.	Datum des Gesetzes	Name des Gesetzes
325	8. April 1922	Ges. über Aenderungen im Finanzwesen (Zwangsanleihe) (RGBl. 335, Berichtigung 480).
326	8. April 1922	Vermögenssteuerges. (RGBl. 335) s. a 68, 237; geänd. a 394, 472, 527, 629, 633; e 4.
327	8. April 1922	VermögenszuwachssteuerG. (RGBl. 346); hebt auch das BesitzsteuerG. v. 3. Juli 1913 auf.
328	8. April 1922	Ges. zur Aend. des KörperschaftssteuerG. (RGBl. 351) s. a 81, 204; 79; Neufassung RGBl. 1922, 472.
329	8. April 1922	KapitalverkehrssteuerG. (RGBl. 354, Berichtigung RGBl. 1923, 274); ändert auch das RStempelG. v. 3. Juli 1913 / 26. Juli 1918; s. a 270, geänd. s. a 472, 525, 654, 660; e 4, 59.
330	8. April 1922	Ges. betr. die Abänd. des UmsatzsteuerG. (RGBl. 373, 480) s. a 67, 153, 336, 426, 520, e 4.
331	8. April 1922	Ges. über Aend. des KohlensteuerG. v. 8. April 1917 (RGBl. 378) s. a 223.
332	8. April 1922	Ges. betr. Erhöhung einzelner Verbrauchssteuern (RGBl. 380, 480); ändert auch das LeuchtmittelsteuerG. v. 15. Juli 1909, das BiersteuerG. v. 26. Juli 1918, das MineralwassersteuerG. v. 26. Juli 1918; im übrigen s. a 48, 203; 53, 285; geänd. hins. der Biersteuer a 527; hins. der Mineralwassersteuer a 550; hins. der Leuchtmittelsteuer a 530; hins. der Tabaksteuer a 661; s. ferner a 531; d 34.
333	8. April 1922	Ges. über Erhöhung von Zöllen (RGBl. 386).
334	8. April 1922	Ges. zur Abänd. des ZuckersteuerGes. v. 27. Mai 1896 / 6. Jan. 1903 (RGBl. 388); aufgeh. a 533.
335	8. April 1922	SüssstoffG. (RGBl. 390), hebt auch das SüssstoffG. v. 7. Juli 1902 auf; Inkrafttreten RGBl. 1922, 727; aufgeh. a 731.
336	8. April 1922	Rennwett- u. Lotterieges. (RGBl. 393); hebt auch das Wettges. v. 4. Juli 1905 auf u. ändert das Stempelges. v. 3. Juli 1913; s. auch a 67, 330, 337; geänd. s. a 472, e 4.
337	8. April 1922	KraftfahrzeugsteuerG. (RGBl. 396), ändert auch das Stempelges. v. 3. Juli 1913, u. das Ges. über die Besteuerung des Personen- u. Güterverkehrs v. 8. April 1917 (s. hierzu a 472), hebt auf das Ges. v. 18. Mai 1918, betr. die Stempelabg. für ausl. Kraftfahrzeuge; s. a 336, 338; seiners. geänd. a 447, 519, 700; e 4.
338	8. April 1922	VersicherungssteuerG. (RGBl. 400); ändert auch das RStempges. v. 3. Juli 1913; s. a 337, geänd. s. a 472; e 4.
339	8. April 1922	Ges. über das Branntweinmonopol (RGBl. 405); ändert auch den Zolltarif v. 25. Dez. 1902 u. das Ges. über das Branntweinmonopol v.

Nr.	Datum des Gesetzes	Name des Gesetzes
		26. Juli 1918; s. auch a 61, c 67, 68, 75, 100; geänd. s. a. 428, 460, 550, 782, 865; e 4, 43.
340	12. April 1922	Ges. zur Aend. des Ges. über die Ausbildung von Kriegsteilnehmern zum Richteramt (RGBl. 439) s. a 23.
341	12. April 1922	Ges. zur Abänd. des Weinsteuerges. v. 26. Juli 1918 (RGBl. 439); hebt das Schaumweinsteuerges. v. 26. Juli 1918 auf; s. auch a 93; seiners. geänd. a 521, 635; d 22; e 36; aufgeh. a 657.
342	13. April 1922	Ges. über Aend. der Wahlen nach der RVersichO. (RGBl. 455); ändert die RVersichO.; seiners. geänd. a 766.
343	13. April 1922	Ges. über Aend. von Geldbeträgen in der UnfallVersich. (RGBl. 458); ändert die RVersichO.; s. auch a 207, 291, 356.
344	18. April 1922	Ges. zur Aend. der VO. über Massnahmen zur Sich. der Fleischversorg. (RGBl. 459) s. c 95; Neufassung letzterer als Ges. über die Fleischversorgung (RGBl. 160); aufgeh. das Ges. v. 8. Febr. 1909 betr. die Preisfeststellung beim Markthandel mit Schlachtvieh.
345	19. April 1922	Ges. über Sozialversich. in Ansehung des Saargebiets (RGBl. 462).
346	20. April 1922	Ges. zur Sicherung der ärztl. Versorgung bei Krankenkassen (RGBl. 463) s. a 121; ändert auch die RVersichO.
347	20. April 1922	Ges. über Wochenhilfe u. Wochenfürsorge (RGBl. 463) s. a 263, 290, 359.
348	24. April 1922	Ges. über Unterstützung von Rentenempfängern der Invaliden- u. Angestelltenversich. (RGBl. 464) s. a 274, 391; aufgeh. e 53.
349	25. April 1922	Ges. über Heranziehung der Frauen zum Schöffen- u. Geschworenenamte (RGBl. 465); änd. das GVG.
350	30. April 1922	Ges. über Versich. der Hausgewerbetreibenden (RGBl. 465, Berichtigung 480); ändert die RVersichO. u. das AngestelltenVersG. v. 20. Dez. 1911; s. a 255.
351	3. Mai 1922	Ges. über die Regelung der Einfuhr (RGBl. 479) s. c 57; geänd. e 48.
352	26. Mai 1922	Ges. über die Ausprägung von Ersatzmünzen im Nennbetrage von 1, 2, 3 u. 5 Mark (RGBl. 517), s. a 454.
353	31. Mai 1922	SoldatenversicherungsG. (RGBl. 542, Berichtigung 584); aufgeh. a 586; ändert auch die RVersichO. u. das AngestVersichG.
354	1. Juni 1922	Ges. zur Aend. des Vereinszollges. v. 1. Juli 1869 (RGBl. 495).
355	3. Juni 1922	Ges. über die Erhöhung der Verwaltungskostenbeiträge bei Tilgungsdarlehen (RGBl. 485).

Nr.	Datum des Gesetzes	Name des Gesetzes
356	3. Juni 1922	Ges. über Erhöhung der Zulagen in der Unfallversich. (RGBl. 506) s. a 291, 343, geänd. s. a 459.
357	9. Juni 1922	Ges. über VersichPflicht in der Krankenversicherung (RGBl. 497); änd. die RVersichO.; s. a 289.
358	9. Juni 1922	Ges. über Grundlöhne u. Vorstandswahl bei den Krankenkassen (RGBl. 498); änd. die RVersichO. s. a 289, 359, c 60.
359	9. Juni 1922	Ges. über Wochenhilfe (RGBl. 499); änd. die RVersichO.; s. a 347, 358, 366, 406.
360	9. Juni 1922	Ges. über Wochenfürsorge (RGBl. 502) s. a 56, 106, 263, 290; aufgeh. e 53.
361	9. Juni 1922	Ges. über Aend. von Geldbeträgen in der Sozialversicherung (RGBl. 504); geänd. s. a 479.
362	9. Juni 1922	Ges. zur Aend. der VO. über die schiedsgerichtl. Erhöhung von Preisen bei Lief. v. elektr. Arbeit, Gas u. Leitungswasser (RGBl. 509) s. c 55 mit Neufassung S. 511.
363	11. Juni 1922	Ges. über vorläuf. Umgestaltung der Angestelltenversicherung (RGBl. 505), ändert das Angest.-VersichG. v. 20. Dez. 1911 s. a 275, 422.
364	16. Juni 1922	Ges. z. Abänd. des Ges. über die Besteuer. der Dienstwohn. der Reichsbeamten v. 31. Mai 1881 (RGBl. 517).
365	24. Juni 1922	Ges. über die Sicherung bewegl. Sachen in Schlesien (RGBl. 518); geänd. s. a 477.
366	24. Juni 1922	Ges. über die Pauschbeträge für die Spruchsachen bei den OberversichAemtern (RGBl. 542), ändert auch die RVersichO., s. a 359, 367.
367	24. Juni 1922	Ges. über Geldstrafen in der RVersichO. u. im VersichG. für Angestellte (RGBl. 566); ändert die RVersichO. u. das AngestelltenVersG. s. a 363, 366, 405.
368	26. Juni 1922	Ges. über Erhöhung der Bezüge aus der Unfallfürsorge für Gefangene (RGBl. 566); ändert das Ges. v. 30. Juni 1900 über Unfallfürs. für Gefangene.
369	27. Juni 1922	Schutzges. für die durch Abtretung von Gebieten an Polen betroffenen Schuldner (RGBl. 533).
370	28. Juni 1922	Ges. über Verlängerung der Geltungsdauer des Wohnungsmangelges. (RGBl. 529) s. a 117, 314, 476, 548.
371	29. Juni 1922	Ges. zur Verlängerung der Pachtschutzordnung (RGBl. 529, Berichtigung 882) mit Ges. v. 19. Mai 1922 (RGBl. 483) s. c 90, geänd. e 44; a 645.

Nr.	Datum des Gesetzes	Name des Gesetzes
372	1. Juli 1922	Ges. zur Aenderung des Ges., betr. die Erwerbs- u. Wirtschaftsgenossenschaften (RGBl. 567) s. c 84; a 492, 606, 676.
373	4. Juli 1922	Ges. über die Regelung des Verkehrs mit Getreide aus der Ernte 1922 (RGBl. 537) s. a 217.
374	4. Juli 1922	Ges. über die Regelung des Verkehrs mit Getreide aus der Ernte 1922 (RGBl. 549, Berichtigung 924), s. a 217; geänd. s. a 421, 513, d 2, 15.
375	4. Juli 1922	Ges. über die Entschädigung der Schöffen, Geschworenen u. Vertrauenspersonen (RGBl. 561); ändert auch das GVG.
376	4. Juli 1922	Ges. zur Aend. des § 91 des Reichsbeamtenges. (RGBl. 565) s. a 271, 398.
377	8. Juli 1922	Ges. zur Ausführung des Art. 18 der Reichsverfassung, betr. Gebietsänderung von Ländern (RGBl. 545); geänd. e 61.
378	8. Juli 1922	Ges. zur weiteren Entlastung der Gerichte (RGBl. 569, Berichtigung S. 717); ändert auch das GVG., die ZPO., die EntlastungsVO., die StPO. u. das GKG. s. a 435, 478.
379	8. Juli 1922	Ges. über Verlängerung der Geltungsdauer des Ges. über vorübergehende Herabsetzung oder Aufhebung von Zöllen (RGBl. 600) s. a 218, 508.
380	9. Juli 1922	Ges. zur Ueberleitung von Rechtsangelegenheiten der Schutzgebiete (RGBl. 571).
381	9. Juli 1922	Ges. betr. Abweichungen vom Biersteuerges. v. 26. Juli 1918 (RGBl. 572, Berichtigung 692 u. 750); geänd. a 527, 541.
382	9. Juli 1922	Reichsges. für Jugendwohlfahrt (RGBl. 633); ändert auch das BGB. u. das EG. BGB.; s. a 383. Inkrafttreten RGBl. 1923, 554 u. 819; 1924, 110, für Bayern f 7, b 194; seiners. geänd. e 62.
383	9. Juli 1922	EinführGes. zum Reichsges. für Jugendwohlfahrt (RGBl. 647, 808) s. a 382; geänd. e 62.
384	11. Juli 1922	Ges. über Zulassung der Frauen zu den Aemtern u. Berufen der Rechtspflege (RGBl. 573); ändert auch das GVG., die ZPO., die StPO., das Ges. über die Angelegenheiten der freiw. Gerichtsbarkeit (s. a 461), die Rechtsanwaltsordn. (s. a 489).
385	12. Juli 1922	Ges. über die Vergütung von Leistungen für die bewaffnete deutsche Macht (RGBl. 626); ändert die Quartierleistungsgesetze v. 25. Juni 1868 (s. a 590) u. 21. Juni 1887, das Kriegsleistungsgesetz v. 13. Juni 1873 (s. a 584), die Naturalleistungsgesetze v. 24. Mai 1898 u. 9. Juni 1906 (a 598) u. die Ges. betr. den Servistarif v. 17. Mai 1906 u. v. 6. Juli 1904.

Nr.	Datum des Gesetzes	Name des Gesetzes
386	15. Juli 1922	Personenschädenges. (RGBl. 620), ändert auch das Tumultschädenges. s. a 118; e 14; seiners. geänd. a 510, 648.
387	17. Juli 1922	Reichsges. über die Schutzpolizei der Länder (RGBl. 597); ändert auch die RVersO. u. das VersG. für Angestellte; aufgeh. a 728.
388	17. Juli 1922	Ges. über den Ersatz der durch die Besetzung deutschen Reichsgebiets verursachten Personenschäden (RGBl. 624, Berichtigung 711); geänd. e 26, 32, a 772; Neufassung a 772.
389	17. Juli 1922	Ges. über die Arbeitszeit im Bergbau unter Tage (RGBl. 628); aufgeh. e 6.
390	17. Juli 1922	Ges. über die Ausgabe u. Einlösung von Notgeld (RGBl. 693); geänd. d 21, e 2.
391	18. Juli 1922	Ges. über Bezüge von Sozialrentnern (RGBl. 649); ändert auch die RVersO. u. die Ges. unter a 274 u. 348.
392	18. Juli 1922	Ges. über die Neuregelung der statistischen Gebühr (RGBl. 671); ändert auch das Ges. über die Statistik des Warenverkehrs v. 7. Febr. 1906; aufgeh. e 35; s. nun a 825.
393	19. Juli 1922	Ges. über Kündigungsbeschränkung zugunsten Schwerbeschädigter (RGBl. 599); s. a 88.
394	20. Juli 1922	Ges. über die Zwangsanleihe (RGBl. 601); ändert auch das VermögenssteuerG. a 326; geänd. s. a 439, 513.
395	20. Juli 1922	Ges. zur Aend. des EinkommensteuerG. (RGBl. 607) s. a 80, 281, 441.
396	20. Juli 1922	Ges. zur Aend. des ErbschaftssteuerG. (RGBl. 610, Berichtigung S. 692) s. a 44, 82. Neufassung des Ges. RGBl. 1922, 695; diese geänd. s. a 472, 656, e 4.
397	21. Juli 1922	Ges. zum Schutze der Republik (RGBl. 585); ändert auch das StGB.; seiners. geänd. f 1, a 692, 718, 777.
398	21. Juli 1922	Ges. über die Pflichten der Beamten zum Schutze der Republik (RGBl. 590); ändert das Reichsbeamtenges. (s. a 376, 416) u. das Wehrges. (s. a 199).
399	21. Juli 1922	Reichskriminalpolizeiges. (RGBl. 593).
400	21. Juli 1922	Ges. über Straffreiheit für polit. Straftaten (RGBl. 595).
401	21. Juli 1922	Ges. über Bereitstellung v. Mitteln zum Schutze der Republik (RGBl. 596).
402	21. Juli 1922	Ges. über Massnahmen gegen die wirtschaftl. Notlage der Presse (RGBl. 629); geänd. a 466, d 37, e 59.
403	21. Juli 1922	Ges. über Teuerungsmassnahmen für Militärrentner (RGBl. 650): aufgeh. a 510.

Nr.	Datum des Gesetzes	Name des Gesetzes
404	21. Juli 1922	Ges. zur Neuregelung der im § 68 Abs. 1, im § 74a Abs. 2 S. 1 u. im § 75b S. 2 des HGB., sowie im § 133a, b Abs. 1 der GewO. vorgesehenen Gehaltsgrenzen (RGBl. 652); s. a 245, 304, 408, 436.
405	21. Juli 1922	Ges. über Aenderungen in der Seeunfallversicherung (RGBl. 653); ändert die RVersO. u. das Ges. v. 11. April 1921 (bei a 207) s. a 367, 406.
406	21. Juli 1922	Ges. über Aenderungen der RVersO. (RGBl. 654) s. a 405 u. 422; ändert auch das Ges. v. 9. Juni 1922 (bei a 359).
407	21. Juli 1922	Ges. über den Ausschluss eines Teiles des Kieler Hafens aus dem Zollgebiete (RGBl. 671).
408	22. Juli 1922	Arbeitsnachweisges. (RGBl. 657); ändert auch das Stellenvermittlerges. v. 2. Juni 1910 u. die VO. v. 5. Mai 1920 (bei c 73) u. die GewO. s. a 404, 429; seiners. geänd. d 30, e 56, a 694; aufgeh. a 795.
409	27. Juli 1922	Ges. betr. Lohnstatistik (RGBl. 656).
410	1. Aug. 1922	Luftverkehrsges. (RGBl. 681, Berichtigungen 722 u. 758); geänd. e 19, 20.
411	5. Aug. 1922	Ges. über die Ermächtigung zu vorübergehenden Zolländerungen (RGBl. 709); geänd. e 4.
412	11. Aug. 1922	Ges. über die Gebührenfreiheit bei Ueberführung von Kriegerleichen (RGBl. 710).
413	17. Aug. 1922	Ermächtigungsges. zum Ges. über Verlängerung der Geltungsdauer von Demobilmachungsverordnungen v. 1. April, richtig 30. März 1922 (RGBl. 717) s. a 319, 417.
414	24. Okt. 1922	Ges. zur Aenderung des Reichswahlges. (RGBl. 801) s. a 95, 579.
415	24. Okt. 1922	Ges. zur Aend. der GebO. für Zeugen u. Sachverständige (RGBl. 806) s. a 312; Neufassung a 671.
416	25. Okt. 1922	Siebente Ergänzung des Besoldungsges. (RGBl. 802, Berichtigung 882); geänd. a 506; ändert auch das Reichsbeamtenges. (s. a 398, 495), das Beamtenhinterbliebenenges., das Militärhinterbliebenenges., das Pensionsergänzungsges. u. das Unfallfürsorgeges. für Beamte u. Personen des Soldatenstandes s. a 103, 271, 323; Neufassung des BesoldGes. RGBl. 1922, 811 mit Berichtigung 847 u. RGBl. 1923, 62; geänd. a 500, 506, 542, 563, 626, 689; d 23; e 1, 52; aufgeh. a 803.
417	26. Okt. 1922	Ges. über Verlängerung der Geltungsdauer von Demobilmachungsverordnungen (RGBl. 802) s. a 319, 413, 474.

Nr.	Datum des Gesetzes	Name des Gesetzes
418	26. Okt. 1922	Ges. zur Aend. der Vorschriften über Pfändbarkeit von Gehaltsansprüchen (RGBl. 805), ändert auch die ZPO. s. a 310.
419	26. Okt. 1922	Ges. zur Aend. der VO. über Lohnpfändung (RGBl. 806) s. a 149, 286, c 7.
420	27. Okt. 1922	Ges. zur Aend. des Art. 180 der Reichsverfassung (RGBl. 801) s. a 32, 576.
421	27. Okt. 1922	Ges. zur Abänd. des Ges. über die Regelung des Verkehrs mit Getreide aus der Ernte 1922 (RGBl. 809) s. a 374; geänd. s. a 457.
422	10. Nov. 1922	Ges. über Aend. des VersGes. für Angestellte (s. a 363, 518) u. der RVersO. (RGBl. 849) s. a 406, 451, ändert auch das EG. RVersO. (s. a 767) u. das Ges. v. 23. Juli 1921 (bei a 256); seiners. geänd. a 518, 536, d 33, e 40. Neufassung des AngestelltenversGes. v. 28. Mai 1924 (RGBl. 563); wieder geänd. a 618, 647, 709, 766, 767, 811, 827, 828, 858.
423	17. Nov. 1922	Ges. zur Verlängerung der Zuckerungsfrist der Weine des Jahrgangs 1922 (RGBl. 883) s. a 487.
424	27. Nov. 1922	Ges. zur Abänd. des Gewerbegerichtsges. v. 29. Juli 1890 u. 30. Juni 1901 u. des Ges. betr. die Kaufmannsgerichte v. 6. Juli 1904 (RGBl. 887) s. a 300, 470, c 78, 101; aufgeh. a 749.
425	30. Nov. 1922	Ges. zur Abänd. des Verdrängungs-, des Kolonial- u. des Auslandsschädenges. v. 28. Juli 1921 (RGBl. 888) s. a 261, 260, 259; seiners. geänd. a 515.
426	30. Nov. 1922	Ges. betr. Aend. des Umsatzsteuerges. (RGBl. 890) s. a 67, 330, 472, 520.
427	1. Dez. 1922	Ges. betr. Aend. des § 5 Abs. 7 der VO. über die Abgeltung von Ansprüchen gegen das Reich v. 4. Dez. 1919 (RGBl. 897) s. c 30, a 276.
428	9. Dez. 1922	Ges. über Abänd. des Ges. über das Branntweinmonopol (RGBl. 913) s. a 339, 460, e 43.
429	9. Dez. 1922	Ges. betr. Aend. des § 68 RGewO. (RGBl. 929) s. a 408, 432.
430	13. Dez. 1922	Ges. über Aend. des Postges. (RGBl. 913) s. a 109, 505, 583, 607.
431	14. Dez. 1922	Ges. zur Aend. der GebO. für Gerichtsvollz. (RGBl. 914) s. a 238; ändert auch die Ges. v. 18. Dez. 1919 (s. a 64) u. v. 8. Juli 1921 (s. a 238); Neufassung der GebO. RGBl. 1922, 917; wieder geänd. durch VO. v. 13. Dez. 1923 (RGBl. 1189), s. weiter a 843.
432	16. Dez. 1922	Ges. zur Abänd. der GewO. (RGBl. 927) s. a 429, 436.
433	18. Dez. 1922	Ausgleichszwischenges. (RGBl. 925) s. a 94; geänd. s. a 475; aufgeh. a 502.
434	18. Dez. 1922	Ges. über die privatrechtl. Verhältnisse von Genossenschaften zum Zwecke der Bodenverbesserung (RGBl. 928), s. c 102.

Nr.	Datum des Gesetzes	Name des Gesetzes
435	21. Dez. 1922	Ges. zur Aend. des Gerichtskostenges. (RGBl. 1923, 1 mit Berichtigung 66) s. a 228, 378; ändert auch die ZPO., die StPO., das Ges. betr. die privatrechtl. Verhältnisse der Binnenschiffahrt v. 20. Mai 1898, das Ges. betr. die privatrechtl. Verhältnisse der Flösserei v. 15. Juni 1895, die GebO. für Rechtsanwälte (zu dieser a 559); seiners. geänd. a 756. Neufassung des GKG. RGBl. 1923, 12; Berichtigung 1923, 66; letzteres geändert s. a 461, 756, e 58.
436	22. Dez. 1922	Ges. zur Neuregelung der im § 68 Abs. 1, im § 74 a Abs. 2 S. 1 u. im § 75 b S. 2 des HGB. sowie im § 133 a, b Abs. 1 der GewO. vorgesehenen Gehaltsgrenzen (RGBl. 967) s. a 404, 432, 464, 469.
437	22. Dez. 1922	Ges. zur Ergänzung u. Abänd. des Ges. gegen die Kapitalflucht (RGBl. 968) s. a 173, 315; Neufassung des Ges. RGBl. 1923, 91; diese geändert s. a 472, 627; d 39; e 4.
438	22. Dez. 1922	Ges. zur Aend. des Ges. über das Verfahren in Versorgungssachen (RGBl. 982) s. a 297; geänd. d 23, a 751; nun Neufassung a 822.
439	22. Dez. 1922	Ges. zur Aend. des Ges. über die Zwangsanleihe (RGBl. 955) s. a 394.
440	23. Dez. 1922	Ges. zur Aend. des Ges. über die Beschäftigung Schwerbeschädigter (RGBl. 972) s. a 88. Neufassung d. Ges. RGBl. 1923, 57; geänd. e 49, 53, a 721, 749, 795.
441	23. Dez. 1922	Ges. zur Aend. des Einkommensteuerges. (RGBl. 978) s. a 80, 200, 241, 281, 395, 472.
442	23. Dez. 1922	Ges. zur Aend. des Ges. über den Verkehr mit Kraftfahrzeugen (RGBl. 1923, 1); ändert das Ges. v. 3. Mai 1909; s. a 547.
443	23. Dez. 1922	Ges. zur Aend. des Lichtspielges. (RGBl. 1923, 26) s. a 119.
444	24. Dez. 1922	Ges. zur Abänd. der VO. über zeitweilige Befreiung von der Verpflichtung zur Konkursanmeldung b. Ueberschuldung (RGBl. 1923, 21) s. c 63.
445	24. Dez. 1922	Ges. zur Aend. des Ges. betr. die Gesellschaften mit beschränkter Haftung v. 20. April 1892 (RGBl. 1923, 22) s. e 12, a 711.
446	29. Dez. 1922	Ges. über die Erhaltung der Kriegergräber aus dem Weltkrieg (RGBl. 1923, 25).
447	29. Dez. 1922	Ges. über Erhebung von Zuschlägen zur Kraftfahrzeugsteuer (RGBl. 1923, 26) s. a 337, 700.
448	31. Dez. 1922	Ges. über das Ruhegehalt des Reichspräsidenten (RGBl. 1923, 53); geänd. a 631.
449	7. Jan. 1923	Ges. zur Abänd. der Reichsabgabenordnung (RGBl. 55) s. a 62, 461.

Nr.	Datum des Gesetzes	Name des Gesetzes
450	23. Jan. 1923	Ges. über Erklärung der allgemeinen Verbindlichkeit von Tarifverträgen (RGBl. 67) s. c 87; Neufassung a 818.
451	26. Jan. 1923	Ges. über die Festsetzung der Ortslöhne u. des durchschnittlichen Jahresarbeitsverdienstes landwirtschaftlicher Arbeiter (RGBl. 67); ändert die RVersO. s. a 422, 458.
452	26. Jan. 1923	Ges. über die Eintragung von Schiffspfandrechten in ausländischer Währung (RGBl. 90). Inkrafttreten RGBl. 1923, 90; s. a 484.
453	1. Febr. 1923	Ges. zur Aend. des Weinges. v. 7. April 1909 (RGBl. 107) s. a 673.
454	2. Febr. 1923	Ges. über die Ausprägung von Ersatzmünzen (RGBl. 118) s. a 352; geänd. a 562; aufgeh. a 586.
455	4. Febr. 1923	Ges. über Kleinrentnerfürsorge (RGBl. 104); aufgeh. e 53.
456	6. Febr. 1923	Ges. über die Erstattung von Rechtsanwaltsgebühren in Armensachen (RGBl. 103), ändert auch das Ges. v. 18. Dez. 1919 (bei a 64); seiners. geänd. a 559, 640, 744, 800, 844; aufgeh. a 853.
457	7. Febr. 1923	Ges. zur Abänd. des Ges. über die Regelung des Verkehrs mit Getreide der Ernte 1922 (RGBl. 105) s. a 421.
458	9. Febr. 1923	Ges. über die Rücklagen bei den Berufsgenossenschaften (RGBl. 115); ändert die RVersO. s. a 451, 479.
459	12. Febr. 1923	Zweites Ges. über Erhöhung der Zulagen in der Unfallversicherung (RGBl. 116) s. a 291, 356; hierzu Neufassung des Ges. über die Zulagen in der Unfallversicherung (RGBl. 1923, 116); diese geänd. a 497, 518, 546, 561, 565.
460	15. Febr. 1923	Ges. über Abänd. des Ges. über das Branntweinmonopol (RGBl. 151) s. a 339, 428, 550, c 43.
461	16. Febr. 1923	Jugendgerichtsges. (RGBl. 135 mit Berichtigung 252); ändert auch das GVG., die StPO., das StGB., das GKG. (a 435), das Ges. über die Angelegenheiten der freiwilligen Gerichtsbarkeit (s. a 384, 800), die Reichsabgabenordnung (a 62, 449, 472); seiners. geänd. a 754.
462	19. Febr. 1923	Ges. zur Aend. des Postscheckges. (RGBl. 151) s. a 197, 279, 555.
463	20. Febr. 1923	Ges. z. Abänd. der VO. über Erwerbslosenfürsorge v. 1. Nov. 1921 (RGBl. 155); gegenstandslos e 56.
464	24. Febr. 1923	Notgesetz (RGBl. 147); ändert auch die RGewerbeOrdn. (s. a 436, 482), die WuchergerichtsVO. (c 27), das Ges. über Verschärfung der Strafen gegen Schleichhandel usw. (a 163) u. das Ges. über das Passwesen v. 12. Okt. 1867 (s. a 85); seiners. geänd. a 499, 537.

Nr.	Datum des Gesetzes	Name des Gesetzes
465	2. März 1923	Ges. über die Ausgabe von Dollarschatzanweisungen (RGBl. 155).
466	3. März 1923	Ges. zur Aend. des Pressenotgesetzes (RGBl. 159) s. a 402; geänd. d 37, e 59.
467	3. März 1923	Ges. über einstweilige Aufhebung des § 247 BGB. (RGBl. 163).
468	8. März 1923	Ges. über standesamtliche Gebühren (RGBl. 167) s. a 133; ändert auch das Personenstandsges. v. 6. Febr. 1875; seiners. geänd. e 65.
469	12. März 1923	Ges. über die Anlegung gesetzlicher Reserven der Aktiengesellschaften in Dollarschatzanweisungen des Reichs (RGBl. 167); ändert auch das Handelsgesetzbuch s. a 436, 493.
470	15. März 1923	Ges. zur Abänderung des Gewerbegerichtsges. u. des Ges. betr. die Kaufmannsgerichte (RGBl. 193) s. c 78, 101, a 300, 424; aufgeh. a 749.
471	20. März 1923	Kohlensteuerges. (RGBl. 193); geänd. a 551; grösstenteils aufgeh. e 59.
472	20. März 1923	Ges. über die Berücksichtigung der Geldentwertung in den Steuergesetzen (RGBl. 198 mit Berichtigung 250); ändert auch das Einkommensteuerges. (a 80, 441, 526), das Körperschaftssteuerges. (a 81), das Vermögenssteuerges. (a 326, 629, 633), das Ges. über die Zwangsanleihe (a 325), das Erbschaftssteuerges. (a 396, geänd. a 656; e 4), das Rennwett- u. Lotterieges. (a 336, geänd. e 4), das Wechselstempelges., das Kapitalverkehrssteuerges. (a 329, 525), das Versicherungssteuerges. (a 338, geänd. e 4), das Ges. über die Besteuerung des Personen- u. Güterverkehrs v. 8. April 1917 (s. a 337), das Umsatzsteuerges. (a 67, 426; geänd. e 4), das Reichsstempelges. v. 3. Juli 1913, das Frachturkundenstempelges. v. 17. Juni 1916, die Reichsabgabenordnung (a 62, 461, 552), das Kapitalfluchtges. (a 437, 627), seiners. geänd. a 552, 660, e 4.
473	22. März 1923	Ges. zur Aend. des Besoldungssperrges. (RGBl. 215) s. a 165, 516, 620; d 23.
474	23. März 1923	Ges. über die Geltungsdauer von Demobilmachungsverordnungen (RGBl. 215) s. a 319, 417, d 28.
475	26. März 1923	Ges. zur Vorbereitung der Reichsentlastungsgesetzgebung (RGBl. 213); ändert auch das Ausgleichszwischenges. (a 433); seiners. geänd. a 502.
476	26. März 1923	Ges. über Verlängerung der Geltungsdauer des Wohnungsmangelges. (RGBl. 217) s. a 117, 243, 370.

Nr.	Datum des Gesetzes	Name des Gesetzes
477	27. März 1923	Ges. betr. Aend. des Ges. über die Sicherung beweglicher Sachen in Schlesien (RGBl. 217) s. a 365.
478	27. März 1923	Ges. zur weiteren Entlastung der Gerichte (RGBl. 217); ändert das GVG., die ZPO., die EntlastungsVO. v. 9. Sept. 1915 mit den Gesetzen v. 11. März 1921 (a 191) u. 8. Juli 1922 (a 378) u. das Ges. gegen den Verrat militärischer Geheimnisse v. 3. Juni 1914.
479	27. März 1923	Ges. zur Erhaltung leistungsfähiger Krankenkassen (RGBl. 225 mit Berichtigung 242); ändert auch die RVersO. (s. a 458) u. das Ges. v. 9. Juni 1922 (a 361); seiners. geänd. e 51.
480	27. März 1923	Zweite Abänd. des Ges. über die Erhebung einer Abgabe zur Förderung des Wohnungsbaus (RGBl. 235) s. a 222. Neufassung des Ges. RGBl. 1923, 238; geänd. a 543, 558; aufgeh. e 59.
481	27. März 1923	Ges. zur Aenderung des Ges. über Notstandsmassnahmen usw. (a 274) (RGBl. 243).
482	27. März 1923	Ges. über Gebühren für Arbeitsbücher (RGBl. 247); ändert die GewO. s. a 464; seiners. geänd. s. a 643.
483	29. März 1923	Ges. zur Aend. des Tabaksteuerges. (RGBl. 231 mit Berichtigung 246) s. a 53; geänd. d 3, 6.
484	29. März 1923	Zweites Ges. über die Eintragung von Schiffspfandrechten in ausländ. Währung (RGBl. 232) s. a. 452; geänd. a 668, 851.
485	31. März 1923	Ges. über die Verwertung von Militärgut (RGBl. 243) s. a 162, 283; c 1.
486	5. April 1923	Ges. zur Aend. des Fernsprechgebührenges. (RGBl. 244) s. a 242. Inkrafttreten u. Neufassung RGBl. 1923, 694; ersetzt a 556.
487	5. April 1923	Ges. zur Verlängerung der Zuckerungsfrist der Weine des Jahrg. 1922 (RGBl. 245) s. a 423, 578; ändert das Weingesetz.
488	24. April 1923	Ges. über die Sicherstellung von Gegenständen, deren AusliefPflicht nach dem Versailler Vertrag streitig ist (RGBl. 253).
489	27. April 1923	Geldstrafenges. (RGBl. 254); ändert das StGB., die ZPO. die RAnwO. (s. a 384, 534), das GVG.; s. ferner a 282, 91; seiners. geänd. a 567; ersetzt durch e 24.
490	27. April 1923	Ges. über den Verkehr mit Absinth (RGBl. 257).
491	29. April 1923	Ges. betr. den § 87 des Betriebsräteges. (RGBl. 258) s. a 76, 180, 749.
492	12. Mai 1923	Ges. zur Aend. des Genossenschaftsges. (RGBl. 288) s. a 372, 606. Inkrafttreten RGBl. 1923, 298 u. 372.

Nr.	Datum des Gesetzes	Name des Gesetzes
493	12. Mai 1923	Ges. über den Mindestbetrag des Grundkapitals von Aktiengesellschaften u. KommGesellschaften auf Aktien (RGBl. 289), ändert auch das HGB. s. a 469, 569.
494	14. Mai 1923	Ges. zur Abänd. der VO. über Erwerbslosenfürsorge v. 1. Nov. 1921 (RGBl. 287); geänd. d 3, 6; gegenstandslos e 56.
495	16. Mai 1923	Ges. über Dienstgeldstrafen (RGBl. 295); ändert das RBeamtengesetz s. a 416, 506.
496	19. Mai 1923	Ges. betr. die Beseitigung kleiner im Reichsschuldbuch eingetragener Forderungen (RGBl. 296); aufgeh. a 642.
497	23. Mai 1923	Ges. über Abfindung von Witwen in der Unfallversicherung (RGBl. 295) s. a 459; geänd. a 561.
498	23. Mai 1923	Ges. zur Aend. des StGB. (RGBl. 296).
499	25. Mai 1923	Ges. zur Aend. des Notges. (RGBl. 299) s. a 464, 537.
500	26. Mai 1923	Achte Ergänzung des Besoldungsges. (RGBl. 301) s. a 103, 416, 506, e 1.
501	1. Juni 1923	Ges. über Mieterschutz u. Mieteinigungsämter (RGBl. 353, Berichtigung 618) s. c 8, a 117, 243; geänd. e 9, 63, a 712.
502	4. Juni 1923	Reichsentlastungsges. (RGBl. 305), dieses geänd. d 25, 26, mit dem Liquidationsschädenges. (RGBl. 311), dieses geänd. d 25, u. dem Ges. zur Abänd. des Reichsausgleichsges. (RGBl. 324) s. a 433, 475; 38; 94; Neufassung des Reichsausgleichsges. (RGBl. 1923, 334); wieder geänd. u. neue Neufassung d 26.
503	7. Juni 1923	Ges. betr. Ergänzung des Reichssiedlungsges. (RGBl. 364) s. a 33; geänd. a 557, 720.
504	11. Juni 1923	Ges. über den Verkehr mit unedlen Metallen (RGBl. 366); ändert auch die GewO.; seiners. geänd. a 619, 665, 713; aufgeh. a 739.
505	11. Juni 1923	Ges. über den Verkehr mit Edelmetallen, Edelsteinen und Perlen (RGBl. 369); s. a 714 (Neufassung).
506	18. Juni 1923	Neunte Ergänzung des Besoldungsges. (RGBl. 385) s. a 103, 416, 500, 542, 563, e 1; ändert auch das Reichsbeamtenges. (a 495, 540), das Beamtenhinterbliebenenges. v. 17. Mai 1907, das Militärhinterbliebenenges. v. 17. Mai 1907, das GVG., das Beamtenunfallfürsorgeges., das Offizierspensionsges., das Mannschaftsversorgungsges.; s. ferner a 266 mit 509; 164; 121.
507	18. Juni 1923	Wechselsteuerges. (RGBl. 403), ersetzt das Wechselstempelges.; seiners. geänd. a 525, e 59.
508	19. Juni 1923	Ges. über erneute Verlängerung des Ges. v. 21. Juni 1921 (RGBl. 411) s. a 218, 379.

Nr.	Datum des Gesetzes	Name des Gesetzes
509	22. Juni 1923	Ges. zur Abänderung des Wehrmachtversorgungsges. (RGBl. 409) s. a 266, 506, 510, 649.
510	22. Juni 1923	Ges. zur Abänd. des Reichsversorgungsges. u. anderer Versorgungsgesetze (RGBl. 513) s. a 121, 506, 509, 252, 386, 403; seiners. geänd. d 23; a 648, 805; ändert auch das Offizierspensionsges. v. 31. Mai 1906 (a 648). Neufassung des Reichsversorgungsges. RGBl. 1923, 523 (wieder geänd. d 23; e 53; a 594, 648, hier neue Neufassung), des Altrentnerges. RGBl. 1923, 542 (wieder geänd. e 53, a 648, 805 mit neuer Neufassung), des Kriegspersonenschädenges. RGBl. 1923, 545 (wieder geänd. a 648, 805 mit neuer Neufassung).
511	23. Juni 1923	Ges. über Ausgabe wertbeständiger Schuldverschreibungen auf den Inhaber (RGBl. 407).
512	23. Juni 1923	Ges. über wertbeständige Hypotheken (RGBl. 407) s. e 34, a 813.
513	23. Juni 1923	Ges. zur Sicherung der Brotversorgung 1923/24 (RGBl. 410 s. a 394; 374; geänd. a 551, d 2, 15.
514	23. Juni 1923	Ges. über die Anlegung von Mündelgeld (RGBl. 411); ändert das BGB.
515	23. Juni 1923	Ges. zur Abänd. des Verdrängungs-, des Kolonial- u. des Auslandsschädenges., sowie der Entschädigungsordnung (RGBl. 412) s. a 260, 425; 259, 425; 261, 425; 265. Neufassungen RGBl. 1923, 591, 600, 606; sämtliche wieder geänd. d 25.
516	23. Juni 1923	Ges. betr. Aend. des Besoldungssperrges. (RGBl. 419) s. a 165, 473, 620; d 23.
517	23. Juni 1923	Reichsknappschaftsges. (RGBl. 431, 760); geänd. a 708.
518	23. Juni 1923	EinführGes. zum Reichsknappschaftsges. (RGBl. 454, Berichtigung 650, 760), ändert auch die RVersO., das VersG. für Angestellte s. a 422, 536; 291, 459, 536, 546. Hierzu Aenderungsges. v. 23. Juni 1923 (RGBl. 466). Weiter geänd. a 708.
519	23. Juni 1923	Ges. zur Aend. des Landessteuerges. (RGBl. 483) s. a 82, 337; geänd. a 622, 659, e 59; ändert auch das Biersteuerges., das Weinsteuerges. u. das Mineralwassersteuerges. Neufassung als Finanzausgleichsges. RGBl. 1923, 494; letzteres geänd. e 59, a 658, 660.
520	25. Juni 1923	Ges. zur Verlängerung des Weinsteuerges. (RGBl 466) s. a 67, 330, 426, 551, 630; geänd. e 4; aufgeh. a 657.
521	25. Juni 1923	Ges. zur Verlängerung des Weinsteuerges. (RGBl. 481) s. a 341; geänd. d 22; e 36; a 635.

Nr.	Datum des Gesetzes	Name des Gesetzes
522	26. Juni 1923	Ges. über Verlängerung der Geltungsdauer des Wohnungsmangelges. (RGBl. 419) s. c 8; a 117, 243.
523	27. Juni 1923	Ges. zur Abänderung des Hausarbeitges., Heimarbeiterlohnges., (RGBl. 467) mit Neufassung des Hausarbeitges. (RGBl. 1923, 472, Berichtigungen 730).
524	8. Juli 1923	Ges. zur Aend. des Reichshaftpflichtges. (RGBl. 615).
525	9. Juli 1923	Ges. zur Aend. des Kapitalverkehrsteuerges. u. des Wechselsteuerges. (RGBl. 555) s. a 329, 472; 507. Neufassung des Wechselsteuerges. RGBl. 778 mit Datum v. 10. Aug. 1923; geänd. e 4, 59, a 660, 870.
526	9. Juli 1923	Ges. über die Erhöhung der Vorauszahlungen auf die Einkommen- u. Körpersch.-Steuer (RGBl. 556) s. a 80, 472; geänd. a 551.
527	9. Juli 1923	Biersteuerges. (RGBl. 557, Berichtigung 650) s. a 332, 326, 381, geänd. a 541, 550, 657, 660, 782; e 43; Inkrafttr. RGBl. 1923, 660.
528	9. Juli 1923	Ges. zur Aend. der Ges. über den Eintritt von Württemberg, Bayern u. Baden in die Biersteuergemeinsch. (RGBl. 563) s. a 17, 26, geänd. a 661.
529	9. Juli 1923	Spielkartensteuerges. (RGBl. 564) s. a 49, geänd. a 550, 657, d 24. Inkrafttreten RGBl. 1923, 650.
530	9. Juli 1923	Leuchtmittelsteuerges. (RGBl. 567 u. 750) s. a 332, geänd. a 550, 657; hebt auch das Leuchtmittelsteuerges. v. 15. Juli 1909 auf. Inkrafttreten RGBl. 1923, 650.
531	9. Juli 1923	Zündwarensteuerges. (RGBl. 570) s. a 48, 203, geänd. a 550, 657, d 24; Inkrafttreten RGBl. 1923, 650.
532	9. Juli 1923	Salzsteuerges. (RGBl. 573 u. 750), geänd. a 550, 657, d 14; hebt auf das bayr. Salzsteuerges. v. 16. Nov. 1867. Inkrafttreten RGBl. 1923, 650; wieder aufgeh. a 691.
533	9. Juli 1923	Zuckersteuerges. (RGBl. 575); s. a 334, seiners. geänd. a 550, 657, 787, 875, d. 24, e 43; hebt auch auf das Zuckersteuerges. v. 27. Mai 1896 / 6. Jan. 1903. Inkrafttreten RGBl. 1923, 650.
534	9. Juli 1923	Ges. zur Aend. der RechtsanwaltsOrdn. (RGBl. 647), s. a 567.
535	11. Juli 1923	Ges. zur Vereinfachung der Urliste (RGBl. 647); ändert das GVG.
536	13. Juli 1923	Ges. über Aend. des VersGes. für Angestellte u. der RVersO. (RGBl. 636) s. a 422, 518, 647;

Nr.	Datum des Gesetzes	Name des Gesetzes
		hebt auf das Ges. v. 22. Juli 1913 über Angestelltenversich. der Privatlehrer; seiners. geänd. d 33.
537	14. Juli 1923	Ges. zur Ergänzung des Notges. (RGBl. 635) s. a 464, 499.
538	14. Juli 1923	Ges. zur Aend. des HypothBankges. v. 13. Juli 1899 (RGBl. 636); ändert auch das EG. KO.; seiners. geänd. a 677.
539	17. Juli 1923	Ges. über Wiedereinstellung u. Kündigung in Teilen des Reichsgebietes (RGBl. 648); geänd. d 23; aufgehoben e 5.
540	17. Juli 1923	Ges. zur Aend. des Reichsbeamtenges. v. 18. Mai 1907 (RGBl. 683) s. a 506; a* 5.
541	18. Juli 1923	Ges. zur Verlängerung des Ges. v. 9. Juli 1922 bei a 381 (RGBl. 743) s. a 527.
542	18. Juli 1923	Zehnte Ergänzung des Besoldungsges. (RGBl. 747) s. a 103, 416, 500, 563, e 1.
543	19. Juli 1923	Ges. über Aend. der Wohnungsbauabgabe (RGBl. 683) s. a 480, 558.
544	19. Juli 1923	Ges. über Aend. der VO. über Erwerbslosenfürsorge v. 1. Nov. 1921 (RGBl. 683), gegenstandslos s. e 56.
545	19. Juli 1923	Ges. zur Aend. des Ges. über die priv. VersichUnternehmungen v. 12. Mai 1901 (RGBl. 684) s. a 295, 632, 735; c 65.
546	19. Juli 1923	Ges. über Aend. der RVersO. (RGBl. 686) s. a 459, 518, 592; hebt auch auf das Ges. v. 4. Aug. 1914 betr. Sicherung der Leistungsfähigk. der Krankenkassen. Neufassung der RVersO. mit Bek. v. 15. Dez. 1924 (RGBl. 779) s. a 603.
547	21. Juli 1923	Ges. zur Aend. des Ges. über den Verkehr mit Kraftfahrzeugen v. 3. Mai 1909 (RGBl. 743) s. a 442; geänd. e 19, 20.
548	26. Juli 1923	Ges. zur Aend. der Wohnungsmangelbek. (RGBl. 751 u. 878) s. c 8, a 117, 243, 314, 370 mit Neufassung als Wohnungsmangelges. v. 26. Juli 1923 (RGBl. 754 u. 878); geänd. e 9, a 762.
549	11. Aug. 1923	Ges. über die Besteuerung der Betriebe (RGBl. 769); geänd. u. aufgehob. e 4.
550	11. Aug. 1923	Ges. über Abänd. einzelner Verbrauchssteuerges. (RGBl. 770 u. 820) s. a 527, 657; 332; 533, 657; 532, 657, 660; 531, 657; 530, 657; 529, 657; 471; 339, 460, 782; seiners. geänd. d. 24; ändert auch das Mineralwassersteuerges. v. 26. Juli 1918.
551	11. Aug. 1923	Ges. über Vorauszahlungen auf die Einkommen-, Körpersch.- u. Umsatzsteuer (RGBl. 773) s a 526; 513; 67, 520, 630; e 4.

Nr.	Datum des Gesetzes	Name des Gesetzes
552	11. Aug. 1923	Steuerzinsges. (RGBl. 774) s. a 472; 62, 472.
553	11. Aug. 1923	Ges. über die Erhebung der Rhein-Ruhr-Abgabe (RGBl. 774).
554	14. Aug. 1923	Ges. über eine wertbeständige Anleihe des Reichs (RGBl. 777).
555	17. Aug. 1923	Ges. über Post-, Postscheck- u. Telegraphengebühren (RGBl. 797) s. a 278; 279, 462; 280; seiners. geänd. a 564, 583.
556	17. Aug. 1923	Fernsprechgebührenges. (RGBl. 802) s. a 242, 486; geänd. a 583; aufgeh. a 801.
557	18. Aug. 1923	Ges. zur Aend. des Reichssiedlungsges. (RGBl. 805) s. a 33, 503, 720.
558	18. Aug. 1923	Ges. über die Aend. der Wohnungsbauabgabe (RGBl. 805) s. a 480, 543.
559	18. Aug. 1923	Ges. über die Geb. der Rechtsanw. u. die Gerichtskosten (RGBl. 813, mit Berichtigung 878) s. a 64, 238, 435, 756; 456, 640; ändert auch die ZPO. u. das GKG.; seiners. geänd. a 756.
560	18. Aug. 1923	Ges. über die Altenteilsbezüge (RGBl. 815).
561	20. Aug. 1923	Ges. über Aend. der Zulagen in der Unfallversich. (RGBl. 806 u. 844) s. a 459, 497, 565.
562	23. Aug. 1923	Ges. über Aend. des Ges. v. 2. Febr. 1923 a 454 (RGBl. 853); aufgeh. a 586.
563	28. Sept. 1923	Ges. über vorübergehende Aufhebung der vierteljährlichen Gehaltszahlung (RGBl. 915) s. a 103, 542; 164, 506.
564	28. Sept. 1923	Ges. zur Aend. des Postscheckges. (RGBl. 917) s. a 197; 462, 555, 583, d 14.
565	8. Okt. 1923	Ges. über Notmassnahmen in der Unfallversich. (RGBl. 935) s. a 459, 561.
566	13. Okt. 1923	Ermächtigungsges. (RGBl. 943); s. hierzu unten Abt. d.
567	13. Okt. 1923	Ges. über Vermögensstrafen u. Bussen (RGBl. 943) s. a 489; ändert auch das StGB. (s. a 698) u. die RechtsAnwO. (s. a 534, 763); ersetzt durch e 24.
568	13. Okt. 1923	Ges. über Verkündung von Rechtsverordnungen (RGBl. 959).
569	17. Okt. 1923	Ges. über Verjährungsfristen des Seeversicherungsrechts (RGBl. 987); ändert das HGB. s. a 277, 493, 577.
570	5. Nov. 1923	Ges. zur Aend. des Passges. v. 12. Okt. 1867, des GebGes. für die Auslandsbehörden (s. a 230) u. des Staatsangehörigkeitsges. v. 22. Juli 1913 (RGBl. 1077).
571	1. Dez. 1923	Ges. über die Strafvollstreckung von Urteilen von Danzig u. dem Memelland (RGBl. 1167).
572	8. Dez. 1923	Ermächtigungsges. (RGBl. 1179); s. hierzu unten Abt. e.

Nr.	Datum des Gesetzes	Name des Gesetzes
573	13. Dez. 1923	Ges. über Erstattung von Reisekosten an Handelsrichter (RGBl. 1185); ändert das GVG.
574	13. Dez. 1923	Ges. zur Verläng. der VO. über Lohnpfändung (RGBl. 1186) s. c 7, a 286, 743, 816.
575	13. Dez. 1923	Ges. über die Erstattung von Prozesskosten (RGBl. 1186); ändert auch die ZPO.
576	15. Dez. 1923	Ges. zur Aend. des Art. 35 der RVerf. (RGBl. 1185) s. a 32, 420, 702.
577	17. Dez. 1923	Ges. über die Bilanzierung wertbeständiger Schulden (RGBl. 1233); ändert das HGB. s. a 569, 606; e 8.
578	31. Dez. 1923	Ges. zur Verläng. der Zuckerungsfrist der Weine des Jahrganges 1923 (RGBl. 1924, 1) s. a 487, 588; ändert das Weingesetz.
579	31. Dez. 1923	2. Ges. zur Aend. des Reichswahlges. (RGBl. 1924, 1 u. 40) s. a 95, 414; 108; 224. Neufassung des Reichswahlgesetzes u. des Ges. über die Wahl des RPräsidenten v. 6. März 1924 (RGBl. 159 u. 172); ersteres geänd. a 581, letzteres a 613.
580	4. März 1924	Ges. über Danziger u. Memelländische Rechtsangelegenheiten (RGBl. 169).
581	13. März 1924	3. Ges. zur Aend. des Reichswahlges. (RGBl. 173) s. a 579.
582	15. März 1924	Ges. über Verläng. der Bek. über die Bildung von Wohnungsverbänden v. 7. Nov. 1918 (RGBl. 257).
583	18. März 1924	Reichspostfinanzges. (RGBl. 287); ändert auch das Postges. v. 28. Okt. 1871 (s. a 555, 607) u. das Eisenbahnpostges. v. 20. Dez. 1875 s. a 32; 214; 555, 564; 556; 197; 110, 280; seiners. geänd. a 733.
584	19. März 1924	Ges. über die Aufhebung des Kriegsleistungsges. (RGBl. 285); hebt das Ges. v. 13. Juni 1873 samt Aenderungen auf; s. a 385.
585	19. März 1924	Ges. über hypothekarische Belastung von Reichsbahngrundstücken (RGBl. 285).
586	20. März 1924	Ges. über die Ausprägung neuer Reichssilbermünzen (RGBl. 291) s. a 352, 454, 562, a* 85; ändert auch das Münzges. v. 1. Juni 1909.
587	21. März 1924	Ges. zur Abänderung des Opiumges. s. a 176.
588	26. März 1924	Ges. über die Zuckerung der Weine des Jahrgangs 1922 (RGBl. 375) s. a 578, 611; ändert auch das Weinges.
589	12. Juni 1924	Ges. zur Aend. der BundesratsBek. über die Geschäftsaufsicht (RGBl. 641) s. e 27; aufgeh. a 683.
590	9. Juli 1924	Ges. zur Aend. des Quartierleistungsges. v. 25. Juni 1868, s. a 385 (RGBl. 665); ändert auch das AbändGes. v. 21. Juni 1887 u. das Naturalleistungsges. v. 13. Febr. 1875 (s. a 385).

Nr.	Datum des Gesetzes	Name des Gesetzes
591	19. Juli 1924	Ges. zur Aenderung der Strandungsordnung v. 17. Mai 1874 (RGBl. 667).
592	31. Juli 1924	Ges. zur Aend. der RVersO. (RGBl. 669) s. a 546; a* 89; c 60; d 33; e 41.
593	31. Juli 1924	Ges. über Sonderzulagen in der Unfallversicherung (RGBl. 669).
594	4. Aug. 1924	Ges. zur Abänd. des Reichsversorgungsges. (RGBl. 677) s. a 121, 510, 648.
595	4. Aug. 1924	Ges. zur Aend. des Ges. über das Verf. in Versorgungssachen (RGBl. 677) s. a 297; neue Neufassung a 822.
596	7. Aug. 1924	Ges. über die Temperaturskale u. die Wärmeeinheit (RGBl. 679).
597	11. Aug. 1924	Ges. zur Aend. der VO. über Erwerbslosenfürsorge (RGBl. 691) s. e 56, a 675; aufgeh. a 795.
598	15. Aug. 1924	Ges. zur Aend. des Naturalleistungsges. v. 24. Mai 1898 u. 9. Juni 1906 (RGBl. 681) s. a 385, Neufassung Bek. v. 6. April 1925 (RGBl. 44).
599	25. Aug. 1924	Ges. betr. das Eingehen deutscher Festungen (RGBl. 693).
600	4. Sept. 1924	Ges. über das Ausgleichsverf. in bezug auf das Saargebiet (RGBl. 701).
601	7. Sept. 1924	Ges. über die Ermächtigung der Reichsregierung zur Einführung einer Fürsorge für erwerbslose Seeleute (RGBl. 701) s. a 624.
602	10. Sept. 1924	Aenderungsges. zum Ges. über die Fieberthermometer (RGBl. 703) mit Neufassung v. 10. Sept. 1924 (RGBl. 704) s. a 209; wieder geänd. a 699.
603	15. Dez. 1924	RVersO., Bek. über Neufassung (RGBl. 779); s. a 546; wieder geänd. a 604, 617, 639, 647, 686, 703, 709, 726, 766, 767, 790, 802, 827, 828. 852, 864, 880.
604	22. Jan. 1925	Ges. über das Reichsschiedsamt (RGBl. 3) s. a 603, 617.
605	27. Jan. 1925	Ges. über die Aend. des Gebiets der Zollausschlüsse in Seehäfen (RGBl. 9).
606	4. Febr. 1925	Ges. zur Aend. des Handelsgesetzbuchs u. des Genossenschaftsges. (RGBl. 9) s. a 577, 802; a 372, 492, 676.
607	5. Febr. 1925	Ges. zur Aend. des Postges. (RGBl. 10) s. a 430, 583
608	17. Febr. 1925	Ges. betr. Aussetzung des Verfahrens vor Gerichten u. Aufwertungsstellen (RGBl. 15); geänd. a 623.
609	20. Febr. 1925	Ges. über die Todeserklärung Kriegsverschollener (RGBl. 15).
610	21. Febr. 1925	Ges. über die weitere Zulassung von Hilfsmitgliedern im Reichspatentamt (RGBl. 17) s. a 306, 821.
611	28. Febr. 1925	Ges. über die Zuckerung der Weine des Jahrgangs 1924 (RGBl. 17) s. a 588.

Nr.	Datum des Gesetzes	Name des Gesetzes
612	10.März 1925	Ges. über die Stellvertretung des Reichspräsidenten (RGBl. 17).
613	13.März 1925	2. Ges. über die Wahl des Reichspräsidenten (RGBl. 19) s. a 108, 579.
614	13.März 1925	Ges. über die Volks-, Berufs- u. Betriebszählung (RGBl. 19).
615	18.März 1925	Ges. über die Beerdigung des Reichspräsidenten (RGBl. 27).
616	21.März 1925	Ges. über Aufnahme von Auslandskrediten durch Gemeinden und Gemeindeverbände (RGBl. 27).
617	23.März 1925	Ges. zur Aend. der Berechnung der Rente aus der Invalidenversicherung (RGBl. 27) s. a 603, 604, 767.
618	23.März 1925	Ges. über Zusatzsteigerung der Renten in der Angestelltenversicherung (RGBl. 28) s a 422, 647, 709.
619	23.März 1925	Ergänzungsges. zum Ges. über den Verkehr mit unedlen Metallen (RGBl. 28) s. a 504, 665.
620	24.März 1925	4. Aend. des Besoldungssperrges. (RGBl. 30) s. a 165, 473, 516; d 23.
621	25.März 1925	Ges. über die vierteljährliche Gehaltszahlung (RGBl. 30) s. a 103, 164.
622	26.März 1925	Ges. zur Regelung des Finanzausgleichs zwischen Reich, Ländern u. Gemeinden im 1. Halbjahr 1925 (RGBl. 29) s. a 519; e 59; geänd. a 659.
623	27.März 1925	Ges. über die Verlängerung der Fristen der 3. SteuerNotVO. (RGBl. 29) s. a 608, 636; e 59.
624	27.März 1925	Ges. zur Erweiterung u. Verlängerung der Fürsorge für erwerbslose Seeleute (RGBl. 31) s. a 601, 760; aufgeh. a 795.
625	31.März 1925	Kabelpfandges. (RGBl. 37).
626	15.April 1925	Ges. über die Aend. der 18. Ergänzung des Besoldungsges. (RGBl. 43) s. a 416, 689.
627	16.April 1925	Ges. über die Aufrechterhaltung von Vorschriften des Kapitalfluchtges. (RGBl. 43) s. a 437, 472; geänd. a 634.
628	18.April 1925	Ges. betr. den Lehrgang der Grundschule (RGBl. 49) s. a 99.
629	27. Mai 1925	Ges. über Hinausschiebung der Vermögenssteuervorauszahlung (RGBl. 73 u. 84) s. a 326, 472, 633.
630	29. Mai 1925	Steuerüberleitungsges. (RGBl. 75) s. a 67, 520, 551; geänd. a 653.
631	3. Juni 1925	Ges. betr. Aenderung des Ges. über den Ruhegehalt des RPräsidenten (RGBl. 81) s. a 448.
632	4. Juni 1925	Ges. über die Erhebung von Gebühren für die Aufsichtstätigkeit des Reichsaufsichtsamts für Privatversicherung (RGBl. 81); ändert auch das VersichAufsGes. v. 12. Mai 1901 (s. c 65; a 545).

Nr.	Datum des Gesetzes	Name des Gesetzes
633	23. Juni 1925	Ges. über die Hinausschiebung der Vermögenssteuervorauszahlung (RGBl. 85) s. a 326, 472, 629.
634	26. Juni 1925	Ges. über Depot- und Depositengeschäfte (RGBl. 89) s. a 627, 750.
635	26. Juni 1925	Ges. zur Aend. des Weinsteuerges. (RGBl. 91) s. a 341, 521; d 22; e 36; aufgeh. a 657.
636	28. Juni 1925	Ges. zur Verlängerung der Geltungsdauer der 3. SteuerNotVO. (RGBl. 92) s. a 623, 704.
637	3. Juli 1925	Ges. über den Schutz des zur Anfertigung von Schuldurkunden des Reichs u. der Länder verwendeten Papiers geg. Nachahmung (RGBl. 93).
637 a	3. Juli 1925	Ges. über die Wechsel- und Scheckzinsen (RGBl. 93); ändert auch die Wechselordnung und das Scheckgesetz; s. a 747.
638	4. Juli 1925	Ges. über die Wiederaufnahme des Verfahrens gegenüber Urteilen der bayerischen Volksgerichte (RGBl. 95).
639	14. Juli 1925	2. Ges. über Aend. der Unfallversicherung (RGBl. 97) s. a. 603, 647; mit teilw. Neufassung der RVersO. durch Bek. v. 9. Jan. 1926 (RGBl. 9, 100); s. weiter a 686; Aenderungen s. a 603; s. auch a 852.
640	14. Juli 1925	Ges. zur Aend. des Ges. über die Erstattung von RAnwGebühren in Armensachen (RGBl. 136) s. a 456, 559, 744.
641	16. Juli 1925	Aufwertungsges. (RGBl. 117 u. 160) s. b 195; geänd. a 784.
642	16. Juli 1925	Ges. üb. d. Ablös. öffentl. Anleihen (RGBl. 137, 348) s. a 496; geänd. a 784.
643	16. Juli 1925	Ges. über Gebühren für Arbeitsbücher (RGBl. 145); ändert die GewO. s. a 482, 749.
644	18. Juli 1925	Ges. über die Errichtung der Deutschen Rentenbank-Kreditanstalt (RGBl. 145 u. 156); geänd. a 667, 834.
645	23. Juli 1925	Ges. zur Aend. der Pachtschutzordnung (RGBl. 151) s. a 371; c 90; e 44; mit Neufassung dieser v. 23. Juli 1925 (RGBl. 152), wieder geänd. a 749, 786, 879.
646	27. Juli 1925	Ges. über Aufhebung der VO. zur Sicherstellung des Warenumlaufs (RGBl. 157) s. d 12.
647	28. Juli 1925	Ges. über Ausbau der Angestellten- u. Invalidenversich. u. über Gesundheitsfürsorge in der Reichsversicherung (RGBl. 157); ändert auch das AngestelltenversGes. u. die RVersO. s. a 128, 422, 536, 618, 647, 709; 603, 639.
648	28. Juli 1925	3. Ges. zur Aend. des Reichsversorgungsges. u. anderer Versorgungsgesetze (RGBl. 163) s. a 121, 510, 594; 252, 510; 386, 510; 510; ändert auch das Offizierspensionsges. vom

Nr.	Datum des Gesetzes	Name des Gesetzes
		31. Mai 1906 (s. a 510, 805); Neufassung des RVersorgG. v. 31. Juli 1925 (RGBl. 165), wieder geänd. a 722, 749, 771, 805 (mit neuer Neufassung).
649	31. Juli 1925	Ges. zur Abänd. des Wehrmachtversorgungsges. (RGBl. 161) s. a 266, 509 mit Neufassung v. 19. Sept. 1925 (RGBl. 349, 389).
650	31. Juli 1925	Ges. zur Aend. des Ges. betr. Kinderarbeit in gewerblichen Betrieben v. 30. März 1903 (RGBl. 162).
651	4. Aug. 1925	Ges. über Einstellung des Personalabbaus und Aend. der PersonalabbauVO. (RGBl. 181) s. a 23, e 18; ändert auch das RBeamtenGes. v. 31. März 1873; seiners. geänd. s. a 690.
652	10. Aug. 1925	Ges. zur Aend. der VO. über den Verkehr mit Vieh und Fleisch (RGBl. 185) mit Neufassung dieser als Ges. über den Verkehr mit Vieh und Fleisch (RGBl. 186); geänd. a 873.
653	10. Aug. 1925	Einkommensteuerges. (RGBl. 189) s. a 630; geänd. a 669, 681, 691, 810, 845, 868.
654	10. Aug. 1925	Körperschaftssteuerges. (RGBl. 208) s. a 329, geänd. a 868.
655	10. Aug. 1925	Reichsbewertungsges. (RGBl. 214) s. a. 770, 820, 866.
656	10. Aug. 1925	Ges. über Vermögen- u. Erbschaftssteuer (RGBl. 233) s. a 396, 472; seiners. geänd. a 691, 860; Neufassung des Erbschaftssteuerges. v. 22. Aug. 1925 (RGBl. 320).
657	10. Aug. 1925	Ges. zur Aenderung von Verbrauchssteuern (RGBl. 248, Inkrafttreten 314) s. a 341, 521, 635, d 22, e 36; a 531, 550, d 24; 532, 550, d 24; a 533, 550, d 24, e 43, 787; a 529, 550, d 24; a 62; a 530, 550; a 527, 550, e 43; a 53, d 34; hebt fast völlig auf das Weinsteuerges. v. 26. Juli 1918; dieses nun ganz aufgehoben a 691.
658	10. Aug. 1925	Ges. über die gegenseitigen Besteuerungsrechte des Reichs, der Länder und der Gemeinden (RGBl. 252); hebt auch auf das Reichsbesteuerungsges. v. 15. April 1911; seiners. geänd. a 691. Neufassung des Finanzausgleichsges. v. 27. April 1926 (RGBl. 203); wieder geänd. a 700, 768, 809.
659	10. Aug. 1925	Ges. über Aenderung des Finanzausgleichs zwischen Reich, Ländern und Gemeinden (RGBl. 254) s. a 519, e 59, a 704; d 32; a 152; a 622; geänd. a 685, 691, 768. Neufassung des Ges. über den Geldentwertungsausgleich bei bebauten Grundstücken v. 1. Juni 1926 (RGBl. 251).
660	10. Aug. 1925	Ges. zur Aend. der Verkehrsteuern und des Verfahrens (RGBl. 241) s. a 329; a 50, 519; a 525, e 59; a 67; a 8, 472, 25; seiners. geändert

Nr.	Datum des Gesetzes	Name des Gesetzes
		a 662, 691, 737. Neufassung des Grunderwerbssteuerges. v. 11. März 1927 (RGBl. 72), wieder geänd. a 854.
661	10. Aug. 1925	Ges. über Erhöhung der Bier- und Tabaksteuer (RGBl. 244) s. a 527, 550, e 43; a 17, 528, 769; a 26, 528, 769; a 53, 332, d 34; ändert auch den Zolltarif v. 25. Dez. 1902; seiners. geänd. a 684, 691, 795.
662	17. Aug. 1925	Ges. über Zolländerungen (RGBl. 261); s. a 67, 660; ändert auch das Zolltarifges. v. 25. Dez. 1902; zu letzterem s. Bek. v. 3. Sept. 1925 (RGBl. 331) a 732, 775, 789, 832; seiners. geänd. a 691, 789, a* 165, a 808, 831.
663	17. Aug. 1925	Ges. über Straffreiheit (RGBl. 313).
664	26. Aug. 1925	Kraftfahrliniengesetz (RGBl. 319).
665	26. Aug. 1925	Ges. zur Aend. des Ges. über den Verkehr mit unedlen Metallen (RGBl. 320) s. a 504, 619, 713.
666	3. Sept. 1925	Ges. über Beschränkung der Einnahmen aus der Lohnsteuer (RGBl. 331) s. a 669; 810 (Neufassung).
667	28. Nov. 1925	Ges. zur Aend. des Ges. über die Errichtung der deutschen Rentenbank-Kreditanstalt (RGBl. 391) s. a 644, 834.
668	18. Dez. 1925	Ges. über die Eintragung von Hypotheken u. Schiffspfandrechten in ausländischer Währung (RGBl. 469) s. c 47; a 484; geänd. a 851.
669	19. Dez. 1925	Ges. über die Senkung der Lohnsteuer (RGBl. 469) s. a. 653, 666, 681.
670	21. Dez. 1925	Ges. über Ausfuhr von Kunstwerken (RGBl. 470) s. c 32, a 804.
671	21. Dez. 1925	Ges. über die Gebühren der Zeugen u. Sachverständigen (RGBl. 470) s. a 312, 415; mit Neufassung v. 21. Dez. 1925 (RGBl. 471).
672	21. Dez. 1925	Ges. zur Entlastung des Reichsgerichts (RGBl. 475); s. e 58, a 742, 826.
673	22. Dez. 1925	Ges. über die Zuckerung der Weine (RGBl. 475); ändert das Weinges. v. 7. April 1909 s. a 453, 757, 782.
674	22. Dez. 1925	Ges. zur Abänd. der StPO. (RGBl. 475) s. e 13, a 754.
675	17. Jan. 1926	Ges. zur Aend. der VO. über Erwerbslosenfürsorge (RGBl. 89) s. e 56; a 597, 741; aufgeh. a 795
676	19. Jan. 1926	Ges. zur Aend. des Genossenschaftsgesetzes (RGBl. 91) s. a 372, 606.
677	26. Jan. 1926	2. Ges. zur Aend. des Hypothekenbankges. (RGBl. 97) s. a 538, 806.
678	13. Febr. 1926	Ges. zur Aend. des Gerichtsverfassungsges. (RGBl. 99) s. e 13, a 692.
679	13. Febr. 1926	Ges. über Aussetzung der Rechtsstreitigkeiten über die Auseinandersetzung mit den Fürstenhäusern (RGBl. 101) s. a 693, 745.

Nr.	Datum des Gesetzes	Name des Gesetzes
680	22.Febr. 1926	Ges. über Militärgerichte u. militärgerichtl. Verfahren (RGBl. 103), ändert die Militärstrafgerichtsordnung v. 1. Dez. 1898 (a 152, 697) und die VO. v. 5. Dez. 1908 (RGBl. 1422).
681	26.Febr. 1926	Ges. zur Vereinfachung der Lohnsteuer (RGBl. 107) s. a 653, 669.
682	26.Febr. 1926	Reichswasserschutzversorgungsgesetz (RGBl. 149).
683	27.Febr. 1926	Ges. über die Regelung der fürsorgerechtlichen Beziehungen zum Saargebiet (RGBl. 149).
684	8.März 1926	Ges. zur Aend. des Ges. über Erhöhung der Bier- u. Tabaksteuer (RGBl. 151) s. a 661, 691, geänd. a 795.
685	18.März 1926	Ges. zur Aend. des Ges. über Aenderungen des Finanzausgleichs (RGBl. 175) s. a 659.
686	26.März 1926	Ges. über Geltungsdauer von Vorschriften der RVersO. (RGBl. 179) s. a 603, 639, 703.
687	26.März 1926	Ges. über die Bereitstellung von Kredit zur Förderung des Kleinwohnungsbaues (RGBl. 179); geänd. a 716, 778 (Neufassung).
688	27.März 1926	Ges. zur einheitlichen Regelung des Wohnungsgeldzuschusses (RGBl. 180).
689	27.März 1926	19. Ergänzung des Besoldungsges. (RGBl. 180) s. a 103, 416, 626, 737.
690	27.März 1926	Ges. zur Aend. des Ges. über Einstellung des Personalabbaus u. Aend. der PersAbbauVO. RGBl. 185) s. a 651, 721, d 23, e 18; geänd. a 734.
691	31.März 1926	Ges. über Steuermilderungen zur Erleichterung der Wirtschaftslage (RGBl. 185) s. a 659; 67, 660, 662; 653; 656; 661, 684; 657, 332; 658; regelt selbständig die Schaumweinsteuer; seiners. geändert a 791; Neufassung des Umsatzsteuergesetzes v. 8. Mai 1926 (RGBl. 218).
692	31.März 1926	Ges. zur Aend. des Ges. zum Schutze der Republik (RGBl. 190) s. a 397; e 13, a 678, 718.
693	3.April 1926	Ges. über die Aussetzung von Verfahren über die Auflösung der Familiengüter von Fürstenhäusern (RGBl. 191 (s. a 679, 724, 745.
694	6.April 1926	Ges. über die Amtsdauer der Beisitzer der Verwaltungsausschüsse der Arbeitsnachweisämter (RGBl. 193) s. a 408.
695	10.April 1926	Ges. zur Aufhebung der VO. über Kartoffeln (RGBl. 193) s. c 93.
696	15.April 1926	Ges. über einen Ausschuss zur Untersuchung der Erzeugungs- u. Absatzbedingungen der deutschen Wirtschaft (RGBl. 195).
697	30.April 1926	Ges. zur Vereinfachung des Militärstrafrechts (RGBl. 197 u. 222); ändert das MStGB. v. 20. Juni 1872 u. das EG. hierzu, die MilStrafGerOrdn. v. 1. Dez. 1898 (a 680, 800), das EinfG. hierzu v. 1. Dez. 1898; s. a 152, 199,

Nr.	Datum des Gesetzes	Name des Gesetzes
		e 13; geänd. a 698. Neufassung des MStGB. u. des EG. hierzu v. 16. Juni 1926 (RGBl. 275).
698	30. April 1926	Ges. über die Bestrafung des Zweikampfs (RGBl. 201); ändert das StGB. s. a 567, 701; a 697.
699	3. Mai 1926	Ges. über die Prüfung u. Beglaubigung von Fieberthermometern (RGBl. 213) s. a 6[illegible]2.
700	15. Mai 1926	Ges. zur Aend. des Kraftfahrzeugsteuerges. (RGBl. 223) s. a 337, 447; a 658; Neufassung v. 19. Mai 1906 (RGBl. 239). Neues Ges. a 809.
701	18. Mai 1926	Ges. zur Aend. des Strafgesetzbuchs (RGBl. 239) s. a 698, 749.
702	22. Mai 1926	Ges. zur Ergänzung der RVerfassung (RGBl. 243) s. a 32, 576.
703	22. Mai 1926	1. Ges. zur Aend. des 2. Buchs der RVersO. (RGBl. 243) s. a 603, 686, 709.
704	27. Mai 1926	Ges. zur Aend. der 3. SteuerNotVO. (RGBl. 249) s. e 59, a 636.
705	1. Juni 1926	Ges. zur Aend. des § 11 der RAbgOrdn. (RGBl. 255) s. a 62.
706	8. Juni 1926	Ges. zur Aend. der ReichsVO. über die Fürsorgepflicht (RGBl. 255) s. e 53.
707	22. Juni 1926	Ges. über die Gewährung v. Darlehen zur Hebung der landwirtschaftlichen Erzeugung (RGBl. 315).
708	25. Juni 1926	Ges. zur Abänd. des Reichsknappschaftsges. (RGBl. 291) s. a 517, 518. Neuf. des Reichsknappschaftsges. vom 1. Juli 1926 (RGBl. 369); wieder geänd. s. a 766, 827, 828.
709	25. Juni 1926	Ges. zur Aend. der RVersO. u. des AngestelltenVersGes. (RGBl. 311) s. a 603, 703, 726; 422, 618, 647, 766.
710	25. Juni 1926	Ges. über eine Erhebung in der Erwerbslosenfürsorge (RGBl. 316).
711	28. Juni 1926	Ges. zur Aend. des Ges. betr. die Gesellschaften mit beschr. Haftung (RGBl. 315) s. a 445.
712	29. Juni 1926	Ges. zur Aend. des Mieterschutzges. (RGBl. 317, 368) s. a 501, e 63; a 316, 729. Neufassung des MSchG. v. 30. Juni 1926 (RGBl. 347), wieder geänd. a 764, 780, 800, 812, 814 (neue Neufassung).
713	29. Juni 1926	Ges. zur Aend. des Ges. über den Verkehr mit unedlen Metallen (RGBl. 321) s. a 504, 655; aufgeh. a 739.
714	29. Juni 1926	Ges. über Neufassung des Ges. über den Verkehr mit Edelmetallen, Edelsteinen u. Perlen (RGBl. 321) s. a 505.
715	29. Juni 1926	Beförderungssteuerges. (RGBl. 357) s. a 1[illegible]0.
716	1. Juli 1926	Ges. zur Aend. des Ges. v. 26. März 1926 (RGBl. 357) s. a 687, 778.
717	4. Juli 1926	Ges. über die Bestellung von Pfandrechten an im Bau befindlichen Schiffen (RGBl. 367).

Nr.	Datum des Gesetzes	Name des Gesetzes
718	8. Juli 1926	Ges. zur Aend. des Ges. zum Schutze der Republik (RGBl. 397) s. a 397, 692, 777.
719	8. Juli 1926	Ges. zur Durchf. der Art. 177, 178, 198 des Vertrags v. Versailles betr. den Luftfahrzeugbau (RGBl. 397) s. a 227.
720	8. Juli 1926	Ges. zur Aend. des RSiedlungsges. (RGBl. 398) s. a 33, 503, 557.
721	8. Juli 1926	Ges. zur Aend. des Schwerbeschädigtenges. u. der PersAbbauVO. (RGBl. 398) s. a 440; d 23, a 690, 749.
722	8. Juli 1926	4. Ges. zur Aend. des RVersorgungsges. (RGBl. 398) s. a 648, 749.
723	9. Juli 1926	Ges. über die Fristen für Kündigung der Angestellten (RGBl. 399, 412).
724	9. Juli 1926	Ges. über Aussetzung von Rechtsstreitigkeiten mit den Fürstenhäusern (RGBl. 399) s. a 693, 745.
725	9. Juli 1926	Ges. betr. die Kapitalkreditbeschaffung für landwirtsch. Pächter (RGBl. 399, 412).
726	9. Juli 1926	2. Ges. zur Aend. des 2. Buchs der RVersO. (RGBl. 407) s. a 603, 709, 766.
727	10. Juli 1926	Ges. zur Verläng. der Amtsdauer der Beisitzer der Gewerbe- u. der KaufmGerichte (RGBl. 402); aufgeh. a 749.
728	10. Juli 1926	Ges. zur Aufh. des Ges. über die Schutzpolizei der Länder (RGBl. 402) s. a 387.
729	10. Juli 1926	Ges. zur Aend. des RMietenges. (RGBl. 403) s. a 316, 712, 780, 815.
730	12. Juli 1926	Ges. über Rückgabe der für Besatzungszwecke in Anspruch genommenen Grundstücke (RGBl. 408).
731	14. Juli 1926	Süssstoffges. (RGBl. 409, 421) s. a 335.
732	14. Juli 1926	Ges. über die Wertbestimmung der Einfuhrscheine für eine Uebergangszeit (RGBl. 410) s. a 662, 775.
733	15. Juli 1926	Ges. zur Aend. des RPostfinanzges. (RGBl. 410) s. a 583.
734	15. Juli 1926	Ges. zur Aend. des Ges. v. 27. März 1926 (RGBl. 411) s. a 690; geänd. s. a 755, 847.
735	15. Juli 1926	Ges. zur Aend. des Ges. v. 12. Mai 1901 über die privaten VersichUnternehmungen (RGBl. 411) s. a 545.
736	15. Juli 1926	Ges. über die Aufh. des § 62 des KapVerkehrStG. (RGBl. 415) s. a 660.
737	15. Juli 1926	20. Aend. des Besoldungsges. (RGBl. 411) s. a 103, 689.
738	19. Juli 1926	Ges. über die Aufheb. der PreistreibVO. u. damit zusammenhängender VO.en (RGBl. 413) s. a 163.
739	23. Juli 1926	Ges. über den Verkehr mit unedlen Metallen (RGBl. 415) s. a 504, 713; geänd. a 840.

Nr.	Datum des Gesetzes	Name des Gesetzes
740	19. Nov. 1926	Ges. über eine Krisenfürsorge für Erwerbslose (RGBl. 489); aufgeh. a 795.
741	10. Dez. 1926	Ges. zur Aend. der VO. über die Erwerbslosenfürsorge (RGBl. 493) s. e 56, a 675, 768; aufgeh. a 795.
742	17. Dez. 1926	Weiteres Ges. zur Entlastung des Reichsger. (RGBl. 503) s. a 672, 826.
743	17. Dez. 1926	Weiteres Ges. zur Verlängerung der Geltung der LohnpfändbVO. (RGBl. 503) s. c 7; a 286, 574, 816.
744	17. Dez. 1926	Weiteres Ges. über die Erstattung von RAnw.-Gebühren in Armensachen (RGBl. 503) s. a 456, 640, 800, 844.
745	17. Dez. 1926	4. Ges. über die Aussetzung von Verfahren (RGBl. 503) s. a 679, 693, 724.
746	18. Dez. 1926	Ges. zur Bewahrung der Jugend vor Schund- und Schmutzschriften (RGBl. 505).
747	18. Dez. 1926	Ges. zur Aend. der Wechselordnung (RGBl. 506) s. a 637½, e 24.
748	22. Dez. 1926	Futtermittelges. (RGBl. 525 u. 1927, 225).
749	23. Dez. 1926	Arbeitsgerichtsges. (RGBl. 507 u. 1927, 42) s. c 78, 101, a 300, 424, 470, 727, e 13, d 32; a 648, 722; a 76, 491, 440, 749, 645; ändert auch die GewO. s. a 643, 758 u. das StGB. s. a 701, 759; hebt auf das GewGerGes. u. das KaufmGerGes.
750	23. Dez. 1926	Ges. zur Verläng. des Ges. v. 26. Juni 1925 über Depot- u. Depositengeschäfte (RGBl. 527) s. a 634; weitere Verlängerung Ges. v. 24. Dez. 1927 (RGBl. 512).
751	23. Dez. 1926	Ges. zur Aend. des Ges. über das Verfahren in Versorgungssachen (RGBl. 527) s. a 297, 438; neue Neufassung a 822.
752	23. Dez. 1926	Ges. zur Regelung des Milchverkehrs (RGBl. 528); geänd. a 824.
753	24. Dez. 1926	Ges. zur Regelung der Sozialversich. u. der Erwerbslosenfürsorge der bei Reparationsarbeiten im Ausland beschäftigten Arbeitnehmer (RGBl. 531), geänd. durch Ges. v. 22. Dez. 1927 (RGBl. 508).
754	27. Dez. 1926	Ges. zur Aend. der StrafprozeßO. (RGBl. 529) s. a 674, 800; e 13; a 461.
755	28. Dez. 1926	Ges. zur Aend. der Personalabbaugesetze (RGBl. 531) s. a 734, d 23; wieder geänd. durch Ges. v. 16. Juli 1927 (RGBl. 185); dieses geänd. a 847.
756	28. Jan. 1927	Ges. über die Gerichtskosten u. die Rechtsanw.-Gebühren (RGBl. 53) s. a 435, 783; a 559, 783. Neufassung des Gerichtskostenges. v.

Nr.	Datum des Gesetzes	Name des Gesetzes
		5. Juli 1927 (RGBl. 152, wieder geänd. a 800, 853) u. der GebO. für Rechtsanwälte v. gl. T (RGBl. 162, wieder geänd. a 800).
757	31. Jan. 1927	Ges. über die Zuckerung der Weine des Jahrgangs 1926 (RGBl. 57) s. a 673.
758	7. Febr. 1927	Ges. zur Aend. der GewO. (RGBl. 57) s. a 749, 794.
759	18. Febr. 1927	Ges. z. Bekämpfung der Geschlechtskrankheiten (RGBl. 61), ändert auch das StGB. (a 749).
760	21. Febr. 1927	Ges. zur Aend. der VO. über die Fürsorge für erwerbslose Seeleute (RGBl. 65) s. a 624; aufgeh. a 795.
761	26. Febr. 1927	Ges. zur Aend. des Gesetzes über die Grundschulen usw. (RGBl. 67) s. a 99.
762	2. März 1927	Ges. über die Reichswohnungszählung usw. (R.-GBl. 69) s. a 548.
763	7. März 1927	Ges. über Aend. der RechtsanwO. (RGBl. 71) s. a 567, 779.
764	17. März 1927	Ges. zur Aend. des Mieterschutzges. (RGBl. 71) s. a 712, 780.
765	5. April 1927	Besatzungsleistungsges. (RGBl. 83); geänd. a 835.
766	8. April 1927	Ges. über die Wahlen nach der RVersichO., dem AngestelltenVersichGes. u. dem RKnappsch.-Ges. (RGBl. 95) s. a 603, 726, 767; 422; 708; 342.
767	8. April 1927	Ges. über Leistungen und Beiträge in der Invalidenversich. (RGBl. 98) s. a 603, 766; 617; 422; ändert auch das EG. RVersichO. s. a 422.
768	9. April 1927	Ges. zur Uebergangsregelung des Finanzausgleichs (RGBl. 91) s. a 659; e 56; a 741; geänd. a 795.
769	9. April 1927	Ges. zur Aend. des Ges. über den Eintritt Württembergs, Bayerns und Badens in die Biersteuergemeinschaft (RGBl. 94) s. a 17, 661; 26, 661.
770	9. April 1927	Ges. über die Hinausschiebung der Bindung einzelner Länder u. Gemeinden an die nach dem Reichsbewertungsges. festgestellten Einheitswerte (RGBl. 95); s. a 655, 820.
771	9. April 1927	Ges. zur Aend. des RVersorgungsges. (RGBl. 106) s. a 648, 722, 805.
772	11. April 1927	Ges. zur Aend. des Besatzungspersonenschädengesetzes (RGBl. 101) s. a 388, e 32. Neufassung des Besatzungspersonenschädenges. v. 14. April 1927 (RGBl. 103).
773	11. April 1927	Ges. über die Uebernahme von Garantien für Lieferungen nach den sozialist. Sowjetrepubliken (RGBl. 106).

Nr.	Datum des Gesetzes	Name des Gesetzes
774	14. April 1927	Ges. zur Aend. der ArbeitszeitVO. (RGBl. 109) s. e 6; Neufassung der ArbeitszeitVO. vom 14. April 1927 (RGBl. 110).
775	17 Mai 1927	Ges. über Einfuhrscheine (RGBl. 117); ändert auch das Zolltarifges. v. 25. Dez. 1902; s. a 662; a 732; a 788.
776	28. Mai 1927	Ges. über die Erlaubnispflicht für die Herstellung von Zündhölzern (RGBl. 123), s. e 42.
777	2. Juni 1927	Ges. zur Verläng. des Republikschutzges. (RGBl. 125) s. a 397, 718.
778	2. Juni 1927	2. Ges. zur Aend. des Ges. v. 26. März 1926 (RGBl. 125) s. a 687, 716; Neufassung des Ges. über die Bereitstellung von Kredit zur Förd. des Kleinwohnungsbaues v. 2. Juni 1927 (RGBl. 126).
779	29. Juni 1927	Ges. üb. d. Aend. d. RechtsanwO. (RGBl. 133) s. a 763, 800.
780	30. Juni 1927	Ges. zur Verläng. der Geltungsdauer des MieterSchGes. u. des RMietenGes. (RGBl. 131) s. a 712, 764, 800, 814; 316, 729, 812.
781	30. Juni 1927	Ges. über die Abtretung von Beamtenbezügen zum Heimstättenbau (RGBl. 133).
782	5. Juli 1927	Lebensmittelges. (RGBl. 134); ändert auch das Margarineges. v. 15. Juni 1897, das Weinges. v. 7. April 1909 (s. a 673) u. das Farbenges. v. 5. Juli 1887; hebt auf das Nahrungsmittelges. v. 14. Mai 1879; s. a 339, 550, 527.
783	5. Juli 1927	Ges. über den Vergleich zur Abwendung des Konkurses, Vergleichsordnung (RGBl. 139); ändert auch das Anfechtungsges. v. 20. Mai 1898; s. e 13; a 756; e 27, a 589; ihrerseits geänd. a 800.
784	9. Juli 1927	Ges. über die Verzinsung aufgewerteter Hypotheken usw. (RGBl. 171) s. a 641, 642.
785	9. Juli 1927	Ges. zur Aend. der Bezeichnungen Gerichtsschreiberei, Gerichtsschreiber u. Gerichtsdiener (RGBl. 175) s. e 13, a 800.
786	12. Juli 1927	Ges. z. Aend. der PachtschutzO. (RGBl. 179) s. a 645, 879.
787	15. Juli 1927	Ges. über Aend. des Zuckersteuerges. (RGBl. 179) s. a 533, 657, 875.
788	15. Juli 1927	Ges. über Erhöhung des Zuckerzolls (RGBl. 180) ändert den Zolltarif s. a 775, 850.
789	15. Juli 1927	Ges. über Zolländerungen (RGBl. 180); ändert auch d. Zolltarifges. v. 25. Dez. 1902; s. a 662, a * 165, a 808.
790	15. Juli 1927	3. Ges. zur Aend. des 2. Buchs der RVersichO. (RGBl. 219) s. a 603, 802.
791	16. Juli 1927	Ges. zur Verlängerung der Geltungsdauer der Steuermilderungsges. (RGBl. 183) s. a 691; weiter

Nr.	Datum des Gesetzes	Name des Gesetzes
		verlängert durch Ges. v. 28. Nov. 1928 (RGBl 399).
792	16. Juli 1927	Ges. betr. Bürgschaften des Reichs zur Förderung landw. Flüchtlingssiedelung (RGBl. 183).
793	16. Juli 1927	Ges. zur Aend. der VO. über die Arbeitszeit in den Bäckereien und Konditoreien v. 23. Nov. 1918 (RGBl. 183).
794	16. Juli 1927	Ges. über die Beschäftigung vor u. nach der Niederkunft (RGBl. 184), s. a* 205; ändert auch die GewO., (s. zu dieser a 758); seinerseits geänd. a 798.
795	16. Juli 1927	Ges. über Arbeitsvermittlung u. Arbeitslosenversicherung (RGBl. 187 u. 238, 320; Inkraftsetzung 283) s. a 408, d 30; e 56, a 597, 675, 741, 768; 740; 624, 760; 661, 684; 440; seiners. geänd. a 802, 823, 855.
796	27. Juli 1927	Ges. über Kriegsgerät (RGBl. 239) s. a 221.
797	29. Okt 1927	Ges. über die Mündelsicherheit von Wertpapieren und Forderungen (RGBl. 325).
798	29. Okt. 1927	Ges. zur Aend. des Ges. über die Beschäftigung vor und nach der Niederkunft (RGBl. 325) s. a 794.
799	31. Okt. 1927	Ges. über die Zuckerung der Weine des Jahrgangs 1927 (RGBl. 326).
800	30. Nov. 1927	VO. über die Bezeichnung Gerichtsschreiber usw. (RGBl. 334) s. e 58, e 13; a 754; a 783; a 756; a 456, 744; a 712, 780, 812; e 13; a 785; c 82; ändert auch die KonkO. v. 20. Mai 1898 (s. e 64), ferner das AusfG. v. 17. Juli 1905 zum Haager Abk. über den Zivilproz., die MilitärStrGerichtsordn. vom 1. Dez. 1898 (a 697), das FGG. vom 17. Mai 1898 (s. a 461), das Ges. v. 28. Mai 1901 betr. die freiw. Gerichtsbark. im Heere, die RAnwOrdn. v. 1. Juli 1878 (a 779).
801	3. Dez. 1927	Ges. zur Aend. des Telegraphenges. (RGBl. 331) s. a 110, 556; ändert auch das Ges. über das Telegraphenwesen v. 6. April 1892 (s. e 55) und das Aenderungsges. hierzu v. 7. März 1908. Neufassung des Ges. über das Telegraphenwesen als Ges. über Fernmeldeanlagen v. 14. Jan. 1928 (RGBl. 8).
802	16 Dez. 1927	Ges. über die Krankenversich. der Seeleute (RGBl. 337) s. a 603, 790; a 795; ändert auch die Seemannsordn. v. 2. Juni 1902 (s. a* 262) und das Handelsgesetzbuch (a 606).
803	16. Dez. 1927	Besoldungsges. (RGBl. 349; 1928, 62) s. a 103, 416.
804	21. Dez. 1927	Ges. über Ausfuhr von Kunstwerken (RGBl. 485) s. c 32, a 670.

Nr.	Datum des Gesetzes	Name des Gesetzes.
805	21. Dez. 1927	5. Ges. zur Aend. des RVersorgungsges. und anderer Versorgungsgesetze (RGBl. 487) s. a 648, 771; a 510; ändert auch das OffizierspensGes. v. 31. Mai 1906 (a 648). Neufassungen des Reichsversorgungsges., des Altrentnerges. und des Kriegspersonenschädenges. v. 22. Dez. 1927 (RGBl. 515).
806	21. Dez. 1927	3. Ges. zur Aend. des Hypothekenbankges. (RGBl. 491) s. a 677; ändert das Hypothekenbankges. v. 13. Juli 1899.
807	21. Dez. 1927	Ges. über die Pfandbriefe und verwandten Schuldverschreibungen öffentlichrechtlicher Kreditanstalten (RGBl. 492).
808	21. Dez. 1927	Ges. über Zolländerungen (RGBl. 507) s. a 662, 789, 832.
809	21. Dez. 1927	Kraftfahrzeugsteuerges. (RGBl. 509) s. a 700; 658.
810	22. Dez. 1927	Ges. zur Aenderung des Einkommensteuerges. (RGBl. 485) s. a 653, 666; zugleich Neufassung des Ges. über Beschränkung der Einnahmen aus der Lohnsteuer s. a 666; geänd. a 846.
811	22. Dez. 1927	Ges. zur Aend. des Versicherungsges. für Angestellte (RGBl. 567) s. a 422, 827, 828.
812	24. Dez. 1927	2. Ges. zur Verlängerung des Mieterschutzges. u. des RMietenges. (RGBl. 512) s. a 712, 800, 814; a 316, 780, 815.
813	2. Febr. 1928	2. Ges. über wertbeständige Hypotheken (RGBl. 11) s. a 512.
814	13. Febr. 1928	Ges. zur Aend. des Mieterschutzges. (RGBl. 17) s. a 712, 764, 812; mit Neufassung des Mieterschutzges. v. 17. Febr. 1928 (RGBl. 25 u. 142).
815	14. Febr. 1928	Ges. zur Aend. des RMietenges. (RGBl. 21) s. a 316, 729, 812; mit Neufassung des RMietenges. v. 20. Febr. 1928 (RGBl. 38).
816	27. Febr. 1928	Weiteres Ges. über Lohn- und Gehaltspfändung (RGBl. 45) s. c 7; a 286, 574, 743; e 58; a 833.
817	28. Febr. 1928	Ges. zur Aend. des Betriebsräteges. (RGBl. 46) s. a 76.
818	28. Febr. 1928	Ges. zur Aend. der TarifvertragsVO. (RGBl. 46) s. a 450; c 87; mit Neufassung v. 1. März 1928 (RGBl. 47).
819	7. März 1928	Baukreditges. 1928 (RGBl. 53) s. a 860.
820	12. März 1928	Ges. über weitere Hinausschiebung der Bindung an die nach dem Reichsbewertungsges. festgestellten Einheitswerte (RGBl. 61) s. a 655, 770, 866.
821	16. März 1928	Ges. über weitere Zulassung von Hilfsmitgl. im Reichspatentamt (RGBl. 61) s. a 610.

Nr.	Datum des Gesetzes	Name des Gesetzes.
822	17. März 1928	4. Ges. zur Aend. des Ges. über das Verfahren in Versorgungssachen (RGBl. 63, 110); Neufassung v. 20. März 1928 (RGBl. 71) s. a 297, 438; e 33; a 751.
823	23. März 1928	Ges. über die Weitergeltung von Uebergangsbestimmungen in der Arbeitslosenversicherung u. in der Krisenunterstützung (RGBl. 109) s. a 795.
824	24. März 1928	Ges. zur Aend. des Ges. über den Milchverkehr (RGBl. 109) s. a 752; hiezu Ges. v. 23. März 1929 (RGBl. 81).
825	27. März 1928	Ges. über die Statistik des Warenverkehrs mit dem Ausland (RGBl. 111) s. a 392, e 35; hebt auch auf das Ges. gl. Betr. v. 7. Febr. 1906.
826	28. März 1928	Weiteres Ges. zur Entlastung des Reichsgerichts (RGBl. 120) s. a 672, 742, 856.
827	29. März 1928	Ges. über Leistungen in der Invaliden- u. Angestelltenversicherung (RGBl. 116) s. a 603; a 422, 811.
828	29. März 1928	Ges. zur Aend. der RVersichOrdn., des AngestelltenversichG. u. des RKnappschaftsges. (RGBl. 117) s. a 603; a 422, 811, 858; a 708; s. auch VO. v. 10. Aug. 1928 (RGBl. 372).
829	30. März 1928	Ges. über einen Gebietsaustausch zwischen Sachsen u. Thüringen (RGBl. 116).
830	30. März 1928	Kriegsschädenschlußges. (RGBl. 120).
831	30. März 1928	Gesetz über zollfreie Einfuhr von Gefrierfleisch (RGBl. 133) s. a 662.
832	30. März 1928	Ges. über Aend. des Zolltarifges. v. 25. Dez. 1902 (RGBl. 133) s. a 662, 808, 871.
833	30. März 1928	Ges. zur Ergänzung der Vorschriften über den Vorsitz bei den Kollegialgerichten (RGBl. 134) s. e 58; a 816; e 13.
834	31. März 1928	2. Ges. zur Aend. des Ges. über die Errichtung der Deutschen Rentenbank-Kreditanstalt (RGBl. 134) s. a 644, 667.
835	31. März 1928	Ges. zur Aend. der VO. über das RWirtschaftsgericht u. das Besatzungsleistungsges. (RGBl. 135) s. c 82; a 765.
836	31. März 1928	Ges. zur Aend. des Tabaksteuerges. (RGBl. 135) s. a 53.
837	31. März 1928	Ges. zur Fortführung der Strafrechtsreform (RGBl. 135).
838	31. März 1928	Ges. betr. die Tätigkeit eines Reichstagsausschusses zur Durchführung des landwirtschaftl. Notprogramms (RGBl. 137).
839	31. März 1928	Ges. über den Waffenhandel nach China (RGBl. 149).
840	31. März 1928	Ges. über die Verlängerung des Gesetzes über den Verkehr mit unedlen Metallen (RGBl. 149)

Nr.	Datum des Gesetzes	Name des Gesetzes
		s. a 739; weiter verlängert durch Ges. v. 21. Dez. 1928 (RGBl. 412) u. v. 28. Juni 1929 (RGBl. 121).
841	12. April 1928	Ges. über Schußwaffen u. Munition (RGBl. 143).
842	14. Juli 1928	Ges. über Straffreiheit (RGBl. 195).
843	14. Juli 1928	Ges. zur Aend. der GebOrdn. f. Gerichtsvollzieher (RGBl. 197) s. a 431.
844	14. Juli 1928	Weiteres Ges. über die Erstattung von Rechtsanwaltsgebühren in Armensachen (RGBl. 197) s. a 456, 744; geänd. a 853.
845	18. Juli 1928	Ges. über Ergänzung des Viehseuchenges. v. 9. Juni 1909 (RGBl. 289) s. a 878.
846	23. Juli 1928	Zweites Ges. zur Änd. des Einkommensteuerges. (RGBl. 290) s. a 653, 810, 868.
847	25. Juli 1928	Ges. über Personalabbau (RGBl. 289) s. a 734, 755.
848	7. Dez. 1928	Ges. über die Vereinigung von Waldeck mit Preußen (RGBl. 401).
849	7. Dez. 1928	Ges. über das Verfahren vor dem Bundesamt für Heimatwesen (RGBl. 401); ändert auch das Ges. über den Unterstützungswohnsitz v. 30. Mai 1908 (s. e 53).
850	14. Dez. 1928	Ges. über Erhöhung des Zuckerzolls (RGBl. 403) s. a 788; wieder geänd. durch Ges. v. 3. Juli 1929 (RGBl. 127).
851	17. Dez. 1928	Zweites Ges. über die Eintragung von Hypotheken u. Schiffspfandrechten in ausländischer Währung (RGBl. 405) s. c 47, a 484, 668.
852	20. Dez. 1928	Drittes Ges. über Änderungen in der Unfallversicherung (RGBl. 405) s. a 603, 639.
853	20. Dez. 1928	Armenanwaltsgebührenges. (RGBl. 411) s. a 756, 456, 844.
854	22. Dez. 1928	Ges. über die Hinausschiebung der Steuer des § 10 des GrunderwSteuerges., Besteuerung der toten Hand (RGBl. 412) s. a 660.
855	24. Dez. 1928	Ges. über eine Sonderfürsorge bei berufsüblicher Arbeitslosigkeit (RGBl. 1929, 1) s. a 795.
856	8. Febr. 1929	Weiteres Ges. zur Entlastung des Reichsgerichts (RGBl. 19) s. a 826.
857	11. Febr. 1929	Ges. zur Änd. der Gewerbeordnung, Handwerksnovelle (RGBl. 21).
858	7. März 1929	Ges. zur Änd. des Angestelltenversicherungsges. (RGBl. 75) s. a 422, 828.
859	13. März 1929	Ges. zur Aufhebung der VO. v. 11. April 1919 über die Sicherung der Landbewirtschaftung (RGBl. 77).
860	26. März 1929	Baukreditgesetz 1929 (RGBl. 81) s. a 819.
861	30. April 1929	Ges. zur Änd. der VO. über die Einrichtung von Arbeitskammern im Bergbau v. 8. Febr. 1919 (RGBl. 91).

Nr.	Datum des Gesetzes	Name des Gesetzes
862	17. Mai 1929	Ges. über Maßnahmen zur Besserung der Kassenlage (RGBl. 95).
863	18. Mai 1929	Ges. über wirtschaftliche Hilfe für Ostpreußen (RGBl. 97).
864	18. Mai 1929	Ges. über Wochenhilfe (RGBl. 98) s. a 603.
865	21. Mai 1929	Ges. zur Änd. des Branntweinmonopolges. (RGBl. 99) s. a 339.
866	23. Mai 1929	Ges. über die Hinausschiebung der Bindung an die Einheitswerte des Reichsbewertungsgesetzes (RGBl. 109) s. a 655, 820.
867	28. Mai 1929	Ges. über die Sanierung des Schichauunternehmens (RGBl. 109).
868	29. Juni 1929	Ges. zur Änd. des Einkommensteuer- und des Körperschaftssteuerges. (RGBl. 123) s. a 653, 846; 654.
869	29. Juni 1929	Ges. über Änd. des Vermögenssteuerges. (RGBl. 124) s. a 656.
870	29. Juni 1929	Ges. zur Änd. des Wechselsteuerges. (RGBl. 124) s. a 525.
871	3. Juli 1929	Ges. über Änd. des Zolltarifges. v. 25. Dez. 1902 (RGBl. 128) s. a 832, 872.
872	3. Juli 1929	Ges. gl. Betreffs (RGBl. 128) s. a 871.
873	4. Juli 1929	Ges. zur Änd. des Ges. über den Verkehr mit Vieh und Fleisch (RGBl. 128) s. a 652.
874	4. Juli 1929	Ges. über die Vermahlung von Inlandsweizen (RGBl. 129).
875	5. Juli 1929	Ges. zur Änd. des Zuckersteuerges. (RGBl. 132) s. a 533, 787.
876	6. Juli 1929	Ges. betr. die Aussetzung von Rechtsstreitigkeiten über ältere staatliche Renten (RGBl. 131).
877	6 Juli 1929	Ges. für das Staubecken Ottmochau in Schlesien (RGBl. 132).
878	10. Juli 1929	Ges. zur Ergänzung des Reichsviehseuchenges. v. 26. Juni 1909 (RGBl. 133) s. a 845.
879	12. Juli 1929	Ges. zur Änd. der Pachtschutzordnung (RGBl. 133) s. a 645, 786.
880	12. Juli 1929	Ges. über Leistungen in der Invalidenversicherung (RGBl. 135) s. a 603.

a*) Reichsgesetze

aus dem Reichsgesetzblatt II. Teil.

Nr.	Datum des Gesetzes	Name des Gesetzes
1	22. April 1922	Ges. zur Ergänzung des Ges. über die Entschädigung der Mitglieder des Reichstags (RGBl. II 75) s. a 136, 294; aufgeh. a* 26.
2	11. Mai 1922	Ges. über einen vorläufigen Handelsvertrag mit dem Königreiche der Serben, Kroaten u. Slowenen (RGBl. II 105).
3	18. Mai 1922	Ges. über den Schutz der Urheberrechte der Angehörigen der Vereinigten Staaten von Amerika (RGBl. II 129).
4	19. Mai 1922	Ges. betr. Aufhebung der Bek. des Bundesrats über die Errichtung von Betriebsverbänden in der Binnenschiffahrt v. 18. Aug. 1917 (RGBl. 720) und die Errichtung von Kleinschifferverbänden (RGBl. II 129).
5	26. Mai 1922	Ges. über die Autonomie der Reichsbank (RGBl. II 135); ändert das Bankges. v. 14. März 1875 (s. a 63, 308; a* 20, 82; d 43) und das Reichsbeamtenges. (s. a 540).
6	28. Mai 1922	Ges. betr. die Verteilung des Gewinns der Reichsbank für 1921 (RGBl. II 136).
7	1. Juni 1922	Ges. über den Vertrag mit Dänemark betr. die durch den Uebergang der Staatshoheit in Nordschleswig auf Dänemark entstandenen Fragen (RGBl. II 141 u. 664).
8	11. Juni 1922	Ges. über das Genfer Abkommen mit Polen über Oberschlesien v. 15. Mai 1922 (RGBl. II 237) s. a* 25, 51, 65.
9	11. Juni 1922	Ges. über das Abkommen mit Polen über den Postscheckverkehr (RGBl. II 541).
10	11. Juni 1922	Ges. über das Abkommen mit Polen betr. die Ueberleitung der Rechtspflege im oberschlesischen Abstimmungsgebiet (RGBl. II 550) s. a* 24.
11	11. Juni 1922	Ges. über das Abkommen mit Polen über die Grenzübergangsbahnhöfe und über den privilegierten Durchgangs- und Eisenbahnübergangsverkehr (RGBl. II 573).
12	27. Juni 1922	Ges. zur Erhöhung der patentamtlichen Gebühren (RGBl. II 619) s. a 97, 130, 235; a* 55; ändert auch das Patentges. v. 7. April 1891, das Gebrauchsmusterschutzges. v. 1. Juni 1891, das Ges. zum Schutz der Warenbezeichnungen v. 12. Mai 1894.

Nr.	Datum des Gesetzes	Name des Gesetzes
13	29. Juni 1922	Ges. betr. die Anwendung der Verträge mit Frankreich v. 6. Okt. 1921, 15. März und 3. Juni 1922 und mit der Reparationskommission vom 2. Juni 1922 über die Ausführung der Reparationssachleistungen (RGBl. II 625).
14	12. Juli 1922	Ges. über den Beitritt des Reichs zu dem Madrider Abkommen über die internationale Registrierung von Fabrik- oder Handelsmarken (RGBl. II 669); Neufassung a* 231.
15	17. Juli 1922	Ges. über den Vertrag mit Russland von Rapallo (RGBl. II 677).
16	20. Juli 1922	Ges. zur Regelung von Angelegenheiten der sozialen Versicherung und des Arbeitsrechts bei der Durchführung des Vertrags von Versailles (RGBl. II 678).
17	21. Juli 1922	Ges. betr. das Abkommen mit Polen über das berg- und hüttenfiskalische Eigentum in dem polnisch werdenden Teil Oberschlesiens (RGBl. II 705); ergänzt a* 45.
18	21. Juli 1922	Ges. betr. das Abkommen mit Polen über Straffreiheit im oberschlesischen Abstimmungsgebiet (RGBl. II 715).
19	21. Juli 1922	Ges. betr. das deutsch-polnische Grenzabkommen (RGBl. II 719) s. a* 117.
20	24. Juli 1922	Ges. über die Ersatzleistung für beschädigte Reichsbanknoten (RGBl. II 683); ändert das Bankges. v. 14. März 1875 s. a* 5, 21, 82.
21	25. Juli 1922	Ges. über Abänderung des Ges. betr. die Metallreserven der Privatnotenbanken (RGBl. II 681) s. a 247; a* 20, 38, 82, 83; ändert auch das Bankges. v. 14. März 1875.
22	27. Juli 1922	Ultimatumsversorgungsges. (RGBl. II 683).
23	29. Juli 1922	AusführGes. zum Staatsvertrag über den Uebergang der Staatseisenbahnen auf das Reich (RGBl. II 693 u. 769) s. a 102.
24	29. Juli 1922	Ges. betr. die Vereinbarung mit Polen und der interalliierten Kommission für Oberschlesien über Fragen der Rechtsüberleitung im oberschlesischen Abstimmungsgebiet (RGBl. II 738) s. a* 10.
25	29. Juli 1922	Ges. zu dem Genfer Abkommen mit Polen über Oberschlesien v. 15. Mai 1922 (RGBl. II 765) s. a* 8.
26	3. Aug. 1922	Ges. zur Ergänzung des Ges. über die Entschädigung der Mitglieder des Reichstags (RGBl. II 705) s. a 136, a* 1; aufgeh. a* 29.
27	21. Okt. 1922	Ges. über die Gebühren in Musterregistersachen (RGBl. II 774); ändert das Musterschutzges. v. 11. Jan. 1876.

Nr.	Datum des Gesetzes	Name des Gesetzes
28	25. Okt. 1922	4. Nachtragsges. zum Reichshaushaltsplan 1922 (RGBl. II 771) s. a 121; a* 31, 34.
29	27. Okt. 1922	Aenderungsges. zum Ges. über die Entschädigung der Reichstagsmitglieder (RGBl. II 773) s. a 136; a* 26, 53, 70; aufgeh. a* 190.
30	5. Nov. 1922	Ges. über die Abgabe auf dem Kaiser-Wilhelm-Kanal (RGBl. II 783); ändert das Ges. betr. die Herstellung des Nord-Ostseekanals vom 16. März 1886 und das Ges. betr. die Gebühren für die Benutzung des Kaiser-Wilhelm-Kanals v. 20. Juni 1899; Neufassung des letzteren Bek. v. 14. Nov. 1922 (RGBl. II 783).
31	14. Nov. 1922	5. Nachtragsges. zum Reichshaushaltsplan 1922 (RGBl. II 781) s. a 323; a* 28, 32.
32	5. Dez. 1922	6. Nachtragsges. zum Reichshaushaltsplan 1922 (RGBl. II 789) s. a 323; a* 31, 34.
33	31. Dez. 1922	Reichshaushaltsordnung (RGBl. II 1923, 17); aufgehoben wurden hiedurch das Ges. betr. das Etatsjahr für den Reichshaushalt vom 29. Febr. 1876 und die Reichskontrollgesetze v. 21. März 1910 und 4. April 1915 und geänd. das Ges. über die Rechtsverhältnisse der zum dienstl. Gebrauche einer Reichsverwaltung bestimmten Gegenstände v. 25. Mai 1873.
34	16. Jan. 1923	9. Nachtragsges. zum Reichshaushaltsplan 1922 (RGBl. II 1923, 37) s. a* 28, 32, 39, 44; a 121, 323.
35	27. Jan. 1923	Ges. über einen Ausführungsvertrag mit der Tschechoslowakei (RGBl. II 48).
36	31. Jan. 1923	Ges. über ein vorläufiges Uebereinkommen mit Finnland über Fragen des Handelsverkehrs (RGBl. II 45) s. a* 170.
37	31. Jan. 1923	Ges. über das Abkommen mit den Vereinigten Staaten von Amerika v. 10. Aug. 1922 (RGBl. II 1923, 113).
38	2. Febr. 1923	Ges. betr. Aenderung des Bankges. und der Gesetze betr. die Metallreserven der Privatnotenbanken (RGBl. II 43) s. a* 21, 57, 64, 82; a 247; d 43.
39	6. Febr. 1923	10. Nachtragsges. zum Reichshaushaltsplan 1922 (RGBl. II 1923, 44), s. a* 34, 44; a 323.
40	7. Febr. 1923	Ges. über den Vertrag mit der Tschechoslowakei über Rechtsschutz und Rechtshilfe in bürgerl. Angelegenheiten (RGBl. II 57).
41	14. Febr. 1923	Ges. über die Verträge mit Oesterreich und der Tschechoslowakei zur Ausgleichung der in- und ausländischen Besteuerung und über Rechtsschutz und Rechtshilfe in Steuersachen (RGBl. II 69).

Nr.	Datum des Gesetzes	Name des Gesetzes
42	22. Febr. 1923	Ges. betr. das oberschlesische Bergwerksabkommen mit Polen (RGBl. II 118 u. 390).
43	22. Febr. 1923	Ges. betr. das Abkommen mit Polen über die Teilung des oberschlesischen Knappschaftsvereins (RGBl. II 132).
44	23. Febr. 1923	11. Nachtragsges. zum Reichshaushaltsplan 1922 (RGBl. II 1923, 117) s. a* 34, 39; a 121, 323.
45	24. Febr. 1923	Nachtragsges. zum Ges. v. 21. Juli 1922 (RGBl. II 173) s. a* 17.
46	22. März 1923	Ges. betr. die Elbschiffahrtsakte (RGBl. II 183 u. 349) s. a* 68.
47	21. April 1923	Ges. betr. das Abkommen mit Dänemark zur Regelung des Luftverkehrs (RGBl. II 215).
48	21. April 1923	Ges. über ein vorläufiges Handelsabkommen mit Spanien (RGBl. II 219); Verlängerung Ges. v. 9. Juli 1923 (RGBl. II 308), v. 22. Dez. 1923 (RGBl. II 493), v. 25. Sept. 1924 (RGBl. II 375) s. a* 113.
49	19. Mai 1923	Ges. betr. die Verteilung des Gewinns der Reichsbank für 1922 (RGBl. II 229).
50	30. Mai 1923	Ges. betr. das Abkommen mit Polen über die Ueberleitung der Verwaltungs-, Verwaltungsstreit- und Steuersachen im oberschlesischen Abstimmungsgebiet (RGBl. II 317 u. 371).
51	12. Juni 1923	Ges. über das Abkommen mit Polen über Aenderung des Abkommens über Oberschlesien v. 15. Mai 1922 (RGBl. II 1923, 295), s. a* 8, 61*.
52	23. Juni 1923	Ges. über das Zusatzabkommen mit der Schweiz zum Abkommen v. 6. Dez. 1920 über Goldhypotheken usw. (RGBl. II 284) s. a 160.
53	26. Juni 1923	Ges. zur Aend. des Ges. über die Entschädigung der Reichstagsmitglieder (RGBl. II 283) s. a 136; a* 29, 70; aufgeh. a* 190.
54	5. Juli 1923	Ges. über einen Vertrag mit der Ukraine, Weissrussland, Georgien, Asserbeidschan, Armenien und der Republik des Fernen Ostens v. 5. Nov. 1922 (RGBl. II 1923, 315).
55	9. Juli 1923	Ges. über die patentamtlichen Gebühren (RGBl. II 297); ändert das Patentgesetz v. 7. April 1898, das Gebrauchsmusterschutzges. v. 1. Juni 1891, das Warenzeichenges. v. 12. Mai 1894 mit Neufassungen dieser Gesetze durch Bek. v. 7. Dez. 1923 (RGBl. II 437) s. a* 12, d 44; neue Aenderung des Patentges. a* 141, 147; desgl. des Warenzeichenges. a* 147.
56	9. Juli 1923	Ges. über ein vorläufiges Handelsübereinkommen mit Portugal (RGBl. II 309) s. a* 98; hierzu Ges. v. 12. Dez. 1923 (RGBl. II 456) u. v. 20. Aug. 1924 (RGBl. II 231).

Nr.	Datum des Gesetzes	Name des Gesetzes
57	13. Juli 1923	Ges. über den Notenumlauf der Privatnotenbanken (RGBl. II 313) s. a* 38, 83.
58	31. Juli 1923	Ges. über ein Abk. mit den Niederlanden über Zusammenlegung der Grenzabfertigungen im internationalen Reiseverkehr (RGBl. II 345).
59	22. Aug. 1923	Ges. betr. den Besoldungs- und Ruhegehaltshaushalt des Reichsbank-Direktoriums (RGBl. II 351).
60	28. Aug. 1923	Ges. betr. das Abk. mit Polen über eine gemeinschaftliche Deichverwaltung in der Marienwerderer Niederung (RGBl. II 361).
61	30. Aug. 1923	Ges. über das Abk. mit Polen über Aenderung des Abk. über Oberschlesien v. 15. Mai 1922 (RGBl. II 367) s. a* 8, 51, 65.
62	7. Sept. 1923	Ges. über ein Ueberleitungsabkommen mit der Tschechoslowakei über die Versorgung der Kriegsbeschädigten im Hultschiner Gebiet (RGBl. II 355).
63	26. Sept. 1923	Ges. über einen Abänderungsvertrag zum Handels- und Schiffahrtsvertrag zwischen dem deutschen Zollverein und den Niederlanden v. 31. Dez. 1851 (RGBl. II 387).
64	10. Okt. 1923	Ges. über die Aend. des Bankges. (RGBl. II 396) s. a* 38, 73, 82.
65	31. Okt. 1923	Ges. über das Abk. mit Polen über Aend. des Abk. über Oberschlesien v. 15. Mai 1922 (RGBl. II 405) s. a* 8, 61.
66	8. Dez. 1923	Ges. über den Vertrag mit der Schweiz zur Vermeidung der Doppelbesteuerung des Arbeitseinkommens (RGBl. II 453).
67	10. Dez. 1923	Ges. wegen eines Abk. mit Polen über den privilegierten Durchgangsverkehr zwischen Polnisch-Oberschlesien und Polen durch Deutsch-Oberschlesien (RGBl. II 456).
68	14. Dez. 1923	Ges. betr. das Zusatzübereinkommen zur Elbschiffahrtsakte v. 27. Jan. 1923 (RGBl. II 485) s. a* 46.
69	6. März 1924	Ges. über den Vertrag mit Oesterreich über Rechtsschutz und Rechtshilfe und über den Beglaubigungsvertrag (RGBl. II 55 u. 1925, 156).
70	15. März 1924	Ges. zur Ergänzung des Ges. über die Entschädigung der Mitglieder des Reichstags (RGBl. II 65) s. a* 29, 53, 93; aufgeh. a* 190.
71	18. März 1924	Ges. über die Reichshaushaltsführung und Rechnungslegung für die Rechnungsjahre 1922 u 1923 (RGBl. II 70).
72	19. März 1924	Ges. über die Deutsche Golddiskontbank (RGBl. II 71); geänd. a* 82.
73	19. März 1924	Ges. über Aend. des Bankges. (RGBl. II 73) s. a* 64, 82.

Nr.	Datum des Gesetzes	Name des Gesetzes
74	30. Juni 1924	Ges. zu dem Abkommen mit Polen über den oberschlesischen Grenzbezirk (RGBl. II 147) s. a* 117.
75	12. Juli 1924	Ges. über den Vertrag mit Estland v. 27. Juni 1923 über die Regelung der mit dem Weltkrieg zusammenhängenden Fragen (RGBl. 1924 II 159).
76	12. Juli 1924	Ges. über das vorläufige Wirtschaftsabkommen mit Estland v. 27. Juni 1923 (RGBl. 1924 II 160).
77	12. Juli 1924	Ges. über den Vertrag mit Litauen v. 31. Mai 1923 über die Regelung der mit dem Weltkrieg zusammenhängenden Fragen (RGBl. 1924 II 203; 1926 II 254).
78	12. Juli 1924	Ges. über den Handelsvertrag mit Litauen v. 1. Juni 1923 (RGBl. 1924 II 205); s. a * 235.
79	25. Juli 1924	Ges. über die Verteilung des Gewinns der Reichsbank für 1923 (RGBl. II 203).
80	30. Juli 1924	Ges. über das Optionsabkommen mit Belgien v. 11. Sept. 1922 (RGBl. 1924 II 227).
81	28. Aug. 1924	Ges. zu dem Abk. mit Polen v. 23. Febr. 1924 über die Rechte der Mitglieder und Beamten des gemeinschaftlichen Oberkomitees der oberschlesischen Eisenbahnen (RGBl. II 359).
82	30. Aug. 1924	Bankges. (RGBl. II 235); hebt auch das Bankges. v. 14. März 1875 mit seinen Aenderungen auf; s. a 63; a* 5, 20, 21, 38, 64, 72, 73; d 7; e 41; wieder geänd. a* 160.
83	30. Aug. 1924	Privatnotenbankges. (RGBl. II 246 u. 1925, 114) s. a 247; a* 21, 57.
84	30. Aug. 1924	Ges. über die Liquidierung des Umlaufs an Rentenbankscheinen (RGBl. II 252) s. d 7; e 41.
85	30. Aug. 1924	Münzges. (RGBl. II 254); ändert auch das Münzges. v. 1. Juni 1909 s. a 586; c 62; e 28.
86	30. Aug. 1924	Industriebelastungsges. (RGBl. II 257) s. a* 87.
87	30. Aug. 1924	Ges. zur Aufbringung der Industriebelastung (Aufbringungsges.) (RGBl. II 269) s. a* 86.
88	30. Aug. 1924	Ges. über die Deutsche Reichsbahn-Gesellschaft (Reichsbahnges.) (RGBl. II 272) s. e 31.
89	30. Aug. 1924	Reichsbahn-Personalges. (RGBl. II 287); ändert auch die Reichsversicherungsordnung und das AngestelltenversichGes. s. a 592.
90	30. Aug. 1924	Ges. über die Londoner Konferenz (RGBl. II 289).
91	12. Sept. 1924	Ges. über die Wiederinkraftsetzung des Freundschafts- usw. Vertrags mit Nicaragua vom 4. Febr. 1896 (RGBl. 1924 II 371).
92	16. Sept. 1924	Ges. über den Beitritt von Staaten zu den Haager Privatrechtsabkommen (RGBl. II 363) s. a * 239.

Nr.	Datum des Gesetzes	Name des Gesetzes
93	30. Sept.1924	Ges. betr. die Aend. des Ges. über die Entschädigung der Mitglieder des Reichstags (RGBl. II 379) s. a* 70; aufgeh. a* 190.
94	2. Febr.1925	Ges. wegen Abkommens mit Polen über Staatsangehörigkeits-Optionsfragen (RGBl. II 33 u. 98).
95	18. Febr.1925	Ges. über das vorläufige Wirtschaftsabkommen mit Siam (RGBl. II 67 u. 72).
96	20. Febr.1925	Ges. zum Optionsvertrag mit Litauen über das Memelgebiet (RGBl. II 59).
97	24. Febr.1925	Ges. über den Zusatzvertrag zu dem Wirtschaftsabkommen mit Oesterreich (RGBl. II 73) s. a 170, a* 163.
98	24. Febr.1925	Ges. über Aend. und Verlängerung des Handelsabkommens mit Portugal (RGBl. II 93) s. a* 56, 138.
99	2.März 1925	Ges. über Meistbegünstigung an Böhmen (RGBl. II 109).
100	6.März 1925	Ges. zu dem Abkommen mit Böhmen über Erleichterungen im Grenzverkehr (RGBl. II 103 u. 515).
101	19.März 1925	Ges. über den Vertrag mit Polen über den Rechtsverkehr u. über das Vormundschaftsabkommen (RGBl. II 139, 1926 II 237).
102	21.März 1925	Ges. u. der Beitritt zu dem Madrider Abkommen betr. die Unterdrückung falscher Herkunftsangabe auf Waren (RGBl. II 115); ändert auch das Warenzeichenges. v. 12. Mai 1894 (s. a* 55) und das Wettbewerbsges. v. 7. Juni 1909. Neufassung des Abk. a * 231.
103	27.März 1925	Ges. über die vorläufige Regelung des Reichshaushalts für 1925 (RGBl. II 118) s. a* 122. 144.
104	11.April 1925	Ges. über das Handelsabkommen mit Guatemala (RGBl. II 155; 1926 II 353).
105	16.April 1925	Ges. über die Vereinbarung über die Erteilung von Rheinschifferpatenten (RGBl. II 147 u 659), ändert auch die revidierte Rheinschiffahrtsakte v. 17. Okt. 1868.
106	25. Mai 1925	Ges. über den Verwaltungsrat des Internationalen Arbeitsamts (RGBl. II 161); ändert auch den Versailler Vertrag s. a 28.
107	25. Mai 1925	Ges. betr. das Washingtoner Uebereink. über die Arbeitslosigkeit (RGBl. II 162).
108	25. Mai 1925	Ges. betr. das Genueser Uebereink. über die Stellenvermittlung für Seeleute (RGBl. II 166).
109	25. Mai 1925	Ges. betr. das Genfer Uebereink. über das Vereins- u. Koalitionsrecht der landwirtschaftsch. Arbeiter (RGBl. II 171).
110	25. Mai 1925	Ges. betr. das Genfer Uebereink. über die Entschädigung der Landarbeiter bei Arbeitsunfällen (RGBl. II 174).

Nr.	Datum des Gesetzes	Name des Gesetzes
111	29. Mai 1925	Ges. über weitere vorläuf. Regelung des Reichshaushalts für 1925 (RGBl. II 177) s. a* 122.
112	30. Mai 1925	Ges. über das Internat. Uebereink. über den Eisenbahnfrachtverkehr (RGBl. II 183; 1926 II 180; 1928 II 162 u. 325).
113	8. Juni 1925	Ges. über das Handelsabk. mit Spanien (RGBl. II 451 u. 658) s. a* 48, 143.
114	12. Juni 1925	Ges. über das Internat. Uebereink. über den Eisenbahn-Personen- u. Gepäckverkehr (RGBl. II 483; 1928 II 161).
115	22. Juni 1925	Ges. über die Weltpostverträge (RGBl. II 157).
116	29. Juni 1925	Ges. über die Verträge mit Ungarn zur Ausgleichung der in- u. ausländischen Besteuerung und über Rechtsschutz und Rechtshilfe in Steuersachen (RGBl. II 641).
117	23. Juli 1925	Ges. über das Abk. mit Polen über Erleichterungen im kleinen Grenzverkehr v. 30. Dez. 1921 (RGBl. II 661) s. a* 19, 74.
118	23. Juli 1925	Ges. über das Internationale Abk. v. 3. Nov. 1923 zur Vereinfachung der Zollförmlichkeiten (RGBl. II 672; II 1926, 625; II 1927, 514, 881, 886; II 1928, 500).
119	24. Juli 1925	Ges. über die Konsulargerichtsbarkeit in Aegypten (RGBl. II 735).
120	24. Juli 1925	Ges. über den Beitritt Deutschlands zum Spitzbergenvertrage (RGBl. II 763).
121	30. Juli 1925	Bek. über Abänd. des Versailler Vertrags (RGBl. II 737) s. a 28.
122	31. Juli 1925	Ges. über weitere vorläuf. Regelung des Reichshaushalts für 1925 (RGBl. II 733) s. a* 111, 103, 123; verlängert durch Ges. v. 20. Nov. 1925 (RGBl. II 973).
123	10. Aug. 1925	Ges. über die Feststellung des Reichshaushalts für 1924 (RGBl. II 739) s. a* 122.
124	17. Aug. 1925	Ges. über den Handels- u. Schiffahrtsvertrag mit Grossbritannien (RGBl. II 777, 950).
125	17. Aug. 1925	Ges. über den Freundschafts-, Handels- und Konsularvertrag mit den Vereinigten Staaten von Amerika (RGBl. II 795).
126	17. Aug. 1925	Ges. über das Abk. mit Norwegen wegen eines Vertragszollsatzes für gewisse Fischkonserven (RGBl. II 813).
127	17. Aug. 1925	Ges. über ein vorläufiges Handelsabk. mit Griechenland (RGBl. II 815).
128	26. Aug. 1925	Ges. über die Vereinb. mit Frankreich über den Warenaustausch mit dem Saarbeckengebiet (RGBl. II 823) s. a* 168.
129	26. Aug. 1925	Ges. betr. den Vertrag mit Oesterreich über den Luftverkehr (RGBl. II 855, 947).

Nr.	Datum des Gesetzes	Name des Gesetzes
130	26. Aug. 1925	Ges. über das Abk. mit Schweden über den Luftverkehr (RGBl. II 857).
131	29. Aug. 1925	Ges. über den deutsch-schwedischen und den deutsch-finnischen Schiedsgerichts- und Vergleichsvertrag (RGBl. II 863).
132	3. Sept. 1925	Ges. über das vorläuf. Handelsabk. mit der belgisch-luxemburg. Wirtschaftsunion (RGBl. II 883; 1926 II 128, 254).
133	28. Nov. 1925	Ges. über die Verträge von Locarno und den Eintritt Deutschlands in den Völkerbund (RGBl. II 975).
134	6. Dez. 1925	Ges. über das Uebereink. mit Oesterreich zur Regelung einzelner Zollfragen (RGBl. II 1011).
135	6. Dez. 1925	Ges. über das vorläuf. Zollabk. mit der Schweiz (RGBl. II 1013).
136	6. Dez. 1925	Ges. über den Handels- u. Schiffahrtsvertrag mit Italien (RGBl. II 1920; 1926 II 212) s. a* 176.
137	7. Dez. 1925	Ges. über das Abk. mit Italien zur Vermeidung der Doppelbesteuerung und zur Regelung anderer Steuerfragen (RGBl. II 1145).
138	23. Dez. 1925	Ges. über Verlängerung des vorläuf. Handelsübereink. mit Portugal (RGBl. II 1159) s. a* 56, 98; neuerd. verlängert mit Ges. v. 31. März 1926 (RGBl. II 186, 236) s. a* 153.
139	6. Jan. 1926	Ges. über die deutsch-russischen Verträge v. 12. Okt. 1925 (RGBl. II 1926, 1 u. 102).
140	30. Jan. 1926	Ges. über Feststellung des Reichshaushalts (RGBl. II 103) s. a* 103; Nachtragsgesetze v. 20. Mai 1926 (RGBl. II 257) u. v. 22. Mai 1926 (RGBl. II 258).
141	1. Febr. 1926	Ges. über Aenderungen im patentamtlichen Verfahren (RGBl. II 127) s. a* 55, 147.
142	11. Febr. 1926	Ges. über das Abk. mit Haiti über Aufhebung des Ausgleichsverfahrens (RGBl. II 137, 231) s. d 26.
143	16. Febr. 1926	Ges. über das vorläuf. Wirtschaftsabk. mit Spanien v. 18. Nov. 1925 (RGBl. II 149) s. a* 113, 155.
144	16. Febr. 1926	Ges. über den Zusatzvertrag v. 26. Nov. 1925 zum Handels- und Schiffahrtsvertrag mit den Niederlanden v. 31. Dez. 1851 und über den Zoll- und Kreditvertrag mit den Niederlanden v. 30. Nov. 1925 (RGBl. II 151).
145	22. Febr. 1926	Ges. über das Handelsabk. mit Frankreich (RGBl. II 161) s. a* 154.
146	22. Febr. 1926	Ges. über das vorläuf. Handelsabk. mit der Türkei (RGBl. II 173, 211, 250).
147	26. März 1926	Ges. über die patentamtlichen Gebühren (RGBl. II 181) s. a* 55, 141; a* 55.

Nr.	Datum des Gesetzes	Name des Gesetzes
148	31. März 1926	Reichshaushaltsgesetz für 1926 (RGBl. II 187); ändert auch das Ges. v. 15. Juli 1909 betr. Aenderungen im Finanzwesen; hierzu Ges. v. 20. Juli 1926 (RGBl. II 425) u. v. 8. Jan. 1927 (RGBl. II 1).
149	13. April 1926	Ges. über das Abk. mit Polen über die Netze u. Kuddow (RGBl. II 213).
150	14. April 1926	Ges. über das Abk. von Helsingfors zur Bekämpfung des Alkoholschmuggels (RGBl. II 220, 878).
151	14. April 1926	Ges. über die Verfrachtung alkoholischer Waren (RGBl. II 230).
152	12. Mai 1926	Ges. über das Abk. mit Griechenland wegen Aufhebung des Ausführungszwangs für Erfindungspatente (RGBl. II 255).
153	21. Mai 1926	Ges. über das Handelsabk. mit Portugal (RGBl. II 289) s. a* 138.
154	21. Mai 1926	Ges. über das Zusatzabk. vom 8. April 1926 über das Handelsabk. mit Frankreich (RGBl. II 292) s. a* 145.
155	21. Mai 1926	Ges. über das Handelsabk. mit Spanien (RGBl. II 296, 326) s. a* 143.
156	22. Mai 1926	Ges. über das Abk. mit Belgien über die Ausübung der Heilkunde in den Grenzgemeinden (RGBl. II 342).
157	28. Mai 1926	Ges. über das Handelsabk. mit Honduras (RGBl. II 325).
158	28. Mai 1926	Ges. über den Konsularvertrag mit Estland (RGBl. II 327)).
159	19. Juni 1926	Ges. über den Vertrag mit Russland v. 24. April 1926 (RGBl. II 359).
160	8. Juli 1926	Ges. zur Aend. des Bankges. (RGBl. II 355) s. a* 82.
161	8. Juli 1926	Ges. über das Abk. mit Oesterreich über die Durchführung der Sozialversicherung im zwischenstaatl. Verkehr (RGBl. II 365).
162	8. Juli 1926	Ges. über den Schiedsgerichts- u. Vergleichsvertrag mit Estland (RGBl. II 374).
163	8. Juli 1926	Ges. über den 2. Zusatzvertrag zum Wirtschaftsabk. mit Oesterreich (RGBl. II 414) s. a 170, a* 97.
164	9. Juli 1926	Ges. über die Vereinb. mit Dänemark über Zollerleichterungen u. Behandlung deutscher Handlungsreisender (RGBl. II 371).
165	10. Juli 1926	Ges. über den Handels- und Schiffahrtsvertrag mit Schweden (RGBl. II 383) s. a 662, 789, a * 252; aufgeh. RGBl. 1929 II 633.
166	10. Juli 1926	Ges. über die vorläufige Anwendung von Wirtschaftsabk. (RGBl. II 421) s. a* 203.

Nr.	Datum des Gesetzes	Name des Gesetzes
167	19. Nov. 1926	Ges. über das vorläufige Handelsabkommen mit Frankreich (RGBl. II 629); hierzu Ges. v. 19. Febr. 1927 (RGBl. II 27).
168	19. Nov. 1926	Ges. über die Vereinbarung mit Frankreich über den Warenaustausch mit dem Saarbeckengebiet (RGBl. II 629) s. a* 128, 204; hierzu Ges. v. 19. Febr. 1927 (RGBl. II 27).
169	19. Nov. 1926	Ges. über den Vertrag mit Lettland zur Regelung der wirtschaftl. Beziehungen (RGBl. II 631).
170	19. Nov. 1926	Ges. über das vorläufige Handelsabkommen mit Finnland (RGBl. II 638) s. a* 36.
171	27. Nov 1926	Ges. über die Vereinb. mit Frankreich über den Austausch von Erzeugnissen einiger saarländ. Industrien (RGBl. II 639); hierzu Ges. v. 19. Febr. 1927 (RGBl. II 27).
172	27. Nov. 1926	Ges. über den Handelsvertrag mit der Schweiz (RGBl. II 675) s. a* 265.
173	6. Dez. 1926	Ges. über die Luftverkehrsabk. mit Frankr. u. Belgien (RGBl. II 740).
174	8. Dez. 1926	Ges. über den Vertrag mit Polen zur Regelung der Grenzverhältnisse (RGBl. II 723).
175	13. Dez. 1926	Ges. wegen eines Abk. mit Polen u. Danzig über den Eisenbahnverkehr (RGBl. II 755).
176	22. Dez. 1926	Ges. über Zusatzvereinbarungen zum Handels- u. Schiffahrtsvertrag mit Italien (RGBl. II 793) s. a* 136.
177	29. Jan. 1927	Ges. über das Protokoll über die Regelung des Arbeitsverkehrs an der saarländischen Grenze (RGBl. II 19; II 1928, 372).
178	28. Febr. 1927	Ges. über den Schiedsgerichts- u. Vergleichsvertrag mit den Niederlanden u. Dänemark (RGBl. II 31).
179	12. März 1927	Ges. über das Abk. mit der belg.-luxemburg. Wirtschaftsunion über den kleinen Grenzverkehr (RGBl. II 85).
180	15. März 1927	Ges. über den Handelsvertrag u. das Niederlassungsabkommen mit der Türkei (RGBl. II 53), gekündigt RGBl. 1929 II 637.
181	26. März 1927	Ges. über den Beitritt des Deutschen Reichs zu der Uebereinkunft von Montevideo betr. den Schutz von Werken der Literatur u. Kunst (RGBl. II 95, 883).
182	29. März 1927	Ges. betr. das Abk. mit Polen über Baulichkeiten in Kurzebrack (RGBl. II 137).
183	29. März 1927	Ges. wegen eines Abk. mit Polen über Zoll- u. Passabfertigung usw. in Kurzebrack (RGBl. II 142).
184	29. März 1927	Ges. über das Abk. mit Polen über Bergwerksfelder usw. (RGBl. II 150; 1928 II 165).
185	29. März 1927	Ges. über das Abkommen mit Polen über die Odergrenze (RGBl. II 151).

Nr.	Datum des Gesetzes	Name des Gesetzes
186	31. März 1927	Ges. über den vorläuf. Reichshaushalt für 1927 (RGBl. II 101).
187	8. April 1927	Ges. über das Zusatzabk. zum vorläuf. Handelsabk. usw. mit Frankreich (RGBl. II 105).
188	11. April 1927	Ges. über Vereinbarungen über die Saargrenze (RGBl. II 259; II 1928, 372 u. 496).
189	14. April 1927	Ges. über den Reichshaushaltsplan für 1927 (RGBl. II 201).
190	25. April 1927	Ges. über die Entschädigung der Reichstagsmitgl. (RGBl. II 323) s. a 136; a* 29, 53, 70, 93.
191	14. Mai 1927	Ges. über d. Eisenbahnstrecke Firchau—Marienburg (RGBl. II 327).
192	19. Mai 1927	Ges. über ein Abk. mit Belgien, Frankreich u. Italien betr. die gegens. Anerkennung der Beschußzeichen f. Handfeuerwaffen (RGBl. II 377, 878).
193	21. Mai 1927	Ges. über das Uebereinkommen über die Eichung der Binnenschiffe (RGBl. II 355, 879); hebt auch die Brüsseler Eichkonvention v. 4. Febr. 1898 auf.
194	21. Mai 1927	Ges. über das Luftverkehrsabk. mit der Tschechoslowakei (RGBl. II 433).
195	25. Mai 1927	Ges. über die Aend. der Internat. Meterkonvention (RGBl. II 409; II 1928, 165).
196	27. Mai 1927	Ges. über den Vertrag mit Bulgarien über den Rechtsverkehr (RGBl. II 416, 514, 879).
197	27. Mai 1927	Ges. über das Abk. mit Danzig und Polen üb. d. Art. 312 d. Versailler Vertr. (RGBl. II 424; II 1928, 165).
198	29. Juni 1927	Ges. ü. d. deutsch-lettl. Sanitätsabk. (RGBl. II 443, 492).
199	30. Juni 1927	Ges. über die Wiederinkraftsetzung des Handelsvertrags u. Freundschaftsvertrags mit Bolivien (RGBl. II 455, 881).
200	6. Juli 1927	Ges. über das Abkommen mit Frankreich über Grenzbahnhöfe (RGBl. II 469).
201	8. Juli 1927	Ges. über den Vergleichs- u. Schiedsgerichtsvertrag mit Italien (RGBl. II 461); u. II 1928, 539)
202	9. Juli 1927	Ges. über das Abkommen über die Immunitäten der Staatsschiffe (RGBl. II 483).
203	14. Juli 1927	2. Ges. über die vorläufige Anwendung von Wirtschaftsabkommen (RGBl. II 466) s. a* 166.
204	14. Juli 1927	Ges. betr. die Verläng. der Vereinbarungen mit Frankreich über den Warenaustausch mit dem Saarbeckengebiet (RGBl. II 466) s. a* 168.
205	16. Juli 1927	Ges. über das Washingtoner Uebereinkommen betr. die Beschäftigung der Frauen vor u. nach der Niederkunft (RGBl. II 497, 1124) s. a 794.

Nr.	Datum des Gesetzes	Name des Gesetzes
206	16. Juli 1927	Ges. üb. d. Nachlaßabk. m. Oesterr. (RGBl. II 505, 878).
207	16. Juli 1927	Ges. über das Vormundschaftsabk. mit Oesterreich (RGBl. II 510, 878).
208	23. Juli 1927	Ges. über Verläng. der Geltungsdauer des Meistbegünstigungsvertrags mitt Paraguay (RGBl. II 503, 903); weitere Verläng. G. v. 27. Jan. 1928 (RGBl. II 11; II 1928, 44) u. Ges. v. 22. Febr. 1929 (RGBl. II 129).
209	28. Okt. 1927	Ges. über die Intern. Uebereinkommen betr. die Krankenversicherung von Arbeitnehmern und Hausgehilfen (RGBl. II 887).
210	28. Okt. 1927	Ges. über den deutsch-französischen Rechtsverkehr (RGBl. II 891, 1103).
211	31. Okt. 1927	Ges. betr. das Uebereinkommen und Statut üb. die intern. Rechtsordnung der Eisenbahnen (RGBl. II 909; II 1928, 14).
212	3. Nov. 1927	Ges. über das Luftverkehrsabk. mit Italien (RGBl. II 939; II 1928, 164).
213	3. Nov. 1927	Ges. über das Luftverkehrsabk. mit Großbritannien (RGBl. II 947, 1168).
214	4. Nov. 1927	Ges. über das Abk. mit Polen über die Warthegrenze (RGBl. II 954; II 1928, 44).
215	4. Nov. 1927	Ges. über den Vertrag mit Frankreich über Grenzfestsetzung (RGBl. II 959; II 1928, 488).
216	5. Nov. 1927	Ges. über den Handels- und Schiffahrtsvertr. mit Japan (RGBl. II 1087; II 1928, 238).
217	26. Nov. 1927	Ges. über das Handelsabk. mit Frankreich (RGBl. II 1105; II 1928, 489 u. 513); hierzu Ges. v. 13. Febr. 1929 (RGBl. II 119), v. 30. Juni 1929 (RGBl. II 500) u. v. 3. Juli 1929 (RGBl. II 501).
218	2. Dez. 1927	Ges. über die Vereinbarung mit Norwegen über Fischkonservenzölle (RGBl. II 1107).
219	13. Dez. 1927	Ges. über den Vertrag mit Böhmen über eine Eisenbahn durch das Schweinitztal (RGBl. II 1121; II 1928, 174).
220	13. Dez. 1927	Ges. über den Handels- u. Schiffahrtsvertr. mit Serbien (RGBl. II 1125, 1186) s. a* 251.
221	15. Dez. 1927	Ges. über den Vertrag mit Böhmen zur Regelung der Grenzverhältnisse (RGBl. II 1149).
222	19. Dez. 1927	Ges. über eine Vereinbarung mit Dänemark über Zollerleichterungen (RGBl. II 1181 u. II 1928, 9, 393).
223	20. Dez. 1927	Ges. über die deutsch-portugiesische Erklärung über das Haager Zivilprozeßabk. (RGBl. II 1182).
224	2. Febr. 1928	Ges. wegen des Abk. mit Polen über die vorläuf. Regelung des Holzverkehrs (RGBl. II 15).

Nr.	Datum des Gesetzes	Name des Gesetzes
225	16. Febr. 1928	Ges. über die Anrufung des Ständigen Internationalen Gerichtshofs im Haag (RGBl. II 19 u. 48).
226	18. Febr. 1928	Ges. über das Uebereinkommen mit Finnland über Unfallversicherung (RGBl. II 20 u. 48).
227	20. Febr. 1928	Ges. betr. das Uebereink. und Statut über die internationale Rechtsordnung der Seehäfen (RGBl. II 22, 497).
228	22. März 1928	Ges. über das Uebereink. mit Frankreich über den Warenaustausch mit dem Saarbeckengebiet (RGBl. II 57 u. 166); geänd. durch Ges. v. 15. Febr. 1929 (RGBl. II 126).
229	27. März 1928	Ges. über eine Vereinb. mit den Niederlanden wegen der Verzollung von Hohlglas (RGBl. II 237, 302).
230	31. März 1928	Ges. über den Vertrag mit Polen über polnische landwirtschaftliche Arbeiter (RGBl. II 167).
231	31. März 1928	Ges. über die am 6. Nov. 1925 im Haag revid. Pariser Verbandsübereinkunft zum Schutze des gewerbl. Eigentums (RGBl. II 175); mit Neufassung der Madrider Abk. betr. die Unterdrückung falscher Herkunftsbezeichnungen auf Waren (a* 102) und betr. die internationale Registrierung von Fabrik- und Handelsmarken (s. a* 14).
232	31. März 1928	Ges. über den Handels- und Schiffahrtsvertrag mit Griechenland (RGBl. II 239, 499).
233	31. März 1928	Ges. über das Luftverkehrsabk. mit Spanien (RGBl. II 303, 497).
234	12. April 1928	Ges. über das Uebereink. mit der Schweiz über die Arbeitslosenversicherung der Grenzgänger (RGBl. II 311, 393).
235	30. April 1928	Ges. über ein Zusatzabk. zu dem Handelsvertrag mit Litauen (RGBl. II 377; 1929 II 2) s. a* 78.
236	21. Juli 1928	Ges. über das Internat. Abk., betr. die Gleichbehandlung ausländ. Arbeitnehmer bei der Entschädigung aus Anlaß von Betriebsunfällen usw. (RGBl. II 509).
237	25. Juli 1928	Ges. über das Abk. mit Schweden zur Ausgleichung der Besteuerung, insbes. zur Vermeidung der Doppelbesteuerung (RGBl. II 521, 603).
238	6. Aug. 1928	Ges. über den Freundsch.- Handels- u. Schiffahrtsvertrag mit Siam (RGBl. II 589).
239	30. Nov. 1928	Ges. über den Beitritt von Staaten zu dem Haager familienrechtlichen Abkommen (RGBl. II 630) s. a* 92.
240	3. Dez. 1928	Ges. betr. das deutsch-britische Abkommen über den Rechtsverkehr (RGBl. II 623; 1929 II 133).

Nr.	Datum des Gesetzes	Name des Gesetzes
241	6. Dez. 1928	Ges. über das Abk. mit den Niederlanden über die Grenzabfertigung im Rheinschiffsverkehr (RGBl. II 631).
242	22. Dez. 1928	Ges. über ein Handelsabk. mit China (RGBl. II 646).
243	24. Dez. 1928	Ges. über den Handels- u. Schiffahrtsvertrag mit Panama (RGBl. II 639).
244	31. Dez. 1928	Ges. über den Vergleichs- u. Schiedsgerichtsvertrag mit den Vereinigten Staaten von Amerika (RGBl. 1929 II 3, 133).
245	3. Jan. 1929	Ges. über den Vertrag mit der Tschechoslowakei über die Grenzoder (RGBl. II 7).
246	3. Jan. 1929	Ges. über den Handels- u. Schiffahrtsvertrag mit der Südafrikanischen Union (RGBl. II 15).
247	14. Jan. 1929	Ges. betr. das Übereinkommen über die Sklaverei (RGBl. II 63).
248	8. Febr. 1929	Ges. über das Abkommen mit Rumänien zur Beilegung der finanziellen Streitfragen (RGBl. II 81).
249	9. Febr. 1929	Gesetz zu dem Vertrag über die Ächtung des Krieges, Kelloggpakt (RGBl. II 97).
250	14. Febr. 1929	Ges. über den Handels- und Schiffahrtsvertrag mit Litauen (RGBl. II 103, 172).
251	7. März 1929	Ges. über das Zusatzabk. zum Handels u. Schiffahrtsvertrag mit Serbien (RGBl. II 140) s. a * 220.
252	11. März 1929	Gesetz über das Zusatzabk. zum Handels- und Schiffahrtsvertrag mit Schweden (RGBl. II 137), s. a * 165.
253	18. März 1929	Ges. über das Abk. mit Polen über den Tiefen Friedrichstollen (RGBl. II 143).
254	18. März 1929	Ges. über das Abk. mit Polen über die Fischerei in den Grenzgewässern (RGBl. II 146).
255	5. April 1929	Ges. über das Genfer Protokoll wegen Verbots des Gaskriegs (RGBl. II 173).
256	27. April 1929	Ges. über Verträge u. Abkommen mit Litauen (RGBl. II 205, 631).
257	30. April 1929	Ges. über das Wiederinkrafttreten des Haager Zivilprozeßabk. gegenüber Rumänien (RGBl. II 369).
258	2. Mai 1929	Ges. über den Weltfunkvertrag (RGBl. II 265).
259	10. Mai 1929	Ges. betr. das Übereinkommen betr. Mindestlöhne (RGBl. II 375).
260	29. Mai 1929	Ges. über das Luftverkehrsabk. mit den Niederlanden (RGBl. II 389).
261	29. Mai 1929	Ges. über das Luftverkehrsabk. mit Norwegen (RGBl. II 394, 573).
262	30. Mai 1929	Ges. über internationale Abk. über Beschäftigung von Jugendlichen in der Seeschiffahrt (RGBl. II 383); ändert auch die Seemannsordnung vom 2. Juni 1902 (s. a 802).

Nr.	Datum des Gesetzes	Name des Gesetzes
263	26. Juni 1929	Ges. über das Internationale Opiumabk. vom 19. Febr. 1925 (RGBl. II 407) s. a 176.
264	29. Juni 1929	Ges. zu den Internationalen Vereinbarungen betr. die Ausfuhr von Häuten u. Fellen u. von Knochen (RGBl. II 467).
265	30. Juni 1929	Ges. über das Zusatzabk. zum Handelsvertrag mit der Schweiz (RGBl. II 491) s. a * 172.
266	2. Juli 1929	Ges. zu dem Abk. über die Gründung eines Welthilfsverbands (RGBl. II 529).
267	5. Juli 1929	Ges. über den Handels- u. Schiffahrtsvertrag mit Estland (RGBl. II 509).
268	6. Juli 1929	Gesetz über den Vertrag mit Serbien über Sozialversicherung (RGBl. II 561).
269	17. Juli 1929	Ges. über das Aufwertungsabkommen mit Polen (RGBl. II 577).
270	17. Juli 1929	Ges. über das Sparkassenabkommen mit Polen (RGBl. II 609).
271	17. Juli 1929	Ges. über das Abk. mit Polen über die Regelung der Rechtsverh. der deutschen Pfandbriefanstalt in Posen (RGBl. 625).

b) Landesgesetze.[1])

Nr.	Datum des Gesetzes	Name des Gesetzes
1	22. März 1919	Ges. üb. d. Aufwandsentschädigung d. Landtagsabgeordneten (GVBl. 97), gegenstandslos s. b 58.
2	28. März 1919	Vorläufiges Staatsgrundges. des Freistaates Bayern (GVBl. 109) s. b 19.
3	28. März 1919	Ermächtigungsges. (GVBl. 112), aufgeh. durch Ges. v. 24. Juni 1919 (GVBl. 325).
4	28. März 1919	Uebergangsges. (GVBl. 113).
5	28. März 1919	Ges. über den Adel (GVBl. 114).
6	28. März 1919	Ges. über die Lehen (GVBl. 114) s. b 27.
7	28. März 1919	Ges. über die Aufhebung der Familienfideikommisse (GVBl. 114); geändert durch Ges. v. 14. Juni 1919 (GVBl. 291). Hierzu VO. v. 26. Sept. 1919 (GVBl. 647 u. 698).
8	28. März 1919	Ges., die Zwangsenteignung für Ansiedelungszwecke betr. (GVBl. 117).
9	15. April 1919	Wahlges. für die Gemeinde-, Bezirks- u. Kreiswahlen (GVBl. 171); geänd. durch Ges. v. 14. Mai 1919 (GVBl. 281); aufgeh. s. b 175; s. aber b 199.
10	21. Mai 1919	Ges. über den Geschäftsgang des Landtags (GVBl. 253).
11	22. Mai 1919	Ges. über die Selbstverwaltung (GVBl. 239), geänd. s. b 32, 175, 188; f 8; ergänzt s. b 36; aufgeh. b 221.
12	22. Mai 1919	Ges., die Enteignung von Holz u. Torf betr. (GVBl. 255), geänd. s. b 41.
13	12. Juli 1919	Ges. über die Einsetzung von Volksgerichten bei inneren Unruhen (GVBl. 365); ändert auch das AG. StPO. (b 221).
14	31. Juli 1919	Ges. über die Umgestaltung der Gendarmerie (GVBl. 409); ändert auch das Beamtenges.
15	31. Juli 1919	Ges. über ausserordentliche Massnahmen zum Schutze des Freistaates (GVBl. 413).
16	13. Aug. 1919	Ges. die Zuständigkeit der Volksgerichte betr. (GVBl. 399).
17	14. Aug. 1919	Volksschullehrerges. (GVBl. 437); ändert auch das AG. StPO., das Beamtenges. u. das AG. RVO.;

[1]) Die folgende Uebersicht enthält, nach der Zeitfolge, die Gesetze aus der Zeit der Republik. Die Gesetze aus der Zeit des Königreichs nach dem Stand vom 8. Nov. 1918 sind in der dem Jahrgang 1920 des Kalenders beigegebenen Anlage zusammengestellt; spätere Aenderungen dieser Gesetze lässt das Register Beil. 1 g ersehen. Wegen der Erlasse der Provisorischen Regierung s. § 2 des Uebergangsgesetzes v. 28. März 1919 (b 4) u. die Bek. vom 28. April 1919 (GVBl. 401).

Nr.	Datum des Gesetzes	Name des Gesetzes
		geändert s. b 44, 54, 76, 91, 96, 112, 126, 142 11, 164, 208, 217; f 8.
18	14. Aug. 1919	Schulbedarfsges. (GVBl. 489); ändert auch das VGHGes. u. die KirchenGO.; geänd. s. b 44, 54, 76, 79, 94, 96, 142, 322.
19	14. Aug. 1919	Verfassungsurkunde des Freistaats Bayern (GVBl. 531), geänd. b 127, 152, 171, 196.
20	14. Aug. 1919	Ges. über die Dauer des gegenwärtigen Landtags (GVBl. 554), geänd. durch Ges. v. 18. Mai 1920 (GVBl. 259).
21	16. Aug. 1919	Ges. zur Abänderung des Einkommensteuerges. v. 17. Aug. 1918 (GVBl. 563) s. b 61; aufgehob. durch b 85.
22	16. Aug. 1919	Ges. zur Abänderung des Vermögensteuerges. v. 17. Aug. 1918 (GVBl. 504); aufgehob. durch b 85
23	16. Aug. 1919	Ges. zur Abänderung des Haussteuerges. v. 17. Aug. 1918 (GVBl. 564), s. b 84.
24	16. Aug. 1919	Ges. zur Abänderung des Kapitalrentensteuerges. v. 17. Aug. 1918 (GVBl. 565); aufgeh. durch b 85.
25	16. Aug. 1919	Ges. zur Abänderung des Umlagenges. v. 17. Aug. 1918 (GVBl. 565).
26	16. Aug. 1919	Ges. zur Abänderung des EinführGes. zu den Gesetzen über die direkten Steuern v. 14. Aug. 1910 / 17. Aug. 1918 (GVBl. 566).
27	25. Aug. 1919	Ges. über die Lehen (GVBl. 562) s. b 6, 57.
28	1. Okt. 1919	Ges. zur Aenderung des ViehversichGes. in der Fassung v. 23. April 1910 (GVBl. 665) s. b 62.
29	3. Okt. 1919	Ges. über die Ruhestandsversetzung von Beamten, die das 65. Lebensj. vollendet haben (GVBl. 695).
30	9. Okt. 1919	Ges. über die Aufwandsentschädigung des ständigen Landtagsausschusses (GVBl. 675).
31	10. Okt. 1919	Ges. üb. d. Aenderung d. Berggesetzes (GVBl. 676).
32	28. Okt. 1919	Ges. zur teilweisen Abänderung des Selbstverwaltungsges. (GVBl. 699) s. b 11.
33	6. Nov. 1919	Ges. über die Vereidigung der öffentl. Beamten (GVBl. 783).
34	19. Dez. 1919	Ges. über Besoldung der Minister u. Staatssekretäre (GVBl. 1920, 11), geänd. d. Ges. v. 26. Juli 1920 (GVBl. 413), v. 23. Mai 1921 (GVBl. 337) u. v. 16. Dez. 1921 (GVBl. 1923, 4); weiter geänd. b 125, 164.
35	19. Dez. 1919	Ges. betr. Aenderung des Ges. über das Branntweinmonopol v. 26. Juli 1918 (GVBl. 1920, 33).
36	20. Dez. 1919	Ges. über die Geltung des Selbstverwaltungsges. in der Pfalz (GVBl. 833) s. b 11, 32, 69; aufgeh. b 221.
37	22. Dez. 1919	Ges. über Aenderungen des Kostenges. u. des Stempelges. (GVBl. 832); Neufassung b 67.
38	29. Jan. 1920	Ges. über die Gewährung steuerlicher Erleichterungen für die Kriegsteilnehmer (GVBl. 53); aufgehob. durch b 85.

Nr.	Datum des Gesetzes	Name des Gesetzes
39	10.Febr.1920	Ges. über Abänderung der Art. 32 u. 33 des Umlagengesetzes (GVBl. 54).
40	24.Febr.1920	Ges. zum Schutze des Maulwurfs (GVBl. 41); hiezu VO. v. 22. Juni 1925 (GVBl. 161); aufgeh. durch VO. v. 22. Dez. 1926 (GVBl. 540.)
41	25.Febr.1920	Ges. über Torfwirtschaft (GVBl. 42) s. b 12.
42	19.März 1920	Ges. über den Uebergang der Post- u. Telegraphenverwaltung an das Reich (GVBl. 148).
43	20.März 1920	Ges. über die Bauernkammern (GVBl. 67).
44	24.März 1920	Ges. zur Aenderung des Volksschullehrerges. u. des Schulbedarfges. (GVBl. 103) s. b 17, 18, 54.
45	26.März 1920	Ges. zur Aenderung des AusfG. zur ZPO. u. KO. (GVBl. 85); wieder geänd. durch Ges. v. 27. Okt. 1921 (GVBl. 525).
46	27.März 1920	Ges. über Regelung des Rückersatzes von Grunderwerbungskosten bei Umwandlung von Vizinal- u. Lokalbahnen in Hauptbahnen (GVBl. 111).
47	27.März 1920	Ges. über die Steuererhebung für das 1. Vierteljahr 1920 (GVBl. 117).
48	27.März 1920	Ges. über die Erwerbung der Privatlokalbahn Röthenbach b. L.—Weiler durch den Freistaat Bayern (GVBl. 137).
49	30.März 1920	Ges. über den Uebergang der bayer. Staatseisenbahnen an das Reich (GVBl. 173).
50	8. April 1920	Ergänzungsges. z. Brandversicherungsges., Baunotversicherungsges. (GVBl. 99); geänd. b 114.
51	14.April 1920	Ges. ü. d. Gewähr. eines staatl. Vorschusses z. Ankauf v. Kleidern, Wäsche u. Schuhen (GVBl. 115).
52	16.April 1920	Ges. über die Fortführung der Mainkanalisierung von Aschaffenburg bis Würzburg u. den Ausbau der Donauwasserstrasse von Regensburg bis Passau einschliessl. Wasserkraftausnützung (GVBl. 147); ergänzt durch Ges. v. 26. Juni 1920 (GVBl. 349).
53	12.Mai 1920	Landeswahlges. für Landtagswahlen, Volksbegehren u. Volksentscheidungen (GVBl. 195), geänd. s. b 80, 159, 193; Neufassung b 193.
54	2.Juni 1920	Beamtenbesoldungsges. (GVBl. 275), ändert auch das Beamtenges., das Volksschullehrerges., das Schulbedarfges., die GemOrdnungen, s. b 17, 44; 18; seiners. geänd. s. b 64, 71, 76, 78, 94, 96, 103, 108, 126, 142, 151.
55	11.Juni 1920	Ges. über den Staatsgerichtshof (GVBl. 323, Berichtigung GVBl. 1920, 431), geänd. b 196, 233; s. weiter Bek. v. 11. März 1926 (GVBl. 231). Änd. u. Neufassung b 239.
56	16.Juni 1920	Ges. über die Vereinigung von Coburg mit Bayern (GVBl. 335), mit Abänderungsges. v. gl. Tage (GVBl. 344), beide berichtigt GVBl. 1920, 431; weiter geändert mit Ges. v. 14. Dez. 1920 (GVBl. 493).

Nr.	Datum des Gesetzes	Name des Gesetzes
57	30. Aug. 1920	Lehenauflösungsges. (GVBl. 417) s. b 6 u. 27.
58	16. Sept. 1920	Ges. über die Aufwandentschädigung der Landtagsabgeordneten (GVBl. 427) s. b 1; geändert s. b 68, 95, 105, 117, 137, 169, 176, 211.
59	13. Okt. 1920	Ges. über die Aufhebung der Arbeiterräte (GVBl. 435).
60	5. Nov. 1920	Ges. betr. die Aenderung des Art. 143 des Forstges. u. des Art. 59 des revidierten Forstges. für die Pfalz (GVBl. 465) s. b 144; 161
61	1. Dez. 1920	Ges. zur Aenderung des Einkommensteuerges. v. 14. Aug. 1910, 17. Aug. 1918, 16. Aug. 1919 (GVBl. 497) s. b 21; gegenstandslos s. b 85.
62	15. Dez. 1920	Ges. über Aenderung des Viehversicherungsges. (GVBl. 494) s. b 28.
63	18. Dez. 1920	Ges. über die Einführung bayerischer Gesetze in Coburg (GVBl. 498), desgl. 10. Dez. 1921 (GVBl. 1922, 7); Ges. über den Uebergang der Landrentenbank in Coburg an die Bayr. Staatsbank v. 18. Jan. 1922 (GVBl. 11).
64	5. Jan. 1921	Ges. über die Abänderung des Beamtenbesoldungsges. u. über die Festsetzung der Teuerungszuschläge (GVBl. 1) s. b 54; geänd. b 75.
65	28. Jan. 1921	Ges. über die Verlängerung der Wahlzeit der gegenwärtigen ortskirchlichen Vertretungskörper (GVBl. 25).
66	2. Febr. 1921	Ges. zur Aenderung einiger Justizges. (GVBl. 29 u. 98), ändert das AG. GVG. v. 23. Febr. 1879 (b 132), das AG. BGB. v. 9. Juni 1899 (hiezu s. b 81), das Nachlassges. v. 9. Aug. 1902, das AG. GBO. ZwVG. v. 9. Juni 1899, das Kostenges. v. 21. Aug. 1914.
67	16. Febr. 1921	Ges. über Aenderungen des Kostenges. u. des Stempelges. (GVBl. 35) mit Neufassungen beider Gesetze v. 16. Februar 1921 (GVBl. 133); wieder geänd. durch Ges. v. 18. März 1922 (GVBl. 209), weiter nach b 120, 158; f 11.
68	17. Febr. 1921	Ges. zur Aend. des Ges. über die Aufwandentschädigung der Landtagsabgeordneten (GVBl. 26) s. b 58, 95, 211.
69	18. Febr. 1921	Ges. über die fortdauernde Geltung des Art. 3 des SelbstverwGes. in der Pfalz (GVBl. 26) mit Berichtigung S. 64; s. b 36, hiezu Ges. gl. Betr. v. 6. März 1923 (GVBl. 105).
70	21. Febr. 1921	Ges. über die Aenderung des Hagel-, Vieh- u. Pferdeversicherungsges. (GVBl. 32), s. auch b 148.
71	8. März 1921	Ges. über die Erhöhung der Teuerungszuschläge (GVBl. 65) s. b 54, 64.
72	18. März 1921	Ges. über die Forterhebung der religionsgesellschaftlichen Steuern u. der religionsgemeind-

Nr.	Datum des Gesetzes	Name des Gesetzes
		lichen Umlagen für die Zeit bis 31. März 1921 (GVBl. 83); ändert das KirchenStG. u. die KirchenGO. s. b 87, 18.
73	22. März 1921	Ges. über die Genehmigung des Staatsvertrags v. 22. Febr. 1921 zwischen Preussen, Bayern u. Thüringen über die Aufhebung von Gemeinschaftsverträgen (GVBl. 94).
74	22. März 1921	Ges. über die Errichtung eines Landgerichts in Coburg (GVBl. 96).
75	23. März 1921	Ges. über die Nachprüfung der Besoldungsordnung (GVBl. 112) s. b 64; geänd. durch Ges. v. 13. Juni 1921 (GVBl. 361) u. v. 10. Aug. 1921 (GVBl. 403).
76	23. März 1921	Pensionsergänzungsges. (GVBl. 117); ändert auch das Beamtenges., das BeamtenbesG., das Volksschullehrerges., das Schulbedarfsges.; s. b 54, 71; 17; 18; geänd. b 96, 103, 126, 142, 151, 164.
77	30. März 1921	Ges. über die Genehmigung des Staatsvertrags v. 4./7. März 1921 zwischen Bayern u. Thüringen über die Aufhebung von Gemeinschaftsverträgen v. 30. März 1921 (GVBl. 251).
78	23. Mai 1921	Ges. über die Dienst- u. Versorgungsbezüge der Gemeinde- u. Bezirksbeamten (GVBl. 323); ändert die Gemeindeordnungen, das BeamtenbesG. u. das GemBeamtG., s. b 54, 76, 94, 145, 148, 154; f 8.
79	30. Juni 1921	Ges. zum Vollz. des Landessteuerges. (GVBl 361) s. a 82; b 18; geänd. durch b 85, 145; f 11; Neufassung b 170.
80	21. Juli 1921	Ges. über die Aend. des Landeswahlges. (GVBl. 393) s. b 53, 159.
81	23. Juli 1921	Ges. die Aend. des Art. 85 AG. BGB. betr. (GVBl. 379) s. b 66, geänd. b 131.
82	27. Juli 1921	Ges. über phosphorhaltige Mineralien u. Gesteine (GVBl. 384).
83	27. Juli 1921	Ges. zur Aend. des Grundsteuerges. in der Fassung v. 4. Nov. 1910 (GVBl. 411); seiners. geänd. b 138.
84	27. Juli 1921	Ges. zur Aend. des Haussteuerges. v. 17. Aug. 1918 / 16. Aug. 1919 (GVBl. 412) s. b 23, seiners. geänd. b 139.
85	27. Juli 1921	Gewerbsteuerges. (GVBl. 413); hebt zugleich auf das Einkommensteuerges., das Kapitalrentensteuerges., das Vermögenssteuerges., das Gewerbsteuerges. v. 14. Aug. 1910, das Ges. v. 29. Jan. 1920 (bei b 38) u. das Ges. v. 30. Juni 1921 (bei b 79); s. b 21, 61; 24; 22; 38; seiners. geänd. b 140, 205.

Zahl	Datum des Gesetzes	Name des Gesetzes
86	27. Juli 1921	Ges. zur Aend. des Ges. v. 10. März 1879/20. Dez. 1897 über die Besteuerung des Gewerbebetriebs im Umherziehen (GVBl. 433); hebt auch auf das WarenhausStG. v. 14. Aug. 1910. Neufassung v. 6. Aug. 1921 (GVBl. 439), wieder geändert b 121, 179; f 3.
87	27. Juli 1921	Religionsgesellschaftliches Steuerges. (GVBl. 459); hebt auch auf das KirchenStG. v. 15. Aug. 1908 u. ändert die KirchengemOrdn. v. 24. Sept. 1912 s. b 72, geänd. b 97, 122, 143 (mit Neufassung).
88	9. Aug. 1921	Ges. zur Ergänzung der Bezüge der Erzbischöfe, Bischöfe u. Mitglieder der Domkapitel (GVBl. 451). Neufassung b 100.
89	9. Aug. 1921	Ges. über Ergänzung des Einkommens der Seelsorgegeistlichen (GVBl. 452). Neufassung b 101.
90	9. Aug. 1921	Ges. über erhöhte Anrechnung der Dienstzeit der Beamten (GVBl. 479); geänd. b 142.
91	10. Aug. 1921	Ges. zur Aend. des AG. RVO. v. 2. Nov. 1912 (GVBl. 397) s. auch b 17; geänd. b 142.
92	27. Aug. 1921	Ges. über die Bildung des Krankenhausverbands Coburg (GVBl. 405).
93	23. Sept. 1921	Ges. über den Uebergang der bayer. Wasserstrassen auf das Reich (GVBl. 489).
94	25. Nov. 1921	Ges. zur Aend. des Beamtenbesoldungsges. (GVBl. 551) s. b 54, 78; ändert auch das Beamtenbesoldungsges. (GVBl. 551) s. b 54, 78; ändert auch das Beamtenges. s. b 54 u. das Schulbedarfsges. s. b 18; seiners. geänd. b 96, 108, 109, 126, 221; hierzu Ges. über die Festsetzung der Teuerungszuschläge der Staatsbeamten v. 9. März 1922 (GVBl. 201); dieses geänd. b 126.
95	10. Dez. 1921	Ges. zur Aend. des Ges. über die Aufwandsentschädigungen der Landtagsabgeordneten (GVBl. 587) s. b 58, 68, 105.
96	16. Dez. 1921	Ges. zur Abänd. des Beamtenbesoldungsges. (GVBl. 1923, 1) s. b 54, 94; 17; 76; 18; geänd. b 126, 142; ändert auch das Beamtenges.
97	21. Dez. 1921	Ges. über die ortskirchlichen Vertretungskörper (GVBl. 617); ändert auch die KirchenGemO. s. b 87.
98	22. Dez. 1921	Ges. über die Aufforstung landwirtsch. Grundstücke (GVBl. 609).
99	22. Dez. 1921	Ges. zur Ergänzung des Ges. die Flurbereinigung betr. (GVBl. 614).
100	15. Febr. 1922	Ges. zur Aenderung des Ges. über die Ergänzung der Bezüge der Erzbischöfe, Bischöfe u. Mitglieder der Domkapitel (GVBl. 183) mit Neu-

Nr.	Datum des Gesetzes	Name des Gesetzes
		fassung des Ges. GVBl. 186; s. b 88; seiners. geänd. b 111, 162.
101	15. Febr. 1922	Ges. zur Abänd. des Ges. über Ergänzung des Einkommens der Seelsorgegeistlichen (GVBl. 184) mit Neufassung des Ges. GVBl. 188; s. b 89; seiners. geänd. b 110.
102	4. April 1922	Ges. über die Aufhebung der landeskirchl. Verfassung der prot. Kirchen (GVBl. 221); geänd. s. b 182.
103	5. April 1922	Sechste Abänd. des Beamtenbesoldungsges. (GVBl. 1923, 4) s. b 54, 76.
104	13. April 1922	Ges. über die Ansiedelung von Kriegsbeschädigten in der Landwirtschaft (GVBl. 269), ändert das Ges. gl. Betr. v. 15. Juli 1916; wieder geänd. b 135; beide aufgeh. b 236.
105	10. Juni 1922	Ges. zur Abänd. des Ges. über die Aufwandentschäd. der Landtagsabgeordneten (GVBl. 339) s. b 58, 95, 117.
106	7. Juli 1922	Ges. über die Kreisamtsblätter (GVBl. 655).
107	10. Juli 1922	Hengstkörges. (GVBl. 499); hebt auch die Körordnung v. 26. März 1881 auf; geänd. u. Neufassung b 210.
108	24. Juli 1922	Ges. über die Festsetzung der Teuerungszuschläge der Staatsbeamten (GVBl. 1923, 7) s. b 54, 94.
109	27. Juli 1922	Ges. über das Diensteinkommen der Hochschulprofessoren (GVBl. 377) s. b 94; ändert auch das Beamtenges.; aufgeh. b 231.
110	27. Juli 1922	Ges. zur Abänd. des Ges. über Ergänzung des Einkommens der Seelsorgegeistlichen (GVBl. 467) s. b 101 mit Neufassung v. 31. Juli 1922 (GVBl. 469 u. 638); wieder geänd. b 134, 163.
111	27. Juli 1922	Ges. zur Aend. des Ges. über die Bezüge der Erzbischöfe, Bischöfe u. Mitgl. der Domkapitel (GVBl. 469) s. b 100, 162.
112	1. Aug. 1922	Ges. über Schulpflege, Schulleitung, Schulaufsicht an Volksschulen, Schulaufsichtsges. (GVBl. 385) s. b 17; ändert auch das Polizeistrafgesetzbuch; s. zu letzterem b 150.
113	5. Aug. 1922	Flurbereinigungsges. (GVBl. 433); ändert auch das Ges. über die Landeskulturrentenanstalt v. 21. April 1884 / 31. März 1908 (b 129), hebt auf das Flurbereinigungsges. v. 29. Mai 1886/30. Juli 1899. Inkrafttreten VO. v. 9. Febr. 1923 (GVBl. 24); geänd. b 177, 236.
114	18. Aug. 1922	Ges. über Aenderungen im öff. VersichWesen (GVBl. 421) s. b 50, 180; ändert auch das Gemeindebeamtenges. v. 15. Juli 1916 / 23. Juli 1918 u. des BrandversichGes. v. 3. April 1875 (s. b 148).

Nr.	Datum des Gesetzes	Name des Getetzes
115	23. Aug. 1922	Ges. zur Aend. des Hundeabgabenges. v. 14. Aug. 1910 (GVBl. 613) mit Neufassung des letzteren v. 25. Sept. 1922 (GVBl. 615), wied. geänd. b 202.
116	26. Aug. 1922	Landespolizeibeamtenges. (GVBl. 427), aufgeh. b 228.
117	7. Dez. 1922	Ges. zur Abänd. des Ges. über die Aufwandentschädigung der Landtagsabgeordneten (GVBl. 655) s. b 58, 105, 137.
118	13. Dez. 1922	Ges. über Grundstückszusammenlegungen (Flurbereinigungen) in den coburgischen Landesteilen (GVBl. 693).
119	15. Dez. 1922	Ges. über die Umlaufgrenze der Landeskulturrentenscheine (GVBl. 663).
120	16. Dez. 1922	Ges. über Aend. des Kostenges. u. des Stempelges. (GVBl. 663) s. b 67, 158. Hiezu Bek. v. 20. Dez. 1922 (GVBl. 685), v. 27. April 1923 (GVBl. 161), v. 2. Juli 1923 (GVBl. 202), v. 13. Aug. 1923 (GVBl. 258), v. 22. Sept. 1923 (GVBl. 342), v. 13. Okt. 1923 (GVBl. 358), v. 31. Okt. 1923 (GVBl. 376), v. 16. Nov. 1923 (GVBl. 385), v. 4. Jan. 1924 (GVBl. 7), diese geänd. durch Bek. v. 28. März 1924 (GVBl. 132); s. weiter Bek. v. 15. Aug. 1924 (GVBl. 196), v. 22. Okt. 1924 (GVBl. 209), v. 19. Juni 1925 (GVBl. 162), v. 27. Okt. 1926 (GVBl. 504), v. 26. Nov. 1926 (GVBl. 537), v. 13. Mai 1927 (GVBl. 134), v. 26. Sept. 1928 (GVBl. 413).
121	21. Dez. 1922	Ges. über die Erhebung der Steuer vom Gewerbebetrieb im Umherziehen für das Jahr 1923 (GVBl. 696) s. b 86.
122	21. Dez. 1922	Ges. über Aend. des religionsgesellschaftl. Steuerges. (GVBl. 1923, 13) s. 87, 97; seiners. geänd. b 143.
123	30. Dez. 1922	Ges. über die Aend. des Wasserges. v. 23. März 1907 (GVBl. 1923, 13) s. b 201.
124	30. Dez. 1922	Staatsvertrag mit Thüringen über das Arbeitshaus Eisenach u. die Pflegeanstalt Hildburghausen (GVBl. 1923, 14).
125	9. Jan. 1923	Ges. zur Aend. des Ministerbesoldungsges. (GVBl. 12) s. b 34, 164.
126	9. Jan. 1923	Siebente Aend. des Beamtenbesoldungsges. (GVBl. 7) s. b 54, 94; 76; 17; 96; ändert auch das Beamtenges. (b 151; wieder geänd. b 207) mit Neufassung des Beamtenbesoldungsges. vom 24. März 1923 (GVBl. 109); wieder geänd. b 151, 164, 208, 231.
127	9. Jan. 1923	Ges. z. Abänd. d. VerfassUrk. (GVBl. 12) s. b 19, 152.
128	27. Febr. 1923	Ges. zur Abänd. des Art. 86 der Kirchengemeindeordnung (GVBl. 89).

Nr.	Datum des Gesetzes	Name des Gesetzes
129	6. März 1923	Oedlandges. (GVBl. 89); ändert auch das Landeskulturrentenges. v. 24. März 1908 (b 113, 157, 177); seiners. geänd. b 236.
130	9. März 1923	Ges. über die vermögensrechtl. Auseinandersetzung des Bayer. Staates mit dem vormaligen Bayer. Königshaus (GVBl. 101).
131	11. April 1923	Ges. über weitere Aend. des Art. 85 AG. BGB. (GVBl. 147) s. b 81, 167.
132	5. Mai 1923	Ges. zur Aend. des AG. GVG. (GVBl. 169) s. b 66, 167, f 11; hebt auch das Ges. gl. Betr. v. 21. Aug. 1914 auf.
133	5. Mai 1923	Ges. zur Aend. des Feldschadenges. v. 6. März 1902 (GVBl. 169); wieder geänd. b 144, 161.
134	29. Mai 1923	Ges. zur Aend. des Seelsorgeeinkommensergänzungsges. (GVBl. 201) s. b 110, 163.
135	28. Juni 1923	Ges. über die Landeskulturrentenscheine (GVBl. 201) s. b 104, geänd. b 156.
136	4. Juli 1923	Ges. über die Erschliessung von Baugelände (GVBl. 274 mit Berichtigungen 348 u. 1924, 182). Inkrafttreten GVBl. 1923, 280.
137	17. Juli 1923	Ges. zur Abänd. des Ges. über die Aufwandentschädigung d. Landtagsabgeordneten (GVBl. 233) s. b 58, 117, 169, 176, 211.
138	18. Juli 1923	Ges. zur Aend. des Grundsteuerges. (GVBl. 237) s. b 83.
139	18. Juli 1923	Ges. z. Aend. des HausStG. (GVBl. 237) s. b 84, 206.
140	18. Juli 1923	Ges. zur Aend. des Gewerbsteuerges. (GVBl. 238) s. b 85; geänd. b 205.
141	20. Juli 1923	Ges. über das Wappen des Freistaates Bayern (GVBl. 377).
142	1. Aug. 1923	Ges. zur Aend. von Vorschriften über das Volksschulwesen (GVBl. 337) s. b 17; 18; 54; 96; 76, 164; 90; 91.
143	1. Aug. 1923	Ges. zur Aend. des religionsgesellschaftl. Steuerges. (GVBl. 349) s. b 87, 122; mit Neufassung des Ges. v. 1. Aug. 1923 (GVBl. 351) wieder geänd. b 216.
144	10. Aug. 1923	Ges. zur Aend. des Forstges., des revidierten Forststrafges. für die Pfalz u. das Feldschadenges. (GVBl. 253) s. b 60, 133, 161.
145	14. Aug. 1923	Ges. zur Aend. des Vollzugsges. zum Landessteuerges. (GVBl. 265) s. b 78, 79; ändert auch die beiden Gemeindeordnungen; s. b 154; Neufassung b 170.
146	14. Aug. 1923	Ges. zur Aend. des Ges., betr. das Unschädlichkeitszeugnis v. 15. Juni 1898 (GVBl. 280), geänd. s. b 177. Hierzu auch die VO.en v. 22. Nov. 1923 (GVBl. 381) u. v. 5. Aug. 1929 (GVBl. 119).
147	16. Aug. 1923	Ges. über die bayerische Aerzte-Versorgung (GVBl. 255).

Nr.	Datum des Gesetzes	Name des Gesetzes
148	16. Aug. 1923	Ges. über Aenderungen im öff. Versicherungswesen (GVBl. 265), ändert das Brandversich.-Ges. v. 3. April 1875 (s. b 114, 197; f 4), das HagelversichGes. (b 70, 180, 229); das ViehversichGes. (b 70), das PferdeversichGes. (b 70) u. das Gemeindebeamtenges. (b 78); hebt das PferdeversichGes. bedingt auf.
149	18. Aug. 1923	Ges. über Ausschliessung des Anspruchs aus § 804 Abs. 1 BGB. bei den Schuldverschreibungen der Bayerischen Staatsanleihen (GVBl. 289).
150	24. Aug. 1923	Ges. zur Abänd. der GemOrdnung für die Landesteile r. d. Rh. u. des Polizeistrafgesetzbuchs (GVBl. 281); s. zu letzterem b 112, 172, 221; seiners. geänd. b 221.
151	29. Aug. 1923	Achte Abänd. des Beamtenbesoldungsges. (GVBl. 309) s. b 54, 126; 17; 76; ändert auch das Beamtenges. (b 126, 164); seiners. geänd. b 217.
152	1. Nov. 1923	Ges. zur Abänd. der §§ 28, 30 u. 39 der Bayer. Verfassung (GVBl. 373) s. b 19, 127, 171.
153	22. Nov. 1923	Ges. über Leistungen der Gemeinden für die staatliche Polizeiverwaltung (GVBl. 377); hebt auch auf das Ges. v. 15. Juni 1898 betr. den Beitrag Münchens zu den Kosten der Polizeidirektion München; geänd. b 221, 238.
154	24. Dez. 1923	Landessperrges. (GVBl. 409); ändert auch die beiden GemOrdnungen u. das Gemeindebeamtenges. s. b 78, 145; die rechtsrh. GemO. ist auch geänd. durch Art. II der VO. v. 28. April 1924 (GVBl. 145); Neufassung des Landessperrges. b 218.
155	29. Dez. 1923	Ges. zur Aend. des Grubenfeldabgabenges. v. 27. Juli 1918 (GVBl. 417).
156	31. Dez. 1923	Ges. über die Landeskulturrentenscheine (GVBl. 411) s. b 135.
157	31. Dez. 1923	Ges. zur Abänd. des Landeskulturrentenges. v. 24. März 1908 (GVBl. 411) s. b 129, 177; aufgehoben b 236.
158	23. Jan. 1924	Ges. zur Aend. des Jagd- u. des Stempelges. (GVBl. 9) s. b 67, 120.
159	6. Febr. 1924	Ges. zur Aend. des Landeswahlges. usw. (GVBl. 29) s. b 53, 80, 193.
160	9. Febr. 1924	Ges. zur Aend. des Bergges. v. 13. Aug. 1910 (GVBl. 25).
161	9. Febr. 1924	Ges. zur Aend. des Forstges., des revid. Forststrafges. für die Pfalz u. des Feldschadenges. (GVBl. 27) s. b 60, 133, 144.
162	21. Febr. 1924	Ges. zur Aend. des Ges. über die Bezüge der Erzbischöfe, Bischöfe u. Mitglieder der Domkapitel (GVBl. 69) s. b 100, 111 mit Neufassung v. 21. Febr. 1924 (RGBl. 70); aufgeh. b 188.

Nr.	Datum des Gesetzes	Name des Gesetzes
163	21.Febr. 1924	Ges. zur Aend. des Ges. über das Einkommen der Seelsorgegeistlichen (GVBl. 70) s. b 110, 134 mit Neufassung v. 2. März 1924 (GVBl. 72); wieder geänd. b 185.
164	29.Febr. 1924	9. Abänd. des Beamtenbesoldungsges. usw. (GVBl. 117) s. b 126, 151; 34, 125; 17, 151; 76, 142; ändert auch das Beamtenges. (b 151), das AG. RVersO. v. 2. Nov. 1912, seiners. geänd. b 208, 221. S. zum Ges. v. 29. Febr. 1924 VO. v. 24. März 1924 (GVBl. 121) über die 10. Abänderung; desgl. v. 31. Mai 1924 (GVBl. 169) über die 11. Abänderung; desgl. v. 4. Juli 1924 (GVBl. 177) über die 12. Abänderung.
165	7. März 1924	Ges. zur Aend. des Verwaltungsgerichtshofsges. (GVBl. 65), ändert auch das Armenges. v. 21. Aug. 1914 u. das Fischereiges. v. 15. Aug. 1908.
166	28. März 1924	Ges. über Notmassnahmen für die Kriegsgemeinden (GVBl. 116), geänd. s. b 175.
167	29. März 1924	Ges. über die Einrichtung der Gerichte u. die Einführung einer Altersgrenze für Richter (GVBl. 125), ändert auch das AG.GVG. (b 132, 221) u. das AG. BGB. (s. b 131); Geltung i. d. Pfalz VO. v. 19. Juli 1927 (GVBl. 268).
168	31. März 1924	Ges. zur Ergänzung der Befugnisse des Ständigen Ausschusses (GVBl. 126).
169	31. März 1924	Ges. zur Abänd. der Bestimmungen über die Aufwandsentschädigungen der Landtagsabgeordneten (GVBl. 126) s. b 58, 137, 176, 211.
170	28. April 1924	Ges. zum Vollzug des Finanzausgleichsgesetzes (GVBl. 157) s. b 79, 145 mit VO. v. 28. April 1924 (GVBl. 145) geänd. s. b 191, 206. 214 220.
171	1. Mai 1924	Ges. zur Abänd. der §§ 30 Abs. 3, 39 Abs. 4 u. 43 der Verfassung (GVBl. 145) s. b 19. 152, 196.
172	18. Juli 1924	Ges. zur Aend. des Art. 112 PStGB. (GVBl. 191) s. b 150, 221.
173	2. Aug. 1924	Ges. zur Durchführ. des § 9 der 3. SteuerNotVO. v. 14. Febr. 1924 (GVBl. 191).
174	2. Aug. 1924	Ges. über die Schuldverschreibungen der Bayer. Landeskulturrentenanstalt (GVBl. 191).
175	6. Nov. 1924	Gemeindewahlges. (GVBl. 211) s. b 9, 11, 166; aufgeh. b 221.
176	6. Nov. 1924	Ges. zur Abänderung der Bestimmungen über die Aufwandsentschädigung der Landtagsabgeordneten (GVBl. 225) s. b 58, 137, 169.
177	27. Nov. 1924	Ges. zur Abänderung des Flurbereinigungsges. (GVBl. 235) s. b 113, 146, 129, 157; ändert auch das Ges. über die Landeskulturrentenanstalt v. 31. März 1908 (b 157, 221); Berichtigung GVBl. 1925, 260; geänd. b 236.

Nr.	Datum des Gesetzes	Name des Gesetzes
178	11. Dez. 1924	Ges. über die Genehmigung des Staatsvertrags v. 31. Mai / 18. Juni 1924 mit Thüringen über die Aufhebung eines Gemeinschaftsvertrags (GVBl. 239).
179	19. Dez. 1924	Ges. zur Abänderung des Ges. über die Besteuerung des Gewerbebetriebs im Umherziehen (GVBl. 240) s. b 86; f 3.
180	31. Dez. 1924	Ges. über vorübergehende Massnahmen im öffentl. Versicherungswesen (GVBl. 1), betr. die Landes-Hagelversicherungsanstalt; s. b 114, 148; f 4.
181	15. Jan. 1925	Ges. zu dem Konkordate mit dem hl. Stuhle und den Verträgen mit den Evangelischen Kirchen (GVBl. 53) mit Bek. v. 24. Jan. 1925 (GVBl. 69) u. v. 13. Febr. 1925 (GVBl. 76) s. b 182.
182	12. März 1925	Ges. zum Vollzug der Verträge mit den evangelischen Kirchen (GVBl. 95) s. b 102, 181.
183	18. März 1925	Ges. über die Schuldverschreibungen der Bayer. Landeskulturrentenanstalt (GVBl. 99).
184	7. April 1925	Ges. über die Bezüge der Erzbischöfe, Bischöfe und Mitglieder der Domkapitel (GVBl. 135) s. b 162; geänd. durch VO. v. 3. Mai 1928 (GVBl. 323).
185	7. April 1925	Ges. zur Aend. des Ges. über die Ergänzung des Einkommens der Seelsorgegeistlichen (GVBl. 136) s. b 163. Neufassung des letzteren Ges. durch Bek. v. 8. April 1925 (GVBl. 137); wieder geänd. durch VO. v. 3. Mai 1928 (GVBl. 323).
186	22. Mai 1925	Ges. über die Aenderung des Notariatsges. v. 9. Juni 1899 (GVBl. 151); s. auch die VO. v. 18. Mai 1925 (GVBl. 152).
187	25. Mai 1925	Ges. über die Anteile der Gemeinden u. Kreise an der Einkommen- und Körperschaftssteuer (GVBl. 159).
188	25. Juni 1925	Ges. zur Aend. des Selbstverwaltungsges. (GVBl. 160) s. b 11; aufgeh. b 221.
189	1. Juli 1925	Ges. über die Verwaltung der Coburger Landesstiftung (GVBl. 161).
190	16. Juli 1925	Finanzges. für 1924 (GVBl. 193).
191	16. Juli 1925	Finanzges. für 1925 (GVBl. 195) s. b 170, 206.
192	16. Juli 1925	Ges. über Regelung der Gewerbesteuer usw. für 1924 u. 1925 (GVBl. 198).
193	18. Juli 1925	Ges. zur Abänd. des Landeswahlges. (GVBl. 209) s. b 53, 159; Neufassung v. 30. März 1928 (GVBl. 85) als Ges. f. Landtagswahlen, Volksbegehren und Volksentscheidungen.
194	20. Juli 1925	Jugendamtsges. (GVBl. 211) s. a 382.

Nr.	Datum des Gesetzes	Name des Gesetzes
195	20. Juli 1925	Ges. zur Durchführung des Aufwertungsges. (GVBl. 189) s. a 641.
196	18. Sept. 1925	Ges. zur Abänd. der §§ 26, 41 u. 70 der Verfassung sowie des Gesetzes über den Staatsgerichtshof (GVBl. 245) s. b 19, 171; 55, 233, 239.
197	16. Okt. 1925	Ges. über die Aend. des Brandversicherungsges. (GVBl. 259) ändert das BrandversichGes. vom 3. April 1875 s. b 148.
198	21. Dez. 1925	Ges. über Straffreiheit (GVBl. 273).
199	23. Dez. 1925	Ges. über die Verlängerung der Amtsdauer der Mitglieder der Kreistage u. Bezirkstage (GVBl. 330) s. b 9, 209.
200	8. Juni 1926	Ges. über Aenderungen der bayer. Landesgrenze (GVBl. 323).
201	25. Juni 1926	Ges. über Aend. des Wasserges. v. 23. März 1907 (GVBl. 327) s. b 123.
202	6. Juli 1926	Ges. zur Aend. des Hundeabgabenges. (GVBl. 327) s. b 115.
203	7. Juli 1926	Ges. über die Schuldverschreibungen der Landeskulturrentenanstalt (GVBl. 355); desgl. vom 26. Nov. 1927 (GVBl. 357); beide aufgeh. b 236.
204	9. Juli 1926	Finanzges. für 1926 (GVBl. 355).
205	9. Juli 1926	Ges. zur Aend. des Gewerbesteuerges. (GVBl. 375) s. b 85, 140; Neuf. GVBl. 389.
206	9. Juli 1926	Ges. über die Vereinf. der Staatsverw. und über Aend. des Finanzausgleichs zwischen Land u. Gemeinden (GVBl. 383) s. b 170, 191, ändert auch das Haussteuerges. v. 1918 s. b 139.
207	16. Juli 1926	Ges. zur Bekämpfung von Zigeunern, Landfahrern und Arbeitsscheuen (GVBl. 359).
208	19. Juli 1926	Ges. über die Zahlung des Diensteinkommens u. der Versorgungsbezüge (GVBl. 381) s. b 126, 164; 17; ändert auch das Beamtenges. v. 1908.
209	23. Juli 1926	Ges. über die Verlängerung der Amtsdauer der Mitglieder der Kreistage u. Bezirkstage (GVBl. 381) s. b 199.
210	7. Febr. 1927	Ges. über Aend. des Hengstkörges. (GVBl. 57) s. b 107 mit Neufassung v. gl. T. (GVBl. 58).
211	11. März 1927	Ges. zur Aend. des Ges. über Aufwandsentschädigung der Landtagsabgeordneten (GVBl. 97) s. b 58, 68, 137, 169.
212	31. März 1927	Ges. über die Verlängerung der Amtsdauer der Mitglieder der Kreistage u. Bezirkstage (G.-VBl. 109).
213	1. April 1927	Ges. über die Uebertragung der Verwaltung u. Ausbeutung des staatl. Bergwerks-, Hütten- u.

Nr.	Datum des Gesetzes	Name des Gesetzes
		Salinenbesitzes an eine Aktiengesellschaft (GVBl. 109).
214	7. April 1927	Ges. zur Aend. des Vollzugsges. zum Finanzausgleichsges. (GVBl. 115) s. b 170, 220.
215	27. Juni 1927	Ges. zur Aenderung des religionsgesellschaftlichen Steuerges. (GVBl. 223) s. b 143.
216	1. Juli 1927	Aerzteges. (GVBl. 233).
217	10. Juli 1927	Ges. zur Aend. beamtenrechtlicher Vorschriften (GVBl. 227); ändert auch das Beamtenges. v. 16. Aug. 1908; s. f 8; b 151; b 17; seiners. geänd. b 221
218	10. Juli 1927	Ges. zur Aufhebung des Landessperrges. (GVBl. 231) ändert auch die beiden GemO.; s. b 154. Neufassung des Landessperrges. als Ges. über das Landesschiedsgericht für Beamtenbesoldung v. 10. Juli 1927 (GVBl. 231); dieses aufgeh. a 221
219	28. Juli 1927	Ges. über die Aufwertung von Brandentschädigungen (GVBl. 265).
220	29. Juli 1927	Ges. zur Aend. des Ges. zum Vollzug des Finanzausgleichs (GVBl. 266) s. b 170, 214; Neufassung des Ges. zum Vollzug des Finanzausgleichges. v. 5. Sept. 1927 (GVBl. 283), wieder geänd. b 230, 240.
221	17. Okt. 1927	Gemeindeordnung (GVBl. 293) s. b 153; 150, 172; 11, 36, 94, 150, 175, 188, 164, f 8, b 217, 218; ändert auch das PolizeiStGB., das AG. GVG. v. 23. Febr. 1879 (b 167, 224), das AG. StPO. v. 18. Aug. 1879 (b 13), das Ges. über die Landeskulturrentenanstalt v. 31. Jan. 1908 (b 177), das Körges. v. 13. Aug. 1910; hebt auf die beiden Gemeindeordnungen v. 29. April 1869, das Pfälz. StädteverfassGes. v. 15. Aug. 1908, im wesentl. das Gemeindebeamtenges. v. 15. Juli 1916, die StraßenVO. v. 16. Aug. 1805; ihrerseits geänd. b 236.
222	17. Okt. 1927	Bezirksordnung (GVBl. 325); hebt auf das Distriktsratsges. v. 28. Mai 1852.
223	17. Okt. 1927	Kreisordnung (GVBl. 335); hebt auf das Landratsges. v. 28. Mai 1852 u. das Kreislastenausscheidungsges. v. 23. Mai 1846; ändert das Beamtenges.; ihrers. geänd. b 226.
224	19. Dez. 1927	Ges. zur Aend. d. Bezeichnung Gerichtsschreiber usw. (GVBl. 359); ändert auch das AG. GVG. (b 221).
225	28. März 1928	Ges. zur Aend. des AG. BGB. v. 9. Juni 1899 (GVBl. 153).
226	29. März 1928	Ges. über die Abänderung der Kreisordnung (GVBl. 85) s. b 223.

Nr.	Datum des Gesetzes	Name des Gesetzes
227	10. April 1928	Ges. über die Dauer des Landtags (GVBl. 199).
228	12. April 1928	Polizeibeamtenges. (GVBl. 193) s. b 117; ändert auch das Beamtenges. v. 16. Aug. 1908.
229	12. April 1928	Ges. über die Abänder. des HagelversichGes. (GVBl. 199) s. b 148.
230	20. April 1928	Ges. zur Aend. des VollzGes. zum Finanzausgleichsges. (GVBl. 201) s. b. 220, 240.
231	20. April 1928	Beamtenbesoldungsges. (GVBl. 205) s. b 109, 126.
232	24. April 1928	Ges. zur Aend. des Schulbedarfsges. (GVBl. 323) s. b 18.
233	28. April 1928	Ges. zur Aend. des Ges. über den Staatsgerichtshof (GVBl. 322) s. b 55, 196, 239.
234	26. Mai 1928	Ges. über das Lotteriespiel (GVBl. 334); Neufassung auf Grund der Nov. v. 19. Aug. 1927 (GVBl. 333).
235	15. Juni 1928	Ges. über den Staatsvertr. mit Preußen, Württemberg u. Baden zur Regelung der Lotterieverhältnisse (GVBl. 335, 362).
236	15. März 1929	Landeskulturrentenges. (GVBl. 25) s. b 113, 177, 129, 157, 221, 104, 203; hebt auch auf das Ges. über die Landeskulturrentenanstalt v. 31. März 1908 u. das Ges. über die Ansiedlung von Kriegsbeschädigten v. 15. Juli 1916 (GVBl. 135).
237	12. April 1929	Ges. über Umschuldungshilfe für die Landwirtschaft (GVBl. 57).
238	20. Juni 1929	Ges. zur Änd. des Ges. über Leistungen der Gemeinden für die staatliche Polizeiverwaltung (GVBl. 73) s. b 153.
239	4. Juli 1929	Ges. zur Änd. des Ges. über den Staatsgerichtshof (GVBl. 93) mit Neufassung des Ges. durch JMB. v. 9. Juli 1929 (GVBl. 94) s. b 55, 196, 233.
240	13. Juli 1929	Ges. z. Änd. d. VollzGes. zum Finanzausgleichges. (GVBl. 100) s. b 220, 230.

c) Die auf Grund der Ges. über eine vereinfachte Form der Gesetzgebung und über den Erlaß von Verordnungen für die Zwecke der Übergangswirtschaft vom 17. April 1919 (RGBl. 394), 3. Aug. 1920 (RGBl. 1493), 6. Febr. 1921 (RGBl. 139) erlassenen Verordnungen.

Nr.	Datum der VO.	Name der Verordnung
1	23. Mai 1919	VO. betr. die Verwertung von Militärgut (RGBl. 477), geänd. s. a 162; aufgeh. a 485.
2	24. Mai 1919	VO. über die Geltendmachung von Ansprüchen von Personen, die im Ausland ihren Wohnsitz haben (RGBl. 475) s. c 18.
3	24. Mai 1919	VO. über die Verjährungsfrist des Seeversicherungsrechts (RGBl. 476), geänd. s. a 169.
4	24. Mai 1919	VO. über die Fristen des Wechsel- u. Scheckrechts für Elsass-Lothringen (RGBl. 476).
5	17. Juni 1919	VO. zum Schutze der Kriegsteilnehmer gegen Zwangsvollstreckungen (RGBl. 521) s. c 33, 91, a 167.
6	18. Juni 1919	Reichsgetreideordnung für die Ernte 1919 (RGBl. 525).
7	22. Juni 1919	VO. betr. die Aenderung der Bek. über Lohnpfändung v. 13. Dez. 1917 (RGBl. 587) mit Neufass. v. 25. Juni 1919; geänd. a 149, 286, 419, 574, 743, 816.
8	22. Juni 1919	VO. zum Schutze der Mieter (RGBl. 591), geänd. s. a 243, aufgeh. a 501; s. auch a 522, 548.
9	22. Juni 1919	VO. über die Einwirkung der Heizstoffpreise auf Mietverhältnisse (RGBl. 593) mit Neufassung der VO. über Sammelheizungs- u. Warmwasseranlagen in Mieträumen (RGBl. 595) s. c 103 u. a 250; aufgehob. a 314, 316.
10	3. Juli 1919	VO. über den Verkehr mit Zucker (RGBl. 633); gegenstandslos RGBl. 1921, 1253; 1924, 395 u. 661.
11	3. Juli 1919	VO. über die privatrechtlichen Verhältnisse von Genossenschaften zum Zwecke der Bodenverbesserung (RGBl. 636, 1474) s. c 102.
12	15. Juli 1919	VO. über die Preise für landwirtsch. Erzeugnisse u. für Schlacht- u. Nutzvieh (RGBl. 647), aufgeh. RGBl. 1923, 700.
13	16. Juli 1919	VO. über die Vornahme einer Viehzählung (RGBl. 652).
14	31. Juli 1919	VO. gegen den Wucher bei Vermittlung von Mieträumen (RGBl. 1364); geänd. durch VO. v. 31. Mai 1920 (RGBl. 1201).

Nr.	Datum der VO.	Name der Verordnung
15	1. Aug. 1919	VO. über die Ermächtigung des Staatenausschusses z. Anordnung v. Münzprägungen (RGBl. 1381).
16	8. Aug. 1919	VertragsablösungsVO. (RGBl. 1375).
17	16. Aug. 1919	VO. über Oelfrüchte u. daraus gewonnene Erzeugnisse (RGBl. 1439).
18	16. Aug. 1919	VO. über die Geltendmachung von Ansprüchen von Personen, die im Ausland ihren Wohnsitz haben (RGBl. 1445) s. c 2.
19	21. Aug. 1919	VO. betr. Gebühren für Zeugen u. Sachverständige (RGBl. 1473); geänd. s. c 83; aufgeh. a 312.
20	21. Aug. 1919	VO. über die Gewährung von Zulagen zu Renten aus der Invalidenversicherung (RGBl. 1665).
21	18. Sept. 1919	VO. betr. die Nichtigkeitserklärung von Verträgen durch das Reichswirtschaftsgericht (RGBl. 1700).
22	30. Sept. 1919	VO. über während des Betriebsjahrs 1919/20 zuzulassende Abweichungen vom Ges. über das Branntweinmonopol v. 26. Juli 1918 (RGBl. 1767).
23	14. Okt. 1919	VO. über den Verkehr mit Zucker (RGBl. 1789), geänd. s. c 99; gegenstandslos RGBl. 1921, 1253; 1924, 395 u. 661.
24	17. Okt. 1919	VO. über die Festsetzung von Hilfsbetriebsrechten für das Essigessenzgewerbe im Betriebsjahr 1919/20 (RGBl. 1797).
25	30. Okt. 1919	VO. über die Erhebung eines durch Aenderung der Höchstpreise für Häute, Felle u. Leder sich ergebenden Zwischengewinns (RGBl. 1837).
26	26. Nov. 1919	VO. über die Verjährungs- u. Vorlegungsfristen (RGBl. 1918).
27	27. Nov. 1919	WuchergerichtsVO. (RGBl. 1909), geänd. s. a 163, 464; aufgeh. RGBl. 1923, 699.
28	27. Nov. 1919	VO. über die Gewährung von Zulagen zu Verletztenrenten aus der Unfallversicherung (RGBl. 1921) s. c 74.
29	29. Nov. 1919	VO. über die Erhöhung des Holzeinschlags (RGBl. 1925).
30	4. Dez. 1919	VO. über die Abgeltung von Ansprüchen gegen das Reich (RGBl. 2146); geänd. a 276, 427.
31	9. Dez. 1919	VO. betr. Aenderung der VO. zur Behebung der dringendsten Wohnungsnot (RGBl. 1965).
32	11. Dez. 1919	VO. über die Ausfuhr von Kunstwerken (RGBl. 1961); geänd. a 670, 804.
33	12. Dez. 1919	VO. betr. Verlängerung der Geltungsdauer der VO. zum Schutze der Kriegsteilnehmer gegen Zwangsvollstreckungen (RGBl. 1985) s. c 5, 91.
34	12. Dez. 1919	VO. betr. Aufhebung der Bek. über die Sicherheitsleistung mit Wertpapieren v. 22. Dez. 1914 (RGBl. 1986).

Nr.	Datum der VO.	Name der Verordnung
35	13. Dez. 1919	VO. zur Aenderung der Bek. über die Höchstpreise für Benzin (RGBl. 1988), aufgeh. RGBl. 1923, 700.
36	18. Dez. 1919	VO. über Zahlung von Ablieferungsprämien für Brotgetreide, Gerste u. Kartoffeln (RGBl. 1990); geänd. durch VO. v. 14. April 1920 (RGBl. 516).
37	18. Dez. 1919	VO. zur Förderung der Zuckererzeugung u. des Zuckerrübenbaus (RGBl. 2133), geänd. s. c 99.
38	19. Dez. 1919	VO. über Kleie aus Getreide (RGBl. 2109); geänd. durch VO. v. 21. Mai 1920 s. c 79; aufgeh. s. § 51 des Ges. v. 21. Juni 1921 bei a 217.
39	20. Dez. 1919	VO. über die Aussenhandelskontrolle (RGBl. 2128), geänd. e 48.
40	20. Dez. 1919	VO. über die Aufhebung von VOen für den Verkehr mit Wild u. mit Hühnern (RGBl. 2130).
41	20. Dez. 1919	VO. über die Regelung der Wildpreise (RGBl. 2131), aufgeh. RGBl. 1923, 700.
42	22. Dez. 1919	VO. über die Malzkontingente der Bierbrauereien u. den Malzhandel (RGBl. 2139), geänd. c 98; aufgeh. RGBl. 1921, 1196.
43	17. Jan. 1920	VO. über die Aenderung des Ges. betr. Höchstpreise (RGBl. 94); aufgeh. RGBl. 1923, 699 u. 700.
44	26. Jan. 1920	VO. über vorübergehende Einfuhrerleichterungen für Fleisch (RGBl. 136).
45	12. Febr. 1920	VO. zur Abänderung der VO. über die staatl. Genehmigung zur Errichtung von Aktiengesellschaften usw. v. 2. Nov. 1917 (RGBl. 229), aufgeh. RGBl. 1920, 1718.
46	12. Febr. 1920	VO. über Ausdehnung einzelner VOen über die Kriegswirtschaft auf die Uebergangswirtschaft (RGBl. 230); betrifft die VO. v. 18. Jan. 1917 über die Verfolgung von Zuwiderhandlungen gegen Vorschriften über wirtschaftliche Massnahmen u. die VO. v. 31. Mai 1917 betr. nun Bestechung u. Geheimnisverrat nichtbeamteter Personen.
47	13. Febr. 1920	VO. über die Eintragung von Hypotheken in ausländischer Währung (RGBl. 231 u. 560) geänd. a 668, 851.
48	14. Febr. 1920	VO. über die Auslegung der Begriffe Friedensschluss u. Kriegsende im Sinne rechtsgeschäftlicher Erklärungen (RGBl. 237).
49	16. Febr. 1920	VO. über aushilfsweise Zuständigkeit von Trägern und Behörden der Reichsversicherung (RGBl. 239).
50	18. Febr. 1920	VO. betr. die Begründung der Zuständigkeit des Reichswirtschaftsgerichts durch Vereinbarung (RGBl. 276).

Nr.	Datum der VO.	Name der Verordnung
51	21. Febr. 1920	VO. über schiedsgerichtliche Erhöhung von Beförderungspreisen der Eisenbahnen, Kleinbahnen (Lokalbahnen), Strassenbahnen u. Anschlussbahnen (RGBl. 255), geänd. c 105; aufgeh. RGBl. 1928 II 637.
52	26. Febr. 1920	VO. über die Erhebung einer zufolge der Aufhebung der Höchstpreise für Häute, Felle u. Leder zu leistenden Abgabe (RGBl. 264 u. 444).
53	27. Febr. 1920	VO. betr. Aufhebung der Zollfreiheit für Mineralöle (RGBl. 301).
54	10. März 1920	VO. über weitere Ermässigungen der Tabaksteuer (RGBl. 326).
55	11. März 1920	VO. betr. Abänderung der VO. über die schiedsgerichtliche Erhöhung von Preisen bei der Lieferung von elektr. Arbeit, Gas u. Leitungswasser v. 1. Febr. 1919 (RGBl. 329); geänd. a 362.
56	13. März 1920	VO. über die Preise für landwirtschaftliche Erzeugnisse aus der Ernte 1920 (RGBl. 325).
57	22. März 1920	VO. zur Regelung der Einfuhr; s. a 351, e 48.
58	24. März 1920	VO. über die Bilanzierung der Kriegsanleihen (RGBl. 333).
59	31. März 1920	VO. über den Verkehr mit Zucker (RGBl. 391), geänd. c 99; gegenstandslos RGBl. 1921, 1253; 1924, 395 u. 661.
60	1. April 1920	VO. über Heraufsetzung des Grundlohns u. Ausdehnung der Versicherungspflicht in der Krankenversicherung (RGBl. 433), ändert auch die RVO.; ersetzt durch VO. gl. Betr. v. 30. April 1920 (RGBl. 769); diese geänd. s. a 289, 358; s. auch a 592.
61	1. April 1920	VO. zur Regelung der Eisenwirtschaft (RGBl. 435); geänd. durch VO. v. 15. Dez. 1921 (RGBl. 1588) u. 4. Mai 1922 (RGBl. II 104).
62	13. April 1920	VO. betr. die Ausserkurssetzung der Silbermünzen (RGBl. 521) s. a* 85.
63	28. April 1920	VO. über die zeitweilige Befreiung von der Verpflichtung zur Konkursanmeldung bei Ueberschuldung (RGBl. 696), geänd. s. a 444.
64	29. April 1920	VO. über Abänderung der Bek. betr. die Ersparnis von Brennstoffen u. Beleuchtungsmitteln v. 11. Dez. 1916 (RGBl. 870); gegenstandslos RGBl. 1922, 507.
65	29. April 1920	VO. betr. die Aend. des Ges. über die privaten Versicherungsunternehmungen (RGBl. 1433), s. a 295, 545, 632.
66	30. April 1920	S. c 60.
67	3. Mai 1920	VO. über Erhebung eines Branntweinmonopolausgleichs u. über Ergänzung des Ges. über d. Branntweinmonopol v. 26. Juli 1918 (RGBl. 898); s. nun a 339.

Nr.	Datum der VO.	Name der Verordnung
68	3. Mai 1920	VO. über Abweichungen von den Vorschriften des Ges. über das Branntweinmonopol v. 26. Juli 1918 (RGBl. 898) s. c 100; s. nun a 339.
69	4. Mai 1920	VO. über den vorläufigen Reichswirtschaftsrat (RGBl. 858).
70	4. Mai 1920	VO. betr. Aenderung der VO. über künstliche Düngmittel v. 3. Aug. 1918 (RGBl. 870).
71	4. Mai 1920	VO. betr. Vergütung für die an Abdeckereien abzuliefernden Tiere, Tierkörper u. Tierteile (RGBl. 891).
72	4. Mai 1920	VO. betr. Abänderung der VO. über wirtschaftliche Massnahmen auf dem Textilgebiete v. 27. Juni 1918 (RGBl. 892); aufgeh. RGBl. 1924, 676.
73	5. Mai 1920	VO. über die Errichtung eines Reichsamts für Arbeitsvermittlung (RGBl. 876), geänd. s. a 408.
74	5. Mai 1920	VO. über die Gewährung von Zulagen zu Renten aus der Unfallversicherung (RGBl. 878) s. a 207, 291.
75	7. Mai 1920	VO. über Erhebung des Freigeldes unter Abweichung von den Vorschriften des Ges. über das Branntweinmonopol v. 26. Juli 1918 (RGBl. 1095); s. nun a 339.
76	8. Mai 1920	VO. über den Schutz von Denkmalen u. Kunstwerken (RGBl. 913).
77	8. Mai 1920	Bek. betr. Aenderung der Bek. über die Errichtung einer Herstellungs- u. Vertriebsgesellschaft in der Seifenindustrie v. 9. Juni 1917 (RGBl. 915 u. 988).
78	12. Mai 1920	VO. zur Abänderung des Gewerbegerichtsges. u. des Ges. betr. die Kaufmannsgerichte (RGBl. 958 u. 1084, s. c 101; a 300, 424, 470; aufgeh. a 749
79	21. Mai 1920	Reichsgetreideordnung für die Ernte 1920 (RGBl. 1021) s. c 38.
80	21. Mai 1920	VO. über die Zuständigkeit der Bezugsvereinigung der deutschen Landwirte G. m. b. H. (RGBl. 1055).
81	21. Mai 1920	VO. über die Versorgung mit Herbstkartoffeln aus der Ernte 1920 (RGBl. 1056) s. c 93.
82	21. Mai 1920	VO. über das Reichswirtschaftsgericht (RGBl. 1167 u. 1384); geänd. a 265, 800, 835.
83	22. Mai 1920	VO. über Teuerungszuschläge zu den Gebühren für Zeugen u. Sachverständige sowie zu den Tagegeldern u. Reisekosten der Schöffen u. Geschworenen (RGBl. 1058) s. c. 19; aufgeh. s. a 312.
84	25. Mai 1920	VO. über die Auflösung eingetragener Genossenschaften (RGBl. 1082); aufgeh. s. a 372.
85	31. Mai 1920	VO. über die Aufbringung der Mittel für die Kohlenwirtschaftsstellen (RGBl. 1107).

Nr.	Datum der VO.	Name der Verordnung
86	31. Mai 1920	VO. üb. d. Schwefelsäurewirtschaft (RGBl. 1113); aufgeh. RGBl. 1923, 400.
87	31. Mai 1920	VO. über Aenderung der VO. über Tarifverträge usw. v. 23. Dez. 1918 (RGBl. 1128), geänd. a 450; Neufassung a 818.
88	1. Juni 1920	VO. betr. die Zulassung von Rechtskundigen im Vorbereitungsdienste zur Stellvertretung von Rechtsanwälten (RGBl. 1108), ändert die Rechtsanwaltsordnung u. die StPO.
89	7. Juni 1920	VO. über Regelung der Teerwirtschaft (RGBl. 1156); aufgeh. RGBl. 1924, 29.
90	9. Juni 1920	Pachtschutzordnung (RGBl. 1193) s. a 371; geänd. a 645 (Neufassung).
91	15. Juni 1920	VO. betr. die Verlängerung der Geltungsdauer der VO. zum Schutze der Kriegsteilnehmer gegen Zwangsvollstreckungen (RGBl. 1212) s. c 5, 33; a 167.
92	2. Juli 1920	VO. betr. Abänderung des Ges. v. 19. Juli 1919 (RGBl. 1435) s. a. 29.
93	24. Aug. 1920	VO. über Kartoffeln (RGBl. 1609) s. c 81, aufgeh. a 695.
94	15. Sept. 1920	VO. zur Aufhebung der VO. über die Genehmigung von Ersatzlebensmitteln v. 7. März 1918 (RGBl. 1661).
95	19. Sept. 1920	VO. über Aufhebung kriegswirtsch. Vorschriften auf dem Gebiete der öffentl. Fleischversorgung (RGBl. 1673).
96	19. Sept. 1920	VO. über Massnahmen zur Sicherung der Fleischversorgung in der Uebergangszeit nach Aufhebung der Zwangswirtschaft (RGBl. 1675); geänd. a 344.
97	28. Sept. 1920	VO. über Verlängerung des Ges. gegen die Kapitalflucht (RGBl. 1688) s. a 43; aufgehob. a 173.
98	29. Sept. 1920	VO. zur Abänderung der VO. über die Malzkontingente usw. (RGBl. 1691) s. c 42, aufgeh. RGBl. 1921, 1196.
99	30. Sept. 1920	VO. über Zucker und Melasse (RGBl. 1694) s. c 23, 37, 59; hiezu Neufassung der VO. über den Verkehr mit Zucker v. 17. Okt. 1917 (RGBl. 1719); aufgeh. RGBl. 1921, 1253.
100	28. Okt. 1920	VO. über Abweichungen vom Ges. über das Branntweinmonopol u. über Aenderungen der VO. über Erhebung eines Branntweinmonopolausgleichs (RGBl. 1841) s. c 68; s. nun a 339.
101	29. Okt. 1920	VO. zur Abänderung des Gewerbegerichtsges. u. des Ges. betr. die Kaufmannsgerichte (RGBl. 1843) s. c 78; a 300, 424, 470; aufgeh. a 749.
102	29. Okt. 1920	VO. über die privatrechtl. Verhältnisse von Genossenschaften zum Zwecke der Bodenverbesserung (RGBl. 1845) s. c 11, a 434.

Nr.	Datum der VO.	Name der Verordnung
103	29. Okt. 1920	VO. über Sammelheizungs- u. Warmwasserversorgungsanlagen in Mieträumen (RGBl. 1846) s. c 9 u. a 250; aufgeh. a 314, 316.
104	19. März 1921	VO. über Verlängerung der Amtsdauer der Beisitzer bei den Gewerbegerichten u. den Kaufmannsgerichten im oberschlesischen Abstimmungsgebiet (RGBl. 234).
105	23. März 1921	VO. zur Abänderung der VO. über die schiedsgerichtliche Erhöhung usw. v. 21. Febr. 1920 (RGBl. 344) s. c 51; aufgeh. RGBl. 1928 II 637.
106	26. März 1921	Ges. betr. die Regelung des Warenverkehrs zwischen unbesetztem u. besetztem Gebiet (RGBl. 440).
107	30. März 1921	VO. über die Rückgewähr von Beiträgen bei privaten Pensionseinrichtungen (RGBl. 369).

d) Die auf Grund des Ermächtigungsges. v. 13. Okt. 1923 (RGBl. 943) erlassenen Verordnungen.

Nr.	Datum der VO.	Name der Verordnung.
1	13. Okt. 1923	VO. über Betriebsstillegungen und Arbeitsstreckung (RGBl. 945) s. d 5.
2	13. Okt. 1923	VO. zur Ergänzung des Ges. zur Sicherung der Brotversorgung 1923/24 (RGBl. 947) s. a 513; 374; aufgeh. d 15.
3	13. Okt. 1923	VO. über Aufbringung der Mittel für die Erwerbslosenfürsorge (RGBl. 946) s. a 494; 53, 483; d 6.
4	15. Okt. 1923	VO. über Aend. der ReichsschuldenOrdn. v. 19. März 1900 (RGBl. 982); aufgeh. e 52.
5	15. Okt. 1923	VO. über Betriebsstillegungen und Arbeitsstreckung (RGBl. 983) s. d 1.
6	15. Okt. 1923	VO. über Aufbringung der Mittel für die Erwerbslosenfürsorge (RGBl. 984) s. d 3; a 491; 53, 483; ihrers. geänd. e 56.
7	15. Okt. 1923	VO. über die Errichtung der deutschen Rentenbank (RGBl. 963); geänd. e 41 u. a* 82, 84.
8	17. Okt. 1923	VO. zur Ermässigung der Einkommensteuer (RGBl. 978) s. d 17.
9	18. Okt. 1923	VO. über die Kohlenwirtschaft (RGBl. 979).
10	18. Okt. 1923	VO. über Steueraufwertung u. Vereinfachung im Besteuerungsverf. (RGBl. 979); geänd. e 4.
11	20. Okt. 1923	VO. über Flüssigmachung von Mitteln im Wege der Anleihe u. über die Ausgabe von Schatzanweisungen (RGBl. 985).
12	22. Okt. 1923	VO. über Sicherstellung des Warenumlaufs (RGBl. 992); aufgeh. a 646.
13	22. Okt. 1923	VO. über den Handel mit ausländ. Zahlungsmitteln u. Dollarschatzanweisungen zum Einheitskurse (RGBl. 991) s. d 41.
14	23. Okt. 1923	VO. über Vereinfachungen im Post- u. Postscheckverkehr (RGBl. 988) s. a 197, 564.
15	23. Okt. 1923	VO. zur Ergänzung des Ges. zur Sicherung der Brotversorgung 1923/24 (RGBl. 1039) s. d 2; a 513, 374.
16	24. Okt. 1923	VO. über Erweiterung des Abgeltungsverf. für Anspr. gegen das Reich (RGBl. 1010).
17	24. Okt. 1923	VO. zur Aend. der Ermässigungen nach § 46 Abs. 2 des EinkStG. (RGBl. 1030) s. d 8.
18	24. Okt. 1923	VO. über Gehalts- u. Lohnzahlungen (RGBl. 1037).
19	24. Okt. 1923	VO. über Berechnung des Preises bei der Lief. von elektr. Arbeit, Gas u. Leitungswasser (RGBl. 997); gegenstandslos.
20	24. Okt. 1923	VO. über Entschädigungszahlungen ausserh. des Reichsentlastungsges. (RGBl. 1025).

Nr.	Datum der VO.	Name der Verordnung.
21	26. Okt. 1923	VO. über Notgeld (RGBl. 1065) s. a 390; geänd. e 2.
22	26. Okt. 1923	VO. über Aend. des Weinsteuerges. v. 26. Juli 1918 (RGBl. 998) s. a 341, 521; ihrers. geänd. e 36; a 635; aufgeh. a 657.
23	27. Okt. 1923	PersonalabbauVO. (RGBl. 999, 1090 u. 1178) s. a 103, 416; 54; 266; 55; 510; 165; 473, 516; 152; 539; 76; 121, 510; 252, 510; 297, 438; ändert auch das RBeamtenGes., das Offizierpensions Ges., mit Berichtigung v. 4. Dez. 1923 (RGBl. 1178); geänd. a 620, 651, 690, 721, 755; e 1, 18, 29, 33; s. auch VO. v. 24. Dez. 1926 (RGBl. 532).
24	27. Okt. 1923	VO. über Verbrauchssteuern (RGBl. 1085) s. a 533, 532, 531, 529, 550; geänd. a 657.
25	28. Okt. 1923	VO. zur Abänd. des Reichsentlastungsges., des Liquidationsschädenges., des Verdrängungsschädenges., des Kolonialschädenges., des Auslandsschädenges. mit Neufassung der 3 letzteren als GewaltschädenVO. (RGBl. 1015 u. 1158) s. a 502; 261, 260, 259, 515.
26	28. Okt. 1923	VO. zur Abänd. des Reichsausgleichsges. (RGBl. 1011 u. 1158) s. a 502; Neufassung v. 20. Nov. 1923 (RGBl. 1135); geänd. a* 142.
27	29. Okt. 1923	VO. über die Verlängerung der Demobilmachungs-VO.en (RGBl. 1036).
28	29. Okt. 1923	VO. gleichen Inhalts (RGBl. 1037) s. a 319, 474.
29	30. Okt. 1923	VO. über Aerzte u. Krankenkassen (RGBl. 1061 u. 1080); gegenstandslos durch die RVersichO.
30	30. Okt. 1923	VO. über Abänd. des Arbeitsnachweisges. (RGBl. 1065) s. a 408; aufgeh. a 795.
31	30. Okt. 1923	VO. über Krankenhilfe bei den Krankenkassen (RGBl. 1054); geänd. e 51.
32	30. Okt. 1923	VO. über Schlichtungswesen (RGBl. 1043 u. 1080) s. a 76; ändert auch das Gewerbegerichtsges. u. das Kaufmannsgerichtsges.; ihrers. geänd. a 659, 749.
33	30. Okt. 1923	VO. über Vereinfachungen in der Sozialversicherung (RGBl. 1057 u. 1090) s. a 422; 536; ändert die RVersO. u. das VersGes. f. Angestellte s. a 592.
34	30. Okt. 1923	VO. zur Aend. des Tabaksteuerges. (RGBl. 1045) a 53, 332; 62; geänd. a 657, 660.
35	30. Okt. 1923	VO. über Versicherungsträger in der Unfallversich. (RGBl. 1063); ändert auch die RVersO.
36	30. Okt. 1923	VO. zur Abfindung von Versorgungsanwärtern (RGBl. 1050).
37	1. Nov. 1923	VO. zur Aend. des Pressenotges. (RGBl. 1071) s. a 402, 466, e 59.

Nr.	Datum der VO.	Name der Verordnung.
38	2. Nov. 1923	VO. über Ausfuhrdevisen (RGBl. 1074); aufgeh. durch VO. v. 8. Nov. 1924 (RGBl. 729) Art. IV Nr. 6.
39	2. Nov. 1923	VO. über Aend. der Devisengesetzgebung (RGBl. 1072) s. a 437; geänd. e 45 u. durch Art. IV 1 der VO. v. 8. Nov. 1924 (RGBl. 729).
40	2. Nov. 1923	VO. über Einfuhrerleichterungen für Fleisch (RGBl. 1078).
41	2. Nov. 1923	VO. über den Handel mit Goldanleihe (RGBl. 1071) s. d 13; aufgeh. durch Art. IV 8 der VO. v. 8. Nov. 1924 (RGBl. 729).
42	2. Nov. 1923	VO. gegen den Missbrauch wirtschaftl. Machtstellungen (RGBl. 1067 u. 1099), geänd. a 776.

Hiezu aus dem RGBl. II. Tl.

Nr.	Datum der VO.	Name der Verordnung.
43	26. Okt. 1923	VO. zur Abänd. des Bankges. v. 14. März 1875 (RGBl. II 407) s. a 63, 210; a* 5, 38, 46.
44	29. Okt. 1923	VO. über die patentamtlichen Gebühren (RGBl. II 399) s. a* 55; ändert auch das Patentges. v. 7. April 1891, das Ges. über den Schutz von Gebrauchsmustern v. 1. Juni 1891 und das Warenzeichenges. v. 12. Mai 1894.
45	29. Okt. 1923	VO. über Aussetzung der Zahlungen auf Sachlieferungen (RGBl. II 406) s. e 67.
46	1. Nov. 1923	VO. zur Abänderung des Bankges. v. 14. März 1875 (RGBl. II 407 u. 494) s. a* 43.

e) Die auf Grund des Ermächtigungsges. v. 8. Dez. 1923 (RGBl. 1179) erlassenen Verordnungen.

Nr.	Datum der VO.	Name der Verordnung.
1	12. Dez. 1923	VO. über die 12. Ergänzung des Besoldungsges. (RGBl. 1181 u. 1924, 158) s. a 103, 416, 500, 506, 542, d 23; a 164, 506; ändert auch das Beamtenunfallfürsorgeges. v. 18. Juni 1901; ihrers. geänd. e 30.
2	12. Dez. 1923	VO. über die Ausgabe und Einlösung von Notgeld (RGBl. 1194) s. 390, d 21.
3	17. Dez. 1923	VO. über die Auflösung der Flüchtlingslager (RGBl. 1202); geänd. e 53.
4	19. Dez. 1923	Zweite SteuernotVO. (RGBl. 1205) s. a 326; 396, 472; 67, 330, 520, 551; 329; 525; 50; 338, 472; 336, 472; 411; 339; d 10; a 62; 437; 472; 549; führt auch die Börsensteuer ein; ändert auch das Ges. über das Branntweinmonopol v. 26. Juli 1918; wiederholt die SteuernotVO. v. 7. Dez. 1923 (RGBl. 1177). Ihrers. geänd. e 59. Hierzu Bek. v. 20. Nov. 1925 (RGBl. 389) wegen Aend. der RAbgabenOrdn.
5	20. Dez. 1923	VO. über das Ges. v. 17. Juli 1923 bei a 539 (RGBl. 1246).
6	21. Dez. 1923	VO. über die Arbeitszeit (RGBl. 1249 u. 1924, 14) s. a 389, 774 (Neufassung).
7	22. Dez. 1923	VO. zur Beschleunigung des Verf. in bürgerl. Rechtsstreitigkeiten (RGBl. 1239); ändert die EntlastungsVO. u. die ZPO.
8	23. Dez. 1923	VO. über die Verlängerung von Bilanzfristen (RGBl. 1248); ändert das HGB. u. das GmbHG. s. a 577; e 12.
9	24. Dez. 1923	VO. zur Aend. des Mieterschutz- u. Wohnungsmangelges. (RGBl. 1247 u. 1924, 56); s. a 501, 548, e 63.
10	27. Dez. 1923	VO. zur Einschränkung öff. Bekanntmachungen (RGBl. 1252).
11	27. Dez. 1923	VO. über die Revision eingetragener Genossenschaften (RGBl. 1252); ändert das Genossenschaftsges.; ihrers. geänd. durch VO. v. 3. Dez. 1927 (RGBl. 335).
12	28. Dez. 1923	VO. über Goldbilanzen (RGBl. 1253); ändert auch das HGB. u. das GmbHG.; e 8, 38; e 8, a 445.
13	4. Jan. 1924	VO. über Gerichtsverfassung u. Strafrechtspflege (RGBl. 15); ändert das GVG. u. die StPO. Neufassung des GVG. v. 22. März 1924 (RGBl. 1924, 299) wieder geänd. e 22, 58, a 678, 692, 749, 783, 785, 800. Neufassung der StPO. (RGBl. 1924, 322); letztere geänd. a 674, 754, 697, 800, 833.

Nr.	Datum der VO.	Name der Verordnung.
14	8. Jan. 1924	VO. zur Abänd. des Ges. über die durch innere Unruhen verursachten Schäden (RGBl. 23) s. a 118, 386.
15	9. Jan. 1924	VO. über den Verkehr mit Zahlungsmitteln unter 50 Milliarden Mark (RGBl. 27).
16	15. Jan. 1924	VO. zur Entlastung des Reichsgerichts (RGBl. 29); ändert die ZPO.
17	23. Jan. 1924	VO. zur Ergänzung des Ges. v. 21. Mai 1920 bei a 125 (RGBl. 37). Gegenstandslos geworden.
18	28. Jan. 1924	VO. über die Aend. der PersonalabbauVO. (RGBl. 39) s. d 23, a 651, 690.
19	5. Febr. 1924	VO. über Aend. des Luftverkehrsges. u. des Kraftfahrzeugges. (RGBl. 43) s. a 410, 547.
20	6. Febr. 1924	VO. zur Aend. der Haftpflichthöchstsummen im Kraftfahrzeug- u. im Luftverkehre (RGBl. 42) s. a 410, 547.
21	6. Febr. 1924	VO. über die Abwicklung der Landesverwaltung von Elsass-Lothringen (RGBl. 44) s. a 39.
22	6. Febr. 1924	VO. über Vermögensstrafen u. Bussen (RGBl. 44) s. a 282, 489, 567, 91; ändert auch das StGB., das GVG., die ZPO., die RAnwO.
23	6. Febr. 1924	VO. zur Feststellung der Kriegsschäden in Ost- u. Westpreussen (RGBl. 47).
24	6. Febr. 1924	VO. über Goldmark- u. Goldmarknoten-Wechsel u. -Schecks (RGBl. 50); ändert die Wechselordnung u. das Scheckges, s. a $637^1/_2$, 747.
25	7. Febr. 1924	VO. zur Förderung der Forst- u. Weidewirtschaft (RGBl. 50).
26	7. Febr. 1924	4. VO. über die Höchstrenten nach dem Besatzungspersonenschädenges. (RGBl. 51) s. a 388, e 32.
27	8. Febr. 1924	VO. zur Aend. der GeschäftsaufsichtsVO. (RGBl. 51 u. 154); geänd. a 589; aufgeh. a 783.
28	11. Febr. 1924	VO. über die Reichskupfermünzen u. zur Aend. der VO. v. 8. Nov. 1923 (RGBl. 60) s. a* 85.
29	11. Febr. 1924	Beamten-SiedlungsVO. (RGBl. 53) s. d 23.
30	11. Febr. 1924	VO. zur Aend. der 12. Ergänzung des Besoldungsges. (RGBl. 55) s. e 1.
31	12. Febr. 1924	VO. über die Schaffung eines Unternehmens „Deutsche Reichsbahn" (RGBl. 57; aufgeh. a* 88.
32	12. Febr. 1924	VO. zur Abänd. des Besatzungspersonenschädenges. (RGBl. 59) s. a 388, e 26, a 772.
33	12. Febr. 1924	VO. betr. Aend. des Ges. über das Verf. in Versorgungssachen (RGBl. 59) s. a 297, d 23; nun Neufassung a 822.
34	12. Febr. 1924	VO. über wertbeständige Schiffspfandrechte (RGBl. 65) s. a 512.
35	12. Febr. 1924	VO. über die statistische Gebühr (RGBl. 61) s. a 392; ändert auch das Ges. über die Statistik d. Warenverkehrs v. 7. Febr. 1906; aufgeh. a. 825.

Nr.	Datum der VO.	Name der Verordnung.
36	12. Febr. 1924	Ges. zur Abänd. des Weinsteuerges. (RGBl. 64) s. a 341, 521, 635; d 22; aufgeh. a 657.
37	12. Febr. 1924	VO. zur Aend. des Ges. über den VersichVertrag v. 30. Mai 1908 (RGBl. 65 u. 154).
38	12. Febr. 1924	VO. über wertbeständige Zahlungsmittel (RGBl. 66), ändert das BGB. u. HGB. s. e 12; teilw. aufgeh. VO. v. 18. Febr. 1925 (RGBl. 16).
39	12. Febr. 1924	VO. zur Aufhebung der VO. über die Fachausschüsse im Bäckerei- u. Konditoreigewerbe (RGBl. 90).
40	13. Febr. 1924	VO. über den Uebertritt aus versicherungsfreier in versicherungspflichtige Beschäftigung und umgekehrt (RGBl. 62, 172 u. 255) s. a 422; ändert auch das VersGes. für Angestellte u. die RVersO. s. a 592.
41	13. Febr. 1924	VO. zur Aend. der RentenbankVO. (RGBl. 66) s. d 7; a* 82, 84.
42	13. Febr. 1924	VO. über die Arbeitszeit in Krankenpflegeanstalten (RGBl. 66 u. 154).
43	13. Febr. 1924	VO. zur Abänd. einzelner Verbrauchssteuerges. (RGBl. 68) s. a 527, 533, 657, 660; 339, 428, 460.
44	13. Febr. 1924	VO. zur Aend. der Pachtschutzordn. (RGBl. 68) s. a 371; geänd. s. a 645.
45	13. Febr. 1924	2. VO. über Aend. der Devisengesetzgebung (RGBl. 70) s. d 39.
46	13. Febr. 1924	VO. über die Ermächtigung des Reichsverkehrsministers u. des Reichspostministers zur Aufnahme v. Darlehen (RGBl. 70).
47	13. Febr. 1924	VO. über Aend. des Zollausschlusses Cuxhaven (RGBl. 71).
48	13. Febr. 1924	VO. über Ein- und Ausfuhr (RGBl. 72 u. 150) s. c 57, a 351; c 39.
49	13. Febr. 1924	AusführVO. zum Ges. über die Beschäftigung Schwerbeschädigter (RGBl. 73) s. a 440, e 53.
50	13. Febr. 1924	VO. über das Belassen von Befestigungsanlagen (RGBl. 90).
51	13. Febr. 1924	VO. über Krankenversicherung (RGBl. 93) s. c 31; a 479; ändert auch die RVersO.
52	13. Febr. 1924	Reichsschuldenordnung (RGBl. 95) s. a 103, 416; hebt auch die Reichsschuldenordn. v. 19. März 1900 auf (s. d 4; a 310); ändert auch das Reichsschuldbuchges. v. 6. Mai 1910.
53	13. Febr. 1924	VO. über die Fürsorgepflicht (RGBl. 100) s. a 274, 348; 455; 113; 360; e 3; a 440, e 49; a 121; 510; 252; ändert auch das RG. über den Unterstützungswohnsitz (s. a 849) u. das Ges. über die Freizügigkeit v. 1. Nov. 1867; ihrers. geänd. a 706.
54	13. Febr. 1924	VO. über die Vereinfachung der Genossenschafts-

Nr.	Datum der VO.	Name der Verordnung.
		bildung und die Förderung der Oedlanderschliessung (RGBl. 111) s. a 33.
55	13. Febr. 1924	VO. zur Aend. des Telegraphenwegeges. vom 18. Dez. 1899 (RGBl. 118 u. 154); ändert auch das Ges. über das Telegraphenwesen v. 6. April 1892 (a 801); aufgeh. durch VO. v. 18. Okt. 1924 (RGBl. 715).
56	13. Febr. 1924	VO. zur Aend. der Verordnungen über die Erwerbslosenfürsorge usw. (RGBl. 121) s. d 6, a 408, 463, 494, 544. Neufassung der VO. über Erwerbslosenfürsorge u. über die Aufbringung der Mittel für die Erwerbslosenfürsorge v. 16. Febr. 1924 (RGBl. 127 u. 380); wieder geänd. a 597, 675, 741, 768; aufgeh. a 795.
57	13. Febr. 1924	VO. über Gebühren im Verfahren vor dem Reichswirtschaftsger. (RGBl. 155) s. a 265.
58	13. Febr. 1924	VO. über das Verfahren in bürgerl. Rechtsstreitigkeiten (RGBl. 135, 562, 640) s. a 435; 559; ändert auch das GVG., die ZPO., die EntlastungsVO., das BGB., die GebO. f. Rechtsanwälte. Neufassung der ZPO. v. 13. Mai 1924 (RGBl. 437); wieder geänd. a 672, 800, 816, 833.
59	14. Febr. 1924	3. SteuernotVO. (RGBl. 74 u. 172) s. e 4; a 519, 659; 471; 62; 80; 329, e 4, a 660; a 507, 525; 480; a 402, 466, d 37; geänd. a 622, 623, 659, 660, 704.
60	14. Febr. 1924	VO. gegen Missstände im Auswanderungswesen (RGBl. 107); ändert auch das Auswanderungsges. v. 9. Juni 1897.
61	14. Febr. 1924	VO. über die Kosten eines Volksbegehrens (RGBl. 110) s. a 377; gegenstandslos.
62	14. Febr. 1924	VO. über das Inkrafttreten des Jugendwohlfahrtgesetzes (RGBl. 110) s. a 382, 383.
63	14. Febr. 1924	VO. zur Aend. des Mieterschutzges. (RGBl. 111) s. a 501, 712, e 9.
64	14. Febr. 1924	VO. über Goldmarkrechnung im Konkurse (RGBl. 115); ändert auch die KO., s. a 800.
65	14. Febr. 1924	VO. über standesamtl. Scheine (RGBl. 116) s. a 133, 468; ändert auch das Personenstandsges.

Hiezu aus dem RGBl. II. Tl.

Nr.	Datum der VO.	Name der Verordnung.
66	15. Jan. 1924	VO. betr. Aend. des Ges. zur Ausführung der Bestimmungen des Friedensvertrags usw. (RGBl. II 35) s. a 147.
67	6. Febr. 1924	VO. über Aussetzung der Zahlungen auf Sachlieferungen der Unterlieferanten (RGBl. II 39) s. d 45.
68	12. Febr. 1924	2. VO. über die Aussetzung der Zahlungen zur Erstattung der von der Englischen Regierung erhobenen Reparationsabgabe (RGBl. II 42).

f) Bayerische, auf Grund des § 64 der VerfUrk. oder des Art. 48 Abs. 4 RVerf. erlassene Verordnungen.

Nr.	Datum der VO.	Name der Verordnung.
1	24. Juli 1922	VO. zum Schutze der Verfassung der Republik (GVBl. 374) s. a 397; aufgeh. durch VO. v. 24. Aug. 1922 (GVBl. 426).
2	31. Dez. 1923	PersonalabbauVO. (GVBl. 420) geänd. durch VO. v. 12. Febr. 1924 (GVBl. 28), v. 13. Mai 1924 (GVBl. 156) u. unter Aufhebung der letzteren durch VO. v. 3. Dez. 1924 (GVBl. 243); aufgeh. mit Uebergangsbestimmungen durch VO. v. 14. Mai 1927 (GVBl. 134).
3	31. Dez. 1923	VO. über die Entrichtung der Steuer vom Gewerbebetriebe im Umherziehen für 1924 u. über eine Ergänzung des Ges. über die Besteuerung des Gewerbebetriebs im Umherziehen (GVBl. 1924, 1) s. b 86, 179.
4	22. Jan. 1924	VO. über Aenderungen im öff. VersWesen (GVBl. 10) s. b 148, 180.
5	24. Jan. 1924	VO. über die Entrichtung einer einmaligen Abgabe zur Förderung des Wohnungsbaues (GVBl. 57).
6	2. Febr. 1924	VO. über Beschwerden in Kosten- u. Stempelsachen (GVBl. 57).
7	27. März 1924	VO. über das Inkrafttreten des RG. für Jugendwohlfahrt (GVBl. 126) s. a 382.
8	29. März 1924	VO. zur Aend. beamtenrechtl. Vorschriften (GVBl. 128) s. b 17; 11; ändert auch das Beamtenges. v. 16. Aug. 1908 u. die Gemeinde-Ordnungen; ihrers. geänd. b 217, 221.
9	31. März 1924	VO. über die Entrichtung der Haussteuer u. einer Abgabe zum Ausgleich der Geldentwertung bei bebauten Grundstücken für 1924 (GVBl. 133); geänd. durch Bek. v. 4. Aug. 1924 (GVBl. 192).
10	31. März 1924	VO. über die Veranlagung und Erhebung der Gewerbesteuer für 1922 u. 1923 (GVBl. 135).
11	28. April 1924	VO. zur Aend. des Ges. zum Vollzug des Landessteuerges. (GVBl. 145) s. b 79, 170; 67; ändert auch die rechtsrh. GemO. u. das AG. GVG. (b 132).
12	5. Mai 1924	VO. über die Entrichtung der Grundsteuer für 1924 (GVBl. 153).
13	5. Mai 1924	VO. über die Entrichtung der Gewerbesteuer für 1924 (GVBl. 154).
14	23. Juni 1924	VO. über Steuervergünstigungen zur Förderung des Wohnungsbaues (GVBl. 173).

g) Alphabetisches Register
zu den Gesetzesübersichten a—f.*)

) a = Reichsgesetze, veröffentlicht im I. Tl. des RGBl.; a = Reichsgesetze, veröffentlicht im II. Tl. des RGBl.; b = Landesgesetze; c = VOen auf Grund der Ges. v. 17. April 1919, 3. Aug. 1920, 6. Febr. 1921; d = VOen auf Grund des Ermächtigungsges. v. 13. Okt. 1923; e = desgl. v. 8. Dez. 1923; f = Bayr. VOen gemäß § 64 VerfUrk., Art. 48 RVerf.

2. Für die Rechtsprechung und Justizverwaltung erhebliche Verwaltungsvorschriften.

Mit Rücksicht auf den beschränkten Raum konnte nur eine beschränkte Anzahl von Gegenständen behandelt werden

Abgeordnete, Verhaftung u. Ladung JMB. v. 18. Jan. 1928 (JMBl. 15).
Ableben eines Beamten, Sicherungsmassregeln VO. v. 7. Dez. 1899 (JMBl. 549).
Akten, s. Registraturordnung.
Alkoholzählkarten, JMB. v. 23. Okt. 1909 (JMBl. 503) u. v. 8. Jan. 1920 (JMBl. 9).
Amnestie s. Begnadigung.
Amtsärzte s. Aerzte.
Amtsblätter: VO. über amtl. Veröffentlichungen v. 26. März 1929 (GVBl. 53); Ges.- u. Verordnungsblatt: VO. v. 29. Okt. 1873 (RegBl. 1555); Bek. v. 28. Dez. 1904 (GVBl. 1905, 2), v. 16. Nov. 1921 (GVBl. 549), v. 23. Nov. 1921 (GVBl. 581), v. 21. Febr. 1922 (GVBl. 192); Amtsblatt der Staatsministerien des Aeussern, des Innern, für Soziale Fürsorge, für Land- und Forstwirtschaft u. für Handel, Industrie u. Gewerbe: Bek. v. 15. Juni 1872 (RegBl. 1443) u. v. 24. Dez. 1904 (GVBl. 1905, 1); Amtsblatt des Staatsministeriums für Unterricht u. Kultus: Bek. v. 6. Dez. 1864 (RegBl. 1603), v. 20. Dez. 1919 (KMBl. 1920, 13); MB. v. 13. Nov. 1925 (StAnz. 265). Justizministerialblatt: Bek. v. 15. Mai 1863 (RegBl. 724), v. 5. Jan. 1920 (JMBl. 5), v. 25. Nov. 1920 (JMBl. 259); Finanzministerialblatt: Bek. v. 11. April 1866 (RegBl. 469); Staatsanzeiger: VO. v. 25. Nov. 1912 (GVBl. 1215); Kreisamtsblätter u. Staatsanzeiger: Bek. v. 25. Febr. 1922 (GVBl. 197); Kreisamtsblätter: Ges. v. 7. Juli 1922 (GVBl. 655); InnMB. v. 14. Nov. 1922 (GVBl. 657); InnMB. v. 22. Dezember 1924 (GVBl. 248); InnMB. v. 31. August 1926 (GVBl. 482). Allgemeine Zugänglichkeit der gehaltenen Blätter JMB. v. 31. Mai 1919 (JMBl. 209); Bezugsweise des RGBl. u. des GVBl. JMB. v. 2. Dez. 1920 (JMBl. 261); Reichsgesetzblatt: Bek. v. 6. März 1922 (RGBl. 232); Bem. RGBl. 1925, 1; Reichsarbeitsblatt: Bek. v. 19. Juli 1928 (StAnz. 167); siehe auch Blätter.
Amtsgeheimnis, s. zeugschaftliche Vernehmung.
Amtsübergaben JMB. v. 1. Nov. 1862 (RegBl. 2384) u. JMB. v. 10. Sept. 1879 (JMBl. 641).
Angestelltenversicherung, s. Versicherungspflicht.
Annahme an Kindes Statt, Befreiung von dem Hindernisse des § 1744 BGB. s. Ehehindernisse.
Anstellungsanwärter s. Militäranwärter.
Anstellungsgesuche, s. Personalakten.
Arbeitsgerichtsbehörden: Einrichtung VO. v. 28. April 1927 (GVBl. 117), ergänzt durch JMB. v. 11. Juli 1927 (StAnz. 157).

II.

Einzelne Vorschriften für die Justiz.

Beil. 2—5.

Geschäftsgang JSMB. v. 15. Juni 1927 (JMBl. 25), geänd. durch JSMB. v. 12. Aug. 1927 (JMBl. 69). Titel der Beisitzer MB. v. 2. Jan. 1928 (JMBl. 11).

Arbeitshaus, Einschaffung in dieses, s. Landespolizeibehörde.

Archiv deutscher Berufsvormünder s. Vormundschaftsordnung.

Archive — Benützung der Landesarchive MB. v. 28. Febr. 1899 (GVBl. 65), ergänzt durch Bek. v. 2. Dez. 1909 (JMBl. 552); s. auch VO. v. 16. Juli 1921 (GVBl. 379).

Armenrechtsgesuche JInnMB. v. 13. Febr. 1920 (JMBl. 28). Führung der Armenrechtsregister JMB. v. 19. Dez. 1923 (JMBl. 106).

Aerzte, Verfahren bei den gerichtl. Untersuchungen menschlicher Leichen JInnMB. v. 7. Juli 1908 (JMBl. 152), geänd. durch InnMB. v. 12. April 1923 (StAnz. 91) u. v. 2. Mai 1924 (InnMBl. 94). Der amtsärztliche Dienst bei den Gerichten und den Distriktsverwaltungsbehörden VO. v. 9. Jan. 1912 (GVBl. 7). Der landgerichtsärztliche Dienst MB. v. 22. März 1915 (JMBl. 19). Ladung von Aerzten JMB. v. 14. April 1910 (JMBl. 591). S. auch Leichenauffindung.

Ausland: Internationale Nachlaßbehandlung s. § 134 der Nachlassordnung vom 20. März 1903 (JMBl. 111). Strafnachrichten an das Ausland JMB. v. 12. Nov. 1928 (JMBl. 270). Strafverfolgung von Ausländern: von Schweizern Bek. v. 4. Nov. 1897 (JMBl. 224), von Angehörigen Großbritanniens, der Vereinigten Staaten und der Niederlande Bek. v. 7. Dez. 1902 (JMBl. 1074); Rechtshilfeverkehr nach dem Internat. Abk. zur Bekämpfung unzüchtiger Veröffentlichungen: JMB. v. 23. Nov. 1925 (JMBl. 129); Bek. v. 22. Dez. 1925 (RGBl. 1926 II 88: 1927 II 325; 1928 II 610, 612). Anordnung von RGBl. II 88; 1927 II 325; 1928 II 610, 612). Anordnung von Vormundschaften u. Pflegschaften im Verhältnis zu Danzig: JMBl. v. 1. Okt. 1928 (JMBl. 253). Haftung für Amtspflichtverletzungen gegenüber Niederländern: Bek. v. 28. Dez. 1928 (RGBl. 414) und JMB. v. 10. April 1929 (JMBl. 26).

Rechtsverkehr mit dem Ausland im allgemeinen: Bek. v. 7. Aug. 1928 (JMBl. 122), geänd. durch Bek. v. 10. Mai 1929 (JMBl. 29). Hiezu wegen einzelner Länder:

Ägypten: Vollstreckung deutscher Urteile in JMB. v. 8. Jan. 1926 (JMBl. 317).

Belgien: Bek. v. 30. Juni 1920 (RGBl. 1397), 9. Nov. 1923 (GVBl. 379).

Böhmen: Rechtshilfevertrag in Zivilsachen Vertrag v. 20. Jan. 1922/7. Febr. 1923 (RGBl. 1923 II 57) mit VO. v. 25. Juni 1924 (RGBl. II 133) u. vom gl. T. (RGBl. II 144), in Strafsachen Ges. v. 27. Jan. 1923 (RGBl. II 48). Auslieferungsverkehr ÄMB. v. 15. Juli 1925 (StAnz. 165). Rechtshilfe in Zollstrafsachen Bek. v. 7. Jan. 1926 (RGBl. II 100). Uebergabeorte im AusliefVerkehr Bek. v. 18. Jan. 1927 (RGBl. II 15).

Brasilien: RJMB. v. 6. Juni 1926 (RMBl. 595).

Bulgarien: Bek. v. 27. Sept. 1926 (RGBl. II 581); Vertrag üb. den Rechtsverkehr v. 22. Dez. 1926 (RGBl. 1927 II 416) mit Bek. v. 16. Aug. 1927 (RGBl. II 514), VO. v.

16. Aug. 1927 (RGBl. II 521), Bek. v. 26. Aug. 1927 (RGBl. II 879), Bek. v. 16. Mai 1928 (RGBl. II 397).

Dänemark: Amtshilfe beim Verkehr mit Kraftfahrzeugen Bek. v. 13. März 1925 (RGBl. II 111).

Frankreich: Abk. über den Rechtsverkehr, Ges. v. 28. Okt. 1927 (RGBl. II 891); Ratifikation RGBl. 1927 II 1103; AusführVO. v. 22. Nov. 1927 (RGBl. II 1103).

Griechenland: Bek. v. 5. Aug. 1920 (RGBl. 1544).

Großbritannien: Abk. über den Rechtsverkehr vom 20. März 1928 (RGBl. II 623; 1929 II 133, 135, 401, 637.

Italien: Bek. v. 5. Aug. 1920 (RGBl. 1577) u. v. 20. Juli 1929 (RGBl. II 635).

Litauen: Abk. v. 30. Okt. 1928 (RGBl. 1929 II 255).

Mexiko: Bek. über die Kosten des Rechtshilfeverkehrs in Strafs. v. 5. Juni 1929 (RGBl. II 406).

Oesterreich: Rechtshilfeabkommen v. 21. Juni 1923 (RGBl. 1924 II 55 u. 1925 II 156) mit AusfVO. v. 26. April 1924 (RGBl. II 91); Nachlassabk. u. Vormundschaftsabk. Ges. v. 16. Febr. 1927 (RGBl. II 505, 510 u. 878); Gerichte in JMBl. 1926, 360.

Polen: Ueberleitung der Rechtspflege JMB. v. 14. April 1921 (JMBl. 54); Abk. über den Rechtsverkehr v. 5. März 1924 (RGBl. 1925 II 139); desgl. Vormundschaftsabk. v. 5. März 1924 (RGBl. 1925 II 145); desgl. über den Rechtsverkehr in Strafsachen v. 16. Dez. 1925 (RGBl. 1926 II 89). Bek. v. 2. Jan. 1926 (RGBl. II 89), v. 28. April 1926 (RGBl. II 237), v. 16. Mai 1928 (RGBl. II 396).

Saargebiet: Rechtshilfekosten JMB. v. 19. Okt. 1922 (JMBl. 197). Rechtshilfeverkehr JMB. v. 28. April 1925 (JMBl. 45). Strafvollzug JMB. v. 23. Juni 1925 (JMBl. 51). Vorübergehende Ueberstellung in das — JMB. v. 10. Febr. 1926 (JMBl. 318). Gesamtstrafenbildung und Vollzug solcher JMB. v. 15. Febr. 1926 (JMBl. 319).

Schweiz: Beglaubigung v. Urkunden, Vertr. v. 14. Febr. 1907 (RGBl. 413) mit Aenderungen durch Bek. v. 19. Juli 1907 (RGBl. 415), v. 11. Sept. 1911 (RGBl. 907), v. 14. Nov. 1912 (RGBl. 535), v. 17. Sept. 1928 (RGBl. II 608); unmittelbarer Verkehr, Vertr. v. 1. Dez. 1878 (JMBl. 79, 2); Verzeichnisse der schweizerischen Behörden JMBl. 1903, 357; 1906, 54; 1923, 35; gegenseitige Vollstreckbarkeit der Urteile, JMB. v. 10. Jan. 1905 (JMBl. 6); Verkehr in Vormundschaftssachen JMB. v. 14. Sept. 1914 (JMBl. 201); Niederlegung von Suchvermerken Bek. v. 31. Aug. 1928 (RGBl. II 603) mit MB. v. 4. Okt. 1928 (JMBl. 254); Veröffentlichungen strafrechtl. Art Bek. v. 7. Mai 1929 (RGBl. II 371).

Sowjetunion: Exterritorialität der Vertretung der Sowjetrepublik JMB. v. 19. Aug. 1921 (JMBl. 135). Rechtshilfeabk. v. 12. Okt. 1925 (RGBl. 1926 II 84) mit AusfVO. v. 12. März 1926 (RGBl. II 179).

Tschechoslowakei: S. Böhmen.

S. auch Auslieferung, Rechtshilfe, Registraturordnung.

Auslieferung. Aus Bayern: Bek. v. 3. Okt. 1900 (JMBl. 523), 17. Febr. 1921 (JMBl. 26 betr. Böhmen), 23. Febr. 1923 (StAnz. 50), 15. Juli 1926 (RGBl. II 424 betr. Frankreich). Einfluss eines inländ. Strafverfahrens Bek. v. 28. Nov. 1924

(JMBl. 107). Ausstellung von Ausweisen AME. v. 21. Juli 1928 (InnMBl. 71).
Auslieferung aus dem Ausland nach Bayern: Bek. v. 7. Aug. 1928 (JMBl. 186); ferner Bek. v. 18. Dez. 1924 (JMBl. 1925, 2). Hierzu hins. einzelner Länder:
Belgien: Bek. v. 30. Juni 1920 (RGBl. 1397); Bek. v. 24. April 1922 (JMBl. 145).
Bulgarien: MB. v. 27. Sept. 1926 (RGBl. II 581).
Frankreich: Bek. v. 15. Juli 1926 (RGBl. II 424); v. 14. Febr. 1927 (RGBl. II 29).
Griechenland: Bek. v. 5. Aug. 1920 (RGBl. 1544).
Grossbritannien: Bek. v. 5. Aug. 1920 (RGBl. 1543).
Italien: Bek. v. 15. Aug. 1920 (RGBl. 1577).
Schweiz: Auslief. w. Missbrauchs von Sprengstoffen Bek. v. 24. Jan. 1927 (RGBl. II 17). Niederlegung von Suchvermerken MB. v. 4. Okt. 1928 (JMBl. 254).
Tschechoslowakei: S. Böhmen.
Ungarn: Bek. v. 16. Mai 1927 (RGBl. II 353).
Auslieferung aus und nach Bayern und Rechtshilfeverkehr wegen Mädchenhandels Bek. v. 22. Febr. 1913 (JMBl. 8) ergänzt durch Bek. v. 6. Juni 1914 (JMBl. 124) und v. 20. Febr. 1925 (JMBl. 27). S. auch Ausland.
Badezimmer in Dienstwohnungen, Einrichtungskosten Bek. 2. Nov. 1902 (JMBl. 1055).
Baudarlehenshypotheken staatliche, Gesuche um JMB. v. 28. Juni 1929 (StAnz. Nr. 149).
Bausachen, deren Behandlung; Aufsicht über die Gerichts- und Gefängnisgebäude, JMB. v. 15. März 1910 (JMBl. 568), geänd. durch JMB. v. 24. Nov. 1916 (JMBl. 71); s. auch Staatsgebäude.
Bedingte Begnadigung s. Begnadigung.
Beförderungs- und Versetzungsgesuche s. Personalakten. Unterlassung von Dankeserstattungen (JMBl. 1919 Beibl. 97).
Begnadigung, Aufhebung von Straffolgen, Strafunterbrechung, Bedingter Straferlass, Strafaufschub, Aenderung des Strafорts, beschränkte Auskunft aus dem Strafregister, Tilgung von Strafvermerken JMB. v. 31. Dez. 1927 (JMBl. 83), ergänzt hins. des bed. Straferlasses durch JMB. v. 14. März 1928 (JMBl. 27) u. v. 24. Sept. 1928 (JMBl. 252). Bewährungsfrist bei Münzverbrechen, JMB. v. 15. Jan. 1927 (JMBl. 1), geänd. durch Bek. v. 31. Mai 1927 (JMBl. 24). Zuständigkeit zur Ausübung des Begnadigungsrechts VO. v. 10. Okt. 1919 (JMBl. 447), erg. durch JMB. v. 7. Nov. 1919 (GVBl. 796). Zuständigkeit z. Strafmilderung u. Begnadigung hins. der Angehörigen der Marine, des preuß. Kontingents u. der feldgerichtlich verurteilten Ausländer VO. v. 3. Nov. 1920 (RGBl. 1866). Begnadigung u. vorläuf. Entlassung bei Beteiligung mehrerer deutscher Länder. JMB. v. 15. Dez. 1923 (JMBl. 102; JMBl. 1927, 117). Berücksichtigung der Verhältnisse der Landwirtschaft bei Strafaufschub u. Strafunterbrechung JMB. v. 15. März 1921 (JMBl. 28). Berücksichtigung aus wirtschaftlicher Not oder aus Anlass des passiven Widerstands straffällig Gewordener JMB. v. 7. Aug. 1928 (JMBl. 112). Verfahren der Finanzbehörden in Begnadigungssachen FMB. v. 21. Aug. 1921 (FMBl. 183). Vollz. des Ges. über die Straffreiheit v. 21. Dez. 1925, Bek.

v. gl. T. (GVBl. 276). Vollz. des Ges. über die Straffreiheit v. 14. Juli 1928, JMB. v. 17. Juli 1928 (JMBl. 102).

Beleuchtung, Einführung der elekt., Gas- oder zentralen Beleuchtung in den Amtsgebäuden Bek. v. 5. Februar 1905 (JMBl. 568).

Belohnungen für die Ermittlung v. Verbrechern MB. v. 2. Juni 1921 (JMBl. 95), 26. April 1924 (StAnz. 99), 13. Juli 1925 (StAnz. 161).

Betriebsräte im Bereich der Justizverwaltung JMB. v. 24. März 1920 (JMBl. 49); JMB. v. 21. Dez. 1923 (JMBl. 1924, 1).

Bewährungsfrist, Bewilligung der — s. Begnadigung.

Bewerbungsgesuche s. Personalakten.

Blätter, die zur Veröffentlichung gerichtlicher Bekanntmachungen bestimmten: JMB. v. 13. Dezember 1912 (JMBl. 341), geänd. durch JMB. v. 23. Dez. 1920 (JMBl. 1921, 4); s. auch Amtsblätter u. Registerführung.

Briefumschläge, amtliche: MB. v. 14. Juli 1927 (StAnz. 160), v. 21. Sept. 1928 (StAnz. 220).

Deutsches Kriminalpolizeiblatt s. Kriminalpolizeiblatt.

Dienstalter der Richter: JMB. v. 15. Juni 1880 (JMBl. 249) u. v. 25. Aug. 1928 (JMBl. 241).

Dienstaufgaben der Boten und Warte, besondere Vergütungen Bek. v. 9. Mai 1906 (JMBl. 127).

Dienstaufsicht über die Gerichte u. Notare durch die äusseren Dienstaufsichtsbehörden. Bek. v. 11. Juli 1900 (JMBl. 997) u. v. 19. Juli 1905 (JMBl. 783); Behandlung anonymer Anzeigen JMB. v. 16. Mai 1919 (JMBl. 202), MB. v. 7. März 1922 (GVBl. 202); Behandlung beleidigender Dienstaufsichtsbeschwerden MB. v. 15. Okt. 1926 (StAnz. 240).

Dienstkleidung der niederen Justizbeamten JMB. v. 29. Febr. 1897 (JMBl. 165) s. auch Sitzungskleidung.

Dienstliche Würdigung s. Personalakten.

Dienstlicher Verkehr. JMB. v. 28. April 1901 (JMBl. 363), v. 19. Juli 1905 (JMBl. 1914, 30), v. 18. März 1914 (JMBl. 25); hierzu telephonischer Verkehr JMB. v. 6. März 1896 (JMBl. 60); Verkehr mit den Gemeindebehörden JMB. v. 16. Juli 1909 (JMBl. 326); Verkehr mit Privatpersonen JMB. v. 4. Febr. 1921 (JMBl. 16); Bezeichnung „Freistaat" JMB. v. 25. Juni 1919 (JMBl. 223); Angabe der Fernsprechnummern MB. v. 30. Mai 1922 (GVBl. 331); s. auch Fernsprechanschlüsse.

Diensträume, Warenhandel u. Hausieren in den Diensträumen u. während der Dienststunden MB. v. 5. Febr. 1927 (StAnz. 30).

Dienstsiegel, Anschaffung Bek. v. 18. Aug. 1879 (JMBl. 541), v. 7. Dez. 1899 (JMBl. 540), v. 28. Juni 1913 (JMBl. 85), v. 31. Okt. 1917 (JMBl. Beibl. 293), v. 18. Juli 1929 (JMBl. 111). Anbringung gerichtl. Siegel, Bek. v. 2. Okt. 1902 (JMBl. 962). S. auch Wappen.

Dienstwertzeichen, Verkauf verwerteter, Bek. v. 13. Okt. 1916 (JMBl. 53), ergänzt durch Bek. v. 26. März 1917 (JMBl. 41) u. v. 14. Dez. 1917 (JMBl. Beibl. 298). Verwendung im Verkehr mit Oesterreich-Ungarn JMB. v. 28. Okt. 1916 (JMBl. 59).

Prüfungsordnung JMB. v. 15. Febr. 1923 (JMBl. 3), geänd. durch JMB. v. 6. Okt. 1927 (JMBl. 73) u. v. 9. März 1929 (JMBl. 7). Geschäftsanweisungen JMB. v. 2. März 1910 (JM.-Bl. 250), für d. Geschäftsstellen der Amtsgerichte. JMB. v. 2. März 1910 (JMBl. 253); für die der Landgerichte v. 2. März 1910 (JMBl. 475), für die der Oberlandesgerichte v. 2. März 1910 (JMBl. 547); sämtliche geändert durch JMB. v. 8. Mai 1913 (JMBl. 70), erstere beide auch durch JMB. v. 13. Febr. 1920 (JMBl. 28), die erstere allein durch JMB. v. 7. Okt. 1922 (JMBl. 194), hinsichtlich der Armenrechtsregister durch JMB. v. 19. Dez. 1923 (JMBl. 106), hins. der registermäßigen Behandlung der Vergleichssachen durch JMB. v. 10. Sept. 1927 (JMBl. 73), hins. § 158 durch JMB. v. 24. Dez. 1927 (JMBl. 1928, 1); die für die Geschäftsstellen der Landgerichte durch JMB. v. 18. Okt. 1922 (JMBl. 197); alle drei durch JMB. v. 22. Mai 1924 (JMBl. 21), diese wieder durch JMB. v. 24. Dez. 1924 (JMBl. 1925, 4), v. 3. Juli 1925 (JMBl. 52), v. 30. Nov. 1925 (JMBl. 130). Vollmachten in Armensachen JMB. v. 26. Jan. 1922 (JMBl. 24) mit JMB. v. 17. Juli 1923 (JMBl. 41). Uebertragung richterl. Geschäfte an die Geschäftsstellen JMB. v. 6. April 1921 (JMBl. 37), ergänzt durch JMB. v. 4. Dez. 1925 (JMBl. 133), v. 7. Aug. 1926 (JMBl. 364) § 2. Aufnahme der Wohnung in die öffentl. Bekanntmachungen JMB. v. 4. Juni 1926 (JMBl. 351).

Geschäftsverteilung bei den Amtsgerichten JMB. v. 16. Sept. 1879 (JMBl. 928), geänd. durch JMB. v. 22. Dez. 1920 (JMBl. 1921, 3).

Geschäftszeit bei den Justizbehörden JMB. v. 7. Jan. 1919 (JMBl. 1), v. 20. Sept. 1919 (JMBl. 357 u. 411), v. 6. März 1920 (JMBl. 41), v. 30. Mai 1920 (JMBl. 92 u. 93), s. auch Sitzungen.

Geschworene s. Strafsachen.

Gesetzgebende Versammlung, Erholung der Ermächtigung bei Beleidigung einer solchen: JMB. v. 8. Mai 1873 (JMBl. 91).

Gewerbeaufsichtsbeamte, deren Bezirke, Bek. v. 14. März 1904 (JMBl. 57), geändert durch Bek. v. 11. Dez. 1908 (JMBl. 334) u. v. 3. Okt. 1910 (JMBl. 913). Wegen deren nunmehrigen Bezeichnung s. MB. v. 3. Aug. 1925 (GVBl. 233).

Grundbuchwesen: Amtl. Verzeichnis der Grundstücke u. a. VO. v. 25. Febr. 1905 (GVBl. 57); Dienstanweisung für die Grundbuchämter r. d. Rh. v. 27. Febr. 1905 (JMBl. 63), ergänzt durch Bek. v. 2. Nov. 1905 (JMBl. 829), 2. März 1907 (JMBl. 96), 15. März 1909 (JMBl. 136) betr. Fischereirechte, 30. Dez. 1910 (JMBl. 1911, 40) betr. Feststellung des Eigentums an Wegen, Gewässern u. Gräben, 2. Nov. 1910 (JMBl. 983) betr. die katastertechnische Behandlung von Privatflüssen, Bächen, Wegen und Gräben, 16. Okt. 1911 (JMBl. 345) betr. die katastermässige Beschreibung von Grundstücken und Miteigentumsanteilen mit FMB. v. 2. Juli 1911 (JMBl. 347), 10. Juli 1920 (JMBl. 171) betr. die Eintragung v. Erbbaurechten, diese geänd. durch JMB. v. 8. Juni 1921 (JMBl. 97), 20. März 1923 (JMBl. 13) betr. Veröffentlichungen, 14. Febr. 1925 (JMBl. 25) betr. die Industriebelastung, JMB. die Führung des Grundbuchs betr. v. 30. Okt. 1911 (JMBl. 365), desgl. v. 6. April

1912 (JMBl. 68) mit InnMB. v. 8. März 1912 (InnMBl. 414), desgl. v. 20. Mai 1912 (JMBl. 101) mit FMB. v. 18. April 1912 (FMBl. 103), InnMB. v. 8. April 1913 (InnMBl. 347). S. ferner JMB. zur Ausführung des Ges. über Ansiedlung von Kriegsbeschädigten in der Landwirtschaft v. 25. Juli 1917 (JMBl. 70); Beschränkung des Verkehrs mit landwirtsch. Grundstücken JMB. v. 23. Okt. 1917 (JMBl. Beibl. 257), v. 19. März 1918 (JMBl. Beibl. 48), MB. v. 5. Sept. 1919 (InnMBl. 211) geändert durch MB. v. 16. März 1925 (GVBl. 96), ferner MB. vom 16. März 1925 (GVBl. 97). Erwerb von Grundstücken durch die Träger der Reichsversicherung JMB. v. 20. Mai 1925 (JMBl. 48). JInnFMB. zur Ausführung der BRVO. über wiederkehrende öffentl. Lasten v. Grundstücken v. 3. Nov. 1917 (JMBl. Beibl. 270). Grundbuchrechtliche Verhältnisse der Kirchengemeinden u. Kultusstiftungen JMB. v. 5. Juli 1918 (JMBl. 109). Eintragung von Hypotheken in ausländ. Währung MB. v. 16. Mai 1922 (GVBl. 293). Eintragung von Schiffspfandrechten in ausländischer Währung B. v. 21. Juni 1923 (JMBl. 39), geänd. durch Bek. v. 13. Mai 1925 (JMBl. 48). Vollzug des Industriebelastungsgesetzes VO. v. 27. April 1926 (StAnz. 103), JMB. v. 4. Sept. 1928 (StAnz. 205). S. auch Plannummernbezeichnung, Grundsteuerkataster, Geschäftsausweise.

Grundsteuerkataster, Fortführung nach Anlegung des Grundbuchs. JMB. v. 23. Febr. 1905 (JMBl. 593); geändert durch FMB. v. 23. Mai 1914 (JMBl. 134). FMB., die Erneuerung der Landesvermessung betr. v. 9. Aug. 1917 (GVBl. 417). Dienstanweisung für die Messungsämter v. 6. Nov. 1918 (FMBl. 225; Auszug JMBl. 1919, 93); s. auch Plannummernbezeichnung.

Grundstücke, Vollzugsbestimmungen zum Abmarkungsges. v. 13. Juli 1926 (GVBl. 373); s. auch Grundbuchwesen.

Grundstücksschätzungen, JInnMB. v. 14. Juli 1909 (JMBl. 307), geänd. durch B. v. 11. Mai 1923 (JMBl. 35) mit JMB. v. 11. Mai 1923 (JMBl. 36) u. durch Bek. v. 27. März 1928 (JMBl. 29) mit JMB. v. gl. T. (JMBl. 30) u. v. 9. Juli 1928 (StAnz. 156 richtig 157).

Güterzüge, Benützung durch Beamte JMB. v. 28. Aug. 1919 (JMBl. 315).

Haftbefehle s. Untersuchungshaft.

Hilfsbeamte der Staatsanwälte s. Staatsanwälte.

Hinterlegungsordnung v. 18. Dez. 1899 (JMBl. 1057), geänd. durch JFMB. v. 13. Jan. 1922 (JMBl. 21) u. v. 31. März 1927 (JMBl. 15). Ausführungsbek. für die amtsgerichtlichen Hinterlegungsstellen v. 28. Dez. 1899 (JMBl. 1080), geänd. durch Bek. v. 26. Okt. 1921 (JMBl. 176). Aufbewahrung der Zweitschlüssel zu den Kassenschränken FMB. v. 29. Juli 1929 (GVBl. 120). Hinterlegung zu offenem Depot bei der Staatsbank durch Amtsgerichte, für die die Staatsbank nicht Hinterlegungsstelle ist: Bek. v. 20. Mai 1901 (JMBl. 407) mit Ergänzungen (JM.-Bl. 1905, 741 u. 1906, 27); Ueberwachung der Verlosung u. Kündigung hinterlegter Wertpapiere Bek. v. 4. Juli 1902 (JMBl. 616); Anlegung von Geld auf Schuldscheine bei der Staats-

(GVBl. 385), s. auch InnMB. v. 28. Jan. 1929 (StAnz. 24); desgleichen der bei der Landesgewerbeanstalt und dem pfälz. Gewerbemuseum vorbehaltenen Stellen MB. v. 23. Dez. 1925 (GVBl. 1926, 202); desgl. der bei der Bayer. Notariatskasse vorbehaltenen Stellen MB. v. 1. Febr. 1928 (GVBl. 40); desgl. der in Bayern vorbehaltenen Stellen, die im Wege des Privatdienstvertrags zu besetzen sind, MB. v. 1. Febr. 1928 (GVBl. 40), geänd. durch Bek. v. 4. Aug. 1928 (GVBl. 385); desgl. der bei der Bayer. Gemeindebank vorbehaltenen Angestelltenstellen MB. v. 4. Aug. 1928 (GVBl. 385). S. auch Beilage Nr. 3.

Militärische Angelegenheiten. JMB. v. 5. Okt. 1920 zur Ausführung des Ges. betr. Aufhebung der Militärgerichtsbarkeit (JMBl. 216), geänd. durch JMB. v. 13. Jan. 1926 (JMBl. 1) Nr. III 12. JMB. v. 13. Jan. 1926 (JMBl. 311) betr. Aufhebung der Militärgerichtsbarkeit, geänd. durch JMB. v. 22. März 1926 (JMBl. 348), v. 19. April 1928 (JMBl. 60), v. 15. Jan. 1929 (JMBl. 2; s. unten). Mitteilungen und Aktenbehandlung in Militärstrafsachen JMB. v. 21. Nov. 1920 (JMBl. 256), geänd. durch B 2 der Bek. v. 13. Jan. 1926 (JMBl. 311). Bek. v. 29. Juli 1921 die Strafsachen gegen Angehörige der Wehrmacht betr. (JMBl. 126), geänd. durch B 3 der Bek. v. 13. Jan. 1926 (JMBl. 311). Beschwerden verhafteter Angehöriger der Wehrmacht JMB. v. 15. März 1922 (JMBl. 137). Anwendung des JGG. in Militärstrafs. JMB. v. 8. Juli 1924 (JMBl. 99). Strafvollstreckungsvorschr. für das Reichsheer v. 18. Mai 1926 (RGBl. II 273), geänd. durch Bek. v. 16. Juli 1928 (RGBl. II 512 u. 650). Kostenbehandlung in Militärstrafsachen JMB. v. 10. Jan. 1929 (JMBl. 2). Festsetzung des Begriffs Militärbehörde im Sinne der ZPO., KO. u. StPO. RGBl. 1926 II 285. Vorführung von Militärpersonen JMB. v. 18. Juni 1926 (JMBl. 352). Beschäftigung der Anwärter für den höheren Dienst der Heeresverwaltung bei den Justizbehörden JMB. v. 21. Jan. 1929 (StAnz. 18).

Mitteilungen aus gerichtlichen und staatsanwaltschaftlichen Verfahren: JMB. v. 9. Juni 1921 (JMBl. 103). 1. Eine Uebersicht der Mitteilungen, die in Strafsachen den Staatsanwälten, Amtsanwälten und Gerichten und in nichtstrafrechtlichen Sachen den Staatsanwälten obliegen, enthält die JMB. v. 29. Nov. 1913 (JMBl. 694), ergänzt durch MinB. v. 14. Juni 1914 (JMBl. 125), v. 20. Juli 1916 (JMBl. Beibl. 258), v. 20. Okt. 1916 (JMBl. 55), v. 6. Nov. 1916 (JMBl. 61), v. 31. Jan. 1917 (JMBl. 25), v. 13. März 1917 (JMBl. Beibl. 62), v. 19. April 1917 (JMBl. 49), v. 5. Juli 1917 (JMBl. Beibl. 165), v. 25. Aug. 1917 (JMBl. 82), v. 21. Sept. 1917 (JMBl. 91), v. 21. Jan. 1918 (JMBl. Beibl. 15), v. 20. Febr. 1919 (JMBl. 49) § 58, v. 28. Aug. 1919 (JMBl. 316), v. 9. Dez. 1919 (GVBl. 821) § 23, v. 12. Juli 1920 (GVBl. 361) § 9 betr. Volksschullehrer u. Schulamtsanwärter, v. 10. Juni 1920 (JMBl. 105) betr. Wahlausschlussgründe ergänzt durch JMB. v. 19. Juli 1927 (JMBl. 67), v. 8. Juli 1920 (JMBl. 168) im Interesse der Jugendfürsorge, v. 3. Juni 1921 (JMBl. 91) zum Vollzug des Reichsversorgungsges. mit Bek. v. 3. Jan. 1925 (JMBl. 7), v.

5. Aug. 1921 (GVBl. 390) geänd. durch Bek. v. 15. Okt. 1925 (GVBl. 263) betr. Papiergeldfälschungen, v. 24. Okt. 1921 (JMBl. 175) an die Polizei von der bevorstehenden Freilassung Festgenommener oder Verhafteter, v. 5. Juli 1922 (JMBl. 175) zum Vollzug des Rennwett- u. LotterieG., v. 16. Mai 1928 (JMBl. 65) betr. Verurteilungen nach dem Kraftfahrzeuggesetz, v. 20. April 1925 (JMBl. 44) betr. Verurteilungen nach § 183 StGB., v. 12. Okt. 1925 (JMBl. 98) Nr. I betr. Post-, Bahn- u. sonstige Verkehrsbeamte, v. 26. Nov. 1925 (StAnz. 275) betr. Schund- u. Schmutzschriften, v. 18. Nov. 1926 (JMBl. 376) betr. unzüchtige Schriften, v. 20. Okt. 1927 (JMBl. 74) betr. Spionagesachen ergänzt durch JMB. v. 17. April 1928 (JMBl. 59), v. 19. April 1928 (JMBl. 60) betr. Degradationen, v. 9. Mai 1928 (JMBl. 64) betr. Gemeindebeamte und Mitglieder des Gemeinderats, v. 9. Juli 1928 (JMBl. 102) betr. Schund- und Schmutzschriften, v. 1. Aug. 1928 (s. unter Jugendliche), v. 14. Aug. 1928 (JMBl. 243) betr. Mitteilungen an die öff. Untersuchungsanstalten für Nahrungs- u. Genußmittel, v. 16. Aug. 1928 (JMBl. 245) betr. Strafsachen, die das öff. Versicherungswesen berühren, v. 11. Dez. 1928 (JMBl. 274) betr. Beamte, Angestellte u. Arbeiter im Reichsdienst, v. 3. April 1929 (JMBl. 25) betr. Zuwiderhandlungen gegen Vorschriften zum Schutze der Arbeitnehmer. Wegen der Strafnachrichten an das Ausland s. unter Ausland. S. auch Staatsanwälte.

2. Im übrigen sind mitzuteilen:

Bei Beamten Konkurseröffnung, Entmündigungsverfahren, vorläufige Vormundschaft: Bek. v. 22. Okt. 1909 (GVBl. 737) § 25.

Die bevorstehende Verhaftung eines Beamten, eines Geistlichen oder eines Lehrers an einer öffentlichen Unterrichtsanstalt im ZwangsvollstrVerfahren; ZPO. § 910.

Bei Richtern Konkurseröffnungen, Entmündigungsverfahren, vorläufige Vormundschaften: JMB. v. 29. Dezember 1908 (JMBl. 381) § 16.

Der Tod von Justizbeamten oder Notaren an die Aufsichtsbehörde u. das Justizministerium; Tatsachen, die die Wiederanstellung eines im zeitlichen Ruhestand befindlichen Justizbeamten oder Notars in Frage stellen können; §§ 40, 42, 50 JMB. v. 18. Sept. 1919 (JMBl. 317).

Vorkommnisse, die für die Beurteilung der Persönlichkeit eines Justizbeamten oder Notars besonders wichtig sind, dem Justizministerium: §§ 38, 50 JMB. v. 18. Sept. 1919 (JMBl. 317).

Bei Bewerbern um Anstellung im höheren Justizstaatsdienst der Eintritt, Austritt u. Tod; ferner alle Tatsachen, die Dienststrafeinschreitung veranlassen oder auf die künftige Verwendung im Justizstaatsdienst von Einfluss sein können, desgl. die Einleitung eines straf- oder ehrengerichtlichen Verfahrens: Bek. v. 9. Dez. 1919 (JMBl. 491) §§ 28, 22 u. 23; JMB. v. 12. Febr. 1920 (JMBl. 26).

Bei Notaren und Notariatsverwesern Dienstvergehen, Konkurseröffnungen, Entmündigungsverfahren, Stellung unter vorläufige Vormundschaft, Entfernung vom Amtssitz ohne Urlaub: JMB. v. 25. April 1901 (JMBl. 322).

Der Tod eines im Ruhestand befindlichen Notars, einer Notarswitwe oder einer minderjährigen Notarswaise bei Einlauf der Todesanzeige beim Amtsgerichte. JMB. v. 2. Mai 1914 (JMBl. 71) Nr. III.

Die Anstellung oder Beschäftigung eines Reichspensionärs oder einer Witwe oder Waise, die Versorgungsgebührnisse aus der Reichskasse erhält, an die Pensionsregulierungsbehörde JMBl. 1919, 460; JMB. v. 2. Juli 1909 (JMBl. 291).

Verschiedene Umstände durch die Anstellungsbehörden an die Versorgungsstellen MB. v. 22. Nov. 1924 (StAnz. 274) u. v. 10. Nov. 1925 (StAnz. 261).

Umstände, auf Grund deren die Zurücknahme der Zulassung eines Rechtsanwalts erfolgen muss: § 16 JMB. v. 7. Juli 1879 (JMBl. 277).

Steuerzuwiderhandlungen, die Behörden u. Beamte dienstlich erfahren, an die Finanzämter § 192 RAbgOrdn. v. 13. Dez. 1919 (RGBl. 1993). Hierzu JME. v. 20. Sept. 1921 Nr. 48513 u. v. 11. Jan. 1927 (StAnz. 8).

Gewisse Umstände im Interesse der Erhebung der Erbschaftssteuer s. Erbschaftssteuerges. v. 22. Aug. 1925 (RGBl. 320) § 27, JMB. v. 29. März 1927 (JMBl. 11).

Zuwiderhandlungen gegen das Reichsstempelgesetz: Reichsstempelgesetz v. 3. Juli 1913 (RGBl. 639) § 117.

Von den Behörden zur Führung des Handelsregisters den Steuerstellen zur Erhebung der Reichsstempelsteuer gewisse Eintragungen hinsichtlich der Aktiengesellschaften, Kommanditgesellschaften auf Aktien, Gesellschaften mit beschränkter Haftung, offenen Handelsgesellschaften und Kommanditgesellschaften; die gleiche Verpflichtung haben die Behörden zur Führung des Genossenschaftsregisters hinsichtlich der Eintragungen, die die Errichtung von Genossenschaften betreffen: § 6 des Reichsstempelgesetzes v. 3. Juli 1913 (RGBl. 369).

Zuwiderhandlungen gegen das Wechselsteuergesetz: Wechselsteuerges. v. 10. Aug. 1923 (RGBl. 778) § 18.

Gewisse Vorgänge zum Zwecke der Erhebung der Grunderwerbsteuer: § 25 GrunderwerbsteuerG. v. 11. März 1927 (RGBl. 72).

Eintragungen von Eigentumsübergängen im Grundbuch, Eintragungen im Handels- oder Genossenschaftsregister, gerichtliche Vergleiche u. ä. zum Zwecke der Erhebung der Zuwachssteuer: Zuwachssteuergesetz v. 14. Febr. 1911 (RGBl. 33) § 38; Bek. v. 27. Juni 1911 (GVBl. 965) §§ 2, 3, 45 u. 46; JMB. v. 27. Juni 1911 (JMBl. 263).

Gewisse Vorgänge durch die Grundbuchämter zum Vollzug des Kapitalabfindungsges. JMB. v. 16. Jan. 1923 (StAnz. 13) mit JMB. v. 17. Mai 1926 (StAnz. 112).

Kaufpreiserhöhungen bei Inflationskäufen: JMB. v. 7. April 1927 (StAnz. 81).

Gewisse Mitteilungen zum Vollzug des Körperschaftssteuerges. RFMBek. v. 8. Mai 1926 (JMBl. 1927, 17).

Bei einem gerichtlichen Verfahren sich ergebende Umstände, die die Anordnung einer Vormundschaft oder Pflegschaft erforderlich machen: FGG. v. 17. Mai 1898 § 50.

Tatsachen, welche die Zulässigkeit der Fürsorgeerziehung begründen: Jugendamtsgesetz v. 20. Juli 1925 (GVBl. 211) Art. 28.

Gewisse Vorgänge im Entmündigungsververfahren: ZPO. §§ 657, 660, 674, 678, 683, 685 mit 678 Abs. 3, 686 Abs. 4 mit 674.

Gewisse Entmündigungen, deren Aufhebung u. Wiederaufhebung zum Strafregister: StrafRegVO. v. 8. März 1926 (RGBl. 157).

Die Feststellung nichtiger Dorftestamente an das Justizministerium: JMB. v. 7. März 1919 (JMBl. 174).

Urteile und einstweilige Verfügungen in Ehesachen: Bek. v. 25. März 1899 (JMBl. 1244) § 25; ZPO. § 627 Abs. 3, § 630; JMB. v. 26. Juni 1918 (JMBl. Beibl. 104).

Urteile u. Vergleiche, durch die eine bestrittene Grenzlinie festgestellt wird: JMB. v. 8. Mai 1914 (JMBl. 99).

Urteile in Wasserstreitsachen: JMB. v. 16. Nov. 1898 (JMBl. 667).

Todeserklärungen an das Nachlassgericht; Art. 1 Abs. 2 Nachlassges. v. 9. Aug. 1902 (GVBl. 463).

Namensänderungen, die durch Ehelichkeitserklärung, Annahme an Kindes Statt und Aufhebung derselben erfolgen, durch die Amtsgerichte an die Strafregisterbehörde: Bek. v. 22. April 1926 (GVBl. 287) B 5.

Urteile betr. Kartelle (Syndikate, Ringe usw.): JMB. v. 2. Mai 1906 (JMBl. 80) u. v. 27. Jan. 1925 (StAnz. 22).

Gewisse zivilrechtliche Entscheidungen betr. Patente, Gebrauchsmuster, Warenzeichen, Geschmacksmuster, private Versicherungsunternehmungen, das Recht der Versicherungsverträge: JMB. v. 10. Juni 1903 (JMBl. 311) u. v. 30. Juli 1924 (JMBl. 101).

Zivil-Urteile und -Beschlüsse, die sich auf die Haager Privatrechts- und Zivilprozessabkommen beziehen: JMB. v. 13. März 1907 (JMBl. 71).

Entscheidungen zum Betriebsräteges. an das Justizministerium: JMB. v. 1. Sept. 1920 (JMBl. 199).

Gewisse Vorgänge an das Institut für Rechtsvergleichung JMB. v. 20. Mai 1924 (JMBl. 97).

Konkurseröffnung und Beendigung des Konkursverfahrens nach näherer Maßgabe des § 182

JMB. v. 14. Dez. 1923 (JMBl. 102). Belehrung der Nachlasspfleger, Nachlassverwalter u. Testamentsvollstrecker über ihre Pflichten nach der RAbgOrdn. JMB. v. 16. April 1923 (JMBl. 13). Nachlassabk. mit Oesterreich, Ges. v. 16. Juli 1927 (RGBl. II 505). S. auch Geschäftsausweise.

Namensänderungen, Bek. v. 27. Dez. 1899 (JMBl. 1900, 853), geänd. durch Bek. v. 12. Nov. 1916 (GVBl. 489), v. 9. Dez. 1919 (GVBl. 820), v. 24. Nov. 1921 (GVBl. 548), v. 18. Juli 1922 (GVBl. 362), v. 31. Jan. 1924 (GVBl. 60). Namensänderungen nach § 1706 Abs. 2 BGB. Bek. v. 1. Juli 1918 (JMBl. Beibl. 106). S. auch Zuständigkeits VO.

Niederschlagung von Strafverfahren s. Begnadigung.

Notariate: Verehelichung der Notare JMB. v. 23. Juli 1925 (JMBl. 55). Sekretäre als stellvertr. Notare JMB. v. 20. Febr. 1919 (JMBl. 92). Beeidigung der Notare JMB. v. 28. Jan. 1929 (JMBl. 4). Vollzug der Vorschriften über die Disziplin der Notare JMB. v. 25. April 1901 (JMBl. 321). Notariatskammerordnung v. 4. Mai 1900 (JMBl. 837), erg. durch VO. v. 1. März 1918 (JMBl. 25); Dienstanweisung hierzu v. 4. Mai 1900 (JMBl. 844), erg. durch JMB. v. 11. Sept. 1918 (JMBl. 226). Geschäftsordnung v. 30. Okt. 1913 (JMBl. 231), geändert durch JMB. v. 12. Juli 1915 (JMBl. 52), v. 5. März 1929 betr. das Scheckkonto, JMB. v. 5. März 1929 (StAnz. 55). Zu § 106 der Geschäftsordnung (Formblätter) s. JMB. v. 28. Febr. 1929 (StAnz. 51). Führung des Zustellungsregisters JMB. v. 3. Jan. 1928 (JMBl. 11). Notariatsgebührenordnung v. 19. Mai 1926 (JMBl. 321), geänd. durch JMB. v. 29. April 1927 (GVBl. 127) u. v. 28. Febr. 1929 (GVBl. 13). Vergütung der Notare für die Besorgung des Kosten- u. Stempelwesens JFMB. v. 7. Jan. 1924 (GVBl. 15). Gehaltsverhältnisse der Notariatsassessoren JMB. v. 6. Juli 1920 (JMBl. 166). Notariatsbeamtenordnung v. 4. Sept. 1925 (JMBl. 67). Krankenversicherungspflicht der Notariatsbeamten JMB. v. 6. Juli 1926 (StAnz. 153) und v. 29. Juli 1926 (StAnz. 173). Prüfungsordnung für die Notariatsgehilfen JMB. v. 28. Juni 1922 (JMBl. 163), geänd. durch JMB. v. 6. Dez. 1928 (JMBl. 305). Urlaub u. Dienstbefreiung der zur Probedienstleistung einberufenen Versorgungsanwärter JMB. v. 13. Febr. 1929 (JMBl. 6). Verminderung der Personalausgaben der Notariate JMB. v. 23. April 1924 (JMBl. 17). Aufhebung des Pensionsvereins für die Witwen u. Waisen der Notare VO. v. 1. Dez. 1928 (GVBl. 427). Pensionsverein für die bayer. Notare u. ihre Hinterbliebenen VO. v. 1. Dez. 1928 (JMBl. 278) u. JMB. v. gl. T. (JMBl. 298). Notariatsabgabenordnung v. 12. Dez. 1928 (JMBl. 306). Formblätter für Hypothekenbestellungen für Sparkassen JMB. v. 14. Juni 1915 (JMBl. Beibl. 184); Förderung des bargeldlosen Zahlungsverkehrs JMB. v. 24. Dez. 1916 (JMBl. 94); Prüfung der Entrichtung des Warenumsatzstempels JFMB. v. 29. März 1917 (JMBl. 42); Vollzug des Kapitalabfindungsges. JMB. v. 2. Juli 1917 (JMBl. Beibl. 164); Verkehr mit landwirtschaftl. Grundstücken JMB. v. 23. Okt. 1917 (JMBl.

(JMBl. 174), v. 6. Juli 1910 (JMBl. 649), v. 9. Mai 1912 (JMBl. 99), v. 6. Dez. 1914 (JMBl. 237), v. 5. Jan. 1924 (JMBl. 1). Kostenausgleich zwischen den Ländern unter sich und mit dem Reich in der Strafrechtspflege JMB. v. 25. Juli 1925 (JMBl. 56). Kostenausgleich in den zur Zuständigkeit des Reichsgerichts oder des Staatsgerichtshofs zum Schutze der Republik gehörenden Strafsachen JMB. v. 23. Okt. 1925 (JMBl. 100). S. auch Untersuchungshaft; Rechtshilfe im Ausland s. Ausland.

Rechtsvergleichung s. Institut.

Referendare u. Gerichtsassessoren, VO. über die Vorbedingungen für den höheren Justiz- u. Verwaltungsdienst v. 1. April 1925 (GVBl. 103), geänd. durch VO. v. 22. Juli 1927 (GVBl. 268). Ausführungsbek v. 1. April 1925 (GVBl. 110), geänd. durch VO. v. 22. Juli 1927 (GVBl. 269) u. v. 19. Juni 1928 (GVBl. 360). Vgl. weiter Art. 25 des Beamtenges. Anschauungsunterricht für Studierende der Rechte bei den Gerichten JKMB. v. 7. Juli 1920 (JMBl. 168). Die Bewerber um Anstellung im höheren Justizstaatsdienst JMB. v. 9. Dez. 1919 (JMBl. 491), ergänzt durch JMB. v. 12. Febr. 1920 (JMBl. 26), geänd. durch JMB. v. 29. Nov. 1922 (JMBl. 206); s. ferner §§ 35 ff. der JMB. v. 18. Sept. 1919 (JMBl. 317). Nachpraxis in Strafanstalten JMB. v. 16. Februar 1919 (JMBl. 90). Vorbereitung auf dem Gebiet des wirtschaftl. Lebens. Bek. v. 5. Nov. 1907 (JMBl. 393), geänd. d. Bek. v. 6. Nov. 1908 (JMBl. 253), wiederum geändert durch Bek. v. 15. Febr. 1909 (JMBl. 106), v. 26. April 1909 (JMBl. 175), v. 20. Okt. 1909 (JMBl. 436), v. 13. Januar 1911 (JMBl. 48), v. 28. Januar 1911 (JMBl. 59), v. 26. Juni 1911 (JMBl. 277), v. 18. Januar 1912 (JMBl. 5), v. 10. Februar 1914 (JMBl. Beibl. 43), v. 21. Febr. 1915 (JMBl. Beibl. 40). Ausbildung von Gerichts- u. Regierungsassessoren im öffentl. Sparkassen- u. Girowesen MB. v. 24. Juni 1929 (Inn.-MBl. 62). Die Bewerber um Anstellung im Notariatsdienst JMB. v. 26. Mai 1921 (JMBl. 88). Hilfsarbeiter bei den Gerichten und Staatsanwaltschaften: JMB. v. 17. Mai 1910 (JMBl. 605). Anstellungsverh. im Justizstaatsdienst JMB. v. 25. April 1917 (JMBl. 47), v. 9. Okt. 1919 (JMBl. 118), v. 29. Juli 1920 (JMBl. 181), v. 7. Juli 1921 (JMBl. 119). Titel Gerichtsassessor u. Notariatsassessor Bek. v. 23. Dez. 1920 (JMBl. 1921, 5). Titel Regierungsassessor Bek. v. 27. Dez. 1920 (GVBl. 503). Titel Strafanstaltsassessor u. Gefängnisassessor Bek. v. 13. Jan. 1921 (JMBl. 8). VO. über die Dienstleistung der Bewerber um Anstellung im höheren Dienste der inneren Staatsverwaltung v. 13. April 1910 (GVBl. 169) mit Vollzugsbek. v. 16. April 1910 (AelnnMBl. 303). Wirtschaftl. Ausbildung dieser Bewerber InnMB. v. 1. April 1908 (InnMBl. 169). S. weiter Beilage 3.

Regiewesen. Bei den grösseren Gerichten JMB. v. 13. Juni 1862 (JMBl. 1863 EH. 76), bei den kleineren Gerichten v. 13. Juni 1862 (JMBl. 1863 EH. 83). Zusätze hiezu: Formulare für die Anzeige des Regieaufwands JMB. v. 16. November 1905 (JMBl. 850). Vergebung der

(GVBl. 270). Zeitweilige Ablieferung von Strafgefangenen an andere Behörden JMB. v. 19. Febr. 1924 (JMBl. 3).

Straforte. S. Strafvollstreckung.

Strafregister u. Strafnachrichten. Ges. über beschränkte Auskunft aus dem Strafregister usw. v. 9. April 1920 (RGBl. 507), geänd. durch Ges. v. 27. April 1923 (RGBl. 254) u. VO. v. 6. Febr. 1924 (RGBl. 44). Strafregister-VO. v. 8. März 1926 (RGBl. 157, 254) mit RJMB. v. 19. Februar 1926 (RMBl. 63). Bek. über die Behandlung ausländischer Strafarten v. 12. Juni 1920 (JMBl. 135). Allgemeine Vollzugsbestimmungen: JInnMB. v. 22. April 1926 (GVBl. 288), ergänzt durch JMB. v. 9. Nov. 1928 (JMBl. 268), ferner hinsichtl. Danzigs durch Bek. v. 21. Febr. 1928 (GVBl. 38). Zu § 11 Abs. 1 Nr. 4 der StrafregisterVO. s. JMB. v. 1. Juni 1928 (StAnz. 126). Strafregisterbehörden JMB. v. 29. April 1925 (JMBl. 31). Behörden, denen Auskunft zu erteilen ist, Bek. v. 25. April 1929 (JMBl. 58). AusfBestimmungen für die Finanz- u. Gemeindebehörden InnMB. v. 10. Nov. 1926 (InnMBl. 95). VollzBest. zu § 4 des Ges. v. 9. April 1920 MB. v. 31. Mai 1927 (GVBl. 224). Strafregisterführung für Personen, deren Geburtsort im Friedensvertrag losgelöst wurde, JMB. v. 19. April 1920 (JMBl. 79) u. v. 2. Aug. 1921 (JMBl. 132). S. auch Ausland, Vorstrafen u. Begnadigung.

Strafsachen. Zuständigkeitsbeschränkungen von Amtsgerichten ohne Gefängnisse JMB. v. 5. Nov. 1928 (JMBl. 265). Vorbereitung der Sitzungen der Schöffengerichte, Jugendgerichte, Strafkammern u. Schwurgerichte JInnMB. v. 20. Juni 1927 (GVBl. 203), ergänzt durch JMB. v. 2. Juni 1928 (JMBl. 96), durch MinB. v. 18. Juni 1929 (GVBl. 78). Behandlung d. amts- u. der schöffengerichtlichen Strafsachen JMB. v. 13. Jan. 1926 (JMBl. 4), geänd. durch Nr. I, II 4 der Bek. v. 14. Nov. 1927 (GVBl. 354), durch Bek. v. 4. Mai 1928 (JMBl. 63) betr. Vorschüsse an Zeugen, v. 9. Nov. 1928 (JMBl. 268) betr. Beschleunigung. Belehrung der Schöffen- u. Geschworenen über Unfähigkeitsgründe JMB. v. 24. Jan. 1929 (JMBl. 4). Auswahl der Schöffen u. Geschworenen VO. v. 7. Juni 1929 (GVBl. 73). Fassung der Rechtsmittelanträge JMB. v. 3. Dez. 1927 (JMBl. 79). Abfassung der Protokolle JMB. v. 16. Mai 1894 (JMBl. 94). Strafzeitberechnung JMB. v. 19. Febr. 1896 (JMBl. 44). Verfahren bei Anträgen an das Reichsgericht auf Bestimmung des zust. Gerichts JMB. v. 7. April 1924 (JMBl. 15). Sühneversuch in Privatklagesachen Art. 156 GemOrdn. v. 17. Okt. 1927, JInnMB. v. 6. März 1928 (GVBl. 158). Behandlung der Beleidigungssachen JInnMB. v. 21. Okt. 1926 (GVBl. 501), geänd. durch Nr. 11 der Bek. v. 6. März 1928 (GVBl. 158). Behandlung der bei Gerichten zur Verwahrung kommenden Gegenstände VO. v. 8. Sept. 1879 (JMBl. 701), geänd. durch JFMB. v. 28. Aug. 1923 (GVBl. 314). Auslagenersatz an Freigesprochene oder außer Verfolgung Gesetzte JMB. v. 22. Juli 1898 (JMBl. 228) u. v. 12. Aug.

1898 (JMBl. 278). Auskunfterteilung durch Postbehörden im Strafverfahren JMB. v. 2. Aug. 1924 (JMBl. 102). Beschlagnahme von Postsendungen JMB. v. 10. Sept. 1928 (JMBl. 249). Erklärungen über Rechtsmitteleinlegung unmittelbar nach Urteilserlaß JMB. v. 17. Jan. 1927 (JMBl. 2). Rechtsmittelbelehrung JMB. v. 31. Jan. 1928 (JMBl. 18). Auskunft über den Fernmeldeverkehr JMB. v. 14. März 1928 (JM.-Bl. 24). S. auch militärische Angelegenheiten, Rechtshilfe, Registraturordnung, Staatsanwälte.

Strafvollstreckung. Amtsbezeichnung der Strafanstalten JMB. v. 21. März 1924 (JMBl. 7), geänd. durch VO. v. 27 Dez. 1924 (GVBl. 247). Mitwirkung der Oberstaatsanwälte bei der Aufsicht über die Strafanstalten JMB. v. 16. Mai 1919 (JMBl. 197). Strafvollzugsfeststellung in den Akten in Rückfall begründenden Sachen JFMB. v. 1. Mai 1924 (GVBl. 164). Berücksichtigung der Verhältnisse der Landwirtschaft JMB. v. 15. März 1921 (JMBl. 28). Vollstreckung von Vermögensstrafen Bek. v. 20. Juni 1915 (GVBl. 156) Nr. 80, ergänzt durch Bek. v. 14. Nov. 1927 (GVBl. 354) mit MB. v. 23. Dez. 1927 (StAnz. 297) ; Aend. der Bek. v. 14. Nov. 1927 durch JMB. ohne Datum (StAnz. 291). Verfügung über eingezogenes Rundfunkgerät JMB. v. 22. Nov. 1928 (JMBl. 273). Verfügung über Sachen, die in Strafsachen wegen Zuwiderhandlungen gegen die Vorschriften zum Schutze der Vögel eingezogen wurden. Bek. v. 29. Mai 1929 (JMBl. 36). VO. über die Dienst- u. Vollzugsordnung für die bayer. Strafanstalten und Gerichtsgefängnisse vom 15. März 1924 (GVBl. 85), geänd. durch Nr. II der JMB. v. 23. Okt. 1928 (JMBl. 260). Dienstkleidung d. Strafanstaltsbeamten JMB. v. 4. Dez. 1925 (JMBl. 132), geänd. durch JMB. v. 14. Juli 1926 (JMBl. 358). Kassen-, Buchführungs- u. Rechnungsgeschäfte der Strafanstalten JMB. v. 24. Dez. 1913 (JMBl. 751), geänd. durch JFMB. v. 19. Mai 1925 (JMBl. 48). Einnahmen u. Ausgaben des Arbeitsbetriebs in den Gerichtsgefängnissen JFMB. v. 10. April 1928 (GVBl. 200). Kosten der Unterbringung u. Verpflegung in den Strafanstalten, Gerichtsgefängnissen und Festungshaftanstalten MB. v. 24. Dez. 1923 (GVBl. 414). Kosten der Vollstreckung von Ersatzfreiheitsstrafen nach der RAbgOrdn. v. 17. Okt. 1922 (GVBl. 629). Einweisungsplan für die Strafanstalten u. Gerichtsgefängnisse JMB. v. 21. März 1924 (JMBl. 8), geänd. durch JMB. v. 27. April 1927 (JMBl. 19), v. 21. Juli 1928 (JMBl. 105) u. v. 23. Okt. 1928 (JMBl. 260). Strafvollstr. gegen Minderj. zwischen 18 bis 21 Jahren JMB. v. 14. Jan. 1929 (JMBl. 3). Unfallfürsorge für Gefangene VO. v. 31. Jan. 1902 (GVBl. 59) u. Bek. v. 2. Febr. 1902 (GVBl. 87); Prüfung der Arbeitsbetriebe in den Strafanstalten u. Gerichtsgefängnissen durch die Gewerbeaufsichsbeamten Bek. v. 15. Okt. 1907 (JMBl. 383); s. auch Begnadigung, Entlassung, Gefängniswesen, Militärische Angelegenheiten, Rechtshilfe, Strafgefangene.

der Verzeichnisse der Entmündigten usw. für die Wählerlisten JInnMB. v. 20. Juni 1920 (JMBl. 105). Ersparung von Auslagen der Vormünder JMB. v. 30. Juni 1922 (JMBl. 171). Das Archiv deutscher Berufsvormünder JMB. v. 5. Dez. 1924 (JMBl. 108) u. v. 17. Febr. 1927 (JMBl. 7). Internationales Abkommen zur Regelung der Vormundschaft über Minderjährige, ausländische Vorschriften Bek. v. 20. Juni 1906 (JMBl. 137), RGBl. 1904, 240. Anerkennung gewisser nicht deutscher Kinder durch die Mutter JMB. v. 30. März 1910 (JMBl. 573). Von der gesetzl. Amtsvormundschaft befreite Jugendämter JMB. v. 4. März 1927 (JMBl. 8). Vormundschaftsabk. mit Oesterreich, Ges. v. 16. Juli 1927 (RGBl. II 510). S. auch Mündelgeld, Personenstandssachen.

Vorstrafen, Einschränkung der Erhebung der: Bek. v. 25. Juni 1908 (JMBl. 131), v. 25. März 1914 (JMBl. 35), v. 11. März 1918 (JMBl. Beibl. 47), v. 30. Jan. 1919 (JMBl. 35); s. auch Strafregister.

Wappen, Bayerisches. Ges. v. 20. Juli 1923 (GVBl. 377) mit MB. v. 22. März 1924 (GVBl. 83).

Zählkarten. Bestimmungen des Bundesrats v. 5. Dez. 1881 u. Bek. v. 15. Dez. 1881 (JMBl. 496 u. 499); beide ergänzt nach JMB. v. 15. Jan. 1919 (JMBl. 18); Bek. v. 21. Nov. 1882 (JMBl. 288) u. v. 25. Sept. 1884 (JMBl. 169); Ausfüllung der kriminalstatistischen Zählkarten neuen Musters JMB. v. 1. April 1924 (JMBl. 13); weitere Ausfüllungsbestimmungen JMB. v. 19. Jan. 1927 (JMBl. 2); neue Zählkarten der Kriminalstatistik JMB. vom 30. Dez. 1927 (StAnz. 302), v. 26. Okt. 1928 (StAnz. 250); Konkurs- und Vergleichsstatistik JMB. v. 16. Jan. 1928 (JMBl. 13); s. auch Alkoholzählkarten.

Zahlungsverkehr, bargeldloser, s. Postüberweisungsverkehr.

Zentralpolizeiblatt s. Polizeiblatt.

Zentralpolizeistelle, deutsche, zur Bekämpfung unzüchtiger Bilder, Schriften u. Inserate in Berlin JMB. v. 10. Febr. 1912 (JMBl. 18), MB. v. 20. Dez. 1921 (JMBl. 1922, 11), MB. v. 2. Dez. 1924 (JMBl. 108); Zentralstelle zur Bekämpfung des internationalen Verbrechertums in Wien JMB. v. 20. Juni 1929 (JMBl. 59); s. auch Staatsanwälte.

Zeugen, deren Schutz bei Vernehmungen, Fragen über Vorstrafen etc. Bek. v. 25. Juni 1908 (JMBl. 131); s. auch Vorstrafen. Rücksichtnahme auf Zeugen u. Sachverständige bei Terminsansetzung u. bei der Verhandlung JMB. v. 26. Juni 1919 (JMBl. 224) u. v. 14. Mai 1921 (JMBl. 85); Beeidigung JMB. v. 11. Juni 1920 (JMBl. 106); Vorschüsse s. Strafsachen.

Zeugniszwangshaft Bek. v. 8. Jan. 1908 (JMBl. 1).

Zeugschaftliche Vernehmung u. Ladung v. Beamten VO. v. 25. Sept. 1879 (JMBl. 1292), Bek. v. 7. Jan. 1882 (GVBl. 37), geändert durch Bek. v. 21. Nov. 1913 (GVBl. 807), 27. März 1902 (JMBl. 520) letztere betrifft die Notare und ihr Personal. Entbindung vom Amtsgeheimnis ME. v. 21. Okt. 1860 (ZfGR. 7, 398), Bek. v. 22. Juni 1885 (JMBl. 145).

ZuständigkeitsVO. für den Vollzug des BGB. u. seiner Nebengesetze v. 24. Dez. 1899 (GVBl. 1229), geänd. durch VO. v. 8. Dez. 1915 (GVBl. 731), 24. Nov. 1921 (GVBl. 547), 18. Febr. 1922 (GVBl. 362).

Zustellungen an Personen, die zur Besatzung eines Kriegsfahrzeugs gehören, JMB. v. 15. März 1911 (JMBl. 79) u. v. 9. Juni 1917 (JMBl. Beibl. 155). Ersatzzustellung nicht an diejenige Person, für welche zugestellt wird. Bek. v. 26. April 1896 (JMBl. 169). Zust. von Amts wegen JMB. v. 2. März 1910 (JMBl. 195), geändert durch JMB. v. 8. Juni 1921 (JMBl. 102) betr. die Führung des ZustRegisters u. durch Nr. V der JMB. v. 22. Mai 1924 (JMBl. 21). Formlose Zustellungen JMB. v. 29. Aug. 1879 (JMBl. 551) Nr. 2. Behandlung der Briefe mit Zustellungsurkunden VMB. v. 12. März 1914 (JMBl. 40) u. JMB. v. 27. März 1914 (JMBl. 39); beide ergänzt nach JMB. v. 29. Mai 1914 (JMBl. 123). JMB. betr. die Postzustellung v. 30. Sept. 1919 (JMBl. 417), geänd. d. JMB. v. 9. Aug. 1920 (JMBl. 190). Belehrung über Rechtsmittel JMB. v. 12. Febr. 1919 (JMBl. 45). Vermeidung öff. Zustellung von Ladungen JMB. v. 16. Febr. 1920 (JMBl. 34). Beifügung von Zahlkarten bei Zustellungen JMB. v. 14. Okt. 1922 (JMBl. 197). Ladung von Beamten der Untersuchungsanstalten für Nahrungs- u. Genussmittel JMB. v. 25. Juli 1892 (JMBl. 189).

Zwangsvollstreckung s. Gerichtsvollzieherordnung; ZwVollstr. in das unbewegl. Vermögen: Bayr. Vollzugsbestimmung: JMB. v. 31. März 1905 (JMBl. 587); geändert durch JMB. v. 2. Nov. 1905 (JMBl. 828), v. 15. Mai 1906 (JMBl. 74), v. 27. Juli 1915 (JMBl. 58), v. 14. Sept. 1916 (JMBl. 43), v. 30. März 1921 (JMBl. 33). Beteiligung der Rentenbank am Verfahren JMB. v. 4. Jan. 1924 (JMBl. 2) JMB. betr. die Postzustellung v. 30. Sept. 1919 (JMBl. 417), u. v. 22. Jan. 1927 (JMBl. 3). Ersatz der baren Auslagen der Notariate JFMB. v. 22. Febr. 1929 (StAnz. 46).

3. Zusammenstellung von Vorschriften über die Verhältnisse der Bayerischen Beamten.

I. Gesetze und grundlegende Verordnungen:

Beamtengesetz v. 15. Aug. 1908 (GVBl. 581); geänd. durch Art. 53 u. 54 AG. zur RVO. v. 2. Nov. 1912 (GVBl. 1135); Art. 100 des Armenges. v. 21. Aug. 1914 (GVBl. 551); Art. 1 des Gendarmerieges. v. 31. Juli 1919 (GVBl. 409); Art. 183 des Volksschullehrerges. v. 14. Aug. 1919 (GVBl. 437) in der Fassung des Art. 7 des Ges. v. 24. März 1920 (GVBl. 103); durch Art. 20 des PensErgGes. v. 23. März 1921 (GVBl. 117); durch das BeamtenbesGes. (s. unten); durch Nr. XI des Ges. v. 25. Nov. 1921 (GVBl. 551); durch Art. 4 des Ges. v. 27. Juli 1922 (GVBl. 377); durch die 7. Abänd. des BeamtenbesoldGes. v. 9. Jan. 1923 (GVBl. 7); durch die 8. Abänd. des BeamtenbesoldGes. v. 29. Aug. 1923 (GVBl. 309); durch die 9. Abänd. des Beamtenbesold Ges. v. 29. Febr. 1924 (GVBl. 117); durch Art. 1 der VO. zur Aend. beamtenrechtlicher Vorschriften v. 29. März 1924 (GVBl. 128); durch Ges. v. 19. Juli 1926 (GVBl. 381); durch Ges. v. 10. Juli 1927 (GVBl. 227), dieses geänd. durch Art. 164 der GemOrdn. v. 17. Okt. 1927 (GVBl. 293); durch Art. 45 der Kreisordnung v. 17. Okt. 1927 (GVBl. 335); ergänzt durch das Polizeibeamtenges v. 12. April 1928 (GVBl. 193); geänd. durch Art. 54 des Beamtenbesoldges. v. 20. April 1928 (GVBl. 205); durch VO. v. 13. Sept. 1928 (GVBl. 405).

Ges. über die **Vereidigung der öff. Beamten** v. 6. Nov. 1919 (GVBl. 783). RVerf. Art. 176. RPräsVO. v. 14. Aug. 1919 (RGBl. 1419).

Gesetz zur **einheitl. Regelung des Wohnungsgeldzuschusses** v. 27. März 1926 (RGBl. 180).

Ges. über die **Abtretung von Beamtenbezügen zum Heimstättenbau** v. 30. Juni 1927 (RGBl. 133).

Disziplinargesetz für richterl. Beamte v. 5. Dez. 1908 (GVBl. 1007).

Ges. über die **Einführung einer Altersgrenze für Richter** v. 29. März 1924 (GVBl. 125); Geltung in der Pfalz VO. v. 19. Juli 1927 (GVBl. 268).

Ges. über eine erhöhte **Anrechnung** der von den Staatsbeamten **während des Krieges** 1914/18 zurückgelegten **Dienstzeit** v. 9. Aug. 1921 (GVBl. 479).

Beamtenbesoldungsges., neu gefasst mit Bek. v. 24. März 1923 (GVBl. 109), geänd. durch Ges. zur 8. Abänderung des Beamtenbesoldungsges. v. 29. Aug. 1923 (GVBl. 309), MB. v. 8. Jan. 1924 (GVBl. 16), Ges. zur 9. Abänderung desselben v. 29. Febr. 1924 (GVBl. 117; dieses geänd. durch Art. 164 GemOrdn. v. 17. Okt. 1927), VO. über die 10. Abänderung desselben v. 24. März 1924 (GVBl. 121), VO. über die 11. Abänderung dess. v. 31. Mai 1924 (GVBl. 169), VO. über die 12. Abänderung dess. v. 4. Juli 1924 (GVBl. 177), VO. über die 13. Abänderung dess. v. 28. Okt. 1924 (GVBl. 208), FMB. v. 19. April 1926 (StAnz. 89), Ges. v. 19. Juli 1926 (GVBl. 381), FMB. v. 23. April 1927 (StAnz. 92); hierzu das Beamtenbesoldungsges. v. 20. April 1928 (GVBl. 205).

FMB. über die Gewährung von **Notstandsbeihilfen** an Beamte vom 11. Nov. 1924 (GVBl. 228) mit Berichtigung GVBl. 1924, 238; hierzu die Bek. v. 13. März 1926 (unter Krankenkasse).

PersonalabbauVO. v. 31. Dez. 1923 (GVBl. 420 mit Berichtigung 1924, 8); geänd. durch VO. v. 12. Febr. 1924 (GVBl. 28), v. 13. Mai 1924 (GVBl. 156), v. 14. Mai 1927 (GVBl. 134, hiedurch im wesentlichen aufgehoben; diese geänd. durch Art. 3 des Ges. v. 10. Juli 1927, GVBl. 227).

Ausdehnung des Besoldungsges. v. 2. April 1928 auf die Beamten der Bayr. Staatsbank VO. v. 13. Juni 1928 (GVBl. 341); desgl auf die der Versicherungskammer VO. v. 1. Aug. 1928 (GVBl. 369); desgl. auf die der Kreis-Heil- und Pflegeanstalten (einschliesslich Frankenthal) VO. v. 21. Juni 1928 (GVBl. 346); desgl. auf die des Landesamts für Wasserversorgung VO. v. 1. Aug. 1928 (GVBl. 374)

II. Vollzugsbestimmungen:

Allgemeine Vollzugsordnung zum Beamtenges. v. 10. Dez. 1908 (GVBl. 1041) geänd. durch FMB. v. 15. Mai 1919 (GVBl. 210), VO. v. 9. April 1920 (GVBl. 112), v. 3. Mai 1920 (GVBl. 191), v. 7. Aug. 1920 (GVBl. 379), Bek. v. 2. Aug. 1922 (GVBl. 382), Nr. II der VO. v. 3. Mai 1923 (GVBl. 170), MB. v. 27. März 1924 (GVBl. 122), v. 14. Mai 1927 (GVBl. 134); VO. v. 21. März 1929 (GVBl. 42). Ausführungsbek. zu § 3 Abs. 2 hinsichtlich der Anrechnung der Militärdienstzeit auf die Dauer der Widerruflichkeit der etatsmäßigen Dienstzeit v. 29. Okt. 1909 (JMBl. 506).

VO. über die Vereidigung der öffentl. Beamten v. 3. Mai 1920 (GVBl. 191).

Die Einrichtung der Behörden u. die Benennung der Beamten der Zivilstaatsverwaltung v. 10. Dez. 1908 (GVBl. 1051) geänd. durch Bek., die Amtsbezeichnung der etatsmässigen Staatsbeamten betr., v. 21. Juli 1920 (GVBl. 367); s. hierzu auch die unten angeführte MB. v. 21. Juli 1920 (GVBl. 367).

Rangordnung v. 23. Dez. 1908 (GVBl. 1211); mehrfach geändert.

Amtsbezeichnungen der etatsmässigen Staatsbeamten: MB. v. 21. Juli 1920 (GVBl. 367); hierzu Anlage des BeamtenbesoldGes. v. 20. April 1928 (GVBl. 205/231) u. MB. v. 15. Mai 1928 (GVBl. 330).

Ausübung von Nebenämtern und Nebengeschäften: Allg. Vollzugsbekanntmachung v. 4. April 1912 (GVBl. 343; JMBl. 77) mit Zusatzbestimmung hinsichtlich der Gerichtsvollzieher v. 30. April 1912 (JMBl. 88); erstere geändert durch MB. v. 3. März 1927 (GVBl. 99). Wegen derzeitiger Beschränkungen der Erlaubniserteilung mit Rücksicht auf die freien Gewerbetreibenden und Erwerbstätigen s. MB. v. 12. Okt. 1914 (JMBl. 224), verlängert mit MB. v. 13. Okt. 1919 (StAnz. Nr. 252); Ausübung des

Musikgew. durch Beamte Bek. v. 7. Oktober 1925 (GVBl. 259).

Sonntagsruhe und Urlaub: MB. v. 14. Juli 1909 (JMBl. 326), geänd. durch Bek. v. 9. Mai 1913 (GVBl. 187), zwei Bek. v. 16. Mai 1919 (JMBl. 197 u. 199), Bek. v. 3. April 1922 (GVBl. 219) betr. neue Festsetzung der Urlaubsdauer, diese geänd. durch Bek. v. 2. Aug. 1928 (GVBl. 380), ferner Bek. v. 13. Juli 1926 (StAnz. 159) betr. die Gewährung von Dienstbefreiungen. Erholungsurlaub ausserh. der Gerichtsferien JMB. v. 12. Jan. 1923 (JMBl. 1). Zu § 8 Abs. 2 der Bek. v. 14. Juli 1909 s. MB. v. 16. April 1925 (StAnz. 86), ergänzt durch die vorbezeichn. Bek. v. 13. Juli 1926 u. durch Bek. v. 25. Mai 1928 (StAnz. 121) u. v. 20. April 1928 (StAnz. 92). Urlaub der Assessoren JMB. v. 25. April 1929 (StAnz. 96). Wegen Urlaubs zur Mitwirkung in den Vertretungskörperu der protestantischen Kirche s. KMB. v. 24. Dez. 1920 (KMBl. 1921, 17). Ausübung des Abgeordnetenmandats durch Beamte MB. v. 31. Juli 1921 (JMBl. 131).

Personalnachweise der Beamten ME. v. 19. März 1929 (GVBl. 42); ergänzt hins. der Gemeinde- und Bezirksbeamten durch InnMB. v. 17. April 1929 (GVBl. 60).

Verehelichung der Beamten der uniformierten Staatspolizei: VO. v. 28. Dez. 1928 (GVBl. 437).

Dienstaufsicht u. Dienststrafrecht für nicht richterliche Beamte: MB. v. 22. Okt. 1909 (GVBl. 737), geänd. durch Bek. v. 2. August 1922 (GVBl. 382), v. 27. März 1924 (GVBl. 122), v. 10. Jan. 1928 (GVBl. 3), VO. v. 21. März 1929 (GVBl. 42); ausgedehnt auf Volksschullehrer: Bek. v. 12. Juli 1920 (GVBl. 361) § 10; desgl. mit Massgaben auf die Beamten der Kreis-Heil- und Pflegeanstalten: Bek. v. 21. Juni 1928 (GVBl. 356) Nr. 14. Wegen der Post-, Bahn- u. sonst. Verkehrsbeamten s. hierzu JMB. v. 12. Okt. 1925 (JMBl. 97). Besetzung d. Disziplinarkammern u. des Disziplinarhofes mit Volksschullehrern: Bek. v. 4. Nov. 1920 (GVBl. 473), geänd. d. B. v. 5. Okt. 1922 (GVBl. 626).

Dienststrafverfahren gegen Richter: Allgemeine Vollzugsbestimmung v. 29. Dez. 1908 (JMBl. 381); Kostenwesen, JFMB. v. 21. Juni 1885 (JMBl. 147).

Dienststrafverfahren gegen Gemeindebeamte: InnMB. v. 31. März 1928 (GVBl. 186); hierzu JMB. v. 9. Mai 1928 (JMBl. 64).

MBek. über den Ortszuschlag der Staatsbeamten v. 13. März 1923 (GVBl. 130), ergangen gemäss Art. 17 ff. BBesG.; geändert durch FMB. v. 25. April 1924 (GVBl. 147). S. hierzu Vollzugsbek. zur VO. über die 13. Abänderung des Beamtenbesoldungsges. v. 28. Okt. 1924 (StAnz. 252) mit neuer Ortsklasseneinteilung für Bayern, geänd. d. Bek. v. 20. Okt. 1925 (StAnz. 245), v. 8. Juli 1929 (StAnz. 157); s. aber wegen der Ortsklasseneinteilung nun RBesBl. 1926, 3. Einfluss von Eingemeindungen auf die Ortsklasseneinteilung FMB. v. 1. Febr. 1927 (StAnz. 27).

FMB. über die örtlichen Sonderzuschläge der Staatsbeamten v. 25. April 1928 (GVBl. 324), geänd. durch FMB. v. 25. Juli 1928 (GVBl. 366). Gewährung von Abfindungen für den Abbau der örtl. Sonderzuschläge FMB. v. 12. Dez. 1928 (GVBl. 433).

FMB. über die Kinderzuschläge der Staatsbeamten v. 13. März 1923 (GVBl. 132), ergangen gemäss Art. 21 BBesG. u. Art. 4 PEG.; geänd. durch FMB. v. 25. April 1924 (GVBl. 147) u. A I zu c der Bek. v. 28. März 1928 (St.-Anz. 73), diese ergänzt durch FMB. v. 27. Aug. 1928 (GVBl. 403).

FMB. über die Kinderbeihilfen der Staatsbeamten v. 13. März 1923 (GVBl. 140), ergänzt durch Bek. v. 7. Mai 1923 (GVBl. 184), geänd. mit FMB. v. 25. April 1924 (GVBl. 147), weiter geänd. durch A I zu c 2 der Bek. v. 28. März 1928 (StAnz. Nr. 73), diese ergänzt durch FMB. v. 27. Aug. 1928 (GVBl. 403), FMB. v. 2. Dez. 1928 (StAnz. 282); s. auch FMB. v. 17. März 1925 (StAnz. Nr. 64).

FMB. über Zahlung der Kinderzuschläge, Kinderbeihilfen (u. des Frauenzuschlags) bei verspäteter Antragstellung v. 11. Juni 1927 (GVBl. 225).

KMB. über die Vorlesungsgebühren der Hochschulprofessoren v. 19. Okt. 1923 (GVBl. 373).

Die Unterhaltszuschüsse u. Leistungsregelungen der im staatlichen Vorbereitungsdienste stehenden Personen MB. v. 5. Okt. 1928 (GVBl. 413) mit MB. v. 22. Mai 1929 (GVBl. 63).

Auszahlung der Besoldungen, Versorgungsbezüge, Bezüge der Angestellten u. der Unterhaltszuschüsse FMB. v. 15. Juli 1925 (StAnz. 161), geänd. durch FMB. v. 21. Juni 1928 (StAnz. 142).

Vergütung der Auslagen für Schreibbedarf. MB. v. 2. Febr. 1922 (StAnz. Nr. 28), v. 13. Mai 1924 (StAnz. Nr. 113), v. 17. April 1929 (GVBl. 60).

Versetzung der etatsmässigen Beamten in den Ruhestand, Fürsorge für die Hinterbliebenen der etatsmässigen Beamten: MB. v. 22. Okt. 1909 (GVBl. 781); hierzu wegen der Beamten der Kreis-Heil- u. Pflegeanstalten Nr. 13 der Bek. v. 21. Juni 1928 (GVBl. 356). Festsetzung der ruhegehaltsfähigen Dienstzeit der Staatsbeamten: FMB. v. 16. Febr. 1922 (GVBl. 172); hierzu MB. v. 30. April 1924 (StAnz. Nr. 104), JMB. v. 28. Okt. 1924 (JMBl. 106), MB. v. 19. Juli 1926 (GVBl. 384). Wiederanstellung von Wartegeld- und Ruhegehaltsempfängern: MB. v. 15. Sept. 1921 (GVBl. 467); Vollzug vorerst eingestellt MB. v. 27. Okt. 1927 (GVBl. 351).

Vollzug der Bestimmungen über Einführung von Altersgrenzen. JMB. v. 7. April 1924 (JMBl. 15).

Kürzung der Versorgungsbezüge der Beamten bei Privateinkommen: Art. 4 der VO. zur Aenderung beamtenrechtl. Vorschriften v. 4. März 1924 (GVBl. 128). Vollz.-Bek. v. 23. Mai 1924 (GVBl. 165). Vollzug eingestellt, FMB. v. 28. Sept. 1926 (StAnz. 224).

Besoldungsdienstalter ehem. Offiziere u. dgl. Bek. v. 22. März 1924 (GVBl. 123), geänd. durch MB. v. 30. Sept. 1926 (GVBl. 498).

Versorgungsbezüge der Altruhestandsbeamten und der Althinterbliebenen: FMB. v. 7. Juni 1921 (GVBl.

337); ergänzt durch Bek. v. 23. Juli 1921 (GVBl. 382); Bek. v. 25. Jan. 1922 (GVBl. 87).

FMB. über die Versorgungsbezüge der Staatsbeamten und ihrer Hinterbliebenen v. 28. Sept. 1925 (StAnz. 224); geänd. durch FMB. v. 29. Mai 1929 (StAnz. 123).

Die Mietentschädigungen für Dienstwohnungen und Dienstzimmer: MB. v. 25. Sept. 1923 (GVBl. 342 u. 376); geänd. durch FMB. v. 2. Jan. 1924 (StAnz. 1), v. 8. April 1924 (StAnz. 83) u. v. 16. Februar 1925 (StAnz. 38). Neufestsetzungen der Vergütungen für Beheizung und Beleuchtung von Dienstwohnungen und für Mitbenutzung der in Amtsgebäuden eingerichteten Sammelheizungen und Warmwasserbereitungsanlagen: MB. v. 14. März 1924 (GVBl. 78) geändert durch MB. vom 23. November 1924 (GVBl. 248) u. v. 4. Nov. 1925 (GVBl. 266). Pachtentschädigungen für die den Beamten vom Staate überlassenen Gärten und sonstigen Grundstücke: MB. v. 29. Juli 1924 (GVBl. 189).

UmzugskostenVO. v. 3. Mai 1923 (GVBl. 170). Vollz.-Bek. v. 3. Mai 1923 (GVBl. 171); geänd. durch lit. A der FMB. v. 25. Jan. 1924 (GVBl. 17), deren lit. B. aufgeh. ist, durch FMB. v. 20. März 1924 (GVBl. 81); erg. d. FMB. v. 10. Febr. 1927 (StAnz. 35) mit FMB v. 20. Aug. 1928 (StAnz. 194); weiter geänd. d. FMB. v. 25. Febr. 1927 (GVBl. 108). Besorgung der Umzüge d. Mitglieder der Tarif- und Interessengemeinschaft des deutschen Möbeltransports FMB. v. 7. Juni 1923 (GVBl. 196). Die Gewährung von Umzugskostenzuschüssen für Ruhestandsbeamte, aus dem Staatsdienst ausgeschiedene Beamte und Hinterbliebene von Beamten FMB. v. 20. März 1924 (GVBl. 81).

Entschädigung der Beamten bei auswärtigen Dienstgeschäften VO. v. 20. Mai 1922 (GVBl. 297), geänd. durch B. v. 14. Aug. 1922 (GVBl. 410), 10. Nov. 1922 (GVBl. 635), VO. v. 31. Okt. 1923 (GVBl. 375), VO. v. 29. Jan. 1924 (GVBl. 19), FMB. v. 29. Jan. 1924 (GVBl. 21), VO. v. 21. März 1929 (GVBl. 41). Allg. AusführBek. v. 20. Mai 1922 (GVBl. 304), geänd. durch Bek. v. 14. Aug. 1922 (GVBl. 410), v. 29. Jan. 1924 (GVBl. 20), FMB. v. 29. Jan. 1924 (GVBl. 21), v. 29. Aug. 1924 (GVBl. 198), v. 27. Dez. 1924 (GVBl. 249), v. 30. April 1926 (GVBl. 322) Entschädigung der Beamten bei Dienstreisen im Amtsbezirke oder sonstigen regelmässig in grösserer Zahl vorzunehmenden Dienstreisen Bek. v. 27. Dez. 1924 (GVBl. 250). FMB. über die Beschäftigungstagegelder der Beamten bei länger dauernden auswärtigen Dienstgeschäften an demselben Orte v. 29. Jan. 1924 (GVBl. 21) geänd. durch Bek. v. 27. Dez. 1924 (GVBl. 249). Entschädigung der Gendarmeriebeamten bei Vornahme auswärtiger Dienstgeschäfte Bek. v. 27. April 1925 (StAnz. Nr. 97; InnMBl. 62).

Entschädigung für doppelte Haushaltführung MB. v. 30. Mai 1919 (GVBl. 287); geänd. durch MB. v. 13. März 1920 (GVBl. 84), v. 11. Dez. 1920 (GVBl. 495), v. 21. Juli 1921 (GVBl. 378), v. 2. Febr. 1922 (GVBl. 157), v. 10. Juni 1922

(GVBl. 340), v. 26. Sept. 1922 (GVBl. 558), v. 21. Juli 1923 (GVBl. 239), FMB. v. 30. Jan. 1924 (GVBl. 23), v. 27. Dez. 1924 (GVBl. 249).

Bewirtschaftung des Beamtenwohnraums für bayer. Staatsbeamte MB. v. 12. Okt. 1928 (GVBl. 408), geänd. durch MB. v. 9. Juli 1929 (GVBl. 100). Hierzu MB. v. 26. Mai 1926 (StAnz. 120).

Gewährung von Reiseentschädigungen an auswärts beschäftigte oder versetzte Beamte FMB. v. 28. Nov. 1922 (GVBl. 649), geänd. durch Bek. v. 24. Febr. 1925 (GVBl. 92) u. v. 12. Juli 1926 (GVBl. 354).

FMB. über die Gegenleistungen der Staatsbeamten, Aerzte u. Angestellten des Staates für gewährte Verpflegung v. 17. April 1928 (StAnz. 89).

FMB. über die gem. Art. 2 der VO. über die 13. Abänderung des Besoldungsges. v. 28. Okt. 1924 zu entrichtende einmalige Ausgleichsentschädigung der Beamten der Pfalz v. 5. Juni 1925 (StAnz. Nr. 128).

FMB. über Zahlungen aus den Staatskassen an auswärtige Empfangsberechtigte im Postanweisungsverkehr v. 15. Febr. 1900 (JMBl. 584), geänd. durch MB. v. 10. Juni 1925 (StAnz. 133). Bargeldlose Gehaltszahlung FMB. v. 15. Nov. 1924 (StAnz. 268), ergänzt durch FMB. v. 30. März 1928 (StAnz. 77) u. v. 8. Nov. 1928 (StAnz. 261).

MB. betr. die nichtetatatsmässigen Beamten v. 11. März 1921 (GVBl. 73), geänd. durch MB. v. 24. Aug. 1921 (GVBl. 410), 10. Dez. 1921 (GVBl. 589), v. 4. Juli 1924 (GVBl. 181); hierzu JMB. v. 15. April 1921 (JMBl. 55), geänd. durch § 3 JMB. v. 4. März 1922 (JMBl. 119) u. § 3 JMB. v. 15. März 1922 (JMBl. 127).

Ueberleitung in das Beamtenbesoldungsges. v. 20. April 1928. FMB. v. 28. März 1928 (StAnz. 73 mit 74) ergänzt durch FMB. v. 29. März 1928 (StAnz. 74) u. v. 27. Aug. 1928 (GVBl. 403).

Das Kinder- u. Erholungsheim Marienruhe JMB. v. 12. Mai 1925 (JMBl. 47).

Zusicherung von Bezügen für den Krankheitsfall im Hinblick auf die RVersichOrdn. Bek. v. 3. Okt. 1921 (GVBl. 488) u. v. 5. Okt. 1927 (GVBl. 292). Zu § 554 Abs. 1 Nr. 7 RVersichOrdn., Befreiung von Körperschaftsbeamten von der Unfallversicherung MBek. v. 17. April 1929 (StAnz. 89).

Die Krankenkasse der bayer. Staatsbeamten: FMB. v. 13. März 1926 (StAnz. 66); ergänzt durch Bek. v. 22. Juni 1926 (StAnz. 141), v. 16. März 1929 (StAnz. 66), v. 6. Nov. 1928 (StAnz. 258). Satzungsänderung (StAnz. 1927 Nr. 172, 223; 1928, 177, 302).

Das staatliche Aushilfspersonal FMB. v. 1. April 1924 (StAnz. 77), geänd. durch FMB. v. 27. Mai 1926 (StAnz. 120), v. 9. Mai 1927 (StAnz. 105), v. 30. Sept. 1927 (StAnz. 226), v. 30. April 1928 (StAnz. 100) mit FMB. v. 31. Juli 1929 (StAnz. 178).

Die Angestellten bei der Bayer. Staatsverwaltung FMB. v. 1. April 1924 (InnMBl. 77), geänd. durch FMB. v. 30. April 1928 (StAnz. 100).

Töchterstift Neuberghausen: GVBl. 1911, 4; 1928, 159.

VO. über die uniformierte Staatspolizei vom 12. April 1928 (GVBl. 197). Vollzugsbek. zum Polizeibeamtenges. v. 12. April 1928 (GVBl. 197).

VO. zur Durchf. des Ges. über Abtretung von Beamtenbezügen zum Heimstättenbau v. 12. März 1928 (RGBl. 61); hierzu MB. v. 5. Mai 1928 (StAnz. 111), v. 31. Dez. 1928 (StAnz. 1929, 8), v. 14. Mai 1929 (GVBl. 62).

VollzBek. betr. die Beamten bei den Kreisheil- u. Pflegeanstalten v. 21. Juni 1928 (GVBl. 356).

Zu Art. 8 Abs. 4 u. 5 u. Art. 42 des Beamtenbesoldungsges. v. 20. April 1928: Besoldungsdienstalter der Versorgungsanwärter u. Schwerkriegsbeschädigten FMB. v. 27. Aug. 1928 (GVBl. 401).

4. Die Bezüge

(Beamtenbesoldungsges. v. 20.

I. Jahresgrund-

Besoldungsordnung A.; für

Bes.-Gruppe	Anfangsgehalt	nach 2 Jahr.	nach 4 Jahr.	nach 6 Jahr.	nach 8 Jahr.	nach 10 Jahr.
1 a	8 400	9 500	10 600	11 600	12 600	
1 b	8 100	9 000	9 900	10 800	11 700	
1 c	7 200	7 800	8 400	9 000	9 600	10 100
1 d	7 100	7 800	8 500	9 200	9 900	10 600
2 a	7 000	7 500	8 000	8 500	8 900	9 300
2 b	5 400	6 000	6 500	7 000	7 400	7 800
2 c	5 700	6 200	6 700	7 200	7 700	8 200
2 d	5 700	6 100	6 500	6 900	7 300	7 700
2 e	4 800	5 200	5 600	6 000	6 400	6 800
2 f	4 800	5 200	5 600	6 000	6 400	6 800
2 g	4 800	5 200	5 600	6 000	6 400	6 800
3 a	4 800	5 200	5 600	6 000	6 400	6 700
3 b	4 800	6 000	6 900			
4 a	4 100	4 400	4 700	4 950	5 200	5 500
4 b	2 800	3 050	3 300	3 550	3 800	4 000
4 c	3 400	3 800	4 200			
4 d	2 400	2 700	3 100	3 400	3 800	4 200
5 a	2 800	3 000	3 200	3 400	3 600	3 750
5 b	2 300	2 550	2 800	3 000	3 200	3 400
5 c	2 350	2 500	2 650	2 800	2 950	3 100
6	2 400	2 600	2 750	2 900	3 050	3 200
7 a	2 350	2 500	2 650	2 800	2 950	3 100
7 b	2 200	2 350	2 500	2 600	2 700	2 800
7 c	2 000	2 100	2 200	2 300	2 450	2 550
8 a	2 000	2 090	2 180	2 270	2 360	2 450
8 b	1 860	1 980	2 220	2 340		
9	1 700	1 800	1 900	2 000	2 100	2 200
10	1 600	1 690	1 780	1 870	1 960	2 050
11	1 500	1 590	1 680	1 770	1 860	1 950
12	1 500	1 580	1 650	1 730	1 800	1 880

Besoldungsordnung B.;

Besoldungsgruppe	B 1	B 2	B 3
Jahresbezüge	19 000	18 000	17 000
WohnGZusch. Tarifklasse . . .	I	I	II

der bayer. Beamten.

April 1928, GVBl. 205).

gehälter.

aufsteigende Gehälter.

nach 12 Jahr.	nach 14 Jahr.	nach 16 Jahr.	nach 18 Jahr.	nach 20 Jahr.	Wohnungsgeld Tarifklasse
10 600	11 100	11 600	12 100	12 600	
					II
9 700					
8 200	8 600	9 000			
8 600	9 000				
8 100	8 400				
7 200	7 500	7 800	8 100	8 400	
7 200	7 500				
7 200	7 500	7 800			
7 000					
					III
5 800					
4 200	4 400	4 600	4 800	5 000	
3 900	4 050	4 200			
3 600	3 800	4 000	4 200		
3 250	3 400	3 600	4 000	4 200	IV
3 350	3 500	3 600			
3 200	3 300	3 400	3 500		
2 900	3 000	3 100	3 200		
2 650	2 750	2 850	3 000		
2 540	2 620	2 700			
2 300	2 400	2 500	2 600		
2 140	2 230	2 320	2 400		
2 010	2 120	2 200			V
1 950	2 030	2 100			VI

für Einzelgehälter.

B 4	B 5				
16 000	14 000				
II	II				

II. Wohnungsgeldzuschuß f. d. Jahr seit 1. Okt. 1927.

(120% des Grundbetrags s. ME. v. 28. März 1928, StAnz. 73).

In Ortsklasse	In Tarifklasse							
	I	II	III	IV	V	VI	VII	VII b.40 v.H Abzug
S	2520	2016	1584	1152	864	636	402	240
A	2160	1728	1368	1008	732	534	348	210
B	1800	1440	1080	792	606	444	288	174
C	1368	1080	864	648	474	348	216	132
D	1008	792	648	474	348	258	156	96

Ledige Beamte erhalten bis zum vollendeten 45. Lebensjahr nur den Wohnungsgeldzuschuss ihrer nächst niedrigen Tarifklasse; für Geistliche gilt dieses nicht.

Beamte der bisherigen Besoldungsgruppe VIII erhalten in allen Fällen den Wohnungsgeldzuschuss der Tarifklasse IV, Oberwerkmeister der BesGruppe VII erhalten, soweit Ueberleitung nach A 6 erfolgt, den WohnGZuschuss der Tarifklasse IV.

III. Kinderzuschläge u. Kinderbeihilfen seit 1. Okt. 1927.

(FMB. v. 2. Dez. 1928, StAnz. 282).

Kinderzuschläge fallen an für alle noch nicht 21 Jahre alten Kinder. Bezahlt werden, gleichgültig, ob es sich um kinderzuschlagsfähige oder kinderbeihilfefähige Kinder handelt: Für die ersten 2: je 20 RM. monatlich, für das 3. und 4. Kind je 25 RM. monatlich; für jedes folgende Kind: je 30 RM. monatlich. Der Kinderzuschlag entfällt auch bei einem eigenen Monatseinkommen des Kindes von 30 RM. Wegfall des Zuschlags mit dem Ablauf des nächsten Monats nach dem, in dem das Wegfallereignis eintritt.

IV. Einstufung der höheren Justizbeamten.

Besoldungsordnung A:

1. a) Ministerialräte, Räte u. Oberstaatsanwälte des Obersten Landesgerichts, Senatspräsidenten der Oberlandesgerichte, Generalstaatsanwälte der Oberlandesgerichte, soweit nicht in B 5 (bisher Oberstaatsanwälte), Präsidenten der Landgerichte, soweit nicht in B 5, Präsident des Amtsgerichts München, Oberstaatsanwalt beim Landgericht München I (bisher I. Staatsanwalt). b) Landgerichtsdirektor als Vorsitzender des Landesarbeitsgerichts München. d) Amtsgerichtsdirektoren als dienstaufsichtführende Richter von Amtsgerichten mit Bezirken von über 100 000 Einwohnern.

2. a) Oberregierungsräte, Oberlandesgerichtsräte, Oberstaatsanwälte der Oberlandesgerichte und Landgerichte (bisher Staatsanwälte der Oberlandesgerichte bzw. I. Staatsanwälte), Landgerichtsdirektoren, Amtsgerichtsdirektoren als dienstaufsichtführende Richter von Amtsgerichten mit Bezirken von über 75 000—100 000 Einwohnern (bisher Amtsgerichtsräte), Amtsgerichtsdirektoren als

Abteilungsvorstände bei Amtsgerichten mit Bezirken von über 100 000 Einwohnern (bisher Amtsgerichtsräte). b) Stellvertretende Landgerichtsdirektoren, Amtsgerichtsdirektoren als dienstaufsichtführende Richter von Amtsgerichten mit Bezirken von über 40 000—75 000 Einwohnern (bisher Amtsgerichtsräte), Amtsgerichtsdirektoren als Abteilungsvorstände bei Amtsgerichten mit Bezirken über 75 000—100 000 Einwohnern (bisher Amtsgerichtsräte). d) Regierungsräte I. Klasse, I. Staatsanwälte (bisher II. Staatsanwälte), Amtsgerichtsräte [1]) (bisher Oberamtsrichter u. Amtsrichter), Landgerichtsräte [1]), Direktoren der Strafanstalten u. Gefängnisse; Medizinalräte I. Klasse, Oberpfarrer. e) Amtsgerichtsräte [2]) (bisher Oberamtsrichter u. Amtsrichter), Landgerichtsräte [2]), Landgerichtsärzte. f) Staatsanwälte (bisher III. Staatsanwälte), Amtsanwälte im Hauptamte mit Befähigung zum Richteramt, Stellvertretende Notare, Pfarrer, Gefängnisärzte, Strafanstaltsärzte. g) Ministerialrechnungsräte.

Besoldungsordnung B.

1. Staatsräte, Präsident des Obersten Landesgerichts. 2. Präsidenten der Oberlandesgerichte. 3. Ministerialdirektoren, Senatspräsidenten u. Generalstaatsanwalt des Obersten Landesgerichts. 5. Ministerialräte als Abteilungsleiter, Präsident der Landgerichte München I und Nürnberg, Generalstaatsanwälte der Oberlandesgerichte München u. Nürnberg.

---

1) Bei der Ernennung vom I. Staatsanwalt (neuer Bezeichnung), sonst A 2 c.

2) S. Anm. 1.

5. Tabelle zur Berechnung der Empfängniszeit.

Vorbemerkungen.

Die Empfängniszeit (einrechnungsfähige Zeit) ist der Zeitraum vor der Geburt eines Kindes, in den die Beiwohnung fallen muss, wenn bei unehelichen Kindern der Beiwohnende. und bei nach Eingehung der Ehe gebornen Kindern der Mann als Vater gelten soll. Nach dem BGB. gilt als Empfängniszeit die Zeit vom 181. bis 302. Tage vor der Geburt des Kindes, mit Einschluss des 181. und 302. Tages. § 1717, § 1592 BGB. Bei Schaltjahren ist hierbei auf den Schalttag Rücksicht zu nehmen; Schaltjahre sind: 1896, 1904, 1908, 1912, 1916, 1920, 1924, 1928, 1932, 1936.

Geburtstag	Empfängniszeit nach BGB., falls d. Entbindung erfolgt ist in einem			
	Nicht-Schalt-Jahre		Schaltjahre	
	von	bis	von	bis
Jan.	März	Juli	März	Juli
1	5	4	5	4
2	6	5	6	5
3	7	6	7	6
4	8	7	8	7
5	9	8	9	8
6	10	9	10	9
7	11	10	11	10
8	12	11	12	11
9	13	12	13	12
10	14	13	14	13
11	15	14	15	14
12	16	15	16	15
13	17	16	17	16
14	18	17	18	17
15	19	18	19	18
16	20	19	20	19
17	21	20	21	20
18	22	21	22	21
19	23	22	23	22
20	24	23	24	23
21	25	24	25	24
22	26	25	26	25
23	27	26	27	26
24	28	27	28	27
25	29	28	29	28
26	30	29	30	29
Jan.	März	Juli	März	Juli
27	31	30	31	30
	April		April	
28	1	31	1	31
		Aug.		Aug.
29	2	1	2	1
30	3	2	3	2
31	4	3	4	3
Febr.				
1	5	4	5	4
2	6	5	6	5
3	7	6	7	6
4	8	7	8	7
5	9	8	9	8
6	10	9	10	9
7	11	10	11	10
8	12	11	12	11
9	13	12	13	12
10	14	13	14	13
11	15	14	15	14
12	16	15	16	15
13	17	16	17	16
14	18	17	18	17
15	19	18	19	18

Geburtstag	Empfängniszeit nach BGB., falls d. Entbindung erfolgt ist in einem Nicht-Schaltjahre von	bis	Schaltjahre von	bis
Febr.	April	Aug.	April	Aug.
16	20	19	20	19
17	21	20	21	20
18	22	21	22	21
19	23	22	23	22
20	24	23	24	23
21	25	24	25	24
22	26	25	26	25
23	27	26	27	26
24	28	27	28	27
25	29	28	29	28
26	30	29	30	29
	Mai		Mai	
27	1	30	1	30
28	2	31	2	31
				Sept.
29	—	—	3	1
März		Sept.		
1	3	1	4	2
2	4	2	5	3
3	5	3	6	4
4	6	4	7	5
5	7	5	8	6
6	8	6	9	7
7	9	7	10	8
8	10	8	11	9
9	11	9	12	10
10	12	10	13	11
11	13	11	14	12
12	14	12	15	13
13	15	13	16	14
14	16	14	17	15
15	17	15	18	16
16	18	16	19	17
17	19	17	20	18
18	20	18	21	19
19	21	19	22	20
20	22	20	23	21
21	23	21	24	22
22	24	22	25	23
23	25	23	26	24
24	26	24	27	25
25	27	25	28	26
26	28	26	29	27
27	29	27	30	28
28	30	28	31	29

Geburtstag	Empfängniszeit nach BGB., falls d. Entbindung erfolgt ist in einem Nicht-Schaltjahre von	bis	Schaltjahre von	bis
März	Mai	Sept.	Juni	Sept.
29	31	29	1	30
	Juni			Okt.
30	1	30	2	1
		Okt.		
31	2	1	3	2
April				
1	3	2	4	3
2	4	3	5	4
3	5	4	6	5
4	6	5	7	6
5	7	6	8	7
6	8	7	9	8
7	9	8	10	9
8	10	9	11	10
9	11	10	12	11
10	12	11	13	12
11	13	12	14	13
12	14	13	15	14
13	15	14	16	15
14	16	15	17	16
15	17	16	18	17
16	18	17	19	18
17	19	18	20	19
18	20	19	21	20
19	21	20	22	12
20	22	21	23	22
21	23	22	24	23
22	24	23	25	24
23	25	24	26	25
24	26	25	27	26
25	27	26	28	27
26	28	27	29	28
27	29	28	30	29
			Juli	
28	30	29	1	30
	Juli			
29	1	30	2	31
				Nov.
30	2	31	3	1
Mai		Nov.		
1	3	1	4	2
2	4	2	5	3
3	5	3	6	4
4	6	4	7	5

Geburtstag	Empfängniszeit nach BGB., falls d. Entbindung erfolgt ist in einem			
	Nicht-Schalt-Jahre		Schaltjahre	
	von	bis	von	bis
Mai	Juli	Nov.	Juli	Nov.
5	7	5	8	6
6	8	6	9	7
7	9	7	10	8
8	10	8	11	9
9	11	9	12	10
10	12	10	13	11
11	13	11	14	12
12	14	12	15	13
13	15	13	16	14
14	16	14	17	15
15	17	15	18	16
16	18	16	19	17
17	19	17	20	18
18	20	18	21	19
19	21	19	22	20
20	22	20	23	21
21	23	21	24	22
22	24	22	25	23
23	25	23	26	24
24	26	24	27	25
25	27	25	28	26
26	28	26	29	27
27	29	27	30	28
28	30	28	31	29
			Aug.	
29	31	29	1	30
	Aug.			Dez.
30	1	30	2	1
		Dez.		
31	2	1	3	2
Juni				
1	3	2	4	3
2	4	3	5	4
3	5	4	6	5
4	6	5	7	6
5	7	6	8	7
6	8	7	9	8
7	9	8	10	9
8	10	9	11	10
9	11	10	12	11
10	12	11	13	12
11	13	12	14	13
12	14	13	15	14
13	15	14	16	15
14	16	15	17	16
15	17	16	18	17

Geburtstag	Empfängniszeit nach BGB., falls d. Entbindung erfolgt ist in einem			
	Nicht-Schalt-Jahre		Schaltjahre	
	von	bis	von	bis
Juni	Aug.	Dez.	Aug.	Dez.
16	18	17	19	18
17	19	18	20	19
18	20	19	21	20
19	21	20	22	21
20	22	21	23	22
21	23	22	24	23
22	24	23	25	24
23	25	24	26	25
24	26	25	27	26
25	27	26	28	27
26	28	27	29	28
27	29	28	30	29
28	30	29	31	30
			Sept.	
29	31	30	1	31
	Sept.			Jan.
30	1	31	2	1
Juli		Jan.		
1	2	1	3	2
2	3	2	4	3
3	4	3	5	4
4	5	4	6	5
5	6	5	7	6
6	7	6	8	7
7	8	7	9	8
8	9	8	10	9
9	10	9	11	10
10	11	10	12	11
11	12	11	13	12
12	13	12	14	13
13	14	13	15	14
14	15	14	16	15
15	16	15	17	16
16	17	16	18	17
17	18	17	19	18
18	19	18	20	19
19	20	19	21	20
20	21	20	22	21
21	22	21	23	22
22	23	22	24	23
23	24	23	25	24
24	25	24	26	25
25	26	25	27	26
26	27	26	28	27
27	28	27	29	28
28	29	28	30	29

Geburtstag	Empfängniszeit nach BGB., falls d. Entbindung erfolgt ist in einem			
	Nicht-Schaltjahre von	bis	Schaltjahre von	bis
Juli	Sept.	Jan.	Okt.	Jan.
29	30	29	1	30
	Okt.			
30	1	30	2	31
				Febr.
31	2	31	3	1
Aug.		Febr.		
1	3	1	4	2
2	4	2	5	3
3	5	3	6	4
4	6	4	7	5
5	7	5	8	6
6	8	6	9	7
7	9	7	10	8
8	10	8	11	9
9	11	9	12	10
10	12	10	13	11
11	13	11	14	12
12	14	12	15	13
13	15	13	16	14
14	16	14	17	15
15	17	15	18	16
16	18	16	19	17
17	19	17	20	18
18	20	18	21	19
19	21	19	22	20
20	22	20	23	21
21	23	21	24	22
22	24	22	25	23
23	25	23	26	24
24	26	24	27	25
25	27	25	28	26
26	28	26	29	27
27	29	27	30	28
28	30	28	31	29
		März	Nov.	März
29	31	1	1	1
	Nov.			
30	1	2	2	2
31	2	3	3	3
Sept.				
1	3	4	4	4
2	4	5	5	5
3	5	6	6	6
4	6	7	7	7

Geburtstag	Empfängniszeit nach BGB., falls d. Entbindung erfolgt ist in einem			
	Nicht-Schaltjahre von	bis	Schaltjahre von	bis
Sept.	Nov.	März	Nov.	März
5	7	8	8	8
6	8	9	9	9
7	9	10	10	10
8	10	11	11	11
9	11	12	12	12
10	12	13	13	13
11	13	14	14	14
12	14	15	15	15
13	15	16	16	16
14	16	17	17	17
15	17	18	18	18
16	18	19	19	19
17	19	20	20	20
18	20	21	21	21
19	21	22	22	22
20	22	23	23	23
21	23	24	24	24
22	24	25	25	25
23	25	26	26	26
24	26	27	27	27
25	27	28	28	28
26	28	29	29	29
27	29	30	30	30
			Dez.	
28	30	31	1	31
	Dez.	April		April
29	1	1	2	1
30	2	2	3	2
Okt.				
1	3	3	4	3
2	4	4	5	4
3	5	5	6	5
4	6	6	7	6
5	7	7	8	7
6	8	8	9	8
7	9	9	10	9
8	10	10	11	10
9	11	11	12	11
10	12	12	13	12
11	13	13	14	13
12	14	14	15	14
13	15	15	16	15
14	16	16	17	16
15	17	17	18	17
16	18	18	19	18
17	19	19	20	19

Geburtstag	Empfängniszeit nach BGB., falls d. Entbindung erfolgt ist in einem			
	Nicht-Schaltjahre		Schaltjahre	
	von	bis	von	bis
Okt.	Dez.	April	Dez.	April
18	20	20	21	20
19	21	21	22	21
20	22	22	23	22
21	23	23	24	23
22	24	24	25	24
23	25	25	26	25
24	26	26	27	26
25	27	27	28	27
26	28	28	29	28
27	29	29	30	29
28	30	30	31	30
		Mai	Jan.	Mai
29	31	1	1	1
	Jan.			
30	1	2	2	2
31	2	3	3	3
Nov.				
1	3	4	4	4
2	4	5	5	5
3	5	6	6	6
4	6	7	7	7
5	7	8	8	8
6	8	9	9	9
7	9	10	10	10
8	10	11	11	11
9	11	12	12	12
10	12	13	13	13
11	13	14	14	14
12	14	15	15	15
13	15	16	16	16
14	16	17	17	17
15	17	18	18	18
16	18	19	19	19
17	19	20	20	20
18	20	21	21	21
19	21	22	22	22
20	22	23	23	23
21	23	24	24	24
22	24	25	25	25
23	25	26	26	26
24	26	27	27	27
25	27	28	28	28

Geburtstag	Empfängniszeit nach BGB., falls d. Entbindung erfolgt ist in einem			
	Nicht-Schaltjahre		Schaltjahre	
	von	bis	von	bis
Nov.	Jan.	Mai	Jan.	Mai
26	28	29	29	29
27	29	30	30	30
28	30	31	31	31
		Juni	Febr.	Juni
29	31	1	1	1
	Febr.			
30	1	2	2	2
Dez.				
1	2	3	3	3
2	3	4	4	4
3	4	5	5	5
4	5	6	6	6
5	6	7	7	7
6	7	8	8	8
7	8	9	9	9
8	9	10	10	10
9	10	11	11	11
10	11	12	12	12
11	12	13	13	13
12	13	14	14	14
13	14	15	15	15
14	15	16	16	16
15	16	17	17	17
16	17	18	18	18
17	18	19	19	19
18	19	20	20	20
19	20	21	21	21
20	21	22	22	22
21	22	23	23	23
22	23	24	24	24
23	24	25	25	25
24	25	26	26	26
25	26	27	27	27
26	27	28	28	28
27	28	29	29	29
	März		März	
28	1	30	1	30
		Juli		Juli
29	2	1	2	1
30	3	2	3	2
31	4	3	4	3

Zusatz zu Beilage 5.

Diese Tabelle zeigt die Zahl der zwischen zwei gegebenen Terminen liegenden Tage an, wenn Anfang und Ende des Zeitraums auf gleiche Tage zweier verschiedener Monate fallen. Fällt der Februar eines Schaltjahres hinein, so ist, weil in der Tabelle der Februar nur mit 28 Tagen berechnet ist, ein Tag hinzuzurechnen. Wenn Anfang und Ende des Zeitraumes auf ungleiche Tage fallen, so ist die Differenz bei dem Ergebnis ab- oder zuzurechnen. Der erste Tag eines Zeitraumes ist nicht mitgerechnet, dagegen aber der letzte.

Beispiele: Um zu wissen, wie viele Tage vom 15. Januar bis 15. Dezember eines Jahres zählen, sucht man in der Spalte 1 den Monat Januar und fährt auf dieser Zeile hinaus bis zur Spalte 13 (Dezember), wo sich die gesuchte Zahl 334 Tage findet; fällt der inzwischen liegende Februar in ein Schaltjahr, so ergeben sich 334 + 1 = 335 Tage; und wäre der Zeitraum vom 15. Januar bis 12. oder 18. Dezember zu suchen, so wären im ersteren Falle 3 Tage abzuziehen (334 — 3 = 331 Tage) und im letzteren Falle 3 Tage zuzuzählen (334 + 3 = 337 Tage). — Ist die Zeit vom 23. August 1871 bis 14. März 1872 zu suchen, so sucht man in der Spalte 1 den Monat August und fährt auf der Zeile bis in die Spalte 4, März, wo sich die 212 Tage finden, dazu 1 Schalttag = 213 und davon ab 9 Tage Differenz zwischen 14 und 23 = 204 Tage.

Zeitberechnungstabelle.

1 Monate	2 Januar	3 Februar	4 März	5 April	6 Mai	7 Juni	8 Juli	9 August	10 Septmb.	11 Oktober	12 Novmb.	13 Dezmb.
Januar . .	—	31	59	90	120	151	181	212	243	273	304	334
Februar . .	334	—	28	59	89	120	150	181	212	242	273	303
März . . .	306	337	—	31	61	92	122	153	184	214	245	275
April . . .	275	306	334	—	30	61	91	122	153	183	214	244
Mai	245	276	304	335	—	31	61	92	123	153	184	214
Juni	214	245	273	304	334	—	30	61	92	122	153	183
Juli	184	215	243	274	304	335	—	31	62	92	123	153
August . .	153	184	212	243	273	304	334	—	31	61	92	122
September	122	153	181	212	242	273	303	334	—	30	61	91
Oktober .	92	123	151	182	212	243	273	304	335	—	31	61
November	61	92	120	151	181	212	242	273	304	334	—	30
Dezember	31	62	90	121	151	182	212	243	274	304	335	—

6. Strafregisterbehörden.

(JMBl. 1925, 31; GVBl. 1926, 289).

Die Strafregister werden geführt

1. in Sachsen und Baden von den Amtsgerichten,
2. für die Bezirke der Landgerichte I, II und III Berlin von der Staatsanwaltschaft des Landgerichts I Berlin,
3. für die Bezirke des Amtsgerichts München und des Landgerichts München I von der Polizeidirektion München (Strafregister),
4. für den Württembergischen Amtsgerichtsbezirk Balingen (Preussisches Landgericht Hechingen) von der Staatsanwaltschaft bei dem Württembergischen Landgerichte Rottweil,
5. für das Saargebiet, einschliesslich der einbezogenen bayerischen Gebietsteile (Amtsgerichtsbezirke Homburg, St. Ingbert, Blieskastel), von der Staatsanwaltschaft bei dem Landgerichte Saarbrücken,
6. im übrigen Reichsgebiete von der Staatsanwaltschaft bei dem Landgericht, in dessen Bezirk der Geburtsort liegt, und zwar auch dann, wenn der Geburtsort in einem anderen Lande liegt als der Landgerichtssitz,
7. a) für Personen, die im Ausland, einschliesslich der auf Grund des Vertrags von Versailles abgetretenen Gebiete, geboren sind, oder deren Geburtsort zweifelhaft oder nicht zu ermitteln ist,

   b) für juristische Personen und Personenvereinigungen von dem Reichsjustizministerium (Strafregister) in Berlin W 9, Vossstrasse 4.

III.

Beil. 6—13.

7. Eidesformeln und Verpflichtungen.

Vorbemerkung. S. zunächst Art. 136 und 177 ReichsVerf.: Niemand darf zur Benutzung einer religiösen Eidesform gezwungen werden. Wo in den bestehenden Gesetzen die Eidesleistung unter Benutzung einer religiösen Eidesform vorgesehen ist, kann die Eidesleistung rechtswirksam auch in der Weise erfolgen, daß der Schwörende unter Weglassung der religiösen Eidesform erklärt: „Ich schwöre."

Arbeitsgerichte u. Landesarbeitsgerichte:

a) Eid der Vorsitzenden u. stellvertretenden Vorsitzenden: Sie leisten den Eid auf die RVerf., den Eid auf die bayer. Verf. u. den Richtereid (MB. v. 15. Juni 1927, JMBl. 25 § 3).

b) Beisitzer der Arbeitsgerichte und der Landesarbeitsgerichte: Der Vorsitzende spricht: „Sie schwören bei Gott dem Allmächtigen u. Allwiss., die Obliegenheiten Ihres Amtes als Beisitzer des Arbeitsgerichts (Landesarbeitsgerichts) getreulich zu erfüllen u. Ihre Stimme nach bestem Wissen u. Gewissen abzugeben." Der Beisitzer spricht: „Ich schwöre es, so wahr mir Gott helfe." Eventuell: Gebrauch der Beteuerungsformel der betreffenden Religionsgesellschaft (§ 10 der angeführten Bek.).

Beamte, öffentliche, Eid der —: „Ich schwöre Treue der Verfassung des Freistaates Bayern und der Reichsverfassung, Gehorsam den Gesetzen und gewissenhafte Erfüllung meiner Dienstpflichten" (VO. v. 3. Mai 1920, GVBl. 191); s. auch Arbeitsgerichte, Geschäftsstellen, Reichsbeamte, Richter u. Verwaltungsgerichtshof.

Disziplinarkammern u. Disziplinarhof, Mitglieder: Keine besondere Verpflichtung (Beamtenges. v. 16. Aug. 1908 Art. 127); desgl. für richterl. Beamte: Keine besondere Verpflichtung (RDiszO. Art. 22).

Dolmetscher, Eid der —:

a) In Strafprozesssachen: „Ich schwöre bei Gott dem Allmächtigen und Allwissenden, dass ich treu und gewissenhaft übertragen werde, so wahr mir Gott helfe" (GVG. § 189; StPO. §§ 63, 72).

b) In Zivilprozesssachen: Der Richter spricht: „Sie schwören bei Gott dem Allmächtigen und Allwissenden, dass Sie treu und gewissenhaft übertragen werden." Der Dolmetscher spricht: „Ich schwöre es, so wahr mir Gott helfe" (GVG. § 189; ZPO. § 481).

Familienratsmitglieder, Verpflichtung der —. Sie werden vom Vorsitzenden durch Handschlag an Eidesstatt zu treuer und gewissenhafter Führung des Amtes verpflichtet (BGB. § 1870).

Geschäftsstellen, Eide und Verpflichtungen des Personals der gerichtlichen und staatsanwaltschaftlichen.

a) der Urkundsbeamten. Sie haben zu schwören, dass sie die ihnen obliegenden Amtspflichten nach den bestehenden Gesetzen und Verordnungen treu erfüllen, den dienstlichen Aufträgen ihrer Vorgesetzten pünktlich nachkommen und das

Amtsgeheimnis sorgfältig bewahren werden (AG. GVG. Art. 61; VO. v. 3. Mai 1920, GVBl. 191, § 4).

b) der stellvertretenden Urkundsbeamten: Sie haben den Eid der Urkundsbeamten neben dem Eid zu leisten, den sie als Beamter oder Staatsdienstaspirant zu leisten haben (JMB. v. 22. Juli 1909 [JMBl. 345] § 3).

c) der Gerichtsexpeditoren und der Expeditoren der Staatsanwaltschaft usw.: Sie leisten keinen weiteren Eid; den Beamteneid haben sie schon als Sekretariatsassistenten geleistet.

d) der Gerichtsassistenten und der Assistenten der Staatsanwaltschaft usw.: Sie leisten den Beamteneid (JMB. v. 22. Juli 1909 [JMBl. 345] § 19).

e) der Gerichtsschreibergehilfen: Sie leisten, wenn sie das 21. Lebensjahr vollendet haben, den Beamteneid, andernfalls den Eid der Staatsdienstaspiranten (JMB. v. 22. Juli 1909 [JMBl. 345] § 12).

f) der Inzipienten: Sie leisten, wenn sie das 16. Lebensjahr vollendet haben, den Eid der Staatsdienstaspiranten, andernfalls sind sie lediglich auf die Beachtung der Dienstvorschriften und die Wahrung des Amtsgeheimnisses hinzuweisen (JMB. v. 22. Juli 1909 [JMBl. 345] § 10).

g) der Aushilfsschreiber: Sie sind lediglich auf die Beachtung der Dienstvorschriften und die Wahrung des Amtsgeheimnisses hinzuweisen, wenn sie nicht als Beamte oder Staatsdienstaspiranten ohnehin beeidigt sind (JMB. v. 22. Juli 1909 [JMBl. 395] § 26).

Geschworeneneid: Wie der Eid der Schöffen (GVG. § 84).

Grundbuchkommissionäre, Eid der —: Sie sind auf den von ihnen als Urkundsbeamten geleisteten hinzuweisen und schwören ausserdem, dass sie die Amtspflichten, die ihnen nach den bestehenden Vorschriften obliegen, nach bestem Wissen und Gewissen mit Fleiss und Sorgfalt erfüllen (Dienstanweisung für die Grundbuchämter v. 27. Febr. 1905 [JMBl. 61] § 9).

Handelsrichter, Eid der — s. Eid der Richter.

Jugendamt, gewählte Mitglieder des —: Sie werden vom Leiter des Jugendamts zur gewissenhaften Erfüllung ihrer Obliegenheiten und insbesondere zur Wahrung der Amtsverschwiegenheiten in Pflicht genommen (JAmtsGes. v. 20. Juli 1925, GVBl. 211, Art. 9 Abs. 2).

Landgerichtsärzte, Eid der — s. § 5 der JInnMB. vom 22. März 1915 (JMBl. 19).

Mennoniten, Eidesleistung der —: Sie sind vom Richter an ihre Verbindlichkeiten, die sie beim Eintritt in ihren Glauben und in den Taufbund übernehmen, zu erinnern, sowie an ihre Bürgerpflicht, die reine unverfälschte Wahrheit auszusagen, und zu belehren, daß bei ihnen das Ja und Nein dem wirklichen Eid gleichstehe und die falsche Beteuerung die gesetzlichen Strafen nach sich ziehe; hierauf ist ihnen der Handschlag abzunehmen und sie haben die Beteuerungsformel zu sprechen: Ich verspreche mit gegenwärtigem Handschlag, wie bei meinem Taufbunde, die reine Wahrheit zu sagen (GVG. § 51; ZPO. § 484; StPO. §§ 65, 288; VO. v. 20. Okt. 1811 [RegBl. 1601]; RGStr. 36, 203. Wegen Umgestaltung des Eides in den Nacheid vgl. BayZ. 1917, 212).

Notare und Notariatsverweser, Eide der —:

a) Notar: Er schwört, dass er die ihm obliegenden Amtspflichten nach bestem Wissen und Gewissen den Gesetzen gemäss mit Fleiss und Sorgfalt erfüllen werde; desgl. Treue der Verfassung des Freistaates Bayern und der Reichsverfassung (Notariatsges. Art. 10; JMB. v. 28. Jan. 1929 [JMBl. 4]).

b) Notariatsverweser: Er schwört wie der Notar; der Eid entfällt, wenn er Richter an einem Amtsgericht ist (Notariatsges. Art. 105; JMB. v. 28. Jan. 1929 [JMBl. 4]).

Notariatsbeamte, Eid der —:

Ich schwöre Treue der Verfassung des Freistaates Bayern und der Reichsverfassung, Gehorsam den Gesetzen und gewissenhafte Erfüllung meiner Dienstpflichten (NotBeamten-Ordn. v. 4. Sept. 1925, JMBl. 67; VO. v. 3. Mai 1920, GVBl. 191).

Notariatsdisziplinarkammer und Notariatsdisziplinarhof, Mitglieder der —: Keine besondere Verpflichtung (NotG. Art. 84 Abs. 1; RDiszG. Art. 22).

Offenbarungseide nach dem Bürgerlichen Gesetzbuche:

a) Eid in Nachlasssachen bei der Inventarserrichtung: Der Richter spricht: „Sie schwören bei Gott dem Allmächtigen und Allwissenden, dass Sie nach bestem Wissen die Nachlassgegenstände so vollständig angegeben haben, als Sie dazu imstande sind.“ Der Schwörende spricht: „Ich schwöre es, so wahr mir Gott helfe“ (BGB. § 2006; FGG. § 15; ZPO. § 481).

b) Eid dessen, der mit dem Erblasser in häuslicher Gemeinschaft lebte: Der Richter spricht: „Sie schwören bei Gott dem Allmächtigen und Allwissenden, dass Sie Ihre Angaben nach bestem Wissen so vollständig gemacht haben, als Sie dazu imstande sind.“ Der Schwörende spricht: „Ich schwöre es, so wahr mir Gott helfe“ (BGB. § 2028: FGG. § 15; ZPO. § 481).

c) Eid dessen, der verpflichtet ist, einen Inbegriff von Gegenständen herauszugeben oder über den Bestand eines solchen Inbegriffs Auskunft zu erteilen: Der Richter spricht: „Sie schwören bei Gott dem Allmächtigen und Allwissenden, dass Sie nach bestem Wissen den Bestand so vollständig angegeben haben, als Sie dazu imstande sind.“ Der Schwörende spricht: „Ich schwöre es, so wahr mir Gott (BGB. § 260; FGG. § 15; ZPO. § 481).

d) Eid dessen, der verpflichtet ist, über eine Verwaltung Rechenschaft abzulegen. Der Richter spricht: „Sie schwören bei Gott dem Allmächtigen und Allwissenden, dass Sie nach bestem Wissen die Einnahmen so vollständig angegeben haben, als Sie dazu imstande sind.“ Der Schwörende spricht: „Ich schwöre es, so wahr mir Gott helfe“ (BGB. § 259; FGG. § 15; ZPO. § 481).

e) Eid des Miterben über Ausgleichungsposten: Wie bei c (BGB. § 2057; FGG. § 15; ZPO. § 481).

Offenbarungseid des Gemeinschuldners im Konkursverfahren über das Inventar: Der Richter spricht: „Sie schwören bei Gott dem Allmächtigen und Allwissenden, dass Sie nach bestem Wissen Ihr zur Zeit der Konkurseröffnung vorhandenes Vermögen so vollständig angegeben haben, als Sie dazu imstande sind. Der Schwörende spricht: „Ich schwöre es, so wahr mir Gott helfe“ (KO. § 125; ZPO. §§ 807, 481).

Offenbarungseid im Vergleichsverfahren: Der Richter spricht: „Sie schwören bei Gott dem Allmächtigen und Allwissenden, dass Sie nach bestem Wissen Ihr Vermögen und Ihre Verbindlichkeiten so vollständig angegeben haben, als sie dazu imstande sind." Der Schwörende spricht: „Ich schwöre es, so wahr mir Gott helfe" (VerglO. § 61).

Offenbarungseid im Zivilprozessverfahren:

a) Bei fruchtloser Pfändung. Der Richter spricht: „Sie schwören bei Gott dem Allmächtigen und Allwissenden, dass Sie nach bestem Wissen Ihr Vermögen so vollständig angegeben haben, als Sie dazu imstande sind." Der Schwörende spricht: „Ich schwöre es, so wahr mir Gott helfe" (ZPO. §§ 807, 481).

b) Zur Erwirkung der Herausgabe von beweglichen Sachen oder einer Quantität von bestimmten beweglichen Sachen. Der Richter spricht: „Sie schwören bei Gott dem Allmächtigen und Allwissenden, daß Sie die Sache nicht besitzen, auch nicht wissen, wo die Sache sich befinde." Der Schwörende spricht: „Ich schwöre es, so wahr mir Gott helfe" (ZPO. §§ 883, 481).

Parteieid im Zivilprozess.

a) der Wahrheits- oder Wissenseid, d. i. der Eid über Handlungen oder Wahrnehmungen des Schwurpflichtigen: Der Richter spricht: „Sie schwören bei Gott dem Allmächtigen und Allwissenden, dass ... (die Tatsache oder Wahrnehmung) ... wahr (nicht wahr) ist." Die Partei spricht: „Ich schwöre es, so wahr mir Gott helfe" (ZPO. § 459 Abs. 1, § 481).

b) Der Glaubens- oder Kredulitätseid; d. i. der Eid, der zu leisten ist, wenn eine Handlung oder eine Wahrnehmung des Schwurpflichtigen von seinem Gegner behauptet ist, und ihm nicht zugemutet werden kann, die Wahrheit oder Nichtwahrheit zu beschwören. Der Richter spricht: „Sie schwören bei Gott dem Allmächtigen und Allwissenden, dass Sie nach sorgfältiger Prüfung und Erkundigung die Ueberzeugung erlangt haben, dass die ... (Tatsache oder Wahrnehmung) ... wahr (nicht wahr) ist." Die Partei spricht: „Ich schwöre es, so wahr mir Gott helfe" (ZPO. § 459 Abs. 2, § 481).

c) Der Ignoranzeid, d. i. der Eid über Tatsachen anderer Art. Der Richter spricht: „Sie schwören bei Gott dem Allmächtigen und Allwissenden, dass Sie nach sorgfältiger Prüfung und Erkundigung die Ueberzeugung erlangt (nicht erlangt) haben, dass ... (die Tatsache) .. wahr sei." Die Partei spricht: „Ich schwöre es, so wahr mir Gott helfe" (ZPO. § 459 Abs. 3, § 481).

d) Der Urkundeneditionseid. Der Richter spricht: „Sie schwören bei Gott dem Allmächtigen und Allwissenden, dass Sie nach sorgfältiger Nachforschung die Ueberzeugung erlangt haben, dass die Urkunde in ihrem Besitze sich nicht befinde, dass Sie die Urkunde nicht in der Absicht abhanden gebracht haben, deren Benutzung dem Beweisführer zu entziehen, dass Sie auch nicht wissen, wo die Urkunde sich befinde." Die Partei spricht: „Ich schwöre es, so wahr mir Gott helfe" (ZPO. §§ 426, 481).

Protokollführer, Eid der — in dringenden Fällen bei Voruntersuchungen nach dem Beamtengesetz. Es entscheidet über die Form das Ermessen des Beeidigenden (Beamtenges. Art. 135; Reindl, Beamtenges. Art. 135 A. 2).

Rechtsanwälte, Eid der —: „Ich schwöre bei Gottt dem Allmächtigen und Allwissenden, die Pflichten eines Rechtsanwalts gewissenhaft zu erfüllen, so wahr mir Gott helfe" (RAO. § 17).

Referendare, Eid der —: „Ich schwöre Treue der Verfassung des Freistaates Bayern und der Reichsverfassung, Gehorsam den Gesetzen und gewissenhafte Erfüllung meiner Dienstpflichten"; ausserdem haben sie den für die Urkundsbeamten der Geschäftsstellen vorgeschriebenen Eid (s. oben bei Geschäftsstellen) zu leisten (VO. v. 1. April 1925, GVBl. 103, § 23).

Reichsbeamte, Eid der —: „Ich schwöre Treue der Verfassung, Gehorsam den Gesetzen und gewissenhafte Erfüllung meiner Amtspflichten" (RPrVO. v. 14. Aug. 1919 [RGBl. 1419]).

Richter der ordentlichen Gerichte einschliesslich der **Handelsrichter,** Eid der —: Sie haben zu schwören, die ihnen obliegenden Richteramtspflichten nach bestem Wissen und Gewissen mit Fleiss und Sorgfalt zu erfüllen, keine Partei zu begünstigen, keiner mit Rat zu dienen, von keiner ein Geschenk oder Versprechen, weder unmittelbar noch mittelbar, anzunehmen, nirgends aus Hass, Gunst, Furcht, Rücksicht auf die Person oder aus ähnlichen Ursachen zu handeln, sondern bei allen Richteramtshandlungen nur Gott, die Gesetze, die Gerechtigkeit und Wahrheit vor Augen zu haben (AG. GVG. Art. 2; VO. v. 3. Mai 1920, GVBl. 191, § 4); s. auch Beamte.

Sachverständigeneid:

a) In Strafprozessachen und in Disziplinarsachen nach dem Beamtenges. Nur Voreid: „Ich schwöre bei Gott dem Allmächtigen und Allwissenden, dass ich das von mir erforderte Gutachten unparteiisch und nach bestem Wissen und Gewissen erstatten werde, so wahr mit Gott helfe" (StPO. § 79; Beamtengesetz Art. 131).

b) In Zivilprozessachen. Als Voreid. Der Richter spricht: „Sie schwören bei Gott dem Allmächtigen und Allwissenden, dass Sie das von Ihnen erforderte Gutachten unparteiisch und nach bestem Wissen und Gewissen erstatten werden." Der Sachverständige spricht: „Ich schwöre es, so wahr mir Gott helfe."

Als Nacheid: Wie beim Voreid, jedoch anstatt „erstatten werden" „erstattet haben".

Bei gleichzeitiger Eidesleistung mehrerer werden beim Voreid wie beim Nacheid die Worte, die der Sachverständige zu sprechen hat, von jedem einzeln gesprochen (ZPO. §§ 410, 481).

Schätzer zur amtlichen Feststellung des Wertes von Grundstücken, Eid der —: „Ich schwöre bei Gott dem Allmächtigen und Allwissenden, dass ich die mir als Schätzer obliegenden Pflichten getreu erfüllen und die mir aufgetragenen Schätzungen ohne Rücksicht auf die Person nach bestem Wissen und Gewissen ausführen werde, so wahr mir Gott helfe" (JInnMB. v. 14. Juli 1909 [JMBl. 307] § 6); Erinnerung an den Eid vor der Vernehmung (§ 23 der Bek.).

Schöffeneid. Der Vorsitzende spricht: „Sie schwören bei Gott dem Allmächtigen und Allwissenden, die Pflichten eines Schöffen getreulich zu erfüllen und Ihre Stimmen nach bestem Wissen und Gewissen abzugeben." Jeder Schöffe spricht: „Ich schwöre, so wahr mit Gott helfe" (GVG. §§ 51, 77).

Urkundsbeamte. S. Geschäftsstellen.

Verwaltungsgerichtshofs-Mitglieder, Eid der —: „Ich schwöre bei Gott dem Allmächtigen und Allwissenden, dass ich die mir obliegenden Pflichten nach bestem Wissen und Gewissen mit Fleiss und Sorgfalt erfülle; keine Partei begünstige, keiner mit Rat diene, von keiner ein Geschenk oder Versprechen, weder unmittelbar noch mittelbar annehme, nirgends aus Hass, Gunst, Furcht, Rücksicht auf die Person oder aus ähnlichen Ursachen handle, sondern bei allen Amtshandlungen nur Gott, die Gesetze, die Gerechtigkeit und Wahrheit vor Augen habe" (VO. v. 31. Aug. 1879 [GVBl. 1007] § 16; VO. v. 3. Mai 1920 [GVBl. 191] § 4); s. hierzu Dyroff, VerwGerHGes. S. 89.

Vormünder, Verpflichtung der —. Sie werden von dem Vormundschaftsgericht mittels Handschlag an Eides Statt zu treuer und gewissenhafter Führung der Vormundschaft verpflichtet (BGB. § 1789).

Waisenräte: Sie werden vom Leiter des Jugendamts zur gewissenhaften Erfüllung ihrer Obliegenheiten und insbesondere zur Wahrung der Amtsverschwiegenheit in Pflicht genommen (JAmtsges. v. 20. Juli 1925, GVBl. 211, Art. 27 u. 9).

Zeugeneid:

a) In Strafprozesssachen und im Disziplinarverfahren nach dem Beamtengesetz. Als Voreid: „Ich schwöre bei Gott dem Allmächtigen und Allwissenden, dass ich nach bestem Wissen die reine Wahrheit sagen, nichts verschweigen und nichts hinzusetzen werde, so wahr mir Gott helfe." Als Nacheid: „Ich schwöre bei Gott dem Allmächtigen und Allwissenden, dass ich nach bestem Wissen die reine Wahrheit gesagt, nichts verschwiegen und nichts hinzugesetzt habe, so wahr mir Gott helfe" (StPO. §§ 62 u. 63; Beamtenges. Art. 131).

b) In Zivilprozesssachen. Nur Nacheid. Der Richter spricht: „Sie schwören bei Gott dem Allmächtigen und Allwissenden, dass Sie nach bestem Wissen die reine Wahrheit gesagt und nichts verschwiegen haben." Der Zeuge spricht: „Ich schwöre es, so wahr mir Gott helfe." Mehrere leisten gleichzeitig den Eid dadurch, dass sie letztere Formel einzeln sprechen (ZPO. §§ 392 u. 481).

8. Tabellen zur Berechnung der Gerichtskosten in bürgerl. Rechtsstreitigkeiten, Konkurs- und Arbeitsgerichtssachen.

Gerichtskostengesetz v. 5. Juli 1927 (RGBl. 152).

a) Gebühren in bürg. Rechtsstreitigkeiten und Konkurssachen:

Wertklasse	Gegenstandswert von mehr als — bis einschließlich	Volle Gebühr	1/4 Gebühr	1/2 Gebühr	1 1/2 fache Gebühr	Doppelte Gebühr	Dreifache Gebühr
1	0— 20	1.00	0.50	0.50	1.50	2.00	3.00
2	20— 60	2.00	0.50	1.00	3.00	4.00	6.00
3	60— 100	3.00	0.80	1.50	4.50	6.00	9.00
4	100— 200	6.00	1.50	3.00	9.00	12.00	18.00
5	200— 300	9.00	2.30	4.50	13.50	18.00	27.00
6	300— 400	12.00	3.00	6.00	18.00	24.00	36.00
7	400— 500	15.00	3.80	7.50	22.50	30.00	45.00
8	500— 600	18.00	4.50	9.00	27.00	36.00	54.00
9	600— 700	21.00	5.30	10.50	31.50	42.00	63.00
10	700— 800	24.00	6.00	12.00	36.00	48.00	72.00
11	800— 900	27.00	6.80	13.50	40.50	54.00	81.00
12	900—1000	30.00	7.50	15.00	45.00	60.00	90.00
13	1000—1100	32.00	8.00	16.00	48.00	64.00	96.00
14	1100—1200	34.00	8.50	17.00	51.00	68.00	102.00
15	1200—1300	36.00	9.00	18.00	54.00	72.00	108.00
16	1300—1400	38.00	9.50	19.00	57.00	76.00	114.00
17	1400—1500	40.00	10.00	20.00	60.00	80.00	120.00
18	1500—1600	42.00	10.50	21.00	63.00	84.00	126.00
19	1600—1700	44.00	11.00	22.00	66.00	88.00	132.00
20	1700—1800	46.00	11.50	23.00	69.00	92.00	138.00
21	1800—1900	48.00	12.00	24.00	72.00	96.00	144.00
22	1900—2000	50.00	12.50	25.00	75.00	100.00	150.00
23	2000—2100	51.00	12.80	25.50	76.50	102.00	153.00
24	2100—2200	52.00	13.00	26.00	78.00	104.00	156.00
25	2200—2300	53.00	13.30	26.50	79.50	106.00	159.00
26	2300—2400	54.00	13.50	27.00	81.00	108.00	162.00
27	2400—2500	55.00	13.80	27.50	82.50	110.00	165.00
28	2500—2600	56.00	14.00	28.00	84.00	112.00	168.00
29	2600—2700	57.00	14.30	28.50	85.50	114.00	171.00
30	2700—2800	58.00	14.50	29.00	87.00	116.00	174.00
31	2800—2900	59.00	14.80	29.50	88.50	118.00	177.00
32	2900—3000	60.00	15.00	30.00	90.00	120.00	180.00
33	3000—3100	61.00	15.30	30.50	91.50	122.00	183.00
34	3100—3200	62.00	15.50	31.00	93.00	124.00	186.00
35	3200—3300	63.00	15.80	31.50	94.50	126.00	189.00

Wertklasse	Gegenstandswert von mehr als	Gegenstandswert bis einschließlich	Volle Gebühr	1/4 Gebühr	1/2 Gebühr	1 1/2 fache Gebühr	Doppelte Gebühr	Dreifache Gebühr
36	3300	3400	64.00	16.00	32.00	96.00	128.00	192.00
37	3400	3500	65.00	16.30	32.50	97.50	130.00	195.00
38	3500	3600	66.00	16.50	33.00	99.00	132.00	198.00
39	3600	3700	67.00	16.80	33.50	100.50	134.00	201.00
40	3700	3800	68.00	17.00	34.00	102.00	136.00	204.00
41	3800	3900	69.00	17.30	34.50	103.50	138.00	207.00
42	3900	4000	70.00	17.50	35.00	105.00	140.00	210.00
43	4000	4100	71.00	17.80	35.50	106.50	142.00	213.00
44	4100	4200	72.00	18.00	36.00	108.00	144.00	216.00
45	4200	4300	73.00	18.30	36.50	109.50	146.00	219.00
46	4300	4400	74.00	18.50	37.00	111.00	148.00	222.00
47	4400	4500	75.00	18.80	37.50	112.50	150.00	225.00
48	4500	4600	76.00	19.00	38.00	114.00	152.00	228.00
49	4600	4700	77.00	19.30	38.50	115.50	154.00	231.00
50	4700	4800	78.00	19.50	39.00	117.00	156.00	234.00
51	4800	4900	79.00	19.80	39.50	118.50	158.00	237.00
52	4900	5000	80.00	20.00	40.00	120.00	160.00	240.00
53	5000	5100	81.00	20.30	40.50	121.50	162.00	243.00
54	5100	5200	82.00	20.50	41.00	123.00	164.00	246.00
55	5200	5300	83.00	20.80	41.50	124.50	166.00	249.00
56	5300	5400	84.00	21.00	42.00	126.00	168.00	252.00
57	5400	5500	85.00	21.30	42.50	127.50	170.00	255.00
58	5500	5600	86.00	21.50	43.00	129.00	172.00	258.00
59	5600	5700	87.00	21.80	43.50	130.50	174.00	261.00
60	5700	5800	88.00	22.00	44.00	132.00	176.00	264.00
61	5800	5900	89.00	22.30	44.50	133.50	178.00	267.00
62	5900	6000	90.00	22.50	45.00	135.00	180.00	270.00
63	6000	6100	91.00	22.80	45.50	136.50	182.00	273.00
64	6100	6200	92.00	23.00	46.00	138.00	184.00	276.00
65	6200	6300	93.00	23.30	46.50	139.50	186.00	279.00
66	6300	6400	94.00	23.50	47.00	141.00	188.00	282.00
67	6400	6500	95.00	23.80	47.50	142.50	190.00	285.00
68	6500	6600	96.00	24.00	48.00	144.00	192.00	288.00
69	6600	6700	97.00	24.30	48.50	145.50	194.00	291.00
70	6700	6800	98.00	24.50	49.00	147.00	196.00	294.00
71	6800	6900	99.00	24.80	49.50	148.50	198.00	297.00
72	6900	7000	100.00	25.00	50.00	150.00	200.00	300.00
73	7000	7100	101.00	25.30	50.50	151.50	202.00	303.00
74	7100	7200	102.00	25.50	51.00	153.00	204.00	306.00
75	7200	7300	103.00	25.80	51.50	154.50	206.00	309.00
76	7300	7400	104.00	26.00	52.00	156.00	208.00	312.00
77	7400	7500	105.00	26.30	52.50	157.50	210.00	315.00
78	7500	7600	106.00	26.50	53.00	159.00	212.00	318.00

Wertklasse	Gegenstandswert von mehr als	bis einschließlich	Volle Gebühr	$^1/_4$ Gebühr	$^1/_2$ Gebühr	$1^1/_2$ fache Gebühr	Doppelte Gebühr	Dreifache Gebühr
79	7600	7700	107.00	26.80	53.50	160.50	214.00	321.00
80	7700	7800	108.00	27.00	54.00	162.00	216.00	324.00
81	7800	7900	109.00	27.30	54.50	163.50	218.00	327.00
82	7900	8000	110.00	27.50	55.00	165.00	220.00	330.00
83	8000	8100	111.00	27.80	55.50	166.50	222.00	333.00
84	8100	8200	112.00	28.00	56.00	168.00	224.00	336.00
85	8200	8300	113.00	28.30	56.50	169.50	226.00	339.00
86	8300	8400	114.00	28.50	57.00	171.00	228.00	342.00
87	8400	8500	115.00	28.80	57.50	172.50	230.00	345.00
88	8500	8600	116.00	29.00	58.00	174.00	232.00	348.00
89	8600	8700	117.00	29.30	58.50	175.50	234.00	351.00
90	8700	8800	118.00	29.50	59.00	177.00	236.00	354.00
91	8800	8900	119.00	29.80	59.50	178.50	238.00	357.00
92	8900	9000	120.00	30.00	60.00	180.00	240.00	360.00
93	9000	9100	121.00	30.30	60.50	181.50	242.00	363.00
94	9100	9200	122.00	30.50	61.00	183.00	244.00	366.00
95	9200	9300	123.00	30.80	61.50	184.50	246.00	369.00
96	9300	9400	124.00	31.00	62.00	186.00	248.00	372.00
97	9400	9500	125.00	31.30	62.50	187.50	250.00	375.00
98	9500	9600	126.00	31.50	63.00	189.00	252.00	378.00
99	9600	9700	127.00	31.80	63.50	190.50	254.00	381.00
100	9700	9800	128.00	32.00	64.00	192.00	256.00	384.00
101	9800	9900	129.00	32.30	64.50	193.50	258.00	387.00
102	9900	10000	130.00	32.50	65.00	195.00	260.00	390.00

Die weiteren vollen Gebühren werden in folgender Weise gefunden:

a) Aus Streitgegenständen von mehr als 10 000 bis 20 000 einschliesslich: Der Streitgegenstand wird auf die nächsten vollen 100 aufgerundet, zwei Nullen werden gestrichen, der Rest wird durch 2 geteilt, 80 werden addiert. Beispiel: Gebühr aus 17 605 = 17 700; 177; 88.50; 168.50.

b) Aus Streitgegenständen von mehr als 20 000: Der Streitgegenstand wird auf die nächsten vollen 1000 aufgerundet, zwei Nullen werden gestrichen, der Rest wird durch 2 geteilt, 80 werden addiert. Beispiel: Gebühr aus 371 425 = 372 000; 3720; 1860; 1940.

Schreibgebühr für die Seite: 0.30 RM.

b) Gebühren nach dem Arbeitsgerichtsgesetz v. 23. Dez. 1926 (RGBl. 507) § 12.

Volle Gebühr.

Aus Streitwerten bis	20 M	einschliesslich	1 RM
„ „ von da ab	— 60 M	„	2 RM
„ „ „ „ „	—100 M	„	3 RM

Die Gebühren aus höheren Streitwerten betragen 3 % aus dem auf die nächsten 100 RM aufgerundeten Streitwert, jedoch höchstens 500 RM.

9. Tabellen zur Berechnung der Rechtsanwaltsgebühren.

a) Ordentliche Gebühren in Zivilsachen.

RechtsanwGebührenordn. v. 5. Juli 1927 (RGBl. 162).

Wertklasse	Streitgegenstand RM von mehr als	bis einschließlich	Volle Gebühr	2/10 Gebühr	3/10 Gebühr	5/10 Gebühr	6/10 Gebühr	Berufungs- u. Revisionsinstanz 13/10 Gebühr	½ v. 13/10 Gebühr
1	0—	20	2.00	1.00	1.00	1.00	1.20	2.60	1.30
2	20—	60	4.00	1.00	1.20	2.00	2.40	5.20	2.60
3	60—	100	6.00	1.20	1.80	3.00	3.60	7.80	3.90
4	100—	150	8.00	1.60	2.40	4.00	4.80	10.40	5.20
5	150—	200	10.00	2.00	3.00	5.00	6.00	13.00	6.50
6	200—	300	15.00	3.00	4.50	7.50	9.00	19.50	9.75
7	300—	400	20.00	4.00	6.00	10.00	12.00	26.00	13.00
8	400—	500	25.00	5.00	7.50	12.50	15.00	32.50	16.25
9	500—	600	29.00	5.80	8.70	14.50	17.40	37.70	18.85
10	600—	700	33.00	6.60	9.90	16.50	19.80	42.90	21.45
11	700—	800	37.00	7.40	11.10	18.50	22.20	48.10	24.05
12	800—	900	41.00	8.20	12.30	20.50	24.60	53.30	26.65
13	900—	1000	45.00	9.00	13.50	22.50	27.00	58.50	29.25
14	1000—	1100	48.00	9.60	14.40	24.00	28.80	62.40	31.20
15	1100—	1200	51.00	10.20	15.30	25.50	30.60	66.30	33.15
16	1200—	1300	54.00	10.80	16.20	27.00	32.40	70.20	35.10
17	1300—	1400	57.00	11.40	17.10	28.50	34.20	74.10	37.05
18	1400—	1500	60.00	12.00	18.00	30.00	36.00	78.00	39.00
19	1500—	1600	63.00	12.60	18.90	31.50	37.80	81.90	40.95
20	1600—	1700	66.00	13.20	19.80	33.00	39.60	85.80	42.90
21	1700—	1800	69.00	13.80	20.70	34.50	41.40	89.70	44.85
22	1800—	1900	72.00	14.40	21.60	36.00	43.20	93.60	46.80
23	1900—	2000	75.00	15.00	22.50	37.50	45.00	97.50	48.75
24	2000—	2100	78.00	15.60	23.40	39.00	46.80	101.40	50.70
25	2100—	2200	81.00	16.20	24.30	40.50	48.60	105.30	52.65
26	2200—	2300	84.00	16.80	25.20	42.00	50.40	109.20	54.60
27	2300—	2400	87.00	17.40	26.10	43.50	52.20	113.10	56.55
28	2400—	2500	90.00	18.00	27.00	45.00	54.00	117.00	58.50
29	2500—	2600	93.00	18.60	27.90	46.50	55.80	120.90	60.45
30	2600—	2700	96.00	19.20	28.80	48.00	57.60	124.80	62.40
31	2700—	2800	99.00	19.80	29.70	49.50	59.40	128.70	64.35
32	2800—	2900	102.00	20.40	30.60	51.00	61.20	132.60	66.30
33	2900—	3000	105.00	21.00	31.50	52.50	63.00	136.50	68.25
34	3000—	3100	107.00	21.40	32.10	53.50	64.20	139.10	69.55
35	3100—	3200	109.00	21.80	32.70	54.50	65.40	141.70	70.85

Wertklasse	Streitgegenstand RM von mehr als	Streitgegenstand RM bis einschließlich	Volle Gebühr	2/10 Gebühr	3/10 Gebühr	5/10 Gebühr	6/10 Gebühr	Berufungs- u. Revisionsinstanz 13/10 Gebühr	Berufungs- u. Revisionsinstanz 1/2 v. 13/10 Gebühr
36	3200	3300	111.00	22.20	33.30	55.50	66.60	144.30	72.15
37	3300	3400	113.00	22.60	33.90	56.50	67.80	146.90	73.45
38	3400	3500	115.00	23.00	34.50	57.50	69.00	149.50	74.75
39	3500	3600	117.00	23.40	35.10	58.50	70.20	152.10	76.05
40	3600	3700	119.00	23.80	35.70	59.50	71.40	154.70	77.35
41	3700	3800	121 00	24.20	36.30	60.50	72.60	157.30	78.65
42	3800	3900	123.00	24.60	36.90	61.50	73.80	159.90	79.95
43	3900	4000	125.00	25.00	37.50	62.50	75.00	162.50	81.25
44	4000	4100	127.00	25.40	38.10	63.50	76.20	165.10	82.55
45	4100	4200	129.00	25.80	38.70	64.50	77.40	167.70	83.85
46	4200	4300	131.00	26.20	39.30	65.50	78.60	170.30	85.15
47	4300	4400	133.00	26.60	39.90	66.50	79.80	172.90	86.45
48	4400	4500	135.00	27.00	40.50	67.50	81.00	175.50	87.75
49	4500	4600	137.00	27.40	41.10	68.50	82.20	178.10	89.05
50	4600	4700	139.00	27.80	41.70	69.50	83.40	180.70	90.35
51	4700	4800	141.00	28.00	42.30	70.50	84.60	183.30	91.65
52	4800	4900	143.00	28.60	42.90	71.50	85.80	185.90	92.95
53	4900	5000	145.00	29.00	43.50	72.50	87.00	188.50	94.25
54	5000	5100	147.00	29.40	44.10	73.50	88.20	191.10	95.55
55	5100	5200	149.00	29.80	44.70	74.50	89.40	193.70	96.85
56	5200	5300	151.00	30.20	45.30	75.50	90.60	196.30	98.15
57	5300	5400	153.00	30.60	45.90	76.50	91.80	198.90	99.45
58	5400	5500	155.00	31.00	46.50	77.50	93.00	201.50	100.75
59	5500	5600	157.00	31.40	47.10	78.50	94.20	204.10	102.05
60	5600	5700	159.00	31.80	47.70	79.50	95.40	206.70	103.35
61	5700	5800	161.00	32.20	48.30	80.50	96.60	209.30	104.65
62	5800	5900	163.00	32.60	48.90	81.50	97.80	211.90	105.95
63	5900	6000	165.00	33.00	49.50	82.50	99.00	214.50	107.25
64	6000	6100	166.00	33.20	49.80	83.00	99.60	215.80	107.90
65	6100	6200	167.00	33.40	50.10	83.50	100.20	217.10	108.55
66	6200	6300	168.00	33.60	50.40	84.00	100.80	218.40	109.20
67	6300	6400	169.00	33 80	50.70	84.50	101.40	219.70	109.85
68	6400	6500	170.00	34.00	51.00	85.00	102.00	221.00	110.50
69	6500	6600	171.00	34.20	51.30	85.50	102.60	222.30	111.15
70	6600	6700	172.00	34.40	51.60	86.00	103.20	223.60	111.80
71	6700	6800	173.00	34.60	51.90	86.50	103.80	224.90	112.45
72	6800	6900	174.00	34.80	52.20	87.00	104.40	226.20	113.10
73	6900	7000	175.00	35.00	52.50	87.50	105.00	227.50	113.75
74	7000	7100	176.00	35.20	52.80	88.00	105.60	228.80	114.40
75	7100	7200	177.00	35.40	53.10	88.50	106.20	230.10	115.50

Wertklasse	Streitgegenstand RM von mehr als	Streitgegenstand RM bis einschließlich	Volle Gebühr	2/10 Gebühr	3/10 Gebühr	5/10 Gebühr	6/10 Gebühr	Berufungs- u. Revisionsinstanz 13/10 Gebühr	Berufungs- u. Revisionsinstanz 1/2 v. 13/10 Gebühr
76	7200	7300	178.00	35.60	53.40	89.00	106.80	231.40	115.70
77	7300	7400	179.00	35.80	53.70	89.50	107.40	232.70	116.35
78	7400	7500	180.00	36.00	54.00	90.00	108.00	234.00	117.00
79	7500	7600	181.00	36.20	54.30	90.50	108.60	235.30	117.65
80	7600	7700	182.00	36.40	54.60	91.00	109.20	236.60	118.30
81	7700	7800	183.00	36.60	54.90	91.50	109.80	237.90	118.95
82	7800	7900	184.00	36.80	55.20	92.00	110.40	239.20	119.60
83	7900	8000	185.00	37.00	55.50	92.50	111.00	240.50	120.25
84	8000	8100	186.00	37.20	55.80	93.00	111.60	241.80	120.90
85	8100	8200	187.00	37.40	56.10	93.50	112.20	243.10	121.55
86	8200	8300	188.00	37.60	56.40	94.00	112.80	244.40	122.20
87	8300	8400	189.00	37.80	56.70	94.50	113.40	245.70	122.85
88	8400	8500	190.00	38.00	57.00	95.00	114.00	247.00	123.50
89	8500	8600	191.00	38.20	57.30	95.50	114.60	248.30	124.15
90	8600	8700	192.00	38.40	57.60	96.00	115.20	249.60	124.80
91	8700	8800	193.00	38.60	57.90	96.50	115.80	250.90	125.45
92	8800	8900	194.00	38.80	58.20	97.00	116.40	252.20	126.10
93	8900	9000	195.00	39.00	58.50	97.50	117.00	253.50	126.75
94	9000	9100	196.00	39.20	58.80	98.00	117.60	254.80	127.40
95	9100	9200	197.00	39.40	59.10	98.50	118.20	256.10	128.05
96	9200	9300	198.00	39.60	59.40	99.00	118.80	257.40	128.70
97	9300	9400	199.00	39.80	59.70	99.50	119.40	258.70	129.35
98	9400	9500	200.00	40.00	60.00	100.00	120.00	260.00	130.00
99	9500	9600	201.00	40.20	60.30	100.50	120.60	261.30	130.65
100	9600	9700	202.00	40.40	60.60	101.00	121.20	262.60	131.30
101	9700	9800	203.00	40.60	60.90	101.50	121.80	263.90	131.95
102	9800	9900	204.00	40.80	61.20	102.00	122.40	265.20	132.60
103	9900	10000	205.00	41.00	61.50	102.50	123.00	266.50	133.25

Die weiteren vollen Gebühren werden in folgender Weise gefunden:

a) Aus Streitgegenständen von mehr als 10 000 bis 20 000 einschliesslich: Der Streitgegenstand wird auf die nächsten vollen 100 aufgerundet, die letzten beiden Nullen werden weggelassen, der Rest wird durch 2 geteilt, 155 werden addiert.

b) Aus Streitgegenständen von mehr als 20 000 bis 100 000 einschliesslich: Der Streitgegenstand wird auf die nächsten vollen 1000 aufgerundet, die letzten zwei Nullen werden weggelassen, der Rest wird durch 2 geteilt, 155 werden addiert.

c) Aus Streitgegenständen von mehr als 100 000 bis 1 000 000 einschliesslich: Der Streitgegenstand wird auf die nächsten vollen 1000 aufgerundet, die letzten beiden Nullen werden weggelassen, der Rest wird durch 4 geteilt, 405 werden addiert.

d) Aus Streitgegenständen von mehr als 1 000 000 bis 5 000 000 einschliesslich: Der Streitgegenstand wird auf die nächsten vollen 1000 aufgerundet, die beiden letzten Nullen werden weggelassen, der Rest wird durch 5 geteilt, 905 werden addiert.

e) Aus Streitgegenständen über 5 000 000: Der Streitgegenstand wird auf die nächsten vollen 1000 aufgerundet, die beiden letzten Nullen werden weggelassen, der Rest wird durch 10 geteilt, 5905 werden addiert.

Beispiele: Zu a, Gebühr aus 15 324 RM: 15 400; 154; 77; 232 (Gebühr!). Zu e, Gebühr aus 6 325 421 RM: 6 326 000; 63 260; 6326; 12 231 (Gebühr!).

Schreibgebühr für die Seite: 0.30 RM.

b) Gebühren der Rechtsanwälte in Armensachen.

Ges. v. 20. Dez. 1928 (RGBl. 411).

Wertklasse	Streitgegenstand RM von mehr als	Streitgegenstand RM bis einschließlich	volle Gebühr	2/10 Gebühr	3/10 Gebühr	5/10 Gebühr	6/10 Gebühr	Berufungs- u. Revisionsinstanz 13/10 Gebühr	Berufungs- u. Revisionsinstanz 1/2 v. 13/10 Gebühr
	0	20	2.00	1.00	1.00	1.00	1.20	2.60	1.30
	20	60	4.00	1.00	1.20	2.00	2.40	5.20	2.60
	60	100	6.00	1.20	1.80	3.00	3.60	7.80	3.90
	100	150	8.00	1.60	2.40	4.00	4.80	10.40	5.20
	150	200	10.00	2.00	3.00	5.00	6.00	13.00	6.50
	200	300	15.00	3.00	4.50	7.50	9.00	19.50	9.75
	300	600	20.00	4.00	6.00	10.00	12.00	26.00	13.00
	600	800	25.00	5.00	7.50	12.50	15.00	30.00	15.00
	800	1000	30.00	6.00	9.00	15.00	18.00	36.00	18.00
	1000	1500	40.00	8.00	12.00	20.00	24.00	48.00	24.00
	1500	2000	50.00	10.00	15.00	25.00	30.00	60.00	30.00
	2000	–	60.00	12.00	18.00	30.00	36.00	72.00	36.00

10. Sonstige Gebühren und Auslagenersätze.

a) Vollmachtenstempel.

StempelGes. v. 16. März 1921, GVBl. 182.

I. Höhe:

1. Spezialvollmachten:

Gegenstandswert von mehr als	150 – 600 GM.	= 0.50 GM
„ „ „ „	600 – 1000 GM.	= 1.00 GM
„ „ „ „	1000 – 3000 GM.	= 1.50 GM
„ „ „ „	3000 – 6000 GM.	= 3.00 GM,
	bei ProzVollmachten jedoch	2.00 GM
Gegenstandswert von	mehr als 6000 – 10 000 GM.	= 5.00 GM,
	bei ProzVollmachten jedoch	3.00 GM
„ „	mehr als 10 000 – 15 000 GM.	= 7.50 GM,
	bei ProzVollmachten jedoch	4.00 GM
sonst		= 10.00 GM,
	bei ProzVollmachten jedoch	5.00 GM

2. Generalvollmachten:

Wie bei 1; jedoch:

Gegenstandswert von mehr als	15 000 GM. – 100 000 GM.	= 15 GM
„ „ „ „	100 000 GM.	= 20 GM

3. Vollmachten im Strafverfahren u. wenn der Wert in Geld nicht schätzbar ist = 2 GM.

II. Zusatzbestimmungen:

Vollmachten für Geschäfte ausserhalb Bayerns: die halben Sätze. — Angestellten- und Familienvollmacht: höchstens 1.50 GM. — Vollmacht für mehrere, nicht in einem Gemeinschafts- oder Gesellschaftsverhältnisse Stehende: Mehrfache Entrichtung des Stempels.

b) Gebühren der Zeugen und Sachverständigen.

GebOrdn. v. 21. Dez. 1925 (RGBl. 471).

1. Gebühren der Zeugen für Zeitversäumnis: Für jede angefangene Stunde 0.20—1.50 RM; für den Tag nicht mehr als 10 Stunden.
2. Gebühren der Sachverständigen für die Leistung: Für jede angefangene Stunde bis zu 3 RM, bei besonders schwierigen Leistungen bis zu 6 RM; auf Verlangen der übliche Preis, hierzu für die ausserdem stattfindende Terminsteilnahme bis zu 3 RM; eine beliebige Vergütung bei Einverständnis der Parteien u. Vorschusserlage.
3. Reiseentschädigung für Z. u. Sachv.: Für Reisen ausserh. u. innerh. des Aufenthaltsorts von mehr als 2 Km. Entfernung die Auslagen für erforderliche Trans-

portmittel, sonst für jedes angefangene Km. des Hin- und Rückwegs 10 RPf.

4. Entschädigung für Z. u. Sachv. für den durch Abwesenheit vom Aufenthaltsort verursachten Aufwand: Massgebend die persönlichen Verhältnisse; Höchstsollgrenze hierbei die Tagegelder für R.-Beamte der Stufe III; das ist für den Tag 12 M bei besonders teuren, 10 M bei andern Orten mit folgender Massgabe: a) Bei Reisen desselben Tages: Bis 3 Stunden (einschl.) kein Tagegeld, von da bis 6 Stunden $^{3}/_{10}$, von da bis 8 Stunden $^{5}/_{10}$, von mehr als 8 Stunden, jedoch ohne Uebernachten $^{8}/_{10}$; b) Bei Reisen von mehr Tagen: Für jeden Tag die Sätze unter a), jedoch auch bei mehr als 8 Stunden Reisedauer höchstens $^{5}/_{10}$; volles Tagegeld aber für den Hinreisetag, wenn Reise vor 2 Uhr nachm. angetreten; desgl. für den Rückreisetag, wenn Rückreise nach 2 Uhr nachm. beendet.

Besonders teure Orte: Augsburg, Frankenthal, Fürth, Kaiserslautern, Landau (Pf.), Ludwigshafen, München, Neustadt (Haardt), Nürnberg, Pirmasens, Speyer, Zweibrücken.

5. Entschädigung der Z. u. Sachv. für Nachtquartier: Der angemessene Betrag.

6. Zu § 16 der GebOrdn. s. wegen der Landesgewerbeanstalt in Nürnberg MinVO. v. 14. April 1928 (StAnz. 83); desgl. der LGewAnstalt in Kaiserslautern MinVO. v. 25. Juni 1928 (StAnz. 148) mit Aend. v. 14. Febr. 1929 (StAnz. 42).

c) Die Gebühren für ärztliche Dienstleistungen bei Behörden.

Die Vergütungen für ärztliche Dienstleistungen bei Behörden sind geregelt durch VO. v. 17. Nov. 1902 (GVBl. 715), geänd. durch VO. v. 4. Aug. 1910 (GVBl. 415). Die in diesen festgestellten Gebührensätze sind nun durch InnMVO. v. 15. Jan. 1924 (StAnz. Nr. 14) in die folgenden Goldmarksätze umgestellt. Dabei ist die Goldmark zu berechnen nach dem Goldumrechnungssatz für die Reichssteuern am Zahlungstage. Für besondere Ausnahmefälle ist die Ueberschreitung der Sätze gestattet.

1. Gebührensätze zur VO. als solcher:

Vergütung für Zeitaufwand nach § 3 Abs. 2 u. 3 für jede angefangene halbe Stunde	1—10 M
Tagegeld eines im öffentlichen Interesse abgeordneten Arztes (§ 11 Abs. 2), Höchstbetrag	20 M

2. Die Gebührensätze der ihr angefügten Gebührenordnung für amtsärztliche Dienstleistungen.

1.	Besichtigung einer Leiche oder von Leichenteilen mit Befundbericht und vorläufigem Gutachten .	4—40 M
2.	Vornahme einer Sektion von Leichenteilen mit Befundbericht und vorläufigem Gutachten	7—70 M
3.	Vornahme einer Leichenöffnung mit Befundbericht und vorläufigem Gutachten	14—140 M
4.	Hilfeleistung bei Vornahme einer Leichenöffnung	4—40 M

5.	Mikroskopische, physikalische Untersuchung mit Befundbericht und vorläufigem Gutachten bei einfachen Untersuchungen	4—40 M
	bei zeitraubenden Untersuchungen	7—70 M
6.	bakteriologische, chemische Untersuchung mit Befundbericht und vorläufigem Gutachten bei einfachen Untersuchungen	10—100 M
	bei zeitraubenden Untersuchungen	20—200 M
7.	Wundbeschau oder sonstige ärztl. Untersuchungen und Beobachtungen mit Befundbericht und vorläufigem Gutachten — soferne nicht ein Fall der Ziff. 9 vorliegt — bei einfachen Untersuchungen und Beobachtungen	4—40 M
	bei zeitraubenden Untersuchungen u. Beobachtungen	7—70 M
8 a)	Untersuchungen und Beobachtungen zum Zwecke der Erstattung eines Gutachtens	4—40 M
b)	Studium von Akten zum Zwecke der Erstattung eines Gutachtens	4—40 M
c)	Wissenschaftlich begründetes Gutachten über Personen oder Sachen	7—70 M
	bei Gutachten über den Geisteszustand	7—100 M
9.	Ausstellung von Zeugnissen über Gesundheit oder Krankheit, Diensttauglichkeit, Aufsichts-, Arbeits- oder Erwerbsfähigkeit mit Untersuchung	2—20 M
10.	Beglaubigung von Zeugnissen, Ausstellung eines Befundscheines, Erteilung einer schriftl. Auskunft ohne nähere gutachtliche Ausführung	1—10 M
11.	Gutachten in bezug auf Beerdigung, Ausgrabung, Beförderung von Leichen	1—15 M
12.	Untersuchung einer Apotheke, einer Drogerie, einer Gifthandlung	7—70 M
13.	Gutachten in polizeilichen Angelegenheiten über Einrichtungen oder gewerbliche Anlagen	4—40 M
14.	Abwartung eines gerichtlichen Termins als Sachverständiger einschliesslich der während des Termins ausgeführten Untersuchungen und des erstatteten mündlichen Gutachtens bis zu 2 Stunden	6—60 M
	für jede angefangene Stunde mehr	2—20 M

Anm. Wegen der Gebühren der Aerzte und Zahnärzte in der Privatpraxis s. nun InnMB. v. 27. Sept. 1924 (StAnz. Nr. 226); geänd. durch InnMB. v. 4. Jan. 1927 (StAnz. 3), v. 2. Aug. 1927 (StAnz. 177).

Wegen der Gebühren der Medizinalkomitees s. nun VO. v. 1. März 1924 (StAnz. 54), geändert durch VO. v. 1. März 1928 (JMBl. 21).

d) Verschiedene Gebühren.

1. Gebühren der Hebammen: VO. v. 20. April 1926 (GVBl. 287), geänd. durch Nr. II der VO. v. 1. Okt. 1926 (GVBl. 495). S. hierzu wegen der von Krankenkassen zu zahlenden Gebühren die VO. v. 11. Okt. 1927 (GVBl. 345).

2. Gebührentarif der öffentlichen Untersuchungsanstalten für Nahrungs- u. Genußmittel: MB. v. 24. Jan. 1929 (GVBl. 5).

3. Gebühren der Bader: VO. v. 14. April 1925 (GVBl. 140), geänd. durch VO. v. 14. Juni 1929 (GVBl. 74).

d) Entschädigung der Schöffen, Geschworenen und Vertrauenspersonen, der Mitglieder des Pachteinigungsamts und der Beisitzer in Mietsachen.

VO. v. 18. März 1924 (RGBl. 282), geändert durch VO. v. 22. Dez. 1925 (RGBl. 476) u. v. 27. Sept. 1929 (RGBl. 150); Bek. vom 18. Aug. 1922 (GVBl. 422); Bek. v. 29. März 1924 (StAnz. Nr. 76); PachtschutzO. v. 19. Sept. 1925 (GVBl. 250) § 9; Bek. v. 5. August 1927 (GVBl. 273) III 26.

Orte der Zuziehung	Übernachtungsgelder	Tagegelder bei einer Dauer der Dienstleistung*) von				Volles Tagegeld*)	Vergütung für Verdienstausfall	Reiseauslagenvergütung	
		bis 3 Std. einschl.	mehr als 3—6 Std. einschl.	mehr als 6—8 Std. einschl.	mehr als 8 Std. ohne Übernachten			Bei Benützbarkeit regelmäßiger Verkehrsmittel	Sonstige Wegstrecken
	RM.	RM.	RM.	RM.	RM.	RM.			
Besonders teure Orte	4.50	—	2.10	3.50	5.60	7.—	0.20—1.50 RM. für die Stunde; höchstens 10 Stunden im Tage	Die wirkl. Auslag. auch f. Gepäckbeförd. u. Versichg.; höchstens 2. Kl. in Personenzügen und 1. Schiffsklasse; Eilzüge, wenn zweckmäßig; Schnellz., bei Erspar.	0.10 RM. für jeden Kilometer des Hin- und Rückwegs; bei besonderen Umständen Fuhrkostenersatz
Gewöhnliche Orte	3.50	—	1.35	2.25	3.60	4.50			

*) Keine Tagegelder bei Dienstleistung am Wohnorte.

e) Entschädigung der Arbeitgeber- und der Arbeitnehmer-Beisitzer der Arbeitsgerichtsbehörden.

VO. v. 24. Juni 1927 (RGBl. 129), ergänzt durch VO. v. 26. Mai 1928 (RGBl. 159) u. v. 24. Sept. 1929 (RGBl. 149).

	Uebernachtungsgeld		Aufwandsentschädigung				Entschädigung für Verdienstausfall	Fahrkosten*)	
	besonders teure Orte	gewöhnliche Orte	Bei einer Sitzungsdauer	Für ortsanwesende Mitglieder**)	Für auswärt. Mitglieder: für den Sitzungstag	Für auswärt. Mitglieder: für einen weit. Reisetag		Bei Benützbarkeit regelmässig fahrender Verkehrsmittel	Sonstige Wegstrecken
	RM.	RM.		RM.	RM.	RM.	RM.		
a) Arbeitsgerichte und Landesarbeitsgerichte	7.00	5.00	bis 4 Std.	1.50	4.50	3.00	0.20—1.50 für die Stunde; höchstens 10 Stunden für den Tag	Die wirkl. erwachsenen Auslagen einschl. der Kosten der Gepäckbeförderung und -versicherung. Bei Bahnen höchstens 2. Klasse in Personenzügen und 1. Schiffsklasse; Eilzüge, wenn zweckmäßig; Schnellzüge, wenn so Ersparungen.	0.10 RM. für jeden angefangenen Kilometer. Bei besonderen Umständen auch Ersatz angemessener Fuhrwerkskost.
			über 4 Std.	3.00	6.00				
b) Reichsarbeitsgericht	9.00		6.00		12.00				

*) Nur für ausserhalb der polit. Gemeinde des Sitzungsorts Wohnende.
**) D. h. für innerhalb der polit. Gemeinde des Sitzungsorts Wohnende.

f) Tagegelder u. Übernachtungsgelder der bay. Beamten.

(GVBl. 1922, 303; 1924, 249; 1923, 375; 1929, 41).

I. Tagegelder u. Uebernachtungsgelder.

1. Bei Dienstreisen nach besonders teueren Orten.*)

Besoldungs-gruppe	Stufeneinteilung	Tagegelder*) bei einer Dauer der Dienstreise von				Volles Tagegeld**)	Übernachtungs-gelder
		bis 3 Std. einschl.	mehr als 3—6 Std.	mehr als 6—8 Std.	über 8 Std.; ohne Übernachten		
		RM.	RM.	RM.	RM.	RM.	RM.
A 7 c; 8—12	Stufe I	—	2.10	3.50	5.60	7.—	4.50
A 4b, c, d; 5; 6; 7 a, b	„ II	—	2.70	4.50	7.20	9.—	6.00
A1d; 2; 3; 4a	„ III	—	3.60	6.—	9.60	12.—	9.00
A 1 a, b, c; B	„ IV	—	4.20	7.—	11.20	14.—	10.00

*) Wegen der besonders teueren Orte s. GVBl. 1922, 307.

**) Beamte ohne eigenen Haushalt u. ohne volle häusliche Verwandtenverpflegung erhalten nur 3/4 der Tagegeldsätze.

2. Bei Dienstreisen nach sonstigen Orten.

Besoldungs-gruppe	Stufeneinteilung	Tagegelder*) bei einer Dauer der Dienstreise von				Volles Tagegeld*)	Übernachtungs-gelder
		bis 3 Std. einschl.	mehr als 3—6 Std.	mehr als 6—8 Std.	über 8 Std.; ohne Übernachten		
		RM.	RM.	RM.	RM.	RM.	RM.
A 7 c; 8—12;	Stufe I	—	1.35	2.25	3.60	4.50	3.50
A 4b, c, d; 5 6; 7 a, b	„ II	—	2.10	3.50	5.60	7.00	4.50
A1d; 2; 3; 4a	„ III	—	3.00	5.00	8.00	10.00	5.00
A 1 a, b, c; B	„ IV	—	3.60	6.00	9.60	12.00	6.00

*) Beamte ohne eigenen Haushalt u. ohne volle häusliche Verwandtenverpflegung erhalten nur 3/4 der Tagegeldsätze.

II. Reisekostenersatz.

1. Stufe I u. II: Eisenbahn 3. Klasse; Schiff 2. Klasse.
2. Stufe III u. aus Stufe IV BesoldGruppe A XIII u. B I: Eisenbahn 2. Klasse; Schiff 1. Klasse.
3. Andere Beamte: Eisenbahn 1. Klasse; Schiff 1. Klasse.
4. Kilometervergütung 0.10 RM, bei besonderen Umständen Fuhrkostenersatz.

11. Masse und Gewichte.

Nach der am 1. April 1912 in Kraft getretenen Mass- und Gewichtsordnung vom 30. Mai 1908 (RGBl. 349) und dem RG. vom 1. Juni 1898 (RGBl. 905) mit der Bek. vom 6. Mai 1901 (RGBl. 127).

I. Die derzeitigen Masse und Gewichte.

a) Die Grundlagen des Masses und des Gewichtes.

Diese bilden das Meter und das Kilogramm. Das Meter ist der Abstand zwischen den Endstrichen des internationalen Meterprototyps bei der Temperatur des schmelzenden Eises. Das Kilogramm ist die Masse des internationalen Kilogrammprototyps. Als deutsches Urmass gilt derjenige mit dem Prototyp für das Meter verglichene Masstab aus Platin-Iridium, welcher durch die Internationale Generalkonferenz für Mass und Gewicht dem Deutschen Reiche als nationales Prototyp überwiesen worden ist. Er wird von der Reichsanstalt für Mass und Gewicht aufbewahrt. Als deutsches Urgewicht gilt dasjenige mit dem Prototyp für das Kilogramm verglichene Gewichtsstück aus Platin-Iridium, welches durch die Internationale Generalkonferenz für Mass und Gewicht dem Deutschen Reiche als nationales Prototyp überwiesen worden ist; es wird von der Reichsanstalt für Mass und Gewicht aufbewahrt.

b) Die Längenmasse.

Das Meter; das Dezimeter = der zehnte Teil des Meters; das Zentimeter = der hundertste Teil des Meters; das Millimeter = der tausendste Teil des Meters; das Kilometer = 1000 Meter.

c) Die Flächenmasse.

Das Quadratmeter, d. i. die aus dem Meter gebildete Einheit des Flächenmasses; das Quadratdezimeter = der hundertste Teil des Quadratmeters; das Quadratzentimeter = der hundertste Teil des Quadratdezimeters; das Quadratmillimeter = der hundertste Teil des Quadratzentimeters; das Ar = 100 Quadratmeter; das Hektar = 100 Ar; das Quadratkilometer = 100 Hektar.

d) Die Körpermasse.

Das Kubikmeter, d. i. aus dem Meter gebildete Einheit des Körpermasses; das Kubikdezimeter = der tausendste Teil des Kubikmeters; das Kubikzentimeter = der tausendste Teil des Kubikdezimeters; das Kubikmillimeter = der tausendste Teil des Kubikzentimeters; das Liter, d. i. der von einem Kilogramm reinen Wassers bei seiner grössten Dichte unter dem Druck einer Atmosphäre eingenommene Raum; das Milliliter = der tausendste Teil eines Liters; das Hektoliter = 100 Liter.

e) Die Gewichte.

Das Kilogramm s. oben a; das Gramm = der tausendste Teil des Kilogramms; das Milligramm = der tausendste Teil des Grammes; das Hektogramm = 100 Gramm; der Doppelzentner = 100 Kilogramm; die Tonne = 1000 Kilogramm.

f) Die elektrischen Masseinheiten.

Das Ohm, d. i. der Widerstand einer Quecksilbersäule von der Temperatur des schmelzenden Eises, deren Länge bei durchweg gleichem, einem Quadratmillimeter gleich zu achtenden Querschnitt 106,3 cm und deren Masse 14,4521 g beträgt. Das Ampere, d. i. der unveränderliche elektrische Strom, der bei dem Durchgange durch eine wässerige Lösung von Silbernitrat in einer Sekunde 0,001 118 g Silber niederschlägt. Das Volt, d. i. die elektromotorische Kraft, die in einem Leiter, dessen Widerstand ein Ohm beträgt, einen elektrischen Strom von einem Ampere erzeugt. Das Watt, d. i. die Leistung eines Ampere in einem Leiter von einem Volt Endspannung.

g) Sonstige im Verkehr übliche Masse.

1. Der Festmeter (fm) = 1 cbm fester Holzmasse, im Gegensatz zum Raummeter (rm), der 1 cbm geschichtetes Holz, also Holz mit Zwischenräumen bedeutet.
2. Der Ster = 1 cbm.

h) Die Schiffsvermessung.

Die Schiffsmasse werden in Deutschland in Körpermassen (cbm) ausgedrückt. Man unterscheidet a) den Bruttoraumgehalt, d. i. das Ergebnis der Vermessung der unter dem obersten Deck befindlichen Räume und der auf und über dem obersten Deck angebrachten Aufbauten; b) den Nettoraumgehalt, d. i. der unter a) bezeichnete Raum nach Abzug der Räume zum Gebrauch der Schiffsmannschaft und zur Navigierung des Schiffs und bei Schiffen, die durch eine künstliche Kraft bewegt werden, auch der von der Triebkraft eingenommenen Räume. Die deutschen Messbriefe enthalten auch die entsprechende Anzahl britischer Registertons; 1 cbm = 0,353 brit. Registertons; 1 brit. Registerton demnach 2,832 cbm = 100 engl. Kubikfuss.

II. Abkürzungen der Masse und Gewichte.

Anzuwenden im amtlichen Verkehr (Bek. vom 18. April 1912 [GVBl. 364]).

Längenmasse: Kilometer = km; Meter = m; Dezimeter = dm; Zentimeter = cm; Millimeter = mm.

b) Flächenmasse: Quadratkilometer = qkm oder km²; Hektar = ha; Ar = a; Quadratmeter = qm oder m²; Quadratdezimeter = qdm oder dm²; Quadratzentimeter = qcm oder cm²; Quadratmillimeter = qmm oder mm².

c) Körpermasse: Kubikmeter = cbm oder m³; Kubikdezimeter = cdm oder dm³; Kubikzentimeter = ccm oder cm³; Kubikmillimeter = cmm oder mm³; Hektoliter = hl; Liter = l; Milliliter = ml.

d) Gewichte: Tonne = t; Doppelzentner = dz; Kilogramm = kg; Hektogramm = hg; Gramm = g; Milligramm = mg.

Schlusspunkte werden den Buchstaben nicht beigefügt. Zur Trennung der Einer- und Dezimalstellen dient das Komma; zur Abteilung mehrstelliger Zahlenausdrücke darf das Komma nicht verwendet werden.

III. Tabelle für die Umrechnung der älteren bayer. Masse in die der Mass- u. Gewichtsordnung.

a) Längenmasse.

1 bayerischer Fuss zu 12 Zoll oder zu 144 Linien = 0,2 918 592 Meter; 1 Zoll = 2,43 216 Zentimeter; 1 Linie = 2,0268 Millimeter; 1 bayer. Klafter zu 6 Fuss = 1,751 155 Meter; 1 geometrische Rute zu 10 Fuss = 2,918 592 Meter; 1 bayer. Elle zu 2 Fuss $10^1/_4$ Zoll = 0,833 015 Meter; 1 geometrische Stunde, Post- oder Wegstunde = 12 703 Fuss = 3,70 749 Kilometer.

b) Flächenmasse.

1 bayer. Quadratfuss zu 144 Quadratzollen = 0,085 182 Quadratmeter; 1 Quadratzoll = 5,9154 Quadratzentimeter; 1 Quadratlinie = 4,1079 Quadratmillimeter; 1 Quadratklafter zu 36 Quadratfuss = 3,0665 Quadratmeter; 1 Quadratrute zu 100 Quadratfuss = 8,5182 Quadratmeter; 1 Tagwerk oder Morgen zu 400 Quadratruten = 34,07 272 Ar; 1 Tagwerk = 100 Dezimalen = 40 000 Quadratfuss; 1 Dezimale = 34,07 272 qm.

c) Körpermasse.

Kubikfuss = 0,24 861 Kubikmeter; 1 Kubikzoll = 14,38 721 Kubikzentimeter.

d) Getreidemasse.

1 bayer. Metzen zu $34^2/_3$ Masskannen = 37,0596 Liter; $^1/_2$ bayer. Metzen (Viertel genannt) = 18,5298 Liter; $^1/_4$ bayer. Metzen (halbes Viertel genannt) = 9,2649 Liter; $^1/_8$ bayer. Metzen (Massl genannt) = 4,6325 Liter; $^1/_{16}$ bayer. Metzen (halbes Massl genannt) = 2,3162 Liter; $^1/_{32}$ bayer. Metzen (Dreissiger genannt) = 1,1581 Liter; 6 Metzen Mass (Schäffel genannt) = 2,22358 Hektoliter.

e) Sonstige Hohlmasse.

1 Eimer = 60 Mass = 64,14 Liter; 1 Mass = 4 Schoppen = 1,069 Liter.

f) Handelsgewicht.

1 bayer. Pfund zu 32 Lot = 560 Gramm; 1 Lot zu 4 Quentchen = 17,5 Gramm; 1 Quentchen (oder Quint!) = 4,375 Gramm; 1 Zentner zu 100 Pfunden = 56 Kilogramm; 1 Vierling = 8 Lot = 140 Gramm.

g) Holzmass.

1 bayer. Normalklafter = 3,13 250 Ster (cbm); 1 Pfälzer Klafter = 3,58 Ster (cbm).

h) Bergmasse.

1 Lachter (preuss.) = 2,0924 m; ein Quadratlachter (preuss.) = 4,3780 qm; ein Lachter (bay.) = 1,9425 m; ein Quadratlachter (bayer.) = 3,7733 qm.

IV. Maße anderer Länder.

England: 1 Fuss = 0,3047 m; 1 Yard = 3 englische Fuss = 0,914 m; 1 Seemeile = 1855 m; 1 Faden = 2 Yard = 1,828 m; 1 Acre = 4 Roods = 40,468 a.

12. Standesvereinigungen.

a) Der Bayerische Richterverein (e. V.).

Gegr. am 11. Nov. 1906 in Nürnberg — Sitz in München —. Erster Vorsitzender: Amtsgerichtspräsident Frank in München, Römerstr. 33/II r. — Postscheckkonto des Vereins: München 48 324.

Zweck des Vereins: Die Förderung der Gesetzgebung und der Rechtspflege, die Wahrung und Förderung der rechtlichen, beruflichen und wirtschaftlichen Angelegenheiten seiner Mitglieder.

Berechtigung zur Mitgliedschaft: Ordentliches Mitglied können die bayer. höheren Justizbeamten, die bei bayer. Justizbehörden verwendeten Assessoren, die Lehrer des Rechts an bayer. Hochschulen, die bayer. Mitglieder des Reichsgerichts und der Reichsanwaltschaft, die Mitglieder des Reichsfinanzhofes werden. Der Eintritt in den Verein erfolgt auf Grund schriftlicher Anmeldung durch Aufnahme in den Bezirksverband des Wohnsitzes. Die Ernennung von Ehrenmitgliedern ist zulässig.

Mitgliederzahl: 1877.

Bezirksverbände u. Vorsitzende der Bezirksausschüsse: Amberg: stv. LGDirektor Schinagl; Ansbach: stv. LGDirektor Ruttmann; Aschaffenburg: stv. LGDirektor Lehrmeyer; Augsburg: Rat am OLG. Düll; Bamberg: Amtsr. Trautner; Bayreuth: stv. LGDir Späth; Coburg AGRat Geiger; Deggendorf: 1. Staatsanwalt Mittenzwei; Eichstätt: I. V. LGRat Matthäus; Frankenthal: LGDirektor Hussong; Fürth s. Nürnberg; Hof: LGRat Kaidel; Kaiserslautern: 2. Staatsanwalt Dr. Köhler; Kempten: AGDirektor Dr. Stölzle; Landau i. d. Pf.: stv. LGDirektor Schickendantz; Landshut: LGRat Dr. Bems; Memmingen: stv. LGDirektor Vaitl; München: AGPräsident Singer; Neuburg a. D.: 1. Staatsanw. Kestel; Nürnberg-Fürth: LGDirektor Seeberger; Passau: LGDirektor Hupfauer; Regensburg: stv. LGDirektor Engert; Schweinfurt: Amtsr. Dümler; Straubing: stv. LGDirektor Dr. Stangl; Traunstein: LGRat Schaffert; Weiden: LGRat Dr. Beck; Würzburg: LGDirektor Franz; Zweibrücken: Rat am OLG. Haas.

Dr. Leebsche Waisenstiftung des Bayer. Richtervereins: Vorstand AGPräsident Frank in München, Römerstr. 33/II r. Freiwillige Leistungen an das offene Depot der Stiftung bei der Bayer. Staatsbank 100 966.

b) Deutscher Richterbund E. V.

Sitz in Leipzig. — Geschäftsstelle: Leipzig C 1, Reichsgericht, Zimmer 318. — Bundesvorsitzender: Reichsgerichtsrat Linz, Leipzig S 3, Kaiserin-Augustastr. 11/I. Fernspr. 35954. — Stellvertreter: Landgerichtsdirektor Dr. H. Wunderlich. — Schriftführer: Amtsgerichtsrat Weis. — Kassenwart: Landgerichtsrat Dr. Gerth-Noritzsch, sämtliche in Leipzig. — Fernspr. 35954. — Postscheckkonto: 5240 Postsch.-Amt Leipzig.

Zweck des Verbandes: Förderung der Gesetzgebung und Rechtspflege, Hebung der wissenschaftlichen sowie praktischen Ausbildung und Fortbildung der Richter und Staatsanwälte, Wahrnehmung der rechtlichen und wirtschaftlichen Berufs- und Standesangelegenheiten der Richter und Staatsanwälte; Ausschluß parteipolitischer Ziele und Bestrebungen.

Mitgliedschaft: Der Bund besteht aus den 17 Landesvereinen: Anhaltischer Richterverein, Dessau; Badischer Richterverein, Karlsruhe; Bayerischer Richterverein e. V., München; Braunschweigischer Richterverein, Braunschweig; Bremischer Richterverein, Bremen; Hamburgischer Richterverein, Hamburg; Hessischer Richterverein, Mainz; Lippischer Richterverein, Detmold; Lübeckischer Richterverein, Lübeck; Mecklenburg-Schwerinscher Richterverein, Rostock i. M.; Verein Oldenburgischer Richter u. Staatsanwälte, Oldenburg; Mecklenburg-Strelitzscher Richterverein, Neustrelitz; Preußischer Richterverein, Charlottenburg; Richterverein beim Reichsgericht, Leipzig; Verein Sächsischer Richter und Staatsanwälte, Leipzig; Thüringer Richterverein, Weimar; Württembergischer Richterverein, Stuttgart.

Offizielles Organ: Deutsche Richterzeitung, Carl Heymanns Verlag, Berlin W. 8, Mauerstr. 44. Schriftleitung: Reichsgerichtsrat Dr. Schwarz, Leipzig S. 3, Elisenstr. 111.

Mitgliederzahl: rund 12500.

c) Reichsbund der höheren Beamten.

Sitz in Berlin W 62, Wichmannstr. 19/I. — Vorsitzender: Reichsminister a. D. Dr. Scholz, Berlin-Charlottenburg. — Stellvertretender Vorsitzender: Oberstudiendirektor Dr. Bolle, Berlin-Karlshorst. — Hauptgeschäftsführer: Senatspräsident a. D. Dr. Spiegelthal, Berlin-Charlottenburg.

Zweck des Bundes: Der Bund hat die Aufgabe, die höheren Beamten in allen gemeinsamen beruflichen, rechtlichen und wirtschaftlichen Angelegenheiten zu vertreten und zu fördern. Parteipolitische und konfessionelle Bestrebungen sind ausgeschlossen. Der Reichsbund erstrebt sowohl für sich selbst wie für seine Berufs- und Landesverbände die Herbeiführung engerer Arbeitsgemeinschaften mit den Organisationen der übrigen Beamten.

Mitgliedschaft: Die Mitgliedschaft des Bundes können erwerben über das Reich sich erstreckende Berufsverbände und die Landesverbände höherer Beamter. Mitgliederzahl etwa 100000.

Dem Reichsbund sind die folgenden Berufs- und Landesverbände angeschlossen:

a) Berufsverbände: Verband Deutscher evangelischer Pfarrervereine, Pfarrer Meyer, Berlin NO. 18, Landsbergerstr. 9. Berufsverband Unterricht, Stud-Ass. Ried, Berlin NW. 6, Schiffbauerdamm 5/IV. Deutscher Richterbund, Reichsgerichtsrat Linz, Leipzig S. 3, Kaiserin Augustastr. 11/I. Reichsverband der höheren Verwaltungsbeamten des Reichs und der Länder, Präsident Tull, Berlin SW. 11, Bernburgerstr. 30/I; Betriebsverwaltungen: 1. Verein der höheren administrativen Reichsbahnbeamten E. V., Reichsbahnoberrat Dr. Thayssen, Berlin W. 15, Pragerstr. 17. 2. Vereinigung der höh. Reichspost- und Telegraphenbeamten, Oberpostdir. Dönch, Berlin N. 24, Oranienburgerstraße 35/36. Berufsverein der höheren

Kommunalbeamten Deutschlands, e. V., Stadtsyndikus a. D. Dr. Münkel, Charlottenburg, Schillerstr. 124/III. Berufsverband Wissenschaftliche Berufe, Dr. Tiegs, Dahlem, Unter den Eichen 74. Technische Berufe, Geschäftsstelle: Berlin SW. 11, Bernburgerstr. 15/16. Reichsverband der akademischen Finanzbeamten, Reg.-Rat Hampf, Potsdam, Margaretenstrasse 34. Reichsforstverband, Oberforstmeister v. Arnswaldt, Schlemmin bei Neukloster i. M. Reichsverb. Deutscher Polizeioffiziere, Berlin W. 57, Kurfürstenstr. 23.

b) Landesverbände: Reich, Ober-Postrat Wagner, Steglitz, Martinstr. 5. Preußen, Geh. Oberreg.-Rat Dr. v. Strempel, Charlottenburg, Leibnizstrasse 13. Sachsen, Geschäftsstelle: Dresden-A., An der Frauenkirche 12. Bayern, Amtsgerichtspräs. Frank, München, Römerstr. 33/II. Württemberg, Vors.: Staatsanwalt Eisenbacher, Cannstatt, Teckstr. 22; Geschäftsführer: K. O. Kübel, Cannstatt, Bismarckstrasse 34. Baden, Ob.-Land.-Ger.-Rat Dr. Jolly, Karlsruhe, Jollystr. 47. Hessen, Vors.: Ob.-Studien-Dir. Altendorf, Giessen, Bismarckstr. 4, Schriftführer Studien-Rat Monjé, Darmstadt, Hobrechtstr. 35. Thüringen, Ob.-Reg.-Rat Wagner, Weimar, Schwabestr. 18. Braunschweig, Amtsg.-Dir. Trinks, Braunschweig, Bodestr. 14. Anhalt, Ob.Staatsanw. Geh. JR. Bürkner, Dessau, Neumarkt 5. Oldenburg, Ob.-Land.-Ger.-Rat Flor, Oldenburg, Roggenmannstr. 5. Bremen, Gew.-Rat Seiler, Bremen, Rembertistr. 56. Hamburg, Stud.-Rat Dr. Körner, Hamburg, Ottersbeckallee 21. Lübeck, Dr. Hempel, Lübeck, Hansastr. 13. Mecklenburg-Schwerin, Forstmeister Berlin, Everstorf bei Grevesmühlen. Mecklenburg-Strelitz, Stud.-Rat Tiedt, Neustrelitz, Augustastr. 4. Lippe, LandGer.-Dir. Ostmann, Detmold, Freiligrathstr. 18.

d) Der Bayerische Juristenverein (Privatsterbekasse.) Anerkannter kleiner Versicherungsverein.

Sitz in München. — Gegründet 3. Febr. 1885. — Vorstand: Rat am Oberlandesgericht Simmerding in München. — Sekretariat u. Kassier: Rechnungsrat Kößler in München, Herzogstr. 66/0 l; Sprechzeit 2—3; Telephon 34478. — Stand Febr. 1927: Vermögen 29 440,47 RM; Mitgliederzahl 609.

Beitrittsberechtigt: Bis zum Beginn des **50.** Lebensjahrs alle in den Staatsdienst aufgenommenen aktiven Juristen in Bayern, Notare, rechtskundige Gemeindebeamte, sämtl. Gerichtssekretäre und die bei bayer. Gerichten zugelassenen Rechtsanwälte. Voraussetzung, dass keine bedenkliche Gesundheitsstörung vorhanden.

Mitgliederbeiträge: 10 M Aufnahmegebühr (bzw. Nachzahlung der seit dem 35. Lebensjahre event. seit der Anstellung, wenn solche nach dem 35. Jahre erfolgt, fällig gewesenen Sterbefallbeiträge) und 2 M bei jedem Ableben eines Mitgliedes.

Sterbefallquote: Gegenwärtig 1000 RM.

Sterbefälle seit der Gründung 1885: 545.

Anmeldung bei dem Sekretariat des Vereins.

Bei Sterbefallanmeldung wolle sofort begl. Sterberegisterauszug vorgelegt u. genaue Adr. des Empfangsberecht. bezeichnet werden

Für den Verein besteht das Scheckkonto Nr. 6214 beim Postscheckamt München.

13. Post-, Telegraphen- und Fernsprechgebühren.

Gültig ab 1. August 1929.

I. Vorbemerkungen.

1. **Freimachungszwang:** Alle Postsendungen, mit Ausnahme der gewöhnlichen und eingeschriebenen Briefe und Postkarten, jedoch einschließlich der Rohrpostsendungen und der Nachnahmebriefsendungen, müssen vor Einlieferung an die Post freigemacht sein.

2. **Nachgebühr:** Für nicht oder unzureichend freigemachte Briefe und Postkarten des inneren deutschen Verkehrs (einschl. Saargebiet) wird das Eineinhalbfache des Fehlbetrags, unter Aufrundung auf volle 5 Pf. nacherhoben.

3. Für nichtfreigemachte gebührenpflichtige Dienstpostkarten und Dienstbriefe (nach dem Saargebiet nicht zugelassen) wird nur der einfache Fehlbetrag nacherhoben, wenn sie als solche durch die Bezeichnung „Gebührenpflichtige Dienstsache" oder „Portopflichtige Dienstsache" erkennbar gemacht sind. Für unzureichend freigemachte Sendungen gelten die Bestimmungen unter 2. Von Behörden aufgelieferte unzureichend freigemachte gebührenpflichtige Sendungen sind dem Absender soweit als möglich zur Ergänzung der Freimachung zurückzugeben.

4. Für unzureichend freigemachte Drucksachen, Geschäftspapiere, Warenproben, Mischsendungen und Blindenschriftsendungen des inneren deutschen Verkehrs (einschl. Saargebiet) wird das Eineinhalbfache des Fehlbetrags, unter Aufrundung auf volle 5 Pf., nacherhoben.

5. Die Vorschriften der Anm. 2, 3 und 4 gelten auch für den Verkehr mit der Freien Stadt **Danzig**, soweit die Sendungen das Meistgewicht für den innerdeutschen Verkehr nicht übersteigen; schwerere Sendungen unterliegen den Auslandsvorschriften (6).

6. Im **Auslandsverkehr** müssen alle Sendungen, außer Briefen und Postkarten, vollständig freigemacht sein. Nicht oder unzureichend freigemachte Drucksachen, Blindenschriftsendungen, Geschäftspapiere, Warenproben und Mischsendungen, sowie Postkarten mit Anwortkarte werden nicht befördert; sie werden den Absendern zur Ergänzung der Freimachung zurückgegeben, oder, wenn dies nicht möglich, als unanbringlich behandelt.

Die Nachgebühr für nicht oder unzureichend freigemachte Briefe und einfache Postkarten des Auslandsverkehrs beträgt das Doppelte der fehlenden Gebühr, mindestens 10 Goldcentimen. Bei Sendungen nach Deutschland wird der Betrag auf 5 Rpf. nach oben gerundet, mindestens werden 10 Rpf. erhoben.

7. Gedruckte **Ansichtskarten** und sonstige Bildkarten, auf denen — gleichviel, ob auf der linken Hälfte der Vorderseite oder auf der Rückseite — handschriftlich mit höchstens 5 Worten Reiseberichte, Grüße, gute Wünsche, Glückwünsche, Danksagungen, Beileidsbezeugungen oder andere Höflichkeitsformeln zum Ausdruck gebracht sind — wobei die Unterschrift nicht mitzählt —, können offen für 3 Pf. verschickt werden. Zulässig sind hiernach handschriftliche Zusätze wie: „Gut angekommen, herzliche Grüße" — „Prachtvolles Wetter, kommt bald" — „Guter Aufstieg auf den Berg" — usw. —

8. Bei **Briefumschlägen** soll der ganze obere Rand in einer Breite von 3 cm von allen gedruckten oder geschriebenen Angaben frei bleiben, damit genügend Platz für die Aufklebung der Freimarken vorhanden ist und gut leserliche Stempelabdrücke erzielt werden können.

9. **Absenderbezeichnungen** sollen auf das linke Drittel der Vorderseite unterhalb dieses Randes und auf die Rückseite der Umschläge beschränkt bleiben. Straße und Hausnummer angeben!

10. Auf allen Kopfbögen Fernruf- und Postscheckkonto-Nummer angeben!

II. Inlandsverkehr
(einschl. des Verkehrs nach dem Saargebiet).

Briefe im Ortsverkehr bis 20 g . . . . 8 Pf.
„ „ über 20 bis 250 g . . . . . . 15 „
„ „ „ 250 „ 500 g . . . . . . 20 „
im Fernverkehr bis 20 g . . . . 15 „
„ „ über 20 bis 250 g . . . . . . 30 „
„ „ „ 250 „ 500 g . . . . . . 40 „
Meistgewicht: 500 g. Nach dem Saargebiet von 500 g bis 2 kg nach Auslandsgebühren. Keine Ausdehnungsgrenzen!

Postkarten im Ortsverkehr einfach 5 Pf., mit Antwort 10 Pf.
„ Fernverkehr „ 8 „ „ „ 16 „
Ausdehnungsgrenzen: Mindestens 10:7 cm,
höchstens 14,8:10,5 cm.

Drucksachen
a) in Form einfacher, ohne Umschlag versandter Karten, auch mit anhängender Antwortkarte . . . . . 3 Pf.
b) im übrigen: bis 50 g . . . . 5 Pf.
über 50 bis 100 g . . . . 8 Pf.
„ 100 „ 250 g . . . . 15 „
„ 250 „ 500 g . . . . 30 „
Meistgewicht: 500 g. Nach dem Saargebiet von 500 g bis 2 kg nach Auslandsgebühren. Nach dem Saargebiet für Zeitungen, Zeitschriften und Bücher gewisse Ermäßigungen.
Ausdehnungsgrenzen: bei Kartenform Größe der Postkarten, bei Rollenform 75:10 cm, bei Briefform keine Höchstmaße.

Blindenschriftsendungen bis zum Meistgewicht von 5 kg 3 Pf.
5 kg . . . . 3 Pf.

Postwurfsendungen:
a) Drucksachen bis 50 g . . . . 3 Pf.
b) Mischsendungen — Drucksachen u. Warenproben — bis 20 g . . . . $6\frac{2}{3}$ „
(nach dem Saargebiet nicht zulässig).

Geschäftspapiere: bis 250 g . . . . 15 Pf.
über 250 bis 500 g . . . . 30 „
Höchstmass in Rollenform: 75:10 cm, bei Briefform keine Ausdehnungsgrenzen.

Warenproben: bis 250 g . . . . 15 Pf.
über 250 bis 500 g . . . . 30 „
Höchstmaße 30:20:10 cm, bei Rollenform 30:15 cm.

Mischsendungen (zusammengepackte Drucksachen, Geschäftspapiere und Warenproben): bis 250 g . . . . . . 15 Pf.
über 250 bis 500 g . . . . 30 „
Ausdehnungsgrenzen wie bei Warenproben.

Päckchen (keine Paketkarte!):

a) „Briefpäckchen" (die Beförderung geschieht mit der Briefpost), bis 1 kg . . . . 60 Pf.
(Einschreiben, Nachnahme, Rückschein nicht zulässig.)
Höchstmaße 25:15:10 cm oder 30:20:5 cm, in Rollenform 30:15 cm.

b) Sonstige „Päckchen" (Beförderung mit der Paketpost in Säcken), bis 2 kg . . . . 40 Pf.
(Einschreiben, Nachnahme, Rückschein zulässig.)
Höchstmaße 40:25:10 cm oder 50:20:10 cm oder 40:30:5 cm, in Rollenform 75:10 cm.

Rohrpostsendungen:

a) wenn Aufgabeort und Bestimmungsort innerhalb des Geltungsbereichs der Ortsbriefgebühr von München oder Groß-Berlin liegen,
für die Rohrpostkarte . . . . —.55 RM
„ „ „ mit Antwortkarte (nur in München) . 1.10 „
für den Rohrpostbrief bis 20 g . . . . —.58 „
„ „ „ über 20 bis 100 g (nur in München) . —.65 „

b) wenn der Aufgabeort oder der Bestimmungsort außerhalb des Geltungsbereichs der Ortsbriefgebühr von München oder Groß-Berlin liegt,
für die Rohrpostkarte . . . . . . —.58 „
„ „ „ mit Antwortkarte (nur in München) . 1.16 „
für den Rohrpostbrief bis 20 g . . . . —.65 „
„ „ „ über 20 bis 100 g (nur in München) . —.80 „
Rohrpostsendungen werden ausserhalb der Rohrpostbezirke wie Eilsendungen befördert und zugestellt.

Nachnahmesendungen:
(einschl. Freie Stadt Danzig): (Meistbetrag 1000 RM). Vom Absender zu entrichten:

a) die Beförderungsgebühr wie für gleichartige Sendungen ohne Nachnahme, bei Einschreib- und Wertsendungen auch die Einschreibgebühr oder die Versicherungsgebühr und Behandlungsgebühr,

b) die Vorzeigegebühr . . . . 20 Pf.

c) für die Uebermittlung des eingezogenen Betrags die Postanweisungs- oder die Zahlkartengebühr, die von dem eingezogenen Betrag abgezogen wird.
Die Nachnahmegebühr beträgt sonach die Summe der drei Gebühren a + b + c.

Postaufträge (einschl. Freie Stadt Danzig):
(Meistbeträge: Inland 1000 RM, Saargebiet 5000 frz. Franken, Freie Stadt Danzig 1200 Dzg. Gulden.)

Vom Absender zu entrichten:

a) die Beförderungsgebühr wie für einen gleichartigen Einschreibbrief,

b) die Vorzeigegebühr von . . . . 20 Pf.

c) für die Uebermittlung des eingezogenen Betrages die Postanweisungs- oder die Zahlkartengebühr, die von dem eingezogenen Betrag abgezogen wird,

d) die Protestgebühr bei Postprotestaufträgen . 1 RM.

Wertbriefe (einschl. Freie Stadt Danzig):

Vom Absender zu entrichten:

a) Gebühr für einen gewöhnlichen Brief,

b) Versicherungsgebühr für je 500 RM der Wertangabe 10 Pf.

c) Behandlungsgebühr bis 100 RM Wertangabe . . 40 „
„ über 100 RM „ . . 50 „

Postscheckverkehr (ausschl. Saargebiet): Beträge unbeschränkt.

1. **Einzahlung mit Zahlkarte:**

				Gebühr
	bis	10	Reichsmark,	10 Pf.
über	10 „	25	„	15 „
„	25 „	100	„	20 „
„	100 „	250	„	25 „
„	250 „	500	„	30 „
„	500 „	750	„	40 „
„	750 „	1000	„	50 „
„	1000 „	1250	„	60 „
„	1250 „	1500	„	70 „
„	1500 „	1750	„	80 „
„	1750 „	2000	„	90 „
„	2000	Reichsmark (unbeschränkt)		1.– RM

Die Gebühr ist vom Einzahler durch Aufkleben von Freimarken auf die Zahlkarte zu entrichten.

2. **Auszahlungen:**

a) für jede von der Zahlstelle eines Postscheckamts bargeldlos und für jede in den Abrechnungsstellen der Reichsbank beglichene Auszahlung $^1/_{10}$ vom Tausend des Scheckbetrags;

b) für jede Barauszahlung durch die Zahlstelle eines Postscheckamts oder einer Postanstalt $^1/_2$ vom Tausend des Scheckbetrags und außerdem eine feste Gebühr von 15 Pf.

Die Gebühren zu a und b werden auf volle Reichspfennig aufgerundet, vom Konto des Auftraggebers abgebucht.

3. **Ueberweisungen:** a) im innerdeutschen Verkehr gebührenfrei; b) im Verkehr nach Belgien, Danzig, Dänemark, Frankreich einschließlich Corsika (Ajaccio) und Algier (mit Tunis), Jugoslavien, Lettland, Luxemburg, den Niederlanden, Oesterreich, Schweden, der Schweiz, der Tschechoslowakei und Ungarn beträgt die Gebühr
für je 100 RM . . . . 5 Pf.,
mindestens aber . . . . 20 „

Die Gebühr zu b wird vom Konto des Auftraggebers abgebucht. Die Ueberweisungen können außer in Reichsmark auch in den betreffenden fremden Währungen erfolgen.

4. Briefe der Postscheckkunden an die Postscheckämter in Postscheckangelegenheiten bei Verwendung der besonderen gelben Briefumschläge . . . . 5 Pf.

5. Eilaufträge (diese werden, wenn vor 13 Uhr beim Postscheckamt eingelaufen, bestimmt noch am gleichen Tag erledigt) . . . . 1 RM.

6. Telegraphische Aufträge

a) Telegraphische Zahlkarten

bis 500 Reichsmark	. . .	3 RM	— Pf.
über 500 „ 1000 „	. . .	3 „	50 „
für jede weiteren 500 „ oder einen Teil davon	. mehr	1 „	— „

b) Telegraphische Auszahlungen

bis 25 Reichsmark	. . .	3 RM.	— Pf.
über 25 „ 500 „	. . .	3 „	50 „
„ 500 „ 1000 „	. . .	4 „	50 „
für je weitere 500 „ oder einen Teil davon	. mehr	1 „	50 „

c) Telegraphische Überweisungen auch nach Danzig zulässig

bis 1000 Reichsmark	. . .	3 „	— „
für je weitere 500 „ oder einen Teil davon	. . mehr	— „	50 „

7. Postkreditbriefe (bis 5000 RM.):

für je 100 RM	10 Pf.
mindestens	1 RM — „
für das Kreditbriefheft	30 „

Die Gebühren werden bei der Bestellung des Postkreditbriefs erhoben. Die Abhebungen sind gebührenfrei.

Postanweisungen (einschl. Fr. Stadt Danzig):

a)

bis 10 RM	20 Pf.
über 10 „ 25 RM.	30 „
„ 25 „ 100 „	40 „
„ 100 „ 250 „	60 „
„ 250 „ 500 „	80 „
„ 500 „ 750 „	1.— RM
„ 750 „ 1000 „	1.20 „

Meistbeträge: im Inland 1000 RM, nach dem Saargebiet 6000 frz. Franken (aus dem S. 1000 RM), nach Freie Stadt Danzig 1200 Dzg. Gulden (aus Fr. St. D. 1000 RM).

b) Telegraphische Postanweisungen (Meistbetrag unbeschränkt)

bis 25 RM.	3 RM.	— Pf.
über 25 „ 100 RM.	3 „	50 „
„ 100 „ 250 „	4 „	— „
„ 250 „ 500 „	4 „	50 „
„ 500 „ 750 „	5 „	50 „
„ 750 „ 1000 „	6 „	50 „
für je weitere 250 RM. oder einen Teil davon . . . . mehr	1 „	— „

Pakete: Die nach 5 Zonen und bis 20 kg abgestuften Gebühren für Pakete können dem am Postschalter angeschlagenen Tarif entnommen werden.

Die Gebühren für Pakete bis 5 kg betragen:

in der 1. Zone bis 75 km Entf.	50 Pf.
„ „ 2. „ über 75 bis 150 km	60 „
„ „ 3. „ „ 150 „ 375 „	80 „
„ „ 4. „ „ 375 „ 750 „	
„ „ 5. „ „ 750 km	

für sperrige Pakete 100 v. H., für dringende Pakete 1 RM. Zuschlag. Falls Zustellung durch besonderen Boten verlangt, außerdem die Eilzustellgebühr.

Für Wertpakete ist vom Absender zu entrichten:

a) die Paketgebühr,

b) die Versicherungsgebühr für je 500 M. Wertangabe 10 Pf.
für versiegelte Wertpakete bis 100 RM. . . . 40
über 100 „ . . . 50 „
für unversiegelte Wertpakete bis 300 „ . . . 10 „

Sonstige Gebühren:

Hier können nur als wichtigste sonstige Gebühren angefügt werden:

Einschreiben nach allen Verkehrsgebieten . . . . 30 Pf.
Rückschein, falls bei der Einlieferung verlangt . . 30 „
falls nachträglich verlangt . . . . 60 „
Gebühr für **förmliche Zustellung** . . . . 30 „
Dazu tritt für die Rücksendung der vollzogenen Urkunde die Gebühr für einen freigemachten einfachen Brief, also im Ortsverkehr . . 8 „
„ Fernverkehr . . 15 „

Eilzustellgebühren bei Vorauszahlung
1. nach dem Ortszustellbezirk:
a) eine Briefsendung . . . 40 „
b) ein Paket . . . . . 60 „
2. nach dem Landzustellbezirk:
a) eine Briefsendung . . . . 80 „
b) ein Paket . . . . 1 RM 20 „

Paketlagergebühr täglich . . . . 15 „
Höchstsatz . . . . 4 RM — „
Bescheinigungsgebühr über die Einlieferung eines gewöhnl. Paketes . . . . 10 „
Verspätete Zeitungsbestellungen . . . . 20 „
Zeitungsüberweisungen . . . . 50 „

Luftpostverkehr (Zuschlag zu den gewöhnlichen Gebühren):
für Postkarten und Postanweisungen

a) Inland, einschl. Saargebiet, sowie Freie Stadt Danzig, Litauen, Memelgebiet und Oesterreich . . . . . 10 Pf.

b) übriges Europa ohne Sowjet . . . . 20 „

c) übriges Ausland vielerlei Gebühren.

für andere Briefsendungen (einschl. Päckchen)

a) Inland usw. wie oben

	bis	20 g	. . . .	10 „
über 20	„	50 g	. . . .	20 „
„ 50	„	100 g	. . . .	40 „
„ 100	„	250 g	. . . .	80 „
„ 250	„	500 g	. . . .	1 RM 25 „
„ 500	„	1 kg	. . . .	2 „ 50 „

b) übriges Europa ohne Sowjet für je 20 g . . . 20 „
für jedes weitere angefangene $^1/_2$ kg . . 1 RM 25 Pf.
(Meistgewichte wie beim Landverkehr).

c) übriges Ausland vielerlei Gebühren.

für Pakete

a) Inland, einschl. Saargebiet und Fr. Stadt Danzig
bis 375 km bis 1 kg . . . . 1.— RM
für jedes weitere angefangene $^1/_2$ kg . —.20 „
über 375 km bis 1 kg . . . . 1.— RM
für jedes weitere angefangene $^1/_2$ kg . —.40 „

b) Oesterreich, Dänemark und Tschechoslowakei
bis 1 kg . . . . 1.60 „

c) übriges Ausland meist bis 1 kg . . . . . 2.— „
für jedes weitere angefangene $^1/_2$ kg . . — 50 „
für jedes weitere angefangene $^1/_2$ kg . — 40 „

Telegraphenverkehr.

Gewöhnliche Inlandstelegramme
im Ortsverkehr: für jedes Wort . . . . . —.08 RM
„ Fernverkehr: „ „ „ . . . . . . —.15 „
Dringende Telegramme die dreifache Gebühr
Blitztelegramme für jedes Wort . . . . . 1.50 „
Pressetelegramme „ „ „ . . . . . . —.08 „
Brieftelegramme „ „ „ . . . . . . —.05 „
Mindestsatz für ein Telegramm die zehnfache Wortgebühr
„ „ „ Brieftelegramm . . . . . 1.50 „

Fernsprechgebühren.

Grundgebühr für jeden Hauptanschluß in Ortsnetzen mit nicht mehr als 50 Hauptanschlüssen monatlich . 3.— RM.

mit mehr als	50— 100	Hauptanschl.	„ . . .	4.— „
„ „ „	100— 200	„	„ . . .	5.— „
„ „ „	200— 500	„	„ . . .	6.— „
„ „ „	500— 1 000	„	„ . . .	6.50 „
„ „ „	1 000— 5 000	„	„ . . .	7.— „
„ „ „	5 000— 10 000	„	„ . . .	7.50 „
„ „ „	10 000—300 000	„	„ . . .	8.— „
„ „ „	300 000 für je 200 000	„	„ mehr	1.— „

Ortsgesprächsgebühr (bei Hausanschlüssen und öffentlichen Sprechstellen) . . . . . . —.10 „

Mindestens sind monatlich für einen Hauptanschluß zu entrichten:

in Ortsnetzen mit

1—50	Hauptanschl.	die	Gebühren	für	20	Ortsgespräche
51—1000	„	„	„	„	30	„
mehr als 1000	„	„	„	„	40	„

Ferngesprächsgebühr für ein gewöhnliches Gespräch von 3 Minuten Dauer

a) in der Zeit von 8 bis 19 Uhr bei einer Entfernung
bis 5 km einschließlich die Ortsgesprächsgebühr
„ 15 „ „ . . . . —.30 RM
„ 25 „ „ . . . . —.40 „
„ 50 „ „ . . . . —.70 „
„ 75 „ „ . . . . —.90 „
„ 100 „ „ . . . . 1.20 „
über 100 km für je 100 km mehr . . . —.30 „

b) in der Zeit von 19 bis 8 Uhr über 5 km $^2/_3$ der obenstehenden Gebühr;

c) für jede über 3 Minuten hinausgehende Gesprächsminute $^1/_3$ der Gebühr unter a) oder b);

d) für ein dringendes Gespräch das Dreifache,

e) für ein Blitzgespräch die zehnfache Gebühr.

Rundfunkgebühr: Genehmigungsgebühr für Rundfunkteilnehmer monatlich . . . . 2 RM.

III. Verkehr mit dem Ausland.

A. Weltpostvereinsverkehr

(ausgenommen die unter III. B. aufgeführten Länder).

Briefe: bis 20 g . . . . 25 Pf.
für jede weiteren 20 g . . . . 15 „
jedoch nach der Tschechoslowakei:
bis 20 g . . . . 20 „
für jede weiteren 20 g . . . . 15 „
und nach Ungarn:
bis 20 g . . . . 20 „
für jede weiteren 20 g . . . . 10 „
Meistgewicht 2 kg. Ausdehnungsgrenzen: 45 : 45 cm, bei Rollenform 75 : 10 cm.

Postkarten:
einfache Postkarten . . . . 15 Pf.
mit Antwortkarte . . . . 30 „
jedoch nach Tschechoslowakei und Ungarn
einfache Postkarte . . . . 10 „
mit Antwortkarte . . . . 20 „
Ausdehnungsgrenzen mindestens 10 : 7 cm, höchstens 14,8 : 10,5 cm.

Drucksachen:
für je 50 g . . . . 5 Pf.
jedoch nach Ungarn bis 500 g die innerdeutschen Gebühren,
von 500 g bis 1 kg . . . . 40 Pf.
über 1 kg bis 2 kg für je 50 g . . . . . . 5 „
Bei einzelnen Ländern für je 100 g 5 Pf. für:

a) Zeitungen und Zeitschriften, die unmittelbar vom Verleger abgesandt werden,

b) geheftete und gebundene Bücher, die nicht zu Ankündigungen oder Anpreisungen dienen sollen,

c) literarische und wissenschaftliche Werke, die zwischen gelehrten Anstalten ausgewechselt werden.
Meistgewicht 2 kg, für einzeln versandte, ungeteilte Druckbände 3 kg. Ausdehnungsgrenzen wie bei Briefen.

Postanweisungen:

a) bis 20 RM	30 Pf.
bis 40 RM	40 „
für jede weiteren 20 RM mehr	10 „
b) jedoch nach Großbritannien und dem Freistaat Irland, den brit. Kolonien (außer Kanada) und den brit. Postanstalten im Ausland bis 30 RM	30 „
über 30 bis 60 RM	60 „
für jede weiteren 60 RM	60 „

Wertbriefe:

1. Gebühr wie für gleichschweren Einschreibbrief	
2. Versicherungsgebühr für je 300 RM	30 „

Antwortschein	35 „

Einschreibe-, Rückschein-, Paketlager- und Bescheinigungsgebühren wie im Inlandsverkehr.

Den Postüberweisungsverkehr siehe beim Inlandsverkehr, ebenso den Luftpostverkehr. Unzulässig sind Postwurfsendungen, Päckchen und förmliche Zustellungen. Bei einzelnen Ländern sind nicht zugelassen Nachnahmesendungen, Postaufträge, Wertbriefe und Postanweisungen.

Die übrigen Gebühren immer am Schalter erfragen.

B. Freie Stadt Danzig, Litauen und Memelgebiet, Luxemburg und Österreich.

Briefe bis 500 g wie im Inlandsverkehr, über 500 g bis 2 kg wie unter III A.
Meistgewicht: 2 kg.
Ausdehnungsgrenzen für Briefe bis 500 g: keine Höchstmasse, nur bei Rollenform 75:10 cm; für Briefe von 500 g bis 2 kg 45:45 cm.

Postkarten: einfach	8 Pf.
mit Antwortkarten	16 „

Ausdehnungsgrenzen wie unter III A.

Drucksachengebühr bis 500 g wie im Inland,

über 500 g bis 1 kg	40 Pf.
über 1 kg bis 2 kg für je 50 g	5 „

Ausdehnungsgrenzen bis 1 kg wie im Inlandsverkehr, bis 2 kg wie unter III A.

Gebühren für Blindenschriftsendungen, Geschäftspapiere, Warenproben, Mischsendungen, Einschreiben, Rückschein, Paketlagern, Bescheinigungen und Luftpost wie im Inlandsverkehr. Den Postüberweisungsverkehr siehe beim Inlandsverkehr (S. 187).

Im Verkehr mit Danzig sind ferner gleich dem Inlandsverkehr die Gebühren für Nachnahmesendungen, Postaufträge, Wertbriefe, Postanweisungen und Eilzustellungen.

Die übrigen Gebühren erfragen.

Anhang
Personallisten.

Anhang.

Personallisten.

Uebersicht der Personallisten.

Stand vom 1. Dezember 1928.

A. Reichsjustizministerium, Reichsgericht u. Reichsfinanzhof.

a) Reichsjustizministerium in Berlin.

Reichsminister der Justiz: von Guérard.
Staatssekretär: Dr. Joël.

Abteilungsleiter:

Ministerialdirektoren: Dr. Bumke, Dr. h. c. Oegg, Wirkl. Geh. OberReg.R., Dr. Dr. h. c. Schlegelberger, ord. Hon.-Prof. an der Universität Berlin, Schäfer.
Ministerialrat: Richter I, Geh. RegRat.

Referenten:

Ministerialrat Dr. Volkmar, Geh. RegR.	OberReg.Rat Wagner
" Dr. Schäfer, Geh. RegR.	" Dr. Riese
" Dr. Kiesow "	Oberstrafanst.Dir. Hauptvogel
" Dr. Brandis	Landger.Rat Dr. Schmölder
" Quassowski	Reg.-Rat Scheurlen
" Dr. Mettgenberg	Landrichter Dr. Ullmann
" Klauer	Landger.Rat Dr. Pätzold
" Dr. Jonas	Landrichter Dr. Ficker
" Dr. Sauer	Landger.Rat Dr. Wernecke
" Koffka	" Dr. Thomas
" Richter II	Ger.Ass. Dr. Graf von Lambsdorff
OberReg.Rat Kritzinger	Rechtsanw. Dr. Freiin von Erffa
" Dr. Lehmann	Assessor Dr. von Dolmányi
" Harmening	Staatsanw. Dr. Doerner.

b) Reichsgericht in Leipzig.

Präsident: Dr. Dr. Bumke.

Senatspräsidenten:

Dr. Struckmann	Lorenz	Arndts	Katluhn
*Dr. Oegg	Dr. Mansfeld	Dr. Witt	Dr. David
Dr. Flad	Mentzel	*Dr. Reichert	

Räte:

Keller	Stölzel	Dr. Krauße	Dr. Hoeniger
*Herb	Seyffarth	Dr. Vogt	Dr. Landois
Dr. Gunkel	Dr. Freiesleben	Dr. Baumgarten	Dr. Schwalb
Dr. Staffel	Dr. Salinger	Krühne	Dr. Halamik
Dr. Picot	Frhr. von Richthofen	*Dr. Wachinger	Witten
Dr. Kleine		Veltman	Dr. Conze
Dr. Czolbe	Triebel	*Dr. Keßler	Driver
Dr. Oelschlaeger	Hettner	*Dr. Hüfner	Arnold
Von Kienitz	Hagemann	Dr. Boos	Schleyer
Schliewen	*Zeiler	Dr. Tittel	Dr. Kahleyß
*Müller Adolf	Dr. Warneyer	Dr. Müller Georg	Coenders
Clasen	Linz	Dr. Teichmann	Helber
Gündel	Schmitz	Dr. Krug	Mengelkoch
Rosenthal	Sayn	Willhöfft	Fickler
Dr. Nieland	Dr. Metz	Ehrlich	*Rheinisch

Die mit dem Zeichen * versehenen Mitglieder standen früher im bayerischen Staatsdienste.

Lellbach
Bender
Klingsporn
Dr. Lindenmaier
Kolb
Dr. Brodführer
Dr. Schwarz
Gadow
Brühl
Dr. Mende
Dr. Güngerich
Dr. Königsberger
Dr. Sontag
Dr. Epping
Schrader
Ruhl
Dr. Coninx
Citron
Dr. Weipert
Dr. Delius
Obladen
Dr. Pinzger
*Dr. Klimmer
Dr. Heinichen
Dr. Bessau

Reichsanwaltschaft: Dr. Werner, Oberreichsanwalt.

Reichsanwälte: Dr. Feisenberger, Dr. Neumann, Niethammer Jorns, Dr. Nagel. Dr. Kirchner.

Oberstaatsanwälte: Dr. Schneidewin, Floegel, Dr. Moericke,

Hilfsarbeiter: Dr. Gutjahr, Oberlandesgerichtsrat; Eichler. I. Staatsanwalt; Dr. Jber, I. Staatsanwalt; Weinkauff, II. Staatsanwalt; Dr. Gipser, II. Staatsanwalt; Hauck, I. Staatsanwalt.

Bibliothek.

Direktor: Dr. phil. Hans Schulz; Oberbibliothekar: Dr. jur. Paul Güntzel; Bibliothekar: Dr. jur. Martin Kreplin.

Rechtsanwälte:

Axhausen, Justizrat
Dr. Benkard
Bodenstein, Geh. Justizrat
*Brücklmeier, Justizr.
Dr. Drost
Dr. Fuchslocher
Geutebrück, Justizr.
Hansen
Huber
Dr. Junck, Geh. Justizrat
*Dr. Kaiser, Justizr.
Kieffer
Dr. Kraemer
Dr. Kurlbaum, Justizrat
Dr. Mittelstaedt, Justizrat
Ruland
Dr. Scherer
Dr. Schrömbgens, Justizrat
*Seuffert
Soldan
Dr. Süpfle, Justizrat
Dr. Wildhagen, Geh. Justizrat

c) **Reichsfinanzhof.**

Chefpräsident: Jahn Gustav, Exzellenz, Wirkl. Geheimer Rat.
Senatspräsidenten: Dr. Kloss Rich., Sächs. Geh. Rat; Dr. Becker Enno; Zapf Heinr., Staatssekretär i. e. R.

Reichsfinanzräte:

Dr. Hoffmann Albr., Geh. OberRegRat
Hochstetter Rudolf
Evers Robert
Zimmermann E., Bad. Geh. Oberfinanzrat
Grünewald Oskar, Geh. Regierungsrat
Dr. Wunsch Franz, Geh. Regierungsrat
Dr. Boethke Wilhelm
Dr. Krapf Franz, Bayer. Geh. Rat
Arlt Hans
Bertrand Rudolf, Geh. Regierungsrat
Mirre Ludwig, Geh. Regierungsrat
Dr. Schmauser Gg.
Müller Otto
Bodenstein Otto, Geh. OberRegRat
Gaschott Friedrich
Viernstein Karl, Geh. Regierungsrat
Fischel Hermann
Dr. Koch Friedrich
Dr. Busch, Geh. Regierungsrat
Hutmacher Emil
Dr. Hertz Wilhelm
Dr. Vehlow Max
Dr. Winkler Hans
Ott Siegfried
Wagner Joseph
Seweloh Arthur
Dr. Ubber Hubert
Dr. Pfeiffer Friedrich
Braun Hermann
Dr. Kraft Josef
Schrankenmüller K.
Hepp Ernst, Geh. Regierungsrat
Dr. Schefold Karl
Otte Erich

Hilfsarbeiter:

Dr. Vangerow Friedr., Dr. Freytag Bruno, Wetter Alfons, Dr. Groß Karl, Dr. Haider Ludwig, Dr. Gerns Friedr., Dr. Glücksbaum Konr., Dr. Voltins Joh. Wilh., Regierungsräte.

Geschäftsstellen, Bücherei und Kasse:

Hagen Friedr., Bürodir., bayer. Rat
Klaeber H., Min.-Amtmann, Rechnungsrat
Sperling Kurt, Min.-Amtmann
Bethmann Wilh., Amtmann
Schmitt Heinrich „
Böhme Johs., „
Holzheu Joseph, Amtmann
Schantz Albert, „
Schnurrer Georg, „
Wilske Wilhelm, ObSteuerinsp.
Albrecht Otto, Reg.Ob.Inspektor.
Deiler Joseph, „
Glasbrenner Joseph, Oberzollsekretär.

Kanzlei:

Hotze Eduard, Kanzleidirektor
Heyer Fr., Kainz L., Bux Jos., Schwerer K., Min.-Kanzlei-Obersekretäre
Nirschl Emil, Mörking Max, Min.-Kanzleisekretäre
Däubler Max, Damm Gustav, Warncke Hermann, Wintermann Franz, Schmidt Paul, Minist.-Kanzleisekretäre
Buber Wilhelm, Hentschel Rich., Min.-Kanzlei-Assistenten

B. Regierung des Freistaates Bayern

1. Dr. Heinrich Held, Ministerpräsident, Minister des Aeussern.

2. Franz Gürtner, Minister der Justiz.*

3. Dr. Karl Stützel, Minister des Innern.*

4. Franz Goldenberger, Minister für Unterricht und Kultus.*

5. Dr. Hans Schmelzle, Minister der Finanzen.*

6. Dr. Anton Fehr, Minister für Landwirtschaft und Arbeit.

Die mit * versehenen Minister sind juristisch gebildet.

C. Justizbeamte des Freistaates Bayern.

I. Liste.

Staatsministerium der Justiz.

a) Minister.

1 Gürtner Franz, III. StA. in München I unter Einberufung in d. Just.-Min. 1. X. 09; AR. das. 1. I. 12; II. StA. in München I 1. IX. 17; LGR. München I unter Beruf. in das Just.-Min. 1. VIII 20; ORR. 1. X. 21; Staatsmin. d. Justiz 4. VIII. 22.

b) Staatsräte.

1 Schmitt Hermann Dr., III. StA. in Neuburg a. D. 1. X. 91; AR. in Lichtenfels 1. II. 93; desgl. in Aschaffenburg 16. XII. 94, II. StA. in Augsburg 1. X. 97; LGR. in Amberg 1. X. 99; LGR. in Bamberg 1. IV. 05 (Grundbuchaufsichtsbeamter); OLGR. in Bamberg 1. V. 07; in das Just.-Min. ber. 16. XI. 08; Oberstlandesgerichtsrat 1. II. 10, T. u. R. e. MinR. 1. X. 12; MinRat 1. XI. 16; T. u. R. e. MinDir. 1. IV. 19 (Generalsekretär); MinDir. 1. IV. 20; Staatsrat 1. X. 23.

2 Nüsslein Adam Dr. Ritter v., III. StA. in München 8. III. 94; AR. das. 3. VII. 95; in das Just.-Min. ber. 26. IX. 98; II. StA das. 16. XI. 98; LGR. das. 3. XI. 99; I. StA. das. 20. XII. 00; RegR. 23. V. 03; ORegR. 1. VII. 06; T. u. R. e. MinR. 1. XII. 09; MinRat 1. II. 10; stellv. Bevollm. z. Reichsrat 1. XI. 16. T. u. R. e. MinDir. 10. VIII. 17. T. u. R. e. Staatsrates 1. VII. 21; MinDir. 1. X. 29.

c) Ministerialdirektor.

1 Degen Richard, III. StA. in Fürth 1. XI. 00; AR. in München 15. II. 02; ins JustMin. einber. 1. XI. 04; II. StA. das. 1. IV. 05; LGR. das. 1. I. 08; I. StA. das. 1. VIII. 13; RR. 22. III. 14; ORR. 16. V. 18; MinR. 1. II. 20. T. u. R. e. MinDir. 1. XII. 28; MinR. als Abteilungsleiter 1. X. 29.

d) Ministerialräte.

1 Kühlewein Heinr. Dr., III. StA. in München I 1. IV. 00; AR. in Nürnberg 15. II. 02; II. StA. in Nürnberg 16. V. 05; LGR. in München I 1. XII. 10; ohne Geh. beurl. (BezR. in Polen) 1. X. 15 bis 25. XI. 18; T. u. R. e. OLGR. 31. XII. 18; in das JustMin. ber. 16. IV. 19; RegR. 1. X. 19; ORR. 1. IV. 20; T. u. R. e. MinR. 1. X. 21; MinR. 1. III. 1922.

2 Sotier Adolf, III. StA. in Traunstein 1. II. 02; AR. in Rosenheim 1. XI. 02; II. StA. in München I 1. II. 08; LGR. in München I 1. VI. 18; in das JustMin. ber. 14. XII. 18; T. u. R. e. OLGR. 15. VII. 19; RegR. 1. X. 19; ORR. 1. IV. 20; T. u. R. e. MinR. 1. X. 21; MinR. 1. III. 22.

3 Manglkammer Friedr., III. StA. in Nürnberg 16. III. 06; in d. JustMin. ber. 16. X. 06; AR. das. 1. I. 08; II. StA. das. 1. VIII. 13; LGR. das. 1. X. 18; RegR. 1. XI. 19; ORR. 1. IV. 20; T. u. R. e. MinR. 1. I. 22; MinR. 1. X. 23.
4 Dürr Alfred Dr., III. StA. in München I 16. XII. 06; AR. in München 1. IV. 09; in das JustMin. ber. 1. II. 10; II. StA. das. 1. II. 14; LGR. das. 1. X. 18; RegR. 1. XI. 19; ORR. 1. IV. 20; T. u. R. e. MinR. 1. I. 22; MinR. 1. I. 25.
5 Sauerländer Joh. David, III. StA. im StMin. d. Justiz 1. VII. 08; desgl. in München I 1. IV. 09; AR. in München 1. I. 10; in das JustMin. ber. 16. VI. 11; II. StA. das. 1. I. 17; LGR. das. 16. IV. 20; ORR. 1. I. 21; T. u. R. e. MinR. 1. X. 23; MinR. 16. XII. 25.
6 Widmann Emil, III. StA. in Traunstein 1. VIII. 08; AR. in München 1. V. 10.; in das JustMin. ber. 16. IV. 19; II. StA. das 1. V. 19; LGR. das. 1. XI. 20; I. StA. das. 1. VII. 22; ORR. 1. VI. 23; T. u. R. e. MinR. 1. VII. 25; MinR. 1. X. 27.
7 Meukel Leonh. Dr., III. StA. in Nürnberg 1. II. 11; AR. in München 1. V. 15; in d. JustMin. ber. 1. VI. 19; II. StA. das. 1. X. 19; LGR. das. 1. XI. 20; T. u. R. e. ORR. 1. III. 23; ORR. das. 1. VI. 23; T. u. R. e. MinR. 1. V. 27; MinR. 1. X. 29.
8 Siegel Karl Dr., III. StA. im StMin. d. Justiz 1. V. 15; AR. das. 1. IV. 19; II. StA. das. 1. XI. 19; LGR. das. 1. X. 21; desgl. LG. München I 1. XII. 23; desgl. im StMin. d. Justiz 16. XII. 25; ORR. 1. VI. 26; T. u. R. e. MinR. 16. V. 28.
9 Cammerer Clemens, III. StA. im StMin. d. Justiz 1. V. 15; AR. Ag. München 1. III. 19; II. StA. im StMin. d. Justiz 1. XI. 19; LGR. das. 1. X. 21; OAR. AG. München 1. X. 23; T. u. R. e. AGDir. 1. IV. 27; ORR. im StM. d. Justiz 16. IX. 27; T. u. R. e. MinR. 16. V. 28.

e) Oberregierungsräte.

1 Ehard Hans Dr. 1. XI. 25 (1. III. 22 II. StA.) 1. Sept. 28
2 Schüler Herm. 16. IV. 27 (1. X. 23 II. StA.) T. u. R. e. ORR. 1. Okt. 29.

f) Regierungsrat I. Kl.

1 Scheuermann Karl (16. X. 07 Geh. Rechn.Komm.) 1. April 20

g) Landgerichtsräte.

1 Döbig Friedr. (1. VI. 20 StA.) 1. Dez. 29
OAR. 16. Mai 27
II. StA. 1. Jan. 25
2 Dürig Ernst Dr. (16. VI. 21 StA.) 1. Sept. 28
II. StA. 1. Jan. 25
3 Resch Alfred (1. III. 22 StA.) 1. Okt. 29
II. StA. 1. März 27

h) II. Staatsanwälte.

1 Strebel Wilh. Dr. (1. V. 24 StA.) 1. Okt. 29
2 Denzler Max (16. V. 25 StA.) 1. Okt. 29

i) Amtsrichter.

1 Holzbauer Andreas (1. I. 26 StA.) 1. Sept. 28
2 Lechner Oskar (1. I. 26 StA.) 1. Mai 28

k) III. Staatsanwalt.

1 Ammon v. Wilh. Dr. 1. März 29

l) Ministerialrechnungsräte.

1 Kalbskopf Andreas 1. Okt. 26
2 Melcher Wilhelm 1. Aug. 29
Rg. 20. Okt. 28

m) Ministerialoberinspektoren.

1 Balk Joseph, Geheimsekretär, MinOberinsp. 1. Mai 21
Ministerialregistraturvorstand 1. April 20
Rg. 1. Jan. 13
2 Stärzl Johann, Geheimsekretär, MinOberinsp. 1. Mai 21
Ministerialsekretariatsvorstand 1. April 20
Rg. 7. Jan. 14
3 Weigert Max, Geheimsekretär, MinOberinsp. 1. Okt. 26
Rg. 16. Dez. 22
1. April 18

n) Justizoberinspektoren und Rechnungsoberinspektoren.

1 Berr Ludwig (T. u. R. e. Min.-Oberinsp. 1. VI. 23) 1. April 20
2 Gräf Otto (T. u. R. e. MinOberinsp. 1. VI. 23)
3 Hübel Paul (T. u. R. e. MinOberinsp. 1. I. 24) „
4 Laun Georg (T. u. R. e. MinOberinsp. 1. IX. 29) 1. Dez. 23
Rg. 1. Okt. 23
5 Finkenzeller Jos. (T. u. R. e. MinOberinsp. 1. IX. 29) 1. Okt. 26
Rg. 15. Dez. 24
6 Hildner Martin, Rechn.-Oberinsp. (T. u. R. e. Rechnungsrats 1. IX. 29) 1. Okt. 26
Rg. 15. Dez. 24
7 Capeller Heinr. 1. Jan. 28
Rg. 15. Dez. 24
8 Wolf Friedrich, Rechn.-Oberinsp. 1. Juli 27
Rg. 1. Okt. 26
9 Kronseder Friedr. 1. Jan. 28
Rg. 1. Okt. 26

o) Justizinspektoren.

1 Holzer Joseph (T. u. R. e. Justizoberinsp. 16. XII. 22) 1. April 20
Rg. 25. März 18
2 Fritsch Heinr. (T. u. R. e. Justizoberinsp. 20. X. 28) 1. Mai 26
Rg. 1. Sept. 21
3 Zandt Otto (T. u. R. e. Justizoberinsp. 20. X. 28) 1. Mai 26
Rg. 1. Juni 23
4 Seibert Georg (T. u. R. e. Justizoberinsp. 20. X. 28) 1. Mai 26
Rg. 1. Okt. 23

5	Busl Wilhelm (T. u. R. e. Justizoberinsp. 20. X. 28)	1. Mai 26 / Rg. 1. Jan. 25
6	Obermayer Karl (T. u. R. e. Justizoberinsp. 1. IX. 29)	1. Mai 26 / Rg. 1. Jan. 25
7	Schmaußer Josef (T. u. R. e. Justizoberinsp. 1. IX. 29)	1. Mai 26 / Rg. 1. Jan. 26
8	Kowalewski Philipp	1. Juli 27
9	Trost Karl	1. Aug. 27
10	Vogelgsang Josef	„

II. Liste.

Oberstes Landesgericht.

a) Präsident.

1 Müller Gustav Dr., III. StA. i. München II 16.IV.99; AR. in München I.V.00; II. StA. i. München I 1.III.02; LGR. das. 16.XI.06; i. d. Justizmin. einber. 1.II.08; I. StA. das. 1.I.09; ORR. 1.II.14; T. u. Rg. e. MinR. 10. VIII. 17; MinR. 1. IV. 19; T. u. Rg. e. GehR. 1. VII. 20; MinDir. 1. X. 23; Präs. d. Obersten LG. 1. VII. 29.

b) Senatspräsidenten.

1 Seeber Josef, III. StA. München II 1. III. 97; AR. in München 1.VII.98; II. StA. in München I 1. I. 00; LGR. in München I 1. III. 04; StA. OLG. in München 1. IV. 12; beurl. z. Reichsanw. 18 X. 14; StA. b. Obersten LG. 1. V. 19; T. u. R. e. OStA. 1. VI. 21, Rat a. Oberst. LG. 1. XII. 23; SenPräs. a. Oberst. LG. 1. VII. 24.

2 Gerber Alexander, III. StA. München II 1. X. 01; AR. in München 1. VII. 04; in das Justiz-Min. ber. 16. I. 06; II. StA. im Just.-Min. 16. IV. 06; LGR. das. 1. X. 08; OAR. in Reichenhall 1. II. 09; LGR. in München I 1. V. 12; RegR. im StMin. d. Justiz 1. III. 14; ORegR. 1. X. 18; MinR. 1. IV. 20; SenPräs. a. Oberst. LG. 16. XII. 25.

c) Räte.

1 Wunderer Chr., III. StA. in Landshut 1. V. 91; AR. in Bayreuth 1. XI. 91; II. StA. in Weiden 1. XI. 96; LGR. in München I 1. IV. 99; OAR. in München (Abt.Vorstd.) 1. II. 07; T. R. Geh. u. R. e. OLGR. 16. XII. 08; StA. b. Oberst. LG. 1. V. 19; T. u. R. e. OStA. 1. VI. 21; Rat am Oberst. LG. 1. VII. 25.

2 Bezold Andr. Dr., III. StA. in Augsburg 1. V. 99; AR. in Regensburg 1. VII. 00; II. StA. in Augsburg 15. II. 02; LGR. das. 1. III. 07; T. u. R. e. OLGR. 23. XII. 16; I. StA. im StMin. d. Justiz 16. IV. 19; ORegR. 1. X. 19; MinR. 1. IV. 20; Ruhestd. 1. IV. 24; Rat am Oberst. LG. 1. I. 25.

3 Kober Karl Dr., AR. in Immenstadt 29. XI. 90; LGR. in München 18. VI. 98; I. StA. i. Just.-Min. 20. V. 06; RegR. das. 1. I. 07; Rat a. OLG. München 1. X. 07; Rat a. Oberst. LG. 1. I. 20.

4 Sturm Karl, III. StA. in München II 1. I. 98; AR. in München I 16. IV. 99; II. StA. in München I 1. V. 01; LGR. in München I 1. IV. 05; I. StA. in München I 1. VI. 11; LGDir. in München I 1. VI. 19; StA. b. Oberst. LG. m. T. u. R. e. OStA. 1. XII. 23; Rat a. Oberst. LG. 1. V. 28; Rang 1. IV. 20.

5 Christ Alois, III. StA. in Bamberg 16. V. 89; AR. in Staffelstein 16. V. 90; II. StA. in Fürth 1. VII. 95; LGR. in Nürnberg 1. III. 98; StA. b. OLG. Bamberg 17. IV. 06, Rat a. OLG. Bamberg 1. VII. 09; Rat a. Oberst. LG. 1. X. 21.

6 Redenbacher Rudolf, AR. in München I 1. V. 90; LGR. in München II 1. I. 98; desgl. München I 16. XI. 08. Stellv. Dir. München I 1. I. 09; LGDir. in München I 1. XI. 10; Rat a. Oberst. LG. 1. VI. 22.

7 Maul Otto, III. StA. in Schweinfurt 1. IX. 91; AR. in Ingolstadt 1. III. 92; desgl. in München I 16. IV. 95; LGR. in München I 16. IV. 99; Stellv. Dir. das. 1. I. 09; Rat a. OLG. München 1. V. 10. Rat a. Oberst. LG. 1. VII. 24.

8 Becher Heinr. Dr., III. StA. in München I 1. XI. 91; AR. in München I 1. I. 93; 8 Mon. beurl. z. Reichsdienst 1. V. 97; II StA. in München I 1. I. 98; LGR. in München I 16. XI. 99; Stellv. Dir. das. 1. I. 10; OLGR. in München 16. XI. 12; Rat a. Oberst. LG. 1. VII. 24.

9 Osthelder Karl, AR. in München 1. I. 95; LGR. in München I 15. II. 00; I. StA. in Frankenthal 1. V. 10; OLGR. in München 1. IX. 11; Rat a. Oberst. LG. 16. XI. 24.

10 Fiedler Albert, III. StA. in Würzburg 1. XI. 95; AR. in Würzburg 1. XI. 96; II. StA. in Würzburg 16. XI. 99; LGR. in Passau 1. X. 01; desgl. in Würzburg 1. I. 07; I. StA. in Straubing 1. VII. 10; OLGR. in München 1. II. 20; Rat a. Oberst. LG. 1. I. 25.

11 Keidel Friedr., AR. in München 1. XI. 97; LGR. in München I 1. IV. 04; T. u. R. e. OLGR. 1. VIII. 15; OLGR. in München 1. II. 20; Rat a. Oberst. LG. 1. VI. 25.

12 Zeiß Karl, AR. in München 1. X. 99 (Rg. 1. IV. 99); in d. JustMin. einber. 1. XII. 00; II. StA. das. 1. III. 01; LGR. das. 1. IV. 04; desgl. LG. München I 1. III. 06; T. u. R. e. OLGR. 1. VIII. 15; OLGR in München 1. II. 20; LGDir. in München I 16. V. 20; StA. b. Oberst. LG. m. d. T. e. OStA. 1. VI. 25; Rat a. Oberst. LG. 1. X. 29.

13 Gaebhard Adam, III. StA. in Landshut 1. II. 96; AR. in Würzburg 16. I. 97; II. StA. in Aschaffenburg 16. XI. 99; LGR. in München I 15. II. 02; I. StA. in Memmingen 1. X. 11; OLGR. in Augsburg 1. I. 20; Rat a. Oberst. LG. 16. IX. 25.

14 Ansbacher Alexander, AR. in München 16. I. 96; LGR. in München I 15. II. 02; T. u. R. e. OLGR. 22. VII. 13; Stellv. Dir. in München I 1. V. 15; OLGR. in München 16. IX. 20; Rat a. Oberst. LG. 1. I. 26.

15 Zoller Ernst, III. StA. in Kaiserslautern 16. XI. 99; desgl. in Zweibrücken 1. I. 00; AR. in Neustadt a. H. 1. VI. 01; II. StA. in Frankenthal 1. III. 02; desgl. in München I 1. III. 04; OAR. in Tegernsee 1. XI. 05; LGR. in München I 1. I. 10; T. u. R. e. OLGR. 22. XII. 15; I. StA. in Augsburg 1. IV. 19; StA. b. OLG. München 1. V. 19; OLGR. in München 1. I. 24; Rat a. Oberst. LG. 1. IV. 26.

16 Schiedermair Josef, AR. in München 1. I. 00; Rg. 16. XI. 99; II. StA. in Nürnberg 16. IV. 04; LGR. in München II 1. III. 10; T. u. R. e. OLGR. 25. III. 18; OLGR. in München 16. V. 20; Rat a. Oberst. LG. 1. IV. 27.

17 Renner Ferdin., III. StA. in Fürth 16. VI. 97; AR. in in München 16. X. 98; II. StA. in Fürth 1. I. 00; LGR in Frankenthal 1. VI. 03; T. u. R. e. OLGR. 7. IV. 14; I. StA. in Neuburg a. D. 1. V. 15; OLGR. in München 1. IV. 24; Rat a. Oberst. LG. 1. IV. 27.

18 Vogelgsang Peter, III. StA. in Augsburg 16. XI. 97; AR. in Augsburg 1. V. 99; II. StA. in Passau 1. II. 00; LGR. in Augsburg 1. VII. 04; T. u. R. e. OLGR. 22. XII. 15; I. StA. in Bayreuth 1. VI. 16; OLGR. in München 16. VIII. 25; Rat a. Oberst. LG. 16. IV. 27.

19 Weber Heinrich, AR. in Landsberg 1. VII. 98; desgl. in München II 1. I. 00; OAR. in München I 16. I 06; LGR. in München I 25. IV. 06; T. u. R. e. OLGR. 27. VII. 16; OAR. in Freising m. T. u. R. e. AgDir. 1. I. 20; AgDir. in Freising 1. XI. 23; OLGR. in München 16. XI. 24; Rat a. Oberst. LG. 16. X. 27.

20 Kling August, AR. in Erlangen 16. VIII. 99; desgl. in München I 1. VIII. 02; LGR. in Schweinfurt 1. V. 08; desgl. in München I 1. V. 12; T. u. Rg. e. OLGR. 21. XII. 17; stellv. Dir. in München I 1. I. 22; OLGR. in München 1. VII. 24; Rat a. Oberst. LG. 1. II. 28.

21 Hümmer Johann, III. StA. in Aschaffenburg 16. XI. 99; AR. in Fürstenfeldbruck 16. XI. 00; II. StA. in Weiden 1. I. 05; LGR. in München I 1. II. 09; T. u. R. e. OLGR. 21. XII. 17; I. StA. in Straubing 1. II. 20; LGDir. in Aschaffenburg 1. II. 26; AGDir. in Straubing 1. III. 26; Rat a. Oberst. LG. 16. II. 28.

22 Fischer Wendelin, AR. in Bergzabern 1. I. 00; desgl. in Homburg 1 VII. 02; II. StA. in Kaiserslautern 1. IX. 02; LGR. das. 1. VII. 09; T. u. R. e. OLGR. 31. XII. 18; I. StA. in Kaiserslautern 1. VI. 22; OLGR. in München 1. VI. 25; Rat a. Oberst. LG. 1. XII. 28.

23 Neumeyer Alfred Dr., III. StA. in Landshut 16. VII. 95; AR. in Landshut 1. X. 96; desgl. in München 16. V. 98; II. StA. in München II 16. XI. 99; LGR. in München I 15. II. 02; StA. b. OLG. Augsburg 1. X. 10; Rat am OLG. München 1. V. 19; Rat a. Oberst. LG. 1. XI. 29.

d) Generalstaatsanwaltschaft.

Generalstaatsanwalt: Aschenbrenner Karl, AR. in München II 16. VII. 92; II. StA. in München I 1. XI. 96; LGR. in München I 16. XI. 99; I. StA. das. 1. X. 04; StA. b. OLG. München 1. VIII. 08; LGDir. in München I 1. V. 11; OStA. in Nürnberg 1. X. 19; GenStA. b. Oberst. LG. 16. XI. 24.

Staatsanwälte:

1 Dittmann Jul., III. StA. in Neuburg a. D. 1. II. 99; AR. in Würzburg 16. XI. 99; II. StA. in Amberg 1. X. 01; LGR. in Nürnberg 1. VI. 06; T. u. R. e. OLGR. 27. VII. 16; I. StA. in Zweibrücken 1. X. 18; StA. b. OLG. Nürnberg 1. XI. 19; LGDir. in Nürnberg 1. V. 24; StA. b. Oberst. LG. m. d. T. e. OStA. 1. VII. 25.

2 Zoeller Otto, III. StA. in Zweibrücken 1. I. 00; AR. in Landau i. d. Pf. 1. I. 02; II. StA. in Landau 16. IV. 04; LGR. in

München I 1. XI. 10; T. u. R. e. OLGR. 31. XII. 18; LGDir. in München I 1. IV. 23; StA. b. Oberst. LG. m. d. T. e. OStA. 1. V. 28.

3 Gütermann Emil Dr., III. StA. in Kempten 16. IV. 00; AR. in Lindau 16. VII. 01; II. StA. in München I 16. V. 05; LGR. in München I 1. V. 10; T. u. R. e. OLGR. 31. XII. 18; zur Verw. im Reichsdienst beurl. 10. II. 20–31. XII 20; zur Verw. als Hilfsrichter b. Reichsg. beurl. 16. V. 22; st. LGDir. München I unter Fortd. s. Beurl. 1. VII. 24; zurückberuf. 1. III. 25; LGDir. München I 1. VI. 25; StA. b. Oberst. LG. m. d. T. e. OStA. 1. X. 29.

III. Liste.

Oberlandesgerichte.

a) Präsidenten.

1 Meyer Karl Dr., III. StA. in Landshut 1. V. 89; AR. in Donauwörth 16. IV. 90; desgl. in Landshut 1. I. 91; II. StA. das. 1. VII. 95; LGR. das. 16. X. 98; desgl. b. LG. München I 15. II. 02; I. StA. das. 17. IV. 06; OLGR. in München 1. I. 07; in das JustMin. ber. 1. V. 09; Oberstlandesgerichtsrat 1. XII. 09; MinRat 1. I. 12, Tit. u. Rg. e. Geheimen Rates 15. V. 18; MinDir. i. Staatsmin. d. Justiz; Staatsrat 1. IV. 19; Präs. d. OLG. München unter Belassg. d. T. u. R. e. Staatsrats 1. X. 23.

2 Spangenberger Heinrich, AR. in München 1. X. 98; II. StA. in München I 1. XII. 00; in d. JustizMin. ber. 1. V. 02; LGR. das. 1. VI. 03; LGR. München I 1. VII. 04; in d. JustizMin. ber. 1. IV. 10; I. StA. das. 1. XI. 10; ORegR. 1. II. 14; T. u. R. e. MinR. 10. VIII. 17; MinR. 1. V. 19; T. u. Rg. e. GehRates 1. VII. 20; T. u. Rg. e. MinDir. 1. X. 23; Präs. d. OLG. Bamberg 16. IX. 26.

3 Becker Friedr., III. StA. in Kaiserslautern 15. II. 97; II. StA. in Frankenthal 16. VII. 98; LGR. in Zweibrücken 1. VI. 01; st. Dir. in Zweibrücken 1. VII. 09; I. StA. in Kaiserslautern 1. II. 10; OLGR. in Zweibrücken 1. II. 16; LGPräs. in Frankenthal 16. IV. 20; Präs. d. OLG. Zweibrücken 1. I. 27.

4 Hahn Matthäus, III. StA. in München I 1. XI. 97; AR. in München I 16. XI. 98; II. StA. in München I 1. III. 00; LGR. in München I 16. IV. 04; desgl. in München II 1. VII. 04; I. StA. in München I 1. V. 1914; LGPräs. in Augsburg 1. V. 20; LGPräs. in München I 1. V. 25; Präs. d. OLG. Nürnberg 1. V. 28.

5 Aull Hans, III. StA. in Memmingen 16. VII. 99; AR. in Memmingen 16. VII. 00; II. StA. in Würzburg 1. IV. 02; desgl. in München I 1. XI. 02; LGR. das. 1. II. 08; T. u. R. e. OLGR. 21. XII. 17; I. StA. München I 1. XI. 19; Dienstaufs. I. StA. das. 16. IV. 22; OStA. in München 1. XII. 22; Präs. d. OLG. Augsburg 1. X. 29.

b) Senatspräsidenten.

1 Vollmuth Theobald, III. StA. in Memmingen 16. IX. 87; vers. n. Traunstein 1. I. 88; AR. in Marktheidenfeld 16. XI. 88; II. StA. in Traunstein 1. VII. 94; LGR. in München II 1. XII. 96;

vers. n. Kempten 1. IV. 97; I. StA. in Deggendorf 1. VI. 03; Rg. etc. e. OLGR. 16. IV. 06; Rat a. OLG. Zweibrücken 1. I. 08; StA. b. Oberst. LG. 1. IV. 16; SenPräs. a. OLG. München 1. V. 19.

2 Biegeleben Joseph, Frhr. v., III. StA. in Traunstein 1. XII. 89; AR. in Deggendorf 1. V. 90; desgl. in München I 1. I. 94; II. StA. in München I 16. VII. 95; LGR. in München II 1. I. 98; I. StA. in Traunstein 1. VII. 06; Rg. etc. e. OLGR. 1. X. 07; Rat a. OLG. München 1. I. 10; beurl. als Richter z. Deutsch-Französ. Schiedsgerichtshof 1. V. 20—1. IV. 21; SenPräs. a. OLG. München 1. I. 24.

3 Sellner Gustav, III. StA. in Regensburg 1. VI. 95; AR. in Regensburg 16. IV. 96; desgl. in Nürnberg 16. IX. 96; II. StA. in Traunstein 1. VII. 99; LGR. das. 1. II. 01; I. StA. in Kempten 1. X. 10; Rat a. OLG. München 1. V. 19; SenPräs. a. OLG. Augsburg 1. V. 24.

4 Schultz Heinrich Dr., III. StA. in München II 16. XI. 95; AR. in München I 1. XI. 96; II. StA. in München I 16. XI. 99; LGR. das. 15. II. 02; StA. b. OLG. München 1. V. 11; Rat am OLG. München 1. IV. 14; SenPräs. a. OLG. München 1. V. 24.

5 Cnopf Heinrich, III. StA. in Augsburg 16. VI. 94; desgl. in Traunstein 1. II. 95; AR. in Nürnberg 16. IX. 95; LGR. in Nürnberg 1. V. 00; stellv. Dir. das. 1. I. 10, LGDir. das. 1. XI. 11; SenPräs. a. OLG. Nürnberg 16. VIII. 25.

6 Reich Wilhelm, III. StA. in Landau 1. I. 00; AR. in Frankenthal 1. VI. 01; II. StA. in Frankenthal 1. III. 02; LGR. in Landau 1. VIII. 06; T. u. Rg. e. OLGR. 23. XII. 16; I. StA. in Zweibrücken 1. XI. 19; Rat am OLG. Zweibrücken 1. VI. 22; SenPräs. a. OLG. Zweibrücken 1. III. 29.

7 Baumann Georg, AR. in Bamberg 16. XI. 99; LGR. in Bamberg 1. IV. 09; T. u. Rg. e. OLGR. 15. VII. 19 Rat a. OLG. Bamberg 1. V. 24; SenPräs. a. OLG. Bamberg 1. VIII. 29.

c) Räte.

Oberlandesgerichtsräte mit Titel u. Rang eines Oberl. Senatspräsidenten.

1 Fritz Paul, AR. in Füssen 19. II. 89; LGR. in München 13. I. 97; Rg. etc. e. OLGR. 8. IV. 06; Rat a. OLG. München 1. II. 07; T. u. Rg. e. oberl. SenPräs. 1. XI. 21.

2 Rohrer Wilhelm, III. StA. in München I 16. VII. 95; AR. in München I 1. X. 96; II. StA. in München II 16. VII. 99. LGR. in München I 1. VI. 01; I. StA. das. 1. VIII. 08; Rat am OLG. München 1. VI. 11; T. u. R. e. oberl. SenPräs. 16. IV. 27.

3 Schütz Johann, III. StA. in Landshut 16. IV. 90; AR. in Nördlingen 1. V. 91; LGR. in Weiden 1. II. 99; desgl. in Nürnberg 1. I. 02; desgl. in Fürth 16. XI. 08; stellv. Dir. das. 1. I. 09; Rat am OLG. Bamberg 16. XII. 13; T. u. R. e. oberl. SenPräs. 16. V. 28.

4 Gotthardt Georg, III. StA. in Bamberg 15. II. 91; AR. in Kronach 1. XII. 91; II. StA. in Amberg 1. VI. 97; LGR. in Bamberg 16. VIII. 99; I. StA. in Neuburg 16. X. 07; Rat am OLG. München 1. V. 15; T. u. R. e. oberl. SenPräs. 16. V. 28.

5 Schmelz Nikolaus, AR. in Mallersdorf 1. X. 91; desgl. in Bamberg 1. XII. 94; LGR. in Hof 15. II. 99; desgl. in München II 1. X. 01; stellv. Dir. das. 1. X. 09; Rat am OLG. München 1. V. 12; T. u. R. e. oberl. SenPräs. 16. V. 28.

6 Sesslen Friedrich, AR. in Altdorf 16. XI. 92; desgl. in Nürnberg 1. VI. 96; LGR. in Fürth 16. XI. 99; desgl. in Nürnberg 1. V. 02; stellv. Dir. in Hof 1. V. 09; Rat am OLG. Augsburg 1. III. 16; T. u. R. e. oberl. SenPräs. 1. X. 29.

Übrige Oberlandesgerichtsräte:

7 Kössler Karl Felix, III. StA. in Frankenthal 16. XI. 92; AR. in Neustadt a. H. 16. V. 95; II. StA. in Frankenthal 16. VIII. 96; LGR. das. 16. VII. 98; desgl. in Würzburg 1. VI. 03; I. StA. in Schweinfurt 1. I. 07; Rat am OLG. Nürnberg 1. II. 13.

8 Escales Friedrich, AR. in Pirmasens 1. VI. 96; desgl. in Germersheim 1. XII. 96; LGR. in Frankenthal 16. VII. 98; desgl. in Nürnberg 1. VI. 06; stv. Dir. das. 1. I. 09; Rat am OLG. Nürnberg 1. II. 14.

9 Rose Hugo Dr., III. StA. in Schweinfurt 1. XII. 90; AR. in Kempten 1. IX. 91; desgl. in Nürnberg 1. XI. 93; LGR. in Fürth 1. V. 99; stellv. Dir. das. 1. I. 09; Rat am OLG. Nürnberg 1. VII. 15.

10 Eysselein Gustav, III. StA. in Fürth 1. IV. 91; AR. in Schweinfurt 1. VIII. 92; desgl. in Erlangen 16. I. 95; LGR. in Nürnberg 16. XI. 99; stellv. Dir. in Ansbach 1. VI. 09; Rat am OLG. Nürnberg 1. X. 16.

11 Franck Heinrich, AR. in Regenstauf 15. II. 94; LGR. in Amberg 16. V. 00; stellv. Dir. das. 1. X. 09; Rat am OLG. Zweibrücken 1. X. 16; desgl. a. OLG. Bamberg 1. XII. 20.

12 Ulmer Adolf, AR. in Nördlingen 1. III. 90; OAR. in Griesbach 16. V. 98; LGR. in Traunstein 1. X. 07; Rat am OLG. Augsburg 1. I. 10.

13 Bachl Anton, AR. in Sulzbach 16. IV. 93; II. StA. in Memmingen 1. IV. 98; LGR. das. 16. XI. 99; stellv. Dir. in Zweibrücken 1. II. 10; Rat am OLG. Zweibrücken 1. IV. 16.

14 Merkel Hans, III. StA. in Traunstein 16. IX. 95; AR. in Nürnberg 1. X. 96; II. StA. in Bamberg 1. X. 99; LGR. in Fürth 1. III. 01; desgl. in Nürnberg 1. I. 06; I. StA. das. 1. II. 10; Rat am OLG. Augsburg 1. VIII. 19.

15 Heuck Oskar, III. StA. in Landau 1. IX. 97; AR. in Landau 1. I. 00; LGR. in Frankenthal 16. XI. 01; desgl. in München II 1. I. 05; I. StA. in Landau 1. III. 10; Rat a. OLG. München 1. X. 19.

16 Düll Franz, III. StA. in Traunstein 1. X. 91; AR. in Lichtenfels 16. IX. 92; desgl. in Würzburg 1. X. 96; LGR. in Schweinfurt 16. XI. 99; desgl. in Passau 1. V. 08; stv. Dir. in Neuburg 1. V. 10; Rat a. OLG. Augsburg 1. I. 20.

17 Heuser Friedr. Dr., III. StA. in München I 1. I. 93; AR. in München II 1. II. 94; II. StA. in München II 16. V. 98; LGR. in München I 16. XI. 99; stellv. Dir. in München II 1. VII. 10; Rat am OLG. München 1. V. 16.

18 Bedall Eugen, III. StA. in Neuburg 1. II. 93; AR. in München 1. III. 94; II. StA. in München II 16. V. 98; LGR. in München I 16. XI. 99; stellv. Dir. das. 1. XI. 10; Rat am OLG. München 1. VI. 18.

19 Keyhl Hermann, AR. in Erding 1. VII. 94; LGR. in Straubing 16. IV. 00; stv. Dir das. 1. VI. 11; Rat am OLG. Augsburg 1. II. 22.

20 Roth Gustav III. StA. in Zweibrücken 1. IV. 97; AR. in Zweibrücken 1. I. 00; II. StA. in Frankenthal 1. I. 01; desgl. in Zweibrücken 15. II. 01; LGR. in Frankenthal 1. VI. 01; desgl. in Zweibrücken 16. VI. 01; stellv. Dir. das. 1. VIII. 11; Rat am OLG. Zweibrücken 1. VI. 18.

21 Walter Hermann, III. StA. in Straubing 1. II. 94; AR. in Ingolstadt 16. IV. 95; II. StA. in Straubing 1. X. 98; LGR. in Traunstein 1. I. 00; desgl. in München I 1. II. 01; Rat am OLG. München 1. I. 12 (1. X. 11.)

22 Bleymüller Joseph, AR. in Rotthalmünster 1. VII. 95; desgl. i. Passau 1. X. 99; LGR. i. Schweinfurt 15. II. 01; desgl. i. Regensburg 1. IV. 09; T. u. R. e. OLGR. 21. XII. 12; stellv. Dir. i. Kempten 1. IX. 14; Rat a. OLG. Bamberg 1. V. 19.

23 Ewald Wilh., III. StA. in Landshut 1. X. 96; AR. in Landshut 16. V. 98; II. StA. in Landshut 16. XI. 99; LGR. in Fürth 16 VIII. 02; I. StA. in Schweinfurt 1. II. 13; desgl. in Regensburg 15. II. 19; Rat a. OLG. Bamberg 1. X. 21.

24 Franz Karl, AR. in Beilngries 1. XII. 95; desgl. in Würzburg 1. VII. 98; LGR. in Schweinfurt 15. II. 02; T. u. R. e. OLGR. 22. VII. 13; stellv. Dir. in Bamberg 1. VII. 16; Rat a. OLG. Bamberg 1. IV. 25.

25 Gundel Gustav, III. StA. in Straubing 1. IV. 96; AR. in Nürnberg 1. I. 98; II. StA. in Regensburg 16. XII. 99; LGR. in Deggendorf 1. VI. 02; desgl. in Weiden 1. I. 03; desgl. in Bamberg 16. X. 07; T. u. Rg. e. OLGR. 24. XII. 13; stellv. Dir. in Bamberg 1. I. 22; Rat am OLG. Bamberg 1. VII. 26.

26 Möhrlein Michael, III. StA. in Nürnberg 1. XI. 96; AR. in Aschaffenburg 1. VII. 98; II. StA. in Nürnberg 1. I. 00; LGR. in Bamberg 1. II. 03; T. u. Rg. e. OLGR. 24. XII. 13; StA. b. OLG. Zweibrücken 1. XII. 14; I. StA. in Passau 1. I. 16; Rat a. OLG. München 16. IX. 20.

27 Jacob Albert, AR. in Scheßlitz 1. XII. 96; desgl. in Nürnberg 1. I. 00; LGR. in Frankenthal 1. IV. 03; desgl. in Kaiserslautern 1. XII. 03; T. u. Rg. e. OLGR. 7. IV. 14; stv. Dir. in Zweibrücken 1. VI. 18; Rat a. OLG. Zweibrücken 1. II. 21.

28 Silberschmidt Moritz, AR. in Forchheim 1. V. 96; II. StA. in Nürnberg 16. XI. 99; LGR. in Nürnberg 16. IV. 04; T. u. Rg. e. OLGR. 1. VIII. 15; I. StA. in Schweinfurt 15. II. 19; desgl. in Fürth 1. XI. 20; Rat am OLG. Nürnberg 1. IV. 24.

29 Oertel Eugen, AR. in Landshut 1. VIII. 98; desgl. in München 16. XI. 02; OAR. das. 16. I. 05; ans OLG. München ber. 16. X. 12; T. u. Rg. e. OLGR. 22. XII. 15; Rat a. OLG. München 1. X. 20.

30 Erlacher Christian Dr., AR. in Greding 1. XI. 98; desgl. in Nürnberg 15. II. 02; II. StA. in Straubing 1. X. 03; LGR. in Hof 1. I. 06; desgl. in München II 1. XII. 08; T. u. Rg. e. OLGR. 27. VII. 16; stv. Dir. in München II 1. XI. 23; Rat am OLG. München 1. V. 24.

31 Aschka Ludwig, AR. in Burghausen 1. VIII. 98; desgl. in Roth 1. II. 03: LGR. in Eichstätt 1. II. 06; desgl. in München II 16. XI. 08; T. u. Rg. e. OLGR. 27. VII. 16, stellv. Dir. in München I 1. VI. 22: Rat a. OLG. München 16. VII. 25.

32 Gerstlauer Lorenz, AR. in Neuburg a. D. 16. III. 99; II. StA. in Neuburg a. D. 1. X. 00; LGR. in Augsburg 17. IV. 06; T. u. Rg. e. OLGR. 27. VII. 16; I. StA. in Deggendorf 1. VI. 18; Rat a. OLG. München 16. IV. 23.

33 Pollmann Karl, AR. in München 16. IV. 99; II. StA. in Ansbach 16. XII. 00; LGR. das. 1. I. 07; T. u. Rg. e. OLGR. 23. XII. 16; vers. an d. LG. Augsburg 15. II. 19; StA. b. OLG. Augsburg 1. V. 19; Rat am OLG. München 1. I. 26.

34 Wohlfahrt Ludwig, AR. in Roth 1. V. 99; desgl. in Würzburg 1. II. 03; LGR. in Schweinfurt 1. II. 07; T. u. Rg. e. OLGR. 23. XII. 16; stellv. Dir. in Bayreuth 1. VIII. 23; Rat am OLG. Bamberg 1. II. 26.

35 Heerberger Julius, AR. in Mallersdorf 16. V. 99; desgl. in München I 16. III. 02; LGR. in München I 1. X. 07; OAR. in München 1. I. 11; LGR. in München I 1. I. 13; T. u. Rg. e. OLGR. 5. IV. 17; Rat am OLG. München 1. VII. 24.

36 Lieberich Otto, AR. in Geisenfeld 16. VII. 99; II. StA. in Landshut 16. VIII. 02; LGR. in Frankenthal 1. X. 07; T. u. Rg. e. OLGR. 5. IV. 17; StA. b. OLG. Bamberg 1. XI. 19, OLGR. in Nürnberg 16. VII. 25.

37 Ulmann Emil Dr., AR. in Nürnberg 16. VII. 99; LGR. in Kempten 1. X. 07; desgl. in München II 1. V. 08; T. u. Rg. e. OLGR. 5. IV. 17; Rat am OLG. München 16. VI. 20.

38 Haupt Franz, AR. in Herzogenaurach 16. X. 99; desgl. in Nürnberg 1. IV. 03; LGR. in Deggendorf 16. VII. 08; desgl. in Würzburg 1. IV. 11; T. u. R. e. OLGR. 21. XII. 17; OAR. in Miltenberg m. T. u. R. e. AGRats 1. V. 21; stellv. Dir. in Bamberg 1. IV. 25; Rat am OLG. Bamberg 1. I. 28.

39 Weber Ernst, AR. in Amberg 16. XI. 99; II. StA. in Passau 1. VII. 05; LGR. das. 1. V. 10; desgl. in Nürnberg 1. I. 12; T. u. R. e. OLGR. 21. XII. 17; I. StA. in Hof 16. XI. 19; Rat a. OLG. Nürnberg 1. VII. 27.

40 Schraub Karl, III. StA. in Würzburg 16. XI. 99; AR. in München 1. XII. 00; II. StA. in München I 1. VI. 02; LGR. das. 1. VIII. 09; T. u. Rg. e. OLGR. 25. III. 18; StA. b. OLG. München 1. VI. 21; Rat am OLG. München 1. X. 26.

41 Güllich Friedr., AR. in Kulmbach 1. XII. 99; II. StA. in Bayreuth 16. IV. 06; LGR. in Memmingen 1. IV. 13; desgl. in Nürnberg 1. II. 15; T. u. R. e. OLGR. 25. III. 18; I. StA. in Aschaffenburg 1. IV. 21; Rat a. OLG Augsburg 1. XII. 27.

42 Bähr Friedrich, III. StA. in Bamberg 1. IV. 00; AR. in Bamberg 1. IV. 01; II. StA. in München I 1. XI. 05; LGR. das. 1. VII. 11; T. u. Rg. e. OLGR. 31. XII. 18; stellv. Dir. in München I 1. V. 24; Rat am OLG. München 1. I. 25.

43 Reuß Josef, III. StA. in Würzburg 1. XII. 00; AR. in Neuburg a. D. 1. X. 05; II. StA. in Augsburg 1. III. 07; LGR. das. 15. II. 19; T. u. Rg. e. OLGR. 15. VII. 19; Rat am OLG. Augsburg 1. VI. 26.

44 Bechmann Adolf Dr., AR. in Nürnberg 1. II. 01; desgl. in München I 16. XI. 05; II. StA. in München I 16. XI. 06; LGR. das. 1. I. 14; T. u. R. e. OLGR. 15. VII. 19; Rat am OLG. München 1. IV. 27.

45 Riffel Philipp, AR. in Obermoschel 1. II. 01; II. StA. in Schweinfurt 1. X. 07; LGR. in Frankenthal 1. I. 14; T. u. Rg. e. OLGR. 15. VII. 19; I. StA. in Zweibrücken I. VI. 22; Rat a. OLG. München 1. V. 24.

46 Güntzer Adolf, III. StA. in Amberg 1. III. 01; AR. in Würzburg 1. II. 03; II. StA. in Frankenthal 1. VIII. 06; desgl. in Fürth 1. V. 07; LGR. das. 1. X. 16; T. u. R. e. OLGR. 15. VII. 19; stellv. Dir. in Bamberg 1. VII. 26; Rat am OLG. Bamberg 1. XI. 28.

47 Bachmeier Johann, AR. in Krumbach 16. XI. 99; LGR. in Kempten 1. III. 09; T. u. Rg. e. OLGR. 15. VII. 19; Rat am OLG. Augsburg 1. IV. 25.
48 Adelmann Karl Dr., AR. in München I 1. I. 00; II. StA. in München II 1. IV. 09; LGR. in München I 1. V. 15; T. u. R. e. OLGR. 15. VII. 19; stellv. Dir. in München I 1. XI. 25; Rat a. OLG. München 1. IV. 27.
49 Denkler Karl, AR. in Forchheim 16. XI. 99; LGR. in Frankenthal 1. VII. 09; desgl. in Nürnberg 1. IV. 16; T. u. R. e. OLGR. 15. VII. 19; stellv. Dir. in Nürnberg 1. IV. 23; Rat a. OLG. Nürnberg 1. I. 29.
50 Burckhardt Alfred Dr., AR. in Neuburg a. D. 1. I. 00; desgl. in Regensburg 1. X. 05; LGR. in Zweibrücken 1. VII. 09; T. u. Rg. e. OLGR. 15. VII. 19; stv. Dir. in Zweibrücken 1. VI. 22; Rat am OLG. München 1. V. 23.
51 Stein Josef Dr., AR. in München I 16. VIII. 99; LGR. in München I 1. I. 10; OAR. in München 1. I. 11; LGR. in München II 1. XI. 19; T. u. R. e. OLGR. 1. I. 20; stellv. Dir. in München I 1. IV. 26; Rat a. OLG. München 1. XII. 28.
52 Horwitz Richard, III. StA. in Traunstein 11. VI. 01; AR. in Deggendorf 1. X. 05; II. StA. in Nürnberg 1. III. 10; LGR. in München I 1. V. 19; T. u. Rg. e. OLGR. 1. IV. 20; Rat a. OLG. München 16. IV. 27.
53 Eck Egid Dr., III. StA. in Frankenthal 1. VI. 01; AR. in München 1. I. 06; II. StA. in Augsburg 1. IV. 10; LGR. in Straubing 1. V. 19; T. u. R. e. OLGR. 1. IV. 20; I. StA. in Memmingen 1. VII. 25; Rat am OLG. Bamberg 1. I. 29.
54 Haß Karl Dr., AR. in München I 1. V. 01; auf Ans. aus d. Staatsd. entl. 1. VI. 08; AR. in München 1. II. 10; II. StA. in München I 1. IV. 10; LGR. das. 1. V. 19; T. u. R. e. OLGR. 1. IV. 20; StA. b. d. OLG. München 1. I. 24; Rat a. OLG. München 1. XI. 28.
55 Hofmann Herm., AR. in Würzburg 1. I. 00: LGR. in Fürth 1. V. 10; T. u. R. e. OLGR. 1. IV. 20; stellv. Dir. in Coburg 1. III. 26; Rat am OLG. Bamberg 1. VIII. 29.
56 Dollacker Wilhelm, AR. in Regensburg 1. I. 00; desgl. in München I 1. X. 07; II. StA. in Bayreuth 1. X. 09; OAR. in Miesbach 15. IX. 13; T. u. R. e. AGR. 25. VI. 20; LGR. in Regensburg m. T. u. R. e. OLGR. 1. IX. 23; Rat am OLG. Augsburg 1. I. 28.
57 Simmerding Joseph, AR. in Laufen 15. II. 00; desgl. in Günzburg 1. VI. 00; desgl. in Nördlingen 1. VII. 03; desgl. in Landau a. I. 16. X. 03; desgl. in München 1. I. 07; LGR. in München I 1. V. 11; T. u. R. e. OLGR. 1. I. 21; Rat am OLG. München 1. V. 28.
58 Parst Julius, AR. in Cham 1. VII. 01; desgl. in Regensburg 15. II. 06; II. StA. in Nürnberg 1. VI. 11; LGR. in Nürnberg 1. X. 19; T. u. R. e. OLGR. 1. I. 21; AGDir. (Abt.Vorst.) in Nürnberg 1. V. 25; Rat a. OLG. Nürnberg 16. III. 28.
59 Wiedemann Gustav, AR. in Regensburg 1. I. 00; LGR. in Regensburg 1. IX. 11; T. u. R. e. OLGR. 1. I. 21; OAR. in Starnberg m. T. u. R. e. AGRats 1. X. 22; desgl. in Markt Oberdorf 1. II. 26; Rat am OLG. Bamberg 16. IX. 28.
60 Haus Ludwig, AR. in Höchstädt a. D. 15. II. 00; desgl. in Lohr 1. IV. 03; LGR. in Bamberg 1. I. 12; T. u. Rg. e. OLGR. 1. IV. 21; Rat a. OLG. Bamberg 1. X. 27.

61 Keller Heinrich, AR. in Ingolstadt 1. II. 00; desgl. in Augsburg 1. I. 07; LGR. in Passau 1. IV. 12; desgl. in München I 1. VI. 20; T. u. R. e. OLGR. 1. XII. 21; Rat a. OLG. Augsburg 1. VI. 28.

62 Leser Albert, AR. in Dingolfing 15. II. 00; desgl. in Nördlingen 1. VIII. 02; desgl. in Buchloe 1. VII. 04; LGR. in Weiden 16. VI. 12; desgl. in Augsburg 1. V. 19; T. u. R. e. OLGR. 16. I. 22; Rat a. OLG. Augsburg 1. VIII. 28.

63 Pollich Gottfried, AR. in Arnstein 16. III. 00; desgl. in Würzburg 16. IV. 04; LGR. in Nürnberg 1. VIII 12; T. u. R. e. OLGR. 16. I. 22; Rat a. OLG. Nürnberg 1. IV. 29.

64 Scheidel Max, AR. in Immenstadt 1. VI. 00; desgl. in Würzburg 16. IV. 04; LGR. in Nürnberg 1. VIII. 12; desgl. in Bamberg 1. XI. 20; T. u. Rg. e. OLGR. 16. I. 22; Rat a. OLG. Zweibrücken 15. II. 27.

65 Roth Max, AR. in Speyer 16. VII. 00; LGR. in Landau 16. XI. 12; desgl. in Zweibrücken 1. VII. 19; T. u. Rg. e. OLGR. 16. I. 22; stv. Dir. das. 16. VI. 24; Rat a. OLG. Zweibrücken 16. VIII. 24.

66 Moser Emil Dr., III. StA. in München II 1. I. 10; AR. in München 1. V. 11; in d. StMin. d. Justiz einber. 16. III. 13; II. StA. das. 1. V. 19; LGR. das. 1. XI 20; I. StA. in München II 1. VII. 22; Rat a. OLG. München 1. XII. 29.

67 Giel Konrad, AR. in Lohr 16. VI. 00; desgl. in Freising 1. X. 00; T. u. R. e. OAR. 21. XII. 12; LGR. in Traunstein 1. VI. 13; desgl. in Weiden 1. III. 16; desgl. in Nürnberg 16. V. 20; T. u. R. e. OLGR. 1. X. 22; stellv. Dir. in Zweibrücken 1. IX. 28; Rat a. OLG. Zweibrücken 1. XII. 28.

68 Reinheimmer Adolf, AR. in Neustadt a. H. 16. VII. 00; desgl. in Waldmohr 16. XII. 02; T. u. Rg. e. OAR. 21. XII. 12; LGR. in Bayreuth 1. VII. 13; T. u. Rg. e. OLGR. 16. XII. 22; Rat a. OLG. Zweibrücken 1. X. 27.

69 Herrmann Ernst, AR. in Dinkelsbühl 1. XI. 00; desgl. in Nürnberg 1. VI. 06; T. u. R. e. OAR. 21. XII. 12; LGR. in Nürnberg 1. VIII. 13; T. u. R. e. OLGR. 16. XII. 22; Rat a. OLG. Nürnberg 1. VI. 28.

70 Groll Theodor, AR. in Neumarkt i. O. 1. IX. 01; desgl. in Straubing 1. VI. 10; II. StA. in Straubing 1. V. 13; LGR. das. 16. V. 20; T. u R. e. OLGR. 16. XII. 22; stellv. Dir. in Zweibrücken 1. X. 26; Rat am OLG. Zweibrücken 1. X. 29.

71 Heintz Karl, AR. in Eichstätt 1. IV 01; desgl. in Schweinfurt 19. VI. 03; desgl. in Nürnberg 1. VI. 05; desgl. in München 1. VI. 08; T. u. R. e. OAR. 22. VII. 13; LGR. in München I 1. V. 16; T. u. R. e. OLGR. 16. XII. 22; Rat a. OLG. Nürnberg 1. IV. 29.

72 Schuler Hans Dr., III. StA. in München I 1. I. 12; AR. in München 1. X. 18; II. StA. in München I unter Einber. i. d. Staatsmin. d. Justiz 16. XI. 19; LGR. im StMin. d. Justiz 1. X. 21; T. u. R. e. ORegR. 1. VI. 23; ORegR. im StMin. d. Justiz 1. X. 23; Rat a. OLG. München 1. II. 28.

73 Bretzfeld Friedr. Dr., III. StA. in Hof 16. X. 05; AR. in Nürnberg 16. VII. 08; desgl. in München 16. X 12; T. u. R. e. OAR. 5. IV. 17; II. StA. in München I 1. VI. 18; LGR. in München I u. dem StMin. f. Landw. zur Verfügg. gestellt 1. XI. 19; T. u. R. e. ORegR. 1. VI. 23; StA. b. OLG. München u. unter Bel. s. Titels zur Fortv. b. d. Landespreisstelle beurl. 1. IV. 26; z.

Dienst b. d. OStA. München ber. I. X. 26; Rat a. OLG. München 1. XI. 29.

74 Emminger Erich, III. StA. in Augsburg 1. X. 09; AR. in Augsburg 1. V. 10; II. StA. in Augsburg 1. V. 19; desgl. in München I 1. XI. 23: Reichsminister d. Justiz 1. XII. 23—15. IV. 24; Rat a. OLG. München 1. II. 28; Rg. 16. IV. 24.

75 Haas Eugen, AR. in Ludwigshafen 1. VI. 02; T. u. Rg. e. OAR. 1. VIII. 15; LGR. in Zweibrücken 1. X. 19; stellv. Dir. das. 16. VIII. 24; Rat a. OLG. Zweibrücken 1. V. 25.

76 Schmidt Ludwig, III. StA. in Bamberg 16. IV. 04; AR. in Eggenfelden 1. IV. 09; desgl. in München 1. VII. 11; II. StA. in München II 1. V. 14; LGR. in München I 1. IV. 21; T. u. R. e. OLGR. 1. I. 25; I. StA. in Eichstätt 1. XI. 26; Rat a. OLG. Nürnberg 1. IV. 29.

77 Hartung Gottfried, III. StA. in Fürth 1. VI. 03; AR. in Nürnberg 1. V. 07; II. StA. in Nürnberg 1. VII. 14; LGR. das. 1. IV. 21; T. u. R. e. OLGR. 1. I. 25; StA. b. OLG. Nürnberg 1. I. 27; Rat a. OLG. Nünberg 1. X. 29.

78 Schmid Hermann, III. StA. in Regensburg 1. III. 03; AR. in Nürnberg 1. VI. 06; T. u. R. e. OAR. 22. XII. 15; LGR. in Nürnberg 16. III. 20; T. u. R. e. OLGR. 1. I. 26; Rat a. OLG. Nürnberg 1. X. 29.

d) Staatsanwaltschaft.

Oberstaatsanwälte.

1 König Ludwig, III. StA. in Kaiserslautern 1. IV. 94; desgl. in Zweibrücken 16. VIII. 94; AR. in Ludwigshafen 16. VIII. 96; II. StA. in Zweibrücken 1. IX. 97; LGR. das. 16. VII. 98; StA. b. OLG. Zweibrücken 1. VII. 07; Rat a. OLG. Zweibrücken 1. XII. 14; OStA. in Zweibrücken 1. VIII. 19; T. u. R. e. GenStA. 1. I. 27.

2 Leuchs Edwin, III. StA. in Nürnberg 1. VII. 98; AR. in Nürnberg 1. X. 99; II. StA. in Nürnberg 15. II. 02; LGR. das. 1. IV. 05: T. u. Rg. e. OLGR. 22. XII. 15; I. StA. in Nürnberg 1. VIII. 19; OStA. in Nürnberg 16. XI. 24.

3 Appelmann Johann, III. StA. in Straubing 1. I. 98; AR. in Ingolstadt 1. III. 99; II. StA. in Augsburg 1. II. 00; LGR. in Amberg 1. XII. 04; T. u R. e. OLGR. 22. XII. 15; I. StA. in München I 1. II. 19; LGDir. in München I 1. XII. 23; Dienstaufs. I. StA. in München I 1. IV. 26; OStA. in München 1. XII. 29.

4 Döll Nikolaus, III. StA. in Aschaffenburg 1. X. 96; AR. in Laufen 1. IV. 98; II. StA. in Straubing 16. XI. 99; LGR. in Eichstätt 16. X. 02; T. u. Rg. e. OLGR. 24. XII. 13; I. StA. in Traunstein 1. VII. 14; LGDir. in Kempten 16. IX. 23; OStA. in Bamberg 1. VII. 25.

5 Troeltsch Rudolf, III. StA. in Amberg 16. XI. 99; AR. in München I 1. III. 01; II. StA. in Augsburg 1. XII. 04; LGR. in Kempten 1. IV. 10; T. u. R. e. OLGR. 25. III. 18; I. StA. in Coburg 1. IV. 21; desgl. in Augsburg 1. X. 21; dienstaufs. AGDir. in Augsburg 1. VI. 25; T. u. R. e. AGPräs. 1. VII. 27; OStA. in Augsburg 1. V. 28.

Staatsanwälte

1	Kraft Hans	1. X. 19 / 1. X. 10	Augsburg	1. Mai 26 / Rg. 1. Jan. 21

2	Grimm Ludw. Dr.	16. IX. 20 1. III. 14	Zweibrücken	16. Juni 24
3	Ziegler Erhard Dr.	1. IV. 21 1. XI. 19	München	1. April 26 Rg. 1. Jan. 25
4	Bruner Wilh.	1. IV. 21 1. V. 15	München	1. Nov. 28 Rg. 1. Juli 25
5.	Gros Theodor	1. VI. 22 23. XII. 16	München	1. Nov. 29 Rg. 1. Jan. 27
6	Leistner Jak. Fr. Dr.	1. IV. 21 5. IV. 17	Nürnberg	1. Nov. 27 Rg. 1. Juli 27
7	Botzong Rudolf	1. XI. 23 1. IV. 19	Augsburg	1. Aug. 29 Rg. 1. Jan. 28
8	Jahn Anton Dr.	1. V. 24 1. V. 19	Bamberg	16. Mai 28
9	Döring Moritz	1. V. 24 23. VI. 19	Bamberg	1. Febr. 29
10	Hartmann Alfred	1. V. 24 1. II. 19	Nürnberg	1. Okt. 29

IV. Liste.

Landgerichte.

a) Präsidenten.

1 Burkhardt Friedrich, AR. in München I 1. V. 97; II. StA. im JustMin. 16. XI. 99; LGR. das. 16. VI. 01; StA. beim OLG. München 1. VII. 04; I. StA. in Nürnberg (Rg. etc. e. OLGR.) 1. VIII. 08; desgl. in München I 1. II. 10; AGDir. (Kl. VI 2 RgO) in Nürnberg 1. V. 14; AGDir. (Kl. V RgO.) in Nürnberg 1. XII. 14; Präs. d. LG. München II 1. V. 19; desgl. in München I 1. IX. 28.

2 Helm Konrad, III. StA. in Fürth 16. X. 98; AR. in Nürnberg 16. XI. 99; II. StA. in Kempten 15. II. 02; LGR. das. 1. VI. 06; T. u. Rg. e. OLGR. 27. VII. 16; I. StA. in Kempten 1. V. 19; LGPräs. in Landshut 1. II. 23; desgl. in Kempten 1. VI. 26; desgl. in Nürnberg 1. X. 28.

3 Mellarts Friedrich, III. StA. in Frankenthal 1. IV. 97; AR. in Ludwigshafen 16. VII. 98; II. StA. in Kaiserslautern 16. VII. 00; LGR. in Frankenthal 1. VI. 01; desgl. in Landau 1. V. 03; StA. b. OLG. Bamberg 1. VII. 09; I. StA. in Bamberg 1. V. 10; LGDir. in Nürnberg 1. VII. 16; LGPräs. in Landau 16. IV. 20; desgl. in Kaiserslautern 1. XII. 20.

4 Hoepfel Friedrich, AR. in Öttingen 1. I. 91; desgl. in Wunsiedel 1. IX. 93; LGR. in Deggendorf 16. X. 98; desgl. in Nürnberg 15. II. 02; stv. Dir. das. 1. I. 09; LGDir. das. 1. V. 11, LGPräs. in Coburg 1. XI. 20; desgl. in Traunstein 1. VII. 26.

5 Segl Otto, AR. in Ebersberg 1. I. 91; desgl. in Deggendorf 16. III. 99; OAR. in Viechtach 1. I. 00; desgl. in Deggendorf 1. III. 07; stv. Dir. in Fürth 16. XII. 13; Rat am OLG. Bamberg 1. II. 16; LGPräs. in Neuburg 1. XI. 20.

6 Stummer Hans, III. StA. in Fürth 1. VIII. 92; AR. in Nürnberg 1. XI. 93; II. StA. in Nürnberg 1. I. 98; LGR. das. 16. XI. 99;

I. StA. in Deggendorf 1. I. 08; desgl. in Traunstein 1. I. 10; LG.-Dir. in Nürnberg 1. VII. 14; LGPräs. in Bayreuth 1. IV. 21.

7 Stenglein Ludwig, III. StA. in Landshut 16. VI. 98; AR. in Nürnberg 16. XI. 99; II. StA. in Passau 1. II. 01; LGR. in Ansbach 1. VII. 05; OAR. in Nürnberg 1. VII. 13; T. u. Rg. e. AGR. 22. XII. 15; AGR. in Nürnberg 1. IV. 19; dienstauf. I. StA. in München I 1. I. 23; LGPräs. in Bamberg 1. IV. 26; desgl. in München II 1. IX. 28.

8 Stummer Joh. Bapt., AR. in Landsberg 1. XI. 95; II. StA. in Amberg 16. VIII. 99; LGR. in Hof 1. X. 01; desgl. in Amberg 16. X. 01; desgl. in München I 1. X. 06; I. StA. in Weiden 1. VIII. 09; LGDir. in Traunstein 1. V. 19; LGPräs. in Deggendorf 1. V. 23.

9 Weigl Joh. Bernh., III. StA. in Neuburg a. D. 1. IV. 96; AR. in München I 1. I. 98; II. StA in München I 16. XI. 99; LGR. das. 1. III. 02; I. StA. in Amberg 1. XI. 10; LGDir. in Regensburg 16. V. 20; LGPräs. das. 1. IV. 24.

10 Maier Willibald, III. StA. in Würzburg 1. XI. 94; AR. in Augsburg 1. XI. 95; II. StA. in München I 1. XII. 98; LGR. in Augsburg 1. XII. 00; desgl. in München I 1. XII. 04; I. StA. in Deggendorf 1. I. 10; Rat am OLG. Bamberg 1. VI. 18; LG-Präs. in Eichstätt 1. V. 24.

11 Stauber Georg, AR. in Straubing 16. III. 96; desgl. in München I 1. I. 00; LGR. in München I 15. II. 02; T. u. Rg. e. OLGR. 22. VII. 13; stv. Dir. das. 1. VI. 18; LGDir. das. 1. IV. 20; LGPräs. in Amberg 1. V. 24.

12 Michel Jakob, AR. in Annweiler 1. I. 00; desgl. in Rockenhausen 1. X. 03; II. StA. in Frankenthal 1. III. 04; LGR. das. 1. V. 10; T. u. R. e. OLGR. 31. XII. 18; StA. b. OLG. Zweibrücken 1. XII. 20; LGPräs. in Zweibrücken 16. VI. 24.

13 Neubert Ferd, III. StA. in Landau 16. VIII. 96; AR. in Ludwigshafen 1. IX. 97; II. StA. in Frankenthal 16. VII, 98; LGR. in Frankenthal 1. I. 01; desgl. in Aschaffenburg 16. X. 07; T. u. Rg. e. OLGR: 21. XII. 12; stellv. Dir. in Landshut 1. VIII. 13; LGDir. in Passau 1. I. 24; LGPräs. in Ansbach 16. XI. 24.

14 Oettle Otto, AR. in München 16. X. 98; T. u. Rg. e. OAR. 9. IV. 04; OAR. in München 1. VI. 05; T. u. Rg. e. AGR. 1. VII. 11, AGR. in München 1. VI. 13; Amtsbez. AGDir. 1. V. 24; LGPräs. in Memmingen 1. IX. 25.

15 Schmidt Heinr., III. StA. in Fürth 15. II. 96; AR. in Nürnberg 16. VI. 97; II. StA. in Nürnberg 16. XI. 99; LGR. in Nürnberg 15. II. 02; I. StA. in Fürth 16. V. 12; LGDir. in Nürnberg 1. XI. 20; LGPräs. in Fürth 1. XI. 25.

16 Gerber Hermann, AR. in Altdorf 1. V. 99; II. StA. in Fürth 15. II. 02; LGR. in Fürth 1. IV. 07; T. u. Rg. e. OLGR. 5. IV. 17; I. StA. in Weiden 1. V. 19; LGDir. in Nürnberg 16. VIII. 25; LGPräs. in Landshut 1. VI. 26.

17 Winkler Friedrich, AR. in Eltmann 1. IV. 99; desgl. in Bamberg 1. V. 02; LGR. in Hof 1. X. 06; T. u. Rg. e. OLGR. 23. XII. 16; vers. an d. LG. Bamberg 1. IV. 20; OLGR. in Bamberg 1. XI. 20; LGPräs. in Coburg 1. VII. 26.

18 Becker Franz, AR. in Dürkheim 1. X. 98; II. StA. in Landau 1. VI. 01; LGR. in Landau 16. IV. 04; T. u. Rg. e. OLGR. 1. VIII. 15; I. StA. in Landau 1. X. 19; LGDir. das. 16. XI. 24; LGPräs. in Passau 1. XII. 26.

19 Marth Max, AR. in Würzburg 16. XI. 99; II. StA. in Nürnberg 1. II. 03; LGR. das. 1. VI. 09; T. u. Rg. e. OLGR. 21. XII. 17; StA. b. OLG. Nürnberg 16. IV. 20; AgRat in Nürnberg 1. I. 23; Amtsbez.AgDir. 1. V. 24; Dienstaufs.AgDir. das. 1. V. 25; T. e. AgPräs. 1. I. 26; LGPräs. in Augsburg 1. I. 27.

20 Schneider Emil Dr., III. StA. in München I 1. IV. 99; AR. in München I 1. IV. 00; desgl. in Regensburg I 1. V. 01; II. StA. in Regensburg 1. VI. 02; LGR. in Passau 1. I. 07; T. u Rg. e. OLGR. 23. XII. 16; I. StA. in Passau 16. IX. 20; LGDir. das. 1. I. 26; LGPräs. in Weiden 1. IV. 27.

21 Müller Heinrich, AR. in Kaiserslautern 1. XII. 99; desgl. in Nürnberg 1. XI. 04; II. StA. in Zweibrücken 1. VI. 06; LGR. in Frankenthal 1. X. 11; desgl. in Bamberg 1. IV. 12; T. u. Rg. e. OLGR. 25. III. 18; I. StA. in Frankenthal 1. IV. 20; LGPräs. in Frankenthal 1. IV. 27.

22 Dames Karl Dr., III. StA. in Würzburg 1. XI. 96; AR. in Nürnberg 16. XI. 98; II. StA. in Amberg 16. XI. 99; LGR. in Würzburg 1. III. 03; T. u. Rg. e. OLGR. 21. XII. 13; I. StA. in Würzburg 16. IV. 17; LGDir. das. 1. IV. 20; LGPräs. das. 1. X. 27.

23 Adam Richard, AR. in Geisenfeld 1. V. 95; II. StA. in Passau 16. VII. 99: LGR. in Landshut 1. II. 01; LGR. in Straubing 1. III. 09: T. u. R. e. OLGR. 21. XII. 12; stellv. Dir. in Straubing 1. II. 14: LGDir. das. 1. V. 26; LGPräs. das. 1. III. 28.

24 Schmid Karl, III. StA. in Landshut 1. X. 99; AR. in Nürnberg 16. X. 00; II. StA. in Nürnberg 16. X. 02; LGR. in Nürnberg 1. V. 09; T. u. R. e. OLGR. 21. XII. 17; I. StA. in Landshut 1. X. 19; LGDir. in Landshut 1. VIII. 25; LGPräs. in Hof 1. III. 28.

25 Neun Adam, III. StA. in Schweinfurt 1. VII. 99; AR. in Passau 16. VII. 00: desgl. in Rosenheim 16. VII. 01; II. StA. in Schweinfurt 1. XI. 02; LGR. in Straubing 1. X. 07; desgl. in Traunstein 1. XII. 09; T. u. R. e. OLGR. 5. IV. 17; AgDir. in Traunstein 1. IX. 20; LGPräs. in Kempten 1. XI. 28.

26 Schiessl Friedrich, III. StA. in Traunstein 16. XI. 99; AR. in München II 11. VI. 01; II. StA. in München II 16. I. 05; LGR. in München I 1. V. 10; OAR. in Starnberg 1. I. 12; T. u. R. e. AgR. 25. III. 18; I. StA. in Regensburg 1. X. 22; LGDir. in Aschaffenburg 1. III. 26; LGPräs. das. 1. XII. 28.

27 Dinger Heinrich, AR. in Kandel 1. I. 00; II. StA. in Zweibrücken 1. VII. 06; LGR. das. 1. IV. 12; T. u. R. e. OLGR. 31. XII. 18; stellv. Dir. in Zweibrücken 1. II. 21; OLGR. in Zweibrücken 1. VI. 22; LGPräs. in Landau 1. XII. 28.

28 Helmes Hans, AR. in München I 1. III. 00; desgl. in Nürnberg 1. VII. 01; II. StA. in Nürnberg 1. XI. 04; LGR. das. 1. IX. 11; T. u. R. e. OLGR. 31. XII. 18; I. StA. in Ansbach 24. I. 20; LGDir. in Augsburg 1. I. 26; LGPräs. in Bamberg 1. XII. 28.

29 Oßwald Friedr., AR. in Pegnitz 1. X. 99; desgl. in Erlangen 1. VIII. 02; LGR. in Hof 1. VIII. 08; desgl. in Regensburg 1. VII. 15; T. u. R. e. OLGR 21. XII. 17; AgDir. in Regensburg 1. I. 23; LGPräs. in Schweinfurt 1. IV. 29.

b) Direktoren.

1 Strössenreuther Frdr. 98 X (T. u. R. e. LGPräs. 1. I. 24)	Nürnberg		16. Mai 12
		Rg.	1. Jan. 09

2	Homberger Paul Dr. 05 IV / 03 V	München I	16. Nov. 21
		Rg.	7. April 14
	(T. u. R. e. LGPräs. 1. VII. 27) (Vors. d. LandesarbGer. München).		
3	Raquet Theodor 97 VI	Kaiserslautern	1. Mai 24
		Rg.	1. Jan. 09
4	Correll Frdr. 98 VII	Augsburg	1. Jan. 12
		Rg.	1. Jan. 09
5	Plauth Wilhelm 98 VII	Zweibrücken	1. Mai 11
		Rg.	1. Jan. 09
6	Schlesinger Paul 99 II	München I	1. April 12
		Rg.	1. Jan. 09
7	Braun Adam Dr. 00 I	Frankenthal	1. Sept. 24
		Rg.	1. Jan. 09
8	Lindner Gustav 98 X	München I	1. Jan. 14
		Rg.	1. Febr. 09
9	Unold Sigm. von 99 IX	Memmingen	1. Mai 14
		Rg.	1. Mai 09
10	Taucher Franz 01 V	Neuburg a. D.	1. Juni 18
		Rg.	1. Juli 09
11	Kraft Korbinian 00 IV	Schweinfurt	1. Juni 18
		Rg.	1. Jan. 10
12	Louis Julius 00 I	München II	1. Jan. 20
		Rg.	1. Mai 11
13	Güllich Julius 00 XI	Bamberg	1. Nov. 19
		Rg.	1. Nov. 11
14	Heuser Max 00 III	München I	1. Jan. 20
		Rg.	1. Dez. 11
15	Sauer Karl Dr. 99 VII	Würzburg	1. Febr. 24
		Rg.	20. Dez. 11
16	Stadelmann Gustav 99 XI	Regensburg	16. Dez. 24
		Rg.	20. Dez. 11
17	Stubenrauch Joh. 99 XI	München II	1. Nov. 23
		Rg.	20. Dez. 11
18	Obermüller Rupert 00 I	Deggendorf	1. März 25
		Rg.	20. Dez. 11
19	Schuberth Joh. 99 XI.	Bamberg	1. Jan. 22
		Rg.	1. Jan. 12
20	Foeckersperger Mich. 00 XI	Bayreuth	1. Juni 23
		Rg.	21. Dez. 12
21	Troetsch Karl 01 I	Hof	1. Jan. 22
		Rg.	21. Dez. 12
22	Beyschlag Julius 01 III	Augsburg	1. Jan. 22
		Rg.	21. Dez. 12
23	Gehret Karl 01 V	Schweinfurt	1. Juli 26
		Rg.	21. Dez. 12
24	Hussong Ludwig 01 VII	Frankenthal	1. Jan. 28
		Rg.	19. März 13

25	Seydel Ernst	02 II	Hof	1. Okt. 21 Rg. 22. Juli 13
26	Bally Karl	02 VI	München I	1. Juni 20 Rg. 24. Dez. 13
27	Platz Ludwig	03 V	Landau	1. Dez. 26 Rg. 7. April 14
28	Grädinger Franz Dr.	03 VII	München I	1. Jan. 22 Rg. 7. April 14
29	Brem Wilhelm	03 VII	Nürnberg	1. Jan. 22 Rg. 7. April 14
30	Reisenegger Herm.	04 III	Eichstätt	1. Dez. 27 Rg. 1. Aug. 15
31	Brandl Rudolf	04 IV	München I	1. Jan. 22 Rg. 1. Aug. 15
32	Heslenfeld Jos. Dr.	04 IV	München I	1. Jan. 22 Rg. 1. Aug. 15
33	Seeberger Ernst	04 IV	Nürnberg	1. Jan. 22 Rg. 1. Aug. 15
34	Franz Rudolf	04 IV	Würzburg	1. Jan. 28 Rg. 1. Aug. 15
35	Raithel Johann	05 I	Bamberg	16. Juli 24 Rg. 22. Dez. 15
36	Graf Gustav	05 II	München I	1. April 21 Rg. 22. Dez. 15
37	Jergius Albert	05 V	Ansbach	1. März 26 Rg. 22. Dez. 15
38	Hornung Heinr.	05 XI	Aschaffenburg	1. Dez. 28 Rg. 22. Dez. 15
39	Hildebrand Karl	06 IV Rg. 05 XI	Zweibrücken	1. Sept. 28 Rg. 22. Dez. 15
40	Schneider Herm.	06 I	Fürth	1. Nov. 27 Rg. 27. Juli 16
41	Binsfeld Rudolf	06 IV	München I	1. Mai 24 Rg. 27. Juli 16
42	Dennerlein Sigmund	06 IV	Nürnberg	1. April 23 Rg. 27. Juli 16
43	Schirmer Ludwig	08 I 07 I	Nürnberg	1. Juli 25 Rg. 23. Dez. 16
44	Eschenlohr Joh.	08 III	Straubing	1. April 27 Rg. 21. Dez. 17
45	Kaiser Hugo Dr.	08 VIII	Passau	1. April 27 Rg. 21. Dez. 17
46	Lohrer Oskar	10 I 09 I	Traunstein	1. Jan. 25 Rg. 21. Dez. 17
47	Steinert Hans	10 X 09 I	Kempten	1. Juli 25 Rg. 21. Dez. 17
48	Kaeuffer Friedr.	09 VII 09 I	Nürnberg	1. Nov. 25 Rg. 25. März 18

49	Niebler Joseph	09 X / 09 I	München I	1. Mai 24 / Rg. 25. März 18
50	Meilhaus Friedr. Dr.	10 XI / 09 I	Augsburg	1. Dez. 28 / Rg. 25. März 18
51	Wenig August	11 VI / 09 I	Nürnberg	1. Juni 26 / Rg. 25. März 18
52	Huber Karl	14 II / 09 I	München I	1. Mai 28 / Rg. 31. Dez. 18
53	Foertsch Hans	13 VIII / 09 I	Aschaffenburg	1. April 23 / Rg. 31. Dez. 18
54	Held Hermann	11 X / 09 I	München I	1. Mai 25 / Rg. 15. Juli 19
55	Heuner Friedrich	11 X / 09 I	München I	1. April 26 / Rg. 15. Juli 19
56	Drechsel Karl	12 VIII / 09 I	Nürnberg	1. Febr. 28 / Rg. 15. Juli 19
57	Strenge Ernst v.	06 I	Coburg	1. April 21 / Rg. 15. Juli 19
58	Kempf Anton	11 XII / 09 I	Landshut	1. März 28 / Rg. 15. Juli 19
59	Teicher Heinrich Dr.	18 X / 09 I	Fürth	16. Sept. 26 / Rg. 15. Juli 19
60	Riepl Jos. Max	19 V / 09 I	Landshut	1. Okt. 27 / Rg. 15. Juli 19
61	Barthelmeß Richard	18 VI / 09 I	Augsburg	1. Aug. 29 / Rg. 15. Juli 19
62	Pielmaier Richd.	13 VI / 09 I	Amberg	1. Juni 28 / Rg. 15. Juli 19
63	Hölldorfer Emeran Dr.	09 III	München I	1. April 23 / Rg. 15. Juli 19
64	Steiner Anton	12 VIII / 09 V	Nürnberg	1. Jan. 27 / Rg. 15. Juli 19
65	Kiefer Franz	09 VI	Nürnberg	16. Juli 27 / Rg. 15. Juli 19
66	Cramer Gustav	19 V / 10 III	Amberg	1. Okt. 29 / Rg. 1. April 20
67	Hupfauer Max	19 VIII / 10 V	Passau	1. Jan. 29 / Rg. 1. April 20
68	Neithardt Georg	11 V	München I	1. Juni 22 / Rg. 1. April 20
69	Schack Hans Dr.	20 IV	Coburg	1. Nov. 20
70	Schneidt Wilhelm	20 I / 10 XI	Traunstein	1. Dez. 29 / Rg. 1. Jan. 21
71	Maduschka Mich. Dr.	11 IV	München I	1. Okt. 27 / Rg. 1. Jan. 21
72	Ultsch Franz Dr.	20 I / 11 VII	Frankenthal	1. Jan. 29 / Rg. 1. Jan 21

73	Hauser Karl 12 IV	Weiden	1. Jan. 28	Rg. 1. Dez. 21
74	Bertram Otto 12 V	München I	1. April 29	Rg. 1. Dez. 21
75	Spätt Edmund 20 VI / 12 VII	München II	1. Jan. 29	Rg. 16. Jan. 22
76	Leicht Hans 20 X / 13 I	Regensburg	1. April 29	Rg. 16. Dez. 22
77	Mugler Karl Dr. 20 VI / 13 II	München I	1. Okt. 29	Rg. 16. Dez. 22
78	Höfler Georg 20 XI / 14 I	Straubing	1. Okt. 28	Rg. 16. April 23
79	Gelbert Karl 20 V / 15 II	Frankenthal	1. März 29	Rg. 16. Juni 24

c) Stellvertr. Direktoren.

1	Zametzer Heinrich 99 VIII	Weiden	1. Jan. 09	
2	Schafsteck Adolf 00 I	Würzburg	1. Okt. 11	
3	Malter Karl 00 II	Memmingen	„	
4	Widmann Klemens 99 XI	München II	1. Febr. 13	Rg. 20. Dez. 11
5	Riedl Max 00 I	Traunstein	1. Febr. 13	Rg. 20. Dez. 11
6	Bauer Franz 00 I	Schweinfurt	1. Aug. 12	Rg. 20. Dez. 11
7	Gmähle Leonh. 00 VIII	München I	1. April 12	
8	Schmid Max 00 IV	Nürnberg	„	
9	Spies Karl 00 VII	Bamberg	1. Mai 13	Rg. 21. Dez. 12
10	Hasinger Franz 01 V	München I	1. Jan. 13	
11	Kopp Hans 01 VI	Passau	1. Febr. 16	Rg. 19. März 13
12	Vaitl Jakob 01 VII	Memmingen	1. Mai 14	Rg. 19. März 13
13	Eckhardt Georg 01 XI	München I	1. Febr. 17	Rg. 22. Juli 13
14	Bauer Wilhelm 02 II	Schweinfurt	1. Juni 18	Rg. 22. Juli 13
15	Klingender Ludw. 02 III	Ansbach	1. Okt. 16	Rg. 24. Dez. 13
16	Miller Paul 02 III	Augsburg	1. Okt. 19	Rg. 24. Dez. 13
17	Diewald Max 02 VI	Neuburg a.D.	1. Jan. 20	Rg. 24. Dez. 13
18	Haymann Jos. Dr. 02 XI	Nürnberg	1. Okt. 16	Rg. 24. Dez. 13

19 Lechner Ludw. 03 V	Hof	1. Aug. 19
	Rg.	7. April 14
20 Weiland Joseph 03 VI	Würzburg	1. Febr. 24
	Rg.	7. April 14
21 Hörmann Jakob 03 XI	München I	1. Mai 19
	Rg.	7. April 14
22 Schinagl Joseph 03 XII	Amberg	1. Aug. 19
	Rg.	7. April 14
23 Acker Jos. 03 XII	Frankenthal	1. Okt. 19
	Rg.	7. April 14
24 Rohrer Maxim. 04 I	Kempten	1. Sept. 23
	Rg.	1. Aug. 15
25 Stangl Joseph Dr. 04 II	Straubing	16. Okt. 21
	Rg.	1. Aug. 15
26 Alexander Herm. 04 IV	Frankenthal	1. Nov. 19
	Rg.	1. Aug. 15
27 Ziegler Gustav 04 VI	Coburg	1. Aug. 29
	Rg.	1. Aug. 15
28 Geist Ferd. Dr. 05 I	München I	1. Juni 20
	Rg.	22. Dez. 15
29 Lemberg Ludwig 05 I	München I	1. Juni 20
	Rg.	22. Dez. 15
30 Uhlmann Alfred Dr. 05 IV	Augsburg	1. Jan. 20
	Rg.	22. Dez. 15
31 Roth August 05 IV	Traunstein	1. Sept. 23
	Rg.	22. Dez. 15
32 Berninger Franz 05 X	Hof	1. April 27
	Rg.	22. Dez. 15
33 Hock Heinr. 05 X	München I	1. April 21
	Rg.	22. Dez. 15
34 Hieber Karl 06 I	Deggendorf	1. März 25
	Rg.	27. Juli 16
35 Engert Eduard 06 III	Regensburg	1. Juni 23
	Rg.	27. Juli 16
36 Reich Georg Friedr. 06 V	Landau	1. Dez. 20
	Rg.	27. Juli 16
37 Völcker Otto 06 VII	Neuburg a. D.	1. Dez. 25
	Rg.	23. Dez. 16
38 Kimmerl Georg 06 IX	Straubing	1. Mai 26
	Rg.	23. Dez. 16
39 Miller Franz 06 X	Passau	16. Nov. 24
	Rg.	23. Dez. 16
40 Sambeth Friedr. 06 X	München II	1. Mai 24
	Rg.	23. Dez. 16
41 Scherer Adolf 07 X	Schweinfurt	1. Juli 26
	Rg.	5. April 17

42	Trammer Konstantin	07 X	Passau	1. Juni 26	Rg. 5. April 17
43	Rösslein Georg	07 X	Würzburg	1. Nov. 26	Rg. 5. April 17
44	Steigelmann Otto Dr.	07 X	Frankenthal	1. Sept. 24	Rg. 5. April 17
45	Heckel Christian	08 II	Fürth	1. April 22	Rg. 21. Dez. 17
46	Pfister Karl	09 IV / 09 I	München I	1. Mai 24	Rg. 25. März 18
47	Lehrmeyer Joh.	09 II	Aschaffenburg	1. Aug. 25	Rg. 15. Juli 19
48	Beck Gustav	09 IV	Deggendorf	1. April 27	Rg. 15. Juli 19
49	Rosenwald Karl Dr.	19 II / 09 VI	Nürnberg	1. Juli 25	Rg. 15. Juli 19
50	Eisner Ferdin.	00 VII	Straubing	1. April 27	Rg. 15. Juli 19
51	Schwaiger Herm. Dr.	09 VII	München II	1. März 25	Rg. 15. Juli 19
52	Kirchner Leo	09 VII	Bayreuth	1. Mai 24	Rg. 15. Juli 19
53	Hopf August	09 VII	Nürnberg	1. Nov. 25	Rg. 15. Juli 19
54	Dahl Karl	09 X	München II	1. Nov. 25	Rg. 1. Jan. 20
55	Herold Karl	09 X	München I	1. April 27	Rg. 1. Jan. 20
56	Schmidt Karl	09 X	Regensburg	1. Mai 28	Rg. 1. Jan. 20
57	Bub Friedr.	16. VI / 09 X	Fürth	1. Nov. 27	Rg. 1. Jan. 20
58	Will Johann	13. III / 10 I	Amberg	1. Jan. 28	Rg. 1. Jan. 20
59	Späth Adolf	10 II	Bayreuth	1. Febr. 26	Rg. 1. April 20
60	Zimmer Ernst	19 X / 10 IV	Kaiserslautern	1. Juli 25	Rg. 1. April 20
61	Eibecker Aug.	10 VI	München I	16. Juli 25	Rg. 1. April 20
62	Ketnath Andr.	10 VII	Landshut	1. März 28	Rg. 1. Jan. 21
63	Baumann Chran.	10 VI!	Weiden	1. Junt 25	Rg. 1. Jan. 21
64	Ries Gottfried	10 XI	München I	1. Nov. 27	Rg. 1. Jan. 21
65	Bogner Chran.	14 IX / 11 III	Regensburg	1. Aug. 28	Rg. 1. Jan. 21

66 Kreyßig Karl 11 V	Kempten		1. Dez. 29
		Rg.	1. Jan. 21
67 Roth Hans 20 I / 11 X	München I		1. Dez. 28
		Rg.	1. Jan. 21
68 Sommer Albert 11 X	Nürnberg		1. Jan. 29
		Rg.	1. Jan. 21
69 Kraus Georg 20 V / 11 X	Eichstätt		1. Dez. 27
		Rg.	1. Jan. 21
70 Haßfürther Heinr. 11 XI	Nürnberg		16. Juli 25
		Rg.	1. Jan. 21
71 Kempfler Wilh. 12 VIII / 12 I	Landshut		1. März 28
		Rg.	1. April 21
72 Kunz Ludwig 12 V	Bamberg		1. Jan. 28
		Rg.	1. Dez. 21
73 Frohnauer Joh. 12 V	Kaiserslautern		1. Okt. 26
		Rg.	1. Dez. 21
74 Ruttmann Johann 12 V	Ansbach		1. Dez. 28
		Rg.	1. Dez. 21
75 Bauer Georg 20 III / 12 VIII	Augsburg		1. Dez. 28
		Rg.	16. Jan. 22
76 Paulus Adolf 20 IX / 12 VIII	Bamberg		1. Jan. 29
		Rg.	16. Jan. 22
77 Sauermann Karl 13 III / 12 XII	Frankenthal		1. April 28
		Rg.	1. Juni 22
78 Braune Gustav 13 IV / 12 XII	Amberg		1. Jan. 29
		Rg.	1. Okt. 22
79 Winderroll Herm. 13 IX / 12 XII	Frankenthal		1. Dez. 25
		Rg.	16. Dez. 22
80 Saar Friedrich 13 XI	Landshut		1. Febr. 29
		Rg.	16. Dez. 22
81 Kolb Karl 14 II / 12 XII	Aschaffenburg		1. April 29
		Rg.	16. Dez. 22
82 Köll Karl 20 VIII / 13 III	Traunstein		1. Nov. 28
		Rg.	16. Dez. 22
83 Simon Franz 14 X / 13 II	Augsburg		1. Okt. 29
		Rg.	16. Dez. 22
84 Seuffert Anton 16 X / 13 XII	Zweibrücken		1. Jan. 29
		Rg.	16. Dez. 23
85 Arold Friedr. 18 VI / 13 XII	Nürnberg		1. April 29
		Rg.	16. Dez. 23
86 Dosenheimer Emil 16 IV / 14 IV	Landau		1. Okt. 29
		Rg.	1. Juli 24
87 Bickerich Johannes 19 X / 14 IV	Zweibrücken		1. Mai 25
		Rg.	1. Jan. 25
88 Bender Karl 19 X / 15 XII	Zweibrücken		1. Okt. 29
		Rg.	1. Jan. 26

d) Räte.

Das eingeklammerte Datum bezeichnet die Verleihung des Titels etc. eines Oberlandesgerichtsrates; die offene Zahl nach dem Namen bedeutet die Zeit der vorigen Anstellung als Richter.

Landgerichtsräte mit Titel und Rang eines Oberlandesgerichtsrats:

1	Mayer Ernst Dr. Geh. Hofrat	(14.VIII.87 o. Univ.-Prof.)	Würzburg	1. Mai 20
2	Schnepf Otto 1.X.94	(21.XII.12)	Aschaffenburg	16. Sept. 00
3	Schwertschlag Eug. 1.V.99	(5.IV.17)	München I	1. Febr. 07
4	Einstein Karl 16. VII. 00 (StA.)	(15.VII.19)	Würzburg	1. Juli 14 1. Okt. 09 II. StA. 1. Juni 06
5	Klühspies Kasp. 16.XI.99	„	Würzburg	1. Mai 09
6	Renner Armin 1. I. 00	(1. IV.20)	München I	1. Mai 10
7	Dörr Frdr. Dr. 1.VI.01 StA. (a. o. Univ.-Prof.)	(1.I.21)	München I	1. Nov. 19 1. Febr. 12 II. StA. 1. Dez. 10
8	Bauer Gg. Nik. 15.II.02 StA.	„	Würzburg	1. Okt. 20 II. StA. 1. Okt. 11
9	Schweitzer Karl 1.I.00	„	München I	1. Nov. 11
10	Scharner Joseph 1.II.01	(1.XII.21)	Würzburg	1. Dez. 22 II. StA. 1. Jan. 12
11	Vollmuth Hugo 15.II.00	(16.I.22)	München I	16. Nov. 12
12	Vogel Blasius 1.VI.00	(1.V.22)	Memmingen	1. Febr. 13 Rg. 21. Dez. 12
13	Popp Oskar 1.VI.00	(1.VI.22)	Kempten	16. März 13 Rg. 21. Dez. 12
14	Maier Otto 1.VI.00	(1.X.22)	Memmingen	1. Mai 13 Rg. 21. Dez. 12
15	Surrer Franz X. Dr. 16.VII.00	(16.XII.22)	Eichstätt	1. Sept. 15 Rg. 21. Dez. 12
16	Nicklas Rich. Dr. 1.XI.00	„	Kempten	1. Mai 14 Rg. 21. Dez. 12
17	Günder Otto 1. XI. 00	„	München I	1. Nov. 13 Rg. 21. Dez. 12
18	Küber Bernhard 1.XI.00	„	Neuburg a. D.	1. Juli 14 Rg. 21. Dez. 12
19	Weindel Paul 1.XII.00	„	München I	1. Mai 15 Rg. 19. März 13
20	Carlipp Georg 1.I.01	„	Memmingen	1. April 15 Rg. 19. März 13
21	Seeberger Luitpold 1.I.01	„	Deggendorf	1. Mai 15 Rg. 19. März 13
22	Ammann Karl 1.II.03 StA.	„	München II	16. Juni 20 II. StA. 1. Juni 13
23	Kolb Wilhelm 15.II.01	„	München I	1. Mai 19 Rg. 22. Juli 13

24	Gutmann Art. Dr. 15. II. 01	(16.XII.22)	München I	1. März 14
			Rg.	22. Juli 13
25	Rauchenberger Fz. 1. IV. 01	„	München II	1. Mai 19
			Rg.	22. Juli 13
26	Scheidle Johannes 1. V. 01	(1.VII.23)	Neuburg	1. April 19
			II. StA.	1. Aug. 13
27	Summa Erhard 1. I. 01	(16.XII.23)	Fürth	1. Juli 15
			Rg.	19. März 13
28	Heydolph Joh. Mich. 1. V. 01	„	Deggendorf	1. Febr. 16
			Rg.	24. Dez. 13
29	Freudenberger Mich. 1. V. 01	„	Schweinfurt	1. Juli 16
			Rg.	24. Dez. 13
30	Vocke Gottfried 1. V. 01	„	Ansbach	1. Juli 16
			Rg.	24. Dez. 13
31	Gräßel Max 16. VI. 01	„	Hof	1. Okt. 18
			Rg.	24. Dez. 13
32	Roth Karl 1. VIII. 01	„	Nürnberg	1. Okt. 16
			Rg.	24. Dez. 13
33	Gerichten Otto Dr. 16. X. 01	„	Traunstein	1. Jan. 16
			Rg.	24. Dez. 13
34	Cramer Georg 1. XI. 01	„	Nürnberg	10. Juni 19
			Rg.	24. Dez. 13
35	Seibert Friedr. 16. XI. 01	„	München I	1. Juni 19
			Rg.	24. Dez. 13
36	Schneider Robert 16. XII. 01	„	München II	1. Febr. 16
			Rg.	24. Dez. 13
37	Seidl Oskar 1. XI. 02	„	München I	1. Jan. 21
			II. StA.	1. Jan. 14
38	Linhardt Gustav 1. I. 02	(1.VII.24)	Memmingen	1. April 19
			Rg.	7. April 14
39	Hirschböck Eduard 1. I. 02	„	Neuburg a. D.	1. Aug. 19
			Rg.	7. April 14
40	Dörfler Theodor 15. II. 02	„	München II	15. Febr. 19
			Rg.	7. April 14
41	Vogel Karl 15. II. 02	(1. I. 25)	München I	1. Mai 19
			Rg.	7. April 14
42	Kraus Joseph 15. II. 02	„	Landshut	1. Okt. 19
			Rg.	7. April 14
43	Closner Max 15. II. 02	„	Eichstätt	1. Aug. 19
			Rg.	7. April 14
44	Spetzler Ludw. 15. II. 02 StA.	„	München I	1. Febr. 20
			Rg.	7. April 14
45	Weiglein Martin 1. IV. 04 StA.	„	München I	1. April 21
			II. StA.	1. Dez. 14
46	Fischer Hans 1. VII. 05	(1.VII.25)	München I	1. April 21
			II. StA.	1. Mai 15
47	Moser Hans 1. I. 02	(1.I.26)	Aschaffenburg	1. Mai 19
			Rg.	7. April 14

48	Bayer Konrad 16.III.02	(1.I.26)	Amberg		1. April 19
				Rg.	1. Aug. 15
49	Salberg Aug. 1.V.02	„	München I		1. Febr. 20
				Rg.	1. Aug. 15
50	Straimer Joh. 1. V. 02	„	Straubing		1. Juli 19
				Rg.	1. Aug. 15
51	Deinhardt Friedr. 1. V. 02	„	Nürnberg		1. April 21
				II. StA.	1. Okt. 16
				Rg.	1. Aug. 15
52	Fick Friedr. 1. VIII. 02	„	Würzburg		1. April 25
				OAR.	1. April 20
				Rg.	1. Aug. 15
53	Klepper Hugo 1. XI. 02	„	Bamberg		1. Dez. 19
				Rg.	22. Dez. 15
54	Eizenhöfer Heinr. 1. XI. 02	„	Fürth		1. Juli 19
				Rg.	22. Dez. 15
55	Pfäfflin Emil 1. XI. 02	„	Augsburg		16. Nov. 19
				Rg.	22. Dez. 15
56	Hertzog Aug. 1. III. 03	„	Würzburg		16. Sept. 24
				OAR.	1. Apr. 20
				Rg.	22. Dez. 15
57	Petri Richard 1. III. 03	„	Kaiserslautern		16. Sept. 24
				OAR.	1. April 20
				Rg.	22. Dez. 15
58	Wieslhuber Otto 1.VI.03	„	Deggendorf		1. Juni 20
				Rg.	22. Dez. 15
59	Huber Otto 16. X. 04	(I.VII.26)	Regensburg		16. Okt. 21
				II. StA.	1. Juni 16
60	Ziegler Ludw. 1.VII.03	„	Neuburg a.D.		1. Jan. 20
				Rg.	27. Juli 16
61	Riedl Georg 16.VII.03	„	Amberg		1. April 20
				Rg.	27. Juli 16
62	Taubenberger Gg. 1.XII.03	„	Traunstein		1. Sept. 20
				Rg.	27. Juli 16
63	Marschall Ignatz 1.I.04	„	München I		1. Juni 20
				Rg.	27. Juli 16
64	Löffler Julius 16.IV.04	„	Nürnberg		16. April 20
				Rg.	27. Juli 16
65	Weber Josef 16. IV. 04	„	Landshut		1. Jan. 27
				OAR	16. Mai 20
				Rg.	27. Juli 16
66	Stahl Georg 16. IV. 04	„	Weiden		1. Okt. 20
				Rg.	27. Juli 16
67	Werner Theodor 16.IV.04	„	München I		1. Juni 20
				Rg.	27. Juli 16
68	Pösl Max 16.IV.04	„	Augsburg		1. Jan. 20
				Rg.	27. Juli 16

69	Kohler Artur 1.V.04	(1.VII.26)	Würzburg	1. Jan. 26 OAR. 1. April 21 Rg. 27. Juli 16
70	Bartz Albert 1. VII. 02	(1.I.27)	Landau	1. Jan. 20 OAR. 16. Sept. 16 Rg. 1. Aug. 15
71	Schmitt Otto 25. VIII. 04	„	Augsburg	1. April 20 Rg. 23. Dez. 16
72	Herele Ferdinand 16.XI.04	„	München I	1. Juni 20 Rg. 23. Dez. 16
73	Ammon Wilh. v. 16. I. 05	„	Augsburg	1. Juni 20 Rg. 23. Dez. 16
74	Müller Julius 16. I. 05	„	Schweinfurt	1. Mai 24 OAR. 1. April 21 Rg. 23. Dez. 16
75	Obenhuber Joh. 16. I. 05	„	Würzburg	1. Nov. 26 OAR. 1. April 21 Rg. 23. Dez. 16
76	Ehrenberger Hugo 1. IV. 05	„	Nürnberg	16. März 20 Rg. 23. Dez. 16
77	Gossner Richard 16. IV. 04	(1.VII.27)	Kempten	1. April 21 Rg. 27. Juli 16
78	Kemmer Frz. Dr. 1. V. 05	„	München I	17. März 20 Rg. 23. Dez. 16
79	Kuhn Friedr. 1.II.04 (Els.)	„	München I	16. Juli 25 OAR. 16. April 21 Rg. 5. April 17
80	Meisel Gustav 1. VI. 05	„	Nürnberg	16. Sept. 20 Rg. 5. April 17
81	Leupoldt Karl 1.VI.05	„	Hof	16. Juli 20 Rg. 5. April 17
82	Hellmuth Philipp 1.VII.05	„	Straubing	16. Sept. 20 Rg. 5. April 17
83	Dessel Ernst 1.VII.05	„	München I	1. Juni 20 Rg. 5. April 17
84	Maegerl Friedr. 1.VIII.05 (StA.)	„	München II	16. Jan. 23 II. StA. 1. Okt. 18 Rg. 5. April 17
85	Metzler Eduard 1. XII. 05 StA.	„	Bamberg	16. Nov. 24 OAR. 1. April 21 Rg. 5. April 17
86	Buff Viktor 1. I. 06 (StA.)	(1.I.28)	Bayreuth	1. Mai 23 II.StA. 22.April 19 Rg. 21. Dez. 17
87	Fleischmann Joh. 1. IV. 06	„	Weiden	16. Sept. 20 Rg. 21. Dez. 17

88	Ringel Gottlob 16. IV. 06	(1.I.28)	Straubing	16. Okt. 21 Rg. 21. Dez. 17
89	Spach Alfred 16.IV.06	„	Zweibrücken	1. April 20 Rg. 21. Dez. 17

Uebrige Landgerichtsräte:

90	Bruggey Anton 1. I. 02		Augsburg	1. Juli 19 Rg. 25. März 18
91	Stofledt Aug. 1.VI.06		Landshut	1. Jan. 28 OAR. 1. April 22 Rg. 25. März 18
92	Schmidt Eugen Dr. 1.VII.06		Kaiserslautern	16. Mai 20 Rg. 25. März 18
93	Guggemos Joseph 1.VII.06		Frankenthal	1. Juli 20 Rg. 25. März 18
94	Berchtold Sylvester 1. IX. 06	(StA.)	Landshut	1. Juli 23 Rg. 25. März 18
95	Schweyer Paul 1.X.06		Regensburg	1. April 28 OAR. 1. Nov. 23 Rg. 31. Dez. 18
96	Erras Martin 16. XI. 06		Amberg	1. Okt. 21 Rg. 31. Dez. 18
97	Rauchalles Hans 1. II. 08	(StA.)	Augsburg	1. April 25 II. StA. 1. Juni 19
98	Zormaier Josef 1. II. 09	(StA.)	München II	1. April 26 II. StA. 23. Juni 19
99	Weigert Ludwig 1. I. 07		Weiden	1. Nov. 20 Rg. 15. Juli 19
100	Neuberger Joseph 1. I. 07		Passau	16. April 21 Rg. 15. Juli 19
101	Schmitt August 1. I. 07		München I	1. Juni 22 Rg. 15. Juli 19
102	Trauschel Emil 1. III. 07		Regensburg	1. Jan. 23 Rg. 15. Juli 19
103	Eilles Joseph 1. V. 08	(StA.)	München I	1. Mai 25 II. StA. 16. Juli 19
104	Lutz August 1. X. 09		Frankenthal	1. Okt. 21 II. StA. 1. Sept. 19
105	Eppenauer Joh. 1. VIII. 09	(StA.)	Nürnberg	16. April 22 II. StA. 1. Okt. 19
106	Sachs Camille 1. XII. 10	(StA.)	Nürnberg	1. Juni 22 II. StA. 1. Okt. 19
107	Matthäus Rudolf 1. VII. 09		Eichstätt	1. Jan. 24 II. StA. 16. Okt. 19
108	Herbig Michael 1. V. 11	(StA.)	München II	1. Juli 27 II. StA. 20. Okt. 19

109	Gerlach Ferd. 1. V. 15 (StA.)	München I	16. April 25	II. StA. 1. Nov. 19
110	Kammerer Aug. 1. VI. 11 (StA.)	Landau	1. Dez. 20	II. StA. 1. Nov. 19
111	Lohrer Wilh. Dr. 1. VI. 11 (StA.)	Nürnberg	1. April 24	II. StA. 16. Nov. 19
112	Ahammer Friedr. Dr. 1. V. 11 (StA.)	München I	16. Juli 25	II. StA. 16. Nov. 19
113	Morgenroth Erwin 16. XI. 09 (StA.)	München I	1. Juli 25	II. StA. 1. Dez. 19
114	Kämmerer Friedr. 1. V. 10 (St.A.)	München I	1. März 26	II. StA. 1. Dez. 19
115	Gänßler Otto 1. X. 10 (StA.)	München I	1. Jan. 26	II. StA. 1. Dez. 19
116	Welsch Friedr. Dr. 1. IV. 11 (StA.)	München I	1. Nov. 25	II. StA. 1. Dez. 19
117	Lehmann Friedr. 1. IX. 11 (StA.)	Frankenthal	1. Okt. 21	II. StA. 1. Dez. 19
118	Engelhardt Wilh. 1. IV. 07	Fürth	1. Febr. 22	Rg. 1. Jan. 20
119	Fuchs Eduard 1. IV. 07	Coburg	1. Sept. 21	Rg. 1. Jan. 20
120	Full Gottlieb Dr. 1. VI. 11 (StA.)	München I	1. April 27	II StA. 1. Jan. 20
121	Wintersberger Karl 1. IX. 11 (StA.)	München I	16. April 27	II. StA. 1. Jan. 20
122	Kahn Hermann 1. IV. 12	Landau	16. Nov. 24	II. StA. 1. Jan. 20
123	Schneider Herm. Dr. 1. VIII. 12	Nürnberg	1. Aug. 24	II. StA. 1. Jan. 20
124	Billmann Ernst Dr. 1. V. 10 (StA.)	München I	16. Juli 27	II. StA. 10. Febr. 20
125	Hoening Ludw. 1. VI. 10	Nürnberg	16. Nov. 24	II. StA. 16. März 20
126	Weinschenk Jul. Dr. 1. X. 12 (StA.)	Fürth	1. März 26	II. StA. 16. März 20
127	Meyer Arnulf Dr. 1. X. 07	Weiden	1. Mai 22	Rg. 1. April 20
128	Schneider Heinr. 1. X. 07	Augsburg	1. Mai 24	OAR. 1. April 22 Rg. 1. April 20
129	Eisele Ludwig 1. X. 07	München I	16. März 26	OAR. 1. April 22 Rg. 1. April 20
130	Schmitt Wilhelm 1. X. 07	Regensburg	1. Okt. 22	Rg. 1. April 20
131	Merzbacher Otto 1. VII. 10 (StA.)	Passau	1. April 27	II. StA. 1. April 20

132	Beck Alfr. Dr. 15. IX. 13	Weiden	1. Juni 25 II. StA. 1. April 20
133	Rechenmacher L. Dr. 1. VII. 13 (StA.)	München II	16. Sept. 27 II StA. 1. April 20
134	Göpfert August 1. XI. 13	Kempten	1. April 27 II. StA. 1. April 20
135	Weisensee Leonh. 1. VIII. 12	Schweinfurt	1. Jan. 28 II. StA. 16. April 20
136	Enders Konr. 1. VIII. 13 (StA.)	Nürnberg	1. Febr. 25 II. StA. 16. April 20
137	Schaffert Karl 1. VII. 14	Traunstein	1. Dez. 27 II. StA. 16. April 20
138	Link Hans 1. I. 08	Nürnberg	16. Nov. 21 Rg. 1. Mai 20
139	Sparrer Wilh. 1. III. 08	Coburg	1. April 21 Rg. 1. Mai 20
140	Weißenberger Karl 1. IV. 08	München II	1. Nov. 25 Rg. 1. Mai 20
141	Hellmer Herm. Dr. 1. XII. 09	Kaiserslautern	16. Aug. 24 II. StA. 1. Mai 20
142	Fritsch Oskar 1. VI. 11 (StA.)	Traunstein	1. April 27 II. StA. 1. Mai 20
143	Klotz Bernhard 1. IV. 12 (StA.)	Coburg	16. Juli 24 II. StA. 1. Mai 20
144	Wehe Alfred 1. VIII. 12	Amberg	1. März 27 II. StA. 1. Mai 20
145	Hensolt Theodor 16. VIII. 12	Neuburg a. D.	16. Nov. 23 II. StA. 1. Mai 20
146	Bems Emil Dr. 1. IX. 12 (StA.)	Landshut	1. Jan. 24 II. StA. 1. Mai 20
147	Giuliani Rudolf 16. XI. 12 (StA.)	Landau	1. Juni 25 II. StA. 1. Mai 20
148	Panzer Herm. 1. II. 13 (StA.)	Passau	1. Dez. 27 II. StA. 1. Mai 20
149	Weiß Johann 1. II. 13 (StA.)	Regensburg	1. Jan. 28 II. StA. 1. Mai 20
150	Vesper Richard 1. II. 13 (StA.)	Zweibrücken	16. Juni 24 II. StA. 1. Mai 20
151	Meiser Otto 1. V. 13 (StA.)	München I	1. Okt. 27 II. St. 1. Mai 20
152	Wolfenstetter Robert 16. XII. 13	Augsburg	1. Mai 26 II. StA. 1. Mai 20
153	Baier Franz 1. II. 14 (StA.)	München I	1. Nov. 27 II. St. 1. Mai 20
154	Müller Erhard 1. X. 14 (StA.)	München I	1. April 28 II. StA. 1. Mai 20
155	Reidelhuber Wilh. Dr. 1. XII. 14	Fürth	1. Okt. 27 II. StA. 1. Mai 20

156	Schiller Hans 1. XII. 14 (StA.)	München I	1. Mai 28	II. StA. 1. Mai 20
157	Dietrich Wilh. Dr. 1. XII. 14 (StA.)	München I	16. Mai 28	II. StA. 1. Mai 20
158	Eckert Ernst 1. XII. 14 (StA.)	Nürnberg	1. Jan. 28	II. StA. 1. Mai 20
159	Vogt Adalbert 1. IV. 13	München I	1. Juni 28	II. StA. 1. Mai 20
160	Bretzfelder Max Dr. 16. III. 14 (StA.)	München I	1. Juni 28	II. StA. 1. Mai 20
161	Korrell Rich. Dr. 1. VII. 14 (StA.)	München I	1. Nov. 28	II. StA. 1. Mai 20
162	Blüthe Hugo Dr. 1. II. 15	Augsburg	1. Nov. 27	II. StA. 1. Mai 20
163	Krampf Michael 16. III. 15	Bamberg	1. Jan. 28	II. StA. 1. Mai 20
164	Marnet Eugen 1. VIII. 12 (StA.)	Nürnberg	1. Sept. 28	II. StA. 1. Mai 20
165	Schmitt Armin 16. III. 13	Zweibrücken	16. Nov. 24	II. StA. 16. Mai 20
166	Henle Eugen 1. V. 14 (StA.)	München I	1. Jan. 29	II. StA. 16. Mai 20
167	Hergenröder Ignaz 1. XII. 14 (StA.)	Nürnberg	1. Nov. 27	II. StA. 16. Mai 20
168	Weber Nikol. 1. IV. 15	Kaiserslautern	16. Nov. 24	II. StA. 16. Mai 20
169	Döring Anton 1. IV. 15 (StA.)	Nürnberg	1. Juni 28	II. StA. 16. Mai 20
170	Wibel Moritz 1. I. 13	Würzburg	1. Dez. 27	II. StA. 16. Mai 20
171	Schwarzenbek Albin 1. XI. 11	Passau	1. April 28	II. StA. 1. Juni 20
172	Kaiser Max (16. VIII. 14 (StA.)	München I	1. Jan. 29	II. StA. 1. Juni 20
173	Happel Leopold 1. XII. 14 (StA.)	München I	1. Jan. 29	II. StA. 1. Juni 20
174	Renner Georg 1. IX. 15	München I	1. Febr. 29	II. StA. 1. Juni 20
175	Heyn Albert Dr. 1. III. 09	München I	1. März 26	II. StA. 1. Juni 20
176	Römer Franz Xav. 16. III. 15 (StA.)	Würzburg	1. Febr. 28	II. StA. 16. Juni 20
177	Erb Karl 1. VIII. 08	Kaiserslautern	16. Juli 24	II. StA. 16. Juli 20
178	Bleicher Hans 16. VI. 11 (StA.)	Ansbach	1. Nov. 28	II. StA. 16. Juli 20
179	Bach Gustav 1. I. 13	Passau	1. März 28	II. StA, 1. Sept. 20

180	Hahn Herm. 1. III. 16	Frankenthal	1. Mai 25
		II. StA.	16.Sept.20
181	Kast Karl 1. X. 08	Frankenthal	16. Sept. 20
182	Dannhäuser Karl 1. II 13	Bayreuth	1. Jan. 28
		II. StA.	16 Sept.20
183	Schmitt Hans W. Dr. 1. VI. 15 (StA.)	Würzburg	1. April 29
		II. StA.	1. Okt. 20
184	Fränkel Otto 16. V. 12	Augsburg	1. Aug. 28
		II. StA.	1. Nov. 20
185	Candidus Karl 1. VII. 09	Zweibrücken	1. Dez. 20
186	Hillenbrand Herm. Dr. 1. I. 10	Frankenthal	1. Dez. 20
187	Trümmer Ludw. 1. X. 07	Straubing	1. Febr. 26
		Rg.	1. Jan. 21
188	Schmidt Heinr. 1. VII. 08	Kaiserslautern	16. Aug. 24
		Rg.	1. Jan. 21
189	Medicus Karl 1. II. 09 (StA.)	Würzburg	1. Mai 24
		Rg.	1. Jan. 21
190	Botsch Franz 1. III. 09	München I	1. April 26
		Rg.	1. Jan. 21
191	Schumann Rob. 1. IV. 09	Augsburg	1. Sept. 22
		Rg.	1. Jan. 21
192	Then Wilhelm 1. IV. 09	Nürnberg	1. Jan. 26
		Rg.	1. Jan. 21
193	Diemayr Max 1. IV. 09 (StA.)	München I	16. Dez. 25
		Rg.	1. Jan. 21
194	Hahmann Karl 1. V. 09 (StA.)	München I	1. Febr. 23
		Rg.	1. Jan. 21
195	Feldner Max 1. XII. 13	Regensburg	1. März 16
		II. StA.	1. Jan. 21
196	Pastor Eduard 1. VII. 09	Bamberg	16. Sept. 26
		Rg.	1. April 21
197	Hähnlein Rud. 1. VII. 09	Memmingen	1. Sept. 25
		Rg.	1. April 21
198	Vorndran Alfred 1. V. 15	Memmingen	1. Mai 28
		II. StA.	1. April 21
199	Aubele Raimund 1. VII. 15	München I	1. März 29
		II. StA.	1. April 21
200	Thomm Friedr. 1. IX. 15	Bamberg	1. Aug. 28
		II. StA.	1. April 21
201	Schmitt Hans 1. VI. 16	Fürth	1. Jan. 29
		II. StA.	1. April 21
202	Fichte Paul 1. X. 18	Coburg	1. Juni 29
		II. StA	1. April 21
203	Stumpf Gottfried 16. XI. 19	München I	1. April 29
		II. StA.	1. April 21
204	Bauer Erhard 16. III. 13 (StA.)	Regensburg	1. Mai 28
		II. StA.	1. April 21
205	Leigh Klemens 1. VII. 09	Straubing	1. Okt. 26
		Rg.	16. April 21

206	Nagl Albert 1. VII. 09	München II	1. Jan. 26
		Rg.	1. Mai 21
207	Krehbiel Eduard Dr. 1. V. 12	Frankenthal	1. Mai 21
208	Schmitgen Karl Dr. 1. VII. 13	Frankenthal	1. Aug. 25
		II. StA.	1. Mai 21
209	Obée Eugen 1. V. 15 (StA.)	Frankenthal	1. Okt. 29
		II. StA.	1. Mai 21
210	Erhard Anton 1. VII, 15	Nürnberg	1. Jan. 29
		II. StA.	1. Okt. 21
211	Benzinger Karl 1. IV. 19	Traunstein	1. Juni 29
		II. StA.	1. Okt. 21
212	Guth Franz 1. V. 15	Regensburg	1. Mai 24
		II. St.	16. Okt. 21
213	Heinlein Karl 1. VIII. 09	Nürnberg	1. Aug. 22
		Rg.	1. Dez. 21
214	Höchstädter Emil Dr. 1. X. 09 (StA)	München I	16. Dez. 25
		Rg.	1. Dez. 21
215	Kalbfus Paul 1. X. 09 (StA.)	München I	1. Jan. 26
		Rg.	1. Dez. 21
216	Gernert Hans 1. IX. 10	Zweibrücken	16. Dez. 21
217	Eibel Karl 16. VI. 11	Zweibrücken	16. Dez. 21
218	Kunkel Joseph 1. III. 10	Nürnberg	1. Jan. 23
		Rg.	1. Febr. 22
219	Becker Christian 1. VII. 10	Frankenthal	1. Juni 22
220	Hagenauer Ludw. Dr. 1. IV. 19 (StA.)	München II	1. Aug. 29
		II. StA.	1. Juni 22
221	Wirz Rich. 1. VI. 10	Deggendorf	1. März 25
		Rg.	1. Aug. 22
222	Arnold Raimund Dr. 22. IX. 19	Kempten	1. Aug. 29
		II. StA.	1. Aug. 22
223	Dorr Joseph 1. VII. 10	Straubing	1. Mai 26
		Rg.	1. Okt. 22
224	Steigelmann Karl Dr. 16. V. 12	Frankenthal	16. Okt. 22
225	Knab Armin Dr. 1. VIII. 11	Würzburg	1. Juli 26
		Rg.	16. Dez. 22
226	Engert Karl 16. VI. 12	Amberg	1. Dez. 25
		Rg.	16. Dez. 22
227	Weinzierl Mich. 1. VIII. 12	Passau	1. Aug. 25
		Rg.	16. Dez. 22
228	Müller Otto 1. VIII. 12	Hof	1. Nov. 25
		Rg.	16. Dez. 22
229	Günther Karl Wilh. 1. VIII. 12	Passau	16. Dez. 24
		Rg.	16. Dez. 22
230	Haggenmüller Hans 1. VIII. 12	Deggendorf	1. März 27
		Rg.	16. Dez. 22
231	Zierer Franz Xav. 1. VIII. 12	Traunstein	16. Nov. 25
		Rg.	16. Dez. 22

232	Pöppinghausen Walt. v. Dr. 16. XI. 12	Augsburg	1. Juni 26	Rg. 16. Dez. 22
233	Dietel Eduard 1. X. 18	Nürnberg	1. Dez. 28	II. StA. 1. Jan. 23
234	Kauffmann Martin 1. V. 19 (StA.)	München II	1. Okt. 29	II. StA. 1. Mai 23
235	Dros Philipp 22. IV. 19	Bamberg	1. Okt. 29	II. StA. 1. Mai 23
236	Schuntner Anton Dr. 1. V 19 (StA.)	Augsburg	1. Okt. 29	II. StA. 1. Juni 23
237	Braun Adolf 1. I. 13	München I	1. Juni 26	Rg. 1. Juli 23
238	Daumenlang Richd. 1. II. 13	Neuburg a. D.	1. Okt. 25	Rg. 1. Juli 23
239	Wagner Fritz 1. II. 13	Nürnberg	16. Juli 25	Rg. 1. Juli 23
240	Bretzfeld Karl 1. II. 13	Bayreuth	1. Nov. 25	Rg. 1. Juli 23
241	Weyse Gustav Dr. 16. III. 13	Bayreuth	1. Febr. 26	Rg. 1. Juli 23
242	Tischler Ignaz Dr. 1. V. 13	Neuburg a. D.	1. Dez. 25	Rg. 1. Juli 23
243	Winkler Ignaz 1. V. 13	Eichstätt	1. Juli 26	Rg. 1. Juli 23
244	Forster Adolf 1. IV. 20	Schweinfurt	1. Juni 29	II. StA. 1. Aug. 23
245	Stoiber Hans 16. IX. 16	München II	1. Nov. 29	II. StA. 16. Sept. 23
246	Pfißner Hugo 1. VI. 13	Coburg	1. Juni 25	Rg. 16. Dez. 23
247	Forler Eduard 1. VII. 13	Kaiserslautern	1. Juli 25	Rg. 16. Dez. 23
248	Keßel Friedrich 1. VII. 13	Deggendorf	1. April 27	Rg. 16. Dez. 23
249	Barnickel Paul Dr. 1. V. 15 (StA.)	München I	1. Dez. 29	II. StA. 1. Jan. 24
250	Schneider Georg 1. VII. 19	Nürnberg	1. April 29	II. StA. 16. Juni 24
251	Kestel Gottlieb 1. IV. 19 (StA.)	Nürnberg	1. Okt. 29	II. StA. 1. Aug. 24
252	Schäfer Georg 15. II. 19 (StA.)	Nürnberg	1. Okt. 29	II. StA. 16. Nov. 24
253	Rößler Christian 1. VII. 16	Kempten	1. Okt. 29	II. StA. 16. Dez. 24
254	Kallenbach Richard 1. IX. 20 (StA.)	München I	1. Sept. 28	II. StA. 1. Jan. 25
255	Stammler Otto 1. X. 14	Aschaffenburg	1. Okt. 26	Rg. 1. Juli 25

256	Teicher Emil Dr. 1. IV. 19	Aschaffenburg	1. Aug. 25
257	Ritterspacher Ludw. Dr. 1. IV. 16	Frankenthal	1. Dez. 25
258	Kadner Heinr. 1. VIII. 16	Ansbach	1. Okt. 26
259	Feldbausch Georg 1. VI. 19	Landau	1. Dez. 26
260	Schaffner Anton 1. V. 16	Nürnberg	1. Jan. 27
261	Melchior Fritz 1. I. 16,	Landshut	1. Febr. 29
		Rg.	1. Jan. 27
262	Pfeuffer Robert 16. IV. 16	Nürnberg	1. April 27
263	Kürschner Gustav 15. II. 19	Bayreuth	1. Jan. 29
		OAR.	1. Aug. 27
264	Schuegraf Rudolf 1. VI. 18	Bamberg	1. Febr. 29
		OAR.	1. Jan. 28
265	Kaidel Karl 16. X. 18	Hof	1. Aug. 28
		OAR.	1. Jan. 28
266	Schilling Albrecht Dr. 1. X. 18	Schweinfurt	1. Jan. 29
		Rg.	1. Juli 28
267	Wagner Karl 1. X. 18	Ansbach	1. Febr. 29
		Rg.	1. Juli 28
268	Meixner Georg Dr. 1. X. 18	Traunstein	1. Febr. 29
		Rg.	1. Juli 28
269	Amtmann Günther 1. IV. 19	Nürnberg	1. Juni 28
270	Hofmann Karl 1. IV. 19.	Fürth	1. Febr. 29
271	Schneider Alex 1. IV. 19.	Ansbach	1. Dez. 28
272	Kiesel Martin Dr. 1. IV. 19	Schweinfurt	1. Jan. 29
273	Dispeker Ernst Dr. 1. IV. 19 (StA.)	München I	1. April 29
274	Ruppert Mich. 1. VII. 19	Amberg	1. Dez. 28
275	Axthalb Max Ritter u. Edler v. 1. XI. 19	Nürnberg	1. April 29
276	Eberle Wilhelm 1. XI. 19	Straubing	1. Juni 29
277	Stangl Christian Dr. 16. XI. 19	Nürnberg	1. April 29
278	Ries Ernst 1. I. 20	Kempten	1. Dez. 29
279	Bachthaler Josef 1. IV. 20	Passau	1. Aug. 29

Handelsrichter

bei den Kammern für Handelssachen an nachbezeichneten Landgerichten:

Ansbach.

Samhammer Georg, Kaufmann.
Ohr Leonhard, Kaufmann.
Dietenhöfer Ludwig, Fabrikbes.
Maisel Konr., Kom.-R., Brauereib.
Scheuerlein Georg, Kaufmann.
Hüttinger Karl, Kaufmann.

Aschaffenburg.

Trockenbrodt Fritz, Kaufmann.
Schmitt-Prym Wilh., Kom.-R., Fabrik-Direktor.
Stadelmann K., Kom.-R., Fabrikbesitzer.
Oechsner Gg., Kom.-R., Brauereidirektor.
Desch Heinr., Kleiderfabrikant.
Büttner Anton, Kaufmann.

Augsburg.

Rennebaum Heinrich, Kom.-R., Rentner.
Doderer Karl, Kom.-R., Grosshändler.
Schmid Friedr., Kom.-R., Bankier.
Wagner Eugen, Kaufmann.
Wrede Heinr., Kom.-R., Fabrikdirektor.

Friedmann Ludw., Fabrikbesitz.
Moser Friedr., Kom.-R., Fabrikdirektor.
Schnell Joseph, Bankdirektor.
Metzger Ernst, Generaldirektor.
Kolb Albert, Geschäftsführer.
Dyckhoff Alfred, Kaufmann.
Ammon Adolf, Kom.-R., Rentner.
Hassold Friedr., Großhändler.
Brückner Max, Fabrikdirektor.

Bamberg.

Hoffmann Fritz, Tabakfabrikant.
Dessauer Julius, Großkaufmann.
Barth Wilh., Kom.-R., Fabrikdirektor.
Wassermann Julius, Bankier.
Eichelsdörfer Hans, Kaufmann.
Dees Edmund, Kaufmann.
Manz Ernst, Fabrikdirektor.
Weisschnur Karl, Kom.-R., Großkaufmann.

Bayreuth.

Koch Wilh., Kom.-R., Fabrikbesitzer.
Meyer Sigmund Paul, Kom.-R., Fabrikbesitzer.
Büttner Hans, Großhändler.
Joa Philipp, Fabrikbesitzer.
Amos Georg, Großkaufmann.
Wurster Erich Dr., Fabrikdir.

Coburg.

Gagel Georg, Geh. Kom.-R., Korbwarenfabrikant.
Ehemann Karl, Kom.-R., Kaufm.
Haußknecht Alfred, Kom.-R., Fabrikbesitzer.
Schiller Julius, Brauereidirektor.
Ronniger Kurt, Kaufmann.
Ryssel Ernst, Holzwarenfabrik.

Frankenthal.

Breinig Gustav, Brauereidirektor.
Förster Karl, Kom.-R., Fabrikdir.
Geil Georg, Fabrikdirektor.
Muther Herm., Fabrikdirektor.
Croner Friedr., Bankdirektor.
Rübsamen Wilh., Weingutsbes. in Bad Dürkheim.

Fürth.

Lang Max, Grosskaufmann.
Braun Friedr., Kom.-R., Holzgroßhändler.
Ley Daniel, Großkaufmann.
Schaller Friedr., Kunstanstaltsbesitzer.
Löwensohn Gustav, Fabrikbes.
Hirschmann Karl, Bankdir.
Löhner Karl, Großhändler.
Seeling Dr. Otto, Kaufmann.
Böschel Konr., Kaufmann.
Kohnstam Willi, Großhändler.
Schnetzer Rob., Kom.-R., Brauereidir.
Stamm Friedr., Bankier.

Hof.

Nürnberger Friedr., Komm.-Rat, Fabrikbesitzer.
Hoffmann Hugo, Kom.-R., Webwarenfabrikant.
Regensburger Wilh., Kom.-R., Fabrikdir.
Hörmann Karl, Buchdruckereibesitzer.
Meyer Heinrich, Kaufmann.
Hagenmüller Karl, Kom.-R., Brauerei-Dir.
Hick Eduard, Fabrikbesitzer.
Eichler Artur, Fabrikbesitzer.
Borger Karl, Kaufmann.
Zeidler Gustav, Großhändler.
Franz Hermann, Fabrikbesitzer.
Münch Herm., Speditionsgeschäftsinhaber.

Kempten.

Schnetzer Otto, Großhändler.
Ullmann S., Privatmann.
Hildebrandt Hans, Großhändler.
Kremser Erwin, Fabrikbesitzer.
Elhardt Oskar, Kom.-R., Kaufm.
Ott Herm., Fabrikbes.

Landshut.

Hofbauer Joh., Fabrikbesitzer.
Kohlndorfer Ludwig, Kom.-R., Kaufmann.
Straub Wilhelm, Fabrikbesitzer.
Magin Otto, Bankdirektor.
Hutter Friedr., Mühlendirektor.
Reßl Karl, Kaufmann.

Ludwigshafen (Ldg. Frankenthal):

Bausenwein Georg, Rentner.
Renner Karl, Bankdirektor, Hofrat in Mannheim.
Reimann Albert Dr., Fabrikant.
Artmann Fritz, Dr., Geh.Kom.-R., Kaufmann.
Glück Heinrich, Brauereidirekt.
Pabst Philipp, Kaufmann.
Weis Wilh. Dr., Direktor.
Waldkirch Wilh. Dr. Kom.-R., Geschäftsführer.
Schöllhorn Joseph, Fabrikdir.
Geiger Otto, Fabrikbesitzer.
Küffner Friedr., Brauereidir.
Clemm Wilhelm Dr., Fabrikdir.

Memmingen.

Frank Eugen, Fabrikdir.
Ulmer Gustav, Kaufmann.
Sayle Albert, Brauereidirektor.
Haußmann Friedr., Fabrikbes.
Mayser Fritz, Sägewerksbes.
Wagner Edgar, Bankier.

München I.

Weidert Fritz Dr., Bankier, Geh. Hofrat.
Raff David, Kaufmann.
Kühner Max, Kom.-R., Hofblumenfabrik.
Jodlbauer Max, Dr., Komm.-R.
Lacher Karl, Kaufmann.
Pfister Friedr. Otto von, Großhändler.
Scholz Gustav Wilhelm, Kom.-R., Fabrikdirektor.
Schnetzer Wilhelm, Kaufmann.
Oldenbourg Wilhelm, Kom.-R., Buchdruckereibes., Verlagsbuchhändler.
Riemerschmid Rob. Dr., Fabrikbesitzer.
Breuninger Karl, Großhändler, Kom.-R.
Wassermann Ludw. Dr., Fabrikbesitzer, Kom.-R.
Hartlmeier Karl, Schuhwaren gesch.-Inh., Kom.-R.
Flüggen Karl, Kaufmann, Kom.-R.
Fränkel Heinr., Großhändler.
Kaula Friedr., Kom.-R., Fabrikdirektor.
Zipperlen Eugen, Kom.-R., Fabrikant.
Münzing Walter, Bankier.
Edenhofer Friedr., Großhändler.
Wagner Karl, Kaufmann.
Jordan Otto, Kom.-R., Wäschefabrikant.
Ott Leonhard, Kom.-R., Kaufm.
Deiglmayr Eduard, Kom.-R., Architekt.
Zechbauer Max, Zigarrengroßhändler.
Zeckendorf Emil, Komm.-R., Konsul.
Drey Siegfried, Kom.-R., Antiquitätenhändler.
Zettler Oskar, Geh. Kom.-R., Glasmalereibes.
Strauß Ivo, Komm.-R., Fabrikbes.
Rau Eduard, Kom.-R., Kaufmann.

Hammon Ludw., Kom.-R., Bankdirektor a. D.
Helbing Hugo, Geh. Kom.-R., Antiquitätenhändler.
Bäumler Hans, Fabrikbesitzer.
Meyer Alfred, Kom.-R., Kunstmühlbesitzer.
Rank Franz, Profess. u. Architekt.
Schwarzmaier Otto, Direktor u. Kom.-R.
Anderl Karl, Direktor d. Amperwerke.
Drausnick Friedrich, Bankdir. u. Kom.-R.
Kammerecker Ludw., Kom.-R., Bankdirektor.
Schober Adolf, Kaufmann.
Landauer Franz, Kaufmann.
Drexler Ludw., Kom.-R., Fabrikbesitzer.
Langkammerer Karl, Fabrikant.
Hausmann Heinr., Kaufmann.
Denzel Georg, Kaufmann.
Heß Julius, Holzgroßhändler.
Aufhäuser Martin, Geh. Kom.-R., Bankier.
Braun August, Geh. Hofrat, Bankier.
Nagel Hans, Direktor, Kom.-R.
Leuze Guido, Kaufmann.
Heilmann Alb., Architekt und Konsul.
Steinheil Rud. Dr., Professor.
Gutmann Ernst, Kaufmann.
Halseband Fritz, Großkaufmann.
Pfaeffle Otto, Generaldirektor.
Wild Oskar, Kom.-R., Bankdir.
Mayer Georg Emil, Buchdruckereibesitzer.
Schönherr Max., Schirmgeschäftsinhaber.

Nürnberg.

Weidinger Christian, Kom.-R., Fabrikbes.
Ertheiler Aug. Kom.-R., Kaufm.
Fechheimer Emil, Geh. Hofrat, Kaufmann.
Wolfrom Paul, Kommerz.-R., Kaufmann.
Schmidmer Georg E., Geh. Kom.-R., Fabrikbesitzer.
Etz Friedr., Kom.-R., Grosshändl.
Popp Hans, Kom.-R., Grosshändl.
Kohn Martin, Bankier.
Eckart Wilhelm, Kaufmann.
Schmidt Hans, Kom.-R., Oblatenfabrikant.
Weidner Paul, Fabrikbesitzer.
Bing Stephan, Kom.-R., Generaldirektor.
Schlager Georg, Direktor.
Falkenstörfer Andreas, Kaufm.
Bauer Louis, Kom.-R. u. Kaufmann.
Scheyer Max, Kom.-R., Bankdirektor.
Stern Georg Mich., Kaufmann.
Stündt Karl Georg Dr., Kohlengroßhändler.
Probst Gottfried, Kom.-R., Fabrikbesitzer.
Regensteiner Julius, Fabrikbes.
Falk Josef, Kom.-R., Fabrikbes.
Schlenk August, Hopfenhändler.
Scheuerle Achill, Kaufmann.
Aufhäuser Salomon, Kaufmann.
Hügelschäffer Karl, Drogeriebes.
Kreutzer Rudolf Dr., Fabrikbes.
Josephthal Paul, Kom.-R., Fabrikdirektor.
Kreiner Herm., Großkaufmann.
Möckel Jean, Kaufmann.
Menikheim Hans, Warenagenturengeschäftsinhaber.
Dannheißer Karl, Kaufmann.
Walb Karl, Kaufmann.
Rhodius Franz, Kaufmann.
Franke Ernst, Fabrikdirektor.
Reif Heinr., Kom.-Rat, Brauereibesitzer.
Huegle Max, Direktor.
Metzger Paul, Direktor.
Thoma Ernst, Fabrikdirektor.
Angermann Hans, Großkaufmann.
Teufel Karl, Kom.-R., Kaufmann.
Staudt Adolf, Kaufmann.
Plank Karl, Kaufmann.
Schreyer Heinr., Großhändler.
Hopf Ernst, Kaufmann.
Schaller Fritz, Fabrikdirektor.
Heim Karl, Drogeriebesitzer.
Braun Otto, Fabrikbesitzer.
Maisch Konr., Kreissägenfabrikant.

Passau.

Angermann Karl, Brauereidir.
Rehaber Frz. Xaver, Kaufmann.
Martin Heinr. jun., Kom.-R., Grosskaufmann.
Weinholzer Gg., Kom.-R., Kaufm.
Grüneis Ferd., Kaufmann.
Stockbauer Alois, Brauereidir.
Wollenweber Robert, Fabrikdir.
Lacher Aug., Gesellschaftsdirektor.
Müller Franz, Bankier.

Regensburg.

Barthel Michael, Fabrikbesitzer.
Habbel Martin, Kom.-R., Buchdruckereibesitzer.
Holzinger Emil, Kom.-R., Großkaufmann.
Rothdauscher Jos., Kaufmann.
Christlieb Otto, Fabrikdirektor.
Reifert Friedr., Kom.-R., Grosshändler.
Theuerkauf Joh., Kom.-R., kaufm. Direktor.
Reinhard Rud., Fabrikbesitzer.

Schweinfurt.

Stepf Reinhard, Kom.-R., Großkaufmann.
Heinrichs Karl Dr., Kom.-R., Fabrikdirektor.
Silberstein Ludw., Fabrikant.
Rosa Karl, Kaufmann.
Barthel Hermann, Kom.-R., Fabrikbesitzer.
Cramer Heinr., Großkaufmann.

Würzburg.

Völk Georg, Kom.-Rat, Großkaufmann.
Broili Joh. Ferd., Kaufmann.
Baer Max, Großkaufmann.
Leonhard Rud., Kom.-R., Fabrikdirektor.
Reinstein Alfred, Weingroßhändler.
Holl Franz, Bankdirektor.
Backofen Paul, Fabrikdirektor.
Fischer Ludw., Brauereidirektor.
Hünnerkopf Paul, Kaufmann.
Koch Karl, Kaufnann.
Bolza Hans Dr., Dipl.-Ingenieur.
Küffner Karl, Fabrikdirektor.

e) Staatsanwaltschaft. Erste Staatsanwälte.

Name	Landgericht	LG.-Rats-Ernenn.	I.StA.-Ernenn.
1 Jaenicke Edmund Dr. (Gruppe A 1a)	München I (Dienstaufs.)	1. X. 18 Rg. 1. I. 10	1. XII. 29
2 Althön Ernst	Kaiserslautern	1. V. 15 Rg. 1. VII. 09	1. VII. 25 st.Dir. 1. VII. 24
3 Obermaier Anton	Bamberg	1. IV. 21	Rg. 15. VII. 19 16. VII. 24
4 Karch Johann	München I	Rg. 1. V. 12 1. VI. 20	1. XII. 21 16. IX. 27
5 Heuwieser Albert	Fürth	Rg. 16. V. 12 16. V. 20	1. XII. 21 16. XI. 24
6 Hoffmann Heinr.	München I	Rg. 16. XI. 12 12. V. 19 (StA.)	16. I. 22 1. VII. 25 26. X. 22

Name	Landgericht	LG.-Rats-Ernenn.	I. StA.-Ernenn.
7 Rebay von Ehrenwiesen Chlodwig	Bayreuth	1. X. 21 Rg. 1. XI. 13	16. VIII. 25 1. VII. 23
8 Fischer Joseph	Augsburg	1. IV. 21 Rg. 1. V. 15	1. VI. 25
9 Hermannseder Otto	Ansbach	1. IV. 21 Rg. 1. V. 15	1. I. 26 1. VII. 25
10 Leyendecker Aug.	Weiden	1. IV. 21 Rg. 1. III. 16	16. VIII. 25
11 Mittenzwei Johann	Deggendorf	16. IV. 22 Rg. 23. XII. 16	1. I. 26
12 Vetter Oskar	Landau	1. I. 26 Rg. 26. V. 19	1. IV. 28 1. I. 26
13 Keller Siegfr. Dr.	Frankenthal	1. X. 21 Rg. 31. XII. 18	1. IV. 27
14 Dittrich Hans	Hof	1. VIII. 20 Rg. 1. IV. 19	1. VII. 27
15 Weiss Max	Landshut	16. IX. 23 Rg. 5. IV. 17	1. XII. 27 1. VII. 27
16 Schumacher Karl	Aschaffenburg	1. II. 24 Rg. 22. IV. 19	1. XII. 27
17 Leimer Karl	Coburg	1. IV. 19	1. II. 28
18 Behr Albert Dr.	Straubing	1. VI. 23 Rg. 10. VI. 19	1. IV. 28
19 Kestel Heinrich	Neubg. a. D.	1. VII. 24 Rg. 1. V. 19	1. VI. 28
20 Meier Hans	Schweinfurt	16. VI. 24 Rg. 1. V. 19	1. XI. 28
21 Kellerer Christian	Traunstein	1. I. 24 Rg. 31. XII. 18	1. I. 29
22 Dresse Martin	Passau	16. XI. 24 Rg. 12. V. 19	1. I. 29
23 Stepp Herm. Dr.	Memmingen	16. VIII. 25 Rg. 12. V. 19	1. I. 29
24 Hempfling Martin	Würzburg	1. V. 25 Rg. 1. V. 20	1. I. 29
25 Schmeer Eugen	Zweibrücken	1. X. 21 Rg. 1. XI. 19	1. III. 29
26 Burdy Wilhelm	Regensburg	16. XI. 24 Rg. 23. VI. 19	1. IV. 29
27 Weber Josef Dr.	Eichstätt	1. V. 23 Rg. 23. VI. 19	1. IV. 29

Name	Landgericht	LG.-Rats-Ernenn.	I. StA.-Ernenn.
28 Wild Ludwig Dr.	Kempten	16. XII. 24 Rg. 1. X. 19	1. X. 29
29 Krick Wilhelm	Amberg	1. V. 25 Rg. 1. XII. 19	1. X. 29
30 Lersch Emil Dr.	München II	1. V. 24 Rg. 1. V. 19	1. XII. 29
31 Leeb Hugo Dr.	Nürnberg	1. VI. 25 Rg. 16. XI. 19	1. XII. 29

Zweite Staatsanwälte:

Bemerk.: Das eingeklammerte Datum betrifft die Ernennung zum AR. bzw. zum III. StA.

1 Schleip Jos. Dr. (16. VIII. 14 StA.)	Landau	1. Dez. 20
2 Jung Otto (1. VI. 19 StA.)	Frankenthal	1. Okt. 21
3 Eckhardt Sigmund (1. VI. 15 StA.)	München I	1. Mai 24
4 Ulrich Karl Dr. (1. VI. 18 StA.) Rg. 27. IV. 17	München II	1. Juli 24
5 Köhler Alfred Dr. (16. XI. 19 StA.)	Kaiserslautern	16. Sept. 24
6 März Theodor (1. X. 19)	Zweibrücken	16. Nov. 24
7 Altschüler Ferd. (1. X. 19)	Zweibrücken	"
8 Greiner Karl (1. X. 19)	Nürnberg	16. Dez. 24
9 Drescher Günther (22. IX. 19 StA.)	Nürnberg	1. Febr. 25
10 Graßl Anton (16. V. 20)	Passau	"
11 Meinzolt Friedr. (1. V. 19 StA.)	Augsburg	1. April 25
12 Lang Wilhelm (1. I. 20)	Frankenthal	1. Mai 25
13 Albert Otto (22. IV. 19 StA.)	Würzburg	"
14 Pfnür Mich. Dr. (1. V. 19 StA.)	Traunstein	"
15 Bretzel Karl (16. XI. 19 StA.)	Augsburg	"
16 Jochheim Georg Dr. (1. XII 19 StA.)	Nürnberg	1. Juni 25
17 Ament Paul Dr. (1. VI. 20 StA.)	Straubing	"
18 Heinrich Hans Dr. (16. IV. 20 StA.)	Nürnberg	1. Juli 25
19 Dahlsheimer Alfr. Dr. (1. II. 19 StA.)	München I	"
20 Bingold Karl Dr. (1. IV 20)	Straubing	"
21 Hösch Georg Dr. (16. VII. 20)	Bayreuth	"
22 Tisch Ed. Wilh. Dr. (1. I. 20 StA.)	Frankenthal	1. Aug. 25
23 Kummer Hans (22. IX. 19 StA.)	Kempten	16. Aug. 25
24 Braun Wilh. (1. IX. 19 StA.)	München I	1. Nov. 25
25 Roll Albert Dr. (1. X. 19 StA.)	München I	1. Nov. 25
26 Müller Karl (1. IX. 20 StA.)	München I	1. Jan. 26
27 Ehrl Wilhelm (10. VI. 19 StA.)	Fürth	1. März 26
28 Vollmann Hans Dr. (1. IX. 19 StA.)	München I	"
29 Beutner Georg Dr. (1. VI. 20 StA.)	München II	"
30 Bacharach Emil (1. V. 19 StA.)	Amberg	1. März 27
31 Held Max Dr. (1. VII. 19 StA.)	Passau	1. April 27
32 Walther Wilh. (1. I. 20 StA.)	Traunstein	"
33 Wirth Anton (1. X. 21 StA.)	München I	"
34 Kießner Herm. Dr. (1. V. 21)	München I	1 Mai 27
35 Schaefer August (21. XI. 19 StA.)	München I	1. Sept. 27

36 Weber Georg Dr. (1. IX. 20 StA.)	Nürnberg	1. Okt. 27
37 Ziegler Josef (1. XI. 19 StA.)	München I	"
38 Kast Otto Dr. (1. V. 19 StA.)	Nürnberg	1. Nov. 27
39 Niedermayr Bernh. Dr. (1. VII. 23 StA.)	Deggendorf	"
40 Utzmann Josef (1. II. 22)	Schweinfurt	1. Dez. 27
41 Seelos Karl (1. V. 24)	Würzburg	"
42 Schohl Theodor Dr. (1. V. 20 StA.)	Bayreuth	1. Jan. 28
43 Treier Albert Dr. (1. VIII. 22)	Schweinfurt	"
44 Seboldt Paul (1. I. 23)	Regensburg	16. März 28
45 Endres Theod. Karl (1. VII. 19 StA.)	München I	1. April 28
46 Keller Rudolf Dr. (1. V. 21)	Neuburg a. D.	"
47 Kahn Meier (1. I. 20 StA.)	Aschaffenburg	1. Mai 28
48 Königer Hans (1. VI. 19 StA.)	Nürnberg	1. Juni 28
49 Rotter Ludwig (14. VII. 19 StA.)	München I	"
50 Schneider Josef (1. X. 19 StA.)	München I	1 Juli 28
51 Menner Heinr. (1. IV. 21 StA.)	Amberg	1. Aug. 28
52 Ziegler Heinr. (21. VII. 19 StA.)	Weiden	"
53 Schulz Christoph Dr. (1. XI. 25)	Fürth	"
54 Zeitler Leo (1. II. 20 StA.)	Nürnberg	1. Sept. 28
55 Burger Walther (1. V. 20 StA).	München I	"
56 Weinkauff Herm. (1. XI. 23 StA. beurl.)	München I	1. Okt. 28
57 Castner Karl (1. V. 20 StA.)	München I	1. Nov. 28
58 Gipser Franz Dr., (1. VI. 22 StA. beurl.)	München I	"
59 Essinger Fritz Dr. (1. I. 26)	Ansbach	"
60 Lyon Franz (16. XI. 19 StA.	Nürnberg	1. Dez. 28
61 Rößner Wilhelm (1. V. 19 StA.)	München I	1. Jan. 29
62 Walther Hans (1. V. 20 StA.)	München I	"
63 Reiß Robert Dr. (16. X. 21 StA.)	Nürnberg	"
64 Willax Adalbert Dr. (1. III. 26)	Nürnberg	"
65 Hartmann Wilh. (16. VII. 22 StA.)	Augsburg	1. Febr. 29
66 Weinberger Karl (1. II. 20 StA.)	Würzburg	1. April 29
67 Pfeifer Hans Dr. (1. III. 26)	München I	"
68 Wehrl Heinrich (15. II. 26)	München II	"
69 Trautner Hans (1. V. 20 StA.)	Bamberg	"
70 Högner Wilh. Dr. (1. V. 20 StA.)	München I	"
71 Sturm Adalbert (1. IV. 20 StA.)	München I	1. Mai 29
72 Thoma Alfred (16. XI. 19 StA.)	Memmingen	1. Juni 29
73 Binder Fritz (16. V. 20 StA.)	Landshut	"
74 Schmitt Georg (1. X. 26)	Coburg	1. Juli 29
75 Thomas Fritz (1. V. 21 StA.)	Coburg	1. Aug. 29
76 Hegel Georg Dr. (1. V. 23 StA.)	München I	"
77 Hasenöder Josef Dr. (1. V. 23 StA.)	Eichstätt	1. Okt. 29
78 Bächler Rudolf (1. VI. 23 StA.)	Bamberg	"
79 Körbel Max (16. XI. 23 StA.)	Nürnberg	"
80 Merget Richard (1. VI. 24 StA.)	Zweibrücken	"
81 Holzinger Ernst Dr. (1. II. 25 StA.)	Kempten	"
82 Knoblach Franz Dr. (1. V. 25)	Hof	"
83 Auer Cornelius Dr. (1. VI. 25 StA.)	Nürnberg	"
84 Hebauer Otto (1. V. 26 StA.)	Regensburg	"
85 Schwiening Walter (1. VIII. 22 StA.)	München I	1. Dez. 29

Dritte Staatsanwälte:

1 Waltz Franz	Kaiserslautern	16. Dez. 26
2 Geropp Philipp Dr.	Landau	16. Aug. 27
3 Leopold Hans	Passau	1. Okt. 27
4 Rauh Hans Dr.	Regensburg	"

5	Joetze Werner	Amberg	1. Nov. 27
6	Decker von Max	Weiden	„
7	Groß Walter	Passau	1. Dez. 27
8	Denzler Leonh.	Nürnberg	„
9	Reber Erich Dr.	Würzburg	1. Jan. 28
10	Steffen Ernst Dr.	Fürth	„
11	Hoffmann Wilhelm	Bamberg	1. Febr. 28
12	Silberschmidt Benno	Schweinfurt	„
13	Müller Theodor	Neuburg a. D.	1. März 28
14	Joanni Karl	Ansbach	16. März 28
15	Matheis Karl Dr.	Zweibrücken	1. April 28
16	Hoehl Wilhelm Dr. (beurl.)	Coburg	„
17	Barth Heinrich	Frankenthal	1. Juni 29
		Rg.	1. April 28
18	Eschrich Hellmut	Ansbach	1. Mai 28
19	Schmitt Herm. Dr.	München I	„
20	Schmucker Hans	Nürnberg	„
21	Lichtenberger Gustav Dr.	Frankenthal	„
22	Hack Albert Dr.	Zweibrücken	„
23	Nörr Siegmund Dr.	München I	1. Juni 28
24	Kuhn Max Dr.	München I	„
25	Wachter Ludwig Dr.	Eichstätt	1. Juli 28
26	Bohm Werner Dr.	Traunstein	1. Aug. 28
27	Neumaier Alois Dr.	Nürnberg	„
28	Großer Ernst Dr.	Augsburg	„
29	Spiegel Armin	Würzburg	„
30	Retsch Georg Dr.	Nürnberg	„
31	Haffner Herm. Dr.	Landau	„
32	Hauck Adolf Dr.	Regensburg	„
33	Weisbrod Otto Dr.	Aschaffenburg	1. Sept. 28
34	Grobe Ludwig Dr.	München II	1. Dez. 28
35	Brückner Wilh.	Landshut	„
36	Haas Wilh. Dr.	Frankenthal (m. d. Dienstsitz in Ludwigshafen)	„
37	Seifert Friedr. Dr.	Landshut	1. Jan. 29
38	Kobler Franz Dr.	München I	1. April 29
		Rg.	1. Jan. 29
39	Eisert Georg Dr.	Fürth	1. Febr. 29
40	Reis Thomas Dr.	München II	„
41	Weidinger Karl Dr.	München I	„
42	Hegele Johann	Nürnberg	„
43	Schnabl Adolf Dr.	München I	1. Juli 29
		Rg.	16. März 29
44	Bachl Helmut Dr.	München I (der Kommission f. Verwaltgsvereinf. zugeteilt)	16. März 29
45	Krenzer Gustav	München I	16. März 29
46	Roemer Walter	München I	„
47	Malzer Heinrich	Nürnberg	1. April 29
48	Hahn Fritz Dr.	Kempten	„
49	Bechert Karl Dr.	München I	„
50	Keidel Theodor	München I	„
51	Schoch Hermann Dr.	München I	„
52	Fleischmann Josef	München II	16. April 29
53	Kuffer Ludwig	Augsburg	1. Mai 29
54	Elsäßer Sigmund Dr.	München I	„

55 Herrgen Rudolf	München I	1. Mai 29
56 Weißerth Georg Dr.	Memmingen	1. Juni 29
57 Metz Hans Dr.	Augsburg	1. Juli 29
58 Beierlein Karl	Nürnberg	"
59 Hauck Fritz Dr.	Aschaffenburg	"
60 Miethsam Wilhelm Dr.	München I	"
61 Schröder Bartholomäus	Nürnberg	1. Okt. 29
62 Zoller Hugo Dr.	Zweibrücken	"
63 Schlumprecht Karl	Deggendorf	"
64 Herold Kurt Dr.	Hof	"
65 Hagen Fritz Dr.	Kaiserslautern	"
66 Sauter Hans Dr.	Würzburg	"
67 Beßler Hans Bapt. Dr.	Traunstein	"

V. Liste.

Amtsgerichte.

a) Präsidenten.

(Der Vorstand des Amtsgerichts München).

1 Singer Albert, AR. in Auerbach 1. IX. 94; desgl. in Neuulm 1. VII. 95; LGR. in Schweinfurt 16. IX. 00; desgl. in Augsburg 15. II. 02; OAR. in München 1. VII. 06; LGR. in München I 1. VII. 10; stellv.Dir. in München I 1. V. 12; LGDir. das. 1. I. 20; Präs. des AG. München 1. IV. 24.

b) Amtsgerichtsdirektoren und Amtsgerichtsräte.

1. Amtsgerichtsdirektoren nach Gr. A 1 d der BesOrd. als dienstaufsichtführende Richter von Amtsgerichten mit Bezirken von über 100000 Einwohnern.

(Nürnberg, Augsburg, Ludwigshafen, Würzburg)

1 Morg Friedrich, AR. in Eichstätt 1. IX. 99; desgl. in Nürnberg 15. II. 02; LGR. in Weiden 16. X. 07; desgl. in Nürnberg 1. II. 11, T. u. Rg. e. OLGR. 5. IV. 17; stellv. Dir. in Nürnberg 1. I. 22; LGDir. das. 16. VII. 25; dienstaufsichtf. AGDir. das. 1. I. 27; T. u. Rg. e. Amtsg.-Präsidenten 1. VII. 27.

2 Zettler Ludwig, III. StA. in Aschaffenburg 16. XI. 00; AR. in München 1. IV. 04; II. StA. in Regensburg 1. I. 07; LGR. das. 1. I. 13; T. u. R. e. OLGR. 15. VII. 19; I. StA. in Regensburg 1. X. 21; StA. am OLG. Augsburg 1. X. 22; OLGR. das. 1. V. 26; dienstaufsichtf. AGDir. mit T. u. R. e. Amtsg.-Präsidenten in Augsburg 1. V. 28.

3 Frauenknecht Oskar, III. StA. in Regensburg 1. VII. 98; AR. in Nürnberg 16. XII. 99; II. StA. in Bamberg 1. III. 01; LGR. in Schweinfurt 16. XI. 05; desgl. in Nürnberg 1. II. 10; T. u. Rg. e. OLGR. 22. XII. 15; I. StA. in Eichstätt 1. VI. 18; AGDir. in Bayreuth 16. X. 19; dienstaufsichtf. AGDir. mit T. u. R. e. Amtsg.-Präsidenten in Würzburg 1. IV. 29.

4 Dexheimer Karl. AR. in Ludwigshafen 1. II. 99; T. u. Rg. e. OAR. 1. XI. 05; OAR. in Ludwigshafen 17. IV. 06; T. u. Rg. e. AGR. 23. XII 16; AGR. in Ludwigshafen 1. III. 20; Amtsbez. AGDir. 1. V. 24; dienstaufsichtf. AGDir. mit T. u. R. e. Amtsg.-Präsidenten in Ludwigshafen 1. IV. 29.

2. Amtsgerichtsdirektoren nach Gr. A 2a der BesOrd. als dienstaufsichtführende Richter von Amtsgerichten mit Bezirken von über 75000—100000 Einwohnern

(Fürth, Bamberg, Kaiserslautern, Regensburg)

und

Amtsgerichtsdirektoren nach Gr. A 2a der BesOrd. als Abteilungsvorstände bei Amtsgerichten mit Bezirken von über 100000 Einwohnern

(München, Nürnberg, Augsburg, Ludwigshafen, Würzburg).

5 Frank Albert, AR. in Vohenstrauß 17. IV. 06; desgl. in München I 1. X. 09; T. u. Rg. e. OAR. 21. XII. 17; OAR. in München 1. V. 19; T. u. Rg. e. AGR. 1. I. 21; AGR. das. 1 VII. 22; Amtsbez. AGDir. 1. V. 24; T. u. Rg. e. Amtsg.-Präsidenten 1. IX. 28.

6 Hirth Joseph, AR. in Hof 19. VI. 92; desgl. in Bamberg II 18. VI. 98; OAR. das. 3. XI. 99; LGR. in Bamberg 17. IV. 04; dienstaufsichtf. AGDir. das. 1. IV. 09.

7 Straßer Friedr., AR. in Deggendorf 16. IV. 95; desgl. in Rosenheim 16. III. 99; OAR. in Ebern 1. V. 01; desgl. in Reichenhall 1. XI. 04; LGR. in Bayreuth 1. II. 09; T. u. Rg. e. OLGR. 21. XII. 12; stv. Dir. in Fürth 1. VII. 15; dienstaufsichtf. AGDir. in Fürth 1. IV. 20.

8 Schuler Valentin, AR. in Karlstadt 1. X. 96; desgl. in Würzburg 16. XI. 99; LGR. in Würzburg 1. II. 03; T. u. R. e. OLGR. 24. XII. 13; AGR. in Würzburg 1. X. 22; Amtsbez. AGDir. 1. V. 24.

9 Ammann Heinr., III. StA. in Landshut 16. X. 92; AR. in Augsburg 1. XII. 93; desgl. in Illertissen 1. IV. 95; desgl. in Markt Oberdorf 16. XI. 98; OAR. in Augsburg 1. V. 01; T. u. Rg. e. AGR. 1. VIII. 15; AGR. das. 1. VII. 23; Amtsbez. AGDir. 1. V. 24.

10 Dimroth Gustav, III. StA. in München II 1. VII. 98; AR. das. 16. XI. 99; II. StA. in München I 16. VI. 01; OAR. in Starnberg 1. VII. 05; LGR. in München I 1. I. 12; T. u. Rg. e. OLGR. 22. XII. 15; AGR. in München 1. VII. 19; Amtsbez. AGDir. 1. V. 24.

11 Jacob Rudolf, AR. in Ludwigshafen 1. III. 99; T. u. Rg. e. OAR. 1. XI. 05; LGR. in Nürnberg 17. IV. 06; OAR. in Landstuhl 1. VIII. 13; T. u. Rg. e. AGR. 22. XII. 15; dienstaufsichtf. AGDir. in Kaiserslautern 1. III. 19.

12 Eppenauer Karl, AR. in Pfarrkirchen 1. I. 97; desgl. in München 1. V. 01; T. u. Rg. e. OAR. 1. III. 04; OAR. das. 1. IV. 05; T. u. Rg. e. AGR. 27. VII. 16; AGR. das. 16. X. 19; Amtsbez. AGDir. 1. V. 24.

13 Aufseß Freih. von u. zu Eckart, AR. im Uffenheim 1. VII. 99; desgleichen in Bayreuth 1. V. 03; OAR. in Scheinfeld 1. X. 07; desgleichen in Berchtesgaden 1. XII. 09; T. u. Rg. e. AGR. 5. IV. 17; AGDir. in München 1. IV. 29.

14 Rupprecht Karl, III. StA. in München II 16. XI. 99; AR. in München 1. VI. 01; II. StA. in München I 1. IV. 05; LGR. das. 1. II. 13; T. u. R. e. OLGR. 25. III. 18; OAR. m. T. u. Rg. e. AGR. in München 16. X. 19; AGR. das. 1. V. 20; Amtsbez. AGDir. 1. V. 24.

15 Schöller Alfred, AR. in Erding 16. IV 00; desgl. in Starnberg 1. IV. 03; T. u. Rg. e. OAR. 21. XII. 12; OAR. in Weißenhorn 1. II. 16; desgl. in Reichenhall 1. III. 21; T. u. Rg. e. AGR. 1. V. 22; dienstaufsichtf. AGDir. in Regensburg 1. IV. 29.

16 Schmidt Franz, III. StA. in München I 1. XII. 08; AR. in München 1. V. 10; II. StA. München I 1. VI. 19; LGR. München I 1. IV. 24; T. u. Rg. e. OLGR. 1. I. 25; AGRat mit Amtsbez. AGDir. AG. München 1. IV. 26.

17 Germann Valentin, AR. in Ludwigshafen 1. V. 03; T. u. Rg. e. OAR. 22. XII. 15; OAR. das. 1. IV. 20; T. u. Rg. e. AGR. 1. I. 26; AGDir. das. 1. VI. 29.

18 Distler Georg, AR. in Fürth 1. VI. 09; T. u. Rg. e. OAR. 1. I. 21; LGR. in Nürnberg 16. VI. 21; AGRat mit der Amtsbez. AGDir. das. 1. VI. 28.

3. Amtsgerichtsdirektoren nach Gr. A 2b der BesOrd. als dienstaufsichtführende Richter von Amtsgerichten mit Bezirken von über 40000—75000 Einwohnern

(Aschaffenburg, Pirmasens, Passau, Hof, Kempten, Schweinfurt, Neustadt a. H., Landshut, Ingolstadt, Bayreuth, Zweibrücken, Frankenthal, Speyer, Rosenheim, Traunstein, Straubing, Amberg, Landau i. d. Pfalz, Coburg, Erlangen, Ansbach, Weilheim, Kronach)

und

Amtsgerichtsdirektoren nach Gr. A 2b der BesOrd. als Abteilungsvorstände bei Amtsgerichten mit Bezirken von über 75000—100000 Einwohnern

(Fürth, Bamberg, Kaiserslautern, Regensburg).

19 Leiendecker August, III. StA. in Schweinfurt 1. III. 92; AR. in Forchheim 16. III. 93; desgl. in Nürnberg 1. V. 96; II. StA. in München I 16. V. 97; LGR. das. 16. XI. 99; AGR. in München 1. I. 10. AGDir. in Landshut 1. VI. 16.

20 Gschrey Felix, AR. in Baunach 1. V. 93; desgl. in Donauwörth 1. IV. 97; OAR. in Kastl 16. XI. 99; desgl. in Weiden 1. II. 05; T. u. R. e. AGR. 21. XII. 12; AGDir. in Ingolstadt 1. XI. 18.

21 Först Max, AR. in Ingolstadt 1. XII. 93; desgl. in Forchheim 1. III. 99; OAR. in Berneck 16. XI. 99; desgl. in Erlangen 1. XII. 07; T. u. Rg. e. AGR. 21. XII. 12; AGDir. das. 1. IV. 20.

22 Nonweiler Max, AR. in Ludwigshafen 1. VII. 95; OAR. in Kusel 1. III. 99; T. u. Rg. e. AGR. 19. III. 13; AGDir. in Zweibrücken 1. XI. 26.

23 Forster Matthias, AR. in Tirschenreuth 1. II. 96; LGR. in Weiden 1. I. 02; T. u. Rg. e. OLGR. 22. VII. 13; stv. Dir. in Hof 1. III. 16; AGDir. das. 1. IV. 19.

24 Leiß Ludwig, AR. in Hof 1. III. 96; desgl. in Nürnberg 1. VII. 99; LGR. in Deggendorf 15. II. 02; T. u. Rg. e. OLGR. 22. VII. 13; stellv. Dir. in Amberg 1. IV. 16; AGDir. in Passau 1. I. 18.

25 Zeis Heinrich, AR. in Wertingen 1. X. 92; desgl. in Rosenheim 16. V. 96; OAR. das. 1. I. 00; T. u. Rg. e. AGR. 24. XII. 13; AGDir. das. 1. V. 14.

26 Webler Philipp Jakob Dr., AR. in Grünstadt 1. X. 98; LGR. in Zweibrücken 1. XI. 02; T. u. Rg. e. OLGR. 24. XII. 13; AGDir. in Speyer 1. VI. 17; desgl. in Neustadt a. H. 16. X. 18.

27 Zunhammer August, AR. in Altötting 16. XI. 97; II. StA. in Deggendorf 1. X. 01; LGR. das. 16. IV. 04; desgl. in Weiden 1. X. 04; T. u. Rg. e. OLGR. 1. VIII. 15; AGDir. in Schweinfurt 1. X. 20.

28 Stoer Friedrich, AR. in Werneck 1. VI. 98; desgl. in Ansbach 16. VIII. 99; LGR. in Fürth 1. IV. 05; desgl. in Ansbach 1. IV. 07; OAR. das. 1. II. 09; T. u. Rg. e. AGR. 22. XII. 15; AGDir. das. 1. VI. 18.

29 Marggraf Hermann, AR. in Wolfratshausen 16. III. 97; OAR. in Cham 1. IX. 01; desgl. in Wolfratshausen 1. XI. 04; T. u. Rg. e. AGR. 27. VII. 16; AGDir. in Weilheim 1. II. 25.
30 Stölzle Gottfried Dr., AR. in Nürnberg 16. V. 97; desgl. in Kempten 1. VII. 99; T. u. Rg. e. OAR. 18. XI. 04; OAR. das. 1. X. 05; T. u. Rg. e. AGR. 23. XII. 16; AGDir. das. 1. XI. 23.
31 Chlingensperg auf Berg von Max, III. StA. in Bamberg 16. IV. 99; AR. in Bamberg 1. IV. 00; II. StA. in Aschaffenburg 15. II. 02; LGR. in Bayreuth 1. II. 07; desgl. in Kempten 16. III. 15; T. u. R. e. OLGR. 23. XII. 16; stellv. Dir. in Traunstein 1. I. 25; AGDir. das. 1. XI. 28.
32 Petri Ernst, AR. in Germersheim 1. V. 99; OAR. in Waldmohr 1. X. 07; desgl. in Zweibrücken 1. XII. 08; T. u. Rg. e. AGR. 21. XII. 17; vers. AG. Edenkoben 1. I. 20; AGDir. in Speyer 1. VI. 25.
33 Netzsch Georg, AR. in Fürth 1. I. 00; II. StA. in Aschaffenburg 1. II. 07; OAR. in Reichenhall 1. V. 12; T. u. Rg. e. AGR. 25. III. 18; LGR. m. T. u. R. e. OLGR. in Augsburg 1. XI. 18; stellv. Dir. das. 1. I. 22; AGDir. in Aschaffenburg 1. IV. 25.
34 Kolb Friedrich, III. StA. in Straubing 16. XII. 00; AR. in Passau 16. V. 04; II. StA. in Frankenthal 16. XI. 06; LGR. das. 1. I. 13; T. u. R. e. OLGR. 15. VII. 19; stellv. Dir. in Frankenthal 1. X. 21; AGDir. das. 1. XII. 25.
35 Waldmann Ludwig, AR. in Kaiserslautern 1. I. 00; OAR. in Waldmohr 1. IV. 10; T. u. R. e. AGR. 1. IV. 20; AGDir. in Pirmasens 1. I. 28.
36 Stoll Hermann Dr., AR. in Waltershausen 1. IV. 01; II. StA. in Gotha 1. X. 06; AR. in Coburg 1. IV. 08; Tit. AGR. 19. VII. 11; AGDir. in Coburg 1. IV. 20.
37 Speth Rudolf, AR. in Osterhofen 1. V. 00; T. u. Rg. e. OAR. 21. XII. 12; OAR. in Pfarrkirchen 1. II. 13; T. u. Rg. e. AGR. 1. V. 22; versetzt AG. Dingolfing 1. VII. 27; AGDir. in Amberg 1. I. 29.
38 Goerz Ludwig, AR. in Amberg 1. VI. 00; desgl. in Bamberg 16. VII. 03; T. u. Rg. e. OAR. 21. XII. 12; LGR. in Bamberg 1. XII. 14; T. u. Rg. e. OLGR. 1. VII. 22; AGDir. in Landau i. Pf. 1. X. 29.
39 Ferling Alfred, AR. in Kelheim 1. IX. 02; desgl. in Bamberg 1. X. 06; II. StA. in Neuburg a. D. 15. II. 14; LGR. in Neuburg a. D. 1. VI. 20; desgl. in Coburg 1. IV. 21; T. u. Rg. e. OLGR. 16. XII. 23; AGDir. in Bayreuth 1. V. 29.
40 Fumian Edmund, AR. in Vilsbiburg 1. IV. 04; desgl. in Straubing 1. XII. 07; T. u. Rg. e. OAR. 27. VII. 16; II. StA. in Straubing 1. IV. 19; LGR. das. 1. VII. 25; I. StA. das. 1. II. 26; AGDir. daselbst 16. III. 28.

4. Die mit Landtagsbeschluß vom 16. Dez. 1921 bewilligten

Amtsgerichtsdirektoren und Amtsgerichtsräte.

— Sämtliche für ihre Person in der BesGr. A 2a. —

41 Link Johann, AR. in Bischofsheim 1. IV. 94; desgl. in Miltenberg 1. IV. 96; OAR. in Aub 16. V. 00; desgl. in Stadtamhof 16. IX. 09; T. u. Rg. e. AGR. 24. XII. 13; AGDir. das. 1. X. 23.
42 Ebert Heinr., AR. in Fürth 1. II. 93; OAR. das. 1. I. 00; T. u. Rg. e. AGR. 7. IV. 14; AGR. das. 1. IV. 20.

43 Hueb Max v., AR. in Freyung 16. VII. 94; desgl. in Simbach 1. II. 97; OAR. in Dingolfing 16. VII. 00; desgl. in Straubing 1. I. 07; T. u. Rg. e. AGR. 7. IV. 14; AGR. das. 1. IV. 20.
44 Kugler Herm., AR. in Freising 16. VII. 94; OAR. in Neuburg 1. X. 00; desgl. in Memmingen 1. VII. 10; T. u. Rg. e. AGR. 7. IV. 14; AGDir. das. 1. IV. 20.
45 Brandl Georg, AR. in Türkheim 16. VII. 90; desgl. in Passau 1. V. 95; desgl. in Kronach 1. XII. 98; OAR. in Würzburg 15. II. 01; T. u. Rg. e. AGR. 1. VIII. 15; AGR. das. 16. XI. 21.
46 Mandel Michael, AR. in Marktheidenfeld 16. V. 98; desgl. in Würzburg 1. X. 01; LGR. in Frankenthal 16. IV. 04; desgl. in Würzburg 1. VII. 10; T. u. Rg. e. OLGR. 1. VIII. 15; AGR. in Würzburg 1. IV. 25.
47 Bubb Franz, AR. in Thiersheim 16. V. 98; desgl. in Ochsenfurt 15. II. 00; OAR. in Pottenstein 16. VII. 05; LGR. in Weiden 1. VIII. 12; T. u. Rg. e. OLGR. 22. XII. 15; stellv. Dir. in Weiden 1. XI. 20; LandgDir. das. 1. VI. 25; AGRat in Würzburg 1. I. 28.
48 Sauer Friedrich, AR. in Kitzingen 1. V. 99; II. StA. in Memmingen 15. II. 02; LGR. in Neuburg a. D. 1. III. 07; desgl. in Würzburg 1. VI. 09; T. u. Rg. e. OLGR. 23. XII. 16; AGR. in Würzburg 1. V. 25.
49 Reichart Joseph Dr., AR. in Karlstadt 8. V. 99; desgl. in Würzburg 1. IV. 04; LGR. in Kaiserslautern 1. V. 07; desgl. in München I 1. I. 13; T. u. Rg. e. OLGR. 5. IV. 17; AGDir. in Freising 16. XI. 24.
50 Frank August, III. StA. in Neuburg 1. I. 01; AR. in Schrobenhausen 1. XI. 04; II. StA. in Hof 1. III. 07; desgl. in Augsburg 1. X. 09; LGR. München I 1. V. 19; T. u. Rg. e. OLGR. 15. VII. 19; AGRat in München 1. III. 26.
51 Bolkart Anton, AR. in Krumbach 16. XI. 99; OAR. in Wiesentheid 1. VIII. 09; desgl. in Deggendorf 16. XII. 13; T. u. Rg. e. AGR. 1. I. 20; AGDir. in Deggendorf 1. X. 27.

c) Oberamtsrichter.

Mit dem Titel und Rang eines Amtsgerichtsrats.

1	Goppelt Joh. Veit 90 VIII	(21.XII.12)	Nördlingen	1. Nov. 98
2	Ehrnsperger Lh. 92 X	(22.VII.13)	Günzburg	16. Nov. 99
3	Radler Al. 93 III	„	Mitterfels	„
4	Moser Anton 93 VIII	(24.XII.13)	Mindelheim	„
5	Engel Philipp 93 XII	„	Erding	„
6	Wernz Theob. 93 VI	„	Hersbruck	1. Jan. 00
7	Pamler Franz 92 XI	„	Altötting	1. März 00
8	Kreß Karl 94 IX	(7.IV.14)	Burghausen	1. Dez. 00
9	Schmidt Heinr. 94 XI	(1.VIII.15)	Lauf	1. Jan. 01
10	Lösti Karl 95 I	„	Wörth	1. Febr. 01
11	de l'Espine Max 95 III	„	Münnerstadt	1. Mai 01
12	Schöller Wilh. 95 I	(22. XII. 15)	Schongau	16. Juli 01
13	Wittstadt Joseph 95 IV	„	Memmingen	1. Okt. 01
14	Schauer Max Joseph 95 VI	„	Obernburg	„
15	Neubert Franz 95 VI	„	Lichtenfels	1. Nov. 01
16	Pasquay Ernst 96 IV	„	Lindau	16. Juli 02
17	Niemes Heinr. 98 IX	(27.VII.16)	Dahn	1. März 03
18	Eichhorn Jos. 97 IV	„	Scheßlitz	16. März 03
19	Wackenreuder K. 97 III	„	Dettelbach	1. Juli 03

20	Attenberger Hnr.	96 XI	(27.VII.16)	Mühldorf	1. Okt. 03
21	Weber Karl Alfr.	97 V	„	Staffelstein	1. Jan. 04
22	Kößler Bapt.	96 XI	„	München	1. April 05
				Rg.	1. März 04
23	Syller Walther	97 IX	(23. XII. 16)	Neumarkt Opf.	16. Okt. 04
24	Maier Mich.	97 X	„	Ebern	1. Nov. 04
25	Altstetter Ludw.	98 III	„	Cham	„
26	Weber Franz	98 III	„	Haßfurt	16. Nov. 04
27	Neidert Ludwig	98 III	„	Kipfenberg	1. Dez. 04
28	Düll Johann	98 III	„	Kronach	16. Jan. 05
29	Späth Michael	98 III	„	Kelheim	1. Febr. 05
30	Eder Stephan	98 III	„	Würzburg	17. April 06
				Rg.	1. Juli 05
31	Stadler Frz. Xav.	98 X	„	Wertingen	17. April 06
				Rg.	1. Okt. 05
32	Mayr Richard	98 I	„	Schwandorf	1. April 06
33	Böhngen Ernst	98 VIII	„	Dachau	1. Juni 06
34	Laufer Heinrich	98 XI	(5.IV.17)	Neustadt a. S.	1. Okt. 06
35	Dorsch Johann Bapt.	98 XI	„	Hammelburg	1. Jan. 07
36	Traßl Ludwig	99 IV	„	Buchloe	1. März 07
37	Lober August	97 VI	„	Ellingen	16. Okt. 12
				Rg.	1. April 07
38	Frech Friedr.	99 II	„	Dorfen	1. April 07
39	Wagner Joseph	99 III	„	Kötzting	1. Mai 07
40	Fabricius Wilh.	99 V	„	Kandel	1. Okt. 07
41	Sommer Emil	99 VII	„	Eichstätt	„
42	Stangl Kosmas	99 VII	„	Würzburg	„
43	Jungkunz Friedrich	99 V	„	Berneck	1. Dez. 07
44	Daubenmerkl Joh.	96 VII	(21.XII.17)	Neukirchen	1. Juni 02
45	Feiertag Karl	99 VI	„	Winnweiler	1. Mai 08
46	Knussert Rud.	99 IX	„	Oettingen	1. Juli 08
47	Hoffmann Ludw. Dr.	99 XI	„	Landshut	1. Febr. 11
				LGR.	16. Juli 08
48	Wedermann Konrad	98 XII	„	Nürnberg	1. Okt. 08
49	Dürrbeck Hans	96 IV	(15.VII.19)	Kirchenlamitz	16. Nov. 02
50	Rauch Karl	99 V	„	Obergünzburg	1. Dez. 07
51	Maier August (StA.)	00 VII	„	Augsburg	1. Okt. 21
				LGR.	1. Jan. 09 (Rg.)
				II. StA.	1. Okt. 06
52	Amberger Mich.	99 XI	„	Eggenfelden	1. April 09
53	Baunach Joseph	99 XI	„	Aschaffenburg	1. Juli 09
54	Gerheuser Ludw.	99 XI	„	Ottobeuren	„
55	Lammerer Ad.	99 XI	„	Mallersdorf	16. Juli 09
56	Fellner Johann	99 XI	(1.I.20)	Osterhofen	1. Aug. 09
57	Höllerer Heinrich	99 XI	„	Markt-Erlbach	„
58	Drexel Andreas	99 XI	(1. IV. 20)	Vilshofen	1. Okt. 09
59	Hochkirch Georg	99 XI	„	Aibling	1. Dez. 09
60	Yberle Ludwig	99 XI	„	Babenhausen	„
61	Höhn Ludwig	99 XI	„	Roth	1. Jan. 10
62	Bayerlein Adam	00 I	„	Tegernsee	„
63	Meisinger Joseph	00 I	„	Friedberg	1. Febr. 10
64	Pfirmann Friedr.	01 IV	„	Marktheidenfeld	16. Okt. 19
				II. StA.	1. Mai 10

65	Bühling Karl 99 XI	(1. I. 21)	Regenstauf	1. Juni 12
			Rg.	12. März 11
66	Seßler Wilhelm 99 XI	„	Pottenstein	16. Aug. 12
			Rg.	12. März 11
67	Ratz Edmund 99 XI	„	Beilngries	1. Aug. 12
			Rg.	12. März 11
68	Hepp Heinrich 00 I	„	Ochsenfurt	1. Aug. 13
			Rg.	12. März 11
69	Meyer Georg Alb. 00 I	„	Marktbreit	16. März 13
			Rg.	12. März 11
70	Vogler August 00 I	„	Waldkirchen	1. Mai 13
			Rg.	12. März 11
71	Roth Otto 00 I	„	Nürnberg	1. April 20
			Rg.	12. März 11
72	Martin Richard 00 I	„	Krumbach	16. Mai 11
73	Peter Heinrich 00 I	(1. XII. 21)	Freyung	16. Juli 12
			LGR.	1. Jan. 12
74	Strigl Jos. 00 I	„	Nabburg	16. Mai 12
			Rg.	1. Jan. 12
75	Bayerl Alois 00 II	„	Stadtsteinach	1. Juli 13
			Rg.	1. Jan. 12
76	Halenke Balthasar 00 XI	(16. I. 22)	München	1. Jan. 13
			II. StA.	1. April 10
77	Stadlbaur Joseph 00 I	(1. IV. 22)	Rotthalmünster	1. April 22
			Rg.	21. Dez. 12
78	Keller Joseph 00 II	(1. V. 22)	Rottenburg	1. Mai 13
			Rg.	21. Dez. 12
79	Krieger Hermann 00 VI	„	Wolfratshausen	1. Juni 13
			Rg.	21. Dez. 12
80	Drechsler Otto 00 VI	(1. XII. 22)	Hemau	1. Sept. 13
			Rg.	21. Dez. 12
81	Kirchner Friedrich 99 V	(16. XII. 22)	Starnberg	1. April 20
			Rg.	12. März 11
82	Findeiß Julius 00 V	„	Markt-Erlbach	1. April 20
			Rg.	21. Dez. 12
83	Meißner Ernst 00 VII	„	Neustadt WN.	15. Febr. 14
			Rg.	21. Dez. 12
84	Härtlein Eduard 00 VII	„	Dinkelsbühl	1. Nov. 13
			Rg.	21. Dez. 12
85	Griebe Frz. Gg. 00 VII	„	Edenkoben	1. Dez. 14
			Rg.	21. Dez. 12
86	Geßler Heinrich 00 XI	„	Türkheim	1. Okt. 15
			Rg.	21. Dez. 12
87	Paulus Georg 00 XI	„	Fürth	1. April 20
			Rg.	21. Dez. 12
88	Fuchs Heinrich 01 I	„	Fürth	1. April 20
			Rg.	19. März 13

89	Hauth Jakob 01 I	(16. XII. 22)	Bamberg		1. Mai 22
				LGR.	1. Mai 16
				Rg.	19. März 13
90	Fronmüller Gg. 01 I	„	Nürnberg		1. April 20
				Rg.	19. März 13
91	Valta Herm. von 01 II	„	Garmisch		1. April 20
				II. StA.	1. Juni 13
92	Mainzer August Dr. 01 II	„	Bamberg		1. April 20
				Rg.	22. Juli 13
93	Schauer Eugen 01 II	„	Eltmann		1. Nov. 15
				Rg.	22. Juli 13
94	Motzel Oskar 01 II	„	Dillingen		1. April 15
				Rg.	22. Juli 13
95	Klein Wilhelm 01 III	„	Nürnberg		1. April 20
				Rg.	22. Juli 13
96	Cammerloher Heinr., Ritter u. Edler von 01 IV	„	Höchstädt a. D.		1. Juli 15
				Rg.	22. Juli 13
97	Fischer Hans 01 IV	„	Kitzingen		1. Juli 15
				Rg.	22. Juli 13
98	Schineis Karl 01 V	(16. XII. 23)	Trostberg		1. Mai 15
				Rg.	24. Dez. 13
99	Will Gustav 01 V	„	Arnstein		1. Jan. 16
				Rg.	24. Dez. 13
100	Simon Kuno 01 V	„	Burglengenfeld		1. Jan. 19
				Rg.	24. Dez. 13
101	Jäger Ernst Dr. 01 VI StA.	„	Pfaffenhofen		1. April 20
				Rg.	24. Dez. 13
102	Zahler Friedrich 01 VII	„	Würzburg		1. April 20
				Rg.	24. Dez. 13
103	Rammensee Herm. 01 VII	„	Stadtamhof		1. April 20
				Rg.	24. Dez. 13
104	Sperr Joh. Adolf 01 VII	„	Schwabach		1. April 29
				LGR.	1. Mai 15
				Rg.	24. Dez. 13
105	Hahn Karl 01 VIII	„	Rosenheim		1. April 20
				Rg.	24. Dez. 13
106	Meßenzehl Jakob 01 XI	„	Hengersberg		1. April 19
				Rg.	24. Dez. 13
107	Cullmann Wilhelm 01 XI	„	Hollfeld		1. Febr. 18
				Rg.	24. Dez. 13
108	Albertus Joseph 01 XI	„	Berchtesgaden		1. April 20
				Rg.	24. Dez. 13
109	Hauer Hans 01 XI	„	Gerolzhofen		1. Okt. 18
				Rg.	24. Dez. 13
110	Jenette Friedrich 01 XI	„	Pappenheim		16. Sept. 16
				Rg.	24. Dez. 13

111	Kümmel Frz. 02 I	(1. VII. 24)	Karlstadt	1. Nov. 18	Rg. 7. April 14
112	Mändl Peter Dr. 02 I	„	Augsburg	1. April 20	Rg. 7. April 14
113	Baum Georg 02 II	„	Ansbach	1. April 20	Rg. 7. April 14
114	Küspert Ottmar 02 II	„	Gemünden	1. Nov. 18	Rg. 7. April 14
115	Leikert Friedr. 02 II	„	Aub	16. April 17	Rg. 7. April 14
116	Schedel August 00 I	(1. I. 25)	Würzburg	1. April 20	Rg. 1. Juli 11
117	Fleischmann Georg 00 I	„	Mellrichstadt	1. Juni 12	Rg. 1. Jan. 12
118	Full Wilhelm 02 II	„	Traunstein	1. April 20	Rg. 7. April 14
119	Jäcklein Johann 02 II	„	Weil.-Lindenbg.	1. Febr. 17	Rg. 7. April 14
120	Baer Ernst 02 II	„	Fürth	1. April 20	Rg. 7. April 14
121	Kiendl August 02 II	„	Starnberg	1. April 19	Rg. 7. April 14
122	Medicus Karl 01 V	(1. I. 26)	Weismain	1. April 20	Rg. 24. Dez. 13
123	Zahn Fedor 02 II	„	Erlangen	1. April 20	Rg. 7. April 14
124	Seyboth Johann 02 III	„	Neustadt a. A.	1. Juli 19	Rg. 1. Aug. 15
125	Eichenlaub Wilhelm 02 III	„	Bergzabern	1. Febr. 20	Rg. 1. Aug. 15
126	Hörnig Hugo 02 IV	„	Amorbach	1. Juni 18	Rg. 1. Aug. 15
127	Zerrmeyer Franz 02 IV	„	Miesbach	1. April 19	Rg. 1. Aug. 15
128	Schatte Ludwig Frhr. v. 02 IV	„	Simbach	16. Mai 17	Rg. 1. Aug. 15
129	Kerscher Sebastian 02 V	„	Dingolfing	1. April 20	Rg. 1. Aug. 15
130	Bozenmayer Emil 02 V	„	Neu-Ulm	1. April 20	Rg. 1. Aug. 15
131	Wimmer Heinrich 02 VII	„	Wunsiedel	1. Febr. 20	Rg. 1. Aug. 15
132	Ritter Karl 02 VII	„	Eschenbach	1. April 19	Rg. 1. Aug. 15
133	Baur Wilhelm 02 VII	„	Speyer	1. Jan. 17	Rg. 1. Aug. 15
134	Schmitt Heinrich 02 VII	„	Rockenhausen	16. Mai 17	Rg. 1. Aug. 15

135	Born Eugen 02 IX	(1.1.26)	Homburg	1. Jan. 18
			Rg.	22. Dez. 15
136	Varga Arthur 02 XI	„	Haag	1. April 20
			Rg.	22. Dez. 15
137	Remmler Ignaz 02 XI	„	Herrieden	1. April 20
			Rg.	22. Dez. 15
138	Hofmann Johann 02 XI	„	Abensberg	1. April 20
			Rg.	22. Dez. 15
139	Sauer Karl 02 XI	„	Lohr	1. April 20
			Rg.	22. Dez. 15
140	Detzel Primian 03 II	„	Cham	1. April 20
			Rg.	22. Dez. 15
141	ReitzensteinHnr. Frh. v. 03 III	„	Ebermannstadt	1. April 20
			Rg.	22. Dez. 15
142	Riesch Ludwig 03 III	„	Otterberg	1. Jan. 20
			Rg.	22. Dez. 15
143	Nehb Johannes 03 III	„	Wolfstein	1. April 20
			Rg.	22. Dez. 15
144	Jaecklein Gottfried 03 IV	„	Weismain	1. April 20
			Rg.	22. Dez. 15
145	Kirchner Christian 03 V	„	Lauf	1. April 20
			Rg.	22. Dez 15
146	Heuner August 03 V (StA.)	„	Ebersberg	16. Juni 23
			LGR.	16. März 20
			Rg.	22. Dez. 15
147	Heinlein Joseph 00 IX	(1. VII. 26)	Neu-Ulm	1. April 20
			Rg.	21. Dez. 12
148	Brucker Heinrich 03 VII	„	Kissingen	1. April 21
			Rg.	27. Juli 16
149	Blanck Ernst 03 VII	„	Roth	1. April 21
			Rg.	27. Juli 16
150	Albrecht Karl 03 VIII	„	Auerbach	1. Juni 20
			Rg.	27. Juli 16
151	Fakler Hans 03 X	„	Eichstätt	1. April 21
			Rg.	27. Juli 16
152	Englert Joseph 04 II	„	Brückenau	1. Jan. 21
			Rg.	27. Juli 16
153	Döderlein Otto 04 III	„	Rehau	16. Okt. 21
			Rg.	27. Juli 16
154	Horn Hermann Dr. 04 III	„	Bamberg	1. April 21
			Rg.	27. Juli 16
155	Westermayer August 04 IV	„	Geisenfeld	1. April 21
			Rg.	27. Juli 16
156	Krieger Alfred 04 IV	„	Kempten	1. April 21
			Rg.	27. Juli 16
157	Wüst August 04 V	„	Zweibrücken	1. Juni 21
			Rg.	27. Juli 16

158	Schopp Benno 04 V	(1.VII.26)	Illertissen	1. April 21	Rg. 27. Juli 16
159	Henrich Friedrich 04 IV	(1. I. 27)	Grünstadt	1. April 21	Rg. 27. Juli 16
160	Röthe Max 04 X	„	Neustadt a. A.	1. April 21	Rg. 23. Dez. 16
161	Spengelin Friedr. 04 XI (StA.)	„	Kempten	1. April 21	Rg. 23. Dez. 16
162	Seubert Franz 04 XI	„	Zusmarshausen	1. April 21	Rg. 23. Dez. 16
163	Roth Valentin 04 XI	„	Aschaffenburg	1. April 21	Rg. 23. Dez. 16
164	Fischer Friedrich 04 XI	„	Ingolstadt	1. April 21	Rg. 23. Dez. 16
165	Sack Friedrich 04 XII	„	Bischofsheim	1. Mai 21	Rg. 23. Dez. 16
166	Freundlich Arthur Dr. 05 I	„	Augsburg	1. April 21	Rg. 23. Dez. 16
167	Schnizlein Wilhelm 05 I	„	Heilsbronn	1. April 22	Rg. 23. Dez. 16
168	Schmidt Moritz 05 I	„	Uffenheim	1. Febr. 22	Rg. 23. Dez. 16
169	Simon Heinrich Dr. 05 I	„	St. Ingbert	1. April 20	Rg. 23. Dez. 16
170	Kaestel Otto 05 I	„	Kirchheimbolanden	1. Juli 22	Rg. 23. Dez. 16
171	Hofbauer Ludwig 05 I	„	Nürnberg	1. April 22	Rg. 23. Dez. 16
172	Ade Martin 05 II	„	Straubing	1. April 22	Rg. 23. Dez. 16
173	Schmitt Anton 05 III	„	Fürstenfeldbruck	1. April 22	Rg. 23. Dez. 16
174	Sackerer Ludwig 05 IV	„	Freising	1. April 22	Rg. 23. Dez. 26
175	Hecker Friedrich 05 V	„	Augsburg	1. April 22	Rg. 23 Dez. 16
176	Sauer Karl 03 II	(1. VII. 27)	Greding	1. Aug. 20	Rg. 22. Dez. 15
177	Schmidtill Georg 05 VI	„	Krumbach	1. April 22	Rg. 5. April 17
178	Wolff Friedrich 05 VI	„	Neustadt a. H.	1. April 22	Rg. 5. April 17
179	Hottner Ludwig 05 VII	„	München	1. April 21	Rg. 5. April 17
180	Schaller Ernst 05 X	„	Berneck	1. April 22	Rg. 5. April 17

181	Wohlfart Johann 05 X	(1.VII.27)	Kempten	1. April 22	Rg. 5. April 17
182	Trendel August Dr. 05 X	„	Regensburg	1. Jan. 22	Rg. 5. April 17
183	Scheuring Kaspar 05 X	„	Scheinfeld	1. April 21	Rg. 5. April 17
184	Wolpert Franz 05 X (StA.)	„	Wolfratshausen	1. Juni 22	Rg. 5. April 17
185	Lehmann Christian 05 XI	„	Neustadt a. H.	1. April 22	Rg. 5. April 17
186	Leonrod Friedr. Frhr. v. 05 XI	„	München	1. April 21	Rg. 5. April 17
187	Gebhard Ludwig 05 XII	„	Rain	1. April 22	Rg. 5. April 17
188	Pillmayr Eugen 99 XI	(1.I.28)	Oberviechtach	1. April 19	Rg. 21. Dez. 17
189	Reuter Anton 02 IX	„	Thiersheim	16. Mai 20	Rg. 21. Dez. 17
190	Brückner Kaspar 04 XI	„	Straubing	1. Juni 21	Rg. 21. Dez. 17
191	Schlier Alwin 05 VI	„	Dillingen	1. April 22	Rg. 21. Dez. 17
192	Laturner Gottfried 06 II	„	Traunstein	1. April 22	Rg. 21. Dez. 17
193	Deigendesch Anton 06 II	„	Cham	1. April 22	Rg. 21. Dez. 17
194	Scheuermann Karl 06 II	„	Klingenberg	1. April 22	Rg. 21. Dez. 17
195	Rehm Theodor 06 IV	„	Rottenburg	1. April 22	Rg. 21. Dez. 17
196	Kapperer Otto 06 IV	„	Roding	1. April 22	Rg. 21. Dez. 17
197	Zahn Karl 06 IV (StA.)	„	Pirmasens	1. April 21	Rg. 21. Dez. 17
198	Braun Ernst 06 IV	„	Monheim	1. Mai 22	Rg. 21. Dez. 17
199	Moll Friedrich 06 IV	„	Wasserburg	16. Jan. 22	Rg. 21. Dez. 17
200	Hesselberger Joseph 06 IV	„	Nürnberg	1. April 21	Rg. 21. Dez. 17
201	Miller Max 06 IV	„	Rosenheim	1. April 22	Rg. 21. Dez. 17
202	Orth Karl 06 V	„	Dürkheim	1. April 22	Rg. 21. Dez. 17
203	Winkler Joseph 06 V	„	Traunstein	1. April 22	Rg. 21. Dez. 17

Übrige Oberamtsrichter:

204	Apel Viktor 1. II. 04	Lichtenfels	1. April 20	Rg.	19. Juli 15
205	Leuchtweis Friedrich 1. XII. 02	Klingenberg	1. April 20	Rg.	22. Dez. 15
206	Frey Gustav 1. VI. 06	Ingolstadt	1. Okt. 22	Rg.	25. März 18
207	Schmauß Gottfr. 1. VI. 06	Augsburg	1. April 21	Rg.	25. März 18
208	Baldauf Xaver 1. VI. 06	Neumarkt a. R.	1. April 22	Rg.	25. März 18
209	Mangold Karl 1. VI. 06	Erlangen	1. Juni 21	Rg.	25. März 18
210	Eckenweber Otto 1. VI. 06	Memmingen	1. April 21	Rg.	25. März 18
211	Schmelz Franz 1. VII. 06	Uffenheim	1. Jan. 23	Rg.	25. März 18
212	Nida Jakob 1. VIII. 06	Landau i. Pf.	1. April 22	Rg.	25. März 18
213	Kriener Wilhelm Dr. 1. VIII. 06	München	1. April 22	Rg.	25. März 18
214	Breitling Ludwig 1. IX. 06	München	1. Juli 23	Rg.	25. März 18
215	Gollwitz Friedrich 1. X. 06	Münchberg	1. Mai 24	Rg.	31. Dez. 18
216	Scheder Max 16. X. 06	Lohr	16. Juni 24	Rg.	31. Dez. 18
217	Thoma Julius 16. XI. 06	Schrobenhausen	1. Mai 24	Rg.	31. Dez. 18
218	Neuhofer Alois 1. XII. 06	Riedenburg	16. Aug. 24	Rg.	31. Dez. 18
219	Käb Lorenz Dr. 1. XII. 06	Volkach	1. Okt. 24	Rg.	31. Dez. 18
220	Rottler Emil 1. I. 08	Nürnberg	1. Juni 22	II. StA.	23. Juni 19
221	Heurung Anton Dr. 1. I. 05	Bogen	1. Sept. 23	Rg.	15. Juli 19
222	Stamer Joseph Dr. 1. I. 07	Erding	16. Sept. 24	Rg.	15. Juli 19
223	Wimmer Christian 1. I. 07	Kastl	1. April 24	Rg.	15. Juli 19
224	Hilpmann Friedrich 1. I. 07	Sulzbach	1. April 25	Rg.	15. Juli 19
225	Michel Martin 1. I. 07	Simbach	1. Juni 25	Rg.	15. Juli 19
226	Hämmel Ernst 1. I. 07	Amberg	1. Aug. 25	Rg.	15. Juli 19

227	Trümmer Adolf 1. II. 07	Waldmünchen	1. April 24
		Rg.	15. Juli 19
228	Ordolff Albert 1. II. 07	Wassertrüding.	16. Nov. 24
		Rg.	15. Juli 19
229	Ritter Ludwig 1. II. 07	München	1. Aug. 25
		Rg.	15. Juli 19
230	Deybeck Heinrich 1. II. 07	Prien	1. Aug. 25
		Rg.	15. Juli 19
231	Hauser Paul 21. II. 07	Obergünzburg	1. Sept. 25
		Rg.	15. Juli 19
232	Wolfring Hugo 1. III. 07	Sonthofen	1. Jan. 26
		Rg.	15. Juli 19
233	Brückner Georg 1. III. 07	Furth i. W.	16. Mai 23
		Rg.	15. Juli 19
234	Wießner Johann 1. III. 07	Königshofen	1. Juni 25
		Rg.	15. Juli 19
235	Surrer Joseph 1. III. 07	Weißenhorn	1. März 26
		Rg.	15. Juli 19
236	Hock Karl von 1. IV. 07 StA.	Forchheim	1. Febr. 25
		II. StA.	1. Aug. 19
237	Schultes Walter von 1. II. 07	Coburg	1. Dez. 19
238	Ehli Ludwig 1. IV. 07	Neustadt a. H.	1. Nov. 26
		Rg.	1. Jan. 20
239	Barth Karl 1. IV. 07	Greding	1. Mai 26
		Rg.	1. Jan. 20
240	Uibeleisen Friedr. Dr. 1. IV. 07	Alzenau	1. Mai 26
		Rg.	1. Jan. 20
241	Süßenguth Joseph 1. IV. 07	Weidenberg	16. Nov. 23
		Rg.	1. Jan. 20
242	Niederreuther Ludwig 1. VI. 07	Annweiler	1. Dez. 23
		Rg.	1. April 20
243	Wich Joseph 1. VI. 07	Markt-Oberdorf	1. Nov. 26
		Rg.	1. April 20
244	List Karl 1. X. 07	Vilseck	16. Aug. 24
		Rg.	1. April 20
245	Walther Karl Dr. 1. X. 07	Blieskastel	1. April 21
		Rg.	1. April 20
246	Zottmayr August 1. X. 07	Ingolstadt	16. März 27
		Rg.	1. April 20
247	Kaufmann Albert 16. X. 07	München	1. April 22
		Rg.	1. April 20
248	Schwarz Ludwig 1. XII. 07	Laufen	1. Febr. 25
		Rg.	1. April 20
249	Geiger August 1. IV. 09	Coburg	1. April 20
250	Kupfer Siegfried Dr. 1. III. 14 StA.	Nürnberg	1. Aug. 28
		LGR.	1. Okt. 27
		II. StA.	16. April 20

251	Müller Eduard 1. II. 08	Wegscheid	1. Febr. 25	Rg. 1. Mai 20
252	Filberich Joseph 1. II. 08	Dinkelsbühl	15. Febr. 27	Rg. 1. Mai 20
253	Höh Adam 1. III. 08	Waldfischbach	1. April 27	Rg. 1. Mai 20
254	Hornstein Hans 1. IV. 08	Feuchtwangen	16. Nov. 25	Rg. 1. Mai 20
255	Anselmann Georg 1. V. 08	Cadolzburg	1. Jan. 25	Rg. 1. Mai 20
256	Pfluegl Robert 1. IV. 14 StA.	Landsberg	1. Sept. 27	II. StA. 1. Mai 20
257	Obée Ludwig 1. VI. 12	Kaiserslautern	1. Aug. 29	II. StA. 16. Mai 20
258	Gill Michael 1. IV. 15 StA.	Tölz	1. Dez. 26	II. StA. 1. Juni 20
259	Kleinheinz Josef 1. V. 15	Neuburg a. D.	16. März 28	II. StA. 16. Sept. 20
260	Kahl Ludwig 1. VI. 08 StA.	München	1. April 27	Rg. 1. Jan. 21
261	Hertle Anton 1. VII. 08	Tirschenreuth	1. Dez. 24	Rg. 1. Jan. 21
262	Egger Hermann 16. VII. 08	Tittmoning	1. März 25	Rg. 1. Jan. 21
263	Kreißle Gustav 1. X. 08	Augsburg	16. April 27	Rg. 1. Jan. 21
264	Diemer Xaver 1. V. 09	Donauwörth	1. April 27	Rg. 1. Jan. 21
265	Kollmann Alois 1. VII. 09	Landau a. I.	1. Juli 27	Rg. 1. April 21
266	Dasch Josef 16. VII. 09	Fürth	1. Juli 27	Rg. 16. Juni 21
267	Keßler Franz 1. IV. 13	Immenstadt	1. Aug. 21	
268	Panzer Adolf 1. X. 09	München	1. Juli 27	Rg. 1. Dez. 21
269	Marx Theodor 20. VII. 07	Landstuhl	16. März 26	Rg. 1. Dez. 21
270	Strohm Ferdinand 1. XII. 09	Aschaffenburg	1. Juli 27	Rg. 16. Jan. 22
271	Giulini Karl 1. I. 10	München	1. Juli 27	Rg. 16. Jan. 22
272	Helmer Otto 1. IV. 19 StA.	Füssen	1. Febr. 29	II. StA. 16. April 22
273	Sailer Leopold 1. IV. 10	München	1. Juli 27	Rg. 1. Mai 22
274	Glück Ernst 1. V. 10	Rodach	1. Okt. 25	Rg. 1. Mai 22

275	Blümm August 1. V. 19	Kaufbeuren	16. Dez. 24	II. StA.	1. Juni 22
276	Weegmann Ferdinand 1. VI. 10	Ebersberg	1. Juli 27	Rg.	1. Juni 22
277	Schlereth Gregor 1. VI. 10	Burgau	1. Juli 27	Rg.	1. Aug. 22
278	Dietz Karl 1. VII. 10	München	1. Juli 27	Rg.	1. Okt. 22
279	Eck Joseph 1. V. 11	Burgebrach	1. Nov. 24	Rg.	1. Okt. 22
280	Castell Otto Frhr. von 1. VI. 11	Eichstätt	1. Juli 27	Rg.	1. Dez. 22
281	Gelbert Karl 16. VI. 11	Ludwigshafen	1. Juli 27	Rg.	16. Dez. 22
282	Lößl Hubert 16. VI. 11	Moosburg	16. Nov. 25	Rg.	16. Dez. 22
283	Masser Wilhelm Dr. 1. VIII. 11 StA.	München	1. Aug. 27	Rg.	16. Dez. 22
284	Lohner Hermann 1. IX. 11	Bayreuth	1. Juli 27	Rg.	16. Dez. 22
285	Hartung Isidor 1. X. 11	Schwabmünchen	1. März 26	Rg.	16. Dez. 22
286	Hittenkofer Julius 1. IV. 12	Altdorf	1. Jan. 26	Rg.	16. Dez. 22
287	Oberbauer Franz Xaver 1. IV. 12	Arnstorf	1. Febr. 26	Rg.	16. Dez. 22
288	Wittstatt Ernst 1. IV. 12	München	1. Juli 27	Rg.	16. Dez. 22
289	Buhl Georg 1. IV. 12	Wunsiedel	1. Juli 27	Rg.	16. Dez. 22
290	Armbruster Ernst 16. V. 12	Kusel	16. Nov. 26	Rg.	16. Dez. 22
291	Durner Otto 1. VII. 12	Augsburg	1. Juli 27	Rg.	16. Dez. 22
292	Maier Michael 1. VIII. 12	Ludwigsstadt	16. Nov. 25	Rg.	16. Dez. 22
293	Gögelein Friedrich 1. VIII. 12	Kempten	1. Juli 27	Rg.	16. Dez. 22
294	Müller Paul 1. VIII. 12	Parsberg	1. Juli 26	Rg.	16. Dez. 22
295	Binstadt Robert 1. VIII. 12	Obermoschel	16. Dez. 24	Rg.	16. Dez. 22
296	Koller Hans 16. XI. 12	Günzburg	1. Juli 27	Rg.	16. Dez. 22
297	Flach Rudolf 1. IV. 19 StA.	Reichenhall	1. April 29	II. StA.	1. April 23
298	Huber Michael 1. I. 13	Nittenau	1. Mai 26	Rg.	1. Juli 23

299 Baum Gustav 1. I. 13	Lauterecken	1. Febr. 25
	Rg.	1. Juli 23
300 Geigel Karl 1. I. 13	Miltenberg	1. Juli 27
	Rg.	1. Juli 23
301 Mihling Otto 1. II. 13	München	1. Juli 27
	Rg.	1. Juli 23
302 Ehrhardt Franz Jak. 1. II. 13	Pegnitz	1. Jan. 27
	Rg.	1. Juli 23
303 Weinkauf Gustav 16. III. 13	Winnweiler	1. Juli 27
	Rg.	1. Juli 23
304 Moritz Maximilian 16. III. 13 StA.	München	1. Okt. 27
	Rg.	1. Juli 23
305 Schlick Julius 1. IV. 13	Viechtach	1. Juni 26
	Rg.	1. Juli 23
306 Zech Joseph Dr. 1. IV. 13	Krumbach	1. Aug. 27
	Rg.	1. Juli 23
307 Posset Anton 1. V. 13	Windsheim	1. Jan. 26
	Rg.	1. Juli 23
308 Muggenthaler Ferdinand 1. VI. 13	Landshut	1. Juli 27
	Rg.	16. Dez. 23
309 Volkhart Hugo 1. VI. 13	Fürth	1. Juli 27
	Rg.	16. Dez. 23
310 Kammerer Ernst 1. VI. 13	Freising	1. Juli 27
	Rg.	16. Dez. 23
311 Schwaab Joseph 1. VII. 13	Neunburg v. W.	1. Juli 26
	Rg.	16. Dez. 23
312 Schneid Franz Xav. 1 VII. 13	Regensburg	1. April 28
	LGR.	1. April 27
	Rg.	16. Dez. 23
313 Gebhard Ernst 1. VI. 19 StA.	Weiden	1. Okt. 29
	II. StA.	1. Mai 24
314 Steinfels Johann 1. VI. 19	St. Ingbert	1. Juni 24
315 Zimmermann Karl 1. VI. 14	Gunzenhausen	16. Juni 24
316 Reiher Heinrich 1. VIII. 13	Vohenstrauß	16. Aug. 26
	Rg.	1. Juli 24
317 Stock Hans 1. VIII. 13	Ingolstadt	1. Aug. 27
	Rg.	1. Juli 24
318 Bienenfeld Heinrich 1. IX. 13	München	1. Juli 27
	Rg.	1. Juli 24
319 Rechenauer Hans 1. XI. 13	Ottobeuren	1. Juli 27
	Rg.	1. Juli 24
320 Bosch Karl 1. XI. 13	Weilheim	1. Juli 27
	Rg.	1. Juli 24
321 Berger Jakob 1. I. 14	Deggendorf	1. Aug. 27
	Rg.	1. Juli 24
322 Heß Kurt 1. V. 15	Pirmasens	1. Okt. 29
	II. StA.	16. Juli 24

323	Gareis Eugen 15. II. 14	Würzburg		1. Juli 27
			Rg.	1. Jan. 25
324	Lell Franz 1. III. 14	Straubing		1. Juli 27
			Rg.	1. Jan. 25
325	Mayer Ludwig 1. IV. 14	Bamberg		1. Aug. 27
			Rg.	1. Jan. 25
326	Haug Paul 1. VII. 14	Mainburg		1. Dez. 26
			Rg.	1. Jan. 25
327	Eichner Eduard 1. VII. 14	Fürth		1. Aug. 27
			Rg.	1. Jan. 25
328	Hörst Karl 1. VII. 14	Amberg		1. Aug. 27
			Rg.	1. Jan. 25
329	Munzinger Otto 1. I. 25	Landstuhl		1. Juli 25
			Rg.	1. Jan. 25
330	Drescher Friedrich 1. IX. 20 StA.	Rothenburg o. T.		1. Sept. 28
			II. StA.	1. Jan. 25
331	Remy Otto 16. VIII. 14	Vohenstrauß		1. Sept. 27
			Rg.	1. Juli 25
332	Bolz Heinrich 1. XII. 14	Türkheim		1. Juli 27
			Rg.	1. Juli 25
333	Knebel Eduard Dr. 15. II. 15	Grafenau		1. Dez. 26
			Rg.	1. Jan. 26
334	Schäler Joseph Dr. 15. II. 15 StA.	München		1. Nov. 27
			Rg.	1. Jan. 26
335	Günther Siegfried 1. IV. 15	Würzburg		1. Aug. 27
			Rg.	1. Jan. 26
336	Schlechter Ludwig 1. IV. 15	Rosenheim		1. Aug. 27
			Rg.	1. Jan. 26
337	Eichhorn Johann 1. V. 15	Baunach		1. Juli 27
			Rg.	1. Jan. 26
338	Dirlam Bruno 1. V. 15	Donauwörth		1. Aug. 27
			Rg.	1. Jan. 26
339	Kienle Alfons Dr. 1. V. 15	Garmisch		1. Aug. 27
			Rg.	1 Jan. 26
340	Hader Georg 1. V. 15	Herzogenaurach		1. Jan. 27
			Rg.	1. Jan. 26
341	Kollmayr Franz 1. VII. 15	Aub		1. Juli 27
			Rg.	1. Jan. 26
342	Schneider Ludwig 16. V. 12	Nördlingen		1. Juli 27
			Rg.	1. Juli 26
343	Meinel Otto 16. VIII. 15	Kempten		1. Nov. 27
			Rg.	1. Juli 26
344	Butterhof Hans 1. IX. 15	Aichach		1. Jan. 27
			Rg.	1. Juli 26
345	Albert Otto 1. X. 15	Türkheim		1. Febr. 28
			Rg.	1. Juli 26
346	Lippert Hugo Dr. 1. XI. 15	Karlstadt		1. Aug. 27
			Rg.	1. Juli 26

347	Leonpacher Bernhard 1. I. 16	Traunstein	1. Aug. 27
		Rg.	1. Juli 26
348	Sprick Gustav 1. I. 16	München	1. Nov. 27
		Rg.	1. Juli 26
349	Esper Erich 1. II. 16	Hilpoltstein	1. April 28
		Rg.	1. Jan. 27
350	Hofmann Karl 1. II. 16	Hofheim	1. Okt. 27
		Rg.	1. Jan. 27
351	Habersack Jakob 1. III. 16	Waldmünchen	1. Juli 27
		Rg.	1. Jan. 27
352	Forster Felix 1. IV. 16	Pfarrkirchen	1. Sept. 27
		Rg.	1. Jan. 27
353	Roegge Heinrich 1. V. 16	München	1. Jan. 28
		Rg.	1. Jan. 27
354	Feldbaum Emil 1. II. 15	Selb	1. April 27
355	Wernz Philipp Dr. 1. XI. 19	Germersheim	1. Mai 27
356	Koeppel Hermann 16. IX. 16	Gräfenberg	1. Juli 27
357	Hefele Otto 16. IX. 16	Lauingen	1. Dez. 28
		Rg.	1. Juli 27
358	Haunsperger Karl 1. XI. 18	Ingolstadt	1. Juli 27
359	Kanzler Otto 1. I. 19	Neunburg v. W.	"
360	Reusing Karl 1. IV. 19	Nabburg	"
361	Wagner Oswald 1. IV. 19	Memmingen	"
362	Dodel Joseph 1. V. 19	Burgau	1. Juli 27
363	Graf Theodor 1. V. 19	München	"
364	Heuber Otto 1. VII. 19	Hemau	"
365	Lorenz Ludwig 15. II. 20	Riedenburg	"
366	Reismüller Hermann 15. II. 19	Hilpoltstein	1. Aug. 27
367	Eberle Eberhard 1. V. 19	Hengersberg	"
368	Hartmann Friedrich 16. IX. 20	Kemnath	"
369	Horix Kurt Frhr. von 1. V. 19	Vilsbiburg	1. Okt. 27
370	Naegele Otto Dr. 1. V. 19	München	1. Nov. 27
371	Henneck Ludwig 1. X. 18	Regen	1. Dez. 27
372	Günther Friedrich 1. VI. 13	Otterberg	1. Jan. 28
373	Fürst Albert 1. VI. 18	Friedberg	"
374	Wolf Ottmar 1. VI. 18	Speyer	"
375	Kastner Emil 1. VI. 19	Waldfischbach	"
376	Obermaier Franz Xav. 1. VII. 19	Miesbach	"
377	Därr Adolf 1. VII. 19	Nürnberg	"
378	Neumayer Joseph 1. VIII. 19	Waldsassen	"
379	Meyer Lorenz 1. II. 21	Waldmohr	"
380	Hofmann Heinrich 1. X. 19	Naila	1. Febr. 28
381	Rath Georg 1. X. 20	Kitzingen	"
382	Altstötter Joseph 1. VI. 22 StA.	Sonthofen	1. Dez. 29
		II. StA.	1. März 28
383	Vogelhuber Friedrich 16. X. 19	Höchstadt a. A.	16. März 28
384	Rath Karl 16. X. 19	Hersbruck	1. April 28
385	Jacobi Erich 1. I. 18 (DA.)	Neustadt b. Cob.	1. Dez. 28
386	Bettinger Jakob 15. II. 19	Griesbach	1. Jan. 29
387	Traßl Joseph 1. IV. 19	Waldsassen	1. Juni 29
388	Regl Georg 1. VII. 19	Münchberg	1. Okt. 29
389	Börner Ludw. Dr. 1. VIII. 19	Kulmbach	1. Juni 29
390	Kempf Franz 1. XII. 19	Heidenheim	1. Febr. 29

391	Aimer Matthias 1. I. 20	Weißenburg	1. Juli 29
392	Sievert Ernst 1. VIII. 20	Naila	1. Okt. 29
393	Desing Alois 1. IV. 21	Werneck	1. Mai 28

d) Amtsrichter.

(Der Rang derjenigen Amtsrichter, welche III. Staatsanwälte waren, bemißt sich vom Tag der Ernennung zum III. Staatsanwalt ab; dementsprechend erfolgte hier die Einreihung. Bei den Beamten, die in ein früheres Prüfungsjahr eingereiht wurden, ist dieses in Klammer beigesetzt).

Mit dem Titel und Rang eines Oberamtsrichters:

1	Wanderer Hub.	(1.V.22)	Zusmarshausen	1. Aug. 12
			StA.	1. Mai 10
2	Kirchbaur Rudolf	(1.I.27)	Öttingen	1. Febr. 16
3	Haug Joseph	„	Fürstenfeldbruck	1. Mai 16
4	Lehner Joseph	(1. VII. 27)	Miesbach	1. Okt. 16
5	Bader Joseph	„	Nürnberg	„
6	Zwerenz Ferdinand	(1.VII. 28)	Rottenburg	1. Okt. 18
7	Koch Rudolf	„	Regensburg	„
8	Wolf Michael	„	Neuburg a. D.	„
9	Anhäußer Otto	„	Augsburg	„
10	Dauberschmidt Fritz (1908)	„	Eggenfelden	„
11	Wirth Karl	„	Mindelheim	1. Nov. 18
12	Haneberg Max	„	Regensburg	1. April 19
13	Weigl Alfred	„	Kirchenlamitz	16. Juli 19
14	Etsch August Dr. (1907)	„	Deggendorf	16. Okt. 21

Übrige Amtsrichter:

15	Rose Hans (1914)	Coburg	1. Dez. 18
			1. Aug. 17
16	Kimmerle Max (1910)	Lindau	1. Mai 20
		StA.	1. Jan. 19
17	Schumann Ludw.	Lauingen	1. April 19
18	Kelber Gustav Dr.	Straubing	„
19	Goetz Edmund (1908)	Ellingen	„
20	Bader Karl Dr. (1908)	Burghausen	„
21	Micheler Max Jos.	Passau	„
22	Loschert Severin	Bamberg	„
23	Geiger Hermann	Stadtamhof	„
24	Rosmann Max Dr.	Erding	1. Mai 19
25	Malterer Joseph (1908)	Regensburg	„
26	Hinterleitner Richard	Schöllkrippen	„
27	Bauner Franz (1909)	Karlstadt	„
28	Bosch Wilhelm (1910)	Nürnberg	16. März 20
		StA.	1. Mai 19
29	Eggert Franz Dr.	Immenstadt	16. April 22
		StA.	1. Juni 19
30	Maurer Karl Ludw. (1908)	Ludwigshafen	1. Juni 19
31	Wertsch Konrad	Würzburg	„
32	Knör Hans Dr.	München	„

33	Trümmer Ernst (1912)	München	15. Febr. 20
			StA. 1. Juni 19
34	Hudezek Jakob	München	1. Juli 19
35	Bruckmüller Hans	Passau	„
36	Eckhardt Friedrich (1914)	München	1. Nov. 25
			StA. 1. Juli 19
37	Leonhard Adolf	München	16. Juli 19
38	Betz Karl	Aschaffenburg	1. Aug. 19
39	Arnholdt Hans	Würzburg	„
40	Straßer Ferdinand	Münchberg	16. Aug. 19
41	Scheppler Paul Dr. (1909)	München	1. Sept. 19
42	Geiger Martin	Neustadt b. Cob.	1. Okt. 19
43	Renner Otto (1908)	Neustadt a. H.	„
44	Düll Hans Dr. (1909)	Nürnberg	„
45	Krieger Ferd.	Ludwigshafen	„
46	Kennerknecht Max (1909)	Frankenthal	„
47	Pollner Karl	München	„
48	Wissel Gottfr. (1909)	„	„
49	Köhler Heinr. (1909)	Neustadt a. H.	„
50	Rosenberg Emil Dr. (1915)	Frankenthal	1. Febr. 25
			StA. 1. Okt. 19
51	Kellerer Max Dr.	Vilsbiburg	16. Okt. 19
52	Schollmayer Wilh.	Dürkheim	1. Nov. 19
53	Hundsberger Joseph	Donauwörth	16. Nov. 19
54	Müller Oskar (1909)	Mainburg	„
55	Donaubauer Jos.	München	„
56	Donaubauer Rud.	Altötting	„
57	Wagner Otto	München	„
58	Wiedemann Max	München	„
59	Maurer Emil Dr. (1909)	Aibling	1. Dez. 19
60	Sailer Joseph (1909)	Laufen	„
61	Konrad Ant. Dr. (1910)	München	„
62	Sohler Max (1910)	„	„
63	Dümmler Ludwig	Schweinfurt	16. Sept. 24
			StA. 1. Dez. 19
64	Hertel Christian	Weilheim	1. Jan. 20
65	Walz Hans (1909)	Würzburg	„
66	Feurer Jakob	Schrobenhausen	„
67	Reitzmann Fritz	Nürnberg	„
68	Deinlein Hans Dr.	Regensburg	„
69	Meißner Gustav	Stadtsteinach	„
70	Waldmann Daniel Dr. (1910)	Nürnberg	„
71	Küffner Karl	München	„
72	Oechsner Richard	„	„
73	Schneider Oskar	Neustadt a. H.	„
74	Englert Joseph (1909)	Nürnberg	1. Febr. 20
75	Rothballer Stanislaus	München	„
76	Knappich Sigmund Dr.	„	„
77	Müller August	Landau Pf.	„
78	Meßerer Rich. Dr. (1915)	München	1. Nov. 25
			StA. 20. Febr. 20
79	Söller Alfred	Nürnberg	16. März 20
80	Greiner Franz Dr.	„	„
81	Paul Joseph	Dachau	1. April 20

82	Bordollo Otto Dr.	Ludwigshafen	1. April 20
83	Dünckel Karl Dr.	Pirmasens	„
84	Heid Rudolf	München	„
85	Wagner Wilhelm	Ludwigshafen	1. April 22
			StA. 1. April 20
86	André Wilhelm	Hof	1. April 20
87	Gabler Ludwig (1910)	Nürnberg	16. April 20
88	Binner August Dr.	„	„
89	Blesch Johann	Bamberg	1. Mai 20
90	Keller Otto	Kissingen	„
91	Reiger Heinrich (1909)	Schwabach	„
92	Fürst Friedrich (1909)	Augsburg	„
93	Oeller Anton	Schweinfurt	„
94	Trautner Theodor	Bamberg	„
95	Schlitt Wilhelm (1910)	München	„
96	Schmidt Ludwig	„	„
97	Hettrich Oskar	Nürnberg	„
98	Loschge Heinrich	München	„
99	Haymann Max	„	„
100	Münch Alexander Dr.	„	„
101	Schmidt Friedr. Dr.	„	1. Okt. 23
			StA. 1. Mai 20
102	Hammerschmidt Albert (1915)	„	1. Jan. 26
			StA. 1. Mai 20
103	Bründl Anton	Landshut	1. Mai 20
104	Milbauer Heinrich	Hof	„
105	Lunz Hans (1914)	Dingolfing	1. Febr. 26
			StA. 1. Mai 20
106	Lang Fritz Dr.	Traunstein	16. Mai 20
107	Schmidt Adolf Dr. (1908)	München	„
108	Gräbner Kaspar	Forchheim	„
109	Schmid Franz Xaver	Landsberg	„
110	Sagmeister Max Eman. Dr.	München	„
111	Schunk Karl	„	„
112	Pfeiffer Richard	Kaiserslautern	„
113	Schellhaaß Otto	„	1. April 21
			StA. 16. Mai 20
114	Regula Hans	Bergzabern	16. Mai 20
115	Klinger August	Fürstenfeldbruck	1. Juni 20
116	Memmer August	Dahn	„
117	Hunglinger Ludwig	München	„
118	Axthalb Ritt. u. Edl. v. Ferd.	Passau	„
119	Ritter Hans	Augsburg	„
120	Schreiber Karl	Homburg	„
121	Besold Fritz Dr. (1911)	München	„
122	Kruis Konrad (1910)	„	„
123	Krauß Karl	Bayreuth	16. Juni 20
124	Fichter Eduard Dr.	Kaiserslautern	16. Juli 20
125	Loew Franz (1908)	Kandel	1. Aug. 20
126	Steinhäuser Herm. Dr.	Aibling	16. „
127	Lintner Friedr. (1908)	Landshut	1. Sept. 20
128	Simon Otto	Freising	„
129	Loesch Ernst Dr.	Weißenburg	16. Sept. 20
130	Hahn Hugo	Roth	„

131	Lipps Hans	Landau Pf.	16. Sept. 20
132	Mummenhoff Oskar	Forchheim	„
133	Heidner Christoph Dr. (1910)	Nürnberg	„
134	Schorer Friedr.	Passau	„
135	Scharnagl Karl	Regensburg	1. Okt. 20
136	Brey Adam (1908)	Wörth a. D.	1. Nov. 20
137	Grießhammer Karl Dr.	Bayreuth	„
138	Eder Joseph (1909)	Aschaffenburg	„
139	Dynnebier Johs. Dr.	Windsheim	„
140	Seyboth Wilhelm (1910)	Augsburg	„
141	Weiß Hans	Naila	16. Nov. 23
		StA.	1. Nov. 20
142	Klebel Ludw.	Feuchtwangen	16. Nov. 20
143	Hirn Georg Dr. (1911)	Nürnberg	„
144	Savaète Eugen Dr.	Rothenburg o. T.	1. Dez. 20
145	Hörger Georg (1913)	München	1. Mai 23
		StA.	1. Dez. 20
146	Petz Wilhelm	Kipfenberg	1. Jan. 21
147	Nißl Karl	Passau	1. Febr. 21
148	Witt Joseph (1910)	Altötting	1. März 21
149	Heyl Karl Dr.	Bayreuth	1. April 21
150	Grüber Julius	Kaufbeuren	„
151	Fuchs Andreas (1914)	München	1. Juli 25
		StA.	1. April 21
152	Reuter Rudolf (1914)	Neumarkt Opf.	1. Jan. 24
		StA.	1. April 21
153	Mayer Gottfried	Volkach	1. April 21
154	Brandmüller Aug.	Passau	16. April 21
155	Khann Anton	„	„
156	Maas Karl	Kaiserslautern	1. Mai 21
157	Holzbauer Karl	Weiden	1. Mai 21
158	Zahn Wilhelm	Zweibrücken	1. Mai 24
		StA.	16. Mai 21
159	Drexler Anton	Arnstorf	1. Juni 21
160	Sauter Hans	Vilseck	„
161	Schanck Karl	Blieskastel	„
162	Benedicter Alfons Dr.	Weiler-Lindenbg.	1. Okt. 21
163	Schwarz Otto (1912)	Landsberg	„
164	Bomhard Otto	Kulmbach	16. Okt. 21
165	Klarmann Hans	Waldkirchen	„
166	Schmitt Valentin (1911)	Gunzenhausen	16. Nov. 21
167	Reck Konrad (1911)	Lichtenfels	1. Dez. 21
168	Scheppler Franz Dr. (1907)	Friedberg	16. Dez. 21
169	Frank Julius Dr.	Regenstauf	„
170	Weid Lorenz	Schwabach	16. Jan. 22
171	Seyb Robert	Hof	1. Febr. 22
172	Simon Wilhelm	München	15. Febr. 22
173	Pehl Georg	Rockenhausen	1. April 22
174	Schörry Friedrich (1913)	München	1. April 25
		StA.	1. April 22
175	Kiefer Joseph	Schweinfurt	16. April 22
176	Jung Paul	Annweiler	1. Juni 22
177	Knothe Hermann Dr.	Aschaffenburg	16. Juni 22

178	Bandorf Hermann	Eggenfelden	1. Aug. 22
179	Gebert Johann (1912)	Parsberg	„
180	Herrmann Rudolf	Augsburg	1. Sept. 22
181	Geißendörffer Friedrich	Dorfen	16. Sept. 22
182	Bauer Joseph Dr.	Gemünden	1. Okt. 22
183	Werner Johann (1910)	Staffelstein	„
184	Braun Fritz Dr.	Speyer	16. Okt. 22
185	Ehrensberger Rudolf (1911)	Mühldorf	1. Dez. 22
186	Gaßner Hans	Ochsenfurt	1. Jan. 23
187	Zimmermann Franz	Amberg	„
188	Wintrich Joseph Dr. (1917)	München	1. Aug. 27
		StA.	1. Jan. 23
189	Förtsch Hans Dr.	Nürnberg	16. Jan. 23
190	Uschold Hans (1915)	Ludwigshafen	1. Aug. 25
		StA.	1. Febr. 23
191	Guggumos Michael (1917)	München	16. April 26
		StA.	1. Febr. 23
192	Leipfinger Johann Guelbert Dr.	Sulzbach	1. Febr. 23
193	Knör Max Dr. (1909)	Mallersdorf	1. Mai 23
194	Reiner Georg	Kulmbach	16. Mai 23
195	Forler Otto	Zweibrücken	1. Juni 23
196	Geßner Otto Dr.	Ansbach	1. Juli 25
		StA.	16. Juni 23
197	Baumeister Adolf Dr. (1912)	Kempten	1. Juli 23
198	Reitmair Michael Dr. (1911)	München	1. Aug. 23
199	Holzer Georg Dr. (1911)	Neumarkt Opf.	1. Sept. 23
200	Mitterlechner Franz (1911)	Pottenstein	„
201	Oswald Karl Dr. (1914)	München	1. Nov. 25
		StA.	1. Okt. 23
202	Lipp Adalbert	Haag	1. Nov. 23
203	Kaiser Joseph (1918)	München	16. April 26
		StA.	1. Nov. 23
204	Baumgärtner Hermann	Weißenhorn	16. Nov. 23
205	Müller Rudolf (1912)	Kandel	16. Dez. 23
206	Strobl Joseph Dr. (1912)	Burglengenfeld	1. April 24
207	Welsch Theodor Dr. (1913)	Lauterecken	1. Mai 24
208	Bruch Hermann Dr. (1914)	Pirmasens	1. Dez. 25
		StA.	1. Mai 24
209	Regnault Alexander Dr.	Edenkoben	16. Juni 24
210	Ohler Gustav (1914)	Wolfstein	„
211	Krennrich Otto Dr.	Kaiserslautern	1. Juli 24
212	Endres Alfons	Straubing	16. Juli 24
213	Weis August (1917)	Ludwigshafen	16. Aug. 26
		StA.	16. Sept. 24
214	Schanz Georg	Germersheim	16. Nov. 24
215	Richter Anton	Pfarrkirchen	1. Dez. 24
216	Boos Valentin (1911)	Pirmasens	16. Dez. 24
217	Lutz Hermann	Herzogenaurach	„
218	Weingarth Emil	Kaiserslautern	„
219	Straßer Wilhelm (1912)	Passau	1. Jan. 25
220	Neuner Johann	Bamberg	1. März 27
		StA.	1. Jan. 25

221	Hüttinger Wilhelm	Oberviechtach	1. Jan. 25
222	Brößler Hans (1913)	Vilshofen	1. Febr. 25
223	Krug Albert (1915)	Ludwigsstadt	"
224	Röhrig Karl Dr. (1920)	Ludwigshafen	16. Mai 27
		StA.	1. Febr. 25
225	Rosner Karl Dr.	Weilheim	1. April 25
226	Rebhan Joseph (1913)	Regen	"
227	Lichti Gustav (1921)	Erlangen	1. Okt. 27
		StA.	1. April 25
228	Lenert Rudolf Dr.	Speyer	1. Mai 25
229	Gießen Friedrich (1914)	Ludwigshafen	"
230	Lohrer Theodor (1920)	Nürnberg	1. April 27
		StA.	1. Mai 25
231	Aidelsburger Anton (1920)	Geisenfeld	1. April 27
		StA.	1. Mai 25
232	Lauter Richard Dr.	Beilngries	1. Juni 25
233	Roth Otto (1912)	Rosenheim	"
234	Lutz Joseph Dr.	Wolfratshausen	1. Juni 25
235	Gatterbauer Karl Dr.	Vilshofen	"
236	Wehrmann Albert (1920)	Kronach	1. April 27
		StA.	1. Juni 25
237	Karch Georg	Grünstadt	1. Juli 25
238	Roth Alfred Dr.	Hersbruck	1. Nov. 27
		StA.	1. Juli 25
239	Rauh Robert	Brückenau	1. Juli 25
240	Laubmann Christian	Vilsbiburg	"
241	Stiilrich Hans (1914)	Mallersdorf	"
242	Rohmeder Max Dr. (1920)	Augsburg	1. März 27
		StA.	1. Juli 25
243	Strauß Friedrich Dr.	Schweinfurt	1. März 28
		StA.	1. Juli 25
244	Nehmeier Georg	Kempten	16. Juli 25
245	Kalbskopf Karl Dr. (1912)	Nürnberg	"
246	Schellhorn Heinz Dr.	Mühldorf	1. Juni 28
		StA.	1. Aug. 25
247	Becker Nikolaus (1918)	Kirchheimboland.	1. Aug. 25
248	Peetz Ludwig Dr. (1919)	Landau Pf.	1. Jan. 26
		StA.	1. Aug. 25
249	Brändl Franz Dr. (1922)	München	1. Aug. 28
		StA.	16. Aug. 25
250	Hetzel Hermann (1912)	Wertingen	1. Sept. 25
251	Wronker Werner (1919)	Kusel	16. Sept. 25
252	Hartmann Michael	Neuburg a. D.	1. Nov. 25
253	Salfner Ottmar (1912)	Neukirchen	"
254	Beisel Heinrich	Nürnberg	"
255	Hierlmeier Ludwig (1920)	Landsberg	16. März 27
		StA.	1. Nov. 25
256	Hartinger Joseph (1921)	München	1. Okt. 27
		StA.	1. Nov. 25
257	Mayr Richard (1912)	Reichenhall	16. Nov. 25
258	Eichinger Karl Dr.	Scheinfeld	"

259	Weber Ludwig Dr.	Tölz	16. Nov. 25
260	Mitterer Joseph (1913)	Furth i. W.	"
261	Mangel Ludwig	Rotthalmünster	"
262	Mantel Ernst (1923)	Tölz	1. Febr. 29
		StA.	16. Nov. 25
263	Fick Georg Dr.	Nürnberg	1. Dez. 28
		StA.	16. Nov. 25
264	Limmer Moritz Dr.	Königshofen	1. Dez. 25
265	Alwens Wilhelm Dr. (1920)	Ludwigshafen	1. Dez. 27
		StA.	1. Dez. 25
266	Renkel Wilhelm (1911)	Aichach	16. Dez. 25
267	Spranger Karl	Markt Oberdorf	"
268	Schreglmann Philipp	Starnberg	1. Juli 26
		StA.	16. Dez. 25
269	Bergler Erich Dr. (1921)	Schwabach	1. Okt. 27
		StA.	16. Dez. 25
270	Mayer Max Dr. (1910)	Viechtach	1. Jan. 26
271	Fellmann Oskar (1911)	Würzburg	"
272	Hafner Otto Dr. (1912)	Landshut	"
273	Bieber Georg	Miltenberg	1. Jan. 26
274	Brecheler Karl Dr.	Coburg	"
275	Essel Hans Dr. (1913)	Dachau	"
276	Lehmann Ludwig Dr. (1914)	Altdorf	"
277	Dinges Karl (1921)	Nürnberg	1. Aug. 27
		StA.	1. Jan. 26
278	Beckh Viktor Dr.	Nördlingen	1. Juni 28
		StA.	1. Jan. 26
279	Berber Friedrich (1924)	München	1. Juni 28
		StA. (DA.)	1. Jan. 26
280	Völcker Karl	Nürnberg	1. Febr. 29
		StA.	1. Jan. 26
281	Hempel Martin	München	1. April 29
		StA.	1. Jan. 26
282	Zwirlein Hans Dr.	"	"
283	Stepp Walter Dr.	Frankenthal	"
284	Keltsch Adolf Dr.	Aschaffenburg	1. Nov. 28
		StA.	1. Jan. 26
285	Falk Karl	Regen	1. Jan. 26
286	Siebner Max (1913)	Schweinfurt	"
287	Brendel Rudolf Dr. (1922)	Hof	1. Aug. 28
		StA.	1. Jan. 26
288	Schwarz Wilhelm Dr.	Schwandorf	1. Febr. 26
289	Rausch Hans Dr. (1922)	Nürnberg	1. Juli 28
		StA.	1. Febr. 26
290	Söldner Adolf	Obernburg	1. März 26
291	Blaim Ernst (1913)	Schwabmünchen	"
292	Fellmann Heinrich Dr.	Fürth	"
293	Loechler Richard	Eschenbach	"
294	Sponsel Julius	Nürnberg	"
295	Hofherr Franz	Abensberg	"
296	Schreiner Heinrich	Waldmohr	16. März 26

297	Knoell Hermann	München	1. Nov. 28
		StA.	1. April 26
298	Flierle Robert (1922)		1. Jan. 29
		StA.	1. April 26
299	Pöhlmann Heinrich Dr.	Landau i. d. Pf.	1. Jan. 29
		StA.	1. April 26
300	Mußgiller Anton	Monheim	1. Mai 26
301	Wachter Benedikt	Buchloe	"
302	Yblagger Max (1913)	Kemnath	"
303	Hirsch Hans Dr. (1917)	Moosburg	"
304	Schmidt Andreas Dr. (1920)	Deggendorf	1. Nov. 27
		StA.	1. Mai 26
305	Müller Alfons Dr. (1921)	Rosenheim	1. Juni 28
		StA.	1. Mai 26
306	Hock Franz (1923)	München	1. April 29
		StA.	1. Mai 26
307	Hagendorn Gustav (1921)	Ansbach	1. Mai 28
		StA.	1. Mai 26
308	Strobel Eduard	Augsburg	1. Juni 26
309	Lorenz Karl (1916)	Viechtach	1. Juni 26
310	Hensold Hans Dr. (1913)	Aichach	1. Juli 26
311	Faber Hans Dr. (1916)	Rothenburg o. T.	"
312	Berz Karl (1914)	Stadtsteinach	"
313	Roesel Heinrich Dr. (1920)	Fürth	1. Jan. 28
		StA.	1. Juli 26
314	Kremer Joseph (1914)	Alzenau	16. Aug. 26
315	Prell Ludwig (1915)	Bayreuth	1. Okt. 26
316	Gürthofer Adalbert	Schongau	"
317	Fischer Hermann	Wunsiedel	16. Okt. 26
318	Tischler Arnulf (1913)	München	"
319	Rieb Ludwig (1918)	Dürkheim	1. Dez. 26
320	Brütting Anton (1914)	Augsburg	"
321	Bohrer Wilhelm (1915)	Pappenheim	"
322	Müller Joseph Heinrich Dr. (1919)	Kaufbeuren	"
323	Stadter Leonhard (1914)	Rain	"
324	Klett Joseph (1916)	Bischofsheim	"
325	Hechtel Hans Dr. (1923)	München	1. April 29
			1. Dez. 26
326	Eppelein Otto (1917)	Passau	1. Mai 27
		StA.	16. Dez. 26
327	Müller Emil Dr. (1919)	Zweibrücken	16. Dez. 26
328	Schröder Karl Dr. (1919)	Hof	1. März 27
		StA.	16. Dez. 26
329	Bauer Karl Dr. (1920)	Erlangen	1. Sept. 27
		StA.	16. Dez. 26
330	Gehrig Oskar Dr. (1920)	Arnstein	1. Okt. 27
		StA.	16. Dez. 26
331	Ring Joseph (1920)	Geisenfeld	1. Juni 27
		StA.	16. Dez. 26
332	Schwarz Hans (1920)	Regensburg	16. März 28
		StA.	16. Dez. 26

333	Reber Adolf (1921)	Edenkoben	1. Jan. 28
		StA.	16. Dez. 26
334	Mattil Friedrich Dr. (1921)	Ludwigshafen	„
335	Engel Philipp (1921)	Neustadt a. A.	„
336	Gerle Albert (1921)	Grünstadt	„
337	Rost Gregor Dr. (1921)	Kelheim	1. Dez. 27
		StA.	16. Dez. 26
338	Schüppert Gregor (1922)	Nürnberg	1. März 28
		StA.	16. Dez. 26
339	Hoeber Alfred	Nürnberg	1. Juni 28
		StA.	16. Dez. 26
340	Kollmar Otto Dr.	München	1. April 28
		StA.	16. Dez. 26
341	Hartrich Karl (1922)	Heilsbronn	16. März 28
		StA.	16. Dez. 26
342	Schmitt Fritz Dr. (1922)	Prien	1. Aug. 28
		StA.	16. Dez. 26
343	Schramm Walter Dr. (1922)	Lauf	1. Mai 28
		StA.	16. Dez. 26
344	Müller Eduard Dr. (1923)	Wegscheid	1. Aug. 28
		StA.	16. Dez. 26
345	Philberth Joseph (1923)	Neustadt b. Cob.	1. Dez. 28
		StA.	16. Dez. 26
346	Paulus Adolf Dr.	Kronach	1. Jan. 29
		St.A.	16. Dez. 26
347	Frank Hans Dr. (1923)	Schwabmünchen	1. Jan. 29
		StA.	16. Dez. 26
348	Hellmuth Leo Dr. (1923)	Kronach	1. Juni 29
		StA.	16. Dez. 26
349	Bauernfeind Leo Dr.	Hof	1. April 29
		StA.	16. Dez. 26
350	Kollmar Rudolf Dr.	Augsburg	1. April 29
		StA.	16. Dez. 26
351	Krieger Albert Dr. (1923)	München	1. April 29
		StA.	16. Dez. 26
352	Lenz Ernst Dr.	Coburg	1. Jan. 29
		StA.	16. Dez. 26
353	Hofmann Friedrich	Nürnberg	1. Febr. 29
		StA.	16. Dez. 26
354	Mayrhofer Bruno Dr. (1923)	Ebersberg	1. Jan. 29
		StA.	16. Dez. 26
355	Dotterweich Wilhelm Dr.	Nürnberg	1. April 29
		StA.	16. Dez. 26
356	Endres Karl	Kissingen	1. Juni 29
		StA.	16. Dez. 26
357	Laukenmann Jakob Dr.	Ludwigshafen	1. Juni 29
		StA.	16. Dez. 26

358 Stadter Heinrich	Nürnberg	1. April 29
		StA. 16. Dez. 26
359 Hartmann Rudolf	Augsburg	1. Mai 29
		StA. 16. Dez. 26
360 Heldrich Friedrich Dr.	München	16. April 29
		StA. 1. Jan. 27
361 Glück Anton Dr. (1921)	Illertissen	1. Nov. 27
		StA. 1. Jan. 27
362 Eckstein Werner (1920)	Landstuhl	1. Aug. 27
		StA. 15. Febr. 27
363 Gegenfurtner Oswin (1921)	Gerolzhofen	1. Dez. 27
		StA. 15. Febr. 27
364 Romeis Joseph (1922)	Weiden	16. Mai 28
		StA. 15. Febr. 27
365 Falckenberg Robert Dr. (1922)	Selb	1. Aug. 28
		StA. 15. Febr. 27
366 Oehrlein Georg Dr.	Hammelburg	1. Dez. 28
		StA. 15. Febr. 27
367 Ratz Paul Dr.	Nürnberg	1. Juni 29
		StA. 15. Febr. 27
368 Sommerrock Hans Dr. (1921)	Grafenau	1. Okt. 27
		StA. 1. März 27
369 Dexheimer Hermann Dr. (1922)	Pirmasens	1. Dez. 28
		StA. 1. März 27
370 Bierling Hans (1919)	Kötzting	1. März 27
371 Knoeckel Günther Dr. (1923)	Pirmasens	1. Jan. 29
		StA. 1. März 27
372 Trötsch Georg Dr.	München	1. Nov. 28
		StA. 1. März 27
373 Seufert Georg Dr.	München	1. Mai 29
		StA. 1. März 27
374 Munzinger Karl Dr.	Kirchheimboland.	1. März 29
		StA. 16. März 27
375 Heldmann Anton von Dr.	Füssen	1. April 27
376 Meier Franz Dr. (1919)	Eltmann	„
377 Gundel Richard (1921)	Tirschenreuth	1. Jan. 29
		StA. 1. April 27
378 Hauenstein Fritz Dr.	Garmisch	1. April 29
		StA. 1. April 27
379 Belzer Eduard	Nürnberg	1. April 29
		StA. 1. April 27
380 Schwingenschlögl Michael	Kitzingen	„
381 Friedrich Georg Dr.	München	1. Okt. 29
		StA. 16. April 27
382 Zwinger Joseph	Tegernsee	16. Mai 27
383 Vogelgsang Hermann Dr.	München	1. Okt. 29
		StA. 16. Mai 27
384 Gehrlein Willibald Dr. (1920)	Weilheim	1. Juni 27
385 Grimm Chlodwig	Höchstädt a. D.	„

386	Rothaug Oswald Dr.	Nürnberg	1. Okt. 29
		StA.	1. Juni 27
387	Seubelt Karl Dr. (1908)	Landau a. I.	1. Aug. 27
388	Poiger Karl Dr. (1920)	Mitterfels	1. Okt. 27
389	Ruder Ludwig Dr.	Selb	1. Juni 29
		StA.	1. Okt. 29
390	Boller Hermann	Nürnberg	1. Okt. 29
		StA.	1. Okt 27
391	Kornbrust Franz Dr.	Münnerstadt	1. Okt. 29
		Rg.	1. Okt. 27
392	Seibel Friedrich	Nürnberg	1. Okt. 29
		StA.	1. Okt. 27
393	Seifert Hans Dr.	Coburg	„
394	Voll Gustav Dr.	Reichenhall	1. Okt. 29
		StA.	1. Juni 28
		Rang	1. Okt. 27
395	Möhring John (1920)	Lauf	1. Nov. 27
396	Weiß Karl	Wasserburg	„
397	Royackers Richard	Osterhofen	„
398	Lehmann Walter Dr. (1920)	Homburg	„
399	Buchner Otto Dr.	München	1. Aug. 29
		StA.	1. Dez. 27
400	Theobald Fritz	Rodach	1. Dez. 27
401	Stroebele Paul (1921)	Griesbach	1. Jan. 28
402	Keller Heinrich	Pirmasens	1. Okt. 29
		StA.	1. Febr. 28
403	Kempf Hans	Hofheim	16. März 28
404	Vetter Anton Dr. (1922)	Höchstadt a. A.	„
405	Geiger Theodor Dr. (1922)	Freyung	„
406	Fensterer Rudolf (1922)	Neustadt a. S.	1. Mai 28
407	Plößl Albert (1921)	Schrobenhausen	1. Nov. 28
408	Wölzl Robert Dr.	München	1. Dez. 28
409	Petschner Georg Dr. (1922)	Coburg	1.Dez.28
410	Fensterer Otto (1923)	Grafenau	„
411	Winkler Karl Dr. (1923)	Obermoschel	„
412	Holzer Heinrich (1922)	Dingolfing	1. Jan. 29
413	Fröhlich Joh. Bapt. (1922)	Landau a. I.	„
414	Haberdasch Alb. Dr.	Neuburg a. D.	„
415	Kollmann Wilhelm (1914)	Haßfurt	1. Febr. 29
416	Hirt Ernst Dr. (1923)	Gunzenhausen	1. März 29
417	Stephanus Heinrich Dr. (1923)	Berchtesgaden	1. April 29
418	Kastner Ludwig Dr. (1922)	Pfaffenhofen	1. Juni 29
419	Schmucker Max	Landshut	„
420	Meyer Franz Dr. (1923)	Trostberg	1. Juli 29
421	Pemsel Heinrich Dr. (1922)	Stadtamhof	1. Aug. 29
422	Rudolph Werner Dr.	Mellrichstadt	1. Okt. 29
423	Adlhoch Karl	Nürnberg	„
424	Wagner Hans (1924)	Neustadt W./N.	„
425	Tischbein Oskar	Kusel	1. Dez. 29
426	Keiler Karl Dr. (1923)	Marktheidenfeld	„

e) Amtsanwälte im Hauptamte.

1	Dusold Johann	Grafenau (Regen)	1. Okt. 12
		AGSekr.	15. Febr. 01
2	Feuerbach Anselm	Lindau (Weiler-Lindenberg)	15. Febr. 19
3	Etlinger Friedrich	Weiden (Neustadt W./N. und Vilseck)	16. Dez. 21
4	Zapp Fritz	Grünstadt	1. Juni 23
5	Söhnlein Hans	Lauf (Hersbruck)	1. März 27
6	Wagner Karl	Kandel	16. März 27
7	Maginot Georg Dr. (Gschl.)	Pirmasens (Dahn und Waldfischbach)	1. April 27
8	Zwink Anton Dr.	Kronach	"
9	Steinhauser Xaver	Tölz (Tegernsee)	16. April 27
10	Ettmüller Max	Aichach (Schrobenhausen)	1. Juni 27
11	Kempf Wilhelm Dr.	Pirmasens (Dahn und Waldfischbach)	1. Okt. 27
12	Pfister Karl Dr.	Donauwörth (Wertingen u. Monheim)	"
13	Quinat Moritz Dr.	Reichenhall (Berchtesgaden)	"
14	Reindl Anton	Ebersberg (Wasserburg)	1. Dez. 27
15	Kugler Eugen	Rosenheim (Prien)	"
16	Zinser Georg Dr.	Neumarkt a. d. Rott (Vilsbiburg und Eggenfelden)	1. Jan. 28
17	Schneider Vinzenz Dr.	Kirchheimbolanden (Winnweiler)	1. Febr. 28
18	Graml Lorenz Dr.	Schwandorf (Nabburg u. Neunburg vorm Wald)	16. März 28
19	Voegeli Fritz Dr.	Dürkheim	1. April 28
20	Kaiser Ludwig Dr.	Forchheim (Ebermannstadt u. Höchstadt a. d. Aisch)	1. Mai 28
21	Multerer Alois Dr.	Gemünden (Karlstadt und Lohr)	16. Mai 28
22	Samhaber Wendt	Weilheim (Garmisch)	1. Juni 28
23	Brimer Anton Dr.	Neustadt a. d. Saale (Königshofen, Mellrichstadt u. Münnerstadt)	1. Juli 28
24	Beutner Richard Dr.	Vilshofen	1. Nov. 28
25	Bexen Karl Dr.	Obermoschel (Rockenhausen)	1. Dez. 28
26	Heindle Hans Dr.	Wolfstein (Lauterecken u. Otterberg)	"
27	Mulzer Joseph Dr.	Dingolfing (Landau a. Isar)	1. Jan. 29
28	Baumeister Ludwig Dr.	Straubing	"
29	Munzinger Hermann Dr.	Kaiserslautern	"
30	Foell Heinz	Frankenthal	"
31	Schönberger Vitus	Traunstein	"
32	Mengele Karl Dr.	Hof	"
33	Oegg Ludwig	Aschaffenburg	"
34	Höhn Alfred Dr.	Erlangen (Herzogenaurach)	"
35	Trabert Karl Dr.	Amberg	"
36	Erhard Albert Dr.	Haßfurt (Hofheim u. Eltmann)	1. Febr. 29
37	Mayer Alfons Dr.	Landshut	"

38	Krumbholtz Karl	Bayreuth	1. März 29
39	Eckerle Karl Dr.	Kempten	„
40	Wachinger Walther	München I	„
41	Sauermann Karl Dr.	Bamberg	1. April 29
42	Buchwald Steph. von Dr.	Ludwigshafen	„
43	Giel Ulrich (Geschl.)	Neustadt a. d. Haardt (Edenkoben)	„
44	Schmid Otto	Landsberg (Schongau)	„
45	Wachter Leo Dr.	Kaiserslautern	1. Juni 29
46	Frey Otto	Frankenthal	„
47	Lippold Ludwig Dr.	Coburg	1. Juli 29
48	Ochsenreiter Anton Dr.	Erding	1. Aug. 29
49	Emmert Ernst Dr.	Pfaffenhofen (Geisenfeld und Dachau)	„
50	Mattinger Wilhelm Dr.	Ingolstadt	„
51	Frauenknecht Gustav Dr.	Deggendorf	„
52	Brehm Rudolf	Bamberg	„
53	Meister Heinrich Dr.	Stadtamhof (Burglengenfeld und Regenstauf)	„
54	Jacob Otto	Speyer	1. Okt. 29
55	Hagen Robert Dr.	Rothenburg ob der Tauber (Uffenheim u. Windsheim)	„
56	Thanner Anton	Füssen (Markt Oberdorf)	„
57	Maurer Otto	Ludwigshafen a. Rh.	„
58	Seither Karl Dr.	Neustadt a. d. Haardt (Edenkoben)	„
59	Stößer Edmund	Bergzabern	1. Dez. 29
60	Heinrich Artur	Germersheim	„

f) Gerichtsassessoren.

(Geordnet nach dem Prüfungsjahre).

1	Helm Artur	StA. München I	1. Nov. 29
2	Lintz Emil Dr.	StA. Nürnberg	„
3	Englert Kurt	AG. Osterhofen	1. Okt. 29 1. April 29
4	Mork Heinrich	StA. Memmingen	1. Nov. 29
5	Neubig Otto Dr.	AG. Aichach	1. Okt. 29 1. Sept. 28
6	Ruttmann Karl Dr.	AG. Rosenheim	1. Febr. 29
7	Schlund Georg Dr.	StA. Schweinfurt	1. Okt. 29 1. Jan. 29
8	Steinecker Julius Dr.	AG. Starnberg	1. Juli 29 1. Aug. 28
9	Geiger Hans	AG. Gemünden	1. Aug. 29
10	Thüring Fridolin	StA. Fürth	1. Okt. 29
11	Simon Ludwig	StA. Würzburg	1. Okt. 29
12	Haßelberger Hans	AG. Günzburg	1. Aug. 29 1. Mai 29
13	Engert Georg Dr.	StA. Bamberg	1. Nov. 29
14	Bezold Otto	AG. Fürstenfeldbruck	1. April 29 1. Febr. 29
15	Berr Sigmund	AG. München	1. Aug. 29 1. Mai 29
16	Then Alois	AG. Aschaffenburg	1. Mai 29 1. Febr. 29

17 Grüb Joseph Dr.	AG. Kronach	1. Mai 29
		1. Febr. 29
18 Ohly Herbert Dr.	AG. Erlangen	1. Aug. 29
		1. Mai 29
19 Reubold Hans Dr.	AG. Garmisch	1. Okt. 29
		16. Mai 29
20 Krumbacher Albert Dr.	AG. Tölz	1. Aug. 29
		1. Febr. 29
21 Brandl Franz Dr.	StA. Augsburg	1. Okt. 29
		16. Mai 29
22 Kram Oskar	AG. Ludwigshafen	1. Juni 29
		1. Mai 29
23 Pfab Rudolf	StA. Deggendorf	1. Okt. 29
		1. Juni 29
24 Mayr Franz	AG. Bamberg	1. Okt. 29
		1. Juli 29
25 Büttner Heinrich Dr.	StA. Regensburg	1. Okt. 29
26 Heiler Hans Dr.	OLG. Zweibrücken (verw. b. StA. Kaiserslautern)	1. Okt. 29
27 Meindel Fritz	AG. Dachau	1. Okt. 29
28 Bruckmayer August	AG. Hofheim	„
29 Gratzl Heinrich	AG. Neu-Ulm	„
30 Findl Simon	AG. Wegscheid	1. Nov. 29
31 Braun Karl Dr.	StMin. der Justiz	1. Okt. 29
32 Grüber Hans	„ „	„
33 Bayr Erasmus	„ „	„
34 Gelbert Karl	Generalstaatsanwaltsch.	„
35 Rösch Walter Dr.	StA. München II	„
36 Leonhard Oskar Dr.	LG. Ansbach	„
37 Knapp Ludwig Dr.	LG. München I	„
38 Leikert Friedrich	Zuchthausdir. Straubing	„
39 Prager Kurt Adolf Dr.	GefAnst. Amberg	„
40 Graf Ludwig	StA. Traunstein	1. Nov. 29

V. Liste. A.

Hauptamtliche Richter der Arbeitsgerichte München und Nürnberg.

1 Müller Georg Dr., Amtsgerichtsdirektor	Nürnberg (Dienstaufsicht)	1. Juli 27
2 Lieb Franz Dr., Amtsgerichtsdirektor	München (Dienstaufsicht)	1. Jan. 29
3 Gift Hugo, Oberamtsrichter mit Titel u. Rang eines Amtsgerichtsrats	München	1. Juli 27
4 Herold Karl Dr., Oberamtsrichter	Nürnberg	„
5 Gröber Max Dr., Amtsrichter mit Titel u. Rang eines Oberamtsrichters	München	„
6 Müller Edm. Martin, Amtsrichter m. Titel u. Rang eines Oberamtsrichters	München	1. März 29
		1. Nov. 18
7 Pitzer Eugen Dr., Amtsrichter	Nürnberg	1. Juli 27
		16. Nov. 19
8 Kausen Joseph Dr., Amtsrichter	München	1. Juli 27
9 Biebl Eugen, Amtsrichter	München	1. Juni 28
		1. Dez. 26
	StA.	1. März 25

VI. Liste.

Notare.

(Geordnet nach dem Dienstalter.)

1	Böck Anton, JR.	München VI	24. Dez. 86
2	Hellmaier Jos., Geh. JR.	München VII	8. Juni 89
3	Franzreb Jakob, JR.	Waldfischbach	19. Okt. 90
4	Herrmann Friedr., JR.	Nördlingen	12. Aug. 91
5	Baumeister Joseph, JR.	Donauwörth I	1. Febr. 92
6	Mayr Franz, JR.	Wertingen	26. Febr. 92
7	Zimmermann Ant., JR.	Mitterfels	4. März 92
8	Hauck Mich., JR.	Schweinfurt I	1. Juli 21
		DA.	1. April 92
9	Baumann Rudolf, JR.	Füssen	16. April 92
10	Praun Theod. Dr., JR.	Regensburg III	16. Dez. 92
11	Roesen August, JR.	Miesbach	1. März 93
12	Pündter Franz Dr., Geh. JR.	München XIII	16. Sept. 93
13	Braun Jakob, JR.	Günzburg	„
14	Dengler Michael, JR.	Stadtamhof	16. Juli 94
15	Eggerking Karl, JR.	Augsburg I	16. Okt. 94
16	Hausladen Georg, JR.	Altötting	16. Nov. 94
17	Mayer Eduard, JR.	Straubing I	16. Mai 95
18	Haderlein Joseph, JR.	Hengersberg	1. Sept. 95
19	Wittmann Franz Xaver, JR.	Nürnberg II	„
20	Hörmann Franz Xaver, JR.	Starnberg	25. Sept. 95
21	Grimm Robert, JR.	Fürstenfeldbruck	11. Dez. 95
22	Weinmann Max, JR.	München XIV	16. Dez. 95
23	Oehl Joseph, JR.	Nürnberg I	20. Dez. 95
24	Straßer Adolf, JR.	Bamberg II	1. Febr. 96
25	Tessari Alfred, JR.	Aibling	16. März 96
26	Reiser Joseph, JR.	Winnweiler	28. Mai 96
27	Hindelang Joseph, JR.	Wasserburg	16. Juni 96
28	Eigner Joseph, JR.	Moosburg	„
29	Burkart Franz, JR.	Buchloe	1. März 97
30	Böhm Georg, JR.	München XII	„
31	Hubbauer Otto, JR.	Landsberg II	9. Juni 97
32	Billing Christian, JR.	Ebersberg	1. Okt. 97
33	Krafft Wilhelm, JR.	Viechtach	26. Okt. 97
34	Bott Anton, JR.	Mallersdorf	1. Nov. 97
35	Brenner Werner, JR.	Garmisch	1. Jan. 98
36	Braun Johann, JR.	Krumbach I	16. März 98
37	Lösch Friedrich, JR.	München I	1. April 98
38	Graf Eugen, JR.	Landau a. I.	„
39	Rühl Ernst, JR.	Weiden	16. Mai 98
40	Knirlberger Joseph, JR.	Sonthofen	1. Juli 98
41	Schuh Joseph, JR.	Kaufbeuren	31. Juli 98
42	Wehgartner August, JR.	Amberg I	16. Aug. 98
43	Rupprecht Friedrich, JR.	Neustadt a. H. I	„
44	Bauschinger Emil, JR.	Landshut I	1. April 99
45	Loewi Rudolf Dr., JR.	Bamberg III	16. April 99
46	Böckler Friedrich, JR.	Kitzingen	1. Sept. 99
47	Morgott Johann, JR.	Eggenfelden	16. Okt. 99
48	Bayer Georg, JR.	Kempten II	„
49	Vogler Franz, JR.	Kronach	1. Nov. 99

50	Gruber Maximilian, JR.	Griesbach	16. Okt. 99
51	Marx Siegfried Dr., JR.	Neustadt a. H. II	16. Nov. 99
52	Lehner Ludwig JR.	Neumarkt Opf.	16. Dez. 99
53	Regnier Julius, JR.	Aichach I	1. Jan. 00
54	Bunk Leonhard, JR.	Schwabmünchen	„
55	Hennecke Ferdinand, Geh. JR.	Traunstein	„
56	Reinhardt Karl, JR.	Aschaffenburg I	„
57	Selzer Julius, JR.	Annweiler	15. Febr. 00
58	Meiche Karl, JR.	Lauingen	„
59	Kreitner August Dr., JR.	Sulzbach	„
60	Popp Ludwig Dr., JR.	Kulmbach	„
61	Glasl Anton, JR.	Mühldorf	„
62	Winkelbaur Joseph, JR.	Neustadt a. A.	„
63	Eyermann Konrad Dr., JR.	Hof I	„
64	Mantler Max, JR.	Freising I	„
65	Wunderl Karl, JR.	Würzburg III	„
66	Mauter Aquilin, Geh. JR.	Würzburg V	1. März 00
67	Wernhard Andreas, JR.	Mainburg	1. April 00
68	Wöckel Friedrich, JR.	Memmingen I	1. Mai 00
69	Seitz Anton, JR.	Geisenfeld	1. Juni 00
70	Weidhofer Ludwig, JR.	Ochsenfurt	16. Juni 00
71	Weinkamm Johann, Geh. JR.	Augsburg II	1. Jan. 06
		AR.	1. Okt. 00
72	Thiel Friedrich, Geh. JR.	Nürnberg III	16. Okt. 00
73	Brunner Hans, JR.	Gunzenhausen	„
74	Donsberger Johann, JR.	Dingolfing	„
75	Gabler Gustav, JR.	Kötzting	„
76	Goller Georg, JR.	Deggendorf	1. Juni 21
		DA.	16. Okt. 00
77	Eixenberger Franz, JR.	Ingolstadt II	1. Nov. 00
78	Marschall Franz, JR.	München IV	16. Nov. 00
79	Eckel Georg, JR.	Rothenburg o. T.	1. Dez. 00
80	Mohr Ulrich, JR.	Neu-Ulm	1. Jan. 01
81	Hartig Karl Michael, JR.	Kissingen	„
82	Förster Emil, JR.	München XI	„
83	Kohlhaas Franz, JR.	Neuburg a. D.	1. Mai 01
84	Schroder Franz, JR.	Regensburg II	„
85	Mayer Ferdinand, JR.	Ottobeuren	16. Nov. 01
86	Schaupp Georg, JR.	Furth i. W.	16. April 02
87	Engert Franz, JR.	Würzburg IV	„
88	Brügel Karl, JR.	Weilheim	1. Mai 02
89	Frisch Ludwig, JR.	Dürkheim I	16. Juli 02
90	Graßmann Ludwig, JR.	Lindau	1. Okt. 02
91	Ficht Wilhelm, JR.	Bayreuth I	1. Nov. 02
92	Röser Karl, JR.	Scheinfeld	16. Dez. 02
93	Sommer Julius, JR.	Rosenheim I	„
94	Grimm Artur, JR.	Passau III	„
95	Baum Georg, JR.	Blieskastel	1. Jan. 03
96	Kraft Bernhard, JR.	Marktheidenfeld II	„
97	Richter Julius, Geh. JR.	München XVI	1. April 03
98	Scharberg Johann, JR.	Immenstadt	1. Juli 03
99	Bub Michael, JR.	Würzburg I	„
100	Rein August, JR.	Staffelstein	1. Aug. 03
101	Stapf Wilhelm, JR.	Altdorf	„
102	Haun Georg, JR.	Vilsbiburg	1. Okt. 03

103	Metzger Gottlieb, JR.	Weißenburg	1. Okt. 03
104	Humbert Karl, JR.	Dürkheim II	1. Nov. 03
105	Schieder Heinrich, Geh. JR.	Kempten I	1. März 04
106	Rheinheimer Eugen Dr., JR.	Landau I	16. Mai 04
107	Steinbach Ludwig, JR.	Schweinfurt II	16. Juli 04
108	Schad Karl Dr., Geh. JR.	München V	„
109	Erdl Andreas, JR.	Dillingen	16. Aug. 04
110	Gundelwein Friedrich, JR.	Landau i. Pf. III	1. Nov. 04
111	Donle Ernst, JR.	Wunsiedel	„
112	Walter Hugo Dr., JR.	München XV	1. Jan. 05
113	Hebendanz Joseph, JR.	Höchstadt a. A.	25. Jan. 05
114	Goß Joseph, JR.	Rottenburg	1. Juni 05
115	Gebhard Hermann, JR.	Lauf	„
116	Putz Wilhelm, JR.	Trostberg	„
117	Götzelmann Ferdinand, JR.	Ansbach II	„
118	Adam Heinrich, JR.	Rosenheim II	16. Juni 05
119	Schätz Georg, JR.	Uffenheim	1. Dez. 05
120	Stadlbaur Wilhelm, JR.	Würzburg II	16. Jan. 06
121	Reiß Frz. Xav., JR.	Weiler-Lindenberg	16. März 06
122	Reichl Jakob, JR.	Vilshofen	25. Mai 06
123	Roth Eugen, JR.	Frankenthal I	„
124	Gerheim Ludwig, JR.	Kandel I	30. Mai 06
125	Löhe Hans Dr., JR.	Fürth II	25. Juni 06
126	Bourier Adolf, JR.	München VIII	30. Juli 06
127	Kapfhamer Moritz, JR.	Schongau	30. Aug. 06
128	Loder Martin, JR.	Weißenhorn	1. Okt. 06
129	Reiser Heinrich, JR.	Bergzabern I	12. Okt. 06
130	Kistenfeger Friedrich Joseph, JR.	München III	30. Dez. 06
131	Kronberger Karl Dr., JR.	München IX	„
132	Binder Joseph JR.	Cham	1. Juli 07
133	Griesbeck Franz Xaver, JR.	Hilpoltstein	1. Okt. 07
134	Acher Andreas, JR.	Markt Oberdorf	1. Okt. 07
135	Rösch Max, JR.	Simbach	30. Dez. 07
136	Helfrich Ludwig, Geh. JR.	Ludwigshafen II	„
137	Stubenrauch Wilh. Dr. Ritter und Edler von, JR.	Kipfenberg	„
138	Hippler Heinrich, JR.	Regensburg I	30. Mai 08
139	Löffl Karl, JR.	Prien	30. Juni 08
140	Spatze Wilhelm, JR.	Schwabach	„
141	Hilz Franz Xaver, JR.	Kaiserslautern III	„
142	Dorfmüller Theodor, JR.	Passau I	30. Sept. 08
143	Heß Heinrich, JR.	München II	30. Sept. 08
144	Feichtinger Eugen Dr., JR.	Eichstätt	30. Nov. 08
145	Zech Raimund, JR.	Höchstädt a. D.	„
146	Mayer Ferdinand, JR.	Fürth I	„
147	Müller Philipp, JR.	Speyer III	30. März 09
148	Zimpelmann Wilhelm, JR.	Landau i. Pf. IV	16. Juni 09
149	Jacob Franz, JR.	Schrobenhausen	„
150	Rid Max, JR.	Miltenberg	21. Juli 09
151	Schmitt Franz, JR.	Hollfeld	30. Juli 09
152	Hagenburger Adam, JR.	Neustadt a. H. III	1. Okt. 09
153	Haselberger Joseph, JR.	Erding	16. Nov. 09
154	Reichold Karl, JR.	Pfaffenhofen	30. Nov. 09
155	Barthelmä Karl, JR.	St. Ingbert	1. Jan. 10
156	Sailer Ludwig, JR.	Landshut II	16. Jan. 10
157	Wolffing Jakob Dr., JR.	Pirmasens III	1. März 10

158	Leiling Otto, JR.	Pirmasens I	16. April 10
159	Linder Otto, JR.	Augsburg III	30. Mai 10
160	Adelmann Franz, JR.	Tegernsee	1. Nov. 10
161	Hauck Wilhelm, JR.	Brückenau	1. Mai 11
162	Bickert Armin Dr., JR.	Nürnberg V	„
163	Meyer Berthold, JR.	Kaiserslautern I	1. Juli 11
164	Schmitt Gottfried, JR.	Lohr	„
165	Schröppel Leonhard, JR.	Alzenau	1. Aug. 11
166	Herbst Joseph, JR.	Riedenburg	1. Nov. 11
167	Keller Georg, JR.	Haßloch	1. Jan. 12
168	Kolb Otto, JR.	Bogen	1. April 12
169	Becker Wilhelm Dr., JR.	Ludwigshafen I	„
170	Wagner Emil, JR.	Türkheim	31. Mai 12
171	Keppel Hans JR.	Nürnberg IV	1. Juni 12
172	Schleifer Franz Xaver, JR.	Weismain	„
173	Eckart Theodor, JR.	Neumarkt a. R.	16. Juli 12
174	Schul Joseph, JR.	Lichtenfels	„
175	Pfirmann Ludwig, JR.	Kaiserslautern II	„
176	Rieger Heinrich, JR.	Gräfenberg	31. Juli 12
177	Winkler Franz, JR.	Herzogenaurach	„
178	Horn Karl, JR.	Freising II	1. Aug. 12
179	Keim Julius Dr., JR.	Edenkoben I	16. Nov. 12
180	Wiesinger Hermann, JR.	Dachau	31. Mai 13
181	Wachs Karl, JR.	Hersbruck	1. Juni 13
182	Reinfurt Karl, JR.	Nürnberg VI	30. Juni 1913
183	Dresely Johann, JR.	München X	31. Okt. 13
184	Trau Karl	Reichenhall	16. Dez. 13
185	Becker Friedrich, JR.	Edenkoben II	„
186	Einwag Georg Dr., JR.	Illertissen	31. Jan. 14
187	Versch Adam, JR.	Osterhofen	1. Febr. 14
188	Gabel Alfons, JR.	Vohenstrauß	28. Febr. 14
189	Ebert Lorenz, JR.	Obernburg	16. März 14
190	Kuhr Hans, JR.	Friedberg	„
191	Stiegler Hans, JR.	Ansbach I	1. Okt. 18
		DA.	1. Aug. 14
192	Mendel Anton, JR.	Zweibrücken III	31. Dez. 14
		DA.	1. Aug. 14
193	Dauser August, JR.	Mindelheim	1. Okt. 18
		DA.	1. Aug. 14
194	Roth Heinrich, JR.	Tittmoning	1. Okt. 18
		DA.	1. Aug. 14
195	Vogel Heinrich, JR.	Waldmünchen	1. Okt. 18
		DA.	1. Aug. 14
196	Kastner Lorenz, JR.	Wolfratshausen	16. März 19
		DA.	10. Aug. 14
197	Striebinger Wilhelm Dr., JR.	Deidesheim	10. Aug. 14
198	Aubele Max, JR.	Bamberg I	1. Mai 15
		DA.	10. Aug. 14
199	Reindl Andreas, JR.	Pfarrkirchen	16. Aug. 14
200	Reichold Theodor, JR.	Erlangen	1. Okt. 14
201	Hopf Otto, JR.	Aub	30. Nov. 14
202	Uhl August, JR.	Parsberg	16. März 19
		DA.	1. Jan. 15

203	Budenbender Julius	Frankenthal II	16. März 19
		DA.	1. Jan. 15
204	Silbernagel Otto, JR.	Roding	1. Juni 20
		DA.	1. Jan. 15
205	Hußel Friedrich Dr., JR.	Feuchtwangen	16. März 19
		DA.	1. Jan. 15
206	Schmidbauer Arn. Dr., JR.	Hof II	1. Aug. 19
		DA.	1. Febr. 15
207	Fischer Franz	Pegnitz	16. März 19
		DA.	31. Mai 15
208	Sirl Otto	Zusmarshausen	1. Febr. 17
		DA.	31. Mai 15
209	Delto Karl	Rockenhausen	16. März 19
		DA.	31. Mai 15
210	Zimmermann Heinrich	Amberg II	1. Jan. 19
		DA.	31. Mai 15
211	Schöpperl Karl	Abensberg	31. Mai 15
212	Bühler Franz	Rheinzabern	16. März 19
		DA.	31. Mai 15
213	Bilabel Gustav	Forchheim	16. März 19
		DA.	31. Mai 15
214	Brunner Heinrich	Dettelbach	16. März 19
		DA.	31. Mai 15
215	Gabler Franz Xaver	Hofheim	16. März 19
		DA.	1. Jan. 16
216	Keyl Julius	Bayreuth II	16. März 19
		DA.	1. Jan. 16
217	Paur Heinrich	Dorfen	16. März 19
		DA.	1. Sept. 17
218	Burger Friedrich	Dinkelsbühl	16. März 19
		DA.	1. Sept. 17
219	Striffler Karl	Arnstein	16. März 19
		DA.	1. Sept. 17
220	Wülfert Friedrich	Babenhausen	16. März 19
		DA.	1. Sept. 17
221	Weinmiller August	Haag	1. Sept. 17
222	Kestler Simon	Kelheim	1. Juli 19
223	Gutmann Alfred Dr.	Aschaffenburg II	16. Juli 19
224	Todt Ernst Dr.	Roth	16. Aug. 19
225	Fischer Franz	Gemünden	31. Jan. 20
226	Straus Siegfried	Kirchheimboland. I	1. Febr. 20
227	Schott Johann Nep.	Ellingen	1. Juni 20
228	Demeter Hans	Tirschenreuth	30. Juni 20
229	Decker Otto	Berchtesgaden	31. Juli 20
230	Glonner Karl	München XVII	1. Aug. 20
231	Götz Peter	Straubing II	1. Okt. 20
232	Gérard Adolf Dr.	Ludwigshafen III	1. Nov. 20
233	Hubbauer Ludwig Dr.	Landsberg I	1. Dez. 20
234	Held Sigmund Dr.	Selb	1. Febr. 21

235	Partheymüller Johann	Neustadt a. S.	1. Febr. 21
236	Hoffmann Wilhelm	Hemau	16. April 21
237	Breith Gustav Dr.	Kirchheimbolanden II	1. Juli 21
238	Liebhart Engelbert	Kirchenlamitz	16. Juli 21
239	Prinz Eugen	Kastl	1. Aug. 21
240	Trauth Ludwig	Lauterecken	1. Dez. 21
241	Krempelhuber von Max	Vilseck	1. Febr. 22
242	Fleischmann Joseph	Stadtsteinach	„
243	Vogel Friedrich	Rain	1. Okt. 22
244	Wüst Albert	Grünstadt I	„
245	Krell Bernhard	Volkach	16. Jan. 24
246	Auanger Otto	Burgau	1. Febr. 24
247	Aufhauser Georg Dr.	Oettingen	„
248	Traitteur Ritter von Karl	Waldsassen	„
249	Michel Hermann	Klingenberg	1. Juni 24
250	Edel Alfred Dr.	Grafenau	1. Febr. 25
251	Steinbrecher Herbert	Oberviechtach	1. Febr. 25
252	Rettinger Max	Nittenau	1. April 25
253	Vorbrugg Friedrich	Hammelburg	„
254	Preußner Oskar Dr.	Tölz	1. Mai 28
		AR.	1. Juni 25
255	Lammerz Oskar Dr.	Monheim	1. Nov. 27
		AR.	1. Juni 25
256	Aigster Hans	Naila	1. Juli 25
257	Pfeiffer Richard Dr.	Kandel II	16. Juli 25
258	Vache Julius Dr.	Laufen	1. Aug. 25
259	Eßlinger Franz Michael	Mutterstadt	1. Dez. 25
260	Janker Theodor	Cadolzburg	1. Febr. 26
261	Widmann Otto	Landstuhl II	„
262	Melzer Paul	Neustadt b. Cob.	„
263	Mannhart Max	Kusel II	„
264	Hüther Edmund	Zweibrücken II	„
265	Weiß Georg Dr.	Eschenbach	1. März 26
266	Pfeiffer Karl Dr.	Münchberg	1. Mai 26
267	Stöckhert Emil	Pappenheim	„
268	Reheis Claus	Waldmohr	1. Juni 26
269	Weidenbach Kurt von	Augsburg IV	1. Juli 26
270	Bader Samuel Dr.	Burghausen	„
271	Fuchs Max	Neustadt W./N.	„
272	Leibrock Ludwig Dr.	Bischofsheim	„
273	Edel Joseph Dr.	Wegscheid	16. Okt. 26
274	Bügler Otto	Homburg	1. März 27
275	Nobis Hans	Mellrichstadt	„
276	Gleitsmann Georg Dr.	Germersheim	1. April 27
277	Rück Wilhelm	Wolfstein	1. Mai 27
278	Hilpert Julius	Gerolzhofen	16. Mai 27
279	Stühler Albert Dr.	Königshofen	„
280	Schödel Gottlob	Greding	„
281	Gradwohl Peter	Haßfurt	„
282	Daimer Richard Dr.	Eltmann	1. Juni 27
283	Lang Wilhelm	Regen	1. Sept. 27
284	Sommer Franz	Markt-Erlbach	„
285	Mehler Alfred	Otterberg	1. Dez. 27
286	Rüdinger Richard	Waldkirchen	„
287	Schieck Helmut	Neunburg v. W.	1. Jan. 28

288	Schellerer Hans Dr.	Obergünzburg	1 Jan. 28
289	Schuch Max Dr.	Wörth a. D.	1. Febr. 28
290	Kremer Theodor Dr.	Berneck	1. Mai 28
291	Hieber Hans	Münnerstadt	1. Juni 28
292	Siegel Julius Dr.	Speyer II	1. Aug. 28
293	Wirth Erich Dr.	Werneck	1. Sept. 28
294	Scheidler Michael	Beilngries	"
295	Seidl Hans Dr.	Ludwigsstadt	"
296	Bauer Paul	Nabburg	1. Okt. 28
297	Forster Hans Dr.	Burglengenfeld	1. Nov. 28
298	Ramer Hans Dr.	Windsheim	1. Dez. 28
299	Biebinger Ernst	Dahn	1. Jan. 29
300	Kienle Bernhard Dr.	Karlstadt	"
301	Mayer Erwin Dr.	Göllheim	"
302	Keim Viktor Dr.	Rotthalmünster	1. März 29
303	Scherm Georg Dr.	Kemnath	1. Juni 29
304	Altstötter Ludwig Dr.	Freyung	"
305	Schöll Joseph	Wassertrüdingen	1. Juli 29
306	Dittmar Georg Dr.	Obermoschel	"
307	Knaus Eugen	Herrieden	1. Nov. 29
308	Binapfl Willib. Dr.	Ebern	"
309	Reiß Wilhelm Dr.	Schwandorf	"
310	Sitzmann Franz Dr.	Heilsbronn	"

DA. = Dienstalter.

VII. Liste.

A. Strafanstaltsbeamte:

1. **Aichach** (Zuchthaus und Gefangenenanstalt). (Oberbayern).

Oberregierungsrat:	Oheim Friedrich
Regierungsrat:	Schlager Markus
Kath. Pfarrer:	Kraus Martin
Prot. Pfarrer:	Stark Ernst
Medizinalrat:	Götz Dr. Hermann.
Hauptlehrerin:	Dimpfl Anni

2. **Bernau** (Gefangenenanstalt). (Oberbayern).

Direktoren:	Wirthmann Mich. (Tit. u. Rg.: Oberreg.Rat)
	Loos Michael
Kath. Oberpfarrer:	Müller Michael
Oberlehrer:	Ott Alois

3. **Landsberg** (Gefangenenanstalt u. Festungshaftanstalt) (Oberbayern).

Direktor:	Dreer Wilhelm v. (Tit. u. Rg. Oberreg.Rat)
Regierungsrat:	Wirth Adolf
Kath. Oberpfarrer:	Fleck Johannes
Hauptlehrer:	Haas Otto

4. Laufen (Gefangenenanstalt). (Oberbayern).

Oberregierungsrat:	Reich Philipp
Regierungsrat:	Badum Otmar
Kath. Pfarrer:	— — —
Medizinalrat:	Lechner Klemens Maria Dr. (Tit. u. Rg.: Obermed.-Rat).
Oberlehrer:	Stöhr Adalbert

5. Straubing (Zuchthaus). (Niederbayern).

Oberregierungsrat:	Kohl Franz
Direktor:	Wehrl Fritz
Regierungsrat:	Koch Robert Dr.
Kath. Pfarrer:	Weinzierl Heinrich
Medizinalrat:	Viernstein Theodor Dr. (Tit. u. Rg.: Obermed.Rat)
Oberlehrer:	Oestreicher Ludwig

6. Zweibrücken (Gefangenenanstalt). (Pfalz).

Direktor:	Schröder Friedr. (Tit. u. Rg.: Oberreg.Rat)
Regierungsrat:	Bauer Martin (Tit. u. Rg.: Direktor)
Kath. Pfarrer:	Roth Ferdinand
Prot. Pfarrer:	Bickel Friedrich.
Strafanstaltsarzt:	Grüber Georg Dr.
Oberlehrer:	Mayer Wilhelm

7. Amberg (Gefangenenanstalt). (Oberpfalz).

Direktor:	Haggenmiller Eugen (Tit. u.Rg.: Oberreg.-Rat)
Regierungsrat:	Reitzenstein Hermann Frhr. v. Dr.
Kath. Oberpfarrer:	Schmitt Joseph
Medizinalrat:	Bauernfeind Joh. Dr. (Tit.: Obermed.Rat)
Oberlehrer:	Scherübl Michael

8. Ebrach (Zuchthaus). (Oberfranken).

Oberregierungsrat:	Leybold Otto
Regierungsrat:	Hennermann Iwan
Prot. Pfarrer:	Reinhold Wilhelm
Strafanstaltsarzt:	Singer Alfons Dr. (Tit. u. Rg.: Medizinalrat)
Hauptlehrer:	Opel Johann

9. St. Georgen-Bayreuth (Gefangenenanstalt). (Oberfranken)

Oberregierungsrat:	Forsteneichner Frz.
Regierungsrat:	Harder Alfred (Tit. u. Rg.: Direktor)
Prot. Pfarrer:	Endres Otto
Strafanstaltsarzt:	Ferstl Joseph Dr.
Oberlehrer:	Feistle Max

10. Nürnberg (Gefangenenanstalt). (Mittelfranken).

Oberregierungsrat:	Kahl Otto
Direktor:	Paulus Karl
Regierungsrat:	Luttenberger Otto
Prot. Oberpfarrer:	Popp August
Kath. Pfarrer:	Kaul Johann
Medizinalrat:	— — —
Oberlehrer:	Burkel Hans

11. L i c h t e n a u (Obsorgeamt). (Mittelfranken).

Regierungsrat:	Bachmair Ludwig (T. u. Rg.: Direktor) — Leiter des Amtes —

12. K a i s h e i m (Zuchthaus). (Schwaben).

Oberregierungsrat:	Dörnhoeffer Friedrich
Direktor:	Liebwein Max (Tit. u. Rg.: Oberreg.Rat)
Kath. Oberpfarrer:	Hurst Anton Joseph
Strafanstaltsarzt:	Plattner Karl Dr.
Oberlehrer:	Mikus Ludwig

13. N i e d e r s c h ö n e n f e l d (Gefangenenanstalt) (Schwaben).

Direktor:	— — —
Regierungsrat:	Dicknether Hermann
Kath. Pfarrer:	Kohl Karl
Hauptlehrer:	Gensberger Johann

B. Gefängnisbeamte:

1. M ü n c h e n, Strafvollstreckungsgefängnis.

Direktor:	Langesee Joseph (Tit. u. Rg.: Oberreg.Rat)
Regierungsrat:	Engert Georg
Medizinalrat:	Geißendörfer Leonhard Dr.

2. N ü r n b e r g, Gerichtsgefängnisse.

Direktor:	Hopp Karl
Kath. Pfarrer:	Kinle Karl

3. R e g e n s b u r g, Gerichtsgefängnis.

Direktor:	Baur Franz (Tit. u. Rg.: Oberreg.Rat).

VIII. Liste (Anhang).

Assessoren.

Verzeichnis der mit Erfolg geprüften Referendare (Assessoren).

* in ein früheres Konkursjahr eingereiht.

1926.

A.

Acker Karl Dr.
Alzheimer Alois Dr.
Auer Hugo Dr.
Augstein Karl Dr.

B.

Barth Heinrich
Bauer Max
Baumeister Georg
Bayer Andreas
Beck Gustav
Beisler Karl Herm. Dr.
Bergold Friedrich Dr.
Biebl Eduard*
Biersack Max
Bohlender Eug. Dr.
Bohm Werner
Bott Norbert Dr.
Botzheim Albert Frhr. v. Dr.
Brand zu Neidstein Philipp Frhr. v. Dr.*
v. Brentano di Tremezzo Peter Ant.*
Brunner Karl
Buchwald Steph. v. Dr.

D.

Dachselt Martin Dr.
Denk Jakob*
Denk Julius
Derks Gerhart Dr.
Diemer Jos. Zeno Dr.

E.

Emmert Ernst Dr.
Endreß Werner Dr.
Erffa Margarete Freiin v. Dr.
Etzel Fritz Dr.

F.

Föll Heinz
Forster Willy Dr.
Frank Hans Dr.
Frauenknecht Gust. Dr.
Frucht Konrad Friedr.

G.

Geupel Theodor Dr.
Giel Ulrich
Graml Lorenz Dr.*
Grobe Ludwig Dr.

H.

Hack Albert Dr.
Hanauer Jakob*
Hauck Emil Walther
Hechtel Emil
Hecker Peter
Hegenauer Albert Dr.
Heim Heinrich
Heindle Hans Dr.*
Heinz Richard Dr.
Helm Kurt Dr.
Herf Julius
Heß Gustav Dr.
Hoeltz Gisbert Dr.
Hoffmann Paul*
Homberger Konr. Dr.
Honold Karl
Hummel Joseph

J.

Jacob Otto
Illinger Kurt Dr.
Interschick Rudolf

K.

Keim Viktor Dr.*
Knapp Georg
Kohlenberger Ph. Dr
Kohlmaier Karl
Kreß Kurt Frhr. v.
Kreutzer Willy Dr.
Kühn Heinr. Jul. Dr.
Kuhn Friedrich
Kullmann Wilh. Dr.
Kunkel Paul

L.

Langhaeuser Wilh.
Leibrock Hans Dr.
Lichtenberger Gust.

M.

Mattinger Wilh. Dr.
Mayer Alfons Dr.
Meiler Albert Dr.
Melcher Ludwig Dr.
Mengele Karl
Meß Winfrith Dr.
Meyer Eduard Dr.
Meyer Karl
Modell Hans
Moos Wilhelm Dr.
Mosbacher Ernst
Mühlfriedel Ottmar
Müller Joseph Dr.
Müller Theodor
Multerer Alois Dr.

N.

Naters Edgar Dr.
Neumark Robert Dr.

O.

Oberbrunner Stefan Dr.
Ochsenreiter Anton Dr.

Oegg Ludwig
Ortner Rudolf

P.

Paepke Fritz
Petz Wilhelm v.

R.

Regensburger Fritz Dr.
Rehm Alban Dr.
Reiß Friedrich Dr.
Reitzenstein Rud. Dr.
Risch Otto
Rosenblatt Heinr. Dr.
Ruby Karl Dr.
Rückert Ludwig Dr.*
Rüth Raymund

S.

Saller Joseph
Schmid Joseph Dr.
Schmid Ludwig Dr.
Schmidt Max Dr.
Schmitt Heinz Dr.
Schmitt Hermann Dr.
Schmucker Hans
Schönberger Vitus
Schraut Rudolf
Schreiber Joseph Dr.
Schröder Barthol.*
Schultze Ludwig Dr.
Schwarzkopf Heinr.
Segnitz Herm. v. Dr.
Seiderer Fritz Dr.
Seiß Hans Dr.
Simon Philipp Dr.
Springer Karl Dr.
Starringer Joseph
Staudt Fritz Karl
Stiegler Heinrich Dr.
Stoeckle Alfons Dr.*
Stoeckle Edmund
StrößenreutherH. Dr.
Stromer v. Reichenbach Emil Frhr. v.

T.

Taucher Hermann
Tröger Karl
Troll Anton Dr.

U.

Ulrich Wolfgang Dr.*

V.

Vogt Felix Dr.*

W.

Wachter Leo Dr.
Wachter Ludwig Dr.
Wagner Hans*
Wallenreiter Christ.
Weber Friedrich Dr.
Wedel Max Dr.
Weiß Paul Dr.
WeißauerLudwig Dr.
WinkelmannRud. Dr.
WochingerHans Dr.*
Wreschner Raym. Dr.
Wunderer Wilh. Dr.

X.

Xylander Kurt v.

Z.

Zacherl Friedrich*
Zang Heinrich Dr.
Zimmermann Ludw.*
Zizler Georg Dr.*

1927.

A.

Ankermüller Wilh. Dr.

B.

Barth Adolf Dr.
Bauderer Fritz Dr.
Bechert Karl Dr.
Bechert Rudolf Dr.
Beck Theodor Dr.
Becker Ernst Dr.
Becker Karl
Beer Robert Dr.
Beierlein Karl
Bexen Karl Dr.*
Beyer Andreas Dr.
Biergans Marie Luise Dr.
Böckler Fritz Dr.
Born Heinrich
Brandenstein Alfred
Brandl JosephDr.
Brehm Rudolf
Brinz Arnold
Brückner Lothar
Brückner Wilhelm
Brust Otto Dr.

C.

Cahn Franz Dr.
Graf zu Castell-Castell Konstantin
Chauteaux Paul Dr.
Collofong Ernst Dr.

D.

Dauer Hermann
Denk Julius Dr.
Dietrich Karl
Dinkel Hermann Dr.
Dörfler Fritz Dr.
Dorsch Wolfg. Dr.

E.

Ebersperger Max
Eberth Franz
Edel Emil Dr.
Einwag Hans Dr.
Eisenberger Karl Friedrich
Eisert Georg Dr.
Englert Kurt*
Eschmann Joseph

F.

Fischer Joseph
Fleischmann Paul
Fleischmann Phil. Dr.
Flierl Joseph Dr.
Forstmaier Alfred
Frey Joseph Dr.
Frey Karl Otto
Friedrich Joseph Dr.
Fuchs Friedrich

G.

Geiger Hans
Giel Ulrich*

Göppel Ludwig
Grasegger Joseph
Grimm Fritz Dr.
Großer Ernst Dr.

H.

Haas Wilhelm Dr.
Haeffner Karl
Haffner Hermann Dr.
Hagen Robert Dr.
Hastler Hans Dr.
Hauck Adolf Dr.
Hegele Johann
Heinlein Eduard Valentin
Heinrich Artur
Herzfelder Franz Dr.
Heyer Otto Dr.
Hölzl Joseph
Hümmer Hans Dr.
Hütter Georg

I. J.

Illinger Artur Dr.
Jungwirth Wilhelm*

K.

Kahn Willi I Dr.
Kahn Willy II Dr.
Kastner Ludwig Dr.*
Kempter Rudolf
Klinger Friedr. Dr.
Knapp Georg
Knözinger Max Dr.
Knözinger Otto Dr.
Kobler Franz
Kohlenberger Anton
Kolb Heinrich
Kraus Karl Dr.
Kügle Joseph Dr.
Kuffer Ludwig
Kuhn Max Dr.

L.

Lauth Rudolf Dr.
Leitl Karl Dr.
Levigard Otto Albert Dr.
Limpach Karl*
Limpert Karl Dr.
Lippold Ludwig Dr.
Losgar Joseph Dr.
Lueb Theodor

M.

Malzer Heinrich
Mangold Engelbert
Maunz Theodor Dr.
Maurer Otto
Mayer Fritz
Mayer Richard Dr.
Meister Heinrich Dr.
Meixner Karl Dr.
Memmer Richard
Metz Hans Dr.
Meyer Heinz Dr.
Michel Kurt
Möbus Otto
Moest Karl Dr.
Mühlbauer Karl
Mühlfriedel Otmar
Müller Karl
Müller Wilhelm
Münz Gustav Dr.
Mungenast Alfons

N.

Neubig Otto Dr.
Neumaier Alois Dr.
Neumann Hans
Nörr Sigmund Dr.
Nöth Heinrich

O.

Oberacher Hans Dr.
Obermeier Rudolf
Oehl Eduard Dr.
Oeller Erich Dr.
Oppenheimer Ernst
Oppenheimer Herm.
Osthelder Franz

P.

Pfeiffer Franz Dr.
Pfister Hans
Pletsch Heinrich Dr.

R.

Reh Albin Dr.
ReinemundBrunoDr.
Reinmann Rudolf Dr.
Reiser Ernst Dr.
Reiß Friedrich Dr.
Reiß Thomas Dr.
Retsch Georg Dr.
Riß Karl
Rohnfelder Lorenz Dr.
RosenfeldWerner Dr.
Rudolph Eugen Dr.
Runck Helmuth
Ruttmann Karl Dr.

S.

Saam Ludwig
Saller Joseph
Scharvogel Wilh. Dr.
Schefbeck Otto
Schinagl Walter
Schlund Georg Dr.
Schmid Otto
Schmid Rudolf
Schmitt Artur
Schnabel Karl I
Schnabel Karl II Dr.
Schnappinger Pankr.
SchneebacherTheod.
Schröter Kurt Dr.
Schülein Adolf
Schulhöfer Edith
Schum Ernst
Schuster Ludwig
Schwarz Alfred Dr.
Seifert Friedrich Dr.
Seither Karl Dr.
Sommer HansWalter Dr.
Späth Franz Dr.
Spaett Edmund Dr.
Spiegel Armin
Spindler Richard Dr.
Stein Max Dr.
Steinbacher Karl Dr.
Steinecker Julius Dr.
Steudel Herm. Dr.
Stößer Edmund
Straub Anton Gg. Dr.
Strobel Fritz*

T.

Tauber Fritz Dr.
Thanner Anton

U.

Ullenberger Joseph

V.

Vocke Bernhard Dr.

W.

Waltner Georg Dr.
Wanninger Joseph
Weber Franz Dr.
Weber Oskar Dr.
Weidinger Karl Dr.
Weidner Joseph
Weisbrod Otto Dr.
Weiß Max Dr.
Weißert Georg Dr.
Werle Heinrich
Weynantz Rudolf Dr.
Wiegand Karl Dr.
Winkelmann Heinr.
Wohlhaupter Eugen Dr.

Z.

Zabuesnig Karl von Dr.
Zeilmann Hans.

1928.

A.

Aign Robert
Ammon Wilh. von Dr.
Auhofer Sebastian

B.

Baburger Ernst Dr.
Bachl Helmut Dr.
Baer Fritz Dr.
Bäumler Joseph Dr.
Baier Karl
Baldauf Lothar
Barnickel Georg
Barnickel Hans
Bartz Hans Dr.
Bauer Franz
Bauer Hans Dr.
Berckholtz Walter
Bergtold Rud. Werner Dr.
Bernhard Ludwig
Berr Sigmund
Beßler Hans Dr.
Betz Eugen
Betzl Karl
Beumelburg Paul
Beyer Heinrich
Beyer Siegfried Dr.
Beyer Wilh. Dr.
Bezold Otto
Bleis Joseph Dr.
Böhm Georg
Bollenhagen Herm. Dr.
Bomhard Ernst von
Brandl Franz Dr.
Brandner Friedr. Dr.
Braun Friedr. Dr.
Braun Karl
Braun Wolfgang
Breitschalt Franz Dr.
Breitschalt Wilh. Dr.
Bruckmayer August
Büttner Heinrich Dr.
Burkard Franz.

D.

Dahner Hans
Danzer Fritz
Deckelmann Hans
Dengler Fritz Dr.
Dennler Wilh. Dr.
Diehl Joseph
Dietz Rolf Waldemar Dr.
Dittrich Heinrich Dr.
Dümmler Hans Wilhelm Dr.

E.

Eberhardt Cornelius Dr.
Eder Eugen*
Eder Eugen
Eder Helmuth
Eichhorn Anton Dr.
Eichinger Fritz
Elbert Helmuth
Elsässer Sigm. Dr.
Emig Kurt Dr.
Engel Jakob
Engert Georg Dr.
Eppler Georg Dr.
Erbar Wolfgang Dr.
Erlanger Martin Dr.
Eschenbach Rudolf

F.

Fellner Michael Dr.
Feyock Gg. Jak. Dr.
Fichter Hans Dr.
Findl Simon
Fink Ludwig
Finster Wolfg. Dr.*
Fischer Joseph Dr.
Fleischmann Joseph
Fränkel Karl Dr.
Frey Gustav
Fries Karl
Fries Otto
Fromm Neander Dr.
Fuchs Erwin
Fuchs Friedr. Dr.
Funk Else

G.

Gaab Karl
Geyer Heinrich Dr.
Gielhammer Castulus
Gmach Joseph
Gratzl Heinr. Hans
Griesbeck Norbert
Groß Otto
Grüb Joseph Dr.
Gschwändler Ludw. Dr.
Guilino Helmuth Dr.

H.

Haag Arthur
Hachtel Fritz
Hack Karl
Haeffner Karl Ernst
Haertle Franz Xaver
Hagen Fritz Dr.
Hahn Fritz Dr.*
Hahn Helmuth Dr.
Haindl Hans Dr.
Halbritter Joseph
Hamann Fritz Dr.
Hartl Gregor
Hartung Karl
Haßelberger Hans
Haßfürther Franz
Haßlinger Fritz Dr.
Hasinger Hermann

Hauck Friedr. Xav. Dr.
Hauck Julius
Haunsperger Hans Dr.*
Hausner Joseph Dr.
Heberlein Arthur Dr.
Heim Justus
Hergen Rudolf
Herold Kurt
Herrmann Gottfried
Heuser Ernst
Höfler Christian Dr.
Hofmann Alfred
Hofmann Rudolf
Holper Erich Dr.
Holzinger Fritz Dr.
Hühnlein Karl
Hümmer Heinrich
Hupfauer Wilhelm

J.

Jamin Alfred Dr.
Imhof Wilhelm Dr.
Innerlohner Joseph Hermann
Jörges Edwin Dr.*

K.

Karg Theodor Dr.
Karpf Alfred
Karpf Rudolf
Karpfhammer Hans
Keidel Theodor
Keller Joseph
Kennerknecht Leo
Keßler Alfred
Kießkalt Max Dr.
Kleine Theodor
Klenk Friedr. Wilh. Dr.
Klenner Franz
Klippel Adolf
Köhler Alfred Dr.
Königsberger Arthur Dr.
Kößler Thomas
Kohn Elisabeth Dr.
Kohnstamm Jakob
Kolb Walther
Krafft Fred Dr.
Kram Oskar
Kramer Fritz Dr.
Kraus Erwin Dr.
Kraus Friedr. Anton
Krautbauer Heinrich
Krenzer Gustav
Kroder Armin
Kronenberger Fritz Dr.
Krotten Peter
Krug Georg Dr.
Krumbacher Albert
Kuhn Hermann Dr.
Kuhn Wilh. Hans Dr.

L.

Lauerbach Hermann Dr.*
Lauterbach Erich Dr.
Lehner Joseph
Lehner Michael
Leuchs Gustav
Lindemer Otto
Lingg Anton Jos.
Linmaier Joseph Dr.
Linn Karl Dr.
Luppert Ottmar*
Lutz Hubert

M.

Maisel Hermann
Manz Karl von
Marshall Hans
Mayr Franz
Meindel Fritz
Memmel Hans Herm.
Merckel Gustav
Merkel Hans
Metzger Rudolf Dr.
Michel Albert Dr.
Mies Karl
Miethsam Wilh. Dr.
Mittelmeier Philipp Dr.
Mühldorfer Albert Dr.

N.

Nagel Herbert
Nürnberger Ernst Dr.

O.

Obermeier Michael
Ohly Herbert Dr.
Orth Siegfried Dr.
Oswald Joseph Dr.
Oswald Rudolf Dr.

P.

Packer August
Pellkofer Wilhelm
Pfab Rudolf
v. d. Pfordten German
Pfeiffer Adolf Dr.
Pickel Ernst
Plasch Richard Dr.
Pöll Wolfg. Felix
Popp Ferdinand Dr.

R.

Redenbacher Wilh. Dr.
Reinhardt Herbert Dr.
Reinwald Ignaz Jos.
Reischböck Richard Dr.
Remmler Albert Dr.
Reubold Hans Dr.
Ries Joh. Karl Dr.
Roemer Walter
Röther Hugo
Roth Herm. Martin*
Roth Theodor Dr.
Ruf Andreas

S.

Sauer Peter
Sauermann Karl Dr.*
Sauter Hans Dr.
Savigny Friedr. B. von
Schad von Mittelbiberach Eitel Albr. Dr.
Schaeffer Robert Dr.
Schaum Ludwig Dr.
Schenk Karl
Scherbauer Karl Dr.
Scheuer Willibald Dr.
Schlumprecht Karl
Schmidt-Rüdersdorf Helmuth Dr.
Schmitt Edith Dr.
Schnabl Adolf Dr.
Schoch Hermann Dr.
Schönecker Paul
Schreiber Anton
Schrötter Rupert
Schrüfer Hanns Dr.
Schwalber Joseph Dr.
Schwarzmaier Christine
Schwerdtfeger Rich. Dr.
Schweyer Karl Dr.
Seidel Franz
Seitz Ludwig Dr.

Sippel Wilh. Georg Dr.
Sorg Emil Dr.
Sorger Gerhard
Späth Richard
Spieß Ernst
Steeb Wilh. Th. Dr.*
Steger Wilhelm
Steichele Hans
Steigelmann Wilh. Dr.
Steinling Friedrich Frhr. von
Stenger Alfons Dr.
Stilz Richard
Strauß Alfred Dr.
Strauß Rupprecht
Stummer Julius Dr.

T.

Teuchert Friedrich Frhr. von
Then Alois
Thieme Hans
Thorsen Richard
Thüring Fridolin*
Traeger Bruno Dr.
Trendel Ludwig

U.

Uhlemayr Günther
Ulrich Stefan Dr.
Ungerer August Dr.

V.

Vocke Karl Friedrich Dr.
Vogel Erich

W.

Wagner Paul*
Wambsganz Friedr.
Weber Franz
Weber Joseph Dr.
Weidenslaufer Theodor Dr.
Weinerth Kurt Ernst Dr.
Weininger Georg
Weinkamm Otto
Weinkauff Ludwig
Weisbrod Wilhelm Dr.
Weishaupt Ludwig
Weiß Fritz Dr.
Weißauer Adolf Dr.
Wild Wilhelm Dr.
Will Karl
Winkelmann Alfr. Dr.
Winter Friedr. Dr.
Würfel Georg Dr.
Wunderer Richard Dr.

Z.

Zapf Wilh. Hugo Dr.
Zirkel Gottfried Dr.
Zoller Hugo Dr.*

1929.

A.

Altmann Hans Dr.
Auer Heinrich Dr.
Augsberger Hans Dr.
Aumüller Gustav

B.

Bachmayer Theodor Dr.
Ballreich Hans Dr.
von Bary Sigmund
Bauer Joseph
Bayr Erasmus Dr.
Behr Hans
Berchtold Karl
Bergmann Georg Franz Dr.
Boehm Theobald
Bogendörfer Eugen
Bohley Erich Dr.
Bomhard Hans von
Braun Karl Theod. Dr.
Breibeck Max Dr.
Breitenbach Bruno Dr.*
Brein Walter
Brügel Bernhard
Brüschwien Heinrich
Buff Hermann Dr.
Burkhardt Fritz Dr.

D.

Daenner Walter Dr.
Daum Bruno
Decker Maximilian Dr.
Degen Wilhelm
Deisenhofer Alfred
Deisenhofer August
Derks Hermann Dr.
Drumm Adolf Dr.

E.

Eckert Johannes
Ederer Lorenz
Egger Alois
Ehehalt Karl*
Eidloth Georg
Eldracher Anton
Enders Paul
Endres Anna
Engelbrecht Adolf Dr.
Engelhardt Karl Dr.
Erdmann Paul A. Dr.
Essig Gottfried Dr.*

F.

Ferber Karl Jos. Dr.
Fey Max Dr.
Fiedler Paul Dr.
Fischer August
Fischer Heinrich Dr.
Fleischmann Ludwig
Flickinger Adolf Dr.
Förg Wilhelm Dr.
Fraas Hans
Freudling Fritz Dr.
Frick Waldemar Dr.
Friedmann Stefan Dr.
Friedrich Alois Dr.
Friedrich Otto Dr.
Fuchs Alois Dr.
Fuchs Carl Dr.

G.

Gabler Otto Dr.
Gäbhard Erich Dr.
Ganßer Karl Dr.
Gasteiger Anton
Geh Joseph Dr.

Geiger Adam
Geiling Friedrich
Gelbert Karl
Giegold Karl Dr.
Götz Joseph
Graf Ludwig
Graß Adolf Dr.
Griffel Anton Dr.
Groß Richard Dr.
Grüber Hans Arnulf
Grundler Kurt Dr.

H.

Haas Alban Dr.
Haas Ludwig Dr.
Haege Hans
Hahn Joseph Dr.
Hahn Werner Dr.
Harster Wilhelm Dr.
Hauber Richard
Haus Heinrich
Hauth Theodor
Heberlein Kurt
Hegel Alfred
Heiler Hans Dr.*
Hein Hans
Heinemann Alfons Dr.
Heitzer Sebastian Dr.
Held Justin Dr.
Held Oskar Dr.
Hellmann Karl Friedr. Dr.
Helm Arthur*
Hemmer Fritz Dr.
Henn August Dr.
Herbst Robert Dr.
Herrlich Albert Dr.
Hertlein Heinrich Dr.
Heßlein Walter Dr.
Hiltner Hermann Dr.
Hoeglauer Alfred Dr.
Hoepfel Christian
Hörchner Fritz
Hösl Rudolf Dr.
Hoffmann Friedrich
Holz Adam
Hopfenmüller Hugo Dr.
von Hoven Werner Dr.

J.

Jauder Kurt Dr.
Jftner Oskar Dr.
Jüngling Max Dr.

K.

Kaeferlein Alfred Dr.
Kaeferlein Erich Dr.
Kämpf Alfred
Kahr Emil Dr.
Kalb Georg Dr.
Kelch Wilhelm
Kerber Ernst Richard
Kilchert Wilhelm
Klein Heinrich Dr.
Knapp Ludwig Dr.
Knipser Friedrich Dr.
Kögerl Joseph
Kramel Angelo
Krauß Otto Heinrich
Kreß Georg Frhr. von
Krieger Karl Dr.
Küfner Rudolf Dr.
Kühlmann Hermann
Kuën Theodor Dr.

L.

Lackerbauer Karl Dr.
Lang Fritz Dr.
Laußer Hans Dr.
Lecb Hermann Dr.
Leikert Friedrich
Leonhard Oskar Dr.
Lettenbauer Ludwig
Levi Richard Dr.
Lintz Emil Dr.
Lochner Georg Dr.
Loenicker Gustav Dr.
Loritz Alfred
Luckas Hermann Dr.
Lutter Michael Dr.

M.

Manigold Walter Dr.
Mathieu Richard
Mayer Karl Dr.
Mayer Ludwig Dr.
Merk Ernst Dr.*
Meuschel Hans Dr.
Mittelbach Richard Dr.
Mittenzwei Ludwig
Mögele Alois Dr.
Mork Heinrich *
Mühlhaus Hermann Dr.
Müller Adolf Dr.
Müller Kurt

N.

Nusch Wilhelm

O.

Oeftering Heinz
Oppel Werner
Ostermaier Rob. Dr

P.

Patutschnick Heinr.
Paulus Adolf
Paulus Rudolf
Pechmann Fritz Freiherr von Dr.
Pfalzgraf Rudolf Dr.
Pölcher Fritz
Pollmann Karl Dr.
Popp Theodor Dr.
Prager Konrad Dr.
Prager Kurt Adolf Dr.
Probst Erich

R.

Rasberger Anton *
Rauschmayr Joseph
Reffler Wilhelm Dr.
Regnier Ferdinand Dr.
Reich Kurt Dr.
Reinach Franz Dr.
Reiner Klemens
Reiter Anton Dr.
Rieger Fritz Dr.
Riehl Joseph
Ritter Hanns Dr.
Rixius Erich Dr.
Roedel Aug. Wilh. Dr.
Rösch Walter Dr.
Roesen Karl *
Rosenbauer Herm. Dr.
Roth Fritz Dr.
Rothhaas Adolf
Rottler Bernhard
Rubner Walter
Ruhland Alois Dr.
Rutz Wilhelm

S.

Saelzler Albert
Sailer Joseph Leop.
Saller Friedrich Dr.
Sambeth Fritz
Schiller Heinrich
Schilling Theodor
Schleich Botho Dr.
Schmid Herbert Dr.
Schmidhuber Ernst Dr.

Schmidinger Hans
Schmidt Christian
Schmidt Karl Dr.
Schmidt Sigismund Dr.
Schmidt Viktor
Schneider Hans Dr
Schneider Joseph Dr
Schneider Kuno Franz
Schneider Willibald Dr.
Schnorr von Carolsfeld Ludwig Dr.
Schönberger Emeran
Schrötter Kurt
Schropp Otto Dr.
Schütz Ludwig
Schultheiß Walter Dr.
Schum Hermann
Schwaiger Kajetan Dr.
Schwaiger Rupert Dr.
Schweitzer Karl
Senft Georg
Seyschab Rudolf
Sievers Wilhelm Dr.
Simon Ludwig*
Sölch Heinrich
Sommer Willy Dr.
Spaett Georg
Sparrer Joseph
Spies Albert Dr.*
Stein Kurt Dr.
Steiner Franz Dr.
Steinkohl Georg Dr.
Stoffels Hermann
Stoll Werner Dr.
Straßer Albert
Straßner Robert
Straus Bernhard
Strauß Erich Dr.
Strebelow Hans Dr.
Stützel Fritz
Süßkind-Schwendi Alex Frhr. von

T.

Teicher Hans Kurt
Teufl Max Leo Dr.
Thürauf Herm. Dr.
Trabert Rudolf Dr.
Tschurtschenthaler Karl Dr.

U.

Umlauf Wilhelm Dr
Unckrich Walter
Unger Georg
Unsinn Franz
Utz Hans Dr.
Utz Max

V.

Volkheimer Otto

W.

Wachtel Lothar Dr.
Weckler Karl
Wegner Otto Dr.
Weis Richard Dr.
Weishäupl Joseph Dr.
Wenz Friedrich Dr.
Wertheimer Fritz
Wettemann Hermann
Wichmann Hans Gg. Dr.
Wiesmeier Arthur
Wimmer Joseph
Winkler Ludwig Dr
Wölfel Hans
Wolf Peter
Wündisch Konrad
Würdinger Hans Dr.

Z.

Zehelein Ferdinand
Zeis Karl
Zeitler Philipp Dr.
Zenglein Heinr. Dr.
Zoller Max

IX. Notariatskammern.

I. Notariatskammer München:

1. Geheimer Justizrat Joseph Hellmaier in München, Vorsitzender; 2. Justizrat August Roesen in Miesbach, stellvertretender Vorsitzender; 3. Justizrat Adolf Bourier in München, Schriftführer; 4. Justizrat Artur Grimm in Passau, stellvertretender Schriftführer; 5. Geheimer Justizrat Julius Richter in München; 6. Geheimer Justizrat Dr. Karl Schad in München; 7. — — —; 8. Justizrat Joseph Haderlein in Hengersberg; 9. Justizrat Emil Bauschinger in Landshut.

II. Notariatskammer Zweibrücken:

1. Geheimer Justizrat Ludwig Helfrich in Ludwigshafen, Vorsitzender; 2. Justizrat Dr. Wilhelm Becker in Ludwigshafen, stellvertretender Vorsitzender; 3. Justizrat Ludwig Pfirmann in Kaiserslautern, Schriftführer; 4. Justizrat Eugen Roth in Frankenthal, stellvertretender Schriftführer; 5. Justizrat Joseph Reiser in Winnweiler; 6. Justizrat Friedrich Rupprecht in Neustadt a. H.; 7. Justizrat Franz Xaver Hilz in Kaiserslautern; 8. Justizrat Dr. Julius Keim in Edenkoben; 9. Justizrat Anton Mendel in Zweibrücken.

III. Notariatskammer Bamberg:

1. Geheimer Justizrat Aquilin Mauter in Würzburg, Vorsitzender; 2. Justizrat Gottfried Schmitt in Lohr, stellvertretender Vorsitzender; 3. Justizrat Joseph Schul in Lichtenfels, Schriftführer; 4. Justizrat Ludwig Steinbach in Schweinfurt, stellvertretender Schriftführer; 5. Justizrat Dr. Ludwig Popp in Kulmbach; 6. Justizrat Ludwig Weidhofer in Ochsenfurt; 7. Justizrat Michael Bub in Würzburg; 8. Justizrat Max Aubele in Bamberg; 9. — — —

IV. Notariatskammer Nürnberg:

1. Justizrat Dr. Armin Bickert in Nürnberg, Vorsitzender; 2. — — —, stellvertretender Vorsitzender; 3. Justizrat Karl Wachs in Hersbruck, Schriftführer; 4. Wilhelm Hoffmann in Hemau, stellvertretender Schriftführer; 5. Justizrat Ernst Rühl in Weiden; 6. Justizrat Hans Brunner in Gunzenhausen; 7. Justizrat Heinrich Hippler in Regensburg; 8. Justizrat Hans Stiegler in Ansbach; 9. Justizrat Ferdinand Mayer in Fürth.

V. Notariatskammer Augsburg:

1. Geheimer Justizrat Hans Weinkamm in Augsburg, Vorsitzender; 2. Geheimer Justizrat Heinrich Schieder in Kempten, stellvertretender Vorsitzender; 3. Justizrat Franz Kohlhaas in Neuburg a. D., Schriftführer; 4. Johann Nep. Schott in Ellingen, stellvertretender Schriftführer; 5. Justizrat Jakob Braun in Günzburg; 6. Justizrat Karl Eggerking in Augsburg; 7. Justizrat Julius Regnier in Aichach; 8. Justizrat Friedrich Wöckel in Memmingen; 9. Justizrat Hans Scharberg in Immenstadt.

D. Übersicht der Gerichte und der Notare und Rechtsanwälte Bayerns.

I. Das Oberste Landesgericht in München

a: Umfasst 5 OLG.; 29 LG.; 261 AG.

b: RAnw.: I. bloss beim Obersten LG. zugelassene RAnw.: Drey Eugen Dr. JR., Neustätter Alfred Dr., Obermeyer Mor. Dr. Geh. JR., Rheinstrom Heinrich Dr., Stengel Hermann Frhr. v., Geh. JR.

II. beim Obersten LG., beim OLG. München und bei den LG. München I und II zugelassene RAnw.: Bloch Eduard Dr. Geh. JR., Dispeker Siegfr. Dr. Geh. JR., Eisenberger Karl Dr. Geh. JR., Fränkel Emil Dr. JR., Frankenburger Hrch. Dr. Geh. JR., Friedlaender Max Dr., Gebhardt Heinrich JR., Harburger Isidor Dr. Geh. Hofrat JR., Herzfelder Felix Dr. Geh. JR., Kuhn Max Dr. Geh. JR., Maurmeier Robert Geh. JR., Mayer Bernhard Dr. Geh. JR., Mayr Roderich Geh. JR., Werner Karl Dr. JR., Zimmermann Wilh. Dr. Geh. JR.

II. Die Oberlandesgerichte.

1. **Augsburg.** (1 181 645 E.) a: Umfasst 5 LG., nämlich Augsburg, Eichstätt, Kempten, Memmingen und Neuburg a. D.
b: RAnw.: I. beim OLG. u. LG. Augsburg zugelassene RAnw.: Adler Siegfried Dr., Aubele Alois, Bennighof Rudolf Dr., Böhm Gustav Dr. JR., Böhm Ludw. Dr. JR., Deiler Ad. JR., Dorfmüller W. JR., Dreifuß Ludwig, Edelmann Hans Dr., Fischer Robert Dr., Gunz Eugen JR., Hämmerle Rud. JR., Kiener Eduard JR., Kleininger Andreas Dr., Knoll Gabriel JR., Kress Gottfried, Löffel Benno, Löffler Adolf JR., Oehler Arnold Geh. JR., Ort Joseph, Reinhold Franz JR., Reisert Eugen, Reisert Fr. Dr., Rieser Leopold, Rossteuscher Phil. Dr., Rottenhöfer Frd. JR., Sand Hermann Geh. JR., Scherer Herm. Dr., Schultze Frz. Ritt. v., Simmet Eugen JR., Strauss Eugen Dr. JR., Teutsch Art. Dr. JR., Weigl Max Geh. JR., Weiß Otto, Weissenhorn Alois Dr., Wiedemann Karl, Witzler Theod. JR.
II. bloss beim OLG. Augsburg zugelassene RAnw.: Oberbrunner Stefan.
2. **Bamberg.** (1 494 288 E.) a: Umfaßt 7 LG., nämlich Aschaffenburg, Bamberg, Bayreuth, Coburg, Hof, Schweinfurt und Würzburg.
b: RAnw.: I. beim OLG. u. LG. Bamberg zugelassene RAnw.: Albert Ant. JR., Aron Albert JR., Awrach Paul JR., Bettmann Bernhard JR., Dehler Thomas Dr., Gahn Karl Dr. JR., Gengler Gabriel Dr., Hennemann Theod. Dr., Höflein Moses JR., Löw Ludwig, Morgenroth Mart. Dr., Müller Georg, Oster Ludwig Dr., Ramer Wilh. JR., Reissig Don., Röder Joseph, Scheick J. B. Dr. Geh. JR., Scheick Karl Dr., Schmitt Jos. Dr. Geh. JR., Wald Sigmund, Weegmann Luitpold, Werner J. Dr. Geh. JR., Zihr Georg JR.
II. bloss beim OLG. Bamberg zugelassene RAnw.: Weidner Joseph.

3. München. (2 178 096 E.) **a:** Umfasst 7 LG., nämlich Deggendorf, Landshut, München I, München II, Passau, Straubing, Traunstein.

b: RAnw.: I. die bei dem Obersten LG. unter b: II angeführten RAnw.

II. beim OLG. München und bei den LG. München I und II zugelassene RAnw.:

Abitz-Schultze Thaddäus Dr.
Adam Friedrich JR.
Adam Joseph
Adler Paul Dr.
Adler Siegfried JR.
Aichinger Romuald
Aldinger Heinrich
Amann Max
Ambrunn Leop. Dr.
Angerer Erhard JR.
Angerer Richard
Arnold Max Dr.
Arnold Rudolf Dr. JR.
Bacharach Alfr. Dr.
Bäcker Franz JR.
Baer Julius Dr.
Baierlacher Hans
Ballin Fritz Dr. JR.
Bandorf Robert Dr.
Bary Erwin v.
Bauderer Fritz Dr.
Bauer Alfred JR.
Bauer Fritz Dr.
Bauer Max Dr.
Baumann Hans Dr. JR.
Bayer Alexander Dr.
Bayer Andreas
Bayer Franz JR.
Beck Simon Dr.
Beer Eugen JR.
Beisler Karl Dr.
Benario Leo Dr.
Bencker Wilh.
Berchtold Karl JR.
Berchtold (II) Karl
Berg Ernst Dr.
Berg Ferdinand
Berghammer Sebastian Dr.
Bernstein Hans Dr.
Berolzheimer Franz Dr.
Berolzheimer Hans Dr.
Berolzheimer Rich.
Besnard Julius Ritt. v. Edler von Schlangenheim
Betz Hans Dr.
Beutner Eduard Dr.
Bischoff Otto Geh. JR.
Bloch Alfred Dr. JR.
Bloch Hans Dr.
Blumenstein Karl Dr. JR.
Böhm Gustav Dr.
Böhm Theobald Dr.
Börger Karl JR.
Böswald Hans Dr. JR.
Boscowitz Richard Dr.
Botzheim Albert Frhr. v. Dr.
Brandmeier Karl
Brandner Friedrich Dr.
Braun Wolfgang Dr.
Braunsberger Fritz Dr.
Breitenmoser Hans
Brinz Arnold
Brinz Eduard JR.
Brücklmayr Joseph JR.
Brunner Frz.
Buchberger Hubert JR.
Buchner Heribert
Büschelberger Karl Dr.
Buff Heinr. Dr.
Bullacher Karl Dr.
Burger Heinr.
Burger Joh. JR.
Christ Hs. Dr.
Crebert Heinr. Dr.
Dahn Hans
Damm Herm. JR.
Deibel Heinrich Dr.
Deisinger Siegfried Dr.
Denninger Eduard
Deppisch August Dr.
Deutschenbaur Richard Dr.
Diemer Joseph Zeno Dr.
Diepold Hugo
Diess Wilh. Dr.
Dietrich Karl
Diewald Ludwig
Dispeker Fritz Dr.
Dillmann Alex. Dr., Herzogl. Anh. Hofrat
Dinkelsbühler Alex. JR.
Dreher Heinrich Dr.
Drissl Leo
Drumm Alfr.
Dübell Georg Dr.
Düll Rudolf Dr.
Dümmler Hans Wilhelm Dr.
Dütsch Joseph Dr.
Durst Karl Dr.

Ebersperger Max
Ebel Hans Dr.
Ehrensberger Fritz Dr.
Ehrl Mich. JR.
Eichner Joseph Dr.
Eilbott Jos. Dr.
Einstein Oskar Dr.
Eisenberger Max Dr.
Ellinger Max Dr. JR.
Endras Theodor Dr.
Endter Theodor Dr.
Engel Albert Dr.
Erhardt Kurt Dr.
Erlanger Ludw.
Erlanger Theod. Dr.
Ernst Leo Dr.
Ertl Hans
Esslinger Wilh. Dr. JR.
Feldheim Otto Dr.
Ferch Wilhelm
Feuchtwanger Max Dr. JR.
Feuchtwanger Siegbert Dr.
Feust Karl Dr.
Fiedler Heinr. Dr.
Fischer Joseph Dr.
Fleischmann Justin Dr.
Flossmann Wilh. Dr. JR.
Foerst Wilh. Geh. JR.
Fohr August
Forchheimer Fritz Dr.
Fraass Otto Dr. JR.
Fraja Rudolf
Franck Otto
Francke Friedr. Dr.
Frank Franz JR.
Frank Hans Dr.
Frank Heinrich
Franz Otto JR.
Frauendorfer Max Dr.
Frei Leopold Dr.
Freudenreich Fritz
Friedenreich Martin Dr.
Friedl Max Dr.
Friedrich Otto Dr.
Fries Karl (in Haar, Kolonie Waldlust)
Friess Alfred Dr.
Fröhlich Hans
Gaab Karl
Gaab Max JR.
Gademann Otto Dr.
Gäbhard Erich Dr.
Gänssler Max Dr. JR.
Gardé Maxim. Dr.
Gaubatz Gg. Dr. JR.
Gedon Lorenz
Geigel Reinh. Dr.
Gerbig Ernst JR. (in Unterhaching)
Gerbl Otto Dr.
Germer Johannes Dr.
Gern Artur Dr.
Gernbeck Gg. Dr. JR.
Gerner Frz. JR.
Gerstle Hermann
Gerstle Oskar Dr.
Giegold Karl Dr.
Gleifenstein Max JR.
Glonner Fritz JR.
Görigk Franz JR.
Göring Emil JR.
Goes Georg JR.
Götz Anton Dr.
Götz Georg Dr.
Goetz Karl
Goldmann Ludwig Dr. JR.
Goldschmidt Albert JR.
Goldschmidt Jakob Dr. JR.
Gombart Rudolf
Gottscho Ernst
Goldschmit Friedrich Dr. JR.
Gottwald Otto Dr.
Gräf Lorenz
Graf Hans JR.
Greif Hans Dr.
Greiner Oskar Dr.
Greisbacher Karl
Grimmeiss Hans Dr. JR.
Grosch Karl JR.
Gross Ignaz JR.
Grosser Franz JR.
Gundelwein Felix
Gunzenhäuser Joseph Dr.
Gutmann Stephan
Habermann Philipp Frhr. v.
Hajek Ant. Heinrich JR.
Hammann Fritz Dr. JR.
Hardt Karl
Hartmüller Karl
Hauck Christian
Haus Franz Dr.
Hauschild Alfred
Hausen Ferdinand Dr. Frhr. v. JR.
Haymann Ludwig Dr.
Heberlein Franz JR.
Heckelmann Seb. Dr.
Hecker Ludw. JR.
Hegenauer Albert Dr.
Heilbronner Jul. Dr. JR.
Hecker Peter

Heilmannseder Adolf
Heim Heinrich
Heim Paul JR.
Heins Valentin
Heisinger Ludwig Dr.
Hellmaier Friedr.
Helm Artur
Hemmer Klem. Dr. JR.
Hemmeter Walter
Herele Hubert Dr.
Hertkorn Hans Dr.
Hertle Max
Herzfelder Frz. Dr.
Hetterich Wilhelm
Hiemer Hanns
Hindelang Hans Dr.
Hirschberg Max Dr.
Höfter Max Dr.
Hoffmeister Hans Dr.
Hofmann Ldw.
Hohner Georg JR.
Holl Alfr. Dr.
Hollfelder Lorenz Dr.
Holzer Siegfried Dr.
Homberger Konrad Dr.
Hommelsheim Jos. Hub. Dr.
Horstmann Wilhelm Dr.
Hümmer Hans Dr.
Hundt Frz.
Jacobi Herb. Dr. JR.
Jacoby Alfred Dr.
Jacoby Hugo Dr.
Jacoby Karl
Jacoby Siegfr. Dr.
Jetzlsperger Albert
Jung Edgar Dr.
Kärcher Friedrich Wilhelm
Kahn Ferdin. Dr.
Kahn Fritz Dr.
Kahn Ludwig Dr. JR.
Kahn Maximilian JR.
Kahn Wilhelm Dr.
Kahn Willy Dr.
Karpf Rudolf
Kastor Heinr. JR.
Katz Ignaz Dr.
Kaufmann Adolf
Keller Jos.
Kennerknecht Leo
Ketzer Georg Dr.
Kiendl Wilhelm
Kitzinger Wilhelm Dr. JR.
Klein August
Klopfer Fritz
Knirlberger August Dr.
Koblenzer Sally JR.
Köck Heinrich Dr. JR.
Königsberger Artur Dr.
Königsberger Felix Dr. JR.
Kohl Horst
Kohl Karl JR.
Kohlhepp Jos.
Kohn Elisabeth Dr.
Kohnstamm Jakob
Kollmann Franz Dr. JR.
Kratzer Sebastian Dr.
Krauss Georg
Krauss Philipp Dr.
Krettner Ant. Dr. JR.
Krippner Christian
Kronacher Aug. Dr.
Krück Fritz Anton Dr.
Kügle Joseph Dr.
Kühlmann Gust.
Kugler Otto JR.
Kuhn Thom.
Kunkel Paul
Kurzmann Ludw. Dr.
Kussius Ferd. JR.
Landecker Emil Dr. JR.
Laturner Rudolf JR.
Laun Karl JR.
Lederer Dr. Willi
Lechner Ludw.
Leeb Joseph Dr. JR.
Lehner Albert Dr. JR.
Leibrecht Otto Dr.
Leitschuh Christian
Lemle Leo Dr.
Lermann Paul
Lersch Adolf JR.
Levinger Wilhelm JR.
Liebig Just. Frhr. v. JR.
Liebl Karl
Limmer Jos. Dr.
Limpach Karl
Linmaier Joseph Dr.
Löffler Clemens
Loewenfeld Jul. Rob.
Löwenfeld Phil. Dr.
Löwenstein Karl Dr.
Loritz Alfred
Luber Wilhelm JR.
Ludwig Aug.
Lustig Adolf Dr.
Mahla Albert JR.
Maisel Hermann
Malchus Friedrich Frhr. v. JR.
Manz Konr.
Maron Oskar Dr.
Maurmeier Karl

Mayer Adolf Dr.
Mayer Arth. Dr.
Mayer Heinr.
Mayer Ludw. Dr.
Mayer Max
Mayer Robert Dr.
Mayr Robert Roderich Dr.
Melcher Ludwig Dr.
Meyer Benno Dr. JR.
Meyer Eugen Dr. JR.
Meyer Heinz Dr.
Meyer Otto Dr.
Miez Alfred Dr.
Miller Albert v.
Miller Max Dr.
Miller v. Walter Dr.
Mittelmeier Philipp Dr.
Moeller Karl Dr.
Mössmer Ferd. Dr. Geh. JR.
Mössmer Ferd. Dr.
Mössmer Werner Dr.
Montag Georg Achillo
Mosbacher David JR.
Mosbacher Ernst
Mosbacher Kurt Dr.
Moser Adolf Dr.
Motzet Wilhelm Dr.
Müller Gustav JR.
Müller Johannes Dr.
Müller Joseph Dr.
Müller Karl JR.
Müller Werner Dr.
Neithardt Aug. Dr. JR.
Neithardt Hermann Dr.
Nesslauer Jos. Dr.
Neu Sigmund JR.
Neuburger Wilhelm JR.
Neuburger Zacharias Dr.
Neuland Fritz
Nicklas Otto
Noell Kurt
Nützel Georg Dr. JR.
Nußer Max Dr.
Oberländer Ernst Dr. JR.
Oestreich Karl Dr. JR.
Oettinger Karl Heinz Dr.
Offenberg Max Dr.
Oppenheimer Albert
Oppenheimer Ernst
Oppenheimer Leo JR.
Oppenheimer S. Dr.
Osthelder Franz Dr.
Ott Rudolf JR.
Otto Maria Dr.
Panholzer Joseph Dr.
Panzer Karl Dr. JR.
Parcus Alfred
Parcus Hermann
Paret Aug. Dr. Geh. JR.
Paur Heinrich
Pereles Max Dr.
Perlmutter Alfred
Pertzsch Richard
Pesl Daniel Dr.
Pestalozza Anton Dr. Graf v.
Petzl Walter Dr.
Pfättischer Florian
Pflaum Otto Dr. JR.
Philipp Rudolf Dr.
Pixis Rudolf JR.
Pletsch Heinrich Dr.
Pöll Wolfgang Felix
Popp Jos. JR.
Pospischil Karl JR.
Pospischil Sigmund JR.
Prager Max Dr. JR.
Prechtl Anton Dr.
Preindl Hermann
Pröpstl Siegfried Dr.
Pündter Clem.
Raab Otto
Raff Hermann Dr. JR.
Rampfl Martin
Rau Meinhold JR.
Redlich Heinrich Dr.
Regensteiner Ludw. Dr.
Regnault Werner Dr.
Rehm Alban Dr.
Reigers Karl (in Gauting)
Reis Fritz Dr.
Reisinger Max
Reiter Walther Maria Dr.
Rembold Otto
Rennebaum Ernst
Reschreiter Max Dr.
Reubold Wilhelm
Rheinstein Max Dr.
Riederer Max Frhr. v. Paar
Riezler Emanuel Dr.
Rigauer Frz. JR.
Rinck Paul Dr.
Ritter Karl
Ritzinger Joseph
Roder Lorenz
Römer Alwin Dr.
Rosenbusch Julius JR.
Rosenthal Jul. Dr.
Rosenthal Wilh. Dr. JR.
Rostowsky E. Dr.
Rothschild Hugo JR.
Rotthat Georg
Rucker Alois

Rudelsberger Hs. JR.
Rudelsberger Karl JR
Rusch Joseph
Rutz Ottm. Dr.
Sandtner Karl
Sauter Fritz Dr.
Scanzoni v. Lichtenfels Gust. v. Dr.
Schanderl Jos. JR.
Schardt Eduard
Schedel v. Greiffenstein Max
Schelosky Paul Dr.
Schell Otto Geh. JR.
Schepp Fritz JR.
Schifferl Osk. JR.
Schlelein Nik. JR.
Schlereth Ernst Dr.
Schlesinger Mor. Dr. JR.
Schmid Herbert Dr.
Schmid Ludwig Dr.
Schmidhammer Otto
Schmidt Eugen
Schmitt Edith Dr.
Schmitt Eugen Dr.
Schmitt Richard
Schmittberger Andr. JR.
Schnaier Joseph Dr.
Schneider Fritz
Schneider Karl JR.
Schnell Friedr. JR.
Schnitzlein-Rothenberg H. Dr
Schramm Christ. Dr. JR.
Schramm Karl Dr.
Schraut Rudolf
Schrauth Felix
Schriefer Adolf
Schröder Ernst Dr.
Schrötter Rupert
Schub Mich. Dr.
Schubert Hans
Schülein Adolf
Schülein Benno
Schülein Luitpold, Hofrat
Schütz Rudolf Dr.
Schulz Udo Dr. JR.
Schuster Heinrich Dr.
Schuster Joseph Ludwig
Schwab Eduard Dr. JR.
Schwaiger Georg JR.
Schwarz Felix JR.
Schwarz Max Joseph Dr.
Schweigert Max
Schwink Walter Dr.
Sedlmayr Frz. J. Dr.
Seidenberger Ernst Dr. JR.
Seidl Ferdin. Dr.
Seidl Rud. Dr.
Seiler Paul
Selo Anna
Settele Benedikt Dr.
Setzepfandt Gustav Dr.
Siegel Julius Dr.
Siegel Mich. Dr.
Silber Fritz Dr.
Silbermann Emil Dr. JR.
Silberschmidt Hans
Simon Eugen
Sinn Joseph Dr.
Sölch Max
Sonnenthal Karl
Späth Jos. Dr.
Spaett Edmund Dr.
Spengruber Fritz
Spitzweg Richard
Spranger Georg JR.
Spreti Joseph Graf v.
Stägmeyr Franz
Staudt Fritz Karl
Stautner Frz. Dr.
Stegmüller Leopold
Steichele Hans Dr.
Steinharter Siegm. Dr. JR.
Steinmeier Kurt Dr.
Steitz Ludwig
Stemmer Karl Dr. JR.
Steppacher Walter Dr.
Stern Theod. Dr.
Sterr Georg
Stieber Theodor Dr.
Stiefel Erwin
Stoeckle Alfons Dr.
Stoeckle Edmund Dr.
Stolz Ferdin. Dr.
Stolz Valentin Dr.
Straus Elias Dr. JR.
Strauss Alfred Dr.
Strauss Ludw.
Strobl Christ. Dr. JR.
Ströbl Joseph Dr.
Taub Hans Dr.
Tauber Fritz Dr.
Teutsch Robert JR.
Thaler Paul Dr.
Theilhaber Robert Dr.
Thielo Karl Dr.
Thoma (I) Frdr. Dr.
Thoma (II) Friedrich Dr. JR.
Thorsen Richard
Trendel Ludwig
Troll Friedrich
Troll Karl
Trutter Erich Dr.

Ueberreiter Jos. Dr. JR.
Ufer Fritz Dr.
Ulrich Stefan Dr.
Ulrich Wolfgang Dr.
Ungerer August Dr.
Unterpieringer Hs.
Urban Jos. Dr.
Veit Adolf Dr. JR.
Vogel Fritz Dr.
Vogel Helmut
Vogl August JR.
Vogl Karl
Volk Max
Wachtel Lothar Dr.
Wallerstein Ernst Dr.
Waltz Wilhelm Dr.
Wambsganz Friedrich
Warmuth Jos. Dr. JR.
Wassermann Rud. Dr.
Weber Adolf JR.
Weber Hans
Weil Hans JR.
Weil Jos. Dr.
Weil Leo JR.
Weiler David Dr.
Wein Max Dr.
Weinberger Adolf
Weinmann Hans
Weinmann Leop. Dr.
Weis Ludw. Dr. JR.
Weisbrod Wilhelm Dr.
Weiss Günther Dr.
Weiss Karl Dr.
Weiss Ludwig
Weiss Max Dr.
Weissbart Jak. Dr.
Welden August, Frhr. v.
Werner Alfr. Dr.
Wetzler Robert
Wichmann Hans Georg Dr.
Wien van Siegbert Dr.
Wiesinger Hermann
Wiessner Gottfried
Will Karl
Wille Siegfr. Dr.
Wilmersdörffer Ernst Dr.
Wimmer August
Wingerter Richard
Winkelmann Alfred Dr.
Winkelmann Rudolf Dr.
Winterl Jos.
Winterstein Alfred Dr.
Wohnlich Herm.
Wolf Richard Alexander Dr.
Wreesmann Ferdinand JR.
Würfel Georg Dr.
Zabuesnig Karl Dr. v.
Zacherl Friedrich
Zedermann Fel. Dr.
Zeiler Ludwig
Zeilmann Hans JR.
Zeilmann Hans
Zeller Karl JR.
Zerling Arnold Dr.
Zezschwitz Willibald von JR.
Zimmermann Georg Dr.
Zimmermann Ludwig Dr.
Zottmaier Fritz Dr.
Zwipf Wilhelm Dr.

III. bloss beim OLG. München zugelassene RAnw.:

Biffar Fritz Dr.
Dyckhoff Eduard Dr.
Flaschner Martin
Halberg zu Broich Frhr. v. Theod.
Hodenberg Otto Frhr. v. JR.
Kisskalt Wilhelm Geh. JR.
Krämer Emil JR.
Lang Franz Paul
Luxburg Guido Graf v. Dr.
Neuburger Fritz Siegfr. Dr.
Reuter Otto Dr.
Rosenberg Alfred Dr.
Sager Karl JR.
Schlitt Wilhelm
Schulmann Rob. E.
Selz Alfred Dr.
Stern Adolf JR.
Winter Frz. Dr.

IV. beim OLG. München u. LG. München I zugelassene RAnw.: Schwarz Eduard Dr. JR., Wein Herm. Dr. JR.

V. beim OLG. München u. LG. München II zugelassene RAnw.: Seidl Friedrich, Thelemann Wilhelm v.

4. Nürnberg. (1 593 808 E.) a: Umfasst 6 LG., nämlich Amberg, Ansbach, Fürth, Nürnberg, Regensburg, Weiden.

b: RAnw.: I. beim OLG. und LG. Nürnberg zugelassene RAnw.:

Arnold Ant. Dr.
Augsberger Christian JR.
Babel Ludwig
Bäumler Ludw.
Barth Friedrich
Bergmann Frz. Dr.
Bergold Bernh. JR.
Berlin Walter
Bernheim Max JR.
Bing Rud. JR.
Bloch Otto Dr.
Bloß Hans Dr.
Blum Fritz Dr.
Cahn Hugo Dr. Prof., Geh. JR.
Cnopf Karl Dr.
Cromwell Philipp
Däuwel Karl
Dormitzer Karl Dr. JR.
Dormitzer Siegmund Dr. Geh. JR.
Effert Hermann Dr.
Ehrenbacher Edg. Dr. JR.
Ehrenbacher Ludw. Dr.
Eisemann M. Dr.
Eismann Bernhard Dr.
Erlanger Mich. Dr. JR.
Eschenbach Aug. JR.
Eucker Ernst Dr.
Feilchenfeld Ernst
Fleischmann Martin JR.
Frank Ludwig Dr.
Frankenburger Leonh. Geh. JR.
Freudenreich Semi Dr.
Friedmann Max Dr.
Fröschmann Gg. Dr.
Gallinger Jos. Dr. JR.
Geiershöfer K. Dr. JR.
Gerngross Frdr. Ludw. Dr.
Goldmann K. JR.
Goldstein Just. Dr. JR.
Gross Osk. Geh. JR.
Gundersheimer Hermann Dr.
Hack Wolfgang Dr.
Harrer Jak. JR.
Heidenheimer Leo Dr.
Heilmeier Matthäus
Heinemann Rud. Dr.
Herrmann Willy Dr.
Herz Richard Dr.
Holzinger Fritz Dr.
Honig Leop. Dr. JR.
Hundsrisser Wilhelm JR.
Josephthal Fritz
Jung Richard
Kahn Ferd. Dr.
Kahn Gustav Dr.
Kahn Max Jos.
Karpf David
Kaufmann D. Dr.
Kauper Joseph Dr.
Keil Georg Dr.
Kelber Karl Dr.
Klein Otto Dr.
Kohn Max Dr. JR.
Krailsheimer Hans Dr.
Krakenberger Paul Dr.
Kroher Herm. Dr.
Kühn Christian Dr. JR.
Kullmann Erwin
Kullmann Heinr.
Landau Hans JR.
Landenberger Leop. Dr.
Landgraf Konrad Dr.
Lang Georg Dr.
Lebrecht Artur Dr.
Ledermann Ludw. Dr.
Levor Jul. Dr.
Liebstädter Rudolf Dr.
Loeb Wilh. Dr.
Löwenthal Alfons Dr.
Lotter Karl Dr.
Lust Herm. JR.
Marx Hans Dr.
Mayer Karl Dr.
Mayerhofer Willy
Merkel Karl JR.
Michelsohn Justin Dr.
Miederer Andreas Dr.
Mohr Alfred Dr.
Mohr (II) Richard Dr.
Müller Hans Dr.
Müller (II) Joseph Dr.
Nattenheimer Kurt Dr.
Noack Rudolf JR.
Nürnberger Julius
Obermeier Fritz Dr.
Oettinger Siegbert JR.
Orth Wilhelm JR.
Orthal Heinrich Dr. JR.
Ortweiler Alfred Dr.
Ostner Ludwig Dr.
Pestalozza Jos. Graf v., Geh. JR.
Praun W. v. Dr. JR.
Regelsberger Walter
Rosenberg Otto Dr.
Rosenfelder Alb. Dr.

Rosenthal Nath. Dr.
Rothstein Norbert Dr.
Sammethreuter Max Dr.
Scheiblhuber Frdr.
Schloss Heinrich Dr.
Schloss Siegfr. Dr. JR.
Schmitz Fritz Dr.
Schmitt Gustav Dr. JR.
Sienz Hans Dr.
Silberschmidt Hanns Dr.
Silberstein H. Dr. JR.
Sinauer Jul. Dr.
Stauder Karl Dr. Geh. JR.
Stauder Rudolf Dr.
Stein Otto Dr.
Stern Bernhard
Stern Max
Stiegler Hans Dr.
Strauss Siegfried Dr. JR.
Süssheim M. Dr. JR.
Sulzbacher Paul Dr.
Teutsch Alb. Dr. JR.
Teutsch Hans Dr.
Thalmann Emil Dr.
Thorwart Karl Dr.
Tittus Jos.
Toepfer Christian Dr.
Tuchmann M. Dr.
Uhlfelder Berth. Dr. JR.
Vogel Hans
Vollhardt Ferd. JR.
Vorchheimer Isidor Dr.
Wallersteiner Loth. Dr.
Wassertrüdinger Max Dr.
Weber Wilh. Dr.
Weinberger Leo Dr.
Weisgerber Joseph Dr.
Wertheimer Moritz
Westhoff Emil Dr.
Wurzer Georg Dr.
Zilcher Ferdinand Dr.
Zilcher Oskar JR.
Zimmer Anton Dr.
Zimmermann Hans

II. bloss beim OLG. Nürnberg zugelassene RAnw.:

Breitschaft Wilhelm Dr.
Butzengeiger Karl
Drexler Karl JR.
Fellheimer Justin Dr.
Hetzner Karl JR.
Kohn Richard
Lenk Helmut Dr.
Leonhardy Rich. Dr.
Loschky Oskar Dr.
Nussbaum Meinhold Dr.
Reif Kurt
Rudolph Eugen Dr.
Seeger Karl
Seligmann Reinhold Dr.
Versen Rudolf Dr.

5. Zweibrücken. (931 755 E.) **a:** Umfasst 4 LG., nämlich Frankenthal, Kaiserslautern, Landau i. Pf. und Zweibrücken.

b: RAnw.: I. beim OLG. und LG. Zweibrücken zugelassene RAnw.: Bartel August JR., Berdel Christian JR., Biffar Friedrich, JR., Hessert Eugen Geh. JR., Hörnig Ludwig Dr., Kahn Berthold JR., Klein Heinrich Dr., Krieger Ernst Dr., Kurtz Johannes JR., Mühlhäuser Karl Dr., Rau Friedrich, Rau Heinrich Dr. JR., Rau Richard, Rohrbacher Adolf, Rothgang Alexander, Schuler Max, Trier Otto Geh. JR., Wolf Fritz JR., Zapf Albert Dr. JR., Zöller Ludwig.

II. bloss beim OLG. Zweibrücken zugelassene RAnw.: — — —

III. Landgerichte. *)

1. Amberg. (212 507 E.) **a:** Zugl. LArbG.; zum OLG. Nürnberg; umfasst 10 AG., nämlich Amberg, Cham, Furth i. W., Kastl, Nabburg, Neunburg v. W., Parsberg, Schwandorf, Sulzbach, Waldmünchen.

b: RAnw.: Ammer Ludwig JR. in Parsberg, Birkl Sebastian, Breibeck Max Dr., Diem Alois JR., Hahn Oskar, Höcht Joh.

*) Strafkammern sind bei jedem Landgerichte gebildet; Schwurgerichte treten bei jedem Landgerichte zusammen.

Bapt., Hösl Michael JR. in Cham, Leitl Johann JR., Leitl Karl Dr., Mühlbauer Karl, Schiessl Jos., Schlegel Karl Dr. in Sulzbach, Seiss Hans Dr., Steininger Jos. Dr. JR., Taucher Eugen Dr. Geh. JR., Wirsching Michael Dr.

2. **Ansbach.** (187 682 E.) a: Zugl. LArbG.; zum OLG. Nürnberg; umfasst 10 AG., nämlich Ansbach, Dinkelsbühl, Feuchtwangen, Gunzenhausen, Heidenheim, Heilsbronn, Herrieden, Rothenburg o. T., Uffenheim, Wassertrüdingen.

b: RAnw.: Bayer Adolf JR., Blaha Heinrich Dr., Ebert Konr. Dr., Ebner v. Eschenbach S. Frhr. v. JR., Frankenburger Isaak JR., Frauenholz Otto JR. in Rothenburg o. d. T., Hartwig Reinh. JR.; Pfister Hans JR., Pfister Hans, Stadler Wilhelm, Stigler Kurt Dr., Vogel Karl JR., Wasser Karl.

3. **Aschaffenburg.** (211 873 E.) a: Zugl. LArbG.; zum OLG. Bamberg; umfasst 9 AG., nämlich Alzenau, Amorbach, Aschaffenburg, Klingenberg, Lohr, Marktheidenfeld, Miltenberg, Obernburg, Schöllkrippen.

b: RAnw.: Arnold Rob. Dr., Baum Justin, Bernatz Matthäus JR., Dilg Friedrich, Fischl Werner, Fuchs Karl, Grünebaum Mich., Koch Fritz Dr., Kühner Fritz, Leeb Hermann Dr., Leeb Ignaz JR., Macke Karl, Miller Oskar JR. in Lohr, Rosenthal Ernst Dr., Schwarzmann Alb. Dr., Seidel Franz W., Stühler Albert, Vogler Franz, Walter Anton in Alzenau, Zirkel Gottfried Dr.

4. **Augsburg.** (366 637 E.) a: Zugl. LArbG.; zum OLG. Augsburg; umfasst 8 AG., nämlich Aichach, Augsburg, Burgau, Friedberg, Landsberg, Schwabmünchen, Wertingen, Zusmarshausen.

b: RAnw.: I. die beim OLG. Augsburg unter b: I. angeführten RAnw.

II. bloss beim LG. Augsburg zugelassene RAnw.: Auerbach Hans, Barth Adolf Dr., Bernhard Ludwig, Betz Eugen, Fraunholz Ant. Dr., Frey Jos. Dr., Geislhöringer August Dr., Haas Paul, Haus Heinrich, Heichlinger Rudolf Dr., Hohenberger Georg Dr. v., Holzhauser Rudolf, Honold Karl, Kempter Fritz, Kunz Karl, Luchs Artur, Merkel Hans, Merkel Konrad, Neumark Robert Dr., Schiele Ant., Schrüffer Alexander Dr., Sörgel Werner Dr., Spörl Johann Dr., Weinkamm Otto, Wolz Eduard, Zeitler Florian Dr.

III. beim LG. Augsburg weiter zugelassene RAnw.: Grassmann Joseph JR. in Landsberg, Hofmann Alois Ludwig in Wertingen, Kast Ludwig in Schwabmünchen, Stanglmayr Joseph in Aichach.

5. **Bamberg.** (239 757 E.) a: Zugl. LArbG.; zum OLG. Bamberg; umfaßt 12 AG., näml. Bamberg, Baunach, Burgebrach, Ebermannstadt, Ebern, Eltmann, Forchheim, Haßfurt, Höchstadt a. A., Hofheim, Schesslitz, Staffelstein.

b: RAnw.: I. die beim OLG. Bamberg unter b: I. angeführten RAnw.

II. bloss beim LG. Bamberg zugelassene RAnw.: Barnickel Hans, Brohm Heinrich Dr., Dietz Joseph Dr., Liedel Fritz Dr., Schrüfer Hans Dr., Ullenberger Joseph, Wassermann Albert Dr. JR., Wehrl Fritz Dr., Weichselbaum Sieghard Dr., Weiss Max.

III. beim LG. Bamberg weiter zugelassene RAnw.: Bauer Christian JR. in Forchheim, Dannhäuser Norbert JR. in Hassfurt, Rieß Heinrich Dr. JR. in Forchheim.

6. Bayreuth. (172 510 E.) **a:** Zugl. LArbG.; zum OLG. Bamberg; umfasst 8 AG., nämlich Bayreuth, Berneck, Hollfeld, Kulmbach, Pegnitz, Pottenstein, Stadtsteinach, Weidenberg.

b: RAnw.: Bibra A. Frhr. v. JR., Brunner Wilh. JR., Dreßler Hermann in Kulmbach, Feustel Heinrich, Forster Robert Dr., Frölich Ludw. JR., Greifenstein Friedr. Dr., Herzstein Rich. Dr., Hoepfel Christian, Klein Bertold JR., Köppelle Karl, Krauss Hans, Langheinrich Christ. Dr. Ritt. v. JR., Lieberich Friedr. JR. in Kulmbach, Meyer Fritz Dr., Schäffler Theod., Scharvogel Wilhelm Dr., Schneider Hugo, Spitzenpfeil Aug., Stoll Aug. Dr., Thoma Gust.

7. Coburg. (176 952 E.) **a:** Zugl. LArbG.; zum OLG. Bamberg; umfaßt 7 AG., nämlich Coburg, Kronach, Lichtenfels, Ludwigsstadt, Neustadt b. Cbg., Rodach, Weismain.

b: RAnw.: Bär II Martin Dr., Bär I Mor. Dr. JR., Beck Leo Dr., Böhm Lorenz JR. in Kronach, Braun Fritz Dr., Bretzfeld Frdr. Dr. JR., Ehrlicher Alfred JR., Faber Werner, Forkel Herbert Dr., Hess Kurt Dr., Hirsch Kuno JR., Jüngling Alois JR. in Lichtenfels, Reinlein Hans Dr., Ruprecht Hrch. Geh. JR., Stammberger Karl, Weiß Paul Dr.

8. Deggendorf. (163 282 E.) **a:** Zugl. LArbG.; zum OLG. München; umfasst 7 AG., nämlich Arnstorf, Deggendorf, Grafenau, Hengersberg, Osterhofen, Regen, Viechtach.

b: RAnw.: Albrecht Karl Dr. JR., Brandl Friedr. JR., Eckart Paul JR. in Viechtach, Eder Gg. JR., Esper Friedrich JR. in Regen, Heindl Rudolf Dr., Lettenbauer Herm. JR., Oertel Hans, Rosner Hans, Seehuber Gustav Dr., Wendler Richard Dr., Wösch Friedrich.

9. Eichstätt. (167 413 E.) **a:** Zugl. LArbG.; zum OLG. Augsburg; umfasst 9 AG., nämlich Beilngries, Eichstätt, Ellingen, Greding, Ingolstadt, Kiptenberg, Monheim, Pappenheim, Weissenburg i. B.

b: RAnw.: Hänlein Salom. JR., Heldwein Mich. JR., Morhard Mich. JR., Reinwald Frdr. JR., Schwab Joseph in Ingolstadt, Sigl Mich. JR., in Ingolstadt.

10. Frankenthal. (356 838 E.) **a:** Zugl. LArbG.; zum OLG. Zweibrücken; umfasst 6 AG., nämlich Dürkheim, Frankenthal, Grünstadt, Ludwigshafen a. Rh., Neustadt a. H., Speyer.

b: RAnw.: I. beim LG. und AG. Frankenthal und b. d. Kammern für H.S. in Ludwigshafen a. Rh. zugelassene RAnw.: Koch Karl JR., Mann Richard Dr. JR., Mappes Georg Dr. JR., Schulz Karl Dr., Schweikert Karl Geh. JR.

II. beim LG. Frankenthal und b. d. Kammern für H.S. in Ludwigshafen a. Rh. zugelassene RAnw.: Baumann Wilhelm JR., Blum Robert Dr., Heintz Oskar, Kämmerling Theodor Dr., Koch Philipp, Mayer Heinrich Dr., Müller Richard, Nachmann Ludwig Dr., Samuel Siegfried Dr., Scheuer Willibald Dr., Schreiner Emil.

III. beim LG. Frankenthal, beim AG. Ludwigshafen a. Rh. und b. d. Kammern f. H.S. daselbst zugelassene RAnw.: s. die beim AG. Ludwigshafen a. Rh. unter c: I vorgetragenen, mit * bezeichneten RAnw.

IV. beim LG. Frankenthal weiter zugelassene RAnw.: Girisch Eduard JR. in Neustadt a. d. H., Horn Heinrich JR. in Neustadt a. d. H., Riffel Karl JR. in Neustadt a. d. H., Schickendantz Otto JR. in Neustadt a. d. H., Sinsheimer Ludwig JR. in Grünstadt, Vollmer Hermann Dr. JR. in Speyer.

11. **Fürth.** (220 462 E.) a: LArbG. Nürnberg; zum OLG. Nürnberg; umfasst 8 AG., nämlich Cadolzburg, Erlangen, Fürth, Herzogenaurach, Markt-Erlbach, Neustadt a. A., Scheinfeld, Windsheim.

b: RAnw.: Arnstein Ernst, Baburger Ernst Dr., Baburger W. Dr. JR., Berlin Otto JR., Büchenbacher S. JR., Dolwezel Ferdinand Dr. in Erlangen, Escher Ernst Dr., Fischer Franz JR., Haimerl Hs., Herzstein Max Dr., Hoefer Albrecht in Neustadt a. d. A., Koch Gustav JR., Kuhn Hermann Dr., Linhardt Ernst Dr., Neubürger A. Dr., Paulus Hans JR., Prager Jul. Dr. JR., Prager Konrad Dr., Rascher Ludwig, Rückert Friedrich, Sahlmann Paul Dr., Scherer Johann G. JR., Schopflocher Ernst Dr., Stahl Leo Dr., Stein Jul. Dr. JR., Wertheimer Sgfr. JR., Winter Friedrich Dr.

12. **Hof.** (208 330 E.) Zugl. LArbG.; zum OLG. Bamberg; umfasst 8 AG., nämlich Hof, Kirchenlamitz, Münchberg, Naila, Rehau, Selb, Thiersheim, Wunsiedel.

b: RAnw.: Augustin Gust., Baumann Frdr. JR., Beyer Siegfried Dr., Birkel Ludwig JR., Durst Friedr. JR., Durst Hans, Feiler Max Dr., Feustel Valentin, Fischer Ottmar JR., Glass Wilhelm JR., Heinisch Max Dr., Henneberg Ferdinand Dr., Huss Johann JR., Kronenberger Fritz Dr., Schmidt Gustav JR. in Selb, Ströbel Franz, Ströbel Karl JR., Tröger Johann JR. in Wunsiedel, Weinauer Oskar Dr., Wellhöfer Georg, Winter Fritz Dr.

13. **Kaiserslautern.** (212 634 E.) a: Zugl. LArbG.; zum OLG. Zweibrücken; umfasst 9 AG., nämlich Kaiserslautern, Kirchheimbolanden, Kusel, Lauterecken, Obermoschel, Otterberg, Rockenhausen, Winnweiler, Wolfstein.

b: RAnw.: Ballreich Hans Dr., Blüthe Leo Dr. JR., Braun Ludwig Dr. JR., Fränkel Karl Dr., Götz Otto JR. in Kusel, Hammann Rudolf Dr., Henn Balthasar, Henn Fritz, Hoffmann W. Dr., Kehr Erich Dr., Kissel Karl, Mungenast Alfons, Neumayer F. Geh. JR., Neumayer Frdr., Reber Karl Dr., Rheinheimer Jul. Dr. JR., Ruby Karl Dr., Schmidt Philipp, Seibert Paul, Tuteur Paul Dr., Tuteur Rob. Dr., Werle Heinrich, Wertheimer E. Dr. JR.

14. **Kempten.** (243 116 E.) a: Zugl. LArbG.; zum OLG. Augsburg; umfasst 10 AG., nämlich Füssen, Immenstadt, Kaufbeuren, Kempten, Lindau, Markt-Oberdorf, Obergünzburg, Schongau, Sonthofen, Weiler-Lindenberg.

b: RAnw.: Böck Hugo v. JR., Breher Ludw., Forster Jos., Kemmeter G. Dr. JR., Kemmeter Georg, König Ludwig Dr., Moegele Alois Dr., Mühldorfer Thaddäus JR. in Weiler-Lindenberg, Nördlinger Max JR. in Lindau, Pittner Franz Dr., Ritt Peter Dr., Rohrer Richard Dr., Schmid Kasp., Schnelle Hans, Schobacher Ernst, Schwarzenberger Frz. Xav. JR., Simon

Philipp Dr., Spengler Ludw., Staubwasser Jos., Stölzle Hans Dr. JR., Strasser Aug. Dr. Geh. JR., Strefler Ludw. JR., Thiem Otto Dr., Ultsch Ferdinand Dr., Vogl Richard, Wagner Paul Dr., Winkle Daniel, Zimmermann Albert Dr. JR. in Kaufbeuren.

15. Landau i. Pf. (167 559 E.) **a:** LArbG. Frankenthal; zum OLG. Zweibrücken; umfasst 6 AG., nämlich Annweiler, Bergzabern, Edenkoben, Germersheim, Kandel, Landau i. Pf.

b: RAnw.: Bartz Hans Dr., Bilabel Heinr. JR., Eichinger Jos., Feibelmann Sali Dr., Führ Karl Dr., Goldberg Jul. Dr., Hauck Julius, Hauck Karl JR., Höffner Theodor, Hoffmann Paul Dr., Kern Joseph Dr., Klug Adam JR., Leibrecht August JR. in Edenkoben, Michel Rudolf, Schmidberger Max Dr. JR., Schönhöffer Al. Dr., Sieben Ad. JR., Sieben Ernst, Steigelmann Wilhelm Dr., Unruh Heinr., Weil Hugo Dr. JR., Wingerter Gustav JR. in Edenkoben.

16. Landshut. (210 650 E.) **a:** Zugl. LArbG.; zum OLG. München; umfasst 8 AG., nämlich Dingolfing, Eggenfelden, Landshut, Mainburg, Moosburg, Neumarkt a. R., Rottenburg, Vilsbiburg.

b: RAnw.: Amon Georg Dr. in Dingolfing, Bücherl Frz. X., Buchert Adalbert, Deiglmayr Karl JR., Denk Jakob, Dobel Ludwig Eugen JR. in Mainburg, Gagg Walter, Mühldorfer Albert Dr., Schloder Jos., Schmidtmüller Max Dr., Schreiner Georg JR., Schüllner Jos., Stanglmair Herm. JR., Weinberger Frz., Wölfl Kaspar Geh. JR.

17. Memmingen. (205 316 E.) **a:** LArbG. Kempten; zum OLG. Augsburg; umfasst 11 AG., nämlich Babenhausen, Buchloe, Günzburg a. D., Illertissen, Krumbach, Memmingen, Mindelheim, Neu-Ulm, Ottobeuren, Türkheim, Weissenhorn.

b: RAnw.: Atzberger Ludwig JR. in Günzburg a. D., Durst Richard, Fink Ludwig in Krumbach, Goldbach Franz, Graf Fritz, Haussmann Otto, Holzhauser Ernst, Kraus Friedrich, Krieger Franz Dr., Lauber Otto Dr., Leeb Ludwig, Miller Robert Dr., Nigg Karl, Rauh Wilhelm, Rauschmayr Joseph Dr.

18. München I. (750 953 E.) **a:** LArbG. München; zum OLG. München; umfasst 1 AG., nämlich München.

b: RAnw.: I. die beim Obersten LG. unter b: II und die beim OLG. München unter b: II und IV angeführten RAnw.

II. beim LG. München I und II zugelassene RAnw.:

Butz Jakob
Eisenhart Hans
Feuchtwanger Ludw. Dr.
Fürnrohr Aug. Dr.
Gmeiner Wolfgang
Hack Leo
Held Wilhelm
Knopf Leopold Dr. JR.
Lösch Alexander
Müller Adolf Dr.
Pfisterhammer Hans
Rauck Alois
Roth Hermann Dr.
Schmitt Friedrich Dr.
Schmitt Heinrich
Schülein Benno
Stempel Karl Dr.
Stengel Emil
Stürzer Friedrich
Weitpert Konrad Dr.
Wimmer Alfons Dr.
Wimmer Bernh. Dr.

III. bloss beim LG. München I zugelassene RAnw.: Bernreiter Anton Dr., Gentes Julius Dr., Kayser

Oskar Dr. JR., Meer Konstantin, Müller Adolf Dr., Pröbst Karl, Steininger Hermann Dr., Wertheimer Simon Dr.

19. **München II.** (365 665 E.) a: LArbG. München; zum OLG. München; umfasst 14 AG., nämlich Dachau, Dorfen, Ebersberg, Erding, Freising, Fürstenfeldbruck, Garmisch, Haag, Miesbach, Starnberg, Tegernsee, Tölz, Weilheim, Wolfratshausen.

b: RAnw.: I. die beim Obersten LG. unter b: II, beim OLG. München unter b: II und V und beim LG. München I unter b: II angeführten RAnw.

II. bloss beim LG. München II zugelassene RAnw.: Baumgärtner Friedr., Bechert Rudolf Dr., Biber Wilh. Dr., Grünewald Max Dr., Hoffmann Bernhard, Pauer Rudolf Dr. Ritter u. Edler v., Schubart Artur JR., Weber Otto Dr.

III. beim LG. München II weiter zugelassene RAnw.: Bauer Heinrich JR. in Tegernsee, Bauer Joseph in Fürstenfeldbruck, Bayerwaltes Max Dr. in Starnberg, Burger Johann in Ebersberg, Emmersleben Fritz in Garmisch, Fürtsch Karl in Freising, Gleich Hermann in Dachau, Globerger Anton in Miesbach, Held Robert in Starnberg, Hirschberger Karl in Garmisch, Hundsdorfer Wolfgang in Freising, Kern Christoph JR. in Garmisch, Kreutzer Rudolf Dr. in Dorfen, Leiter Max in Erding, Lobkowitz Franz Frhr. v. JR. in Tölz, Mahr Richard JR. in Fürstenfeldbruck, Maier Joseph Dr. in Weilheim, Mayer Franz JR. in Dachau, Meyer Wilhelm JR. in Freising, Ramlmayr Ludwig in Ebersberg, Schönecker Leonhard JR. in Freising, Schönherr Joseph Dr. in Erding, Schwaiblmair Arthur in Wolfratshausen, Schweizer Peter JR. in Starnberg, Staudinger August in Tölz, Völkl Franz in Weilheim, Vogg Eggelbert in Fürstenfeldbruck, Zimmermann Bruno in Tegernsee.

20. **Neuburg a. D.** (209 163 E.) a: LArbG. Augsburg mit Ausnahme der Amtsg.-Bez. Pfaffenhofen u. Geisenfeld; zum OLG. Augsburg; umfasst 11 AG., nämlich Dillingen, Donauwörth, Geisenfeld, Höchstädt a. D., Lauingen, Neuburg a. D., Nördlingen, Oettingen, Pfaffenhofen, Rain, Schrobenhausen.

b: RAnw.: Börner Karl JR., Engelmayer Jos., Graf Leonhard, Lauber Theod. JR., Löbisch Albert, Müller Richard JR. in Dillingen, Schmid Joseph JR. in Schrobenhausen, Schwarzkopf Joseph in Nördlingen.

21. **Nürnberg.** (535 317 E.) a: Zugl. LArbG.; zum OLG. Nürnberg; umfasst 9 AG., nämlich Altdorf, Gräfenberg, Hersbruck, Hilpoltstein, Lauf, Neumarkt Opf., Nürnberg, Roth, Schwabach.

b: RAnw.: **I. die beim OLG. Nürnberg unter I angeführten RAnw.**

II. bloss beim LG. Nürnberg zugelassene RAnw.: Bärmann Wilhelm Dr., Baier Karl, Bauer Friedrich Dr., Baumeister Georg Dr., Bergold Friedrich Dr., Bogendörfer Eugen Dr., Breitschaft Franz Dr., Cahn Franz Dr., Endress Werner Dr., Erdmann Paul Adolf Dr., Erlanger Martin Dr., Franz Ludwig, Friedmann Stephan Dr., Friedrich Joseph Dr., Fuld Heinr. Dr., Gärtner Gottfr., Giegold Karl, Grampp Gust.,

JR., Greune Karl Dr., Grundler Kurt, Haber Max Dr., Held Justin Dr., Hering Erich Dr., Herrmann Gottfried, Herrmann Heinz, Heydenreich Franz, Hiller Friedrich, Hirschmann Fritz Dr., Hofmann Konr. Dr., Hütter Georg, Kern Hans, Kießkalt Max Dr., Klein Heinrich Dr., Klenner Franz, Klinger Friedrich Dr., Krafft Hans Dr., Kunze Walter, Levi Richard Dr., Levigard Otto Albert Dr., Lorch Max Dr., Michel Kurt, Mittelbach Richard Dr., Müller Albrecht, Müller Hermann, Münz Gustav Dr., Oehl Eduard Dr., Patutschnick Heinrich, Reinemund Bruno Dr., Rosenblatt Heinrich Dr., Rosenfeld Werner Dr., Rupp Eberhard, Schad von Mittelbiberach Eitel Albrecht Dr., Schmid Joseph Dr., Schmidt-Rudersdorf Helmuth Dr., Schulhöfer Edith Dr., Schwarz Alfred Dr., Stiegler Ernst Dr., Strauß Ruprecht, Stritzke Otto Dr., Tittus Jos., Weiß Fritz, Wochinger Hans Dr.

III. beim LG. Nürnberg weiter zugelassene RAnw.: Bründl Eduard in Hersbruck, Fensterer Joseph JR. in Schwabach, Hacker Hans Friedrich JR., in Neumarkt i. d. OPf., Hoffmann Karl in Lauf, Kügle Xaver in Roth, Pierner Georg Geh. JR. in Hersbruck, Reichert Joseph in Neumarkt i. d. OPf., Römer Georg in Lauf, Schenck Friedrich in Altdorf, Thoma Hans Dr. in Neumarkt i. d. OPf., Zeh Karl Friedrich JR. in Altdorf.

22. **Passau.** (222 870 E.) **a:** Zugl. LArbG.; zum OLG. München; umfasst 9 AG., nämlich Freyung, Griesbach, Passau, Pfarrkirchen, Rotthalmünster, Simbach, Vilshofen, Waldkirchen, Wegscheid.

b: RAnw.: Beck Friedr. Dr., Brandl Joseph Dr., Danzer Karl Dr., Diewald Karl JR., Eibl Joseph Dr., Fischer Hans JR., Graf Eduard Dr., Hammon Hans Dr., Heizer Jos. JR., Jäger Rolf Dr., Kurländer Franz JR. in Pfarrkirchen, Ringelmann Franz in Waldkirchen, Scheuerecker Jos., Schmidtmüller Jul., Schwaebel Karl Dr., Schwaiger Rupert Dr., Seitz Max, Senninger Ludwig, Warns Maximilian Dr. JR.

23. **Regensburg.** (250 618 E.) **a:** Zugl. LArbG.; zum OLG. Nürnberg; umfasst 11 AG., nämlich Abensberg, Burglengenfeld, Hemau, Kelheim, Nittenau, Regensburg, Regenstauf, Riedenburg, Roding, Stadtamhof, Wörth.

b: RAnw.: Artmann Joseph, Bloch Adolf Dr. JR., Buchmann F. Dr. JR., Dirnberger Hans, Erbersdobler Alois Dr., Flierl Joseph Dr., Heidecker D. Dr. JR., Heiss Alfons, Heunisch Mich. JR., Keiter Engelhardt, Knaus Frdr., Kobler Hans Dr., Kölbig Anton in Abensberg, Lehmann Justin Dr., Martin Johann JR., Mattmer Franz Dr., Medicus Karl Dr. in Burglengenfeld, Meyer Isaak Dr., Michel Karl Dr., Ottinger Fr. Dr., Oswald Rudolf Dr., Regler Martin Dr. in Abensberg, Rid Heinrich, Schlegl Armin Dr., Seitz Georg Dr. JR., Siegfried Georg JR., Soiderer Peter, Solleder Max Dr., Taucher Hermann, Trimpl Johann JR., Weber Franz, Weiner Siegfried, Wormbs Konrad, Ziegler Heinrich.

24. **Schweinfurt.** (214 091 E.) **a:** LArbG. Würzburg; zum OLG. Bamberg; umfasst 11 AG., nämlich Bischofsheim, Gerolzhofen, Hammelburg, Kissingen, Königshofen, Mellrichstadt, Münnerstadt, Neustadt a. S., Schweinfurt, Volkach, Werneck.

b: RAnw.: Ankermüller Wilhelm Dr., Brandis Felix, Brehm Paul, Buhlheller Hans JR. in Kissingen, Drescher Karl JR.,

Graetz Arnulf Dr., Hesslein B. Dr. JR., Hommel M. Dr. JR., Jüllich Ferd. JR., Kraus Karl Dr., Lang Gg., Leiber Mor. JR., Mendle Sali, Müller Friedrich, Raithel Konr. Dr., Schmitt Ludwig JR. in Neustadt a. d. S., Seufert Ludwig Dr., Silberstein Heinrich Dr., Stein Max Dr., Straub Anton Gg. Dr., Stumpf Rudolf Dr., Werner Joseph JR.

25. **Straubing.** (157 558 E.) **a:** Zugl. LArbG.; zum OLG. München; umfasst 7 AG., nämlich Bogen, Kötzting, Landau a. I., Mallersdorf, Mitterfels, Neukirchen, Straubing.

b: RAnw.: Gähler Franz v., Gerhard Hr. Dr. JR., Höchtl Fritz Dr., Hofmann Rudolf, Hopfenmüller Hans JR. in Mallersdorf, Kellner Hs. Dr., Lorenz Hubert in Landau a. I., Mayr Ludw. Dr. JR., Pfannenstiel H. Geh. JR., Pfeiffer Siegfried Dr., Prager Alfons JR., Ruland Norb. JR., Schriefer Jos., Segl Jos. JR., Seidenböck Ant. JR., Strassl Hans JR., Traeger Bruno Dr., Wenninger Ludw. JR., Wiesmeier Arthur.

26. **Traunstein.** (307 118 E.) **a:** Zugl. LArbG.; zum OLG. München; umfasst 13 AG., nämlich Aibling, Altötting, Berchtesgaden, Burghausen, Laufen, Mühldorf, Prien, Reichenhall, Rosenheim, Tittmoning, Traunstein, Trostberg, Wasserburg.

b: RAnw.: Ahammer Karl JR., Bergtold Rudolf Dr., Bomhard Theod. JR., Frey Valentin in Aibling, Jordan Seb. Dr., Meichelböck Franz Dr., Merkenschlager Karl, Müller Ludwig JR. in Mühldorf, Pfahler Philipp JR. in Reichenhall, v. d. Pfordten G. Geh. JR., v. d. Pfordten German Dr., Plate Hermann Dr., Ruckdeschel Otto Dr., Scherbauer Karl Dr., Scheuer Joseph JR. in Rosenheim, Schlumberger H. JR., Schmidt Frdr. JR., Schnappinger Pankraz, Seibert Rudolf Dr., Steger Wilhelm, Windisch Hans JR., Zeitler Franz Joseph.

27. **Weiden.** (187 222 E.) **a:** Zugl. LArbG.; zum OLG. Nürnberg; umfasst 10 AG., nämlich Auerbach, Eschenbach, Kemnath, Neustadt a. WN., Oberviechtach, Tirschenreuth, Vilseck, Vohenstrauss, Waldsassen, Weiden.

b: RAnw.: Bönitsch Max, Gabel Anton Dr., Gailer Heinrich Dr., Göller Christian JR. in Waldsassen, Lindner Simon Dr., Linsmeier Hans, Maierhöfer Alois Dr., Mertenbaur Hans, Mohr Vinzenz, Nagel Georg, Nehmann Andr., Pfleger Fr. J. Dr. JR., Schenkl Hans in Neustadt a. WN., Tettenborn Joseph v. JR. in Vohenstrauß, Wanninger Joseph, Wening Heinr.

28. **Würzburg.** (270 775 E.) **a:** Zugl. LArbG.; zum OLG. Bamberg; umfasst 10 AG., nämlich Arnstein, Aub, Brückenau, Dettelbach, Gemünden, Karlstadt, Kitzingen, Marktbreit, Ochsenfurt, Würzburg.

b: RAnw.: Adler Jul. Dr., Ambach Hrm. Dr., Baumeister Julius, Baumeister Ludwig Dr., Beck Georg, Behr Ernst Dr., Bonn Georg Dr., Döhling Ernst, Dotzel Hanns, Ebert Ludwig Dr., Englert Gottfried JR. in Gemünden, Godron Heinrich JR. in Kitzingen, Goller Friedr. JR., Haas Gerson Dr. JR., Hamburger Max Dr., Hartig Walter Dr., Haubach Jos. Dr., Heinlein Valentin, Heppt Linus, Hofmann Alfred, Kamm Hans JR. in Gemünden, Keil Heinrich Dr., Keller Anton JR., Klee Hans Dr., Klemmert Adam Dr. JR., Koch Karl Dr. in Gemünden, Krause Erhard, Kriener Oskar, Kunz Hubert Dr., Link Anton, Manigold

Walter, Mayer Erich Dr., Mayer Helmut Dr., Meissner Christ. JR., Meister Eduard JR. in Kitzingen, Meixner Karl, Müller Anton, Müller Richard, Oppenheimer Arnold JR., Pappenheimer Willy Dr., Pfriem Fritz, Pohl Art. Dr. JR., Reinhard August, Richter Wilhelm in Ochsenfurt, Riedmann Willy in Karlstadt, Risch Hans JR., Risch Otto, Rosenthal K. Dr. JR., Rösser Seb., Schlereth Ludwig Dr., Schloss David, Schmitt Johann, Schraud Wilhelm, Selig Stephan, Seufert Michael, Silbermann S. Dr. JR., Spieß Ernst, Staudt Alois, Stegherr Heinrich Dr., Stein Ludwig Dr., Stern Bruno Dr. JR., Stern Salomon, Straub Oskar, Süsser Adolf JR., Thaler Jos. Dr. JR., Then Ferdinand Dr., Then J. B. Dr. JR., Ulrich Alfred, Vocke Karl Friedrich Dr., Wahler Jul. JR., Weichsel Alfred, Zapf Wilhelm Hugo Dr., Zeitler Philipp Dr.

29. **Zweibrücken.** (194 724 E.) a: Zugl. LArbG.; zum OLG. Zweibrücken; umfasst 9 AG., nämlich (Blieskastel), Dahn, (Homburg), (St. Ingbert), Landstuhl, Pirmasens, Waldfischbach, Waldmohr, Zweibrücken.

b. RAnw.: I. **die beim OLG. Zweibrücken unter b: I angeführten RAnw.**

II. **bloss beim LG. Zweibrücken zugelassene** RAnw.: Brügel Richard, Heinsinger Jakob, Reinwald Joseph Ignaz, Trier Adolf.

III. beim LG. Zweibrücken weiter zugelassene RAnw.: Eigner Eugen in Pirmasens, Heussler Wilh. JR. in Pirmasens, Levy Albert in Pirmasens.

IV. Amtsgerichte.[1] [2] [3]

1. **Abensberg** (NB.; 17 389 E.). a: ArbG. Kelheim; SchöffG., GrJugG., LG. u. LArbG. Regensburg; OLG. Nürnberg; BzA. Kelheim; FA. Neustadt a. D.; LFA. München.

b: Not.: Schöpperl Karl.

c: RAnw.: Kölbig Anton Wilh.*, Regler Martin Dr.*, Stark Nikolaus.

2. **Aibling** (OB.; 27 397 E.). a: ArbG., SchöffG. u. GrJugG. Rosenheim; LG. u. LArbG. Traunstein; OLG. München; BzA. u. FA. Aibling; LFA. München.

b: Not.: Tessari Alfred JR.

c: RAnw.: Frey Valentin*, Pellkofer Wilhelm Dr., Rumpf J. B. JR.

---

1) Ein kleines Jugendgericht besteht bei jedem Amtsgericht.

2) Soweit bei den einzelnen Amtsgerichten sich ein Vermerk über die Amtsanwaltschaft nicht findet, werden die amtsanwaltschaftl. Geschäfte durch einen am Sitze des Amtsgerichts befindlichen Amtsanwalt (im Haupt- oder Nebenamte) besorgt.

An Orten, die zugleich Sitz eines Landgerichts sind, werden die amtsanwaltschaftlichen Geschäfte des Amtsgerichts durch die Staatsanwaltschaft des Landgerichts — in München durch die StA. am LG. I — wahrgenommen.

3) Die mit * bezeichneten Rechtsanwälte sind auch bei dem Landgerichte zugelassen, zu dessen Bezirk das Amtsgericht gehört.

3. **Aichach** (OB.; 30 114 E.) zugl. ArbG. **a:** SchöffG., GrJugG., LG., LArbG. u. OLG. Augsburg; BzA. u. FA. Aichach; LFA. München.
b: Not.: Regnier Julius JR.
c: RAnw.: Stanglmayr Joseph *, Wellner Benedikt.

4. **Altdorf** (MFr.; 16 378 E.). **a:** ArbG., SchöffG., GrJugG., LG., LArbG. u. OLG. Nürnberg; BzA. Nürnberg; FA. Altdorf; LFA. Nürnberg.
b: Not.: Stapf Wilhelm JR.
c: RAnw.: Schenck Friedr.*, Zeh Karl Fr. JR.*

5. **Altötting** (OB.; 28 867 E.) zugl. ArbG. **a:** SchöffG., GrJugG. LG. u. LArbG. Traunstein; OLG. München; BzA. Altötting; FA. Burghausen; LFA. München.
b: Not.: Hausladen Gg. JR.
c: RAnw.: Gmach Joseph Dr., Heizer Albert JR., Lutz Karl JR.

6. **Alzenau** (UF.; 18 491 E.) zugl. ArbG. **a:** SchöffG., GrJugG. LG. u. LArbG. Aschaffenburg; OLG. Bamberg; BzA. Alzenau; LandFA. Aschaffenburg; LFA. Würzburg.
b: Not.: Schröppel Leonh. JR.
c: RAnw.: Walter Anton *.

7. **Amberg** (OPf.; 45 247 E.) zugl. ArbG. **a:** SchöffG., GrJugG., LG. u. LArbG. Amberg; OLG. Nürnberg; UnmG., BzA. u. FA. Amberg; LFA. Nürnberg.
b: Not.: I: Wehgartner August JR.; II: Zimmermann Heinrich.
c: RAnw.: (s. beim LG. Amberg).

8. **Amorbach** (UFr.; 7 391 E.). **a:** ArbG. Miltenberg; SchöffG., GrJugG., LG. u. LArbG. Aschaffenburg; OLG. Bamberg; BzA. Miltenberg; FA. Amorbach; LFA. Würzburg.
b: Notariat aufgehoben.
c: RAnw.: Krauss Friedrich.

9. **Annweiler** (Pf.; 18 028 E.). **a:** AA. durch StA. Landau i. d. Pf.; ArbG., SchöffG., GrJugG. u. LG. Landau i. Pf.; LArbG. Frankenthal; OLG. Zweibrücken; BzA. Bergzabern; FA. Annweiler; LFA. Würzburg.
b: Not.: Selzer Julius JR.
c: RAnw.: Schwerdtfeger Richard Dr.

10. **Ansbach** (MFr.; 41 946 E.) zugl. ArbG. **a:** SchöffG., GrJugG., LG. u. LArbG. Ansbach; OLG. Nürnberg; UnmG., BzA. u. FA. Ansbach; LFA. Nürnberg.
b: Not.: I: Stiegler Hans JR., II: Götzelmann Ferdinand JR.
c: RAnw.: (siehe beim LG. Ansbach).

11. **Arnstein** (UrF.; 12 598 E.). **a:** ArbG. Gemünden; SchöffG., GrJugG., LG. u. LArbG. Würzburg; OLG. Bamberg; BzA. Karlstadt; FA. Arnstein; LFA. Würzburg.
b: Not.: Striffler Karl.
c: RAnw.: Röther Hugo.

12. **Arnstorf** (NB.; 16 731 E.) zugl. ArbG. **a:** SchöffG., GrJugG., LG. u. LArbG. Deggendorf; OLG. München; BzA. u. FA. Eggenfelden; LFA. München.
b: Not.: — — —.
c: RAnw.: Lutz Burkard.

13. Aschaffenburg (UFr.; 74 791 E.) zugl. ArbG. **a:** SchöffG., GrJugG., LG. u. LArbG., Aschaffenburg; OLG. Bamberg; UnmG., BzA. u. StadtFA. Aschaffenburg; LFA. Würzburg.
b: Not.: I: Reinhardt Karl JR.; II: Gutmann Alfred Dr.
c: RAnw.: (siehe beim LG. Aschaffenburg).

14. Aub (UFr.; 11 627 E.). **a:** ArbG. Ochsenfurt; SchöffG., GrJugG., LG. u. LArbG. Würzburg; OLG. Bamberg; BzA. Ochsenfurt; FA. Röttingen; LFA. Würzburg.
b: Not.: Hopf Otto JR.
c: RAnw.: — — —.

15. Auerbach (OPf.; 10 126 E.) zugl. ArbG. **a:** SchöffG., GrJugG., LG. u. LArbG. Weiden; OLG. Nürnberg; BzA. Eschenbach; FA. Pegnitz; LFA. Nürnberg.
b: Not.: Verweser: Krempelhuber von Max, Notar in Vilseck.
c: RAnw.: Schmitt Heinrich.

16. Augsburg (Schw.; 192 864 E.) zugl. ArbG. **a:** SchöffG., GrJugG., LG., LArbG. u. OLG. Augsburg; UnmG., BzA. u. FA. I. u. II Augsburg;[1]) LFA. München.
b: Not. I: Eggerking Karl JR., II: Weinkamm Johann Geh. JR., III: Linder Otto, JR., IV: Weidenbach Kurt von, V: —
c: RAnw.: Kraussold Heinrich, Schultz Leonhard (s. a. OLG. u. LG. Augsburg).

17. Babenhausen (Schw.; 8 763 E.). **a:** AA. durch StA. Memmingen; ArbG. Illertissen; SchöffG., GrJugG. u. LG. Memmingen; LArbG. Kempten; OLG. Augsburg; BzA. u. FA. Illertissen; LFA. München.
b: Not.: Wülfert Friedr.
c: RAnw.: — — —

18. Bamberg (OFr.; 82345 E.) zugl. ArbG. **a:** SchöffG., GrJugG., LG., LArbG. u. OLG. Bamberg; UnmG., BzA. Bamberg; StFA. u. LandFA. Bamberg; LFA. Nürnberg.
b: Not.: I: Aubele Max JR., II: Straßer Adolf JR., III: Löwi Rudolf Dr. JR.
c: RAnw.: (siehe beim OLG. u. LG. Bamberg).

19. Baunach (UFr.; 8 832 E.) zugl. ArbG. **a:** SchöffG., GrJugG., LG., LArbG u. OLG. Bamberg; BzA. u. FA. Ebern; LFA. Würzburg.
b: Not.: Verweser: Binapfl Willibald Dr., Notar in Ebern.
c: RAnw.: — — —

20. Bayreuth (OFr.; 55 628 E.) zugl. ArbG. **a:** SchöffG., GrJugG., LG. u. LArbG. Bayreuth; OLG. Bamberg; UnmG., BzA. u. FA. Bayreuth; LFA. Nürnberg.
b: Not.: I: Ficht Wilhelm JR., II: Keyl Julius.
c: RAnw.: (siehe beim LG. Bayreuth).

21. Beilngries (OPf.; 14 963 E.) zugl. ArbG. **a:** SchöffG., GrJugG., LG. u. LArbG. Eichstätt; OLG. Augsburg; BzA. u. FA. Beilngries; LFA. Nürnberg.
b: Not.: Scheidler Michael.
c: RAnw.: Strauss Alois.

---

[1]) Wegen der Zuständigkeit der Finanzämter in Augsburg s. JMB. v. 13. Okt. 1916 (JMBl. 57; FMBl. 163).

21.* **Bellheim** (bloss Sitz e. Notariats). a: LG. Landau i. Pf.; OLG. Zweibrücken.
b: Not.: Verweser: Gleitsmann Georg Dr., Notar in Germersheim.

22. **Berchtesgaden** (OB.; 13524 E.). a: AA. durch AA. Reichenhall; ArbG. Reichenhall; SchöffG., GrJugG., LG. u. LArbG. Traunstein; OLG. München; BzA. u. FA. Berchtesgaden; LFA. München.
b: Not.: Decker Otto.
c: RAnw.: Drossbach Gebhard, Kollmann Karl Dr.

23. **Bergzabern** (Pf.; 21975 E.) zugl. ArbG. a: SchöffG., GrJugG. u. LG. Landau i. Pf.; LArbG. Frankenthal; OLG. Zweibrücken; BzA. u. FA. Bergzabern; LFA. Würzburg.
b: Not.: I: Reiser Heinrich JR., II: — — —
c: RAnw.: Kennel Erwin v. Dr., Vogt Oskar.

24. **Berneck** (OFr.; 15932 E.) zugl. ArbG. a: SchöffG., GrJugG., LG. u. LArbG. Bayreuth; OLG. Bamberg; BzA. u. FA. Bayreuth, Kulmbach u. Münchberg [1]); LFA. Nürnberg.
b: Not.: Kremer Theodor Dr.
c: RAnw.: — — —

24.* **Billigheim** (bloss Sitz e. Not.). a: LG. Landau i. Pf.; OLG. Zweibrücken.
b: Not.: Verweser: Gundelwein Friedr., Notar JR. in Landau i. Pf.

25. **Bischofsheim** (UFr.; 9317 E.). a: ArbG. Neustadt a. d. Saale; SchöffG., GrJugG. u. LG. Schweinfurt; LArbG. Würzburg; OLG. Bamberg; BzA. u. FA. Neustadt a. d. Saale; LFA. Würzburg.
b: Not.: Leibrock Ludwig Dr.
c: RAnw.: — — —

26. **Blieskastel** (Pf.) — z. Zt. unter der Verwaltung der Regierung des Saarstaats —; früher LG. u. OLG. Zweibrücken.

27. **Bogen** (NB.; 13296 E.). a: AA. durch StA. Straubing; ArbG., SchöffG., GrJugG., LG. u. LArbG. Straubing; OLG. München; BzA. Bogen; FA. Mitterfels; LFA. München.
b: Not.: Kolb Otto JR.
c: RAnw.: — — —

28. **Brückenau** (UFr.; 14198 E.) zugl. ArbG. a: SchöffG., GrJugG., LG. u. LArbG. Würzburg; OLG. Bamberg; BzA. u. FA. Brückenau; LFA. Würzburg.
b: Not.: Hauck Wilh. JR.
c: RAnw.: Fleischmann Philipp Dr., Halbritter Joseph Dr.

29. **Buchloe** (Schw.; 13235 E.) zugl. ArbG. a: SchöffG., GrJugG. u. LG. Memmingen; LArbG. Kempten; OLG. Augsburg; BzA. u. FA. Kaufbeuren; LFA. München.
b: Not.: Burkart Frz. JR.
c: RAnw.: — — —

---

[1]) Örtliche Zuständigkeit s. StA. 22. IX. 29 Nr. 219 S. 19 bzw. StA. 20. III. 29 Nr. 66 S. 13.

30. **Burgau** (Schw.; 15 653 E.) zugl. ArbG. **a:** SchöffG., GrJugG., LG., LArbG. u. OLG. Augsburg; BzA. Günzburg; FA. Burgau; LFA. München.
b: Not.: Auanger Otto.
c: RAnw.: Kolb Walter Dr.

31. **Burgebrach** (OFr.; 11 184) zugl. ArbG. **a:** SchöffG., GrJugG., LG., LArbG. u. OLG. Bamberg; BzA. Bamberg; FA. Bamberg-Land; LFA. Nürnberg.
b: Not.: Verweser: Aubelé Max, Notar JR. in Bamberg (Not. I).
c: RAnw.: — — —

32. **Burghausen** (OB.; 14 249 E.). **a:** ArbG. Altötting; SchöffG., GrJugG., LG. u. LArbG. Traunstein; OLG. München; BzA. Altötting; FA. Burghausen; LFA. München.
b: Not.: Bader Samuel Dr.
c: RAnw.: Friedrich Alois Dr., Remmler Albert Dr.

33. **Burglengenfeld** (OPf.; 19 259 E.) zugl. ArbG. **a:** AA. durch AA. Stadtamhof; SchöffG., GrJugG., LG. u. LArbG. Regensburg; OLG. Nürnberg; BzA. u. FA. Burglengenfeld; LFA. Nürnberg.
b: Not.: Forster Hans Dr.
c: RAnw.: Medicus Karl Dr.*, Schreiner Albin Dr.

34. **Cadolzburg** (MFr.; 14 119 E.). **a:** AA. durch StA. Fürth; ArbG., SchöffG., GrJugG. u. LG. Fürth; LArbG. u. OLG. Nürnberg; BzA. u. FA. Fürth; LFA. Nürnberg.
b: Not.: Janker Theodor.
c: RAnw.: — — —

35. **Cham** (OPf.; 20 308 E.) zugl. ArbG. **a:** SchöffG., GrJugG. u. LArbG. Amberg; OLG. Nürnberg; BzA. u. FA. Cham; LFA. Nürnberg.
b: Not.: Binder Joseph, JR.
c: RAnw.: Gradl Jos. Dr., Gröger Albert, Hösl Mich. JR.*, Hösl Rudolf Dr.

36. **Coburg** (OFr.; 53 963 E.) zugl. ArbG. **a:** SchöffG., GrJugG., LG. u. LArbG. Coburg; OLG. Bamberg; UnmG., BzA. u. FA. Coburg; LFA. Nürnberg.
b: NotVerw.: I: — — —; II: Ruprecht Hrch., Geh. JR.; III: Hirsch Kuno JR.; IV: Bretzfeld Friedr. Dr. JR.; V: Baer I Moritz Dr. JR.; VI: Ehrlicher Alfred; VII: — — —; VIII: Baer II Martin Dr., sämtl. RAnw. u. Notare.
c: RAnw.: (s. beim LG. Coburg).

37. **Dachau** (OB.; 31 656 E.) zugl. ArbG. **a:** AA. durch AA. Pfaffenhofen; SchöffG. u. GrJugG. München-Land; LG. München II; LArbG. u. OLG. München; BzA. u. FA. Dachau; LFA. München.
b: Not.: Wiesinger Hermann JR.
c: RAnw.: Gleich Hermann *, Mayer Franz JR.*, von der Pfordten German, Schwalber Joseph Dr.

38. **Dahn** (Pf.; 12 852 E.) **a:** AA. durch AA. Pirmasens; SchöffG. u. GrJugG. Pirmasens; LG., LArbG. u. OLG. Zweibrücken; BzA. Pirmasens; FA. Dahn; LFA. Würzburg.
b: Not.: Biebinger Ernst.
c: RAnw.: — — —

39. Deggendorf (NB.; 31 393 E.) zugl. ArbG. **a:** SchöffG., GrJugG., LG. u. LArbG. Deggendorf; OLG. München; UnmG., BzA. u. FA. Deggendorf; LFA. München.
b: Not.: Goller Georg JR.
c: RAnw.: (siehe beim LG. Deggendorf).

39.* Deidesheim (bloss Sitz e. Notariats) **a:** LG. Frankenthal; OLG. Zweibrücken.
b: Not.: Striebinger Wilhelm Dr. JR.

40. Dettelbach (UFr.; 11 188 E.). **a:** AA. durch StA. Würzburg; ArbG., SchöffG., GrJugG., LG. u. LArbG. Würzburg; OLG. Bamberg; BzA. Kitzingen; FA. Dettelbach; LFA. Würzburg.
b: Not.: Brunner Heinrich.
c: RAnw.: — — —

41. Dillingen (Schw.; 16 466 E.) zugl. ArbG. **a:** SchöffG., GrJugG. u. LG. Neuburg a. D.; LArbG. u. OLG. Augsburg; UnmG., BzA. u. FA. Dillingen; LFA. München.
b: Not.: Erdl Andreas JR.
c: RAnw.: Eggensberger Franz Xaver Dr., Müller Richard JR.*

42. Dingolfing (NB.; 24 300 E.) zugl. ArbG. **a:** SchöffG., GrJugG., LG. u. LArbG. Landshut; OLG. München; BzA. u. FA. Dingolfing; LFA. München.
b: Not.: Donsberger Johann JR.
c: RAnw.: Amon Georg Dr.*, Obermayer Franz Xav. JR., Zehetbauer Joseph.

43. Dinkelsbühl (MFr.; 17 527 E.) zugl. ArbG. **a:** SchöffG., GrJugG., LG. u. LArbG. Ansbach; OLG. Nürnberg; UnmG., BzA. u. FA. Dinkelsbühl; LFA. Nürnberg.
b: Not.: Burger Friedrich.
c: RAnw.: Dietsch Leopold, Jaumann Anton.

43.* Dirmstein (bloss Sitz e. Not.). **a:** LG. Frankenthal; OLG. Zweibrücken.
b: Not.: — — —

44. Donauwörth (Schw.; 21962 E.) zugl. ArbG. **a:** SchöffG., GrJugG. u. LG. Neuburg a. D.; LArbG. u. OLG. Augsburg; UnmG., BzA. u. FA. Donauwörth; LFA. München.
b: Not.: I: Baumeister Joseph JR., II: — — —
c: RAnw.: Daimer Ernst, Drexel Konrad, Loibl Joseph, Prochownik Jul. JR.

45. Dorfen (OB.; 15 469 E.) zugl. ArbG. **a:** SchöffG. u. GrJugG. München-Land; LG. München II; LArbG. u. OLG. München; BzA. u. FA. Erding; LFA. München.
b: Not.: Paur Heinrich.
c: RAnw.: Kreutzer Rudolf Dr.*

46. Dürkheim (Pf.; 31 189 E.) zugl. ArbG. **a:** SchöffG., GrJugG., LG. u. LArbG. Frankenthal; OLG. Zweibrücken; BzA. u. FA. Dürkheim; LFA. Würzburg.
b: Not.: I: Frisch Ludw. JR.; II: Humbert Karl JR.
c: RAnw.: Barth Georg, Blum Eugen.

47. Ebermannstadt (OFr.; 11 355 E.). **a:** AA. durch AA. Forchheim; ArbG. Forchheim; SchöffG., GrJugG., LG., LArbG. u. OLG. Bamberg; BzA. Ebermannstadt; FA. Forchheim; LFA. Nürnberg.
b: Not.: — — —.
c: RAnw.: Behringer Adalbert.

48. **Ebern** (UFr.; 10 788 E.). a: ArbG. Baunach; SchöffG., GrJugG., LG., LArbG. u. OLG. Bamberg; BzA. u. FA. Ebern; LFA. Würzburg.
b: Not.: Binapfl Willibald Dr.
c: RAnw.: — — —

49. **Ebersberg** (OB.; 29 321 E.) zugl. ArbG. a: SchöffG. u. GrJugG. München-Land; LG. München II; LArbG. u. OLG. München; BzA. u. FA. Ebersberg; LFA. München.
b: Not.: Billing Christian JR.
c: RAnw.: Burger Johann*, Ramlmayr L.*

50. **Edenkoben** (Pf.; 26 177 E.). a: AA. durch AA. Neustadt a. H.; ArbG., SchöffG., GrJugG. u. LG. Landau i. Pf.; LArbG. Frankenthal; OLG. Zweibrücken; BzA. Landau i. Pf.; FA. Edenkoben; LFA. Würzburg.
b: Not.: I: Keim Julius Dr. JR., II: Becker Friedrich JR.
c: RAnw.: Kirchmer Wilhelm, Leibrecht Franz Aug. JR.*, Wingerter Gustav JR.*

51. **Eggenfelden** (NB.; 25 045 E.). a: AA. durch AA. Neumarkt a. d. Rott; ArbG. Neumarkt a. d. Rott; SchöffG., GrJugG., LG. u. LArbG. Landshut; OLG. München; BzA. u. FA. Eggenfelden; LFA. München.
b: Not.: Morgott Johann JR.
c: RAnw.: Böckl Ludw., Stögmayer Anton.

52. **Eichstätt** (MFr.; 22 760 E.) zugl. ArbG. a: SchöffG., GrJugG., LG. u. LArbG. Eichstätt; OLG. Augsburg; UnmG., BzA. u. FA. Eichstätt; LFA. Nürnberg.
b: Not.: Feichtinger Eugen Dr. JR.
c: RAnw.: (siehe beim LG. Eichstätt).

53. **Ellingen** (MFr.; 11 619 E.). a: ArbG. Weissenburg i. Bay.; SchöffG., GrJugG., LG. u. LArbG. Eichstätt; OLG. Augsburg; BzA. u. FA. Weissenburg i. B.; LFA. Nürnberg.
b: Not.: Schott Joh. Nep.
c: RAnw.: Geislinger Frz.

54. **Eltmann** (UFr.; 16 754 E.) zugl. ArbG. a: AA. durch AA. Hassfurt; SchöffG., GrJugG., LG., LArbG. u. OLG. Bamberg; BzA. Hassfurt; FA. Zeil; LFA. Würzburg.
b: Not.: Daimer Richard Dr.
c: RAnw.: — — —

Erbendorf (OPf.) aufgehoben s. 1. X. 1929; wegen der Aufteilung des Bezirks s. StA. 1. IX. 29 Nr. 201 S. 19.

55. **Erding** (OB.; 29 818 E.) zugl. ArbG. a: SchöffG. u. GrJugG. München-Land; LG. München II; LArbG. u. OLG. München; BzA. u. FA. Erding; LFA. München.
b: Not.: I: Haselberger Joseph JR., II: — — —
c: RAnw.: Dörfler Fritz Dr., Leiter Max*, Schönherr Jos. Dr.*

56. **Erlangen** (MFr.; 42 318 E.) zugl. ArbG., SchöffG. u. GrJugG. a: LG. Fürth; LArbG. u. OLG. Nürnberg; UnmG., BzA. u. FA. Erlangen; LFA. Nürnberg.
b: Not.: Reichold Theodor JR.
c: RAnw.: Dolwezel Ferdin. Dr.*, Joanni Paul Dr., Kränzlein Emil Dr., Messerer Ludw. Dr., Müller Karl, Opfermann Rudolf Dr., Pfeiffer Albrecht Dr., Schmidt Heinr. Dr. JR., Schnabel Julius.

57. **Eschenbach** (OPf.; 14 599 E.) zugl. ArbG. **a:** SchöffG., GrJugG., LG. u. LArbG. Weiden; OLG. Nürnberg; BzA. Eschenbach; FA. Weiden; LFA. Nürnberg.
b: Not.: Weiß Georg Dr.
c: RAnw.: — — —

58. **Feuchtwangen** (MFr.; 14 346 E.). **a:** ArbG. Dinkelsbühl; SchöffG., GrJugG., LG. u. LArbG. Ansbach; OLG. Nürnberg; BzA. u. FA. Feuchtwangen; LFA. Nürnberg.
b: Not.: Hußel Friedr. Dr. JR.
c: RAnw.: Kalbskopf Karl.

59. **Forchheim** (OFr.; 25 320 E.) zugl. ArbG. **a:** SchöffG., Gr. JugG., LG., LArbG. u. OLG. Bamberg; UnmG., BzA. u. FA. Forchheim; LFA. Nürnberg.
b: Not.: Bilabel Gustav.
c: RAnw.: Bauer Christian JR.*, Einwág Hans Dr., Pretscher Gottfr., Rieß Heinrich Dr. JR.*, Rohnfelder Lorenz Dr.

60. **Frankenthal** (Pf.; 50 344 E.) zugl. ArbG. **a:** SchöffG., Gr. JugG., LG. u. LArbG. Frankenthal; OLG. Zweibrücken; UnmG., BzA. u. FA. Frankenthal; LFA. Würzburg.
b: Not.: I: Roth Eug. JR., II: Budenbender Julius.
c: RAnw.: (siehe beim LG. Frankenthal b: I.).

60.* **Freinsheim** (bloss Sitz e. Not.). **a:** LG. Frankenthal, OLG. Zweibrücken.
b: Not.-Verweser: Humbert Karl, Notar JR. in Dürkheim (Not. II).

61. **Freising** (OB.; 31 580 E.) zugl. ArbG., SchöffG. u. GrJugG. **a:** LG. München II; LArbG. u. OLG. München; UnmG., BzA. u. FA. Freising; LFA. München.
b: Not.: I: Mantler Max JR., II: Horn Karl JR.
c: RAnw.: Fürtsch Karl*, Hundsdorfer Wolfgang*, Lochner Alfred Dr., Meyer Wilhelm JR.*, Schönecker Leonh. JR.*

62. **Freyung** (NB.; 17 818 E.) zugl. ArbG. **a:** SchöffG., GrJugG., LG. u. LArbG. Passau; OLG. München; BzA. u. FA. Wolfstein; LFA. München.
b: Not.: Altstötter Ludwig Dr.
c: RAnw.: Moosbauer Hans.

63. **Friedberg** (OB.; 20 618 E.). **a:** AA. durch StA. Augsburg; ArbG., SchöffG., GrJugG., LG. LArbG. u. OLG. Augsburg; BzA. u. FA. Friedberg; LFA. München.
b: Not.: Kuhr Hans JR.
c: RAnw.: Steinheimer Karl JR.

64. **Fürstenfeldbruck** (OB.; 32 326 E.) zugl. ArbG. **a:** SchöffG. u. GrJugG. München-Land; LG. München II; LArbG. u. OLG. München; BzA. u. FA. Fürstenfeldbruck; LFA. München.
a: Not: Grimm Robert JR.
b: RAnw.: Bauer Joseph*, Mahr Richard JR.*, Peter Oskar, Vogg Engelbert*, Zeitler Max Dr.

65. **Fürth** (MFr.; 88 284 E.) zugl. ArbG. **a:** SchöffG., GrJugG. u. LG. Fürth; LArbG. u. OLG. Nürnberg; UnmG., BzA. u. FA. Fürth; LFA. Nürnberg.
b: Not.: I: Mayer Ferdinand JR., II: Löhe Hans Dr. JR.
c: RAnw.: (siehe beim LG. Fürth).

66. **Füssen** (Schw.; 22 667 E.) zugl. ArbG. **a:** SchöffG., GrJugG., LG. u. LArbG. Kempten; OLG. Augsburg; BzA. u. FA. Füssen; LFA. München.
b: Not.: Baumann Rudolf JR.
c: RAnw.: Kühne Rich. Dr., Schmid Sigismund Dr., Schreiber Anton, Wagner Anton.

67. **Furth i. W.** (OPf.; 10 357 E.). **a:** ArbG. Cham; SchöffG., GrJugG., LG. u. LArbG. Amberg; OLG. Nürnberg; BzA. u. FA. Cham; LFA. Nürnberg.
b: Not.: Schaupp Georg JR.
c: RAnw.: Haertle Franz Xaver, Straller Peter.

68. **Garmisch** (OB.; 24 622 E.) zugl. ArbG. **a:** AA. durch AA. Weilheim; SchöffG. u. GrJugG. Weilheim; LG. München II; LArbG. u. OLG. München; BzA. u. FA. Garmisch; LFA. München.
b: Not.: Brenner Werner JR.
c: RAnw.: Berolzheimer Mich. Dr. Hofrat, Emmersleben Fritz *, Hirschberger Karl *, Kern Christoph JR. *, Roesen Karl Dr.

69. **Geisenfeld** (OB.; 19 492 E.). **a:** AA. durch AA. Pfaffenhofen; ArbG. Pfaffenhofen; SchöffG., GrJugG. u. LG. Neuburg a. D.; LArbG. Eichstätt; OLG. Augsburg; BzA. u. FA. Pfaffenhofen; LFA. München.
b: Not.: Seitz Anton JR.
c: RAnw.: Eder Eugen, Seitz Ludwig Dr. (in Wolnzach), Wengner Fritz.

70. **Gemünden** (UFr.; 15 754 E.) zugl. ArbG. **a:** SchöffG., Gr. JugG., LG. u. LArbG. Würzburg; OLG. Bamberg; BzA. Gemünden; FA. Lohr; LFA. Würzburg.
b: Not.: Fischer Frz.
c: RAnw.: Englert Gottfried JR.*, Kamm Hans JR.*, Koch Karl Dr.*, Kohlmaier Karl.

71. **Germersheim** (Pf.; 25 994 E.) zugl. ArbG. **a:** SchöffG., GrJugG. u. LG. Landau i. Pf.; LArbG. Frankenthal; OLG. Zweibrücken; BzA. u. FA. Germersheim; LFA. Würzburg.
b: Not.: Gleitsmann Georg Dr.
c: RAnw.: Roebel Franz JR.

72. **Gerolzhofen** (UFr.; 15 564 E.). **a:** AA. durch StA. Schweinfurt; ArbG., SchöffG., GrJugG. u. LG. Schweinfurt; LArbG. Würzburg; OLG. Bamberg; BzA. u. FA. Gerolzhofen; LFA. Würzburg.
b: Not.: Hilpert Julius.
c: RAnw.: Haderlein Ernst, Keim Karl Dr.

72.* **Göllheim** (bloss Sitz e. Not.). **a:** LG. Kaiserslautern; OLG. Zweibrücken.
b: Not.: Mayer Erwin Dr.

73. **Gräfenberg** (OPf.; 13 618 E.) zugl. ArbG. **a:** SchöffG., Gr. JugG., LG., LArbG. u. OLG. Nürnberg; BzA. Forchheim; FA. Erlangen; LFA. Nürnberg.
b: Not.: Rieger Heinrich JR.
c: RAnw.: — — —

74. **Grafenau** (NB.; 21 740 E.) zugl. ArbG. **a:** SchöffG., GrJugG., LG. u. LArbG. Deggendorf; OLG. München; BzA. Grafenau, FA. Schönberg; LFA. München.
b: Not.: Edel Alfred Dr.
c: RAnw.: Niedermayer H. JR.

75. **Greding** (OB.; 10 546 E.) zugl. ArbG. **a:** SchöffG., GrJugG., LG. u. LArbG. Eichstätt; OLG. Augsburg; BzA. Hilpoltstein; FA. Eichstätt u. Hilpoltstein [1]); LFA. München.
b: Not.: Schödel Gottlob.
c: RAnw.: Taucher Phil.

76. **Griesbach** (NB.; 16 122 E.). **a:** ArbG. Pfarrkirchen; SchöffG., GrJugG., LG. u. LArbG. Passau; OLG. München; BzA. u. FA. Griesbach; LFA. München.
b: Not.: Gruber Maximilian JR.
c: RAnw.: Absmayer Max.

77. **Grünstadt** (Pf.; 25 912 E.) zugl. ArbG. **a:** SchöffG., GrJugG., LG. u. LArbG. Frankenthal; OLG. Zweibrücken; BzA. Frankenthal; FA. Grünstadt; LFA. Würzburg.
b: Not.: I: Wüst Albert, II: — — —
c: RAnw.: Bordollo Kurt, Kalter Alf. Dr., Sinsheimer Ludwig JR.*

78. **Günzburg a. D.** (Schw.; 21 890 E.) zugl. ArbG. **a:** SchöffG., GrJugG. u. LG. Memmingen; LArbG. Kempten; OLG. Augsburg; UnmG., BzA. u. FA. Günzburg a. D.; LFA. München.
b: Not.: Braun Jakob JR.
c: RAnw.: Atzberger Ludwig JR.*, Gmeinder Adalbert, Vogl Hans Dr.

79. **Gunzenhausen** (MFr.; 20 118 E.) zugl. ArbG. **a:** SchöffG., GrJugG., LG. u. LArbG. Ansbach; OLG. Nürnberg; BzA. u. FA. Gunzenhausen; LFA. Nürnberg.
b: Not.: Brunner Hans JR.
c: RAnw.: Amrhein Michael, Kündinger Alb., Paschwitz Dr. Ritter und Edler v. Ernst.

80. **Haag** (OB.; 17 779 E.) zugl. ArbG. **a:** SchöffG. u. GrJugG. München-Land; LG. München II; LArbG. u. OLG. München; BzA. u. FA. Wasserburg; LFA. München.
b: Not.: Weinmiller August.
c: RAnw.: Hacker Anton JR.

81. **Hammelburg** (UFr.; 20 906 E.) zugl. ArbG. **a:** SchöffG., GrJugG. u. LG. Schweinfurt; LArbG. Würzburg; OLG. Bamberg; BzA. u. FA. Hammelburg; LFA. Würzburg.
b: Not.: Vorbrugg Friedrich.
c: RAnw.: Fick Philipp JR., Rüth Raimund, Schmitt Aegid.

82. **Haßfurt** (UFr.; 14 391 E.) zugl. ArbG. **a:** SchöffG., GrJugG., LG., LArbG. u. OLG. Bamberg; BzA. u. FA. Haßfurt; LFA. Würzburg.
b: Not.: Gradwohl Peter.
c: RAnw.: Dannhäuser Norbert JR.*, Weber Rudolf.

82.* **Haßloch** (bloß Sitz e. Not.). **a:** LG. Frankenthal; OLG. Zweibrücken.
b: Not.: Keller Georg JR.

83. **Heidenheim Mfr.** (MFr.; 12 142 E.). **a:** ArbG. Gunzenhausen; SchöffG., GrJugG., LG. u. LArbG. Ansbach; OLG. Nürnberg; BzA. u. FA. Gunzenhausen; LFA. Nürnberg.
b: Not.: Verweser: Brunner Hans, Notar JR. in Gunzenhausen.
c: RAnw.: — — —

---

[1]) Örtliche Zuständigkeit s. StA. 21. II. 29 Nr. 44 S. 13.

84. **Heilsbronn** (MFr.; 14 778 E.). **a:** AA. durch StA. Ansbach; ArbG., SchöffG., GrJugG., LG. u. LArbG. Ansbach; OLG. Nürnberg; BzA. u. FA. Ansbach; LFA. Nürnberg.
b: Not.: Sitzmann Franz Dr.
c: RAnw.: — — —

85. **Hemau** (OPf.; 15 625 E.) zugl. ArbG. **a:** SchöffG., GrJugG., LG. u. LArbG. Regensburg; OLG. Nürnberg; BzA. Parsberg; FA. Regensburg-Land; LFA. Nürnberg.
b: Not.: Hoffmann Wilh.
c: RAnw.: — — —

86. **Hengersberg** (NB.; 19 681 E.). **a:** AA. durch StA. Deggendorf; ArbG., SchöffG., GrJugG., LG. u. LArbG. Deggendorf; OLG. München; BzA. u. FA. Deggendorf; LFA. München.
b: Not.: Haderlein Joseph JR.
c: RAnw.: — — —

87. **Herrieden** (MFr.; 12 611 E.). **a:** AA. durch StA. Ansbach; ArbG., SchöffG., GrJugG., LG. u. LArbG. Ansbach; OLG. Nürnberg; BzA. Feuchtwangen; FA. Ansbach; LFA. Nürnberg.
b: Not.: Knaus Eugen.
c: RAnw.: — — —

88. **Hersbruck** (MFr.; 22 642 E.). **a:** AA. durch AA. Lauf; ArbG. Lauf; SchöffG., GrJugG., LG., LArbG. u. OLG. Nürnberg; BzA. u. FA. Hersbruck; LFA. Nürnberg.
b: Not.: Wachs Karl JR.
c: RAnw.: Bründl Eduard *, Fuchs Erwin, Pierner Georg Geh. JR.*

89. **Herzogenaurach** (OFr.; 12 351 E.). **a:** AA. durch AA. Erlangen; ArbG., SchöffG. u. GrJugG. Erlangen; LG. Fürth; LArbG. u. OLG. Nürnberg; BzA. Höchstadt a. A.; FA. Herzogenaurach; LFA. Nürnberg.
b: Not.: Winkler Frz. JR.
c: RAnw.: — — —

90. **Hilpoltstein** (MFr.; 13 728 E.) zugl. ArbG. **a:** SchöffG. u. GrJugG. Schwabach; LG., LArbG. u. OLG. Nürnberg; BzA. u. FA. Hilpoltstein; LFA. Nürnberg.
b: Not.: Griesbeck Frz. Xav. JR.
c: RAnw.: Gampert Wilhelm.

91. **Höchstadt a. A.** (OFr.; 15 860 E.) zugl. ArbG. **a:** AA. durch AA. Forchheim; SchöffG., GrJugG., LG., LArbG. u. OLG. Bamberg; BzA. u. FA. Höchstadt a. A.; LFA. Nürnberg.
b: Not.: Hebendanz Jos. JR.
c: RAnw.: Etzel Fritz Dr.

92. **Höchstädt a. D.** (Schw.; 13 626 E.). **a:** ArbG. Dillingen; SchöffG., GrJugG. u. LG. Neuburg a. D.; LArbG. u. OLG. Augsburg; BzA. u. FA. Dillingen; LFA. München.
b: Not.: Zech Raimund JR.
c: RAnw.: — — —

93. **Hof** (OFr.; 66 982 E.) zugl. ArbG. **a:** SchöffG., GrJugG., LG. u. LArbG. Hof; OLG. Bamberg; UnmG., BzA. u. FA. Hof; LFA. Nürnberg.
b: Not.: I: Eyermann Konr. Dr. JR., II: Schmidbauer Arnold Dr. JR.
c: RAnw.: (siehe beim LG. Hof).

94. **Hofheim** (UFr.; 15 240 E.). a: AA. durch AA. Haßfurt; ArbG. Haßfurt; SchöffG., GrJugG., LG., LArbG. u. OLG. Bamberg; BzA. Hofheim; FA. Zeil; LFA. Würzburg.
b: Not.: Gabler Frz. Xaver.
c: RAnw.: Mühlfriedel Otmar, Wedel Max Dr.

95. **Hollfeld** (OFr.; 12 592 E.). a: ArbG., SchöffG., GrJugG., LG. u. LArbG. Bayreuth; OLG. Bamberg; BzA. Ebermannstadt; FA. Bayreuth; LFA. Nürnberg.
b: Not.: Schmitt Franz JR.
c: RAnw.: Reh Albin Dr.

96. **Homburg** (Pf.) — z. Zt. zum Teil unter der Verwaltung der Regierung des Saarstaats —; früher LG. u. OLG. Zweibrücken.

96.* **Hornbach** (bloss Sitz eines Notariats). a: LG. u. OLG. Zweibrücken.
b: Not.: Verweser: Hüther Edmund, Notar in Zweibrücken (Not. II).

97. **Illertissen** (Schw.; 14 085 E.) zugl. ArbG. a: SchöffG., Gr. JugG. u. LG. Memmingen; LArbG. Kempten; OLG. Augsburg; BzA. u. FA. Illertissen; LFA. München.
b: Not.: Einwag Georg Dr. JR.
c: RAnw.: Kempter Rudolf.

98. **Immenstadt** (Schw.; 22 132 E.) zugl. ArbG. a: AA. durch StA. Kempten; SchöffG., GrJugG., LG. u. LArbG. Kempten; OLG. Augsburg; BzA. Sonthofen; FA. Immenstadt; LFA. München.
b: Not.: Scharberg Joh. JR.
c: RAnw.: Fischer Gust. JR., Probst Guido Dr., Vaas Leonh.

99. **St. Ingbert** (Pf.) (z. Zt. unter der Verwaltung der Regierung des Saarstaats); früher LG. u. OLG. Zweibrücken.

100. **Ingolstadt** (OB.; 55 925 E.) zugl. ArbG., SchöffG. u. GrJugG. a: LG. u. LArbG. Eichstätt; OLG. Augsburg; UnmG., BzA. u. FA. Ingolstadt; LFA. München.
b: Not.: I: — — —, II: Eixenberger Frz. JR.
c: RAnw.: Friedrich Hans, Höhl Heinz Dr., Huß Willy Dr., Nadler August, Obermeier Rudolf, Rosenbusch W., Schwab Joseph JR.*, Sigl Mich. JR.*

101. **Kaiserslautern** (Pf.; 81 960 E.) zugl. ArbG. a: SchöffG., GrJugG., LG. u. LArbG. Kaiserslautern; OLG. Zweibrücken; UnmG., BzA. u. FA. Kaiserslautern; LFA. Würzburg.
b: Not.: I: Meyer Berthold JR., II: Pfirmann Ludwig JR., III: Hilz Frz. X. JR.
c: RAnw.: (siehe beim LG. Kaiserslautern).

102. **Kandel** (Pf.; 31 443 E.) zugl. ArbG. a: SchöffG., GrJugG. u. LG. Landau i. Pf.; LArbG. Frankenthal; OLG. Zweibrücken; BzA. Germersheim; FA. Kandel; LFA. Würzburg.
b: Not.: I: Gerheim Ludwig JR., II: Pfeiffer Richard Dr.
c: RAnw.: Habersberger Stephan.

103. **Karlstadt** (UFr.; 18 657 E.) zugl. ArbG. a: AA. durch AA. Gemünden; SchöffG., GrJugG., LG. u. LArbG. Würzburg; OLG. Bamberg; BzA. u. FA. Karlstadt; LFA. Würzburg.
b: Not.: Kienle Bernhard Dr.
c: RAnw.: Nebel Ignaz Dr., Riedmann Willy *.

104. **Kastl** (OPf.; 11 364 E.). a: AA. durch StA. Amberg; ArbG., SchöffG., GrJugG. u. LArbG. Amberg; OLG. Nürnberg; BzA. Neumarkt Opf.; FA. Amberg u. Neumarkt Opf.[1]); LFA. Nürnberg.
b: Not.: Prinz Eugen.
c: RAnw.: — — —

105. **Kaufbeuren** (Schw.; 21 506 E.) zugl. ArbG. a: SchöffG., GrJugG., LG. u. LArbG. Kempten; OLG. Augsburg; UnmG., BzA. u. FA. Kaufbeuren; LFA. München.
b: Not.: Schub Joseph JR.
c: RAnw.: Abt Franz, Dolles Karl, Zimmermann Alb. Dr. JR*.

106. **Kelheim** (NB.; 18 659 E.) zugl. ArbG. a: SchöffG., GrJugG., LG. u. LArbG. Regensburg; OLG. Nürnberg; BzA. u. FA. Kelheim; LFA. München.
b: Not.: Kestler Simon.
c: RAnw.: Pfaffenberger Franz, Rath Joseph JR.

107. **Kemnath** (OPf.; 15 942 E.) zugl. ArbG. a: SchöffG., GrJugG. u. LArbG. Weiden; OLG. Nürnberg; BzA. u. FA. Kemnath; LFA. Nürnberg.
b: Not.: Scherm Georg Dr.
c: RAnw.: — — —

108. **Kempten** (Schw.; 62 010 E.) zugl. ArbG. a: SchöffG., GrJugG., LG. u. LArbG. Kempten; OLG. Augsburg; UnmG., BzA. u. FA. Kempten; LFA. München.
b: Not.: I: Schieder Heinrich Geh. JR., II: Bayer Georg JR.
c: RAnw.: (siehe LG. Kempten).

109. **Kipfenberg** (MFr.; 10 847 E.). a: ArbG., SchöffG., GrJugG., LG. u. LArGb. Eichstätt; OLG. Augsburg; BzA. Eichstätt; FA. Beilngries u. Eichstätt[1]); LFA. Nürnberg.
b: Not.: Stubenrauch Wilhelm Dr. Ritter und Edler v. JR.
c: RAnw.: — — —

110. **Kirchenlamitz** (OFr.; 14 271 E.) zugl. ArbG. a: SchöffG., GrJugG., LG. u. LArbG. Hof; OLG. Bamberg; BzA. u. FA. Wunsiedel; LFA. Nürnberg.
b: Not.: Liebhart Engelbert.
c: RAnw.: — — —

111. **Kirchheimbolanden** (Pf.; 28 773 E.) zugl. ArbG. a: SchöffG., GrJugG., LG. u. LArbG. Kaiserslautern; OLG. Zweibrücken; BzA. u. FA. Kirchheimbolanden; LFA. Würzburg.
b: Not.: I: Straus Siegfried, II: Breith Gust. Dr.
c: RAnw.: Hirsch Benno, Lindemer Otto, Scherrer Karl JR.

112. **Kissingen** (UFr.; 24 481 E.) zugl. ArbG. a: AA. durch StA. Schweinfurt; SchöffG., GrJugG. u. LG. Schweinfurt; LArbG. Würzburg; OLG. Bamberg; UnmG., BzA. u. FA. Kissingen; LFA. Würzburg.
b: Not.: Hartig Karl Michael JR.
c: RAnw.: Buhlheller Hans JR.*, Endres Karl, Gunderlach Franz Dr., Nagel Hanns Joseph Dr., Pfeiffer Emil, Reiher Martin, Silberschmidt Kossy Dr.

113. **Kitzingen** (UFr.; 25 829 E.) zugl. ArbG. a: AA. durch StA. Würzburg; SchöffG., GrJugG., LG. u. LArbG. Würzburg; OLG. Bamberg; UnmG., BzA. u. FA. Kitzingen; LFA. Würzburg.

---

[1]) Örtliche Zuständigkeit s. StA. 1. XII. 28 Nr. 279 S. 19.

b: Not.: Böckler Friedrich JR.
c: RAnw.: Godron Heinr. JR.*, Graff Ludwig, Meister Eduard JR.*, Pfister August.

114. **Klingenberg** (UFr.; 15 391 E.) a: ArbG. Obernburg; SchöffG., GrJugG., LG. u. LArbG. Aschaffenburg; OLG. Bamberg; BzA. Obernburg; FA. Klingenberg u. Amorbach; LFA. Würzburg.
b: Not.: Michel Hermann.
c: RAnw.: — — —

115. **Königshofen** (UFr.; 15 222 E.). a: AA. durch AA. Neustadt a. d. S.; ArbG. Neustadt a. d. S.; SchöffG., GrJugG., u. LG. Schweinfurt; LArbG. Würzburg; OLG. Bamberg; BzA. u. FA. Königshofen; LFA. Würzburg.
b: Not.: Stühler Albert Dr.
c: RAnw.: Neumann Hans, Winkelmann Heinrich Dr.

116. **Kötzting** (NB., 15 669 E.) zugl. ArbG. a: SchöffG., GrJugG., LG. u. LArbG. Straubing; OLG. München; BzA. u. FA. Kötzting; LFA. München.
b: Not.: Gabler Gustav JR.
c: RAnw.: Fischer Franz, Zimmerer Alexius.

117. **Kronach** (OFr.; 42 360 E.) zugl. ArbG., SchöffG. u. GrJugG. a: LG. u. LArbG. Coburg;; OLG. Bamberg; BzA. u. FA. Kronach; LFA. Nürnberg.
b: Not.: Vogler Franz JR.
c: RAnw.: Böhm Georg, Böhm Lorenz JR.*, Brunner Otto JR., Joseph Rud., Weckert Alb. Dr.

118. **Krumbach** (Schw.; 25 320 E.) zugl. ArbG. a: SchöffG., GrJugG. u. LG. Memmingen; LArbG. Kempten; OLG. Augsburg; BzA. u. FA. Krumbach; LFA. München.
b: Not.: I: Braun Johann JR., II: — — —
c: RAnw.: Fink Ludwig *, Singer Ernst.

119. **Kulmbach** (OFr.; 35 529 E.) zugl. ArbG. a: SchöffG., GrJugG., LG. u. LArbG. Bayreuth; OLG. Bamberg; UnmG., BzA. u. FA. Kulmbach; LFA. Nürnberg.
b: Not.: Popp Ludwig Dr. JR.
c: RAnw.: Büdel Richard, Dressler Herm.*, Fluch Karl, Lieberich Friedr. JR.*

120. **Kusel** (Pf.; 25 360 E.) zugl. ArbG. a: AA. durch StA. Kaiserslautern; SchöffG., GrJugG., LG. u. LArbG. Kaiserslautern; OLG. Zweibrücken; BzA. u. FA. Kusel; LFA. Würzburg.
b: Not.: I: — — —, II: Mannhart Max.
c: RAnw.: Götz Otto JR.*, Schlosser Ludwig.

121. **Landau a. I.** (NB.; 25 047 E.) zugl. ArbG. a: AA. durch AA. Dingolfing; SchöffG., GrJugG., LG. u. LArbG. Straubing; OLG. München; BzA. u. FA. Landau a. I.; LFA. München.
b: Not.: Graf Eugen JR.
c: RAnw.: Lorenz Hubert *, Schneider Otto.

122. **Landau** (Pf.; 43 942 E.) zugl. ArbG. a: SchöffG., GrJugG. u. LG. Landau i. Pf.; LArbG. Frankenthal; OLG. Zweibrücken; UnmG., BzA. u. FA. Landau i. Pf.; LFA. Würzburg.
b: Not.: I: Rheinheimer Eugen Dr. JR., II: — — —, III: Gundelwein Friedrich JR., IV: Zimpelmann Wilh. JR.
c: RAnw.: Eidmann Ludwig Dr. (siehe auch beim LG. Landau).

123. **Landsberg** (OB.; 35 376 E.) zugl. ArbG., SchöffG. u. GrJugG. **a:** LG., LArbG. u. OLG. Augsburg; UnmG., BzA. u. FA. Landsberg; LFA. München.
b: Not.: I: Hubbauer Ludwig Dr., II: Hubbauer Otto JR.
c: RAnw.: Grassmann Joseph JR.*, Griebel Karl, Meyding Eugen.

124. **Landshut** (NB.; 57 544 E.) zugl. ArbG. **a:** SchöffG., GrJugG., LG. u. LArbG. Landshut; OLG. München; UnmG., BzA. u. FA. Landshut; LFA. München.
b: Not. I: Bauschinger Emil JR., II: Sailer Ludwig JR.
c: RAnw.: (siehe beim LG. Landshut).

125. **Landstuhl** (Pf.; 28 658 E.) zugl. ArbG. **a:** AA. durch StA. Zweibrücken; SchöffG., GrJugG., LG., LArbG. u. OLG. Zweibrücken; BzA. Kaiserslautern mit Aussensitz in Landstuhl; FA. Landstuhl; LFA. Würzburg.
b: Not.: I: — — —, II: Widmann Otto.
c: RAnw.: Abele Albert Dr., Maurer Wilhelm JR., Oppenheimer Hermann.

126. **Lauf** (MFr.; 26 550 E.) zugl. ArbG. **a:** SchöffG., GrJugG., LG., LArbG. u. OLG. Nürnberg; BzA. Lauf; FA. Hersbruck; LFA. Nürnberg.
b: Not.: Gebhard Hermann JR.
c: RAnw.: Hoffmann Karl*, Römer Georg*.

127. **Laufen** (OB.; 16 779 E.) zugl. ArbG.; **a:** SchöffG., GrJugG., LG. u. LArbG. Traunstein; OLG. München; BzA. u. FA. Laufen; LFA. München.
b: Not.: Vache Julius Dr.
c: RAnw.: Wochinger Karl JR.

128. **Lauingen** (Schw.; 16 093 E.). **a:** ArbG. Dillingen; SchöffG., GrJugG. u. LG. Neuburg a. D.; LArbG. u. OLG. Augsburg; BzA. Dillingen; FA. Lauingen; LFA. München.
b: Not.: Meiche Karl JR.
c: RAnw.: Racke Karl.

129. **Lauterecken** (Pf.; 10 625 E.) zugl. ArbG. **a:** AA. durch AA. Wolfstein; SchöffG., GrJugG., LG. u. LArbG. Kaiserslautern; OLG. Zweibrücken; BzA. Kusel; FA. Lauterecken; LFA. Würzburg.
b: Not.: Trauth Ludwig.
c: RAnw.: Bartels Friedrich, Lang Ludwig.

130. **Lichtenfels** (OFr.; 25 196 E.) zugl. ArbG. **a:** SchöffG., GrJugG., LG. u. LArbG. Coburg; OLG. Bamberg; BzA. u. FA. Lichtenfels; LFA. Nürnberg.
b: Not.: Schul Joseph JR.
c: RAnw.: Jüngling Alois JR.*, Schmidt Frdr. JR., Würstlein Georg.

131. **Lindau** (Schw.; 21 370 E.) zugl. ArbG. **a:** SchöffG., GrJugG., LG. u. LArbG. Kempten; OLG. Augsburg; UnmG., BzA. u. FA. Lindau; LFA. München.
b: Not.: Graßmann Ludwig JR.
c: RAnw.: Eberth Franz Dr., Nördlinger Max JR.*, Prölss Gustav Dr., Schlecht Emil Dr.

132. **Lohr** (UFr.; 22 937 E.) zugl. ArbG. a: AA. durch AA. Gemünden; SchöffG., GrJugG., LG. u. LArbG. Aschaffenburg; OLG. Bamberg; BzA. u. FA. Lohr; LFA. Würzburg.
b: Not.: Schmitt Gottfried JR.
c: RAnw.: Miller Oskar JR.*, Probst Oskar Dr., Weigand Karl Dr.

133. **Ludwigshafen a. Rh.** (Pf.; 142 215 E.) mit Kammern für Handelssachen, zugl. ArbG., SchöffenG. u. GrJugG. a: LG. u. LArbG. Frankenthal; OLG. Zweibrücken; UnmG., BzA. u. FA. Ludwigshafen; LFA. Würzburg.
b: Not.: I: Becker Wilhelm Dr. JR., II: Helfrich Ludwig Geh. JR., III: Gerard Adolf Dr.
c: RAnw.: I. bei den Kammern f. Handelssachen in Ludwigshafen und beim AG. Ludwigshafen zugelassene RAnw.: Acker Karl Dr.*, Beaufort Adolf*, Bittermann Wilh., Böckler Fritz Dr., Braun Ludwig, Brunk Heinr. JR., Butscher Ludw. JR.*, Dahmer Hans*, Endres Sebastian Dr.*, Feil Fritz Dr., Fendrich Jos. JR.*, Fichter Hans Dr.*, Grünewald Max Jos. Dr.*, Heim Adolf Dr.*, Herz Emil Dr.*, Kahn Leop. Dr.*, Klussmann Hans Dr., Koburger-Reiss Karl Dr.*, Koch Friedr. Karl*, Lauth Rud. Dr.*, Mayer Ludw. Dr.*, Mayer Moritz Dr. JR. (in Heidelberg)*, Müller Rich. Dr. JR.*, Neumond Ludw. Dr.*, Nordschild Sigm. Dr. JR.*, Reinhardt Herbert Dr., Rothschild Fritz Dr.*, Runck Helmuth*, Scheib Karl JR.*, Schneider Willibald Dr.*, Schultz Leonhard*, Schulz Gust. Dr.*, Sorg Emil Dr.*, Strauss H. Dr. JR.*, Wagner Friedrich Wilhelm*, Wagner Hans JR., Weber Friedrich Dr.*, Weil Ludwig Dr.*, Weiß Fritz Dr.*, Zang Heinrich Dr.*, Zipperlin Rudolf*.
II. b. d. Kammern für Handelssachen in Ludwigshafen weiter zugelassene RAnw.: s. die beim LG. Frankenthal unter b: I u. II. aufgeführten Rechtsanwälte; ferner: Henking Heinrich.
III. bloss beim AG. Ludwigshafen zugelassene RAnw.: Barlet Kurt Dr. JR., Eyerich Heinz Dr., Pfister Joseph, Schuff Friedrich JR., Spatz Albert Dr.

134. **Ludwigsstadt** (OFr.; 15 920 E.) zugl. ArbG. a: SchöffG. u. GrJugG. Kronach; LG. u. LArbG. Coburg; OLG. Bamberg; BzA. Teuschnitz; FA. Kronach; LFA. Nürnberg.
b: Not.: Seidl Hans Dr.
c: RAnw.: — — —

135. **Mainburg** (NB.; 18 088 E.) zugl. ArbG. a: SchöffG., GrJugG., LG. u. LArbG. Landshut; OLG. München; BzA. Mainburg; FA. Neustadt a. D.; LFA. München.
b: Not.: Wernhard Andreas JR.
c: RAnw.: Dobel Ludw. E. JR.*, Sauter Ernst.

136. **Mallersdorf** (NB.; 25 115 E.) zugl. ArbG. a: AA. durch StA. Straubing; SchöffG., GrJugG., LG. u. LArbG. Straubing; OLG. München; BzA. u. Finanzamt Mallersdorf; LFA. München.
b: Not.: Bott Anton JR.
c: RAnw.: Hopfenmüller Hans JR.*

137. **Marktbreit** (UFr.; 7 694 E.). a: AA. durch StA. Würzburg; ArbG. Ochsenfurt; SchöffG., GrJugG., LG. u. LArbG. Würz-

burg; OLG. Bamberg; BzA. Kitzingen; FA. Ochsenfurt; LFA. Würzburg.
b: Not.: Verweser: Weidhofer Ludwig, Notar JR. in Ochsenfurt.
c: RAnw.: — — —

138. **Markt-Erlbach** (MFr.; 12 843 E.) zugl. ArbG. a: SchöffG., GrJugG. u. LG. Fürth; LArbG. u. OLG. Nürnberg; BzA. Neustadt a. A.; FA. Fürth u. Neustadt a. A.[1]); LFA. Nürnberg.
b: Not.: Sommer Franz.
c: RAnw.: — — —

139. **Marktheidenfeld** (UFr.; 24 995 E.). a: ArbG. Lohr; SchöffG., GrJugG., LG. u. LArbG. Aschaffenburg; OLG. Bamberg; BzA. Marktheidenfeld; FA. Lengfurt; LFA. Würzburg.
b: Not.: I: — — —, II: Kraft Bernhard JR.
c: RAnw.: Feineis Ludw., Weyer Engelbert Dr.

140. **Markt-Oberdorf** (Schw.; 15 275 E.). a: AA. durch AA. Füssen; ArbG. Kaufbeuren; SchöffG., GrJugG., LG. u. LArbG. Kempten; OLG. Augsburg; BzA. u. FA. Markt-Oberdorf; LFA. München.
b: Not.: Acher Andreas JR.
c: RAnw.: — — —

141. **Mellrichstadt** (UFr.; 14 255 E.). a: AA. durch AA. Neustadt a. d. Saale; ArbG. Neustadt a. d. Saale; SchöffG., GrJugG. u. LG. Schweinfurt; LArbG. Würzburg; OLG. Bamberg; BzA. Mellrichstadt; FA. Neustadt a. d. Saale; LFA. Würzburg.
b: Not.: Nobis Hans.
c: RAnw.: Breitenbach Lothar Dr.

142. **Memmingen** (Schw.; 31 310 E.) zugl. ArbG. a: SchöffG., GrJugG. u. LG. Memmingen; LArbG. Kempten; OLG. Augsburg; UnmG., BzA. u. FA. Memmingen; LFA. München.
b: Not.: I: Wöckel Friedr. JR., II: — — —
c: RAnw.: (siehe beim LG. Memmingen).

143. **Miesbach** (OB.; 30 676 E.) zugl. ArbG. a: SchöffG. u. GrJugG. München-Land; LG. München II; LArbG. u. OLG. München; BzA. u. FA. Miesbach; LFA. München.
b: Not.: Roesen August JR.
c: RAnw.: Biberger Joseph, Globerger Anton*, Griesbeck Norbert.

144. **Miltenberg** (UFr.; 20 621 E.) zugl. ArbG. a: SchöffG., GrJugG., LG. u. LArbG. Aschaffenburg; OLG. Bamberg; BzA. Miltenberg; FA. Amorbach; LFA. Würzburg.
b: Not.: Rid Max JR.
c: RAnw.: Schneider Anton Dr., Schreier Georg Dr.

145. **Mindelheim** (Schw.; 19 704 E.) zugl. ArbG. a: AA. durch StA. Memmingen; SchöffG., GrJugG. u. LG. Memmingen; LArbG. Kempten; OLG. Augsburg; BzA. u. FA. Mindelheim; LFA. München.
b: Not.: Dauser August JR.
c: RAnw.: Mangold Engelbert, Münzhuber Jos.

---

[1]) Örtliche Zuständigkeit s. StA. 3. I. 29 Nr. 2 S. 11.

146. **Mitterfels** (NB.; 19 035 E.) a: ArbG., SchöffG., GrJugG., LG. u. LArbG. Straubing; OLG. München; BzA. Bogen; FA. Mitterfels; LFA. München.
b: Not.: Zimmermann Anton JR.
c: RAnw.: — — —

147. **Monheim** (Schw.; 15 631 E.) zugl. ArbG. a:. AA. durch AA. Donauwörth; SchöffG., GrJugG., LG. u. LArbG. Eichstätt; OLG. Augsburg; BzA. u. FA. Donauwörth; LFA. München.
b: Not.: Lammerz Oskar Dr.
c: RAnw.: — — —

148. **Moosburg** (OB.; 18 969 E.). a: AA. durch StA. Landshut; ArbG., SchöffG., GrJugG., LG. u. LArbG. Landshut; OLG. München; BzA. u. FA. Freising; LFA. München.
b: Not.: Eigner Joseph JR.
c: RAnw.: Hartmair Joseph, Lankes Joseph.

149. **Mühldorf** (OB.; 25 983 E.) zugl. ArbG. a: SchöffG., GrJugG., LG. u. LArbG. Traunstein; OLG. München; BzA. u. FA. Mühldorf; LFA. München.
b: Not.: Glasl Anton JR.
c: RAnw.: Gschwändler Ludwig Dr., Hardt Xaver (in Kraiburg), Heldmann Karl, Hess Hans JR., Leiss Franz JR., Müller Ludwig JR.*

150. **Münchberg** (OFr.; 26 821 E.) zugl. ArbG. a: SchöffG., GrJugG., LG. u. LArbG. Hof; OLG. Bamberg; BzA. u. FA. Münchberg; LFA. Nürnberg.
b: Not.: Pfeiffer Karl Dr.
c: RAnw.: Gundermann H., Senninger Richard.

151. **München** (OB.; 750 953 E.) zugl. ArbG. a: SchöffG., GrJugG. u. LG. München I; LArbG. u. OLG. München; Polizeidir., UnmG. u. BzA. München; Zentralfinanzamt München u. Finanzämter München-Nord, Ost, Süd und West u. München-Justizpalast [1]), ferner LandFA. München; LFA. München.
b: Not.: I: Lösch Friedrich JR.; II: Heß Heinrich JR., III: Kistenfeger Friedrich Joseph JR., IV: Marschall Franz JR., V: Schad Karl Dr. Geh. JR., VI: Böck Anton JR., VII: Hellmaier Joseph Geh. JR., VIII: Bourier Adolf JR., IX: Kronberger Karl Dr. JR., X: Dresely Joh. JR., XI: Förster Emil JR., XII: Böhm Georg JR., XIII: Pündter Frz. Dr. Geh. JR., XIV: Weinmann Max JR., XV: Walter Hugo Dr. JR., XVI: Richter Jul. Geh. JR., XVII: Glonner Karl.
c: RAnw.: Reinach Heinr. Dr. (s. auch OLG. u. LG. München I u. II).

---

[1]) Wegen der Ausscheidung der Verwaltungszweige der sechs Finanzämter in München s. Bek. v. 10. April 1911 (FMBl. 282) § 1, geändert durch Bek. v. 27. Sept. 1912 (FMBl. 209), v. 15. Jan. 1919 (GVBl. 17) u. v. 31. Okt. 1919 (GVBl. 743) Nr. I. 1 sowie Bek. v. 30. April 1927 (Staatsanz. Nr. 220) u. Bek. v. 29. Sept. 1927 (Staatsanz. Nr. 225). Das Landfinanzamt München ist zuständig für den Landbezirk des AG. München.

152. **Münnerstadt** (UFr.; 16 304 E.) zugl. ArbG. **a:** AA. durch AA. Neustadt a. d. Saale; SchöffG., GrJugG. u. LG. Schweinfurt; LArbG. Würzburg; OLG. Bamberg; BzA. Kissingen; FA. Münnerstadt; LFA. Würzburg.
b: Not.: Hieber Hans.
c: RAnw.: — — —

152.* **Mutterstadt** (Pf.) (bloss Sitz eines Notariats). **a:** LG. Frankenthal; OLG. Zweibrücken.
b: Not.: Eßlinger Franz Michael.

153. **Nabburg** (Opf.; 18 121 E.). **a:** AA. durch AA. Schwandorf; ArbG. Schwandorf; SchöffG., GrJugG., LG. u. LArbG. Amberg; OLG. Nürnberg; BzA. u. FA. Nabburg; LFA. Nürnberg.
b: Not.: Bauer Paul.
c: RAnw.: Eichhorn Paul, Hanauer Jakob.

154. **Naila** (OFr.; 27 229 E.) zugl. ArbG. **a:** SchöffG., GrJugG., LG. u. LArbG. Hof; OLG. Bamberg; BzA. Naila; FA. Lichtenberg; LFA. Nürnberg.
b: Not.: Aigster Hans.
c: RAnw.: Auer Hugo Dr., Durst Karl.

155. **Neuburg a. D.** (Schw.; 27 566 E.) zugl. ArbG. **a:** SchöffG., GrJugG. u. LG. Neuburg a. D.; LArbG. u. OLG. Augsburg; UnmG., BzA. u. FA. Neuburg a. D.; LFA. München.
b: Not.: Kohlhaas Franz JR.
c: RAnw.: (siehe beim LG. Neuburg a. D.).

156. **Neukirchen** (NB.; 12 445 E.). **a:** ArbG. Kötzting; SchöffG., GrJugG., LG. u. LArbG. Straubing; OLG. München; BzA. u. FA. Kötzting; LFA. München.
b: Not.: Verweser: Gabler Gustav, Notar, JR. in Kötzting.
c: RAnw.: — — —

157. **Neumarkt i. d. OPf.** (OPf.; 23 526 E.) zugl. ArbG. **a:** SchöffG., GrJugG., LG., LArbG. u. OLG. Nürnberg; UnmG., BzA. u. FA. Neumarkt i. d. OPf.; LFA. Nürnberg.
b: Not.: Lehner Ludwig JR.
c: RAnw.: Hacker Hans JR.*, Kleber Joseph, Reichert Joseph*, Thoma Hans Dr.*

158. **Neumarkt a. R.** (OB.; 15 670 E.) zugl. ArbG. **a:** SchöffG., GrJugG., LG. u. LArbG. Landshut; OLG. München; BzA. u. FA. Mühldorf; LFA. München.
b: Not.: Eckart Theodor JR.
c: RAnw.: Oswald Ludw. Dr.

159. **Neunburg v. W.** (OPf.; 15 287 E.) zugl. ArbG. **a:** AA. durch AA. Schwandorf; SchöffG., GrJugG., LG. u. LArbG. Amberg; OLG. Nürnberg; BzA. u. FA. Neunburg v. W.; LFA. Nürnberg.
b: Not.: Schieck Helmut.
c: RAnw.: Altmann Hans Dr., Strobmayer Franz JR.

160. **Neustadt a. A.** (MFr.; 17 242 E.) zugl. ArbG. **a:** SchöffG., GrJugG. u. LG. Fürth; LArbG. u. OLG. Nürnberg; BzA. u. FA. Neustadt a. A.; LFA. Nürnberg.
b: Not.: Winkelbaur Joseph JR.
c: RAnw.: Beyer Andreas Dr., Höfer Albrecht*, Veith Hans Dr.

161. **Neustadt b. Cbg.** (UFr.; 19 542 E.). **a:** AA. durch StA. Coburg; ArbG., SchöffG., GrJugG., LG. u. LArbG. Coburg;

OLG. Bamberg; UnmG., Neustadt b. Cbg.; BzA. u. FA. Coburg; LFA. Nürnberg.
b: Not.: Melzer Paul.
c: RAnw.: — — —.

162. **Neustadt a. H.** (Pf.; 57 808 E.) zugl. ArbG., SchöffG. u. GrJugG. a: LG. u. LArbG. Frankenthal; OLG. Zweibrücken; UnmG., BzA. u. FA. Neustadt a. H.; LFA. Würzburg.
b: Not.: I: Rupprecht Frdr. JR., II: Marx Siegfr. Dr. JR., III: Hagenburger Adam JR.
c: RAnw.: Bamberger Siegfried Dr., Girisch Eduard JR.*, Hassieur Herm., Helmling Ad., Horn Heinr. JR.*, Krauss Emil Dr., Riffel Emil, Riffel Karl JR.*, Samson Eugen Dr., Schaeffer Otto, Schaeffer Robert Dr., Schickendantz Otto JR.*, Völker Leonh. Dr., Wand Theodor.

163. **Neustadt a. S.** (UFr.; 11 875 E.) zugl. ArbG. a: SchöffG., GrJugG. u. LG. Schweinfurt; LArbG. Würzburg; OLG. Bamberg; BzA. u. FA. Neustadt a. S.; LFA. Würzburg.
b: Not.: Partheymüller Hans.
c: RAnw.: Kleinhenz Wilh., Kuhn August Dr., Mauer Franz, Schmitt Ludw. JR.*

164. **Neustadt a. WN.** (OPf.; 22 556 E.). a: AA. durch AA. Weiden; ArbG., SchöffG., GrJugG., LG. u. LArbG. Weiden; OLG. Nürnberg; BzA. Neustadt a. WN.; FA. Weiden; LFA. Nürnberg.
c: RAnw.: Schenkl Hans *.
c: RAnw.: — — —

165. **Neu-Ulm** (Schw.; 22 110 E.) zugl. ArbG. a: SchöffG., GrJugG. u. LG. Memmingen; LArbG. Kempten; OLG. Augsburg; UnmG., BzA. u. FA. Neu-Ulm; LFA. München.
b: Not.: Mohr Ulrich JR.
c: RAnw.: Engelhart Ludw., Grimmeis Leo, Rackl Herm., Streibl Rudolf.

166. **Nittenau** (OPf.; 10 515 E.) zugl. ArbG. a: SchöffG., GrJugG., LG. u. LArbG. Regensburg; OLG. Nürnberg; BzA. Roding; FA. Neunburg v. Wald u. Regensburg-Land [1]; LFA. Nürnberg.
b: Not.: Rettinger Max.
c: RAnw.: — — —

167. **Nördlingen** (Schw.; 24 101 E.) zugl. ArbG. a: SchöffG., GrJugG. u. LG. Neuburg a. D.; LArbG. u. OLG. Augsburg; UnmG., BzA. u. FA. Nördlingen; LFA. München.
b: Not.: Herrmann Frdr. JR.
c: RAnw.: Schmidt Gg., Schwarzkopf Heinrich, Schwarzkopf Jos. JR.*, Stahl Richard.

Nordhalben (OFr.) aufgehoben seit 1. X. 1929; wegen der Aufteilung des Bezirks s. StA. 1. IX. 29 Nr. 201 S. 19.

168. **Nürnberg** (MFr.; 398 745 E.) zugl. ArbG. a: SchöffG., GrJugG., LG., LArbG. u. OLG. Nürnberg; UnmG. u. BzA. Nürnberg; FA. Nürnberg-Augustinerstraße, Nürnberg-Nord, Ost u. West [2]; LFA. Nürnberg.

---

[1]) Örtliche Zuständigkeit s. StA. 1. XII. 28 Nr. 279 S. 19.

[2]) Wegen der sachlichen u. örtlichen Zuständigkeit der vier Finanzämter Nürnberg s. Bek. v. 10. April 1911 (FMBl. 282) § 1, ergänzt nach GVBl. 1919, 743 sowie Bek. v. 26. März 1928 (StA. Nr. 72 S. 10).

b: Not.: I: Oehl Joseph JR., II: Wittmann Franz Xav. JR., III: Thiel Friedrich Geh. JR., IV: Keppel Hans JR., V: Bickert Armin Dr. JR., VI: Reinfurt Karl JR.
c: RAnw.: (siehe beim OLG. u. LG. Nürnberg).

169. **Obergünzburg** (Schw.; 11 610 E.) zugl. ArbG. a: SchöffG., GrJugG., LG. u. LArbG. Kempten; OLG. Augsburg; BzA. u. FA. Markt-Oberdorf; LFA. München.
b: Not.: Schellerer Hans Dr.
c: RAnw.: — — —

170. **Obermoschel** (Pf.; 15 525 E.). a: ArbG. Rockenhausen; SchöffG., GrJugG., LG. u. LArbG. Kaiserslautern; OLG. Zweibrücken; BzA. Rockenhausen; FA. Obermoschel; LFA. Würzburg.
b: Not.: Dittmar Georg Dr.
c: RAnw.: — — —

171. **Obernburg** (UFr.; 16 076 E.) zugl. ArbG. a: SchöffG., GrJugG., LG. u. LArbG. Aschaffenburg; OLG. Bamberg; BzA. Obernburg; LandFA. Aschaffenburg; LFA. Würzburg.
b: Not.: Ebert Lorenz JR.
c: RAnw.: Reinmann Rudolf Dr.

172. **Oberviechtach** (OPf.; 14 885 E.) zugl. ArbG. a: SchöffG., GrJugG., LG. u. LArbG. Weiden; OLG. Nürnberg; BzA. Oberviechtach; FA. Neunburg v. W.; LFA. Nürnberg.
b: Not.: Steinbrecher Herbert.
c: RAnw.: — — —.

173. **Ochsenfurt** (UFr.; 15 248 E.) zugl. ArbG. a: AA. durch StA. Würzburg; SchöffG., GrJugG., LG. u. LArbG. Würzburg; OLG. Bamberg; BzA. u. FA. Ochsenfurt; LFA. Würzburg.
b: Not.: Weidhofer Ludwig JR.
c: RAnw.: Haas Ludwig Dr., Krämer Franz Dr., Raps Karl, Richter Wilhelm*, Scheuring Bonifaz Dr.

174. **Oettingen** (Schw.; 15 282 E.). a: ArbG. Nördlingen; SchöffG., GrJugG. u. LG. Neuburg a. D.; LArbG. u. OLG. Augsburg; BzA. u. FA. Nördlingen; LFA. München.
b: Not.: Aufhauser Georg Dr.
c: RAnw.: — — —

175. **Osterhofen** (NB.; 16 963 E.) zugl. ArbG. a: SchöffG., GrJugG., LG. u. LArbG. Deggendorf; OLG. München; BzA. u. FA. Vilshofen; LFA. München.
b: Not.: Versch Adam JR.
c: RAnw.: Blaimer Hans, Staudinger Anton.

176. **Otterberg** (Pf.; 16 093 E.). a: AA. durch AA. Wolfstein; ArbG., SchöffG., GrJugG., LG. u. LArbG. Kaiserslautern; OLG. Zweibrücken; BzA. u. FA. Kaiserslautern; LFA. Würzburg.
b: Not.: Mehler Alfred.
c: RAnw.: — — —

177. **Ottobeuren** (Schw.; 17 846 E.). a: ArbG., SchöffG., GrJugG. u. LG. Memmingen; LArbG. Kempten; OLG. Augsburg; BzA. Memmingen; FA. Ottobeuren; LFA. München.
b: Not.: Mayer Ferdinand JR.
c: RAnw.: — — —

178. **Pappenheim** (MFr.; 14 109 E.). a: AA. durch StA. Eichstätt; ArbG. Weissenburg i. Bay.; SchöffG., GrJugG., LG. u. LArbG. Eichstätt; OLG. Augsburg; BzA. u. FA. Weissenburg i. Bay.; LFA. Nürnberg.
b: Not.: Stöckhert Emil.
c: RAnw.: — — —

179. **Parsberg** (OPf.; 15 596 E.) zugl. ArbG. a: SchöffG., GrJugG., LG. u. LArbG. Amberg; OLG. Nürnberg; BzA. Parsberg; FA. Velburg; LFA. Nürnberg.
b: Not.: Uhl August, JR.
c: RAnw.: Ammer Ludwig JR.*.

180. **Passau** (NB.; 67 078 E.) zugl. ArbG. a: SchöffG., GrJugG., LG. u. LArbG. Passau; OLG. München; UnmG., BzA. u. FA. Passau; LFA. München.
b: Not.: I: Dorfmüller Theodor JR., II: — — —, III: Grimm Art. JR.
c: RAnw.: (siehe beim LG. Passau).

181. **Pegnitz** (OFr.; 12 409 E.) zugl. ArbG. a: SchöffG., GrJugG., LG. u. LArbG. Bayreuth; OLG. Bamberg; BzA. u. FA. Pegnitz; LFA. Nürnberg.
b: Not.: Fischer Franz.
c: RAnw.: Becher Max Dr.

182. **Pfaffenhofen** (OB.; 19 122 E.) zugl. ArbG. a: SchöffG., GrJugG. u. LG. Neuburg a. D.; LArbG. Eichstätt; OLG. Augsburg; BzA. u. FA. Pfaffenhofen; LFA. München.
b: Not.: Reichold Karl JR.
c: RAnw.: Demmelmeier Hans, Schneider Ernst JR., Wolf Georg.

183. **Pfarrkirchen** (NB.; 21 025 E.) zugl. ArbG. a: SchöffG., GrJugG., LG. u. LArbG. Passau; OLG. München; BzA. u. FA. Pfarrkirchen; LFA. München.
b: Not.: Reindl Andreas JR.
c: RAnw.: Krug Georg Dr., Kurländer Franz JR.*, Widmann Franz JR.

184. **Pirmasens** (Pf.; 69 314 E.) zugl. ArbG., SchöffG. u. GrJugG. a: LG., LArbG. u. OLG. Zweibrücken; UnmG., BzA. u. FA. Pirmasens; LFA. Würzburg.
b: Not.: I: Leiling Otto JR., II: — — —, III: Wolffing Jakob Dr. JR.
c: RAnw.: Brunner Ludwig, Eigner Eugen*, Friedländer Leo Dr., Heussler Wilh. JR.*, Kessel Wilhelm Dr., Levy Albert JR.*, Lindemann Emil, Müller Ludwig, Pres Friedrich.

185. **Pottenstein** (OFr.; 14 152 E.). a: ArbG. Pegnitz; SchöffG., GrJugG., LG. u. LArbG. Bayreuth; OLG. Bamberg; BzA. Pegnitz; FA. Pottenstein; LFA. Nürnberg.
b: Not.: Verweser: Notar Franz Fischer in Pegnitz.
c: RAnw.: — — —

186. **Prien** (OB.; 17 628 E.). a: AA. durch AA. Rosenheim; ArbG., SchöffG. u. GrJugG. Rosenheim; LG. u. LArbG. Traunstein; OLG. München; BzA. u. FA. Rosenheim; LFA. München.
b: Not.: Löffl Karl JR.
c: RAnw.: Fuchs Friedrich Dr.

187. **Rain** (Schw.; 12 650 E.). **a:** ArbG., SchöffG., GrJugG. u. LG. Neuburg a. D.; LArbG. u. OLG. Augsburg; BzA. Neuburg a. D.; FA. Rain; LFA. München.
b: Not.: Vogel Friedrich.
c: RAnw.: — — —

188. **Regen** (NB.; 31 456 E.) zugl. ArbG. **a:** AA. durch AA. Grafenau; SchöffG., GrJugG., LG. u. LArbG. Deggendorf; OLG. München; BzA. Regen; FA. Zwiesel; LFA. München.
b: Not.: Lang Wilhelm.
c: RAnw.: Einwag Michael, Esper Friedrich JR.*

189. **Regensburg** (OPf.; 77 056 E.) zugl. ArbG. **a:** SchöffG., GrJugG., LG. u. LArbG. Regensburg; OLG. Nürnberg; UnmG., BzA. Regensburg; FA. Regensburg-Stadt u. FA. Regensburg-Land [1]; LFA. Nürnberg.
b: Not.: I: Hippler Heinrich JR., II: Schroder Franz JR., III: Praun Th. Dr. JR.
c: RAnw.: (s. beim LG. Regensburg).

190. **Regenstauf** (OPf.; 16 120 E.). **a:** AA. durch AA. Stadtamhof; ArbG., SchöffG., GrJugG., LG. u. LArbG. Regensburg; OLG. Nürnberg; BzA. Regensburg; FA. Regensburg-Land; LFA. Nürnberg.
b: Not.: Verweser: Dengler Mich., Notor JR. in Stadtamhof.
c: RAnw.: — — —

191. **Rehau** (OFr.; 11 079 E.) zugl. ArbG. **a:** AA. durch StA. Hof; SchöffG., GrJugG., LG. u. LArbG. Hof; OLG. Bamberg; BzA. Rehau; FA. Hof; LFA. Nürnberg.
b: Not.: Verweser: Eyermann Konrad Dr. JR. in Hof (Not. I).
c: RAnw.: Friedmann Leonhard, Schenk Karl.

192. **Reichenhall** (OB.; 14 364 E.) zugl. ArbG. **a:** SchöffG., GrJugG., LG. u. LArbG. Traunstein; OLG. München; BzA. u. FA. Berchtesgaden; LFA. München.
b: Not.: Trau Karl.
c: RAnw.: Burnhauser J. Dr. JR., Krausser Fritz Dr., Pfahler Philipp JR.*, Walter Willi Dr., Weidenslaufer Theodor Dr., Weißauer Adolf Dr.

192.* **Rheinzabern** (Pf.) (bloss Sitz eines Notariats). **a:** LG. Landau i. Pf., OLG. Zweibrücken.
b: Not.: Bühler Franz.

193. **Riedenburg** (OPf.; 15 532 E.) zugl. ArbG. **a:** SchöffG., GrJugG., LG. u. LArbG. Regensburg; OLG. Nürnberg; BzA. u. FA. Riedenburg; LFA. Nürnberg.
b: Not.: Herbst Joseph JR.
c: RAnw.: — — —

194. **Rockenhausen** (Pf.; 9821 E.) zugl. ArbG. **a:** AA. durch AA. Obermoschel; SchöffG., GrJugG., LG. u. LArbG. Kaiserslautern; OLG. Zweibrücken; BzA. Rockenhausen; FA. Obermoschel; LFA. Würzburg.
b: Not.: Delto Karl.
c: RAnw.: Becker Karl.

---

[1] Wegen der Zuständigkeit der Finanzämter in Regensburg s. B. v. 23. Mai 1928 (StA. Nr. 120 S. 10).

195. **Rodach** (UFr.; 7972 E.). a: AA. durch StA. Coburg; ArbG., SchöffG., GrJugG., LG. u. LArbG. Coburg; OLG. Bamberg; UnmG. Rodach; BzA. u. FA. Coburg; LFA. Nürnberg.
b: Stellv. Not.: Verweser: Melzer Paul, Notar in Neustadt b. Cob.
c: RAnw.: — — —

196. **Roding** (OPf.; 14 578 E.) zugl. ArbG. a: SchöffG., GrJugG., LG. u. LArbG. Regensburg; OLG. Nürnberg; BzA. Roding; FA. Cham u. Regensburg-Land [1]); LFA. Nürnberg.
b: Not.: Silbernagel Otto JR.
c: RAnw.: — — —

197. **Rosenheim** (OB.; 48 103 E.) zugl. ArbG., SchöffG. u. Gr. JugG. a: LG. u. LArbG. Traunstein; OLG. München; UnmG., BzA. u. FA. Rosenheim; LFA. München.
b: Not.: I: Sommer Julius JR., II: Adam Heinrich JR.
c: RAnw.: Drexl Max (in Brannenburg), Hauch Karl, Kimmel Fritz in Schlossberg b. Rosenheim, Mackert Gustav, Mayer Ludwig, Naters Edgar Dr., Scheuer Joseph JR.*

198. **Roth** (MFr.; 18 143 E.). a: ArbG., SchöffG. u. GrJugG. Schwabach; LG., LArbG. u. OLG. Nürnberg; BzA. Schwabach; FA. Spalt; LFA. Nürnberg.
b: Not.: Todt Ernst Dr.
c: RAnw.: Grimm Otto, Kügle Xaver*.

199. **Rothenburg o. T.** (MFr.; 28 141 E.) zugl. ArbG. a: SchöffG., GrJugG., LG. u. LArbG. Ansbach; OLG. Nürnberg; UnmG., BzA. u. FA. Rothenburg o. T.; LFA. Nürnberg.
b: Not.: Eckel Georg JR.
c: RAnw.: Frauenholz Otto JR.*, Friedrich Otto Dr., Zeuschel Friedrich.

200. **Rottenburg** (NB.; 18 542 E.). a: AA. durch StA. Landshut; ArbG., SchöffG., GrJugG., LG. u. LArbG. Landshut; OLG. München; BzA. Rottenburg; FA. Mallersdorf; LFA. München.
b: Not.: Goß Joseph JR.
c: RAnw.: Reichenberger Georg.

201. **Rotthalmünster** (NB.; 18 397 E.). a: ArbG. Simbach; SchöffG., GrJugG., LG. u. LArbG. Passau; OLG. München; BzA. u. FA. Griesbach; LFA. München.
b: Not.: Keim Viktor Dr.
c: RAnw.: Obermayr Friedr.

202. **Scheinfeld** (MFr.; 17 846 E.) zugl. ArbG. a: SchöffG., Gr. JugG. u. LG. Fürth; LArbG. u. OLG. Nürnberg; BzA. Scheinfeld; FA. Kitzingen u. Neustadt a. A. [2]); LFA. Nürnberg.
b: Not.: Röser Karl JR.
c: RAnw.: Buckel Rud.

203. **Scheßlitz** (OFr.; 12 624 E.). a: AA. durch StA. Bamberg; ArbG., SchöffG., GrJugG., LG., LArbG. u. OLG. Bamberg; BzA. Bamberg; FA. Bamberg-Land; LFA. Nürnberg.
b: Not.: Verweser: Eichhorn Johann, Oberamtsrichter.
c: RAnw.: — — —

---

[1]) Örtliche Zuständigkeit s. StA. 1. XII. 28 Nr. 279 S. 19.
[2]) Örtliche Zuständigkeit s. StA. 26. I. 29 Nr. 22 S. 17.

204. **Schöllkrippen** (UFr.; 11180 E.). a: ArbG. Alzenau; SchöffG., GrJugG., LG. u. LArbG. Aschaffenburg; OLG. Bamberg; BzA. Alzenau; LandFA. Aschaffenburg; LFA. Würzburg.
b: Not.: Verweser: Schröppel Leonhard, Notar JR. in Alzenau.
c: RAnw.: — — —

205. **Schongau** (OB.; 22941 E.) zugl. ArbG. a: AA. durch AA. Landsberg; SchöffG., GrJugG., LG. u. LArbG. Kempten; OLG. Augsburg; BzA. u. FA. Schongau; LFA. München.
b: Not.: Kapfhamer Moritz JR.
c: RAnw.: Ferstl Theodor, Zunner Adolf.

206. **Schrobenhausen** (OB.; 22803 E.) zugl. ArbG. a: AA. durch AA. Aichach; SchöffG., GrJugG. u. LG. Neuburg a. D.; LArbG. u. OLG. Augsburg; BzA. u. FA. Schrobenhausen; LFA. München.
b: Not.: Jacob Franz JR.
c: RAnw.: Herb Ernst, Schmid Joseph JR.*, Schneier Anton JR.

207. **Schwabach** (MFr.; 25513 E.) zugl. ArbG., SchöffG. u. GrJugG. a: LG., LArbG. u. OLG. Nürnberg; UnmG., BzA. u. FA. Schwabach; LFA. Nürnberg.
b: Not.: Spatze Wilhelm JR.
c: RAnw.: Fensterer Joseph JR.*, Hechtel Emil.

208. **Schwabmünchen** (Schw.; 24589 E.) zugl. ArbG. a: SchöffG., GrJugG., LG., LArbG. u. OLG. Augsburg; BzA. u. FA. Schwabmünchen; LFA. München.
b: Not.: Bunk Leonh. JR.
c: RAnw.: Kast Ludwig *, Sigl Hans.

209. **Schwandorf** (OPf.; 16499 E.) zugl. ArbG. a: SchöffG., GrJugG., LG. u. LArbG. Amberg; OLG. Nürnberg; UnmG. Schwandorf; BzA. u. FA. Burglengenfeld; LFA. Nürnberg.
b: Not.: Reiß Wilhelm Dr.
c: RAnw.: Auhofer Sebastian, Ruhland Alois Dr., Wittmann J. B.

210. **Schweinfurt** (UFr.; 60672 E.) zugl. ArbG. a: SchöffG., GrJugG. u. LG. Schweinfurt; LArbG. Würzburg; OLG. Bamberg; UnmG., BzA. u. FA. Schweinfurt; LFA. Würzburg.
b: Not.: I: Hauck Michael JR., II: Steinbach Ludwig JR.
c: RAnw.: (siehe beim LG. Schweinfurt).

211. **Selb** (OFr.; 22917 E.) zugl. ArbG. a: SchöffG., GrJugG., LG. u. LArbG. Hof; OLG. Bamberg; UnmG. Selb; BzA. Rehau; FA. Selb; LFA. Nürnberg.
b: Not.: Held Sigm. Dr.
c: RAnw.: Eichinger Friedrich, Fessl Hans, Kolb Walter, Schmidt Gustav JR.*, Teetzmann Max.

Seßlach (OFr.) aufgehoben seit 1. X. 1929; wegen der Aufteilung des Bezirks s. StA. 1. IX. 1929 Nr. 201 S. 19.

212. **Simbach** (NB.; 20464 E.) zugl. ArbG. a: SchöffG., GrJugG., LG. u. LArbG. Passau; OLG. München; BzA. Pfarrkirchen; FA. Simbach; LFA. München.
b: Not.: Rösch Max JR.
c: RAnw.: Gerngross Johann JR., Hubbauer Eduard.

Sonnefeld (UFr.) aufgehoben seit 1. X. 1929; wegen der Aufteilung des Bezirks s. StA. 1. IX. 1929 Nr. 201 S. 19.

213. **Sonthofen** (Schw.; 20101 E.). a: AA. durch StA. Kempten; ArbG. Immenstadt; SchöffG., GrJugG., LG. u. LArbG.

Kempten; OLG. Augsburg; BzA. Sonthofen; FA. Immenstadt; LFA. München.
b: Not.: Knirlberger Joseph JR.
c: RAnw.: Bergmann Georg Dr.

214. Speyer (Pf.; 49 370 E.) zugl. ArbG., SchöffG. u. GrJugG. a: LG. u. LArbG. Frankenthal; OLG. Zweibrücken; UnmG., BzA. u. FA. Speyer; LFA. Würzburg.
b: Not.: I: — — —, II: Siegel Julius Dr., III: Müller Phil. JR.
c: RAnw.: Bohlender Eugen Dr., Flickinger Adolf Dr., Gouthier Otto Dr., Merl Artur, Michel Ludwig, Vollmer Herm. Dr. JR.*, Weil Ludwig Dr.

215. Stadtamhof (OPf.; 33 576 E.). a: ArbG., SchöffG., GrJugG., LG. u. LArbG. Regensburg; OLG. Nürnberg; BzA. Regensburg; FA. Regensburg-Land; LFA. Nürnberg.
b: Not.: Dengler Michael JR.
c: RAnw.: — — —

216. Stadtsteinach (OFr.; 16 756 E.). a: ArbG. Kulmbach; SchöffG., GrJugG., LG. u. LArbG. Bayreuth; OLG. Bamberg; BzA. u. FA. Stadtsteinach; LFA. Nürnberg.
b: Not.: Fleischmann Joseph.
c: RAnw.: Finger Lothar.

217. Staffelstein (OFr.; 15 064 E.) zugl. ArbG. a: AA. durch StA. Bamberg; SchöffG., GrJugG., LG., LArbG. u. OLG. Bamberg; BzA. Staffelstein; FA. Bamberg-Land u. Lichtenfels [1]); LFA. Nürnberg.
b: Not.: Rein August JR.
c: RAnw.: Losgar Joseph Dr.

218. Starnberg (OB.; 27 950 E.). a: AA. durch StA. München II; ArbG. München; SchöffG. u. GrJugG. München-Land; LG. München II; LArbG. u. OLG. München; BzA. u. FA. Starnberg; LFA. München.
b: Not.: Hörmann Franz Xav. JR.
c: RAnw.: Bayerwaltes Max Dr.*, Held Robert*, Rücker v. Walter, Schweizer Pet. JR.*

219. Straubing (NB.; 46 952 E.) zugl. ArbG. a: SchöffG., Gr. JugG., LG. u. LArbG. Straubing; OLG. München; UnmG., BzA. u. FA. Straubing; LFA. München.
b: Not.: I: Mayer Eduard JR., II: Götz Peter.
c: RAnw.: (siehe beim LG. Straubing).

220. Sulzbach (OPf.; 20 911 E.) zugl. ArbG. a: AA. durch StA. Amberg; SchöffG., GrJugG., LG. u. LArbG. Amberg; OLG. Nürnberg; BzA. u. FA. Sulzbach; LFA. Nürnberg.
b: Not.: Kreitner August Dr. JR.
c: RAnw.: Schlegel Karl Dr.*

221. Tegernsee (OB.; 11 480 E.). a: AA. durch AA. Tölz; ArbG. Tölz; SchöffG. u. GrJugG. München-Land; LG. München II; LArbG. u. OLG. München; BzA. u. FA. Miesbach; LFA. München.
b: Not.: Adelmann Franz JR.
c: RAnw.: Bauer Heinrich JR.*, Zimmermann Bruno*.

---

1) Örtliche Zuständigkeit s. StA. 7. I. 1929 Nr. 5 S. 13.

222. **Thiersheim** (OFr.; 13 938 E.). a: ArbG. Wunsiedel; SchöffG., GrJugG., LG. u. LArbG. Hof; OLG. Bamberg; BzA. u. FA. Wunsiedel; LFA. Nürnberg.
b: Not.: Verweser: Saueressig Peter (stellv. Notar).
c: RAnw.: — — —

Thurnau (OFr.) aufgehoben seit 1. X. 1929; wegen der Aufteilung des Bezirks s. StA. 1. IX. 1929 Nr. 201 S. 19.

223. **Tirschenreuth** (OPf.; 16 820 E.) zugl. ArbG. a: SchöffG., GrJugG., LG. u. LArbG. Weiden; OLG. Nürnberg; BzA. u. FA. Tirschenreuth; LFA. Nürnberg.
b: Not.: Demeter Hans.
c: RAnw.: Fertig Joseph.

224. **Tittmoning** (OB.; 11 323 E.). a: ArbG. Laufen; SchöffG., GrJugG., LG. u. LArbG. Traunstein; OLG. München; BzA. u. FA. Laufen; LFA. München.
b: Not.: Roth Heinrich JR.
c: RAnw.: — — —.

225. **Tölz** (OB.; 21 862 E.) zugl. ArbG. a: SchöffG. u. GrJugG. München-Land; LG. München II; LArbG. u. OLG. München; BzA. u. FA. Tölz; LFA. München.
b: Not.: Preußner Oskar Dr.
c: RAnw.: Elbert Helmut, Hühnlein Karl Friedrich, Lobkowitz Franz Frhr. v. JR.*, Miller Simon, Staudinger August JR.*

226. **Traunstein** (OB.; 47 695 E.) zugl. ArbG. a: SchöffG., GrJugG., LG. u. LArbG. Traunstein; OLG. München; UnmG., BzA. u. FA. Traunstein; LFA. München.
b: Not.: Hennecke Ferdinand Geh. JR.
c: RAnw.; (s. beim LG. Traunstein).

227. **Trostberg** (OB.; 19 308 E.) zugl. ArbG. a: AA. durch StA. Traunstein; SchöffG., GrJugG., LG. u. LArbG. Traunstein; OLG. München; BzA. u. FA. Traunstein; LFA. München.
b: Not.: Putz Wilhelm JR.
c: RAnw.: Grottenmüller Heinrich, Michel Albert Dr.

228. **Türkheim** (Schw.; 17 821 E.). a: ArbG. Mindelheim; SchöffG., GrJugG. u. LG. Memmingen; LArbG. Kempten; OLG. Augsburg; BzA. u. FA. Mindelheim; LFA. München.
b: Not.: Wagner Emil JR.
c: RAnw.: Relm Heinrich.

229. **Uffenheim** (MFr.; 14 020 E.) zugl. ArbG. a: AA. durch AA. Rothenburg ob d. Tauber; SchöffG., GrJugG., LG. u. LArbG. Ansbach; OLG. Nürnberg; BzA. u. FA. Uffenheim; LFA. Nürnberg.
b: Not.: Schätz Georg JR.
c: RAnw.: — — —.

230. **Viechtach** (NB.; 25 318 E.) zugl. ArbG. a: SchöffG., GrJugG., LG. u. LArbG. Deggendorf; OLG. München; BzA. u. FA. Viechtach; LFA. München.
b: Not.: Krafft Wilh., JR.
c: RAnw.: Eckart Paul JR.*

231. **Vilsbiburg** (NB.; 32 492 E.) zugl. ArbG. a: AA. durch AA. Neumarkt a. Rott; SchöffG., GrJugG., LG. u. LArbG. Landshut; OLG. München; BzA. u. FA. Vilsbiburg; LFA. München.

b: Not.: Haun Georg JR.
c: RAnw.: Eiermann Georg, Lindner Georg Dr., Marquard Otto Dr., Seeanner Max.

232. **Vilseck** (OPf.; 10 740 E.) zugl. ArbG. a: AA. durch AA. Weiden; SchöffG., GrJugG., LG. u. LArbG. Weiden; OLG. Nürnberg; BzA. u. FA. Amberg; LFA. Nürnberg.
b: Not.: Krempelhuber Max von.
c: RAnw.: — — —

233. **Vilshofen** (NB.; 28 814 E.) zugl. ArbG. a: SchöffG., Gr. JugG., LG. u. LArbG. Passau; OLG. München; BzA. u. FA. Vilshofen; LFA. München.
b: Not.: Reichl Jakob JR.
c: RAnw.: Edelmann Chr., Glas Adalbert, Simon Karl.

234. **Vohenstrauß** (OPf.; 23 643 E.) zugl. ArbG. a: SchöffG., GrJugG., LG. u. LArbG. Weiden; OLG. Nürnberg; BzA. u. FA. Vohenstrauß; LFA. Nürnberg.
b: Not.: Gabel Alfons JR.
c: RAnw.: Tettenborn Jos. v. JR.*.

235. **Volkach** (UFr.; 12 255 E.). a: ArbG., SchöffG., GrJugG. u. LG. Schweinfurt; LArbG. Würzburg; OLG. Bamberg; BzA. Gerolzhofen; FA. Würzburg u. Gerolzhofen [2]); LFA. Würzburg.
b: Not.: Krell Bernhard.
c: RAnw.: — — —

236. **Waldfischbach** (Pf.; 15 336 E.). a: AA. durch AA. Pirmasens; ArbG., SchöffG. u. GrJugG. Pirmasens; LG., LArbG. u. OLG. Zweibrücken; BzA. u. FA. Pirmasens; LFA. München.
b: Not.: Franzreb Jakob JR.
c: RAnw.: Mantel August, Wannemacher Franz.

237. **Waldkirchen** (NB.; 14 598 E.). a: ArbG. Freyung; SchöffG., GrJugG., LG. und LArbG. Passau; OLG. München; BzA. u. FA. Wolfstein; LFA. München.
b: Not.: Rüdinger Richard.
c: RAnw.: Ringelmann Franz *.

238. **Waldmohr** (Pf.; 17 040 E.[1])) zugl. ArbG. a: AA. durch StA. Zweibrücken; SchöffG., GrJugG., LG., LArbG. u. OLG. Zweibrücken; BzA. Kusel mit Aussensitz in Waldmohr; FA. Landstuhl; LFA. Würzburg.
b: Not.: Reheis Claus.
c: RAnw.: — — —

239. **Waldmünchen** (OPf.; 15 291 E.). a: ArbG. Cham; SchöffG., GrJugG., LG. u. LArbG. Amberg; OLG. Nürnberg; BzA. u. FA. Waldmünchen; LFA. Nürnberg.
b: Not.: Vogel Heinrich JR.
c: RAnw.: — — —

240. **Waldsassen** (OPf.; 26 244 E.). a: ArbG. Tirschenreuth; SchöffG., GrJugG., LG. u. LArbG. Weiden; OLG. Nürnberg; BzA. Tirschenreuth; FA. Waldsassen; LFA. Nürnberg.
b: Not.: Traitteur Karl Ritter von.
c: RAnw.: Göller Christ. JR.*, Popp Theodor Dr.

---

1) z. Zt. zum Teil unter der Verwaltung der Regierung des Saarstaats.

2) Örtliche Zuständigkeit s. StA. 21. VIII. 1929 Nr. 191 S. 11.

241. **Wasserburg** (OB.; 21 898 E.) zugl. ArbG. a: AA. durch AA. Ebersberg; SchöffG. u. GrJugG. Rosenheim; LG. u. LArbG. Traunstein; OLG. München; BzA. u. FA. Wasserburg; LFA. München.
b: Not.: Hindelang Joseph JR.
c: RAnw.: Flemisch Joh. Gg., Rothhaas Otto JR., Schmitz Otto Dr.

242. **Wassertrüdingen** (MFr.; 12 053 E.). a: ArbG. Gunzenhausen; SchöffG., GrJugG., LG. u. LArbG. Ansbach; OLG. Nürnberg; BzA. Dinkelsbühl; FA. Wassertrüdingen; LFA. Nürnberg.
b: Not.: Schöll Joseph.
c: RAnw.: — — —

243. **Wegscheid** (NB.; 18 554 E.). a: ArbG., SchöffG., GrJugG., LG. u. LArbG. Passau; OLG. München; BzA. Wegscheid; FA. Passau; LFA. München.
b: Not.: Edel Joseph Dr.
c: RAnw.: Maier Rud.

244. **Weiden** (OPf.; 31 667 E.) zugl. ArbG. a: SchöffG., GrJugG., LG. u. LArbG. Weiden; OLG. Nürnberg; UnmG. Weiden; BzA. Neustadt a. d. WN., FA. Weiden; LFA. Nürnberg.
b: Not.: Rühl Ernst JR.
c: RAnw.: (siehe beim LG. Weiden).

245. **Weidenberg** (OFr.; 9512 E.). a: AA. durch StA. Bayreuth; ArbG., SchöffG., GrJugG., LG. u. LArbG. Bayreuth; OLG. Bamberg; BzA. u. FA. Bayreuth; LFA. Nürnberg.
b: Not.: Verweser: Die zwei Notare in Bayreuth abwechslungsweise.
c: RAnw.: — — —

246. **Weiler-Lindenberg** (Schw.; 23 504 E.) zugl. ArbG. a: AA. durch AA. Lindau; SchöffG., GrJugG., LG. u. LArbG. Kempten; OLG. Augsburg, BzA. u. FA. Lindau; LFA. München.
b: Not.: Reiß Franz Xaver JR.
c: RAnw.: Göller Helmut Dr., Mühldorfer Thadd. JR.*.

247. **Weilheim** (OB.; 40 319 E.) zugl. ArbG., SchöffG. u. GrJugG. a: LG. München II; LArbG. u. OLG. München; BzA. u. FA. Weilheim; LFA. München.
b: Not.: Brügel Karl JR.
c: RAnw.: Bauer Max, Kraus Karl, Maier Joseph Dr.*, Völkl Franz *.

248. **Weismain** (OFr.; 12 465 E.). a: ArbG. Lichtenfels; SchöffG. u. GrJugG. Kronach; LG. u. LArbG. Coburg; OLG. Bamberg; BzA. Lichtenfels; FA. Weismain; LFA. Nürnberg.
b: Not.: Schleifer Frz. Xav. JR.
c: RAnw.: Wittmann Julian Dr.

249. **Weißenburg i. B.** (MFr.; 11 013 E.) zugl. ArbG. a: AA. durch StA. Eichstätt; SchöffG., GrJugG., LG. u. LArbG. Eichstätt; OLG. Augsburg; UnmG., BzA. u. FA. Weissenburg i. B.; LFA. Nürnberg.
b: Not.: Metzger Gottlieb JR.
c: RAnw.: Pilland Alb., Ranzenberger Wilh. Dr., Schmidt Artur JR., Wagner Rich. JR.

250. **Weißenhorn** (Schw.; 13 232 E.). a: ArbG. Neu-Ulm; SchöffG., GrJugG. u. LG. Memmingen; LArbG. Kempten; OLG. Augsburg; BzA. u. FA. Neu-Ulm; LFA. München.

b: Not.: Loder Martin JR.
c: RAnw.: Bresele Ulrich Dr.

251. **Werneck** (UFr.; 13 240 E.). a: ArbG., SchöffG., GrJugG. u. LG. Schweinfurt; LArbG. Würzburg; OLG. Bamberg; BzA. u. FA. Schweinfurt; LFA. Würzburg.
b: Not.: Wirth Erich Dr.
c: RAnw.: — — —

252. **Wertingen** (Schw.; 20 447 E.) zugl. ArbG. a: AA. durch AA. Donauwörth; SchöffG., GrJugG., LG., ALrbG. u. OLG. Augsburg; BzA. u. FA. Wertingen; LFA. München.
b: Not.: Mayr Franz JR.
c: RAnw.: Hofmann Alois L.*, Steinle Karl.

253. **Windsheim** (MFr.; 15 437 E.) zugl. ArbG. a: AA. durch AA. Rothenburg o. T.; SchöffG., GrJugG. u. LG. Fürth; LArbG. u. OLG. Nürnberg; BzA. Uffenheim; FA. Windsheim; LFA. Nürnberg.
b: Not.: Ramer Hans Dr.
c: RAnw.: Meyer Rudolf.

254. **Winnweiler** (Pf.; 12 049 E.). a: AA. durch AA. Kirchheimbolanden; ArbG. Rockenhausen; SchöffG., GrJugG., LG. u. LArbG. Kaiserslautern; OLG. Zweibrücken; BzA. Rockenhausen; FA. Winnweiler; LFA. Würzburg.
b: Not.: Reiser Joseph JR.
c: RAnw.: — — —

255. **Wörth** (OPf.; 12 309 E.) zugl. ArbG. a: SchöffG., GrJugG., LG. u. LArbG. Regensburg; OLG. Nürnberg; BzA. Regensburg; FA. Regensburg-Land; LFA. Nürnberg.
b: Not.: Schuch Max Dr.
c: RAnw.: — — —

256. **Wolfratshausen** (OB.; 20 807 E.) zugl. ArbG. a: SchöffG. u. GrJugG. München-Land; LG. München II; LArbG. u. OLG. München; BzA. u. FA. Wolfratshausen; LFA. München.
b: Not.: Kastner Lorenz JR.
c: RAnw.: Schwaiblmair Arthur *.

257. **Wolfstein** (Pf.; 12 428 E.). a: ArbG. Lauterecken; SchöffG., GrJugG., LG. u. LArbG. Kaiserslautern; OLG. Zweibrücken; BzA. Kusel; FA. Lauterecken; LFA. Würzburg.
b: Not.: Rück Wilhelm.
c: RAnw.: — — —

258. **Würzburg** (UFr.; 137 982 E.) zugl. ArbG. a: SchöffG., Gr. JugG., LG. u. LArbG. Würzburg; OLG. Bamberg; UnmG., BzA. u. Stadt-FA. l. u. r. d. M. Würzburg; LFA. Würzburg.
b: Not.: I: Bub Michael JR., II: Stadlbaur Wilhelm JR., III: Wunderl Karl JR., IV: Engert Frz. JR., V: Mauter Aquilin Geh. JR.
c: RAnw.: (siehe beim LG. Würzburg).

259. **Wunsiedel** (OFr.; 25 093 E.) zugl. ArbG. a: SchöffG., Gr. JugG., LG. u. LArbG. Hof; OLG. Bamberg; BzA. u. FA. Wunsiedel; UnmG. Markt-Redwitz; LFA. Nürnberg.
b: Not.: Donle Ernst JR.
c: RAnw.: Bickel Georg, König Otto, Tröger Joh. JR.*, Winter Hans (in Markt-Redwitz).

260.* **Zell** (Notariat unbesetzt).

261. **Zusmarshausen** (Schw.; 16976 E.) zugl. ArbG. **a:** SchöffG., GrJugG., LG., LArbG. u. OLG. Augsburg; BzA. Augsburg u. Wertingen[1]: FA. Zusmarshausen; LFA. München.
b: Not.: Sirl Otto.
c: RAnw.: — — —.

262. **Zweibrücken** (Pf.; 51524 E.) zugl. ArbG. **a:** SchöffG., Gr. JugG., LG., LArbG. u. OLG. Zweibrücken; UnmG., BzA. u. FA. Zweibrücken; LFA. Würzburg.
b: Not.: I: — — —, II: Hüther Edmund, III: Mendel Anton JR.
c: RAnw.: (siehe beim OLG. u. LG. Zweibrücken).

V. Anwaltskammern.

1. Vorstand der Anwaltskammer München:

Mitglieder die Rechtsanwälte:

1. Geheimer Justizrat Dr. Karl Eisenberger in München, Vorsitzender,
2. Geheimer Justizrat Dr. Siegfried Dispeker in München, stellv. Vorsitzender,
3. Geheimer Justizrat Dr. August Paret in München, Schriftführer,
4. Dr. Wilhelm Dieß in München, stellv. Schriftführer,
5. Justizrat Heinrich Bauer in Tegernsee,
6. Justizrat Friedrich Brandl in Deggendorf,
7. Dr. Siegbert Feuchtwanger II in München,
8. Justizrat Dr. Max Gänßler in München,
9. Justizrat Albert Heizer in Altötting,
10. Wolfgang Hundsdorfer in Freising,
11. Georg Krauß II in München,
12. Justizrat Adolf Lersch in München,
13. Geheimer Justizrat Dr. Bernhard Mayer II in München,
14. Geheimer Justizrat Gustav von der Pfordten in Traunstein,
15. Max Reisinger in München,
16. Justizrat Joseph Scheuer in Rosenheim,
17. Justizrat Dr. Christoph Schramm in München,
18. Hofrat Luitpold Schülein in München,
19. Justizrat Dr. Eduard Schwab in München,
20. Geheimer Justizrat Kaspar Wölfl in Landshut.

2. Vorstand der Anwaltskammer Zweibrücken:

Mitglieder die Rechtsanwälte:

1. Geheimer Justizrat Eugen Hessert in Zweibrücken, Vorsitzender,
2. Geheimer Justizrat Friedrich Neumayer in Kaiserslautern, stellv. Vorsitzender,
3. Geheimer Justizrat Otto Trier in Zweibrücken, Schriftführer,
4. Justizrat Wilhelm Heußler in Pirmasens, stellv. Schriftführer,
5. Justizrat Karl Hauck in Landau i. d. Pf.,
6. Justizrat Dr. Georg Mappes in Frankenthal,
7. Justizrat Karl Riffel in Neustadt a. H.,
8. Justizrat Dr. Heinrich Strauss in Ludwigshafen a. Rh.,
9. Justizrat Dr. Hermann Vollmer in Speyer.

[1]) Örtliche Zuständigkeit s. StA. 22. IX. 1929 Nr. 219 S. 19.

3. Vorstand der Anwaltskammer Bamberg:

Mitglieder die Rechtsanwälte:

1. Geheimer Justizrat Dr. Joseph Schmitt in Bamberg, Vorsitzender,
2. Justizrat Karl Stroebel in Hof, stellv. Vorsitzender,
3. Justizrat Dr. Christian Ritter von Langheinrich in Bayreuth, Schriftführer,
4. Justizrat Georg Zihr in Bamberg, stellv. Schriftführer,
5. Justizrat Norbert Dannhäuser in Haßfurt,
6. Justizrat Karl Drescher in Schweinfurt,
7. Justizrat Dr. Gerson Haas in Würzburg,
8. Justizrat Kuno Hirsch in Coburg,
9. Justizrat Moses Höflein in Bamberg,
10. Oskar Kriener in Würzburg,
11. Justizrat Ignaz Leeb in Aschaffenburg,
12. Justizrat Eduard Meister in Kitzingen,
13. Justizrat Hans Risch in Würzburg,
14. Justizrat Friedrich Schmidt in Lichtenfels.

4. Vorstand der Anwaltskammer Nürnberg:

Mitglieder die Rechtsanwälte:

1. Geheimer Justizrat Oskar Groß in Nürnberg, Vorsitzender,
2. Geheimer Justizrat Dr. Sigmund Dormitzer I in Nürnberg, stellv. Vorsitzender,
3. Justizrat Wilhelm Hundrisser in Nürnberg, Schriftführer.
4. Justizrat Oskar Zilcher in Nürnberg, stellv. Schriftführer,
5. Justizrat Rudolf Bing in Nürnberg,
6. Max Bönitsch in Weiden,
7. Karl Däuwel in Nürnberg,
8. Justizrat Dr. Michael Erlanger in Nürnberg,
9. Geheimer Justizrat Leonhard Frankenbürger in Nürnberg,
10. Justizrat Hans Hacker in Neumarkt i. d. Opf.,
11. Justizrat Reinhard Hartwig in Ansbach,
12. Justizrat Georg Hohner in Fürth,
13. Justizrat Dr. Julius Prager in Fürth,
14. Justizrat Dr. Georg Seitz in Regensburg,
15. Justizrat Dr. Joseph Steininger in Amberg.

5. Vorstand der Anwaltskammer Augsburg:

Mitglieder die Rechtsanwälte:

1. Geheimer Justizrat Hermann Sand in Augsburg, Vorsitzender,
2. Justizrat Franz Reinhold in Augsburg, stellv. Vorsitzender,
3. Karl Wiedemann in Augsburg, Schriftführer,
4. Dr. Hans Edelmann in Augsburg, stellv. Schriftführer,
5. Justizrat Eugen Gunz in Augsburg,
6. Justizrat Theodor Lauber in Neuburg a. d. Donau,
7. Justizrat Michael Morhard in Eichstätt,
8. Geheimer Justizrat Arnold Oehler in Augsburg,
9. Justizrat Max Rauh in Memmingen,
10. Justizrat Joseph Schwarzkopf in Nördlingen,
11. Justizrat Eugen Simmet in Augsburg,
12. Geheimer Justizrat Dr. August Strasser in Kempten,
13. Justizrat Dr. Albert Zimmermann in Kaufbeuren.

Alphabetisches Verzeichnis

der in den Listen I—VII
aufgeführten Justizbeamten.

Alphabetisches Verzeichnis der in den Listen I—VII aufgeführten Justizbeamten.

Bem. Die römische Zahl bedeutet die Hauptliste, der kleine lateinische Buchstabe die Unterabteilung darin und die arabische Zahl die Reihenfolge innerhalb einer Liste.

Acher VI 134.
Acker J. IV c 23.
Adam Hch. VI 118.
Adam R. IV a 23
Ade V c 172.
Adelmann Fr. VI 160.
Adelmann K. III c 48.
Adlhoch V d 423.
Ahammer IV d 112.
Aidelsburger Vd 231.
Aigster VI 256.
Aimer V c 391.
Albert Otto IV e II 13.
Albert Otto V c 345.
Albertus V c 108.
Albrecht V c 150.
Alexander IV c 26.
Althön IV e I 2.
Altschüler IV e II 7.
Altstetter V c 25.
Altstötter Jos. V c 382.
Altstötter L. VI 304.
Alwens V d 265.
Amberger V c 52.
Ament IV e II 17.
Ammann H. V b 9.
Ammann K. IV d 22.
Ammon Wilh. I k 1.
Ammon Wilh. IV d 73.
Amtmann G. IV d 269.
André V d 86.
Anhäusser V d 9.
Ansbacher A. II c 14.
Anselmann V c 255.
Apel V c 204.
Appelmann III d I 3.
Armbruster V c 290.
Arnholdt V d 39.
Arnold IV d II 222.
Arold IV c 85.
Aschenbrenner II d.
Aschka III c 31.
Attenberger H. V c 20.
Auanger VI 246.
Aubele M. VI 198.
Aubele R. IV d 199.
Auer C. IV e II 83.
Aufhauser VI 247.
Aufsess V b 13.
Aull III a 5.
Axthalb F. V d 118.
Axthalb M. IV d 275.

Bach G. IV d 179.
Bacharach IV e II 30.
Bachl A. III c 13.
Bachl H. IV e III 44.
Bächler IV e II 78.
Bachmair L. VII A XI 1.
Bachmeier III c 47.
Bachthaler IV d 279.
Bader Jos. V d 5.
Bader K. V d 20.
Bader S. VI 270.
Badum VII A IV 2.
Bähr III c 42.
Baier F. IV d 153.
Baldauf V c 208.
Balk J. I m 1.
Bally IV b 26.
Bandorf V d 178.
Bär E. V c 120.
Barnickel IV d II 249.
Barth Hch. IV e III 17.
Barth Karl V c 239.
Barthelmä VI 155.
Barthelmess IV b 61.
Bartz IV d 70.
Bauer Erh. IV d 204.
Bauer Frz. IV c 6.
Bauer Gg. IV c 75.
Bauer Gg. IV d 8.
Bauer Jos. V d 182.
Bauer K. V d 329.
Bauer Mart. VII A VI 2.
Bauer Paul VI 296.
Bauer Wilh. IV c 14.
Bauernfeind J. VII A VII 4.
Bauernfeind L. V d 349.
Baum Gg. V c 113.
Baum Gg. VI 95.
Baum Gust. V c 299.
Baumann Chr. IV c 63.
Baumann Gg. III b 7.
Baumann Rud. VI 9.
Baumeister Ad. V d 197
Baumeister Jos. VI 5.
Baumeister L. V e 28.
Baumgärtner V d 204.
Baunach V c 53.
Bauner V d 27.
Baur Fr. VII B III 1.
Baur W. V c 133.
Bauschinger VI 44.
Bayer Gg. VI 48.
Bayer Konr. IV d 48.
Bayerl V c 75.
Bayerlein A. V c 62.
Bayr V f 33
Becher H. II c 8.
Bechert IV e III 49.
Bechmann Ad. III c 44.
Beck A. IV d 132.
Beck G. IV c 48.
Becker Chr. IV d 219.
Becker Franz IV a 18.
Becker Friedr. III a 3.
Becker Fr. VI 185.
Becker N. V d 247.
Becker Wilh. VI 169.
Beckh V d 278.
Bedall III c 18.
Behr Alb. IV e I 18.
Beierlein K. IV e III 58.
Beisel V d 254.
Belzer V d 379.
Bems IV d 146.
Bender K. IV c 88.
Benedicter V d 162.
Benzinger IV d 211.
Berber V d 279.
Berchtold IV d 94.
Berger V c 321.
Bergler V d 269.
Berninger IV c 32.

Alphabetisches Sachregister (allgemeines).

S. auch das Gesetzesregister S. 100, die alphabetische Zusammenstellung von Justizverwaltungsvorschriften S. 116, das alphabetische Verzeichnis der Justizbeamten S. 347.

Rechts- und Staatswissenschaftliche Werke

Mit einem Anhang:

Schulbücher und Schöne Literatur

aus dem Verlage von

H. W. Müller, München und Berlin.

Die Preise verstehen sich in Reichsmark.

Altmann, F., Geh. Reg.-Rat, Ärztliche Ehrengerichte und ärztliche Standesorganisation in Preußen. Zum prakt. Handgebrauch erläutert. 8°. (IX, 218 S.) 1900. 300 gr Kart. 2.—

Altmann, Dr. Paul, Landrichter, Handbuch des Deutschen Vereinsrechtes. Zugleich ein Beitrag zu der Lehre von den juristischen Personen. 8°. (XII, 211 S.) 1905. 310 gr Geb. 1.50

— Zwangsversteigerung u. die Zwangsverwaltung, das Reichsgesetz vom 24. März 1897 (Fassung vom 20. Mai 1898). Mit Erläuterungen. Ausgabe für Preußen. (VIII, 415 S.) 770 gr Geb. 5.—

Basch, Julius, Justizrat, Rechtsanwalt u. Notar, Han-
Ausgabe f. d. nichtpreuß. Staaten. 770 gr. Geb. 5.—
delsgesetzbuch vom 10. Mai 1897 und Deutsche Wechselordnung, nebst Einführungs- u. Nebengesetzen. (Ausgabe ohne Seerecht.) Erläutert durch die Rechtsprechg. des Reichsgerichts u. des vormaligen Reichs-Oberhandelsgerichts. 9., verbess. u. vermehrte Aufl., besorgt von Walter Basch Rechtsanw. (VIII, 435 S.) 1924. 310 gr. Ganzl. geb. 4.—

Behrend, Dr., Landgerichtsrat, Jugendwohlfahrtsgesetz v. 9. Juli 1922. Kommentar. 8°. (VIII, 489 S.) 1925. 600 gr. Geb. 14.50

Beier, Dr. O., Führer durch das Kriegs- und Übergangsrecht. 8°. (IV, 114 S.). 1921. 125 gr Geh. 2.50

— Die Protokollführung bei Gericht. 8°. (IV, 127 S.) 1928. 190 gr. Geh. 3 50

Biberstein, v., A. M., Juristische Daten. Nach Rechtsgebieten — unter Beifügung eines besonderen biographischen Abschnitts — chronologisch zusammengestellt. 3., verbesserte und vermehrte Auflage. gr. 8°. (IV, 147 S.) 1901. 210 gr Geh. 2.—

Biermann, Dr. J., ord. Professor, Bürgerliches Recht. 1. Band: Allg. Lehren und Personenrecht. gr. 8°. (VIII, 538 S.) 1908. 955 gr Ungeb. 10.—

Birkmeyer, Dr. Karl, ord. Professor, Deutsches Strafprozeßrecht mit eingehender Bezugnahme auf die preußischen und bayerischen Ausführungsbestimmungen und unter Berücksichtigung des österreich. Strafprozeßrechtes. Lex. 8°. (XVIII, 879 u. 51 S.) 1898. 1800 gr Geh. 15.—

Bornhak, Prof. Dr. C., Die preußische Verfassung v. 30. Nov. 1920. M. Erl. (82 S.) 1921. 85 gr Kart. 1.20

Christiani, E., Amtsgerichtsrat, Wie hat der Schiedsmann sein Amt zu führen? Eine gemeinverständliche Anleitung. Mit Beispielen für alle beim Schiedsmann vorkommenden Protokolle, Vermerke und sonstigen Niederschriften, Formularen, vollständigem Sachregister und einem Abdruck der Schiedsmannsordnung. 6. vermehrte und verbesserte Auflage. kl. 8°. (160 S.) 1925. 240 gr Kart. 3.—

Dalcke, Dr. A., weil. Ober-Staatsanwalt, Geh. Oberjustizrat, Strafrecht und Strafprozeß. Eine Sammlung der wichtigsten das Strafrecht und das Strafverfahren betr. Gesetze. Zum Handgebrauch für den Preuß. Praktiker erläutert v. AGRat P. Dalcke u. I. StA. Dr. E. Fuhrmann. 22. neubearb. Aufl. 8°. (IX, 1149 S.) 1929. 1050 gr Geb. 15.50

Daude, Dr. P., Geh. Reg.-Rat u. Universitätsrichter, Das Aufgebotsverfahren nach Reichsrecht und Preuß. Landesrecht. 5. Aufl. im Druck.

— Das Entmündigungsverfahren gegen Geisteskranke und Geistesschwache, Verschwender und Trunksüchtige. Nach der Reichs-Zivilprozeßordnung und dem Bürgerlichen Gesetzbuch für das Deutsche Reich bearbeitet. 2. Auflage. gr. 8°. (VI, 151 S.) 1899. 350 gr. Geb. 2.—

Daude, Dr. P., Das Feld- und Forstpolizeigesetz v. 1. April 1880. Mit Erläuterungen. 6. Aufl., bearbeitet von Dr. E. Daude, Amtsgerichtsdirektor. 8° (VIII, 181 S.) 1926. 310 gr. geb. 6.—

— Strafgesetzbuch für das Deutsche Reich vom 15. Mai 1871. Mit den Entscheidungen des Reichsgerichts. 16. neubearbeitete Aufl. von Amtsgerichtsdirektor Dr. E. Daude. kl. 8°. (VII, 571 S.) 1926. 420 gr. Ergänzt bis März 1927 Geb. 7.50

— Strafprozeßordnung für das Deutsche Reich und das Gerichtsverfassungsgesetz. Mit den Entscheidungen des Reichsgerichts. 13. Aufl., bearb. von Dr. Emil Daude, Amtsgerichtsdirektor kl. 8°. (VIII, 445 S.) 1928. 390 gr. Ganzl. geb. 7.50

Dernburg, Heinrich, System des Römischen Rechts. Der Pandekten achte, umgearbeitete Auflage bearb. von Dr. Paul Sokolowski, ord. Professor an der Universität Königsberg i. Pr. 2 Teile. Lex. 8°. (XXX, 1110 S.) Berlin 1910/12. Vergriffen.

Erler, J., Oberlandesgerichtsrat, Ehescheidungsrecht und Ehescheidungsprozeß einschließlich der Nichtigkeitserklärung der Ehe im Deutschen Reich. Zweite, völlig umgearbeitete Aufl. des gleichnamigen preußisch-deutschrechtlichen Buches. gr. 8°. (VIII, 249 S.) 1900. 440 gr Geb. 5.—

Ernst, W., u. Krohne, M., Gerichtsreferendare, Die Zivilprozeßordnung. In Frage- u. Antwortform dargestellt. gr. 8°. (XVI, 411 S.) 1904. 770 gr Geb. 3.—

Erythropel, Dr. H., Minist.-Rat im Preuß. Finanzministerium, Geh. Oberfinanzrat, Die Preußischen Besoldungsgesetze. Kommentar. Mit Gehaltstafeln. 4., völlig umgearb. Aufl. Besorgt von Ministerialrat O. König 8°. Bd. I. Das Preuß. Besoldungsgesetz vom 17. 12. 1927 8° (VIII, 278 S.) 1928. 370 gr. geb. 72.0
Bd. II. Die Lehrerbesoldungsgetze u. die Ausführ.-Bestimmungen z. Preuß. Besold. Ges. 8°. (IV, 130 S.) 1928 150 gr. geh. 3.20

Francke, H. AmtsgRat. Das Jugendgerichtsgesetz v. 16. 2. 23. 2. Aufl. 8°. (133 S.) 1926. 245 gr. Kart. 4.60

Friedlaender, Dr. A. Rechtsanwalt u. **Kraemer, Dr. W.**, Reichsgerichts-Anwalt Kommentar zur Preuß. Gebührenordnung für Rechtsanwälte. Lex. 8°. (IV, 172 S.) 1928. 330 gr. geb. 7.50.

Friedlaender, Dr. A. u. M., Deutsches Gerichtskostengesetz. Großer Kommentar. Lex. 8° (XXXIII, 621 S.) 1928. 1250 gr. In 2 Lieferungen geh. 27.— geb. 29.50.

Genzmer, St., Oberverwaltungsgerichtsrat, Die Landgemeindeordnung für die 7 östlichen Provinzen der Monarchie vom 3. Juli 1891. Erläutert. 6. Aufl. In Vorbereitung.

Gierke, Dr. Otto, Geh. Justizrat, Professor, Vereine ohne Rechtsfähigkeit nach dem neuen Rechte. 2., erg. Aufl. gr. 8°. (52 S.) 1902. 100 gr Ungeb. 1.20

Görcke, Amtsgerichtsrat, Preußisches Fischereigesetz vom 11. Mai 1916 nebst der Fischerei-Ordnung vom 29. März 1917 und den sonstigen fischereigesetzlichen Vorschriften für Preußen. Mit Nachtrag, enthält: Abänderung v. 16. 3. 18 der Fisch.-Ordng. v. 29. 3. 17, Ausführ.-Anweisung v. 16. 3. 1918 zum Fischereigesetz. kl. 8°. (VIII, 311 S.) 1918. 360 gr Kart. 4.—

— Die Preußische Jagdordnung v. 15. 7. 1907 nebst der Ausführungsanweisung u. d. sonstigen jagdgesetzlichen Bestimmungen. Zum praktischen Gebrauch erläutert. 5. Aufl. des Dr. P. Kohli'schen Werkes „Die Preuß. Jagdgesetze". 8°. (VIII, 245 S.) 1920. 325 gr. Mit Ergänzung. Kart. 4.50

Heck, Dr. Ph., Privatdozent, Das Recht der großen Haverei. Lex. 8°. (XXXV, 839 S.) 1889. 1450 gr Geh. 20.—

Heffter, Dr. A. W., ord. Professor, Le droit international de l'Europe. Traduit par Jules Bergson. Quatrième édition française, augmentée et annotée par F. Heinr. Geffcken, ancien Ministre-résident et Professeur de droit public. gr. 8°. (XV, 576 S.) 1883. 815 gr Geh. 13.—

Hellwig, Dr. A., Landgerichts-Direktor, Die bedingte Aussetzung der Strafvollstreckung in Preußen. Erlaß v. 2. 8. 20 u. Allg. Verfügung v. 19. 10. 20. 8°. (52 S.) 1921. 65 gr Geh. —.50

Hellwig Dr. A., LGDirektor, Die bedingte Aussetzung der Strafvollstreckung in Preußen und im Reich nach den am 1. Juni 1922 gelt. Bestimmungen. 8°. (47 S.) 1922. Kart. —.80

— Das Geldstrafengesetz v. 6. Febr. 1924 m. Begr. u. AusfBest. 3. Aufl. 8°. (XII, 187 S.) 1924 265 gr. 6.—

Hesse, A., Reichsgerichtsrat, Deutsches Vormundschaftsrecht unter besonderer Berücksichtigung der in den bedeutenderen Bundesstaaten ergangenen Ausführungsbestimmungen. gr. 8°. (VIII, 363 S.) 1900. 715 gr Vergriffen.

Ihering, Rudolf von, Briefe und Erinnerungen. 1852 bis 1868. (106 S.) 1907. 170 gr Geh. 2.—

Kayser, Dr. P., weil. Senatspräsident, Wirkl. Geh. Legationsrat, Die Reichs-Justizgesetze und die für das Reich und in Preußen erlassenen Ausführungs- und Ergänzungsgesetze, Verordnungen, Erlasse und Verfügungen. Mit Anmerkungen und Sachregister. 7., neubearbeitete Aufl. von Kammergerichtsrat Mugdan. Lex. 8°. (XX, 1089 S.) 1910. 1540 gr Geh. 6.—, geb. 8.—

Luks, Wald., Justizrat, Das Anfechtungsgesetz v. 21. 7. 79 und die §§ 29 ff. der Konkursordnung v. 10. 2. 77. Erläutert. Zweite vermehrte Aufl. 8° (IV, 71 S.) 1902. 90 gr Geh. 1.—

Lux, Dr. Walter, Rechtsanwalt Schulung für die juristische Praxis. Ein induktives Lehrbuch. 2. Aufl. Lex. 8°. (IX, 1176 S.) 1929. 1820 gr. In 7 Lfgn. geheftet 37.50 geb. 41.—

Magunna, P., aufsichtsf. Richter, Der aufsichtführende Richter bei den Preuß. Amtsgerichten, seine Rechte und seine Pflichten. Eine systematische Darstellung der für den aufsichtführenden Amtsrichter wissenswerten Vorschriften der Justizaufsicht und Justizverwaltung. 3., verbesserte Aufl. gr. 8°. (XII, 250 S.) 1902. 550 gr Ungeb. 2.—

Müller, W., Amtsgerichtsrat, Deutsches Bau- und Nachbarrecht, unter besonderer Berücksichtigung der Preuß. Landesgesetzgeb. 2., umgearb. Aufl. gr. 8°. (VIII, 143 S.) 1903. 340 gr Kart. 3.—

Nettesheim, J., Justizinspektor, Auslandsverkehr der

deutschen Justizbehörden mit Ausnahme d. Auslieferungsverfahrens. 2. Aufl. Gr. 8° (VIII, 401 S.) 1928. 830 gr. geb. 20.—

Petrażycki, Leo v., ord. Professor a. d. Univ. Petersburg, Aktienwesen und Spekulation. Eine ökonomische und rechtspsychologische Untersuchung. 8°. (IV, 226 S.) 1906. 455 gr Geb. 4.50

— Die Fruchtverteilung beim Wechsel der Nutzungsberechtigten. Vom Standpunkt des positiven Rechtes und der Gesetzgebung. Drei zivilrechtliche Abhandl. 1892. gr. 8°. (XI, 268 S.) 650 gr 5.50

— Die Lehre vom Einkommen. Vom Standpunkt des gemeinen Zivilrechts unter Berücksichtigung des Entwurfs eines bürgerlichen Gesetzbuches für das Deutsche Reich. 2 Bände.

I. Band: Grundbegriff. gr. 8°. (XII, 344 S.) 1893. 515 gr 7.50

II. Band: Einkommensersatz. 1. Grundlegung; 2. Zinsen; 3. Arbeitseinkommen, Honorar, Unternehmergewinn; Anhang: Entwurf (II), Zivilpolitik und politische Ökonomie. gr. 8°. (XVI, 628 S.) 1895. 910 gr 12.50

— Über die Motive des Handelns und über das Wesen der Moral und des Rechts. Aus dem Russischen ins Deutsche übertragen von P. Balsen. 8°. (64 S.) 1907. 100 gr Ungeb. 1.50

Pinner, Albert, Rechtsanwalt, Das deutsche Aktienrecht. Kommentar zu Buch 2. Abschnitt 3 und 4 des Handelsgesetzbuchs vom 10. Mai 1897. gr. 8°. Vergriffen. 2. Aufl. in Vorbereitung.

Rehbein, Dr. H., weil. Reichsgerichtsrat, Wechselordnung und Wechselstempelsteuergesetz mit Kommentar in Anmerkungen und einer Darstellung des Wechselprozesses. 8., verbesserte Aufl., bearbeitet von Dr. Mansfeld, Reichsgerichtsrat. gr. 8°. (VI, 234 S.) 1908. 470 gr Geb. 2.50

Reincke, O., Reichsgerichtsrat a. D., Die Zivilprozeßordnung. Erläuterte 6., auf Grund der Nov. vom 1. 6. 09. neubearb. Auflage von R. Wienstein, Kammergerichtsrat. Lex. 8°. (VIII, 918 S.) 1910. 2200 gr Geh. 5.—, Hfrz. geb. 6.—

Ritter, Dr. Carl, Oberlandesgerichtsrat, Das Handelsgesetzbuch mit Ausschluß des Seerechts. Erläutert. gr. 8°. (VIII, 746 S.) 1910. 1375 gr Vergriffen. 2. Aufl. in Vorbereitung.

Samter, M. K., Amtsgerichtsrat, Kommentar zum Reichsgesetz betreffend die Abzahlungsgeschäfte v. 16. Mai 1894. 2. Aufl. 8°. (108 S.) 1927. 200 gr Geb. 4.50

Schäfer, Dr. L., Minist.-Rat u. **Hellwig, Dr. A.**, Straftilgungsges. u. Straftilgungsverordnung. Mit einer Samml. aller f. d. Strafregister bedeutsamen Vorschr., Erlasse u. Verfüg. 8°. (503 S.) 1926. 610 gr Geb. 16.—

Sellner, G., Senatspräsident, Handausgabe der Zivilprozessordnung mit Nebengesetzen. Mit den Entscheidungen des Reichsgerichtes und der Oberlandesgerichte. 8° (1021 S.) 1928. 920 gr. geb. 18.50

Senst, J., Oberlandesgerichtsrat, Handbuch für Konkursrichter. 4. Aufl. nach dem Tode des Verfassers durchgesehen von Dr. A. W. Müller, Senatspräsident in Stettin. Gr. 8° (301 S) 1928. 560 gr. geb. 14.—

— Die Verwaltung von Konkursen nach der Reichs-Konkursordnung. 9. Aufl. Für die Praxis bearbeitet nach dem Tode des Verfassers durchgesehen von Dr. A. W Müller, Senatspräsident i. Stettin. gr. 8° (VIII, 452 S.) 1928. 750 gr. gebd. 18.—

Striemer, Albert, Rechtsanwalt, Anleitung zur Anfertigung der wissenschaftlichen Arbeit für die erste juristische Prüfung in Preußen. 4. verm. Aufl. 8°. (VIII, 120 S.) 1908. 155 gr Ungeb. 2.—

Taschenwörterbuch zum Corpus juris civilis, den Institutionen des Gajus und anderen römischen Rechtsquellen. 4/5. Aufl. kl. 8°. (IV, 172 S.) 1923. 180 gr Kart. 2.40

Vache, J., Notar, Praktische Anleitung zur Umstellung von Aktiengesellschaften, Gesellschaften m. b. H., auf Grund der Goldbilanz VO. 8°. (50 S.) 1924. 50 gr Geh. 1.50

— Interessenfragen bei der Umstellung von Kapitalgesellschaften m. Berücksichtigung der 5. Durchf. VO. zur Goldbilanz-VO. 8° (40 S.) 1925. 45 gr Geh. 1.50

Walter-Joachim-Friedläender, Die Deutsche Gebührenordnung für Rechtsanwälte vom 7. Juli 1879 (Fassung v. 20. 5. 98) nebst allen späteren Novellen und den Gebührenvorschriften der größeren Länder. 8. Auflage, neubearbeitet von Landgerichtsrat Dr. Adolf Friedlaender und Rechtsanwalt Dr. Max Friedlaender. Lex. 8° (716 S.) 1927. 1450 gr Geb. 30.—

Wellstein, Gg., Oberlandesgerichtsrat, Das Reichsgesetz über die Angelegenheiten der freiwilligen Gerichtsbarkeit vom 17. Mai 1898 in der Fassung vom 20 Mai 1898. Mit Erläuterungen. 2. Aufl. gr. 8°. (VIII, 434 S.) 1906. 790 gr Geb. 4.—

— Das Preuß. Gesetz über die freiwillige Gerichtsbarkeit vom 21. September 1899 mit Erläuterungen. 8°. (VI, 236 S.) 1900. 400 gr Geb. 2.—

Willenbücher, weil. Geh. Justizrat, Oberlandesgerichtsrat a. D. Reichs-Grundbuchordnung vom 24. März 1897 mit Anmerkungen und Sachregister. 4., vermehrte Aufl. bearbeitet von OLGR. G. Krause.

a) Ausg. f. d. Reich. 8°. (VIII, 134 S.) 1921. 210 gr Kart. 1.80

b) Ausg. f Preußen. 8°. (VIII, 283 S.) 1921. 365 gr Kart. 3.40

— Konkursordnung nebst Anfechtungsgesetz, erläutert. 3., neubearb. Aufl. von Dr. F. Günther, Landrichter. gr. 8°. (VI. 408 S.) 1909. 675 gr Geh. 4.—

— Das Kostenfestsetzungsverfahren und die Deutsche Gebührenordnung für Rechtsanwälte nebst den landesgesetzlichen Vorschriften in Preußen, Bayern, Sachsen, Württemberg, Baden u. Hessen. Mit Erläut. 10., völlig neubearb. Aufl. von OLGR. Fischer und RA. Dr. W. Kraemer. (VIII, 511 S.) 1926 900 gr. Mit Nachtrag 1927 und neuen Tabellen geb. 20.— Nachtrag und Tabellen einzeln 2.—

— Zivilprozeß- und Zwangsvollstreckungsverfahren. Ein Grundriß mit zahlreichen Beispielen. 3., neubearbeitete Auflage von Dr. A. Nöldeke, Oberlandesgerichtsrat in Hamburg. Mit Anhang: Gesetz vom 22. Mai 1910. gr. 8°. (XII, 448 S.) 1900. 750 gr Geb. 6.—

Zapf, H., Geh. Reg.-Rat, Das Biersteuergesetz vom 26. Juli 1918 mit den Ausführungsbestimmungen, erläut. 2. Aufl. bearb. v. MinRat Siegert. 8° (VIII, 416 S.) 1925. 460 gr Geb. 12.—

— — Die Biersteuernovelle v. 10. Aug. 1925 mit Ausf.-Best, Nebengesetzen u. Erläuterungen sowie der gelt. Fassung des Biersteuergesetzes. 8°. (63 S.) 1927 85 gr. geh. 2.20

Zelter, G., Landgerichtsrat, Die statutarischen Gütererbrechte der Übergangszeit in Preußen. gr. 8°. (VII, 75 S.) 1901. 240 gr Kart. 3.—

Anhang: Schulbücher.

Egal, B., (B. v. d. Lage), Manuel de la Conversation. Französische Erzählung zur Übung in der Umgangssprache für den Schulgebrauch und zum Selbstunterricht. Neunte, verb. und verm. Auflage. 8°. (VIII, 104 S.) 1908. 180 gr Kart. —.80

Günther, F., u. F. Boehm, Rechenbuch für höhere Lehranstalten. 20. Aufl. 8°. (X, 204 S.) 1925. 240 gr Geh. 2.—

Hoborn, W., Studienrat, Rechenbuch f. höhere Schulen. 1. Heft: Sexta. 2. Aufl. 8°. (101 S.) 1929. 140 gr Geh. 1.60

— — — 2. Heft: Quinta 2. Aufl. 8°. (92 S.) 1929. 120 gr Geh. 1.50

— — — 3. Heft: Quarta. 8°. (104 S.) 1926. 115 gr Geh. 1.80

— — Heft 1—3 in einem Band gebunden. 400 gr 4.90

— — Ergebnisse zu Heft 1 —.70; Heft 2 —.50; Heft 3 —.80.

Koehne, Dr. E., Professor am Falk-Realgymnasium Berlin, Repetitionstafeln für den zoologischen Unterricht an höheren Lehranstalten.

I. Heft. (Wirbeltiere.) 8. Aufl. 1909. 4°. (5 Blatt nebst Text). 100 gr —.80

II. Heft. (Wirbellose Tiere.) 7. Aufl. 1909. 4°. (6 Blatt nebst Text). 115 gr 1.—

Lage, B. v. d., Manual of Conversation. Exercises for Conversation for the use of schools and private lessons. (Übersetzung des „Manuel de la

Conversation" par B. Egal.) 4., verbess. Aufl. 8°. (94 S.) 1901. 135 gr Vergriffen.

Lange, Dr. J., Prof., Direktor d. Königstädt. Realgymnasiums in Berlin, Synthetische Geometrie der Kegelschnitte nebst Übungsaufgaben für die Prima höherer Lehranstalten. Mit 55 Figuren im Text. Vierte, verbesserte Auflage. gr. 8°. (68 S.) 1921. 85 gr 1.20

Lüdke, K., Studienrat, Regeln und Beispiele zu den Rechenaufgaben in Sexta, Quinta und Quarta. 8°. (16 S) 1925. (Ergänzung zu Günther-Böhm, Rechenbuch). geh. —.40

Petzold Dr. H., OberstudDir., Einführung in die Chemie für den Anfangsunterricht an höheren Lehranstalten. 8° (121 S.) 1928. 225 gr. kart. 2.—

Rüdorff, Dr. Fr., Anleitung zur chemischen Analyse nebst einem Anhang: Quantitative Übungen, besonders für den Unterricht an höheren Lehranstalten. 15., verbesserte Auflage. 8°. (86 S.) 1923. 105 gr Kart. 1.—

— 's Grundriß der Chemie für den Unterricht an höheren Lehranstalten. Völlig neu bearbeitet von Dr. Robert Lüpke, Oberlehrer am Dorotheenstädtischen Realgymnasium zu Berlin.

Ausg. A. Mit 274 Holzschnitten und 1 Tafel. 16., verbesserte Aufl. von H. Böttger, Professor am Dorotheenstädt. Realgymnasium in Berlin. Lex. 8°. (XII, 608 S.) 1924. 950 gr. Geb. 7.—

Ausg. A, I. Teil: Anorganische Chemie. Mit zahlreichen Holzschnitten u. 1 Tafel. Lex. 8°. (XII, 530 S.) 845 gr Geb. 6.—

Ausg. A, II. Teil: Organische Chemie Lex. 8°. (90 S.) 215 gr Kart. 1.50

Ausg. B. Mit zahlreichen in den Text gedruckten Holzschnitten und einer Spektraltafel. Bearbeitet von Dr. Hermann Petzold, Oberstudiendirektor in Berlin-Schöneberg. 18. Aufl. 8°. (VIII, 310 S.) 1925. 480 gr Geb. 5.—

Ausg. B, I. Teil: Anorganische Chemie. Mit zahlreichen Abbildungen u. 1 Spektraltafel. 8°. (VIII, 240 S.) 390 gr Geb. 4.50

Ausg. B, II. Teil: Organische Chemie. 8°. (86 S.) 200 gr Kart. 1.20

Rüdorff, Dr. Fr., Kurzer Leitfaden der Geologie für den Unterricht an höheren Lehranstalten. Mit 43 Abbild. u. einer geolog. Übersichtskarte. 10. neubearb. Aufl. von Dr. K. Hucke Studienrat in Templin. 8°. (41 S.) 1925. 70 gr Geh. 1.40

— Grundriß der Mineralogie für den Unterricht an höher. Lehranstalten. Mit 70 Textabbildungen 10. neubearb. Auflage von Dr. K. Schulz. 8°. (IV, 142 S.) 1925. 185 gr Geh. 3.—

— Grundriß der Mineralogie und Geologie. Für den Unterricht an höher. Lehranstalten. Mit zahlreichen Holzschnitten und einer geologischen Übersichtskarte von Mittel-Europa. 9. umgearbeitete Auflage von Oberlehrer Dr. Karl Schulz. 8°. (IV, 119 S.) 1915. 350 gr Geb. 1.80

Stavenhagen, Dr. A., Wölbling, Dr. H., u. Dr. Winter, Anleitung zum analyt. Unterricht in Anlehnung an die von Prof. Dr. Finkener f. d. Laboratoriumsunterricht eingeführten Methoden. 8°. (IV, 89 S.) 1906. 205 gr Vergriffen.

Wüllenweber, Dr. H., Prof., Übungsbuch zum Übersetzen ins Französische für höhere Lehranstalten. 6. Aufl. 8°. (173 S.) 1920. 305 gr Geb. 1.50

Schöne Literatur.

Beckendorff, v., Elisabeth, Goldene Worte aus der neueren deutschen Literatur gesammelt. Zweite vermehrte Auflage. Mit 5 Vollbildern in Holzschnitt. kl. 8°. (VII, 342 S.) Im. Hpgt. 470 gr 3.50

Natur und Herz. Ein Album, sinniger Betrachtung gewidmet. Mit 15 Kupfer-Radierungen von W. Georgy und O. Schulz. 3. vermehrte Auflage. gr. 8°. (128 S.) 920 gr Geb. 2.—

Verena, Sophie, Gedankenvoll. Aussprüche von Dichtern und Denkern. Mit Illustrationen. 3. Aufl. 12°. (VII, 232 S.) 1919. 245 gr Geb. 2.—

— Von allen Zweigen. Neuere lyrische Dichtungen. Mit 16 Vollbildern. 4. Auflage. 12°. (VIII, 208 S.) 1919. 275 gr Geb. 2.—

Sachregister

(Die Zahlen bezeichnen die Seitenzahl).

Stand vom 1. November 1929.

Die Preise sind in Reichsmark angegeben.

Rechts- und Staatswissenschaftliche Werke

aus dem Verlage von

J. Schweitzer Verlag

(Arthur Sellier)

München, Berlin und Leipzig.

Abgeschlossen nach dem Stand vom 1. November 1929.

Affolter, A., Naturgesetze u. Rechtsgesetze. gr. 8°. (62 S.) 1904. 1.80

Adelmann, K., Die Kraftloserklärung abhanden gekommener od. vernichteter Urkunden i. Aufgebotsverfahren nach Reichsrecht u. bayer. Landesrecht. 8°. (143 S. u. 2 Tab.) 1914. 2.—

Allfeld, Ph., Die Strafgesetzgebung des Deutschen Reichs. Slg. aller Reichsgesetze strafrechtl. u. strafprozess. Inh. m. e. Gesamtreg. 3. A. Gr. 8°. (1036 S.) 1926. Geb. 23.—

Altstötter, J., Das Gerichtsvollzieherwesen in Bayern. Vorschriftensammlung mit Inh.-Verz., Sachregister u. einer Einführung in die einfachsten Begriffe des Wechselrechts. 2. Aufl. 8°. (362 S.) 1928. kart. 9.20

Andrassy, Graf J., Interessen-Solidarität d. Deutschtums u. Ungartums. gr. 8°. (33 S.) 1916. 1.20

Arnold, A., Die Aufschlußpflicht von Vorstand u. Aufsichtsrat gegenüber d. Generalvers. nach deutschem Aktienrecht. 8°. (80 S.) 1907. 2.40

Baicoïano, C., Handelspolitische Bestrebungen Englands zur Erschließung der unteren Donau. E. Beitrag z. rumänischen Eisenbahn- u. Wasserstraßenpolitik. 8°. (87 S. mit 4 Taf.) 1913. 3.—

Baligand, A. von, Der Ehevertrag. Preisschrift. 8⁰. (161 S.) 1906. 4.50

Barthelmeß, R., Gesetz, betr. die Berufsvormundschaft vom 23. II. 1908. M. Erläut. 8⁰. (146 S.) 1908. Kart. 2.—

Beamtenfortbildung. Vorträge gehalten während der Fortbildungskurse f. höh. bayer Staatsverwaltungsbeamte. Herausgeg. im Auftrage des Staatsministeriums des Innern. 1. Heft Gr. 8⁰ (288 S.) 1928. Geh. 3.50

Becher, H., Die Ausführungsgesetze zum BGB. 2 Bde. u. I. Ergänzungsbd. gr. 8⁰. (215 Bog.) 1901. 32.60, geb. 38.50

— — II. Ergänzungsband. 2 Bde. gr. 8⁰. (153 Bog.) 1911. 40.—, geb. 44.—

— — Die gesamten Materialien zu den das BGB. und seine Nebengesetze betreffenden bayerischen Gesetzen u. Verordnungen nebst d. einschläg. Ministerialerlassen. gr. 8⁰. 8 Abt. i. 9 Bänden. 1898 bis 1901. Geb. 62.—

Beer, R., Die juristische Natur der Kontingente. 8⁰. (87 S.) 1927. Geh. 4.—

Beermann, Fr., Die Praxis der Vertretungsverträge. 8⁰ (56 S.) 1929. Geh. 3 —

Beres, A., Der Mißbrauch der geistlichen Amtsgewalt. 8⁰. (99 S.) 1907. 2.50

Bergauer, J., Aufsatzlehrbuch für Polizeibeamte und Anwärter. 8⁰. (89 S.) 1928 steif. geh. 2.—

Berolzheimer, H., Die akzessorische Natur der Teilnahme. 8⁰. (60 S.) 1909. 1.80

Berolzheimer, R., Tabellen der Rechtsanwaltsgebühren und der Gerichtskosten und sonstige für den Rechtsanwalt wichtige Rechtszahlen 12⁰. (8 S.) 1927. —.40

Beyerle, K., Das Haus Wittelsbach und der Freistaat Bayern. Rechtsgrundlagen für die Auseinandersetzung zwischen Staat und Dynastie. Teil I. Lex. 8⁰. (276 S.) 1922. 6.—

Beyerle, K., Die Rechtsansprüche des Hauses Wittelsbach. Lex. 8°. (106 S.) 1922. 2.—

Bloch, A., Höchstpreisüberschreitung u. Überteuerung i. Privatrecht. gr. 8°. (70 S.) 1918. 2.70

Böckel, F., Der Treuhänder f. d. feindl. Vermögen. gr. 8°. (118 S.) 1919. 4.—

— — Wirkungen d. Krieges auf Rechtsverhältn. d. Elektrizitäts- u. Gaswerke. gr. 8°. (107 S.) 1918. 3.—

Böhm, W., Über Aktionärschutz nach deutschem, englischem und französischem Recht. 8°. (122 S.) 1910. 3.—

Bonschab, Fr., Hypothekenbankgesetz v. 13. VII. 1899. 8°. (77 S.) 1900. Geb. 1.80

— — Gesetz, betr. die gemeinsamen Rechte der Besitzer von Schuldverschreibungen vom 4. XII. 1899. 8°. (47 S.) 1900. Geb. 1.—

Bosenick, A., Neudeutsche gemischte Bankwirtschaft. Erster Band. Grundlegende Tatsachen: Die entwicklungsgeschichtliche Analyse der großen Aktienbanken in Berlin. gr. 8°. (376 S.) 1912. 12.—

Brumby, Wie schützt sich der Hypothekengläubiger nach dem Aufwertungsgesetz? 8°. (66 S.) 1925. geh. 2.40

Buch, Gg., Der Notweg. Seine Geschichte u. seine Stellung im heut. Recht. gr. 8°. (101 S.) 1919. 4.—

Cahn, H., Die Ansprüche des angestellten Erfinders im vorl. Entw. e. PatentG. 8°. (64 S.) 1913. 1.20

Calker, F. van, Einführung in die Politik. 8°. (188 S.) 1927. Geb. 6.50

— — Strafrecht. Grundriß zu Vorlesungen und Leitfaden zum Studium. 3. Aufl. Lex. 8°. (158 S.) 1927. Geb. 8.50

Danner, A., Kaufmann oder Kameralist in den werbenden Gemeindebetrieben vorab der mittleren und kleineren Städte? gr. 8°. (31 S.) 1913. 1.20

Decker, L., Die Vorteilsanrechnung beim Erfüllungsanspruch. gr. 8°. (75 S.) 1907. 2.—

Deumer, Rob., Industrielle Genossenschaften. gr. 8°. (24 S.) 1920. 1 —

Deutsche und Oesterreichische Organisation der inneren Verwaltung. 8°. (45 S.) 1927. Geh. 1.50

Dispeker, S., Die Praxis der Zwangsversteigerung u. der Zwangsverwaltung. gr. 8°. (116 S.) 1905. Geb. 3.—

Dochow, F., Auswärt. Verwaltg. gr. 8°. (18 S.) 1916. 0.60

Dollacker, E., Leitfaden des bayer. Polizeirechts. 2. Aufl. 8°. (84 S.) 1927. kart. 3 —

Doering, Hz. W. L., Staat und Kirche in Bayern. System des bayer. Staatskirchenrechts. 1. Band Lfg. 1. Gr. 8° (182 S.) 1928. Geh. 5.50

Doernberger, K., Die Besonderheiten der Seeversicherung. gr. 8°. (66 S.) 1911. 2.—

Eichhorn, O., Alphabet. Sachregister zum Justizministerialblatt 1910, Nr. 8, 9, 6 u. dem Sonderdruck hievon. gr. 8°. (36 S.) 1910. 1.—, kart. 1.50

Eichner, E., Die Rechtsgrundlagen der Präventivpolizei, insbes. der Präventivpolizeihaft, nach der bay. Rechtsentwicklung. gr. 8°. (111 S.) 1927. Geh. 6.—

Elsas, M., Zurück zur Goldwährung. 8°. (16 S.) 21. 0.30

Engelmann, Th., Religiöse Kindererziehung. S. bei Staudingers Kommentar zum BGB. Bd. IV.

Englert, F. v., Sammlung von Vorschriften für Standesbeamte im rechtsrhein. Bayern. 2. neub. Aufl. von Standesamts-Direktor S. Schorr. Ausg. für rechtsrh. Bayern. Hoch 4°. (157 S.) 1922. Kart. 3.45
Ausg. für Pfalz (173 S.) 1923. Vergriffen.

Entwurf e. Jugendgerichtsgesetzes u. Entwurf e. Ges. üb. beschränkte Auskunft a. d. Strafregister u. Tilgung v. Strafvermerken nebst Begründungen. Veröff. a. Anordnung d. Reichsjustizministeriums. Reichs-Fol. (136 S.) 1920. Geh. 1.30, geb. 2.10

Entwurf eines Gesetzes zur Änderung des Gerichtsverf.-Gesetzes u. Entwurf e. Ges. üb. d. Rechtsgang i. Strafsachen nebst Begründung. Veröff. a. Anord. d. RJustizministeriums. Reichs-Fol. (89 S.) 1920. Geh. 2.70, geb. 3.70

Entwürfe zu einem Deutschen Strafgesetzbuch, Veröffentl. a. Anordnung d. RJustizministeriums. Reichs-Folio. 1921.
I. Teil: Entwurf d. Strafrechtskommission. (1913). (100 S.). 2.10
II. Teil: Entwurf v. 1919. (94 S.). 2.10
III. Teil: Denkschrift zu d. Entwurf von 1919. (439 S.). 8.40
I/III geb. 15.40

Enzensberger, E., Die Herabsetzung d. Grundkapitals bei Aktienges. u. d. Aktieneinziehung. gr. 8°. (84 S.) 1911. 1.80

Ertragssteuergesetze, Die Gesetze vom 27. Juli 1921 zur Aenderung der bayerischen. Hrsg. i. Staatsministerium d. Finanzen. gr. 8°. (55 S.) 1921. 0.30

— — Vollzugsvorschriften dazu mit Sachregister. gr. 8°. (116 S.) 1922. 0.80

S. a. braune Handausgaben.

Eßlen, J., Das Gesetz des abnehmenden Bodenertrages seit J. von Liebig. Lex. 8°. (298 S.) 1905. 8.—

Eßlinger, W., Der Erbschein nach dem BGB. gr. 8°. (109 S.) 1902. 2.80

Festschrift zur Feier des fünfzigjährigen Bestehens des Bayerischen Verwaltungsgerichtshofs 1. Okt. 1879 bis 1. Okt. 1929 Gr. 8° (212 S., 1 Tab.) 1929. Steif brosch. 8.—

Fischer, K. H., Das bayerische Feuerbestattungsrecht. 8°. (83 S.). 1913. Kart. 1.10

Fried, R., Die Wasserversorgung der Ortschaften besonders für Feuerlöschzwecke. Mit 82 Abb. 8°. (97 S.) 1903. 1.—

Friedlaender, Adolf und **Max Friedlaender,** Kommentar z. Rechtsanwaltsordnung vom 1. VII. 1878. 3, völlig neu bearb. A. Gr. 8°. 1929. Geh. ca. 22.— geb. ca. 25.—

Fromherz, P., Haftpflichtrecht. Grundriß der außervertraglichen Haftpflicht. 8°. (343 S. m. 4 Taf.) 1913. Geb. 4.—

Fromm, L., Das Zubehör in der Zwangsversteigerung eines Grundstückes. gr. 8°. (102 S.) 1908. 2.—

Fürnrohr, A., Bilanzbewertung u. Steuerpflicht. gr. 8°. (66 S.) 1919. 2.—

Geigel, R., Die Trennung von Staat und Kirche in Frankreich. gr. 8°. (98 S.) 1908. 2.40

Geiger, Th., Das uneheliche Kind u. seine Mutter im Recht d. neuen Staates. gr. 8°. (340 S.) 1920. 6.—

— **M.** und **Heß, W.**, Die Fürsorgepflicht. (ReichsVO. über die Fürsorgepflicht, Reichsgrundsätze, fürsorgerechtl. Nebengesetze, Bayer. AusfVO. mit Erläuterungen. 2. Aufl. 8°. (220 S.) 1926. Kart. 6.20

— — — Das Vorzugsrentenverfahren nach dem Anleiheablösungsgesetz v. 17. Juli 1925 TA. mit Anmerkungen 8°. (145 S.) 1926. geh. 3.—

Gemeindewahlordnung s. S. 23.

Girisch, E., H. Hellmuth u. H. Pachelbel, Handwörterbuch des Bayer. Staatskirchenrechts. 2., vollst. durchgearb. u. verm. A. 8°. (534 S.) 1914. Geb. 6.—

Grebe, Die wichtigsten Sonderbestimmungen des MilStrG. 8°. (27 S.) 1928. Geh. —.70

Griebel, A., Die Zuwachssteuer-Mustersatzung vom 6. Febr. 1926. Mit Einleitung, Erläuterungen u. Inhaltsverzeichnis. 8°. (92 S.) 1926. Kart. 2 —

Grill, L. A., Leichen- und Begräbnispolizei in Bayern nebst Dienstanweisung für die Leichenschauer. 3. umgearbeitete Auflage. 8°. (137 S.) 1925. Kart. 4.50

Grosch, A., Strafgesetzbuch m. e. Anh. v. wichtigen Bestimmungen d. GVG. und der StPO. Z. Gebrauch f. Polizei-, Sicherheits- u. Kriminalbeamte. 9. A. 8°. (261 S.) 1929. Geb. 4.70

Groß, H., Die Erforschung des Sachverhalts strafbarer Handlungen. Ein Leitfaden f. Beamte d. Polizei- u. Sicherheitsdienstes. 6. A., bearb. v. Erwein v. Höpler. Mit zahlr. Abb. im Text. 8°. (244 S.) 1921. Geb. 3.50

— — Handbuch für Untersuchungsrichter als System der Kriminalistik. 7. umgearb. A. Von Generalstaatsanw. Dr. E. v. Höpler, Wien. 2 Bde. Gr. 8°. (1197 S.) 1922. Geh. 22.—, geb. 24.—

Gruber, W., Das Recht der pfälzischen Pfarrpfründestiftung beider Konfessionen. gr. 8°. (199 S.) 1913. 5.—

Grueber, E., Einführung in die Rechtswissenschaft. 7. Auflage. 8°. (263 S.) 1928. Kart. 5.—

Güldenstein, Fr., Das Aktienbezugsrecht. gr. 8°. (104 S.) 1914. 2.80

Gutmann, A., Die Inventarerrichtung nach den §§ 1993 ff. des BGB. 2. neubearb. A. gr. 8°. (108 S.) 1900. Kart. 2.—

Hagens, A., Der Entwurf eines Patentgesetzes. 8°. (33 S.) 1913. 0.60

— — Gutachten des I. Zivilsenats des RG. zum Entwurf eines Patentgesetzes. gr. 8°. (82 S.) 2.—

Handausgaben, Schweitzers braune: Siehe S. 21 ff.

Harster-Cassimir, Wassergesetz. Bayer. 2. Aufl. bearb. von MinRat Fuchs, u. ReggsRat Mayrhofer, München. In Vorbereitung.

Haselberger, J., Das Stimmrecht des Aktionärs. 8°. (74 S.) 1906. 2.—

Hauser, V., Der Versorgungsanspruch d. Kriegsbeschädigten u. Kriegshinterbliebenen u. d. Zulässigkeit d. Rechtswegs. gr. 8°. (71 S.) 1917. 1.—

Helfferich, K., Die Politik der Erfüllung. gr. 8°. (103 S.) 1922. 1.50

v. Hellingrath, W., u. **Michel, A.**, Kraftfahrrecht. Gesetz u. Verordnung über Kraftfahrzeugverkehr mit Erläuterungen u. Vollz.-Vorschr des Reiches u. Bayerns. 4. Aufl. 1928. Teil I (XI, 230 S.) Teil II (V, 285 S) Geh. je 4.80

Hellmann, Fr., Grundriß des deutschen Urheber- und Erfinderrechts für Studierende. 8°. (82 S.) 1909. Kart. 1.—

Helmreich, K. Grundriß des Bayer. Verwaltungsrechts Gr. 8° (247 S.) 1928. Kart. 8 —

Helmreich-Schels-Steinhauser, Münchener Baupolizeirecht. 8°. (550 S.) 1927. Geb. 18.—

Herckenrath, C. R. C., Die ökonomischen Bedingungen des sozialen Lebens. I. Teil. Bedürfnis, Genuß und Wert. 8°. (192 S.) 1912. 4.50

Herzfelder, F., Stimmrecht und Interessenkollision bei den Personenverbänden des deutschen Reichsprivatrechts. gr. 8°. (175 S.) 1927. Geh. 10.—

Hintner, O., Das Treuhandwesen in der deutschen Volkswirtschaft. Lex 8°. (182 S.) 1926. Geh. 8.—

Hirschland, G., Die Einziehung von Aktien. 8°. (36 S.) 1908. 1.—

Hirschmann, O., Das internationale Prisenrecht nach den Beschlüssen der II. Haager Friedens- und der Londoner Seekriegsrechts-Konferenz. 8°. (164 S.) 1912. 4.50

Hoffmann, L., **Das Recht des Adels und der Fideikommisse** in Bayern. 8°. (271 S.) 1896. Geb. 1.—

Hofmiller, O., Sammlung feuerpolizeilicher Vorschriften für Baupolizei und Feuerschau in Bayern Gr. 8°. (196 S.) 1929. steif. geh. 2.40.

Homberger L., Das Recht der entstehenden Aktiengesellschaft. gr. 8°. (51 S.) 1906. 1.50

Hübel, P., Gesetzes-Materialien und Schrifttum zur Reichsverfassung 1919. gr. 8°. (26 S.) 1927. Geh. 1.—

Huber, H., Alphabet. Haupt-Sachregister zum bayer. Justizministerialblatt (1863—1895 einschl.) 2. A. gr. 8°. (113 S.) 1896. geh. 3.—

— — Desgl. 1896—1901 einschl. gr. 8°. (81 S.) 1902. geh. 2.50

(Jahrg. 1902 und folgende s. Leichtenstern).

Hueck, A., Der Sukzessivlieferungsvertrag. gr. 8°. (204 S.) 1918. 5.—

Hümmer, H., Das Forstrügeverfahren i. rechtsrh. Bayern. 8°. (110 S.) 1908. Kart. 1.—

Jaeger, E., Reichszivilgesetze. Eine Sammlung d. wichtigsten Reichsges. über Bürgerl. Recht u. Rechtspflege. 7. Aufl. Lex. 8°. (1487 S.) 1929. Geb. 31.—

Jaenisch, E., Die bayer. Bierbrauereien während des Kriegs u. nach dem Krieg. Gr. 8°. (252 S.) 1922. 6.—

Julier, M., Die polizeil. Untersuchung von Kraftfahrzeugunfällen. Mit zahlreichen Abbildungen. 8°. (72 S.) 1929. Geh. 2.80

Käb, L., Zur Lehre von der Freiheitsberaubung. 8°. (55 S.) 1897. 1.40

Kahn, R., Rechtsbegriffe d. Kriegswirtschaft. gr. 8° (165 S.) 1918. 4.—

Kaisenberg, H., Gesetz, das Unschädlichkeitszeugnis betr., vom 16. VI. 1898. 8°. (156 S.) 1899. Geb. 2.—

— — u. **K. Dennler,** Kommentar z. bayer. Notariatsgesetze v. 9. VI. 1899. gr. 8° (501 S.) 1907. Geh. 5.—

Kalb, W., Das Juristenlatein. Versuch einer Charakteristik auf Grundlage der Digesten. 2. A. gr. 8°. (90 S.) 1888. 2.—

Karger W., Kommentar zum Aufwertungsgesetz. Mit besonderer Berücksichtigung der für Banken wichtigen Bestimmungen. 8°. (221 S.) 1925. geb. 9.—

Keidel, Fr., Handbuch des Verfahrens der Gerichte in Angelegenheiten der freiwilligen Gerichtsbarkeit für Bayern. gr. 8°. (415 S.) 1903. Geb. 3.—

Keiner, O., Die Entwickelung der deutschen Invalidenversicherung. Lex. 8°. (163 S.) 1904. 4.20

Kisch, W., Fälle a. d. bürgerl. Recht. 5.—6. A. 8°. (192 S.) 1928. Kart. 4.80

— — Handbuch d. Privatversicherungsrechts. 2. Bd. Die Lehre v. d. Versicherungsgefahr. Lex. 8°. (628 S.) 1920. 13.—

— — — 3. Bd. Die Lehre v. d. Versicherungsinteresse. Lex. 8°. (655 S.) 1922. 13.50

Kloß, R., Die Rechtsprech. i. Reichssteuersachen. 8°. I. Bd. 1920: enth. die zurückliegenden Jahre bis m. 1919. (250 S.) 1920. Geb. 1.50

— Die Rechtsprech. und Schrifttum i. Reichssteuersachen. 8°. Bd. II. (250 S.) 1921; Bd. III (287 S.) 1922; Bd. IV (252 S.) 1923. Geb. einzeln je 1.50

Bd. V (167 S.) 1924 Geb. 2.50

Bd. VI (132 S.) 1925. Geb. 9.—

Bd. VII (185 S.) 1926. Geb. 7.—

Bd. VIII (188 S.) 1927. Geb. 7.—

Bd. IX (210 S.) 1928 Geb. 7.50

Bd. X (230 S.) 1929 Geb. 8.50

Bd. I—X zusammen 36.—

Kober, K., Erbbaurecht s. Staudingers Kommentar.

Kolb, G., Die nervös Kriegsbeschädigten vor Gericht u. i. Strafvollzug. gr. 8°. (82 S.) 1919. 2.—

Käßler, H., Handb. f. d. Praxis d. Ger. sowie f. d. Anwalts- u. Notariatsdienst. 4. Aufl. 8°. (VIII, 1070 S.) 1927/1928. Geb. 28.80

Kreß, H., Besitz u. Recht. 4°. (388 S.) 1909. 9.—

Kronacher, A., Der Werklieferungsvertrag nach § 381 Abs. 2 HGB. 8°. (71 S.) 1906. 1.80

Kubiè, W. K., Der Orient-Export. kl. 8° (140 S) 1918. 3.50

Kunke, M., Die Kapitulationen d. Türkei, deren Aufhebung u. d. neuen deutsch-türk. Rechtsverträge. 8°. (193 S.) 1918. 6.—

Kurz, J., § 193. Beleidigung und berechtigte Interessen. Eine Sammlg. von 40 strafrechtlichen Fällen n. d. Spruchpraxis des BayObLG. gr. 8°. (28 S.) 1909. 0.50

Lechner, J., Die Fleischversorgung Münchens. gr. 8°. (94 S.) 1914. 3.60

Lederer, C., Metallgeld oder Zeichengeld. Erörterungen zur „staatl. Theorie des Geldes" unter bes. Berücks. d. Geldwertproblems. gr. 8°. (53 S.) 1923. 1.40

Lehmann H., Weiß B., Unger A., Strafprozeßordnung nebst Einf.-Gesetz u. Gerichtsverfassungsgesetz. Insbesondere für die Beamten u. Behörden des Polizei- und Sicherheitsdienstes. 8° (235 S.) 1928. Geb. 5.—

Leichtenstern, H., Alphabet. Haupt-Sachregister zum bayer. Justizministerialblatt 1902—1909 einschl. 8°. (33 S.) 1910. 1.20, Kart. 1.70

(Zu den früheren Jahrgängen s. Huber.)

Leo, M., Deutsches Seehandelsrecht Buch IV, (HGB. Seehandel, in der Fassung des Ges. vom 10. V. 1897 und des Abänderungsgesetzes vom 2. VI. 1902) nebst einem Anhang, enthaltend die Nebenges. Mit Ges. v. 30. V. 1908. 8°. (427 S.) 1902. Geb. 4.50

Leonhard, R., Agrarpolitik und Agrarreform in Spanien unter Carl III. Lex. 8°. (339 S.) 1909. 7.50

Löhr, J., Das Deutsche Bankwesen. gr. 8°. (178 S.) 1921. Geb. 3.30

Loewenfeld, Ph., Pensionskassen und Arbeitsvertrag (I. Teil). 8°. (111 S.) 1911. 2.80

Loewenstein, K., Minderheitsregierung in Großbritannien. Lex. 8°. (75 S.) 1925. Geb. 3.—

Löwenstein, V., Gemeinverständl. Führer durch das Aufwertungsgesetz n. d. neuen Durchf.Best. 8°. (62 S.) 1926. kart. 2.50

Mandel, Ed., Die primäre Baulast a. d. Pfründegebäuden in Altbayern. 8°. (99 S.) 1908. 2.80

Maenner, K., Das Sachenrecht nach dem BGB. und der GBO. 2. A. gr.8°. (557 S.) 1906. Geb. 7.—

Marquard, O., Die öffentlichen Wassergenossenschaften des neuen bayerischen Wasserrechts. gr. 8°. (81 S.) 1910. 2.—

Marton, G., Verschuldensprinzip — Verursachungsprinzip. 8°. (53 S.) 1926. 2.—

Marx, A., Firmenrechtliche Grundbegriffe. 8°. (235 S.) 1912. 5.—

— **A. F. Aug.**, Die Professio religiosa im kanonischen, gemeinen und geltenden deutschen Reichsrechte. 8°. (61 S.). 1895. 1.60

Matthiolius, K., Der Rechtsschutz geograph. Herkunftsangaben. 8°. (80 S.) 1929. Kart. 3.50

Mayer, Bernh., Das Privatrecht d. Krieges i. materieller u. formeller Beziehung. Lex. 8°. (290 S.) 1915. Brosch. 4.—, geb. 5.—

Mayer, H., Die Untreue im Zusammenhang der Vermögensverbrechen. Gr. 8°. (358 S.) 1926. Geh. 10.—

Mayr, G. v., Der Staat als Schuldner und als Gläubiger. Lex. 8°. (20 S.) 1890. 0.60

Meikel, G., Bayer. Ausführungsgesetze zum BGB., zur ZPO. und zum GVG. 2. A. 8°. (703 S.) 1902. Vergr.

— — Das Bürgerliche Gesetzbuch nebst EG. mit Wiedergabe d. verwiesenen Paragraphen u. ausführl. Sachreg. gr. 8°. (614 S.) 1900. Geb. 2.—

— — Kommentar zur Grundbuchordnung mit bes. Berücks. Bayerns. 3. Aufl. in Vorbereitung.

Meisner, Chr., Das in Bayern geltende Nachbarrecht. 3. Aufl. Gr. 8°. (606 S.) 1923. Geb. 9.50

— — Das Viehgewährschaftsrecht. 3. Aufl. 8°. (301 S.) 1927. Geb. 10.—

Meisner, Chr. und **H. Stern**, Das in Preussen geltende Nachbarrecht. Gr. 8°. (637 S.) 1927. geb. 19.—

Meurer, C., Die Genfer Konvention und ihre Reform. gr. 8°. (74 S.) 1906. 3.—
— — Die Haager Friedenskonferenz. I. Bd. Das Friedensrecht d. Haager Konferenz. gr. 8° (702 S.) 1907. 15.—
— — II. Bd.: Das Kriegsrecht der Haager Konferenz. gr. 8°. (702 S.) 1907. 26.—
— — Luftschiffahrtsrecht. gr. 8°. (45 S.) 1909. 1.50
— — Übersicht über die Arbeiten der Haager Friedenskonferenz, insbes. d. Abkommen z. friedlichen Erledigung internationaler Streitfälle vom 29. VII. 1899. gr. 8°. (60 S.) 1903. 1.80

Moser, F., Die Wuchergrundgeschäfte im StGB. 8°. (31 S.) 1909. 0.80

Mößmer, F., Die mittelbare Täterschaft in gleichzeitiger Berücksichtigung des Hypnotismus im Strafrecht. 8°. (113 S.) 1892. 2.—

Moufang, W., Die gegenwärtige Lage des deutschen Buchwesens. gr. 8°. (62 S.) 1921. 1.50

Muehlon, W., Die rechtliche Stellung der Kirche auf dem Gebiete des bayerischen Volksschulwesens. 8°. (63 S.) 1904. 1.80

Müller, E., Das Deutsche Urheber- und Verlagsrecht. I. Band: 1. Teil: Urheberrechtsgesetz an Werken der Literatur und Tonkunst. 2. Teil: Die internationalen Urheberrechtsbeziehungen des Deutschen Reichs. 3. Teil: Verlagsrechtsgesetz. 8°. (433 S.) 1901. 4.—, geb. 5.—
— — II. Band: 1. Teil: Urheberrechtsgesetz an Werken der bildenden Künste und der Photographie. 2. Teil: Die internationalen Urheberrechtsbeziehungen des Deutschen Reichs betr. den Schutz der Werke der bildenden Künste u. der Photographie. 8°. (340 S.) 1907. 3.—, geb. 4.—
Die Bände sind einzeln käuflich.

Müller, G. u. G. Meikel, Das Bürgerliche Recht des Deutschen Reichs. Systematisch dargestellt und durch Beispiele erläutert. 2. A. Lex. 8°. (1881 S.) 2 Bde. 1904. 5.—, geb. 8.—

Müller, E., u. Schmidt, G., Das Vereinsges. m. d. Vollzugsvorschr. d. Bundesst. 8°. (411 S.) 1909. Geb. 5.—

Naegele, O., Die Wasserversorgung i. Bayern unter Zugrundelegung d. neuen bayer. Wassergesetzes. 8°. (111 S.) 1908. 2.80

Nawiasky, Hs., Bayer. Verfassungsrecht. Gr. 8°. (581 S.) 1923. Geh. 12.80, geb. 14.80

Neresheimer, A., Das kaufmännische Zurückbehaltungsrecht. 8°. (71 S.). 1895. 1.60

Neuburger, F., Beiträge zur Lehre von den Realgewerbegerechtigkeiten nach bayerischem Landeszivilrecht. 8°. (37 S.) 1913. 1.—

Neumeyer, K., Historische und dogmatische Darstellung des strafbaren Bankerotts. Gekrönte Preisschrift. Lex. 8°. (202 S.) 1891. 4.—

— — — Die gemeinrechtliche Entwickelung des internationalen Privat- und Strafrechts bis Bartolus. Erstes Stück: Die Geltung der Stammesrechte in Italien. gr. 8°. (320 S.) 1901. 8.—

— — — — Zweites Stück: Die gemeinrechtliche Entwicklung bis zur Mitte des 13. Jahrhunderts. gr. 8°. (160 S.) 1916. 6.50

— — Internationales Verwaltungsrecht. Innere Verwaltung. I. Bd. Lex. 8°. (568 S) 1910. 16.—

— — — Innere Verwaltung. II. Bd. Lex. 8°. (749 S.) 1922. 21.—

— — — Innere Verwaltung. III. Bd. 1. Abt. Lex. 8°. (305 S.) 1926. Geh. 15.—

Oberbergpolizeilichen Vorschriften, Die, für Bayern. TA. mit Anm. und Sachreg. 4. Aufl. 8°. (71 S.) 1927. Geh. 1.30

Oppenheimer, S., D. Einigungswesen an den Gewerbe- u. Kaufmannsgerichten. 8°. (212 S.) 1913. 5.—

Permaneder, K., Kirchliche Baulast. 3. A. v. J. Riedle. 8°. (291 S.) 1890. 2.—

Pesl, L. D., Das Dumping. gr. 8°. (147 S.) 1921. 3.70

Pestalozza, A. Graf von, Der Begriff der Mentalreservation i. S. des § 116 BGB. 8°. (65 S.) 1904. 1.80

Petzl, C., Die Behandlung der literarisch-musikalischen Werke nach geltendem Recht. 8°. (61 S.) 1911. 1.60

Pflug, K., Staatsbankerott und internationales Recht. Lex. 8°. (101 S.) 1898. 3.—

Pfordten, Th. von der, Der dienstliche Verkehr und die Amtssprache. A. d. Grundl. der Bek. d. Zivilstaatsministerien v. 28. IV. 1901 unter bes. Berücksichtigung des Dienstes bei d. Justizbehörden. 5. verb. u. erg. A. 8°. (128 S.) 1921. 2.—

— — Staat u. Recht bei Schopenhauer. gr. 8°. (16 S.). 1916. 0.60

— — Die Behandlung des Nachlasses von Ausländern. M. bes. Rücks. a. d. bayer. Verhältnisse. 8°. (63 S.) 1904. 1.20

— — Die Staatsprüfung. Eine Anleitung f. Rechtspraktikanten. 4. Aufl. in Vorbereitung.

Pickel, K., Die Staatsaufsicht üb. d. Selbstverwaltungsverbände d. Weißen i. Deutsch-Südwest- u. Deutsch-Ostafrika vor d. Weltkrieg. gr. 8°. (87 S.) 1916. 2.80

Pieper, P., Ehescheidung oder Zwangsehe? gr. 8°. (15 S.) 1921. 0.20

Pirner, Chr., Die Stellung des Polizeioffiziers in der Polizeiverwalt. u. seine Ausbild. 8°. (40 S.) 1926. 1.50

Polzer, W., Gaunerwörterbuch. gr. 8°. (108 S.) 22. 1.60

— — Handbuch f. d. praktischen Kriminalpolizeidienst. Ein Lehrbuch. gr. 8°. (273 S.) 1922. Geb. 3.20

— — Prakt. Leitfaden f. kriminalistische Tatbestands-Aufnahmen. 3. A. 8°. (136 S.) 1921. Geb. 1.60.

Reddemann, Brandbekämpfung auf dem Lande. 5. Aufl. kl. 8°. (93 S.) 1923. 0.70.

— Organisation der Brandbekämpfung. 3. Aufl. kl. 8°. (119 S.) 1929. Geh. 1.50

Rehm, H., Die Bilanzen der Aktiengesellschaften, Gesellschaften m. b. H., Kommanditgesellschaften auf Aktien, eingetr. Genossenschaften, Versicherungsvereine auf Gegenseitigkeit, Hypotheken- und Notenbanken und Handelsgesellschaften überhaupt nach deutschem u. österreichischem Handels-, Steuer-Verwaltungs- u. Strafrecht. Vergriffen.

— — Modernes Fürstenrecht. gr. 8°. (488 S.) 1904, 12.50, geb. 14.—

— — Prädikat- und Titelrecht der deutschen Standesherren. Lex. 8°. (367 S.) 1905. 11.50

Rehm, H., Oldenburg. Thronanw. Lex 8°. (74 S.) 1905. 2.—

Reichsgerichtsentscheidungen in kurzen Auszügen. Herausgegeben vom Deutschen Richterbund.

Zivilsachen:	Bd. 76—100	je 0.80
	Bd. 101—110	je 1.—
	Bd. 111—122	je 2.—
Gesamtregister zu	Bd. 83—119 (235 S.)	6.—
Serienpreis:	Bd. 76—122 mit Reg.	47.—
	Bd. 81—122 mit Reg.	44.—
	Bd 91—122 mit Reg.	37.—
	Bd. 101—122 mit Reg.	31.—
Strafsachen:	Bd. 45—55	je 0.80
	Bd. 56—58	1.—
	Bd. 59—62	je 2.—
Gesamtregister zu	Bd. 45—62 (106 S)	3.70
Serienpreis:	Bd. 45—62 mit Register.	19.—

Reindl, M., Kommentar zum Beamtengesetz mit Ausführungs- und Vollzugsvorschriften sowie dem Richterdisziplinargesetz und der Gehaltsordnung. gr. 8°. (1319 S.) 1914. Vergriffen.

Reuß, A., Polizei- und Selbstverwaltung insbesondere im Rahmen des Bayer. Gemeinderechts 8° (111 S.) 1929. Geh. 3 60

Riezler, E., Deutsches Urheber- und Erfinderrecht. Eine systematische Darstellung. I. Abt. Allgem. Teil. Besonderer Teil: Urheberrecht an Schriftwerken und Tonwerken; Urheberrecht an Kunstwerken und Photographien; Geschmackmusterrecht. Lex. 8°. (506 S.). 1909. 8.—

— — Das Rechtsgefühl, Rechtspsychologische Betrachtungen. 8°. (164 S.) 1921. 2.—

Rosenberg, R., Verjährung und gesetzliche Befristung nach dem bürgerl. Recht. 8°. (150 S.) 1904. 3.—

Rosenthal, A., Übermäßiger Gewinn i. Sinne d. Preissteigerungsverordnung v. 23. VIII. 1915 u. 23. III. 1916. gr. 8°. (19 S.) 1917. 0.50

— — Die Unterlassungsklage. Lex. 8°. (87 S.) 1916. 2.20

Rosenthal, K., Die Sachlegitimation. Preisschrift. 8°. (82 S.) 1903. 2.—

Rosenwald, C., Die Revision bei Gründung von Aktiengesellschaften. 8°. (76 S.) 1898. 1.50

Rutz, O., Die gesetzliche Befristung. 8°. (68 S.) 05. 1.80

Samer, M., Prakt. Führer durch das bayer. Gemeindewahlrecht. 8° (37 S.) 1929. Geh. 1.20

Sauer, K., Das deutsche Eheschließungs- und Ehescheidungsrecht. gr. 8°. (789 S.) 1909. Geb. 16.—

— — Testamente und Erbverträge in Bayern nebst einer kurzen Darstellung des gesetzlichen Erbrechtes, des Pflichtteilsrechtes u. Nachlaßverfahrens sowie einem Anhang, enth. Muster f. Testamente u. Erbverträge. gr. 8°. (459 S.) 1903. Geb. 6.—

Sohad, K., Kommentar zum Gesetz das Nachlaßwesen betr. vom 9. VIII. 1902. Nebst den §§ 86—99 FGG. gr. 8°. (369 S.) 1904. Geb. 4.—

Schanz, H., Die Zwangshypothek. Forschungen zu ihrer Geschichte u. Theorie I. Heft. Die gerichtl. Hypothek des franz. Rechts in ihrer geschichtl. Entwicklung u. Verbreitung. 8°. (240 S.) 1910. 6.50

Scheppler, F., Alimentationspflicht der Ehegatten. 8°. (51 S.) 1909. 1.20

— **P.,** Die Prozeßführung der im ordentlichen gesetzlichen Güterstand lebenden Ehefrau. 8°. (60 S.) 1909. 1.50

Schiedermair, J., Die strafrechtlichen Nebengesetze Bayerns Erläutert. gr. 8°. (949 S.) 1912. Geb. 4.—

— — Die Vorbedingungen für den höheren Justiz- u. Verwaltungsdienst in Bayern. 8°. (213 S.) 1926. Kart. 5.80

Schmidt, Chr., Anleitung z. anwaltschaftlichen Geschäfts- und Buchführung. 8°. (20 S.) 1921. 0.20

Schneickert, H., Signalementslehre. Handb. d. Personenbeschreibg. f. Polizeibehörden, Polizei- und Gendarmerieschulen. Mit zahlr. Illustrat. 2. Aufl. 8°. (166 S.) 1922. Geb 3.—

Schröter, K., Rücktritt vom Kartell. 8°. (116 S.) 1927. Geh. 5.—

Schulte, Fr., Die Sozialisierung d. bayer. Hypothekenbanken. gr. 8°. (24 S.) 1919. 1.—

Schultz, H., Der Betrug i. Immobilienverkehr i. s. zivilrechtl. Bedeutg. n. d. Rechtspr. d. RG. 2. neub. Aufl. gr. 8°. (115 S.) 1923. 2.20

Schuntner, A., Die Vorabentscheidung über den Grund des Anspruchs. 8°. (104 S.) 1913. 2.—

Schwab, S., Grundriß des materiellen Liegenschaftsrechts des BGB. unter Berücks. d. bayer. Ausführungs- u. Übergangsvorschriften. 8°. (88 S.) 1905. 2.—

Schweitzers Hand- und Textausgaben: S. S. 21 ff., 26 ff.

Schweitzers Terminkalender f. bayer. Juristen. 1930 66. Jahrg. Geb. 5.—

Schweitzers Zettelausgabe Nr. 18, enth. die Änderungen der StPO. und des JugGG. durch die Novelle vom 27. Dez. 1926. Auf losen Blättern —.50

Schwerin, Cl. Frhr. von, Schuld und Haftung im geltenden Recht. 8°. (43 S.) 1911. 1.50

Schworm, Fr., Die bayerische Textilindustrie und ihre Entwicklung seit 1875. Mit zahlr. statist. Tabellen. gr. 8°. (239 S.) 1904. 6.—

Seidlmayer, H., Das schwurgerichtl. Verfahren im Lichte des Reichsgerichtes. 2. umgearb. A. gr. 8°. (179 S.) 1914. 4.—

Seydel, M. von, Vorträge aus dem allgemeinen Staatsrecht. gr. 8°. (102 S.) 1903. 2.—

Silberschmidt, W., Das deutsche Arbeitsrecht. Einltg.: Das allgem Arbeitsrecht. Gr. 8°. (47 S.) 1923. 0.75

— — — I. Band, erster Teil: Das deutsche Arbeitsrecht im weiteren Sinne. Gr. 8°. (351 S.) 1926. 7.50

Staatsprüfungsaufgaben für den höheren Justiz- und Verwaltungsdienst in Bayern.

Die Jahrg. 1880—84, 1896—98, sind vergriffen,
1885—1895, 1899 je 0.80
1900—1905 (Sammelband, nur Zivilr. betr.) 5.—
1906—1908 3 Hefte je 1.—
1909—1913, 1916—1918, 1919 (I), 1919 (II) 10 Hefte. je 0.80
1920 (I), 1920 (II), 1920 (III), 1921 (I), 1921 (II), 1922 (I) 6 Hefte je 1.—

1922 (II), 1923 (I), 1923 (II), 3 Hefte in einem Bande 4.00
1924 (I), 1924 (II), 1925 (I), 1925 (II) 1926 (I), 1926 (II), 6 Hefte je 1.30
1927 (I), 1927 (II) 2 Hefte. je 1.50
1928 (I), 1928 (II), 1929 2.—
Serienpreis: 1900—1928 (I) (37 Hefte) 30.—
" 1919 (I)—1928 (I) (20 Hefte) 19.—

Stahl, L., Die sogenannte clausula rebus sic stantibus im BGB. 8°. (87 S.) 1909. 2.20

Staudinger Kommentar zum Bürgerlichen Gesetzbuch und dem Einführungsgesetz. 7.—8. Aufl. (Vollendet im Dezember 1914).
Bd. I—VII m. 3 Erg.-Bd. In Kunstleder. Geb. 100.—
Von d. 7.-8. Aufl. können noch einz. abgegeb. werden:
Erg.-Bd. zu Bd. III: Erbbaurecht, von Dr. K. Kober. 2. A. Lex. 8°. (140 S.) 1922. Geb. 3.60
Erg.-Bd. zu Bd. IV: Das RGes. über die religiöse Kindererziehung v. 15. 7. 21. Von Dr. Th. Engelmann. Lex. 8°. (139 S) 1922. Kart. 3.30
Bd. VI/VII. Einführungsgesetz, von L. Kuhlenbeck, u. Gesamtregister von F. Keidel. Lex. 8°. (648 u. 292 S.). Geb. 17.—
Gesamtnachtrag, von E. Riezler, F. Keidel, K. Kober, Th. Engelmann und F. Herzfelder. Lex. 8°. (486 S.) 1922. Geh. 7.—, geb. 9.—

Staudingers Kommentar zum Bürgerlichen Gesetzbuch und dem Einführungsgesetz. 9. neubearb. Aufl. Bisher erschienen:
Bd. I (Einleitung, Allgemeiner Teil). (Lfg. 2 und 4 des Ges.-Werkes). Erl. von Dr. E. Riezler. Lex. 8° XXVI, 895 S. In Lieferungen RM. 35.—
In Halbleder geb. RM 41.—
Bd. II (Schuldverhältnisse). Teil 1, Lfg. 1, 2, 3 §§ 241—328 (Lfg. 14, 20 u. 26 d. Ges.-Werk). Erl. von Dr A. Werner. 35 Bg. Geh. RM. 21.50
Bd. II Teil 2: §§ 433—630 (Lfg. 15, 18, 21 des Ges.-Werkes). Erl. von Dr K. Kober, und Dr. H. Nipperdey, Lex. 8°. IX, 923 S. In Lieferungen RM. 36.—, in Halbleder RM. 42.—

Bd. II Teil 3: §§ 631—853 (Lfg. 22, 23 u. 25 des Ges.-Werkes) Erl. von Dr. K. Kober u. Dr. Geiler Lex 8°. VIII 1080 S. In Lfg. 45.—, in Halbleder Geb. 51.—

Bd. III (Sachenrecht) (Lfg. 1, 3, 5—7 des Ges.-Werkes). Erl. von Dr. K. Kober. Lex. 8°. VIII, 1580 Seiten. 2 Teile. In Lieferungen RM. 61.—, in Halbleder RM. 73.50.

Bd. IV (Familienrecht). (Lfg. 8, 9, 11, 12 des Ges-Werkes). Erl. von Dr. Th. Engelmann, hrgg. von F. Keidel. Lex. 8°. VIII, 1755 Seiten. 2 Teile. In Lieferungen RM. 66.—, in Halbleder geb. 78.—.

Bd. V (Erbrecht) (Lfg. 10, 13, 16, 17 des Ges.-Werkes). Erl. von Dr. F. Herzfelder. Lex. 8°. IX, 1154 Seiten. In Lieferungen RM 45.—, in Halbleder geb. RM 52.—.

Bd. VI (Einführungsges.). Teil 1: Art. 1—6, 32—218 (Lfg. 19 u. 24 des Ges.-Werkes). Erl. von Dr. F. Keidel. Lex 8°. VIII, 620 S. In Lfgn. RM. 26.50, Halbleder Geb. 32.50

Steiner, A., Gesetz über die Zwangsversteigerung u. die Zwangsverwaltung v. 24. 3. 97. Mit besonderer Berücksichtigung des bayer. Ausf.Best. u. mit Beispielen. 4. neub. Aufl. Lex. 8°. (615 S.) 1929. Geb. 34.—

Steinhauser, A. u. L., Deutsches Elektrizitätsrecht. Gr. 8°. (172 S.) 1928. Geb. 7.—

Steinlein, A., Die Form d. Kriegserklärung. gr. 8°. (144 S.) 1917. 3.—

Stenger, Herm., Das bayer. Gemeindevermögensrecht. Systemat. Darstellung unt. bes. Berücks. d. rechtsrhein. Verhältnisse. gr. 8°. (427 S.) 1918. 3.—

Stern, E., Der Höchstpreis. Eine syst. Untersuchg. auf Grund der Erfahrungen der deutschen Kriegswirtschaft. Gr. 8°. (313 S.) 1923. 10.—

Stier-Somlo, F., Sammlung in der Praxis oft angewandter Verfassungs- u. Verwaltungsgesetze und VerwaltungsVO. d. Deutsch Reichs m. preuß. Ausf.-Vorschr. Gr. 8°. 3. Aufl. (1204 S.) 1923. Geb. 11.40

Stöhr, Karl F., Der Baukredit. gr. 8°. (172 S.) 1921. 3.60

Stölzle, H., Der deutsche Rechtsfriede? Ein Beitrag z. Frage d. Güteverfahrens. gr. 8°. (64 S.) 1917. 2.—

Strauß, E., Das Fundrecht des BGB. 8°. (78 S.) 1908. 2.—

Streber, R., Wille und Interesse des Geschäftsherrn bei der Geschäftsführung ohne Auftrag. (§§ 677 bis 687 des BGB.). 8°. (59 S.) 1907. 1.60

Süß, G., Abtretung künftiger Ansprüche. 8°. (88 S.) 1910. 2.80

Tartaruga, U., Münzverbrechen und ihre Bekämpfung kl. 8°. (53 S.) 1926. Geh. 1.60

Textausgaben, Schweitzers blaue, S. S. 25 ff.

Universitäts-Schlußprüfungs-Aufgaben, Juristische in Bayern. Jahrg. 1921—29. kl. 8° (108 S.) 1929. Geh. 2.20

Urban, J., Von d. Notwendigkeit u. d. Inhalt e. Reichstheatergesetzes. D. privatrechtl. Problem d. Bühnenrechts n. gelt. Rechte n. d. deutschen u. österr. Gesetzentwürfen. gr. 8°. (85 S.) 1915. 2.20

Vervier, Hch., Der Rechtswechsel im öffentl. Recht u. seine Einwirkg. auf gleichwertige öffentl.-rechtl. Normen. Gr. 8°. (197 S.) 1923. 6.—

Wahlhaus, F., Die Rechtsstellung der israelitischen Kultusgemeinden im rechtsrhein. Bayern. gr. 8°. (62 S.) 1912. 1.80

Wassermann, R., Die Steuererklärung nach dem neuen bayer. Gewerbesteuergesetz. Gr. 8° (25 S.) 1927. 1.50

Wegelin, W., Tauschsozialismus und Freigeld. 8°. (126 S.) 1921. 3.50

Weigand, Gesetz über Schußwaffen u. Munition vom 12. 4. 1928 unter besonderer Berücksichtigung der bayer. Verhältnisse. kl. 8° (48 S) 1928. Geh. —.80

Weiß, Chr., Verjährung und gesetzliche Befristung. Preisschrift. 8°. (155 S.) 1905. 3.60

Weisbecker, W., Die Grundschuld in ihren Beziehungen zur persönl. Forderung. gr. 8°. (48 S.) 1922. 1.—

Weißenhorn, A., Bankdepotgesetz § 8 mit bes. Berücksicht. des kaufm. Zurückbehaltungsrechts. 8°. (83 S.) 1913. 2.—

Weishäupl, Mich., Zwei Großhandelskartelle der Textilbranche. 8°. (65 S.) 1924. 3.—

Weitpert K. und **W. Richter,** Die Rechtsverfolgung der Unterhaltsansprüche unehelicher Kinder im Ausland. Gr. 8°. (XVI, 160 S.) 1929. 11.—

Welker, G., Die Münchener Erhebung üb. d. Lebensmittelverbrauch i. Febr. 1915. Mit 3 Tafeln. Lex. 8°. (206 S.) 1916. 7.—

Weyl, R., System der Verschuldensbegriffe im BGB. Lex. 8°. (676 S.) 1905. 12.—

Wiesinger, K., Die Zölle und Steuern des Deutschen Reiches. 6. A. 8°. (449 S.) 1912. Geb. 4.—

Wilhelm, Osk., Der Einfluß d. Krieges auf Privatverträge. gr. 8°. (56 S.) 1916. 1.50

Zahn, F., Die Statistik in Deutschland nach ihrem heut. Stand. In Verbindung mit hervorragenden deutschen Statistikern Georg von Mayr zu seinem 70. Geburtstage (am 12. II. 1911) als Ehrengabe dargebracht. gr. 8°. 2 Bde. (849 u. 1031 S.). 1911. 34.—

— — Wirkung der deutschen Sozialversicherung. Mit Nachtrag, Die Sozialversicherung und der gegenwärtige Krieg. Lex. 8°. (116 S.) 1915. 3.—

— — Stadt u. Land, Bayern u. d. Reich i. d. Kriegsernährungswirtschaft. 8°. (21 S.) 1918. 0.60

Zehnter, J., Versicherungsvertragsgesetz. 8°. (320 S.) 1909. Geb. 5.—

Zeiler, A., R. Wassermann und A. Mayer, Die Geldentwertung als Kredit-, Kalkulations- und Besteuerungsproblem. 8°. (104 S.) 1921. 1.—

Ziegler, G., Sammlung in der Praxis oft angewandter Verwaltungsgesetze nebst Verordnungen für Bayern. 5. Aufl. 1927. Bd. I: Reichsgesetze u. VO. (798 S.) Bd. II: Bayer. Gesetze u. VO. Gr. 8°. (1067 S.) m. Nachtrag 1928 (118 S.) Nachtrag einzeln 2.40. Geb. 37.—

Zimmermann, H., Formularbuch für bayerische Notariate. 8°. (125 S.) 1910. Kart. 3.—

Zizek, Meinen Kritikern (Sonderdruck a. Allg. Statist. Archiv. Bd. XIV.) Lex. 8°. (48 S.) 1924 1.20

Schweitzers (braune) Handausgaben:

Angestellten-Versicherungsgesetz. Erläutert v. Senatspräs. *K. Meinel,* München. 3. A. (598 S.) 1926. geb. 16.50

Aufenthalts- u. Freizügigkeitsgesetz. Mit Vollz.-Vorschr.

Von MinRat *Dr. Gg. Ziegler*, München. 3. Aufl. (173 S.) 1926 Geb. 6.80.

Bauordnung, die bayer., von *G. Heilmann-K. Weinisch.* BezAmtmänner, Schweinfurt. 2. Aufl. (661 S.) 1927. Geb. 10.—

Beamtenbesoldungsgesetz, Bayer. 2. Auflage bearb. von MinRat. A. Legat, München (455 S.) 1928. Geb. 9.—

Berggesetz, Bayer. 3. Aufl. bearb. v. ORR. *L. Nothaas* u. RR. *H. Miesbach* (988 S.) 1927. Geb. 28 50

Bürgerliches Gesetzbuch, (Kleiner Staudinger) auf Grund von J. von Staudingers Kommentar bearb. v. *F. Keidel.* 2. Auflage. (1229 S.) 1920. geb. 9.—

Erbschaftsteuergesetz, Erläuterungsbuch mit sämtl. einschläg. Gesetzen u. Verordnungen nach dem Stand vom 1. Juli 1924. Von *Dr. F. W. R. Zimmermann*, Kammerpräs. a. D. in Braunschweig und RegRat *D. Ludewig* in Braunschweig. 4. Aufl. (681 S.) 1925. Mit Nachtrag 1926. Geb. 15.—

Ertragssteuergesetze, Die bayer., Bd. I: Grund- u. Haussteuergesetz. M d. Vollz.-Vorschr. Erl. v. Reg.-Rat *Dr. H. Berolzheimer*, Speyer. (110 S.) 1922. 1.70

Bd. II: Gewerbsteuergesetz. Mit Vollzugsvorschr. Erl. von RA. *Dr. R. Wassermann*, München. 2. Aufl. (293 S.) 1927 geb. 8.50

Bd. III: Hausiersteuergesetz. Mit d. einschl. Gesetzen u. den Vollzugsvorschr. Erl. von RegR. *L. Jacob*, Pegnitz. 2. Aufl. (239 S.) 1923. 4.60.

Fischereigesetz, Bayer., vom 15. VIII. 08 mit der Landesfischereiordg v. 23. III. 09 u. allen Vollz.-Vorschr. von *J. Bleyer*, Staatssekr. im Bayer. Staatsmin. d. Äuß. 3. Aufl. (310 S.) 1925. Geb. 12.—

Flurbereinigungsgesetz, Bayer., M. d. Vollz.-Vo schr. Erl. v. MinRat. *Dr. Gg. Seubelt* in München. (404 S.) 1923. Mit Nachtrag. Kart. 7.—

Fürsorgepflicht-VO. Mit sämtl. einschläg. Bestimmungen u. den AusfVO. der größeren Länder. Erl. von RegRat. O. Heß. München. In Vorbereitung (Siehe oben unter *Geiger - Heß*, Fürsorgepflicht).

Gemeinde-, Bezirks- u. Kreisordnung, Bayer. Erl. v. Geh.-R. Prof. *Dr. W. Laforet*, Würzburg, Staatsrat *v. Jan*, München u. RR. *M. Schadenfroh*, München. Lfg. 1—6 (763 S.) 1927/28 22.90

— — Die wahlrechtlichen Bestimmungen der. Erl. v. Staatsrat *H. v. Jan*, Münch. 8°. (283 S.) kart. 4.40

Gerichtsbarkeit, Gesetz über freiw. Erl. v. OberstLGR. *F. Keidel*. 3. A. (491 S.) 1925. geb. 18.50

Geschlechtskrankheiten, Gesetz zur Bekämpfung der. Erläutert von *Dr. A. Hellwig*, Landgerichtsdirektor in Potsdam. (500 S.) 1928. geb. 11.50

Gewerbesteuergesetz: S. Ertragssteuergesetze.

Goldbilanzen mit den Durchführungsbestimmungen v. Rechtsanwalt *Dr. A. Fürnrohr* 2. Aufl. (148 S.) 1924. 3.20

Grundstücksmiete I. Teil: Mieterschutz u. Wohnungsmangel. 3 neub. Aufl. (370 S.) 1926. Geb. 10.—

— **II. Teil: Mietzinsbildung u. Mietzinssteuer.** 2. Aufl. Von I Bürgermeister *Dr. F. Kiefersauer*. (VIII, 299 S.) 1924. Geb. 7.50

— **Ergänzungsband 1929** (241 S.) 1929. Geb. 7—.

Grund- u. Haussteuergesetz: S. Ertragssteuergesetze.

Handelsgesetzbuch f. d. Deutsche Reich v. 10. V. 1897. Erläutert v. Justizrat Rechtsanwalt *Dr. Hch. Frankenburger* in München. 5. Aufl. (711 S.) 1921. geb. 5.—

Hausiersteuergesetz: S. Ertragssteuergesetze.

Jagdgesetz, Bayer. Mit allen einschl. Bestimmungen. Erl. v. Staatsanw. *Dr. A. Behr.* 2. A. (526 S.) 1928 geb. 18.—

Jugendwohlfahrtsgesetz u. d. **Bayer. Jugendamtsgesetz** mit den Vollz.Best. u. ergänz. Gesetzen u. Verw.VO. Erl v. *ObLGR. J. Schiedermair*, Münch. (468 S.) 1926. geb. 16.30

Kartellverordnung, Die. Mit den einschläg. Vorschr. Erl. v. *Dir. Dr. Haußmann*, Rechtsanw. u. *Dr. Holländer*, Rechtsanwalt in Berlin. (164 S.) 1925. Geb. 6.50

Kirchengemeindeordnung, Bayer. v. 24. IX. 1912 mit den Vollz.-Vorschr. Erläut. von Bez.-Amts-Ass. *Dr. Langheinrich* in Bad Kissingen. (597 S.) 1913. geb. 5.50

Konkursordnung mit den einschlägigen Gesetzen. 3. Aufl. bearb. von Staatsrat *J. Bleyer* im bayer. Staatsmin. des Äußern. (655 S.) 1928. geb. 21.—

Landessteuergesetz, Das bayer. Vollzugsgesetz zum, m. Erl., d. Landessteuerges. d. Mustersatz. f. d. Zuwachssteuer u. Grundwertabg. u. d. sonst. einschl. Erl. u. VollzV. Hrg. *v. Dr. P. Hammer*, MinDir. i. Staatsm. d. Finanzen. (204 S.) 1922. kart. 3.—

Ödlandgesetz, Bayer. Mit den Ausführungsbest. Erl. von Oberregierungsrat *Dr. Otto Woerner* i. Bay. Landw.Minist. (266 S.) 1925. geb. 6.60

Polizeistrafgesetzbuch, Bayer. und der Übertretungsabschnitt des StGB. Mit den Vollzugsvorschr. Erl. von ObLGRat *J. Schiedermair.* (288 S.) 1922. geb. 5.—

Reichsnotopfer, Das. Mit Vollzugsvorschr. Erl. von RA· *Dr. A. Fürnrohr,* München. (335 S.) 1920. Kart. 3.— Mit Ergänzung: Die beschleunigte Veranlagung u. Erheb. d. Reichsnotopfers. 1921 (53 S.) Geh. 0.50

Reichspressegesetz von *Dr. von Schwarze,* Weil. Geh. Rat, Generalstaatsanwalt u. Kammergerichtsrat *Dr. H. Appelius.* 5. Aufl. bearb. von Amtsgerichtsrat *Dr. Erich-Wulffen.* (281 S.) 14. geb. 5.—

Reichs- und Staatsangehörigkeitsgesetz v. 22. VII. 13 unter bes. Berücksichtigung der bayer. Verhältnisse. Erläutert von MinRat *Jakob Woeber,* in München. 4. Aufl. bearb. v. OReg.-Rat *K. A. Fischer,* Pfaffenhofen. (272 S.) 1928. geb. 8.50

Reichsversorgungs-Verfahrensgesetz. Mit Ausf.-Best. v. Erl. *Dr. Th. v. Olshausen,* Präs. d. Dir. d. RVAnst. f. Angestellte unt. Mitw. v. Senatspräs. *Dr. Th. Schulte-Holthausen* i. RVers.-Amt. 3. A. (308 S.) 1928 geb. 8.50

Scheckgesetz, v. 11. März 1908. Erl. v. *Dr. H. Lessing,* Bankdirektor, Berlin. 2. Aufl. (574 S.) 1926 geb. 16.—

Schulaufsichtsgesetz, Das bayerische, vom 1. 8. 21 Mit Erl. u. einem Anhang v. *L. Braun,* OberregRat. in Augsburg. (287 S.) 1925. geb. 8.20.

Strafprozeßordnung. Mit Gerichtsverf.-Ges. Erl. von Reg.-Rat *Dr. J. B. Koch,* München. 2. Aufl. in Vorber.

Umsatzsteuergesetz. In der Fassung v. 8. Apr. 22. Mit den

Ergebn. d. Rechtspr d. Reichsfinanzh. Erl. v. Senatspr. *Dr. R. Kloß*, München. 2. A. (134 S.) 1926 Kart. 4.40
Unterstützungswohnsitz- und Bayer. Armengesetz. Mit sämtl. Ausf.-Best. u. allen einschläg. Ges. Erl. v. Geh. R., Reg.-Direktor *W. Pöll*. 2. Aufl. (430 S.) 1921. geb. 7.—
S. a. Fürsorgepflicht.
Verfassungsurkunde, Bayer. Mit den einschlägigen Gesetzen, dem Konkordat u. d. Verträgen mit den evang.-prot. Kirchen. Erl. v. RegRat Dr. *J. Kratzer*, München. (374 S.) 1925. geb. 9.—
Vergleichsordnung vom 5. Juli 1927. Erl. v. Geh. JR. *Dr. H. Cahn* I, Nürnberg (504 S.) 1927. Geb. 13.50
Viehseuchengesetz v 26. VI. 09 mit den bayer. Ausf.-Best. von *Walter Freiherr v. Stengel*, ORegRat u. OAmtm. i. Garmisch. 2. Aufl. (396 S.) 1922. geb. 7.—
Weingesetz v. 7. IV. 1909 m. d. Ausf.-Best., den Kriegsverordn. u. d. Ges. v. 30. Dez. 1920 erl. v. *Otto Zoeller*, Oberlandesger.-R. i. Münch. 2. neub. A. (194 S.) 1921. geb. 3.—
Wettbewerbsgesetz v. 7. VI. 09. 2. A. bearb. von *Dr. J. Kahn*, Justizrat, Syndikus d. Handelsk. in München u. *Dr. Chr. Weiss*, Rechtsrat. (420 S.) 1909. geb. 6.—

Schweitzers (blaue) Textausgaben:

Ansiedlungsgesetz, Bayer. Erl. von Rechtsanwalt *Dr. Fürnrohr*, München. 17. geb. 3.—.
Aufruhrschadengesetz m. Anm. u. Ausf.-Bestimm., erl. von Rechtsanwalt *Dr. Geigel*, München. 21. 1.40
Bauernkammerngesetz, Bayer. Erl. von Staatsrat *H. von Jan*, München. 20. 1.30
Nachtrag: WahlO. v. 14. I. 1925 mit VollzVorschr. München 25. 1.—
Bauforderungsgesetz vom 1. VI. 09 nebst einem Anhang die einschläg. Bestimmungen der GewO. u. d. ZwVG. enthaltend. Erläutert von Rechtsanwalt *Dr. Herbert Jacobi* in München. 10. geb. 2.—
Besitzsteuergesetz. Mit Vollz.-Vorschr. Von Prof. *Dr. Köppe*, Marburg i. H. 17. geb. 2.50
Betriebsrätegesetz mit sämtl. Vorschriften. Erl. von Rechtsanwalt *Dr. F. Koch*, Berlin. 20. kart. 1.50
Bürgerl. Gesetzbuch nebst Einführungsgesetz mit Ab-

druck der zitierten Gesetzesstellen. 3. Aufl. 26. geb. 5.50

Gebrauchsmusterschutzgesetz vom 1. VI. 1891. Erläutert von *Dr. L. Wertheimer,* Rechtsanwalt in Frankfurt a. M. 13. geb. 2.80

Genossenschaftsgesetz v. 1. V. 89. In der Fassung v. 10. V. 97. Erl. v. *Fr. Bonschab,* Direktor d. Bayer. Landwirtschaftsbank. 3. A. von *Dr. R. Deumer.* 20. kart. 3.—

Gewerbeordnung mit Nebenges. u. Ausführungsbest M. Anm. u. ausf. Sachreg. v. ObRgRat *Dr. F. Steinbach.* 2. Aufl. 23. Ausg. f. Preußen geb. 4.50 Ausg. für Bayern. 3. Aufl. in Druck.

Gewerbsteuergesetz, vom 9. Juli 1926 i. d. Fassung vom 10 Aug. 1926. Mit Einleitung, Vollzugsvorschriften u. Sachverzeichnis. Von Regierungsrat *Dr. K. A. Hauser,* München 26. Kart. 4.—

Güterzertrümmerungsgesetz (Bayer.) vom 13. VIII. 10 mit den Vollzugsvorschriften erläut. von *Fr. Edler von Braun,* Ministerialrat im Staatsministerium des Innern. 2. verb. Auflage. 11. geb. 1.70

Handelsgesetzbuch m. Seerecht. M. Einl. u. Reg. 2. A. 27. geb. 3.—

Jugendgerichtsgesetz v. 16. II. 1923 nebst Jugendwohlfahrtsges. u d. Vollzugsvorschr. Preussens u. Bayerns. Erl. v. Amtsricht. *Dr. R. Messerer,* Münch. 26. geb. 4.—

Kapitalabfindungsgesetz. Mit den Vollzugsvorschriften. Erläutert von *Dr. Koppmann,* RegRat. München 17. geb. 2.—.

Kindererziehung, religiöse, RG. v. 15. Juli 21. Erl. von ObLGRat *Th. von der Pfordten.* 22. kart. 0.60

Konkursordnung, Anfechtungsges., Geschäftsaufsichts-VO. u. Zwangsversteigerungsges. Mit 28 Nebenges. 2. Aufl. TA. m Verweisgn. u. ausführl. Sachreg. bearb. v. ObLGR. *J. Schiedermaier,* München. 24. Geb. 3.—

Landeswahlgesetz, Bayer. Erl. von Staatsrat *H. von Jan.* 2. A. 28. kart. 3.20

Lotteriespielgesetz v. 11. X. 12. nebst Staatsvertrag zwischen Bayern, Württemberg u. Baden einerseits u. Preußen andererseits zur Regelung d. Lotterieverhältnisse. Erläutert v. *Dr. Friedrich Goldschmit*, Rechtsanwalt in München. 13. geb. 3.—

Reichsabgabenordnung. Erl. von R.-Finanzrat *Dr. E. Trautvetter*, München. 20. kart. 3.50

Reichseinkommensteuergesetz. Mit den Fassungen 1920—1922. Mit Verweisungen. Nach dem Stande vom Juli 1922. Von RA. *Dr. Roth*, Heidelberg. 22. 0.50

Reichspräsidentenwahl-Gesetz v. 4. V. 20 mit Wahlordnung. Erl. v. Staatsr. *H. von Jan*, Münch. 22. krt. 0.85

Reichsversorgungsgesetz mit allen sonst. Best. Erl. v. Min.-Rat *A. Kerschensteiner*, Berlin. 21. Kart. 2.60

Reichswahlgesetz. Erl. von Staatsrat *H. von Jan*, 3. neubearb. Aufl. München. 28. geb. 2.40

Reichswirtschaftsrat, Der vorläufige. Von Min.-Rat *Dr. Schäffer*, Berlin. 20. kart. 3.30

Rennwett- u. Lotteriegesetz. Mit AusfBest. d. Reichs, von Preußen, Bayern, Sachsen, Württemberg, Baden. Erl. von *O. Kollmann*, ObRegR. im Bay. Landw.-Minist. 22. Kart. 1.90

Strafgesetzbuch für das Deutsche Reich nebst Einführungsgesetz u. ergänzenden Gesetzen. TA. mit Anm. u. Sachreg. Hrsg. v. *Dr. Fr. Doerr*, OLGR., Professor in München. 4. Aufl. 27. geb 4.60

Strafprozeßordnung u. Gerichtsverfassungsgesetz. Mit Verweisungen. Von Staatsanwalt *R. Kallenbach.* (264 S.) 24 geb. 3.—

Telegraphenwegegesetz mit Ausführungsbestimmungen und Nebengesetzen. TA. mit Anm. von Oberpostassessor *M. Hotz* in München. 10. geb. 2.50

Urheber- und Verlagsrecht. Eine Sammlung der einschlägigen Gesetze, Verordnungen und internation. Abkommen. Mit Sachregister von Rechtsanwalt *Dr. H. Kirchberger* in Leipzig. 11. geb. 1.60

Verfassungsurkunde, Bayer., mit sämtlichen einschlägigen Bestimmungen. Erl. von Staatsrat *H. von Jan.* 27. Geb. 5.—

Verfassung, die deutsche von 1919. Erl. von Prof. *Dr. Bornhak*, Berlin. 2. durchges. Aufl. 21. kart. 1.10

Volksentscheid, Reichsges. über den, m. d. einschläg. Bestimm. d. Reichsstimmord. 2. Aufl. 26. 2.20

Volksschullehrer- und Schulbedarfgesetz, Bayer. Erläutert. 3. Aufl. 20. kart. 1.50

Volksschulwesen, Bayer. Die neuen Erlasse über das. Mit Verweisungen. 20. kart. 0.70

Zivilprozeßordnung mit 62 Ergänzungsges. 4. Aufl. Von Oberstlandesgerichtsrat *J. Schiedermair*. 29. Geb. 5.—

Zivil-, Prozeß- und Strafrecht der Übergangszeit Sammlg. der Gesetze u. Verordnungen. Von Rechtsanwalt *Dr. Weil*, Ludwigshafen. 19. kart. 1.50

Zuwachssteuergesetz. Mit den Vollz.-V. d. Bundesrats v. Preußen u. Bayern. Erläut. von Univ.-Professor *Dr. H. Köppe* in Marburg. 11. geb. 1.—

Zwangsabtretungsgesetz, das bayer., erl. von *Dr. W. Laforet*, UnivProf. in Würzburg. 10. geb. 3.20

Dazu Abänderungsgesetz von *Dr. G. Ziegler*. München 1918. 1.—

Zeitschriften.

Annalen des Deutschen Reichs für Gesetzgebung. Verwaltung und Volkswirtschaft. Staatswissenschaftl. Zeitschrift u. Materialiensammlung. Begründet von *Georg Hirth* und *Max von Seidel*. Herausg. von *Ant. Dyroff*. Gegr. 1867. (Jährlich 4 Hefte).

Fürsorgeblätter, Bayer., hrsg. v. MRat *Dr. M. Geiger*, im Bayer. Staatsmin. d. Inn 12 Hefte, viertelj. 1.50

Gemeinde- und Verwaltungszeitung, bayerische. Zeitschrift f. alle Angelegenheiten d. bayer. Staats- u. Selbstverwaltung. Begründ. von *Dr. Th. v. Hauck*, weil. Oberstaatsanwalt a. Verwaltungsgerichtshof. Hrsg. v. *Dr. Gg. Ziegler*, MR. i Staatsm. f. Landw. u. Arb. unt. ständ. Mitw. *K. Meinel*, Senatspräs., *Dr. P. Hammer*, MinDir., *J. Schiedermair*, ObLGR., Geh. Rat. Prof. *Dr. Laforet* MinR. *Dr. M. Geiger* im Staatsm. d. I., Bürgermeister *Dr. Bohl*, Staatsmin. d. I. *Dr. F. Kiefersauer*, I. Bgrmstr. in Mindelheim u.

Ober-Bgrmstr. *R. Knorr*, Synd. d. Bayer. Städtebundes. Gegr. 1891. Jährl. 36 Numm. in Quartformat Mit d. „Mitteilungsblatt des Landesarbeitsamt Bayerns“ u. d. „Bayer. Fürsorgebl.“ viertelj. 3.50
Alphabet. Register zu Jhrg. 1—12. 1.20
— — zu Jhrg. 13—29. 1.50
Über ältere Jahrgänge bitten wir Angebot einzuhol..

Kritische Vierteljahresschrift für Gesetzgebung und Rechtswissenschaft, herausgeg. von *K. Wenger E. Beling, A. Dyroff, R. von Frank, W. Kisch,* Professor d. Münch. Juristen-Fakultät. Jährl. 4 Hefte. ca. 30.—

Leipziger Zeitschrift für Deutsches Recht. Gegr. von *Düringer, Jaeger, Könige.* Herausgegeb. v. OLGR. *H. Schuler* in München, unt. ständ. Mitwirk. v. *L. Ebermayer, F. Exner, M. Hachenburg, A. Hagens, E. Jaeger, O. Klimmer, H. Könige, R. Mansfeld., O. Strecker* Gegr. 1907. Vierteljährl. 6 Hefte in Quartf. mit den „Blätter für Internat. Privatrecht“ herausgeg. *Dr. L. Wertheimer,* Frankfurt a. M. viertelj. 6.—. Die “**Blätter für Intern. Privatrecht**“ werden ab 1928 auch einzeln abgegeben. Preis jährlich 6.—

Zeitschrift für Rechtspflege in Bayern. Herausg. von ObLGRat *J. Schiedermair* in München. Monatlich 2 Nummern in Quartform. Gegr. 1905. Vierteljährl. 4.—

Register.

(Die Zahlen bedeuten die Seiten).

Aus Schweitzers Terminkalender
für die bayerischen Juristen 1930.

Verordnung über die Entschädigung der Schöffen, Geschworenen und Vertrauenspersonen.

Vom 18. März 1924. (RGBl. 282).[1])

Auf Grund des § 55 Abs. 2 des Gerichtsverfassungsgesetzes wird mit Zustimmung des Reichsrats verordnet:

§ 1. Schöffen, Geschworene und Vertrauenspersonen des zur Auswahl der Schöffen und Geschworenen berufenen Ausschusses erhalten als Entschädigung für den ihnen durch ihre Dienstleistung entstehenden Verdienstausfall für jede angefangene Stunde der durch die Dienstleistung versäumten Arbeitszeit einen Betrag von 20 Rpf bis 1,50 RM. Die Höhe der Entschädigung ist im Einzelfall unter Berücksichtigung der regelmäßigen Erwerbstätigkeit festzusetzen. Die Entschädigung ist für höchstens zehn Stunden für den Tag zu gewähren.

§ 2. Schöffen, Geschworene und Vertrauenspersonen erhalten außerdem

1. für jeden Tag der Dienstleistung ein Tagegeld,
2. für jedes durch die Dienstleistung notwendig gewordene Nachtquartier ein Übernachtungsgeld

nach den Sätzen, die ein Reichsbeamter der Stufe I (vgl. § 2 Abs. 2 der Reisekostenverordnung für die Reichsbeamten vom 14. Oktober 1921 — Reichgesetzbl. S. 1345 —) für eine Dienstreise erhält. Ob das gewöhnliche Tage- und Übernachtungsgeld oder das für teuere Orte zu zahlende zu gewähren ist, entscheidet sich nach dem Orte, an dem der Schöffe, Geschworene oder die Vertrauensperson die Dienste zu leisten hat.

---

[1]) Unter Berücksichtigung der Änderungen v. 22. Dez. 1925 (RGBl. 476) und v. 27. Sept. 1929 (RGBl. 150).

FSC
www.fsc.org
MIX
Papier | Fördert
gute Waldnutzung
FSC® C083411

Kolibri 360 GmbH
Ferdinand-Jühlke-Straße 7
99095 Erfurt, Deutschland
produktsicherheit@kolibri360.de